베이직 이웰 믹기

우리 시대의 새로운
프런티어 21
지적 대안 담론

베이징의 애덤 스미스

21세기의 계보

조반니 아리기 지음 · 강진아 옮김

도서출판 길

우리 시대의 새로운
프런티어 21
지적 대안 담론 ⑨

베이징의 애덤 스미스
21세기의 계보

2009년 11월 20일 제1판 제1쇄 인쇄
2009년 11월 30일 제1판 제1쇄 발행

지은이 | 조반니 아리기
옮긴이 | 강진아
펴낸이 | 박우정

기획 | 이승우
편집 | 이현숙

펴낸곳 | 도서출판 길
주소 | 135-891 서울 강남구 신사동 564-12 우리빌딩 201호
전화 | 02)595-3153 팩스 | 02)595-3165
등록 | 1997년 6월 17일 제113호

ⓒ 강진아, 2009. Printed in Seoul, Korea

ISBN 978-89-6445-000-0 93300

안드레 군더 프랑크(Andre Gunder Frank, 1929~2005)에게

서문과 감사의 말

이 책은 두 편의 앞선 저작, 『장기 20세기』*와 『근대 세계 체계의 카오스와 거버넌스』**를 정교화한 속편이다.[1] 이 책에서는 무엇보다도 세계의 정치·경제·사회를 만들어가고 있는 두 가지 현상에 초점을 맞춘다. 하나는 새로운 미국의 세기라는 신보수주의적 프로젝트의 발흥과 소멸이다. 다른 하나는 동아시아 경제 부흥의 지도자로서 중국의 등장이다. 이 두 가지 현상에 일익을 담당한 많은 국가 행위자와 비국가 행위자에게도 마땅히 관심을 가지고 검토하겠지만, 이번 분석의 주요 초점은 진행되고 있는 세계적 변환의 핵심 행위자로 미국과 중국 두 국가에 맞춰질 것이다.

최종 개정 단계에 들어가기 전까지 원고를 읽고 논평을 해준 친구들,

---

* 국역판은 백승욱 옮김, 『장기 20세기 ─ 화폐, 권력, 그리고 우리 시대의 기원』, 그린비, 2008.

** 국역판은 최홍주 옮김, 『체계론으로 보는 세계사』, 모티브북, 2008.

1) Giovanni Arrighi, *The Long Twentieth Century: Money, Power and the Origins of our Times*, London: Verso, 1994; Giovanni Arrighi and Beverly J. Silver, *Chaos and Governance in the Modern World System*, Minneapolis, MN: University of Minnesota Press, 1999.

학생들, 동료들은 전에 없이 이 책의 각 구성 부분에 대해 천차만별의 평가를 했다. 어떤 독자들이 가장 재미있게 읽었던 장은 다른 독자들에게는 제일 재미가 없었다. 어떤 독자들이 이 책의 주장에 중심적이라고 생각한 장절을 다른 독자들은 중언부언이라고 느꼈다. 독자들의 반응이 제각각인 것은 항상 있는 일이지만, 내가 이 책에서 경험한 정도는 아니었다. 내 생각에 이러한 예외적인 반응은 이 책 제목도 암시하고 있지만 책의 목적이 이중적이라는 점, 그리고 그 목적을 추구하는 데 서로 다른 방법론을 전개했다는 점 때문이 아닐까 한다.

이 책의 목적은, 현재 진행 중인 세계 정치경제의 중심지가 북아메리카에서 동아시아로 이동하는 현상을 애덤 스미스의 경제 발전론의 관점에서 해석하고, 동시에 『국부론』(Wealth of Nations)을 바로 이 이동의 관점에서 해석하려는 것이다. 이 이중적인 목적은 이 책 전체에 걸쳐서 수행된다. 그러나 어떤 부분은 이론적 주장에 더 크게 의존하고, 다른 부분은 역사적 분석에 더 크게 의존하며, 또 다른 부분은 오늘날의 제 현상에 대한 논의에 더 크게 의존한다. 그러므로 아무래도 이론에 대해, 혹은 먼 옛날의 잘 모르는 과거에 대해, 혹은 아직 만들어지고 있는 역사에 대해 참을성이 별로 없는 독자라면, 몇 개 절 혹은 한 장(章)을 통째로 건너뛰고 싶어질 것이다. 이런 가능성을 잘 알고 있기 때문에, 나는 독자들이 그렇게 하더라도 이 책의 전체적인 주장 두 가지 중 적어도 하나의 요지라도 파악할 수 있도록 최선을 다했다. 하나는 세계 정치경제의 중심지가 동아시아로 재배치되는 것에 관해서이며, 다른 하나는 『국부론』에 관해서이다. 하지만 대신에 나는 오로지 이 책이 개별 부분이 아니라 전체로서 평가받기를 바란다.

이 책이 만들어지는 과정이 길었기 때문에 지적인 빚을 진 사람들의 명단도 길다. 많은 동아시아 협력자들의 도움이 없었다면 중국어와 일본어로 된 핵심 자료에 접근할 수 없었을 것이다. 이 중 몇 개 자료는 참고문헌 목록에 있다. 이케다 사토시(池田聰), 후이포컹(許寶强), 루아이

구어, 시미인원, 홍호평, 장루는 모두 이 방면에서 도움을 주었다. 더구나 이케다는 중국 중심의 조공무역 체계에 관한 일본 연구를 소개해주었고, 후이는 동아시아적 관점에서 브로델을 읽도록 가르쳐주었으며, 홍은 내가 전공도 아닌 후기 중화 제국의 사회적 동학에 손을 대었을 때 잘 안내해주었다. 그리고 루아이구어는 중국의 최근 성과의 성격에 대해 내가 과도한 낙관주의로 빠지지 않게 제어해주었다.

제2부의 더 짧은 초기 버전은 「전 지구적 혼돈의 사회 · 정치 경제」(The Social and Political Economy of Global Turbulence, 『뉴레프트리뷰New Left Review』, II/20, 2003, pp. 5~71)로 발표되었다. 제1장의 일부와 마찬가지로, 제2장은 로버트 브레너의 연구를 비판적으로 검토한다. 이는 내 입장에서 브레너가 경제학보다 역사사회학을 보다 진지하게 수용하도록 납득시키고자 하는 시도의 일환이다. 나는 그의 저작이 준 지적 자극과 내 비판을 관대하게 받아들여준 것에 대해 밥*에게 감사한다.

제3부의 초기 버전은 「헤게모니의 해체 I」(Hegemony Unraveling I, New Left Review, II/32, 2005, pp. 23~80) 및 「헤게모니의 해체 II」(New Left Review, II/33, 2005, pp. 83~116)로 발표되었다. 두 논문은 완전히 구조를 바꾸어 새로 썼지만, 제8장의 발상 중 많은 것은 여전히 데이비드 하비와 내가 존스 홉킨스 대학에서 함께 가르쳤던 세미나에서 나왔다. 『장기 20세기』와 『근대 세계 체계의 카오스와 거버넌스』의 핵심 주장을 더 빈틈없고 견고한 분석틀로 고쳐 쓸 수 있도록 도와준 하비와 세미나 참가자들에게 감사한다.

제1장, 제11장, 제12장의 일부는 후이포컹, 홍호평, 마크 셀던과 공저로 발표한 「역사적 자본주의, 동양과 서양」(Historical Capitalism, East and West, 조반니 아리기 · 하마시타 다케시濱下武志 · 마크 셀던 엮음, 『동아시아의 부활, 500년, 150년, 50년의 조망』, London: Routledge, 2003) 및 단독

---

* Bob, 로버트의 애칭. 로버트 브레너를 가리킴.

집필한 「국가, 시장 및 자본주의, 동양과 서양」(States, Markets and Capitalism, East and West, 마크 밀러 엮음, 『세계화 시대의 자본주의, 제도, 경제 활동 및 거버넌스의 세계』, London: Routledge, 2005)에서 가져왔다. 앞에서 후이와 홍에게 지적 빚을 졌다고 이미 말했지만, 여기에 더해서 나는 제1장에 대한 논평뿐만 아니라 동아시아의 경험을 파악하려는 내 시도를 너그럽게 안내해준 셀던에게 감사하지 않으면 안 된다.

벤저민 브루워, 안드레 군더 프랑크, 안토니나 젠틸레, 그레타 크리프너, 토마스 에를리히 라이퍼, 스티브 셔먼, 아서 스틴치콤, 스기하라 가오루, 찰스 틸리와 수전 왓킨스는 후에 이 책에 합쳐진 보고서와 논문에 대해 도움이 되는 논평을 해주었다. 아스트라 보니니와 다니엘 파스치우티는 표를 만드는 데 도움을 주었으며, 댄*은 특정 주제에 관한 문헌 조사도 해주었다. 바리스 세틴 어런은 제7장의 자료를 최신으로 업데이트하는 데 기여했으며, 라비 팔라트와 케번 해리스는 내 주장을 입증하거나 반박하는 수많은 증거를 나에게 퍼부었는데, 덕분에 이를 풍부하게 활용할 수 있었다. 케번은 원고 전체를 읽고 내용과 편집에 귀중한 제의를 해주었다. 패트릭 로이는 훌륭한 인용문을 여러 개 제공해주었으며, 제임스 갤브레이스는 애덤 스미스와 지금의 중국에 관해 유용한 실마리를 주었다. 조엘 안드레아스, 니콜 아쇼프, 조지 덜루기안, 에이미 홈스, 리처드 래크먼, 블라디미르 포포프, 벤저민 스컬리, 잔샤오후아의 논평은 최종 개정 단계에서 가장 도움을 주었다.

페리 앤더슨과 비벌리 실버는 언제나처럼 나의 제일가는 조언자였다. '동지'(페리)와 '적'(비벌리)이라는 그들 각자의 역할은 이 연구의 실현에 없어서는 안 될 정도로 똑같이 중요했다. 나는 지적인 지도와 정신적 지지라는 면에서 이들 두 사람에게 가장 감사한다.

나의 좋은 친구 프랑크를 추모하면서 이 책을 헌정한다. 1969년 파리

---

*Dan, 다니엘의 애칭, 다니엘 파스치우티(Daniel Pasciuti)를 가리킴.

에서 만난 이래로 그의 죽음까지 36년간, 우리는 세계 불평등의 근본 원인에 도달하기 위해 함께 그리고 대적하면서 분투하였다. 우리는 많은 논쟁을 했지만 같은 길을 여행했으며 결국 우리는 상당히 같은 방향을 향해 있었음을 알게 되었다. 나는 프랑크가 밥 브레너*에 대한 나의 비판 중 상당 부분에 동의하지 않음을 안다. 왜냐하면 그가 그렇게 말했으므로. 하지만 프랑크는 이 책의 전체적인 주장에 그의 생각이 줄곧 영향을 끼치고 있음을 알 수 있을 것이다.

2007년 3월
조반니 아리기

---

* Bob Brenner, 즉 로버트 브레너.

서론

　1960년대 중반에 제프리 바라클러프는 다음과 같이 썼다. "20세기가 개막했을 때, 아시아와 아프리카에서 유럽의 힘은 절정에 있었다. 어떤 나라도 유럽의 군사력과 상업적 우위에 맞설 수 없을 것 같았다. [하지만] 60년이 지난 뒤 유럽 지배는 흔적만이 남아 있을 뿐이었다. [……] 인류사를 통틀어 이처럼 빠른 속도로 혁명적인 반전이 일어난 적은 없었다." 아시아와 아프리카 민족들의 지위 변화는 "새로운 시대가 도래했다는 가장 확실한 신호였다." 바라클러프는 대부분의 역사가들이 여전히 유럽의 전쟁과 문제들에만 비중을 두던 20세기 전반기 역사에 대해, 이 시기 역사를 더 장기적인 시각으로 쓴다면, "서구에 대한 반란보다 더 중요한 주제는 없을 것"[1]이라고 확신했다. 이 책의 주장은, 만약 20세기 후반기 역사를 이와 마찬가지로 더 장기적인 시각으로 쓴다면, 아마도 동아시아의 경제 부흥보다 더 중요한 주제는 없을 것이라는 점이다. 서구에 대한 반란은 비서구 세계의 민족들이 사회적·경제적 힘을 가질 수 있기 위한 정치적 조건들을 창출했다. 동아시아의 경제 부흥은

---

1) Geoffrey Barraclough, *An Introduction to Contemporary History*(Harmonds-
　worth : Penguin, 1967), pp. 153~54.

이러한 힘이 부여되기 시작했다는 최초의 그리고 가장 명백한 신호이다.

우리가 부흥이라고 말하는 것은, 길버트 로즈먼의 말을 빌리자면, "동 아시아는 과거로 보면 위대한 지역이다. 적어도 지난 2천 년간, 16세기 나 17세기 혹은 18세기까지도 세계 발전의 선두에 서왔다. 그 후에 이 지역은 상대적으로 단기간이지만 뼈아픈 쇠퇴를 겪었다"[2]는 점 때문 이다.

부흥은 동아시아 국가들에서 연속적으로 경제적 "기적"이 상호 연관 성을 가지며 일어나 눈덩이처럼 커져가는 과정을 통해 발생했다. 기적 의 눈덩이는 1950년대와 1960년대 일본에서 시작하여, 1970년대와 1980년대에는 한국·타이완·홍콩·싱가포르·말레이시아와 태국까지 계속 굴리와, 1990년대와 2000년대 초 세계에서 가장 역동적인 경제 적·상업적 팽창의 중심으로 중국이 등장하면서 최고조에 달했다. 동아 시아의 부상을 묘사하는 데 눈덩이처럼 커져가는 과정(snowballing process)이란 개념을 처음 도입한 오자와 데루토모(小澤輝智)는, "중국 의 기적은 비록 막 시작된 단계에 불과하지만 세계 나머지 지역에 대한 영향력이란 면에서 의심할 여지 없이 [……] 가장 극적이다. [……] 특 히 이웃한 나라들에는"[3]이라고 말했다. 유사한 맥락에서 마틴 울프 (Martin Wolf)는 다음과 같이 선언했다.

만약 [아시아의 발흥이—인용자] 지난 수십 년간 일어난 것처럼 계속된다

---

2) Gilbert Rozman, *The East Asian Region: Confucian Heritage and its Modern Adaptation*(Princeton, NJ: Princeton University Press, 1991), p. 6.

3) Terutomo Ozawa, "Pax Americana-Led Macro-Clustering and Flying-Geese-Style Catch-Up in East Asia: Mechanisms of Regionalized Endogenous Growth", *Journal of Asian Economics* 13(2003), p. 700, 강조는 원문. "눈덩 이"라는 은유는 오자와의 다음 논문에서 처음 도입되었다. "Foreign Direct Investment and Structural Transformation: Japan as a Recycler of Market and Industry", *Business and the Contemporary World* 5, 2(1993), pp. 30~31.

면, 유럽 그리고 그 뒤를 이은 거대 후예 북아메리카의 2백 년에 걸친 세계 지배는 끝장이 날 것이다. 일본은 아시아의 미래를 알리는 전조에 불과했다. 일본은 세계를 바꾸기에는 너무 작고 내향적이었다. 그 뒤를 이은 나라들—무엇보다도 중국—은 다르다는 것을 보여줄 것이다. 〔……〕 유럽은 과거였고, 미국은 현재이며 중국이 지배하는 아시아는 세계 경제의 미래이다. 그러한 미래는 반드시 올 것으로 보인다. 중요한 문제는 얼마나 빨리 얼마나 순조롭게 그렇게 될 것인가이다.[4]

울프가 예견한 아시아의 미래는 그가 암시한 것처럼 필연적인 것은 아닐지도 모른다. 그러나 그가 단지 부분적으로만 옳더라도, 동아시아의 부흥은 정복하는 서구와 정복당한 비서구 사이에 궁극적으로 세력 균형이 이루어질 것이라는 애덤 스미스의 예언이 마침내 실현될지도 모른다는 점을 암시한다. 스미스의 뒤를 이은 카를 마르크스처럼, 스미스는 세계사의 중대한 전환점을 유럽이 아메리카 대륙과 희망봉을 거쳐 동인도로 가는 경로를 "발견"한 것에서 찾았다. 그렇지만 그는 이러한 사건이 인류에게 가져올 최종적인 혜택에 대해서는 마르크스보다 훨씬 덜 낙관적이었다.

이러한 발견의 영향은 이미 지대하다. 하지만 2백 년에서 3백 년 사이의 짧은 기간에 그 영향력의 전모를 다 아는 것은 불가능하다. 장차 이 사건들이 인류에게 어떤 혜택을 혹은 어떤 불행을 가져올지는 인간의 지혜로는 예측할 수 없다. 어느 정도는, 세계의 가장 먼 곳까지 통합하여, 서로 부족함을 덜 수 있고, 서로 즐거움을 증진하고, 서로의 산업을 장려함으로써, 전체적인 경향은 혜택을 줄 것으로 보인다. 하지만 동인도와 서인도의 원주민들에게 이러한 사건들이 줄 상업적 혜택이란 이 사건들로 야기된 끔찍한 불행

---

4) "Asia Is Awakening", *Financial Times*, September 22, 2003.

들 속에 모두 가라앉아서 사라졌다. 〔……〕 이들 발견이 이루어진 특정한 시기에는, 힘(force)의 우위가 유럽인 쪽에 너무 치우쳐 있었으므로, 이들은 이 먼 나라에서 온갖 종류의 불의를 처벌받지도 않고 저지를 수 있었다. 이 제부터는 아마도 이들 나라의 원주민들이 강해지거나, 유럽인들이 약해져서, 세계의 각기 다른 지역 주민들이 모두 용기와 힘에서 대등해지게 될 것이다. 그렇게 되면 서로에 대한 두려움이 생겨나 개별 국가들의 불의를 막고 상호 권리에 대해 어느 정도 존중하게 할 수 있다.5)

하지만 유럽인들이 약해지고 비유럽인들이 강해지기는커녕, 『국부론』이 출판되고도 거의 두 세기 동안 유럽인들과 북미 여타 지역의 그들 후예들이 가진 "힘의 우위"는 더욱 커져갔으며 정말로 비유럽 세계에서 "온갖 종류의 불의를 처벌받지도 않고 저지를 수 있었다." 또 사실은 스미스가 이렇게 썼던 바로 그때에 동아시아의 "쇠퇴"는 전혀 시작될 기미가 없었다. 반대로 18세기의 대부분 동안 중국은 괄목할 만한 평화, 번영 그리고 인구 성장을 경험했으며, 이는 유럽 계몽주의의 중심인물들에게 영감의 원천이 되었다. 그중에서도 라이프니츠, 볼테르, 케네는 "중국이 자애로운 전제주의, 능력주의, 농업에 기초한 국민 경제 등 자신들이 옹호하는 다양한 명분을 뒷받침해줄 사례이자 도덕적인 교훈과 제도적 발전의 지침이 되어줄 것으로 기대했다."6) 유럽 국가와 가장 선명한 대조를 이루는 것은 중화 제국의 크기와 인구였다. 케네는 중화 제

---

5) Adam Smith, *An Inquiry into the Nature and Causes of the Wealth of Nations*, 2 vols(London: Methuen, 1961), vol. II, p. 141, 강조는 인용자.

6) Michael Adas, *Machines as Measure of Men: Science, Technology and Ideologies of Western Dominance*(Ithaca, NY: Cornell University Press, 1989), p. 79; 다음도 참조. Ho-fung Hung, "Orientalist Knowledge and Social Theories: China and European Conceptions of East-West Differences from 1600 to 1900", *Sociological Theory* 21, 3(2003).

국은 "유럽이 하나의 주권국가로 통일될 수 있을 때에야 가능한 형태"라고 설명했는데, 이 같은 관점은 스미스가 중국의 "국내 시장"이 유럽 각국을 모두 모아놓은 시장에 못지않다고 한 말에서도 되풀이되었다.[7]

다음 반세기에 걸쳐 유럽의 군사력이 비약적으로 신장하자 이러한 중국의 긍정적인 이미지는 훼손되었다. 유럽 상인들과 모험가들은 문인 신사층(紳士層)이 지배하는 제국의 군사적 취약성을 오랫동안 강조했고, 무역을 하면서 경험한 중국 관료주의와 문화의 단점에 대해서는 통렬하게 불평을 해댔다. 이러한 고발과 불평은 중국이 관료기구는 억압적이고 군사적으로 약한 제국이라는 근본적으로 부정적인 관점을 조장했다. 영국이 중국을 상대로 제1차 아편전쟁(1839~42)을 개시하기 3년 전인 1836년에, 광저우에서 익명으로 출판된 책의 저자는, "아마도 오늘날 사회의 문명화와 진보에 대한 가장 확실한 표준은 '살인 기술'의 숙달, 상호 파괴에서 완벽하고 다양한 구사, 그리고 학습한 사용법의 능숙도이다"라고 불길하게 선언했다. 그리고는 중화 제국의 해군을 "기괴한 광대극"이라고 일소하고, 대포는 낡아빠졌고 군기는 제멋대로여서 중국은 "육지에서도 무력하며", 이런 약점들이 중국 사회 전체의 근본적인 결함을 나타내는 징조라고 주장했다. 마이클 에이더스는 이러한 관점들을 전하면서 다음과 같이 덧붙인다. "유럽인들이 비서구인보다 전반적으로 우월하다는 평가를 형성하는 데" 군사적 능력이 갈수록 중요해진 것은 "중국인들에게는 나쁜 조짐이었다. 중국인들은 자신들의 남쪽 문*에 몰려든 공격적인 '오랑캐'들보다 훨씬 뒤떨어져 있었던 것이다."[8]

---

7) François Quesnay, "From *Despotism in China*", in F. Schurmann and O. Schell, eds., *Imperial China*(New York: Vintage, 1969), p. 115; Smith, *Wealth of Nations*, vol. Ⅱ, p. 202.

* 유일한 대외무역 항구인 광저우를 뜻함.

8) Michael Adas, *Machines as Measure of Men*, pp. 89~93, 124~25, 185~86. 다음도 참조. Geoffrey Parker, "Taking Up the Gun", *MHQ: The Quarterly*

제1차 아편전쟁에서 중국이 패배한 후 백 년 동안에, 동아시아의 쇠퇴는 케네스 포머런츠가 말한 "대분기"(大分岐, Great Divergence)로 바뀌었다.[9] 그때까지도 생활 수준이 비슷하다고 묘사되었던 두 지역의 정치적·경제적 자산 격차는 급격하게 벌어졌다. 유럽은 신속하게 권력의 정점으로 올라갔으며 동아시아는 그만큼 신속하게 나락으로 떨어졌다. 제2차 세계대전이 끝났을 때, 중국은 세계에서 가장 가난한 나라가 되었다. 일본은 군사 점령하의 "반(半)주권국가"가 되었다. 그리고 이 지역의 대부분 국가들은 여전히 식민지 지배에 대항해 투쟁하거나 냉전의 등장으로 갈가리 찢기려 하고 있었다. 세계 경제에서 교역의 확대와 심화가 유럽 계통과 비유럽 계통 민족들 사이에 세력 균형을 가져오는 역할을 할 것이라는 스미스의 주장이 타당하다고 곧바로 증명해줄 만한 징조는 동아시아에—다른 곳과 마찬가지로—거의 없었다. 확실히 제2차 세계대전은 서구에 대한 반란에 엄청난 추진력을 주기는 했다. 아시아와 아프리카 전역에 걸쳐, 옛 주권국가가 재건되었으며 수십 개의 새로운 주권국가가 탄생했다. 그러나 이러한 탈식민지화(decolonization)에 병행하여, 세계사에 전례 없을 만큼 가장 광범위하고 잠재적으로 파괴적인 서구의 권력기구가 형성되었다.[10]

1960년대 말과 1970년대 초에 상황은 변화하는 것처럼 보였다. 막강한 미국 군사기구는 베트남 인민들에게 냉전에 따른 분단을 영원히 받

Journal of Military History 1, 4(1989), pp. 98~99.

9) Kenneth Pomeranz, *The Great Divergence: Europe, China, and the Making of the Modern World Economy*(Princeton, NJ: Princeton University Press, 2000).

10) 제2차 세계대전 와중과 그 이후에 미국이 구축한 준영구적인 해외 군사 기지의 광범위한 네트워크는, 스티븐 크래스너에 따르면 "역사적으로 유례가 없는 것이었다. 일찍이 어떤 나라도 이렇게 오랜 평화 시기 동안 이 정도로 많은 수의 자국 군대를 다른 주권국의 영토 내에 주둔시키지 않았다"(Stephen Krasner, "A Trade Strategy for the United States", *Ethics and International Affairs* 2, 1988, p. 21).

아들이도록 강요했지만 실패했다. 미국이 베트남에서 철수하기로 결정한 직후에, 『국부론』이 출판된 후 2백 년간에 대해 쓰면서 파올로 실로 스라비니는 스미스가 예견한 "세계의 각기 다른 지역의 주민들이 〔……〕 모두 용기와 힘에서 대등해지게 될 것이다. 그렇게 되면 서로에 대한 두려움이 생겨나 개별 국가들의 불의를 막고 상호 권리에 대해 어느 정도 존중하게 할 수 있다"[11]는 그때가 마침내 온 것이 아닐까 생각했다.[12] 제3세계 국가가 보유한 천연자원에 대한 수요는 컸으며, 풍부하고 저렴한 노동력 공급도 마찬가지였다. 제1세계 국가에서 제3세계(그리고 제2세계) 국가로의 자본 유입이 크게 팽창하였다. 제3세계 국가가 급속히 산업화하자 과거에 제조 활동이 제1세계(그리고 제2세계) 국가에 집중되었던 것이 흔들리게 되었다. 그리고 제3세계 국가들은 이념적 차이를 뛰어넘어 단합하여 신국제경제질서(新國際經濟秩序, New International Economic Order)*를 요구했다.

---

11) Paolo Sylos-Labini, "Competition: The Product Markets", in T. Wilson and A. S. Skinner, eds., *The Market and the State: Essays in Honor of Adam Smith* (Oxford: Clarendon Press, 1976), pp. 230~32.

12) 1950년대에 "제3세계"(Third World)의 출현은 서구에 대한 반란과 냉전적 세계 질서의 공동 산물이었다. 역사적으로 비서구 지역은 거의 전부 제3세계로 들어갔지만, 역사적으로 서양이었던 지역은 세 개의 다른 성원으로 나뉘었다. 이들 중 더 잘사는 성원들(북미, 서유럽과 오스트레일리아)에 일본이 더해져 제1세계를 구성하게 되었다. 덜 잘사는 성원들(소련과 동유럽)은 제2세계를 구성하게 되었다. 그리고 일부(라틴아메리카)는 비서구에 합류하여 제3세계를 구성하였다. 냉전이 끝나고 제2세계가 사라지자 제1세계와 제3세계라는 표현은 구닥다리가 되어 세계 북측(global North)과 세계 남측(global South)이라는 표현으로 각각 대체되었다. 이 책에서는 문맥에 따라 옛 명칭과 새 명칭을 사용할 것이다.

* 1974년 세계 자원 문제를 토의한 제6회 유엔 특별총회에서 77그룹으로 불리는 아시아·아프리카의 제3세계권 국가들에 의해 기존의 선진국 주도의 국제경제 질서를 폐지하고 자원 주권을 확립하자는 '신국제경제질서 수립에 관한 선언'이 채택되었다. 77그룹은 지금까지 세계 경제 구조가 선진 공업국에만 이익을 줄 뿐

18년 전 실로스라비니의 감상을 다시 논의하면서, 나는 전 세계인들이 현재 진행 중인 세계 경제 통합으로 혜택을 입을 기회가 당장에 균등해질 것이라는 어떤 희망(혹은 두려움)도 성급한 것이었다고 지적했다. 1980년대에 미국의 주도로 세계 금융시장에서 경쟁이 격화되는 바람에 제3세계와 제2세계 국가로의 자금 공급은 갑자기 말라버렸고, 이들 국가의 생산품에 대한 세계적 수요도 크게 축소되었다. 교역 조건은 1970년대에 제1세계에 불리하게 돌아섰던 것만큼이나 빠르고 급격하게 제1세계에 유리하게 되돌아가버렸다. 세계 경제의 혼돈이 거세지면서 방향성을 잃고 혼란에 빠진 소비에트 제국은 다시 가속화한 군비 경쟁의 심한 압박을 받아 해체되었다. 두 개의 초강대국이 서로 경쟁하던 예전과 달리, 이제 제3세계는 제1세계의 시장과 자원에 접근하기 위해 과거 제2세계 국가들과 경쟁해야만 했다. 동시에 미국과 그의 유럽 동맹국들은 소련의 붕괴가 준 기회를 잡고 전 세계에서 폭력을 합법적으로 행사할 수 있는 "독점적 권리"를 주장하는 데 어느 정도 성공했다. 그리고 그들의 힘의 우위는 어느 때보다 강력할 뿐만 아니라 사실상 거역할 수 없는 것이라는 생각을 불어넣었다.[13]

그렇지만 나는 이러한 반격이 1970년 이전 상태로 세력 관계를 재확립하지는 못했다고 지적했다. 왜냐하면 소련의 힘은 달이 이울듯 쇠약해갔지만, 이와 동시에 브루스 커밍스가 "자본주의 군도(群島)"라고 부른 동아시아가 달이 차듯 커져갔기 때문이다.[14] 일본은 이들 군도의

개발도상국에는 이익을 줄 수 없었으므로 근본적으로 개편되어야 한다고 주장했다. 그리고 천연자원에 대한 항구적 주권 행사, 생산지 카르텔 결성, 다국적 기업의 규제, 개발도상국에 불리한 교역 조건 개선과 국제통화 제도의 개혁, 개발도상국에 대한 원조 증대 등을 강력히 요구하였다.

13) Giovanni Arrighi, *The Long Twentieth Century: Money, Power and the Origins of our Times*(London: Verso, 1994), pp. 21~22.

14) Bruce Cumings, "The Political Economy of the Pacific Rim", in R. A. Palat, ed., *Pacific-Asia and the Future of the World System*(Westport, CT: Green-

"섬들" 중에서도 단연 가장 컸다. 나머지 섬들 중에서 가장 중요한 곳은 도시국가인 싱가포르와 홍콩, 병영국가인 타이완, 반쪽짜리 민족국가인 한국이었다. 이들 국가들은 모두 전통적 기준으로는 강력하지 않았다. 홍콩은 주권국가조차도 아니었지만, 세 개의 더 큰 국가들——일본, 한국 그리고 타이완——은 군사적 보호뿐 아니라 에너지와 식량 공급의 상당 부분까지도 그리고 자국이 생산한 제품의 수익성 있는 처분에서도 미국에 전적으로 의존하고 있었다. 그렇기는 하지만 〔개별 국가가 아닌〕 집단으로서 이 군도의 경제력은 세계의 새로운 "작업장"과 "금고"로서 자본주의 세력의 전통적 중심들——서유럽과 북미——로 하여금 자국 산업, 자국 경제 그리고 삶의 방식까지도 구조조정하고 재편하도록 만들고 있었다.[15]

　나는 이와 같은 군사력과 경제력의 이분화가 자본주의 역사의 연대기에서 전례가 없는 것이었으며 다음의 세 가지 아주 다른 방향으로 전개될 수 있다고 주장했다. 미국과 그 유럽 동맹국들은 군사적 우위를 이용하여 새롭게 출현한 동아시아의 자본주의 중심들로부터 "보호비"를 징수하려 시도할지도 모른다. 〔첫째,〕 그 시도가 성공한다면, 세계사에서 처음으로 진정한 의미의 세계 제국(global empire)이 나타나게 될 것이다. 〔둘째,〕 만약 이런 시도를 하지 않거나, 시도를 했어도 실패한다면, 시간이 지남에 따라 동아시아가 스미스가 예견한 그런 세계-시장 사회(a world-market society)의 중심이 될 것이다. 〔셋째,〕 그러나 이 두 갈래의 길이 전 세계적인 끝없는 혼돈을 초래할 가능성 역시 있다. 내가 그때에 조지프 슘페터의 말을 빌려 말한 것처럼, 서양 중심의 세계 제국 혹은 동아시아 중심의 세계-시장 사회라는 지하 감옥(혹은 낙원)에서 인류가 숨이 막히기(혹은 행복을 만끽하기) 전에, "냉전적 세계 질서의

　　wood Press, 1993), pp. 25~26.
15) Arrighi, *The Long Twentieth Century*, p. 22.

청산과 함께 찾아온 늘어나는 폭력의 공포(혹은 영광) 속에서 다 타버릴 지도 모른다."[16]

이러한 나의 주장이 출판된 후 지난 13년 동안의 추세와 사건을 보면 이 세 가지 결론이 실제로 현실화할 각각의 확률은 급격히 변화했다. 전 세계적으로 폭력이 더 심각해졌다. 그리고 제3부에서 논하겠지만, 2001년 9·11사태로 부시 행정부가 새로운 미국의 세기 프로젝트(the Project for a New American Century)를 채택한 것은 기본적으로 세계사에서 처음으로 진정한 세계 제국을 수립하려는 시도였다. 그 시험장이었던 이라크에서 프로젝트가 처절하게 실패하자, 서양 중심의 세계 제국이 현실화할 가능성은 완전히 제거되지는 못했어도 크게 줄어들었다. (대신) 전 세계적인 끝없는 혼돈이 일어날 가능성은 늘어났다고 보인다. 동시에 동아시아 중심의 세계-시장 사회가 형성될 가능성도 역시 늘어났다. 마지막 가능성의 전망이 더 밝아진 것은 부분적으로 '이라크 투기'*가 미국의 세계적 힘에 끼친 재앙적 영향 탓이다. 하지만 대부분은 1990년대 초 이래 중국의 눈부신 경제 성장 때문이다.

중국 부상이 가지는 의미는 중대하다. 중국은 일본이나 타이완처럼 미국의 가신(家臣)이 아니며, 홍콩이나 싱가포르처럼 도시국가에 불과하지도 않다. 중국의 군사력이 미치는 범위는 미국과 비교하면 빛이 바래고 중국 제조업의 성장은 여전히 미국 시장으로의 수출에 의존하고 있지만, 미국이 부와 권력을 값싼 중국 상품의 수입과 중국의 미국 국채 매입에 의존하고 있는 면도 마찬가지로 크다. 더 크지는 않더라도 말이다. 더욱 중요한 점은 중국이 동아시아뿐 아니라 세계의 상업적·경제

---

16) Ibid., pp. 354~56에서 Joseph Schumpeter, *Capitalism, Socialism, and Democracy*(London: George Allen & Unwin, 1954), p. 163을 인용함.

* the Iraqi adventure, 이 책에서 신보수주의자들이 미국 헤게모니의 유지를 위해 리스크 높은 이라크 전쟁을 모험적으로 감행한 것을 비판적으로 가리키는 주요 용어이다.

적 팽창의 주요한 추진력으로서 미국을 점차 대체하고 있다는 것이다.

이 책에서 제시하는 전체적인 테제는, "새로운 미국의 세기 프로젝트"의 실패와 중국의 성공적인 경제 발전이 결합된 결과, 세계 문명들 사이의 더 큰 평등성에 기초한 스미스 식 세계-시장 사회가 『국부론』 출판 이래 250여 년간 어느 때보다도 실현 가능성이 높아졌다는 것이다. 이 책은 4부로 나뉘며, 제1부는 주로 이론적이고 나머지 3부는 주로 실증적인 내용이다.

제1부의 각 장은 연구의 이론적 토대를 놓는다. 맨 처음에 나는 스미스의 경제 발전 이론이 포머런츠의 "대분기"를 이해하는 데 중대한 의미를 지닌다는 최근의 발견을 살펴볼 것이다. 그리고 난 다음에 스미스 이론을 재구성하여 자본주의 발전에 대한 마르크스와 슘페터의 이론과 비교하겠다. 제1부에서 나의 핵심 주장은, 첫째 스미스는 자본주의 발전의 옹호자도 이론가도 아니었다는 점, 둘째 시장을 지배 도구로 본 스미스의 이론은 비자본주의 시장 경제를 이해하는 데 특히 적합하다는 점이다. 이를테면 세계화한 유럽식 국가 체계에 종속적으로 편입되기 전의 중국 경제나 전혀 다른 국내적·세계사적 상황에서 21세기에 다시 등장한 비자본주의의 중국 경제가 그러하다.

제2부의 각 장은 제1부에서 발전시킨 '확대한 스미스 식 시각'에 입각하여 지구적 혼돈의 궤적을 추적한다. 이 지구적 혼돈은 미국이 "새로운 미국의 세기 프로젝트"를 채택하고 중국이 경제적으로 부상하기에 앞서 나타나 이러한 변화의 무대를 준비하였다. 나는 그 혼돈의 기원을 20세기 전반기 서양에 대한 반란을 비롯한 다른 혁명적 격변으로 형성된 세계적 형세에서 발생한 자본의 과잉축적에서 찾을 것이다. 그 결과는 1960년대 말과 1970년대에 발생한 미국 헤게모니의 최초의 심각한 위기였다. 나는 이를 미국 헤게모니의 "신호적 위기"(signal crisis)라고 부를 것이다. 1980년대에 미국은 세계 금융시장에서 자본 획득을 위한 경쟁에 공격적으로 나서고 소련과 군비 경쟁을 가속화함으로써 이 위기에

대응했다. 이러한 대응은 이 정책 추진자의 가장 낙관적 기대치조차 뛰어넘을 정도로 미국의 정치적 · 경제적 자산을 소생시키는 데 성공했지만, 의도하지 않은 결과도 가져왔다. 세계 정치경제의 혼돈은 악화했으며, 미국의 국부와 국력은 그 어느 때보다 외국 투자자와 외국 정부들의 저축 · 자본 · 신용에 의존하게 되었다.

제3부는 이 같은 앞선 미국 정책의 의도하지 않은 결과에 대처하기 위해, 부시 정부가 "새로운 미국의 세기 프로젝트"를 채택하게 되는 과정을 분석한다. 프로젝트의 와해를 분석한 후, 나는 제1부에서 발전시켜 제2부에서 정교화한 '확대한 스미스 식 시각'으로 이 프로젝트의 채택과 실패를 다시 쓸 것이다. 이라크 투기가 일찍이 베트남 평결(the Vietnam verdict)*, 즉 서양의 힘의 우위가 한계에 도달했으며 내부 붕괴로 향하는 경향을 강하게 보인다는 점을 결정적으로 확인시켜주었다고 주장할 것이다. 더구나 베트남 전쟁과 이라크 전쟁의 평결은 상호 보완적으로 보인다. 베트남 전쟁의 패배는 미국이 군사적 패배라는 정치적 타격을 무마하기 위해 중국을 세계 정치계로 다시 불러들이게 했으나, 이라크에서의 패주는 미국의 테러와의 전쟁에서 중국을 진정한 승자로 출현시켰다고 할 것이다.

제4부는 구체적으로 중국 부상의 동학(動學, the dynamics)을 다룬다. 먼저 미국이 중국의 경제 팽창이라는 지니를 미국 지배라는 병 속에 다시 집어넣으려는 시도에서 어려움에 직면하고 있음을 지적할 것이다. 그런 뒤에 나는 서구적 국가 체계의 과거 경험을 토대로 중국이 미래에 미국, 그 이웃들과 세계를 상대로 어떻게 행동할지 예측하는 것은 근본

---

*이 책의 중요 개념이다. 베트남 전쟁의 패배가 미국 헤게모니의 쇠퇴라는 평결을 내렸고, 미국 사회에 일종의 트라우마가 된 이 평결을 뒤집기 위해 이라크 전쟁을 무리하게 일으켰으나 오히려 미국 헤게모니의 결정적 종말을 가져오게 되었다고 주장한다. 지은이는 베트남 전쟁이 미국 헤게모니의 신호적 위기를, 이라크 투기의 실패가 미국 헤게모니의 최종적 위기를 상징하는 것으로 파악한다.

적으로 결함이 있다는 점을 강조할 것이다. 그 하나로, 서구적 체계는 세계적으로 확대되면서 그 작동 방식이 변환되어버려, 과거의 경험 중 많은 것이 현재의 여러 변환을 이해하는 데 적합하지 않게 되었다. 더 중요하게는 서구적 국가 체계라는 역사적 유산이 [현재를 이해하는 데] 덜 적합하게 된 대신에, 예전의 중국 중심 체계가 더욱 적합하게 되었다. 우리가 말할 수 있는 것은 "신(新)아시아 시대"(the new Asian age)는, 만약 이루어진다면, 이 두 유산이 근원에서부터 교배하여 맺은 열매일 것이라는 점이다.

결론을 맺는 에필로그는 미국이 세계 남측(global South)*의 힘을 과거 수준으로 축소시키려는 시도가 왜 역풍을 맞는지, 그 이유를 종합하고자 한다. 이러한 시도들은 내가 명명한 미국 헤게모니의 "최종적 위기"를 촉진했으며, 스미스가 예견한 보다 우호적인 일종의 문명연방(common-wealth of civilization)이 그 어느 때보다도 실현될 수 있는 조건을 창출했다. 이러한 연방이 출현할지는 전혀 확실하지 않다. 서양의 지배는 과거보다 더 은밀한 방식으로 재생산될 수도 있으며, 무엇보다도 폭력의 격화와 전 세계적인 끝없는 혼돈이 장기간 지속될 가능성 역시 남아 있다. 어떠한 세계 질서, 혹은 무질서가 최종적으로 현실화할지는, 인구가 더 많은 남측 국가, 그중에서도 무엇보다 중국과 인도가 자국과 세계를 위해 서양이 부를 일구었던 경로보다 사회적으로 더 공정하고 생태적으로 더 지속 가능한 발전 경로를 개척할 수 있는가에 크게 달려 있다.

---

* 남북 문제를 근거로 지은이는 세계를 세계 북측과 남측으로 양분한다. 자세한 개념은 서론의 원주 12 참조.

일러두기

1. 이 책은 Giovanni Arrighi, *Adam Smith in Beijing*: *Lineages of the Twenty-First Century*, Verso, 2007을 우리말로 번역하였다.

2. 옮긴이 주는 *로 표시하고, 원주와 함께 각주로 처리하였다.

3. 문맥을 돕기 위한 옮긴이의 설명은 〔 〕 안에 적어, 본문 중에 삽입하였다.

4. 지은이가 인용하면서 삽입한 설명은 괄호 안에 '−인용자'로 표시하였다.

5. 영문 인명은 각 장별로 처음 등장할 때 풀 네임을 쓰는 것을 원칙으로 하였다.

6. 중국어 인명은 1911년 신해혁명 이전은 한자음으로 표기하고, 이후는 원음대로 표기하였다.

7. 동아시아 인명은 한자 이름이 확실히 밝혀진 경우에만 병기하였다.

8. 제2장 애덤 스미스의 『국부론』에서 인용한 부분의 번역에는 김수행 옮김, 『국부론』(개역판, 상·하권, 비봉출판사, 2007)을 참조하고, 필요할 경우 첨삭을 하였다.

9. 제3장 마르크스의 『자본』에서 인용한 부분의 번역에는 강신준 옮김, 『자본』(I-1, I-2, 도서출판 길, 2008; III, 이론과실천, 1988~93)을 참조하고, 필요한 경우 첨삭을 하였다.

10. 원서의 중요 개념인 power는 다양한 용례로 구사되었다. 이 책에서는 다양한 적용이 가능한 '힘'으로 번역하고, 문맥에 따라서 '권력'으로 번역한 곳도 있다. force 역시 '힘'으로 번역하기도 했으나, 기본적으로 문맥에 맞게 번역하는 것을 용어의 통일성보다 우선했음을 밝힌다.

제1부

애덤 스미스와 신(新)아시아 시대

제1장 디트로이트의 마르크스, 베이징의 스미스

1989년 톈안먼 사태 직전에 존 페어뱅크는 "근년 중국의 근대화 노력"은 "파악하기 어려울 정도로 너무나 거대한 규모로 진행되고 있다"고 썼다.

중국은 통제 경제에서 상품·자본·사람, 그리고 사상마저도 자유로운 시장 경제로 전환할 수 있을까? 만약 그렇게 된다면 일당 독재는 살아남을 수 있을까? [지금 중국에서는] 19세기에 전형적인 철도와 도시 건설의 시기가 탈공업화의(postindustrial) 전자 기술과 공존하고 있다. 서구의 르네상스와 계몽운동의 쟁점들이 중국적 가치의 재평가와 경쟁한다. 변화는 성급히 앞서가고 있다. 중국의 발전은 과도한 팽창으로 찢어질 듯 얇고 팽팽하게 당겨졌다. 16세기 이래 그렇게 존경받던 왕양밍[王陽明, 1472~1529]의 이론과 실천의 일치[知行一致]라는 가르침은 찾아보기 힘들다. 덩샤오핑(鄧小平)의 개혁으로 중국인뿐만 아니라 우리도 혼란스러운 것은 이상할 게 없다.[1]

---

1) John K. Fairbank, "Keeping Up with the New China", *New York Review*, March 16, 1989, p. 17.

개혁이 성공할 줄은 전혀 예상치 못했다. 토머스 러스키도 "어떤 경제학자"도 "중국의 무한한 활력을 예상하지 못했다"[2]고 말한다. 심지어 폴 크루그먼조차 잘못 생각했었다. 동아시아의 경제 팽창이 중국 단계에까지 진입했을 때, 그는 대규모 투자와 농장에서 공장으로의 거대한 노동력 이동에 의존한다는 면에서 동아시아와 1950년대 바르샤바 조약국을 유사하게 파악했다. 그는 "지금 추세로 가면 2010년 시점에는 아시아가 패권을 잡을 것이라는 요즘의 전망은, 브레주네프 시대가 되면 소련의 공업 패권이 이루어질 것이라는 1960년대의 고전적 예언만큼이나 어리석어 보인다"[3]고 결론지은 바 있다. 더 심한 경우로 1996년 타이베이에서 열린 회의에서는 "잘 알려진 미국의 경제학자"가 청중들에게 중국보다는 러시아가 더 "올바른 개혁을 하고 있다"고 말했다. 이런 시각은 이듬해 『이코노미스트』의 기사에도 나타나는데, 이 잡지는 만약 점진적 개혁을 포기하고 충격 요법을 중국식으로 변형해서 수용하지 않는다면, 중국의 경제 변혁과 성장은 유지될 수 없을 것이라고 주장했다.[4]

1997~98년 동아시아의 위기 동안 중국의 경제 성장은 둔화되었지만, 중국은 『이코노미스트』의 충고를 따랐던 나라들이 겪은 파국은 피할 수 있었다. 조지프 스티글리츠는 중국이 위기가 가져올 최악의 결과를 차단할 수 있었던 것을 보고, 『이코노미스트』의 주장을 거꾸로 뒤집어

2) Thomas G. Rawski, "Reforming China's Economy: What Have We Learned?" *The China Journal* 41(1999), p. 139.

3) Paul Krugman, "The Myth of Asia's Miracle", *Foreign Affairs* 73, 6(1994), p. 78. 소련의 경제 성장에 대한 보다 균형 있는 비교 평가는 V. Popov, "Life Cycle of the Centrally Planned Economy: Why Soviet Growth Rates Peaked in the 1950s" 참조. http://www.nes.ru/%7Evpopov/documents/Soviet%20Growth-Boston.pdf에서 이용 가능하다.

4) Rawski, "Reforming China's Economy", p. 140; "The death of gradualism", China Survey, *The Economist*, March 8, 1997.

서, 중국의 성공은 바로 이른바 워싱턴 컨센서스(Washington Consensus)가 옹호하는 충격 요법을 지지하여 점진주의를 포기하는 일을 하지 않은 덕분이라고 논평했다. 그는 러시아와 달리 중국은 "결코 수단〔사유화와 무역의 자유화〕과 목적〔자국민의 복지〕을 혼동하지 않았다"고 주장했다.

중국은 사회 안정을 유지하려면 대량 실업은 피해야 한다는 것을 인식했다. 일자리 창출과 구조조정을 병행해야 했다. 개방을 시작했을 때, 중국은 구조조정된 자원을 무익한 실업 상태로 내버려두지 않고 보다 효과적으로 사용할 수 있도록 재배치하는 방식으로 점진적으로 진행했다.[5]

2001년에 미국 신경제의 거품이 꺼지고 중국의 경제 성장이 동아시아뿐 아니라 세계 경제 회복의 주요한 추진력으로 등장하자, 이전에 신(新)아시아 시대의 도래를 예견한 전망은 이제는 10년 전에 크루그먼에게 그랬던 것처럼 어리석게 보이지 않았다. 그러나 중국의 눈부신 경제적 부상의 궁극적 목적과 사회적 결과가 무엇일지는 중국 국내에서나 해외에서나 철저하게 연구하게 되었다. 중국 공산당 밖에서는, 우리 모두가 알다시피 당내에서조차도, 개혁의 목적이 **사회주**의 시장 경제의 창출이라는 덩샤오핑의 주장을 진지하게 받아들이는 사람은 거의 없는 것 같다. 덩샤오핑이 "부유하게 되는 것은 영광스럽다"(致富光榮)는 구호를 반복한 지 2년 후에,* 엘리자베스 라이트는 런던 『타임스』(*The Times*)

---

5) Joseph Stiglitz, *Globalization and its Discontents*(New York: Norton, 2002), pp. 125~26. 2년 후에 미국의 외교협회와 영국의 외교정책연구소 회원인 조슈아 쿠퍼 라모는 이제 "베이징 컨센서스"의 출현을 이야기할 수도 있다고 제안했다. Joshua Cooper Ramo, *The Beijing Consensus: Notes on the New Physics of Chinese Power*(London: Foreign Affairs Policy Centre, 2004).

* 1992년의 남순강화(南巡講話)를 말함.

에 "돈이 마르크스주의를 대신해 중국의 신(神)이 되었다"고 보고했다. 톈안먼 사태의 민주주의를 외친 활동가들조차도 일단 감옥에서 풀려나자 "상업적인 길로 나섰으며 〔……〕 때로는 당 간부 엘리트의 자녀들과 손을 잡는" 경향을 보였다. 한동안 공산당원 수는 줄어들었으나 다시 서서히 늘어나기 시작했는데, 사상적 신념 때문이 아니라 정치적·상업적인 편의를 위해서였다. "중국의 현 체계가 '시장 레닌주의'라고 불리는 데는 그럴 만한 이유가 있다"[6]고 라이트는 덧붙였다.

사회를 좀먹는 축재의 악영향은 곧 공격을 받게 되었다. 1997년에 홍콩에서 처음 출판되어 이듬해 베이징에서 재판된 뒤 베스트셀러가 된 한 책에서, 푸단(復旦) 대학에서 교육받은 허칭롄〔何淸漣, 1956~ 〕은 덩샤오핑 개혁의 주요 결과란 엄청난 불평등, 만연한 부패, 사회 도덕적 기반의 침식이라고 주장했다. 그녀가 보기에 1990년대에 일어난 것은 새로운 부의 창출이 아니라 "약탈"이었다. 즉 국가 자산은 권력자들과 그들의 아첨꾼들에게 넘어갔으며 일반 시민들의 개인 저축은 국영 은행들에 의해 국영 기업으로 넘어갔다. 일반 사람들에게 위에서 떨어진 부스러기란 오로지 냉소주의와 윤리의 몰락이었다. 허칭롄의 주장을 소개한 류빈옌(劉賓雁)과 페리 링크는 이러한 체계는 자기파괴적이므로 오래가지 못할 것이라는 그녀의 평가에 동조했다.[7]

서구 마르크스주의자들은 이런 종류의 고발을 포착하여, 중국에 시장 사회주의든 혹은 다른 무엇이든 어떤 종류의 사회주의라도 아직 존재한

---

6) Elisabeth Wright, "To Be Rich Is Glorious", *World Press Review* 41, 7(1994), pp. 10~11. "부유하게 되는 것은 영광스럽다"는 구호는 1982년에 처음 등장했다. 그러나 그 영향력은 1992년 이후에 힘을 얻었는데, 덩샤오핑은 중국 남부 각 성(省)을 여행하면서 국민들에게 상업에 뛰어들어 1980년대보다 "더 대담하게" 그리고 "더 빨리" 부유해지라고 호소했다〔남순강화를 말함─옮긴이〕. Liu Binyan and Perry Link, "A Great Leap Backward", *New York Review*, October 8, 1998.

7) Liu Binyan and Perry Link, "A Great Leap Backward", p. 23.

다는 발상을 지워버리려 했다. 그러므로 『먼슬리 리뷰』(*Monthly Review*)의 편집자들은 마틴 하트랜즈버그(Martin Hart-Landsberg)와 폴 버켓(Paul Burkett)의 "중국과 사회주의"에 대한 책 한 권 분량의 논문을 소개하고는, 아래와 같이 주장했다.

과거 혁명을 경험한 나라가 일단 자본주의 발전 경로를 걸어가기 시작하면,——특히 매우 신속한 성장을 얻으려고 할 때——자본주의 체계의 유해하고 파괴적인 특성들이 마침내 다시 출현할 때까지 발걸음을 멈출 수 없게 된다. 오늘날 중국을 특징짓는 것은 "시장 사회주의"의 전도양양한 신세계라기보다는 과거의 평등주의적 성취를 없애고 엄청난 불평등과 인도적·생태적 파괴를 만들어내는 속도이다. [……] 그것[중국의 개혁]이 가장 절박한 생존적 요구와 인간 평등의 약속을 도외시하는 것을 의미한다면, 어디에도 사회주의로 통하는 시장의 길은 없다.[8]

덩샤오핑의 개혁에 따라 자본주의적 성향의 잠식이 있었음은 아무도 부인하지 않지만, 그 성격과 정도, 결과는 마르크스주의자들 사이에서조차 여전히 논란을 빚고 있다. 그중 사미르 아민은 중국에서 사회주의는 아직까지는 승리한 것도 패배한 것도 아니라고 생각한다. "토지권의 평등 원칙이 인정받고 효과적으로 실천되고 있는 이상", "사회적 행동으로 아직까지 불확실한 진화를 성공적으로 이끌기에 너무 늦은 것은 아니다"라고 아민은 주장한다.

혁명, 그리고 근대로의 돌입은 오늘날 중국인들을 제3세계 어느 곳보다

---

8) Harry Magdoff and John Bellamy Foster, "China and Socialism: Market Reform and Class Struggle. Editors' Foreword", *Monthly Review* 56 3(2004), p. 6. 비록 다른 목소리도 있지만 이러한 시각이 서구 좌파들 사이에 지배적이다.

탈바꿈시켰다. 중국의 대중 계층들은 자신감을 가지고 있다. [……] 그들은 대체로 굴종적인 사고방식에서 벗어나 있다. [……] 사회 투쟁은 수천 건을 헤아릴 정도로 일상적으로 일어나고 있으며, 때때로 폭력적이며 항상 실패로 끝나지는 않는다.[9]

최근의 사태 전개는 중국의 대중 투쟁의 범위와 유효성에 대한 아민의 평가를 뒷받침하고 있다. 2006년 2월 중국 정부는 농촌 지역의 늘어나는 불평등과 소요에 직면하여, "신사회주의 농촌"(新社會主義農村)의 기치 아래 의료 교육과 복지 혜택을 농민들에게 확대하는 대대적인 운동을 선포했으며, 반면에 토지 자산의 사유화는 뒤로 연기했다. 인민대학(人民大學)의 원톄쥔(溫鐵軍)은 "중앙 정부가 방향을 틀어 불균형 발전 문제에 주의를 집중하고 있다", "경제적 격차는 사회 모순을 낳고 있으며, 사회 모순은 점점 더 심각한 문제가 되고 있다"고 주장했다. 한 달 뒤 전국인민대표대회는 10년 만에 처음으로—많은 이들이 중국의 장기 고도 경제 성장으로 논의할 가치가 없어졌다고 여겼던—사회주의와 자본주의에 대한 사상 논쟁에 열중했다.

시장 메커니즘에 대한 신뢰는 이의가 없었다. 그러나 부자와 빈자 간의 현저한 불평등, 만연한 부패, 노동 학대, 토지의 압류는 달랐다. 중국 사회과학원의 류궈광(劉國光)은 "만약 법치가 불완전한 중국과 같은 곳에서 시장 경제를 실시하면서", "공평함과 사회적 책임이라는 사회주의 정신을 강조하지 않는다면, 그렇게 세운 시장 경제는 엘리트 시장 경제가 될 것이다"[10]라고 논평했다.

---

9) Samir Amin, "China, Market Socialism, and U. S. Hegemony", *Review* 28, 3 (2005), pp. 274~75.

10) J. Yardley, "China Unveils Plan to Aid Farmers, but Avoids Land Issue", *New York Times*, February 23, 2006. J. Kahn, "A Sharp Debate Erupts in China Over Ideologies", *New York Times*, March 12, 2006.

무엇이 "엘리트 시장 경제"인가? 그것은 자본주의 시장 경제와 같은 것인가? 그게 아니면 시장 경제라는 게 달리 무엇일 수 있나? 사회주의 시장 경제라는 것은 사람에 따라 좌라고도 우라고도 중도라고도 하는 것처럼 모순 어법 아닌가? 만약 사회주의 시장 경제가 모순 어법이 아니라면, 어떤 조건하에서 이것은 실현될 수 있을까? 중국 공산당은 베이징이 강조하는 "중국적 특색의 사회주의"(中國特色的社會主義)라는 관방의 담론과 당 관료들도 열정적으로 참가하는 고삐 풀린 자본주의의 현실 사이의 간극을 메워보려 했다. 2005년에 중국 공산당은 정치 지도자들과 원로 이론가들 사이에 캠페인을 시작하여, 공산당 지도자 후진타오(胡錦濤)가 말한 "전 분야에 걸친 변화, 모순과 문제들"에 대응하는 데 마르크스주의를 현대화하여 사용하려고 하였다. 이 캠페인에는 마르크스 저작의 새로운 번역, 중등학생과 대학생을 위한 마르크스주의 최신 교재의 개발, 그리고 사유 기업이 점점 더 중국 경제의 기반이 되어가더라도 중국의 정책을 설명하려면 마르크스주의를 어떻게 새롭게 정의할 수 있을지에 관한 연구들이 포함되었다.[11]

캠페인의 결과가 무엇이든 간에, 덩샤오핑의 개혁을 둘러싼 혼란은 시장 경제, 자본주의와 경제 발전 사이의 관계에 대한 광범위한 오해를 나타내는 것이다. 이 오해들은 실천적인 것만큼이나 이론적인 것이기도 하다. 이런 오해들이 이론적으로 해소되기 전에 실천적으로 해소될 수 있는 가능성은 전적으로 존재하며 정말 그럴 것 같기도 하다. 하지만 그것이 실천적 해소에 앞서 이론적 해소를 하려 하지 않는 변명이 될 수는 없다. 이런 오해를 이론적으로 해소하는 것이 바로 우리가 이 책에서 하려고 하는 것이다.

---

11) E. Cody, "China Confronts Contradictions between Marxism and Markets *Washington Post*, December 5, 2005.

신(新)스미스적 마르크스주의

이데올로기 영역에서 〔혁명적〕 고양이 있다고 해서, 사회 현실이 정말 그렇다고 보기는 어렵다. 이론적으로는 이데올로기적 고양이 현실 사회 혁명의 고조를 반영한다고 주장되지만, 사실 그런 만큼이나 그런 현실이 없다는 것을 표시할 수도 있다. 그러므로 1968년〔의 유럽 혁명 정세의 고조〕 직후 마르크스주의의 영향력이 부활하여 한창 고조되었을 때, 마르크스주의 철학자 마리오 트론티(Mario Tronti)는 "디트로이트의 마르크스"라는 제목의 논문을 출판하여, 마르크스주의를 고취하는 사회민주당과 공산당의 결성으로 유럽이 계급투쟁의 진원지가 될 것이라는 생각을 일소하였다.[12] 그가 생각하기에 진정한 진원지는 미국이었다. 미국은 마르크스주의의 영향력은 미미하지만 노동자들이 자본가들로 하여금 더 높은 임금 요구를 수용하고 자본 자신을 구조조정하지 않을 수 없도록 만드는 데 가장 성공한 나라였다. 유럽에서 마르크스는 이데올로기로서 계속 살아남았지만, 노자(勞資) 관계가 "객관적으로 마르크스적"이었던 것은 미국에서였다.

적어도 지난 반세기는, 제2차 세계대전 이후 시기까지도, 〔미국에서—인용자〕 마르크스는 투쟁과 투쟁의 요구에 의해 야기된 대응이라는 현실 속에서 읽을 수 있다. 이것은 마르크스의 책들이 우리에게 미국 노동 투쟁을 해석해줄 수 있다는 의미가 아니다. 오히려 이들 투쟁이 우리에게 마르크스의 가장 선진적인 저작인『자본』과『정치경제학 비판 요강』을 정확하게 해석할 수 있는 열쇠를 제공한다는 의미이다.[13]

---

12) 이것은 그의 책 제2판 후기의 한 절의 제목이었지만(*Operai e capitale*, Turin: Einaudi, 1971, pp. 267~311), 후기 전체의 제목이나 마찬가지다.

13) *Ibid.*, pp. 269, 300, 303~04.

트론티의 주장은 마르크스주의가 자본주의 서방 진영에서 다시 영향력을 회복하려던 시기에 겪은 정체성 위기의 표현이다. 마르크스주의는 원래 자본주의 발전의 이론이자 사회 변혁의 교리로 성립했었지만, 그 영향력은 세계 자본주의의 중심부 지역에서 이제까지 더 주변적이었던 지역으로 가차 없이 옮겨 가버렸다. 1960년대 말까지, 마르크스주의가 확산된 진원지는 중국·베트남·쿠바와 아프리카의 포르투갈 식민지-국가들과 같은 가난한 제3세계 국가들이 되었는데, 이들 나라의 사회적 현실은 『자본』이나 『정치경제학 비판 요강』에서 이론화된 것과는 일치하지 않거나 공통점이 매우 적었다. 그랬던 마르크스주의가 베트남에서 미국의 고전(苦戰)과 학생들의 반란이 함께 영향력을 발휘하여 이즈음〔1960년대 말〕 다시 제1세계로 돌아오게 된 것이었다. 그러나 서방의 급진주의자들이 『자본』을 읽기 시작했을 때, 그들은 자신들의 정치적 관심사를 적절히 설명할 연관성을 찾기 어려웠다. 데이비드 하비는 다음과 같이 회고한다.

1970년대 초에 『자본』 제1권과 당시의 지배적인 정치적 이슈 사이에 직접적인 연관성을 찾기는 어려웠다. 베트남에서 우리를 그렇게 무력감에 빠지게 한 제국주의 전쟁을 이해하기 위해 마르크스로부터 뭔가를 얻으려면 레닌이 필요했다. 〔……〕 그리고 마르크스의 『자본』과 우리가 관심 있는 모든 것 사이에 내재된 관계가 있다고 믿으려면 마르크스주의 운동의 전체 역사를(혹은 마오쩌둥이나 카스트로와 같은 카리스마적인 인물들을) 〔이론적 정합성과는 상관없이〕 신뢰하는 행위가 종종 뒤따라야 했다. 그렇다고 마르크스의 저작에 우리를 매혹하고 기쁘게 한 것들이 아무것도 없었다는 말은 아니다. 마르크스는 상품 물신숭배의 고찰에서 비범한 통찰력을, 자본 축적형태를 서술하면서 계급투쟁이 어떻게 세계를 변화시켰는지에 대한 놀라운 파악력을 보여주었다. 〔……〕 하지만 명백한 사실은 『자본』은 일상생활과는 그렇게 직접적인 연관성이 없었다는 점이었다.[14]

피델 카스트로, 아밀카르 카브랄(Amílcar Cabral), 호치민 혹은 마오쩌 둥의 마르크스주의와 마르크스 이론 사이에 거대한 간극이 있으며, 마르크스주의 역사의 통일성을 신뢰하는 행위만이 이 간극을 메울 수 있다는 것은 의심할 여지가 없다. 그러나 1960년대 말과 1970년대 초에 마르크스의 자본 이론이 제1세계의 일상생활과 아무런 직접적 연관성도 없었다는 말이 모두 사실인 것은 아니다. 이 시기는 유럽과 여타 지역에서 계급투쟁이 강화되던 때였고, 더 앞서 일어났던 미국의 계급투쟁과 마찬가지로 이러한 투쟁들이 마르크스의 『자본』에 새로운 빛을 던져줄 것이라고 생각한 것은 트론티 혼자만이 아니었다.[15] 이와 같은 상황에서 대서양 양안의 점점 더 많은 서구 마르크스주의자들이 『자본』 제1권에서 특히 중요한 부분이었던 작업장에서의 노동 과정과 계급투쟁을 재발견했던 것이다. 일찍이 마르크스는 "모든 것이 드러나 있고 누구에게나 쉽게 눈에 띄는 [시장이라는—인용자] 소란스러운 영역을 잠시 동안 벗어나 [화폐 소유자와 노동력 소유자를—인용자] 따라 생산이라는 비밀스러운 장소로 가보라", 그곳에서 "우리는 마침내 이윤 창출의 비밀을 알아낼 수 있을 것이다"[16]라고 장담했다. 하지만 1960년대까지 어떤 저명

---

14) David Harvey, *Spaces of Hope*(Berkeley, CA: University of California Press, 2000), pp. 6~7.

15) 트론티가 개척한 노동자주의(operaismo, workerism)의 지성적·정치적 경향에 대해서는 Steve Wright, *Storming Heaven: Class Composition and Class Struggle in Italian Auton-omist Marxism*(London: Pluto, 2002) 및 "Children of a Lesser Marxism", *Historical Materialism* 12, 1(2004) 참조. 트론티의 신봉자인 안토니오 네그리(Antonio Negri)에게서 부분적으로 영감을 받은 미셸 아글리에타(Michel Aglietta, *A Theory of Capitalist Regulation: The US Experience*, London: New Left Books, 1979)와 프랑스 조절학파의 다른 대표적 학자들은, '노동 과정의 조직화'가 미국 자동차 공업의 노동자 투쟁과 이에 대한 자본가들의 대응 과정에서 출현했다고 보고, 이 노동 과정의 조직화를 20세기 자본주의를 개념화하는 핵심으로 파악했다.

16) Karl Marx, *Capital*, vol. I(Moscow: Foreign Languages House, 1959), p. 176.

한 마르크스주의 이론가도 마르크스의 초대에 응하지 않았다. 마르크스주의자들에게 버림받은, 생산이라는 비밀스러운 장소는 미국 산업사회학과 노동사(勞動史)에 보존되었다가 트론티가 디트로이트에서 마르크스를 발견하도록 영감을 주었다. 그러나 1970년대에 이르러서야 겨우 마침내 마르크스주의자들은 노동 과정을 '경영자의 특권'과 '착취에 대한 노동자의 저항'이 경합하는 영역으로서 재발견했다.[17]

그런데 이러한 재발견은 마르크스가 장담했던 것처럼 이윤 창출의 비밀을 알아내기보다는, 식민지 제국주의로부터 제3세계의 해방에 일차적 관심이 있는 마르크스주의자들과, 노동계급 해방에 일차적 관심이 있는 마르크스주의자들 사이에 분열을 심화했다. 문제는 『자본』이 계급투쟁에 대해서는 중요한 통찰을 제공하지만, 자본주의의 세계적 규모로의 발전에 대한 마르크스의 추론은 실증적으로 세밀히 살펴보면 허점이 드러난다는 점이었다.

마르크스의 추론은 토머스 프리드먼이 근년에 팔고 다녔던 "평평한 세계" 이론과 매우 닮은 점이 있다. 『공산주의자 선언』(*Communist Manifesto*)을 읽은(혹은 다시 읽은) 뒤, 프리드먼은 마르크스가 산업혁명이 등

---

17) 미국에서 마르크스주의자들의 노동 과정 재발견에 선구가 된 것은, 사회적 축적 구조 학파(약칭 the SSA school)의 급진주의적 정치경제학자인 해리 브레이버먼(Harry Braverman)의 *Labor and Monopoly Capital: The Degradation of Work in the Twentieth Century*(New York: Monthly Review Press, 1974)와 마이클 뷰러웨이(Michael Burawoy)의 산업 민족지학이다. 다른 논자로는 Richard Edwards, *Contested Terrain*(New York: Basic Books, 1979); David Gordon, Richard Edwards, and Michael Reich, *Segmented Work, Divided Workers: The Historical Transformation of Labor in the United States*(New York: Cambridge University Press, 1982); Michael Burawoy, *Manufacturing Consent: Changes in the Labor Process under Monopoly Capitalism* (Chicago: University of Chicago Press, 1982) 참조. 이 학파는 많은 미국 대학에서 사회학 이론의 고전 중 하나로 『자본』이 널리 채택되도록 하면서 절정을 구가했다.

장하는 동안 세계를 평평하게 한 힘들을 얼마나 날카롭게 상세히 서술했는지, 그리고 같은 힘들이 바로 오늘날까지 계속해서 세상을 평평하게 하리라는 것을 그가 얼마나 잘 예견했는지를 보고 경외심이 들었다고 고백했다.[18] 그런 다음에 그는 마르크스와 엥겔스의 유명한 구절을 인용한다. 여기에서 마르크스와 엥겔스는, 시장이 끊임없이 확대되어야 하기 때문에 부르주아지는 "지구 위 전역을" 연계시킬 것이며, 기존의 낡은 일국적 산업을 "더 이상 그 고장의 원료로 가동되지 않고 가장 먼 지역에서 원료를 끌어다 쓰는 산업, 그 생산품이 자국뿐만 아니라 지구 모든 곳에서 소비되는 산업"으로 대체할 것이라고 주장했다. 그 결과, "낡은 지역적이고 국가적인 고립과 자급"은 "전 방향의 교섭과 국가들의 보편적인 상호 의존"에 길을 양보하게 되는데, 보편적인 상호 의존은 결과적으로 보편적인 자본주의적 발전을 가져온다.

부르주아지는 모든 생산 도구를 급격히 발전시키고 통신 수단을 엄청나게 편리하게 만들어 심지어 가장 야만적인 국가들까지도 문명으로 끌어낸다. 그 상품의 저렴한 가격은 중국의 모든 성벽을 허무는 중포병이다. 〔……〕 모든 국가들은 사멸당하지 않기 위해서 부르주아적 생산양식을 채택하지 않을 수 없으며, 자신들 내부에 부르주아지가 문명이라고 부르는 것을 도입하여, 즉 스스로 부르주아가 될 수밖에 없다. 한마디로, 부르주아는 자기 자신의 이미지대로 세계를 창조한다.[19]

---

18) Thomas L. Friedman, *The World Is Flat: A Brief History of the Twenty-First Century*(New York: Farrar, Straus & Giroux, 2005), pp. 201~04. 〔한국어판은 김상철 · 이윤섭 옮김, 『세계는 평평하다—21세기 세계 흐름에 대한 통찰』, 창해, 2005〕

19) Karl Marx and Friedrich Engels, *The Communist Manifesto*(Harmondsworth: Penguin, 1967), pp. 83~84.

프리드먼보다 훨씬 전에 하비가 이미 말했듯이, 오늘날 우리가 알고 있는 "세계화"(globalization)를 마르크스와 엥겔스가 150년 전에 한 것보다 더 설득력 있게 묘사하기란 상상하기 어렵다.[20] 그러나 프리드먼이 빗나갔고 마르크스와 엥겔스가 예견할 수 없었던 것은 중간의 150년 동안에 국가들 간의 상호 의존성이 증대한 것이 자본주의 발전을 보편화함으로써 세계를 "평평하게" 하지는 않았다는 것이다. 현재 세계 경제가 아시아로 재집중하고 있는 것이 궁극적으로 이런저런 형태의 더 평평한 세계를 가져올 것인지는 지금으로서는 가능성으로 남겨두어야 할 문제이다. 확실한 것은 지난 2세기 동안에 서구 세계와 비서구 세계의 상호 의존은 증대했지만, 『공산주의자 선언』에서 가정한 수렴[convergence, 격차의 축소]이 아니라 엄청난 분기[divergence, 격차의 증대]가 따라왔다는 것이다.

트론티와 다른 사람들이 포드주의 생산*이라는 비밀스러운 장소에서 마르크스를 재발견하고 있던 때와 거의 시기를 같이하여, 안드레 군더 프랑크는 이 엄청난 분기를 그려내고 설명하기 위해 "저발전의 발전"이란 은유를 세상에 내보냈다. 그의 주장에 따르면 이 분기[격차의 확대]는 자본주의의 세계적 팽창 과정의 표현에 다름 아니며, 동시에 그 과정은 중심부 지역(서유럽과 뒷날 북미와 일본)의 발전(부)과 기타 모든 지역의 저발전(빈곤)을 낳았다. 프랑크는 그 과정[자본주의의 세계적 팽창 과정]이 일련의 본국-위성국(metropolis-satellite) 관계들에 의지한다고 제시했다. 이 관계를 통해, 본국은 자국의 경제 발전을 위해 그 위성국으로부터 경제적 잉여를 전유(專有)한다. 반면에 "위성국은 자국의 잉여를 이용하기 어렵기 때문에 그리고 본국이 [본국-위성국 사이에 존재하는 것

---

20) David Harvey, "Globalization in Question", *Rethinking Marxism*, VIII, 4(1995).

* 컨베이어 시스템에 의한 미국 포드사의 대량 생산 방식.

과] 똑같은 빈부 양극화와 착취적 모순을 위성국의 국내 구조 내에 들여와 온존시켰기 때문에 저발전인 상태에 머물게 된다." 잉여 전유와 수탈의 메커니즘은 공간과 시간에 따라 다양하다. 하지만 자본주의적 팽창 과정의 본국-위성국 혹은 중심부-주변부의 구조는 변함없이 작동하면서, 빈곤한 국가들과 부유한 국가들 사이를 평준화하기보다는 계속해서 양극화한다.[21]

프랑크의 저발전의 발전이란 개념은 계급 관계를 중심부-주변부 관계의 부수 현상으로 격하했다고 널리 비판받았다. 이러한 비판자 중 한 명인 로버트 브레너는 "무역과 투자를 통한 자본주의의 확대가 마르크스가 『공산주의자 선언』에서 예언한 자본주의적 경제 발전을 자동적으로 가져오지는 않는다"는 [프랑크의 주장을] 인정했다.

세계 시장의 성장 과정에서, 생산력의 진보를 막는 중국의 벽은 무너진 만큼 세워지기도 했다. 프랑크가 [정확히—인용자] 지적했지만, 이런 "저발전의 발전"이 일어났을 때, "민족 부르주아"는 발전에서 이득을 얻은 것이 아니라, 바로 경제적 진보에 족쇄를 채우는 계급적 생산 체계와 잉여 착취를 지지함으로써 이득을 얻었다. [……] 프랑크가 단언한 것처럼 이런 상황에서 자본주의의 침투가 그 나라를 발전시킬 것이라고 기대하는 것은 대체로 희망사항에 불과했다.[22]

그럼에도 브레너는 프랑크의 논리 구성에 계급을 "이윤 극대화의 필요에서 직접 파생된 현상으로" 취급하는 근본적인 결함이 있음을 발견했다. 더 구체적으로 말하면, 프랑크의 설명이 지니는 문제점은 다음과

---

21) Andre Gunder Frank, *Capitalism and Underdevelopment in Latin America* (New York: Monthly Review Press, 1969), pp. 9~15.
22) Robert Brenner, "The Origins of Capitalist Development: A Critique of Neo-Smithian Marxism", *New Left Review* 1, 104(1977), pp. 90~91.

같다. "시장과 이윤의 요구가 계급 구조를 결정하고, 그 계급 구조는 다만 지리학과 인구학적 조건에 종속될 뿐이다. 그러므로 마치 이러한 요소의 중요성은 그다지 사회역사적으로 결정되지 않는 것처럼 보이고, 이윤의 잠재력 자체가 계급 구조에 달려 있지 않은 것처럼 보인다."[23] 다른 말로 하면 브레너가 보기에는, 『공산주의자 선언』이 예언한 보편적인 자본주의적 발전이 실현되지 못한 주요 원인은, 세계 시장의 형성 과정에 양극화의 경향이 내재하기 때문이 아니라, 적절한 사회적 조건이 그 지역에 미리 존재하지 않는다면 세계 시장의 형성은 자본주의적 발전을 가져올 내재적 능력이 없기 때문인 것이다.

브레너는 〔자본주의적 발전을 할 수 있는〕 최고의 전제 조건으로 두 가지를 열거했다. 첫째, 생산 조직자는 시장 경제 밖에서 자기 자신과 자신들의 기존 계급 지위를 재생산할 수 있는 능력을 상실해야 한다. 둘째, 직접 생산자는 생산 수단에 대한 지배력을 상실해야 한다. 첫 번째 조건은 〔생산 조직자 간의〕 경쟁을 활성화하고 유지하는 데 필요하다. 생산 조직자는 경쟁 때문에 원가를 절감해야만 하고 특화와 혁신으로 이윤을 극대화한다. 다음으로 두 번째 조건은 〔직접 생산자 간의〕 경쟁을 활성화하고 유지하는 데 필요하다. 직접 생산자는 경쟁 때문에 자신의 노동력을 팔고 생산 조직자가 부과한 규율에 복종해야만 한다. 브레너는 이 두 조건이, 이윤 추구를 위해 시장 교환이 전 지구적으로 확대되었다고 자동적으로 창출되는 것은 아니라고 주장했다. 오히려 두 조건은 세계 시장의 지배하에 놓인 각국의 특정한 사회적 역사(social histories)에 의해 만들어진다는 것이다. 그러므로 보편적인 자본주의적 발전이 실현되지 못한 주된 원인은 몇 개의 국가에서만 계급투쟁의 역사가 자본주의적 발전을 위해 필요한 이 두 가지 조건을 창출했기 때문이다.[24]

---

23) *Ibid.*, p. 86.
24) Robert Brenner, "World System Theory and the Transition to Capitalism:

브레너는 마르크스가『자본』제1권에서 그려낸 자본주의적 생산 이론을 다시 정리한 자신의 자본주의적 발전 모델을『국부론』에서 애덤 스미스가 제출한 모델과 대조하였다. 스미스의 모델에서 한 나라의 국부(國富)란 생산 업무를 특화하는 기능이며, 이 특화는 생산 단위 간의 노동 분업에 의해 발생하고, 또한 특화가 이루어지는 정도는 시장의 크기에 따라 결정된다. 브레너에 따르면, 스미스의 모델에서는, 생산 조직자가 시장 경제 밖에서 자신들의 기존 계급 지위를 재생산할 수 있는 능력을 상실하거나 말거나, 그리고 직접 생산자가 생산 수단에 대한 지배력을 상실하거나 말거나 상관없이, 시장의 확대가 경제 발전 과정을 견인한다. 이런 측면에서, 스미스의 모델은 프랑크의 모델을 비롯하여 자본주의적 발전에 관한 다양한 변종 모델을 낳는 모체이다. 브레너는 이들을 "신스미스적 마르크스주의"[25]의 전형들로 규정한다.

이러한 규정의 한계와 모순은 우리가 앞으로 살펴볼 것이고, 곧 알 수 있을 것이다. 하지만 현재 우리의 목적을 위해서는, 〔이러한 규정도〕 시장 경제의 발전과 진정한 자본주의적 발전을 구별할 수 있게 해주는 이점이 있다. 그렇지만, 유럽에서 자본주의적 발전의 기원을 구체적으로 참조하면, 양자를 구별한다고 해도 아민의 평가(즉 토지권의 평등 원칙이 계속해서 인정받고 실천되는 한, 오늘날 중국에서 사회적 행동을 통해 비자본주의적 방향으로 진화의 방향을 돌리기에 너무 늦은 것은 아니다)와 모순되지 않는다. 토지 평등 원칙이 실천적으로 견지되는 한, 브레너의 자본주의적 발전의 두 번째 조건(즉 직접 생산자는 생산 수단에 대한 지배력을 상실할 것이다)은 완전히 충족되지는 못하기 때문이다. 그러므로 이윤을

Historical and Theoretical Perspectives", unpublished English version(1981) of a paper published in Jochen Blaschke, ed., *Perspectiven des Weltsystems* (Frankfurt: Campus Verlag, 1983), pp. 1, 4, 6; Brenner, "The Origins of Capitalist Development", pp. 35~36.

25) Brenner, "The Origins of Capitalist Development", pp. 33~41.

추구하여 시장 교환이 확대되더라도, 중국에서 발전의 성격은 꼭 자본주의적이지는 않다.

물론 그렇다고 이것이 공산 중국에 사회주의가 살아 있고 건재하다는 것을 의미하지는 않으며, 그것이 사회적 행동의 결과일 것이라고 말하는 것도 아니다. 여기에서 말할 수 있는 것은 자본주의를 이렇게 정의한다면, 중국에서 사회주의가 이미 밀려났다고 하더라도, 자본주의가 아직 승리한 것은 아니라는 점이다. 중국의 거대한 근대화 노력의 사회적 결과는 여전히 쉽게 가늠할 수 없다. 그리고 우리 모두가 알고 있듯이, 과거의 경험을 바탕으로 이해한 사회주의와 자본주의는 앞으로 전개되어가는 상황을 관측하고 이해하는 데 가장 유용한 개념은 아닌 것 같다.

스미스적 동력과 대분기

그 궁극적인 사회적 결과가 무엇이든 간에 중국의 경제적 부활은, 점점 더 많은 학자들 사이에 시장 형성 과정과 자본주의적 발전 과정은 세계사에서 볼 때 근본적으로 다르다는 새로운 깨달음을 주었다. 이 새로운 깨달음에는 18세기 내내 무역과 시장은 유럽보다 일반적으로 동아시아에서, 특히 중국에서 더 발전했었다는 사실의 발견(혹은 재발견)이 아주 중요했다. 이 유럽보다 더 앞선 발전을 해석하기 위해, 로이 빈 윙은 필립 황의 주장에 도전했다. 황은 산업혁명 이전에 유럽은 무한한 경제적 향상으로 향하는 진화적(evolutionary) 궤도를 따라 성장했지만, 반면에 중국은 연평균 노동일 수의 증가에 비해 수확은 줄어드는 "발전 없는 성장"(growth without development)의 "퇴화적"(involutionary) 궤도를 따라 성장했다고 보았다.*26) 윙은 이러한 관점에 반대하고, 유럽

---

* involution은 국내 중국사 연구에서는 인벌루션으로 원음 표기하거나 집약화, 내

의 궤도와 중국의 궤도는 중요한 특징을 공유하고 있다고 주장했는데, 그 공통점이란 "산업혁명에 앞선 몇 세기 동안 중국의 선진 지역과 유럽에서 있었던 노동 강화를 통한 시장 기반 성장이라는 스미스적 동학"이다.[27]

앞에서 언급했고 후에 제2장에서 상술하듯이, 이러한 동력의 핵심은 경제적 향상의 과정이 노동 분업의 확대 및 심화에 따라 생산성이 증가함으로써 추동되고, 노동 분업의 정도는 시장의 크기에 의해서만 제약받는다는 것이다. 경제적 향상이 소득과 유효 수요를 제고하게 되면서 시장의 크기는 늘어나고, 그러면 또 다른 노동 분업과 경제적 향상을 위한 조건을 창출하게 된다. 하지만 시간이 지남에 따라 이 선순환은 그 과정의 공간적 규모와 제도적 환경으로 인한 시장 크기의 한계에 봉착하게 된다. 이 한계에 도달할 때, 그 과정은 '고도 균형의 함정'(a high-level equilibrium trap)에 빠진다. 그러므로 만약 유럽과 중국이 똑같이

권화로 번역되고, 인류학에서는 퇴화로 번역되는 등 역어가 통일되지 않고 있다. 필립 황의 인벌루션 개념은 인구 과잉으로 인해, 토지에 대한 노동 투입을 늘려 노동 집약도를 높여간 결과 토지 단위 면적당 총생산량은 늘지만 노동 생산성은 정체하다가 떨어지는 경향을 말한다.

26) "유럽과 아프리카의 경험을 보면 근세와 근대 시기의 농업 변화는 일반적으로 절대적 생산량과 노동 단위당 생산량이 모두 증가했다. 그러므로 생산량이 증가하는 단순한 '성장'이라고 부르는 것과 노동 생산성의 향상에 따른 '발전'을 구별하는 것이 중요한 것 같다. 그런데 중국의 경우 이 구분은 결정적으로 중요하다. 〔왜냐하면〕 산업혁명 이전의 6백 년 동안 〔……〕 농업 생산은 극적인 인구 증가에 보조를 맞출 수 있을 정도로 늘어났지만, 주로는 노동 강화(intensification)와 집약화(involution)에 의해서였기 때문이다. 1노동일당 생산성과 소득은 노동 강화 상태에서는 정체하거나, 집약화 상태까지 진전되면 줄어들었다"(Philip C. C. Huang, *The Peasant Family and Rural Development in the Yangzi Delta, 1350~1988*, Stanford, CA: Stanford University Press, 1990, p. 12).

27) R. Bin Wong, *China Transformed: Historical Change and the Limits of European Experience*(Ithaca, NY: Cornell University Press, 1997), pp. 16~23, 30~31.

스미스적 동학을 경험하고 있었다면, 진짜 수수께끼는 왜 중국이 고도 균형의 함정에 빠졌는가가 아니라, 왜 유럽이 산업혁명으로 이 함정에서 빠져나왔는가일 것이다.

프랑크와 케네스 포머런츠는 같은 문제를 더 확실하게 제기한다. 프랑크는 스미스 자신이 같은 발전 궤도상에서 중국이 유럽보다 앞서고 있었다고 보았으며, 유럽이 돌파를 이룰 것이라고 예상하지 않았다고 지적했다.

스미스는 [……] (서양의) 비중 있는 사회이론가 중에서 유럽이 국부의 발전 과정에 뒤늦게 동참한 신참이라는 사실을 제대로 통찰한 마지막 사람이었다. 스미스는 1776년 "중국은 유럽의 어느 곳보다 훨씬 부유한 나라"라고 언급했다. 스미스는 이러한 비교 우위에 변화가 오리라고는 전혀 예상하지 못했고, 자신이 "산업혁명"이라고 불리게 되는 것이 시작되는 시점에 글을 쓰고 있다는 사실을 까맣게 몰랐다.[28]

포머런츠는 서유럽이 상품 시장과 생산요소 시장이 가장 효율적이었기 때문에 중국보다 더 빨리 성장했다는 주장에 실증적으로 도전하는 역할을 맡았다. 그는 심지어 1789년까지도, "서유럽의 토지, 노동과 상품 시장은 [……] 대체로 [중국보다] 더 완전 경쟁과는 거리가 멀었던 것 같다. 즉 유럽은 중국의 대부분 지역에 비해서 [시장이] 많은 교역 파트너 가운데 자유롭게 선택할 수 있는 기회를 가진 다수의 구매자와 판매자로 구성되어 있었을 것 같지 않다. 그러므로 스미스가 예견한 성장 과정에 [유럽이 중국보다] 덜 적합했던 것이다"[29]라고 주장했다.

---

28) Andre Gunder Frank, *ReOrient: Global Economy in the Asian Age* (Berkeley, CA: University of California Press, 1998), p. 13. [한국어판은 이희재 옮김, 『리오리엔트』, 이산, 2003]

29) Kenneth Pomeranz, *The Great Divergence: Europe, China, and the Making*

이러한 주장들은 모두 트론티가 디트로이트에서 마르크스를 발견한 것과 어느 정도 공통점이 있다. 트론티는 마르크스주의를 이데올로기로 채용한 것은 유럽이지만 마르크스의 『자본』을 정확히 해석하기에는 미국 노동계급의 역사가 사실상 더 적합하다는 것 사이에 불일치를 간파했다. 이와 마찬가지로, 이제 웡, 프랑크와 포머런츠는 자유 시장을 이데올로기로 채용한 것은 유럽이지만 스미스의 『국부론』을 정확히 해석하기에는 후기 중화 제국이 사실상 더 적합하다는 것 사이에 똑같이 근본적인 불일치를 간파했다. 트론티를 빌려 쓰자면, 그들은 베이징에서 스미스를 발견했던 것이다.

이 새로운 발견은, 앞선 트론티의 발견과 마찬가지로, 단순한 역사 편찬에 관련된 사항 이상의 것이다. 이는 가장 이론적이고 실천적으로 중요한 질문을 제기한다. 첫째, 만약 유럽 경제와 중국 경제에 공통적인 스미스적 동력이 운송과 공업에서 광물 에너지원의 엄청난 배치를 설명할 수 없다면, 무엇으로 설명할 수 있는가. 운송과 공업에서 광물 에너지원의 대량 배치야말로 서양을 세계 최강으로 떠오르게 한 동력이었다. 둘째, 19세기에 영국이 주도한 산업 자본주의의 세계화는 왜 동아시아, 특히 그 중심인 중국의 급속한 경제적 쇠퇴를 적어도 1세기 동안이나(제1차 아편전쟁에서 제2차 세계대전의 종결까지로 하자) 가져왔는가? 그리고 이 긴 쇠퇴 이후 20세기 후반기에 왜 같은 지역에서〔앞의 쇠퇴보

---

of the Modern World Economy (Princeton, NJ: Princeton University Press, 2000), p. 17, 강조는 원문. 후기 중화 제국〔명대와 청대〕이 완전 경쟁에 거의 가까운 조건이었다는 발상은 이미 레이먼 마이어스(Ramon Myers)가 중국 경제를 "그물 모양의" 혹은 "거미줄 같은"으로 표현한 것에서도 엿볼 수 있다. 이 표현에서 그물 모양의 경제를 구성하는 것은 소규모의 경제 조직들로, 이 조직들은 고도로 경쟁적인 환경에서 상호 계약을 맺으며 거래 비용의 처리는 거의 전적으로 시장에 의존한다. John Lee, "Trade and Economy in Preindustrial East Asia, c. 1500~c. 1800: East Asian in the Age of Global Integration", *The Journal of Asian Studies* 58, 1(1999), p. 19에서 인용함.

다] 더 급속한 경제적 부활이 이어졌는가? 이전 시기 중국 시장 경제가 지역적·세계적으로 선두에 있었던 것과 오늘날의 부활 사이에 조금이라도 관계가 있는가? 그리고 만약 관계가 있다면, 그것이 이 부활의 성격, 원인 그리고 장래에 초래할 결과를 이해하는 데 어떻게 도움이 될 것인가?

윙, 프랑크 그리고 포머런츠는 첫 번째 질문에 초점을 맞추었는데, 서로 다르지만 보완적인 해답을 주었다. 윙은 E. 앤서니 리글리(E. Anthony Wrigley)를 지지하여 영국의 산업혁명을 이전의 발전과는 대체로 무관한 역사적인 우연으로 보았다. 산업혁명의 주요 특징은, 석탄을 새로운 열원으로, 증기를 새로운 기계 에너지원으로 사용함으로써 얻을 수 있었던 생산성 증가이다. 이러한 생산성 증가는 스미스적 동력 아래서 얻을 수 있는 생산성 증가를 훨씬 능가하는 것이었다. "일단 이 같은 근본적인 돌파가 발생하자, 유럽은 새로운 경제적 궤도를 따라 진로를 바꾸었다." 그러나 돌파 그 자체는 여전히 설명되지 않는다. "생산 기술은", "어떤 단순하고 직접적인 경제 논리에 따라 바뀌지 않는다"고 말할 뿐이다. 마르크스주의에서 "생산력"의 설명처럼, [윙에 따르면] 생산 기술은 "다른 경제적 변화를 촉진하는 외생적(外生的, exogenous) 변수"[30]이다.

윙과 대조적으로 프랑크는 산업혁명이 영국/유럽에서 일어나고 중국/아시아에서는 일어나지 않은 원인을 추적하여, 스미스적 동력은 공통되지만 정반대의 결과를 낳았기 때문이라고 주장했다. 일반적으로 아시아

---

30) Wong, *China Transformed*, pp. 48~52. Cf. E. A. Wrigley, *Continuity, Chance and Change: The Character of the Industrial Revolution in England* (Cambridge: Cambridge University Press, 1988) 및 "The Limits to Growth: Malthus and the Classical Economists", in M. S. Teitebaum and J. M. Winten, eds., *Population and Resources in Western Intellectual Traditions*(Cambridge: Cambridge University Press, 1989).

특히 중국에서는, 경제 팽창이 스미스적 고도 균형의 함정에 빠지게 하는 노동 과잉과 자본 부족을 초래했다. 대조적으로 유럽에서는 경제 팽창이 노동 부족과 자본 과잉을 초래했다. 프랑크에 따르면 바로 이 정반대의 결과가 1750년 이후에 산업혁명을 이끈 것이었다.[31] 그러므로 집중적으로 폭발한 일련의 기술 혁신은, 웡의 유럽 동학과 중국 동학의 재구성에서는 (왜 그런지 설명도 되지 않은 채) 사회 구조 밖에서 발생한(外生的, exogenous) 현상이었지만, 이제 프랑크의 재구성에서는 사회 구조 내에서 발생한(內生的, endogenous) 현상이 되었다. 그러나 산업혁명을 내생적으로 설명하는 것은 왜 공통된 스미스적 동력이 서양과 동양에서 정반대의 결과를 낳았는지에 대해서는 어떤 설명도 해주지 않는다.

포머런츠는 이에 대한 하나의 설명을 제공한다. 포머런츠는 자신이 지칭한 대분기가 나타난 원인을 천혜의 자원 조건과 중심부-주변부 관계의 차이에서 찾았다. 즉 아메리카 대륙은 중심부 지역인 서북유럽에, 동아시아의 중심부 지역이 자신들의 주변부에서 얻을 수 있는 것보다 훨씬 풍부한 1차 산품을 공급하고 제조 상품[2차 제품]에 대한 수요를 제공했었다는 사실이다. 웡과 마찬가지로 포머런츠도, 국내에 저렴한 화석 연료가 풍부히 매장되어 있었던 것이 영국에서 산업혁명이 이륙하는 데 가장 중요했다는 리글리의 초기 주장에 의존한다. 그러나 포머런츠는 아메리카 대륙의 1차 산품 공급이 없었다면 유럽의 기술과 투자가 노동은 절약하면서 토지와 에너지는 무지막지하게 소모하는 방향으로 발전하는 것은 불가능했을 것으로 보았다. 바로 같은 순간에 세계 경제의 모든 (중심부?) 지역이 이미 공통적으로 겪고 있던 자원 압박의 강화는 동아시아를 이전보다 더 자원을 절약하고 노동력을 흡수하는 경로로 나아가게 만들었던 것이다. 이 생태학적 압박의 해소는,

---

31) Frank, *ReOrient*, p. 304.

신세계의 천연자원이라는 하사금에 의해서만 가능했던 것이 아니라, 노예무역과 유럽 식민지 체계의 여타 특징들이 새로운 **종류의** 주변부를 창출함으로써 가능했다. 〔이러한 새로운 방식으로〕 유럽은 무한히 늘어나는 제조업 상품 수출을 무한히 늘어나는 토지 집약적인 상품과 교환할 수 있었다.[32]

포머런츠의 논쟁적인 주장은 브레너가 신스미스적 마르크스주의에 대한 초기 비판을 더 맹렬하게 되풀이하도록 자극했다. 크리스토퍼 이젯과 함께 쓴 논문에서, 브레너는 포머런츠가 산업혁명 이전 양쯔 강 삼각주와 영국에서의 발전을 균등하게 평가한 것에 이의를 제기했다.

양쯔 강 삼각주에서는, 주요 경제 주체들이 재생산 수단에 직접 비시장적인 방식으로 접근할 수 있었다. 그러므로 그들은 경쟁에 대응하여 가장 생산적인 방식으로 자신의 자원을 배치해야 하는 압박에서 자유로웠다. 그 결과 그들은 개인적으로는 합리적일지라도 전체적인 경제 발전의 요구에는 반하는 방식으로 자신의 자원을 배치할 수 있었다. 결국 이 지역은 경제적 진화의 맬서스적 패턴을 경험하였고, 최후에는 18세기와 19세기에 인구학적이며 동시에 생태학적인 위기로 끝났다. 양쯔 강 삼각주와 대조적으로 영국에서는, 주요 경제 주체들이 직접 생산자에게 경제 외적 강제를 가하거나 생존 수단을 모두 소유함으로써 자신들의 경제적 재생산을 보장할 수 있는 능력을 상실했다. 그러므로 그들은 자유롭게, 그리고 경쟁에 떠밀려서 수익성(무역에서 얻는 이익)을 극대화할 수 있도록 그들의 자원을 배치했다. 그 결과 이 지역은 경제적 진화의 스미스적 패턴 혹은 **자기지속적 성장**(self-sustaining growth)을 경험하였고, 18세기와 19세기에 인구학적 위기로도 생태학적 위기로도 빠지지 않고 산업혁명이 출현할 수 있었다.[33]

---

32) Pomeranz, *The Great Divergence*, p. 20, 강조는 원문; p. 264.
33) Robent Brenner and Christopher Isett, "England's Divergence from China's

신스미스적 마르크스주의에 대한 그의 초기 비판에서 그랬듯이, 브레너는 경제 주체 각자 또는 모두가 특화하고 투자하고 혁신하도록 강제하는 상호 경쟁의 한 조건으로서 경제 주체들의 시장 의존을 다시 한 번 강조하고 있다. 그리고 그는 다시 한 번 발전의 궤도가 결정되는 데는 다른 국가와 지역과의 관계보다는 그 국가들과 지역의 내부 사회 구조가 더 중요하다는 점을 강조했다. 그런데 브레너는 신스미스주의적 마르크스주의에 대한 비판에서는 스미스적 성장을 "자기한계적"(self-limiting)이라고 하더니, 포머런츠에 대한 비판에서는 어찌 된 영문인지 스미스적 성장을 "자기지속적"(self-sustaining)이라고 하고 산업혁명의 서막이라고 한다. 브레너의 새로운 입장에서는 자기한계적인 성장은 스미스적 성장이 아니라 맬서스적 성장이다.

브레너가 스미스적 성장을 이 비판에서는 "자기한계적"이라고 하고 다른 비판에서는 "자기지속적"이라고 한 것, 그가 해명하지 않은 이 불일치는 내버려두자. 여기에서 지적하고 싶은 것은 포머런츠가 산업혁명 이전 양쯔 강 삼각주와 영국에서의 발전을 균등하게 평가한 것에 대해 브레너만큼이나 비판적인 필립 황조차도 "순전히 인구압에 의해서 생존 위기가 야기된다는 맬서스적 관점"으로는 18세기 양쯔 강 삼각주의 동향을 적절하게 설명할 수 없다고 본 점이다. 황은 위기가 임박해 온 것은 일차적으로 상업화, 즉 경제 주체들이 점점 더 시장에 의존하게 되면서 야기되었다고 보았다.

화북(華北)에서 상업화는 일부 사람들에게 부유해질 수 있는 기회를 제공했지만, 시장의 리스크를 감수했으나 일이 잘 풀리지 못한 다른 많은 사

Yangzi Delta: Property Relations, Microeconomics, and Patterns of Development", *The Journal of Asian Studies* 61, 2(2002), p. 613, 강조는 인용자.

람들은 빈곤하게 만들었다. 양쯔 강 삼각주에서 면화와 비단으로 대표되는 집약적인(involutionary, 퇴화적인) 상업화는 농가 경제가 더 많은 인구를 흡수할 수 있게 했지만, 기존의 사회적 불평등 관계를 본질적으로 바꾸지 않았다. 인구압과 불평등이 결합된 위기의 결과는 확대되어가는 빈농층의 형성(전체 인구 비율에서는 꼭 그렇다고 할 수 없지만 적어도 절대 수에서는)이었다. 빈농층의 범주는 토지를 소유하지 않은 농업노동자부터 일용직 노동자로 일하기도 하는 소작 경작자까지 포괄한다.[34]

그러므로 산업혁명 이전 유럽과 중국의 발전 궤도상의 차이가 무엇이든지 간에 —앞으로 보게 되겠지만 많은 차이가 있었다—, 상업화가 그 차이 중 하나는 아니라는 점에 대해서는 (황을 포함하여) 광범위한 합의가 있다. 그러므로 웡, 프랑크, 포머런츠가 베이징에서 스미스를 발견한 것은 전혀 신기루가 아니었다. 하지만 유럽과 동아시아의 발전 경로상의 19세기 분기에 대한 그들의 설명은 분기와 직접 관련된 역사적 측면들을 놓치고 있거나 그들 자신이 제기한 많은 문제들을 되묻게 만든다.

첫째로 영국이 천혜의 저렴한 화석 연료를 가졌던 것이 나머지 유럽 국가보다 더 일찍 산업혁명을 통해 스미스적 함정에서 탈출할 수 있었던 원인 중 하나인 것은 어느 정도 타당할지도 모르지만, 천혜의 석탄 매장량이 세계에서 가장 풍부한 나라 중 하나인 중국이 비슷한 탈출을 하지 못한 것은 설명할 수 없다. 더 중요하게는 아메리카의 1차 산품 공급과 더불어 광업, 운송 그리고 석탄 이용의 상호 반응과 파급이 영국/유럽의 돌파에 핵심적이었다는 점이다. 영국/유럽의 돌파는 19세기 초보

---

34) Philip C. C. Huang, "Development on Involution in Eighteenth-Century Britain and China? A Review of Kenneth Pomeranz's *The Great Divergence: China, Europe, and the Making of the Modern World Economy*", *The Journal of Asian Studies* 61, 2(2002), p. 531.

다는 19세기 후반에 찾아왔으니, 〔석탄을 이미 이용할 수 있었던〕 산업 혁명이 진행되고도 한참 뒤였다. 패트릭 오브라이언이 관찰한 바에 따르면,

　　대분기와 산업혁명은 상호 연결된 내러티브의 일부분을 이룬다. 1914년에 이르면 노동 생산성과 실질 임금에서 유럽과 중국의 격차는 아주 분명하게 벌어지는데, 이는 아메리카와 기타 1차 산품 생산자들에게서 수입한 기초 식량과 원료의 대량 공급이 없었다면 상상조차 할 수 없는 일이다. 그렇지만 이러한 공급은 19세기 후반기에 비로소 이용할 수 있게 되었기 때문에, 무엇이 산업혁명에 시동을 걸고 지속시켰느냐는 문제는 별개로 보아야 한다.[35]

　둘째로, 프랑크의 주장대로 스미스 자신의 평가도 포함하여 모든 이용 가능한 증거들에 따르면, 분기 이전에 유럽은 아시아보다 임금과 노동 수요가 더 높고 자본은 더 풍부했다. 그리고 이 차이로 인해 아마도 노동 절약적이고 에너지 소비적인 기술이 서양에서는 경제적이지만, 동양에서는 그렇지 않았을 것이다. 하지만 프랑크는 시장 형성의 과정은 동양에서 더 앞섰는데도, 왜 서양에서 더 높은 임금과 노동 수요가 있었는지에 대해서는 아무런 설명을 해주지 않는다. 프랑크의 말로는, 산업 혁명 이전에 유럽이 동양에 대해서 유일하게 경쟁 우위를 차지한 것은 아메리카 은의 채굴과 운송, 그리고 아시아 역내 무역을 포함한 다양한 투기적인 무역 사업에 대한 투자였다. 그러나 프랑크는 이 유일한 경쟁 우위 때문에 유럽인들이 3백 년 동안 아시아에서 버틸 수는 있었지만, 세계 경제에서 지배적인 지위를 차지할 수는 없었으며 여전히 중심은

---

35) Patrick O'Brien, "Metanarratives in Global Histories of Material Progress", *The International History Review* 23, 2(2001), pp. 360, 364, 367.

아시아에 있었다고 보았다. 왜냐하면 아메리카 은 유입으로 유럽 경제보다 아시아 경제가 더욱 혜택을 입었기 때문이다. 18세기 내내 아시아에 수입된 유럽 제조업 상품들은 경쟁력이 없었으며, 중국은 세계 화폐의 "최종 배수구"였다.[36] 그러나 만약 프랑크의 설명대로라면, 왜 중국은 자본 부족에 시달렸고 유럽은 자본 과잉에 시달렸는가? 그리고 왜 유럽은 중국보다 더 높은 노동 수요와 더 높은 임금을 경험했을까?

셋째로, 유럽이 스미스적 고도 균형의 함정을 산업혁명을 통해 탈출할 수 있었던 수수께끼는, 반드시 산업혁명의 전 지구적 확산이 왜 약 1세기 동안 동아시아 지역의 경제적 쇠퇴와 이후 신속한 경제적 부흥을 수반했느냐는 수수께끼와 결합해서 다루어야 한다. 오브라이언은 포머런츠의 테제에 대한 자신의 비판적인 평가를 마무리하면서, 다음과 같이 묻는다.

영국 경제가 (석탄과 아메리카 대륙과의 긴밀한 관계가 없었더라면) 양쯔 강 삼각주와 같은 길을 갔을지도 모른다고 치자. 만약 그렇다면 만주족 제국[청조]과 같은 상업화된 선진적인 지역이 18세기 중반 세계 경제에서 누린 경제적 지위와 신분을 다시 얻는 데 그렇게 오랜 시간이 걸린 것은 왜일까?[37]

앞으로 보게 되겠지만 정말 흥미롭고 어려운 질문은 중국 양쯔 강 삼각주와 동아시아가 18세기 이래로 서구에 대해 상실했던 경제적 기반을 다시 얻는 데 왜 그렇게 오랜 시간이 걸렸는가가 아니다. 오히려 중국이 어떻게 그리고 왜 한 세기가 넘는 정치-경제적 쇠퇴 후에 그렇게 많은 기반을 그렇게 빨리 다시 획득할 수 있었는가이다. 어쨌든 대분기 모델

---

36) Frank, *ReOrient*, pp. 283, 356~57.
37) O'Brien, "Metanarratives in Global Histories of Material Progress", p. 367, 강조는 원문.

은 중국 경제의 기원에 대해서뿐만 아니라 발전의 역사적 경과, 한계 그리고 전망에 대해서도 우리들에게 뭔가를 가르쳐줄 것이다.

스미스적 유산의 지속

스기하라 가오루(杉原薰)는 대단히 포괄적인 모델을 구축하려고 시도하였다. 대분기의 기원에 대한 포머런츠와 웡의 설명에 대체로 동의하면서도, 스기하라는 그들과 달리 1800년 이전 동아시아의 중심 지역과 서유럽의 중심 지역 사이에 인구-토지 비율에서 나타나는 주요한 차이의 중요성을 강조하고, 이를 동아시아의 전례가 없고 유일무이한 근면혁명(勤勉革命, Industrious Revolution)의 원인이자 결과로 보았다. 스기하라의 주장에 따르면, 16세기부터 18세기까지 내내, 동아시아 국가들은 천연자원의 제약(특히 토지 부족)에 대응하여 노동력을 흡수하는 제도와 노동 집약적인 기술을 발전시켜, 인구가 대폭 증가했으면서도 생활 수준은 악화되지 않고 완만하게 향상될 수 있었다.[38]

맬서스적 억제(Malthusian checks)에서 탈출할 수 있었던 것은 중국에서 특히 현저했다. 중국 인구는 과거 일찍이 몇 번이나 최고 1억에서 1억 5천만 명 수준까지 올라갔지만 항상 다시 떨어졌었는데, 1800년에는 거의 4억 명 수준까지 상승했다. 스기하라는 "이는 분명히 세계 인구에서 획기적인 사건이었다"고 말한다. 그리고 "이것이 세계 GDP에 끼친

---

38) Kaoru Sugihara, "The East Asian Path of Economic Development: A Long-Term Perspective", in G. Arrighi, T. Hamashita, and M. Seldon, eds., *The Resurgence of East Asia: 500, 150 and 50 Year Perspectives*(London and New York: Routledge, 2003), pp. 82, 94, 117 n. 2. 이 절에서 스기하라에 대해서만 집중적으로 조명하는 것은 내가 알기로 대분기의 기원, 진화와 한계에 대한 포괄적인 모델을 구축하려고 시도한 사람은 그가 유일하기 때문이다. 이 절의 목표는 우리의 탐구를 이끌 가설을 명확히 하는 것으로 대분기에 대한 역사적 설명을 하지는 않겠다. 역사적 설명은 이 책의 제3~4부에서 이루어질 것이다.

58 | 제1부 애덤 스미스와 신(新)아시아 시대

영향은 산업혁명 후 영국이 끼친 영향보다 훨씬 더 컸다. 영국이 1820년에 세계 GDP에서 차지하는 비중은 6퍼센트에 못 미쳤다." 스기하라는 이 성취를 "중국의 기적"이라고 부르는데, 이러한 기적은 일본에서도 더 작은 영토 규모에서 그대로 나타났다. 일본의 경우 인구 성장은 중국보다 폭발적이지 않았지만, 생활 수준은 더 크게 향상되었다.[39]

"근면혁명"(일본어로 긴벤카쿠메)이라는 개념은 사실 하야미 아키라(速水融)가 도쿠가와(德川) 시대 일본을 설명하는 데 처음 도입하였다. 하야미는 17세기 농민의 봉공(奉公)으로부터의 해방, 가족 경작의 확립, 인구 증가, 경지 부족의 심화 등이 복합적으로 작용하여 노동력 투자에 심하게 의존하는 생산 양식이 나타났다고 보았다. 농민은 더 오래 더 열심히 일해야 했지만, 대신 수입도 늘어났다. 따라서 농민들은 노동의 가치를 배웠고 강한 노동 윤리를 발전시켰다.[40] 이 개념은 훗날 얀 드 브리스가 산업혁명 이전의 유럽을 설명하는 데 본질적으로 다른 의미에서 채용했는데, 그는 농가의 시장화된 상품에 대한 수요 증가가 산업혁명을 촉진하는 서곡이 되었다고 주장하였다.[41]

스기하라는 이 개념을 중국을 설명하는 데 사용하면서, 웡과 포머런츠와 마찬가지로, 근면혁명은 산업혁명의 서곡이 아니라 시장 기반 발전이라고 인식하고, 시장 기반 발전은 영국이 개척하여 미국이 극대화한 자본 및 에너지 집약적인 발전 경로를 야기할 어떤 내재적 경향도 가지지 않았다고 보았다. 그럼에도 스기하라의 핵심적인 주장은 근면혁명의 덕택과 그 결과로 동아시아는 그만의 독특한 기술적·제도적 경로를

39) *Ibid.*, pp. 79, 89~90; Kaoru Sugihara, "The State and the Industrious Revolution in Japan", working paper no. 02/04, Global Economic History Network, Department of Economic History, London School of Economics.

40) Lee, "Trade and Economy in Preindustrial East Asia", p. 6의 재인용.

41) Jan de Vries, "The Industrial Revolution and the Industrious Revolution", *Journal of Economic History* 54, 2(1994).

확립할 수 있었고, 이것이 서구 산업혁명이 창출한 도전과 기회에 대한 동아시아의 대응 형태를 결정짓는 핵심적인 역할을 했다는 점이다. 특히 이러한 면에서 중요했던 것은 가구(家口)(항상은 아니지만 대개 가족) 그리고 이보다는 덜하지만 마을 공동체 중심의 노동 흡수적인 제도적 틀이었다. 전통적 관점은 소규모 생산에는 경제적 향상을 지향하는 내재적 힘이 결여되어 있다고 본다. 하지만 스기하라는 전통적 관점과는 반대로 영국에서 지배적이 된 계급에 기초한 대규모 생산과 비교할 때, 이 제도적 틀이 지닌 중요한 장점을 강조한다. 영국에서 노동자는 경영에서 관심을 공유할 수 있는 기회를 박탈당했고, (특화가 유연성을 지니는 데 필요한) 상호 업무를 오가며 대체할 수 있는 기술을 발전시킬 기회를 박탈당했다. 반면에 동아시아에서는,

특정 업무의 특화보다는, 여러 가지 업무를 다 잘할 수 있는 능력이 선호되었다. 그리고 개개인의 능력을 신장하는 것보다는 가족의 다른 성원과 협조하도록 노력하는 것이 장려되었다. 무엇보다도 가족 성원 모두가 농장의 작업 패턴에 적응하고, 가외의 혹은 긴급한 필요에 유연하게 대응하며, 생산의 경영에서 발생한 문제에 함께 공감하고, 발생할 수 있는 문제들을 예상하여 방비하도록 노력하는 것이 중요했다. 일반적인 기술적 숙련과 더불어, 경영상의 기술은 가족 단위에서 적극적으로 요구되는 능력이었다.[42]

게다가 동아시아 농민들이 사회적 규약을 따르는 한, 교역의 거래 비용은 적었고, 기술 혁신에 따른 리스크는 상대적으로 낮았다. 비록 동아시아의 제도적 틀은 큰 폭의 혁신이나 고정 자본에 대한 투자 혹은 원거리 교역을 할 만한 여지는 거의 없었지만, 대신 노동 집약적 기술을 발전시킬 수 있는 뛰어난 기회들을 제공했다. 그리고 이 방식은 한 가구

---

42) Sugihara, "The East Asian Path of Economic Development", p. 87.

모든 성원의 완전 고용을 유지함으로써 의심할 여지 없이 생활 수준의 향상에 기여하였다. 이러한 종류의 발전이 서구 경로를 따라간 발전과 다른 점은 "비(非)인적 자원보다는 인적 자원을 동원한다는 점"[43]이다.

스기하라에 따르면, 경제적 향상을 추구하면서 비인적 자원보다 인적 자원을 동원하는 이 같은 성향은, 동아시아 국가들이 자국 경제 내에 서구 기술을 통합하려고 하던 때에조차도, 계속해서 동아시아 발전 경로의 특징이 되었다. 그러므로 1880년대까지 일본 정부는, 일본이 토지와 자본 모두 부족하지만 노동은 풍부하고 상대적으로 질이 높다는 인식에 입각하여 산업화 전략을 채택하였다. 따라서 새로운 전략은 "전통적인 노동 집약적 기술의 적극적 이용, 전통 산업의 근대화, 그리고 요소 부존량(factor endowment)의 상이한 조건을 감안하여* 서구 기술을 신중하게 적용하도록" 장려하였다. 스기하라는 이 이종 교배의 발전 경로를, "서구 경로보다 노동을 더 전면적으로 흡수하고 이용하면서 기계와 자본으로 노동을 대체하는 것에는 덜 의존한다"는 의미에서, "노동 집약적 산업화"[44](labor-intensive industrialization)라고 불렀다.

20세기 전반기에, 노동 집약적 산업화는 다른 아시아 국가들, 예를 들어 인도와 비교하여 일본 상품의 경쟁력을 신장했다. 인도는 노동 집약적 기술의 오랜 전통을 보유하고 있었지만, 식민지 지배가 일본과 같은 방향으로 발전하는 것을 방해했다. 일본의 성공에도 불구하고 동아시아 발전 경로와 서구 발전 경로의 융합은 제2차 세계대전까지도 내내 부분적인 현상에 불과했다. 그 결과 토지 생산성이 증가하고 노동 집약적 산업이 성장했음에도, 동아시아의 노동 생산성은 계속해서 서구의 노동 생산성에 뒤졌으며, 동아시아 지역이 세계 GDP에서 점하는 비중 역시

43) *Ibid.*, pp. 88, 90.
* 생산 요소인 토지, 자본, 노동의 주어진 조건이 서구와 일본이 다르다는 것.
44) *Ibid.*, pp. 94, 99.

계속해서 감소했다. 20세기 전반기에 두 경로의 융합이 더욱 전면적으로 실현되지 못한 원인이 정확하게 무엇인지, 스기하라의 설명에서는 불분명하다. 그렇지만 스기하라는 제2차 세계대전 이후에 이 융합을 전면적으로 실현할 수 있게 했던(그리고 놀랄 만한 결실을 맺게 한) 환경에 대해서는 매우 분명하게 말한다. 첫 번째 환경은 미국 헤게모니하의 냉전 체제가 확립되면서 국제 정치 정세에 급격한 변화가 생겨난 것이다.

전전(戰前)의 상황과는 달리, 일본이 공산주의의 아시아 침투에 대항하기 위해 그 경제적 역량을 쓰기를 기대했으므로, 일본은 이제 세계 다른 지역으로부터 석유를 비롯해 모든 필요한 원료와 자원을 수입할 수 있었다(대조적으로 1941년에 미국이 일본에 취한 석유 금수 조치는 [진주만―인용자] 공격의 즉각적인 원인이었다). 전후(戰後) 시기에 일본은 또한 선진 서방 국가들에 제조업 상품 수출을 늘리는 호기를 누릴 수 있었다. 국제 환경에 나타난 이러한 변화 덕분에, 일본과 이후의 여러 다른 아시아 국가들은 자본 집약적이고 자원 집약적인 중공업과 화학공업을 상대적으로 저렴하고 규율 있는 노동을 갖춘 경제 속에 체계적으로 도입할 수 있었다.[45]

제2차 세계대전 이후 동아시아 발전 경로와 서구 발전 경로의 융합을 촉진한 두 번째 환경은 미국과 소련이 상호 경쟁을 벌이면서 나타난 광물 자원의 대량 소비 경향이었다. 철강, 항공기, 군비, 우주 및 석유화학 공업에서 대규모 생산에 근간을 둔 강력한 군산 복합체를 만들어내기 위한 기초였다. 그 결과 서구 발전 경로에서 자본 및 천연자원의 집약도는 한층 증가했으며, 노동 집약적인 산업뿐만 아니라 자본 집약적인 산업 중에 상대적으로 자원 절약적 부문들에서도 수익성 높은 특화를 할 수 있는 새로운 기회가 나타났다. 일본은 신속하게 이 기회를 포착하여

45) *Ibid.*, p. 81.

노동 집약적 산업화(즉 특정 산업이나 공장 내에서 자본을 대체할 수 있도록
잘 훈련된 저렴한 노동력과 수입한 기술을 직접 결합하는 것을 목표로 한 전
략)로부터, 노동과 자본의 집약 정도가 서로 다른 산업들과 회사들을 상
호 연계시켜 발전하는 방향으로 옮겨 갔다. 그러면서도 여전히 비인적
자원보다 인적 자원을 더 이용하는 동아시아적 전통에 전반적으로 강하
게 경도되었다.[46]

마지막으로 냉전 체제하에서 내셔널리즘의 고조는 상대적으로 저임
금 개발 국가들과 고소득 국가들 사이의 경쟁을 격화시키는 조건을 창
출했다.

어떤 나라에서 임금이 비록 약간만 오른다고 해도, 그 즉시 (그 나라는—
인용자) 경쟁에서 살아남기 위해 더 고품질의 상품을 생산해낼 수 있는 새
로운 산업을 찾아야 한다. 이는 "기러기형 경제 발전 패턴"과 유사한 효과
를 낳는다. 동시에 새로운 저임금 국가가 계속해서 들어온다면, "날아가는
기러기 떼"의 연쇄는 확실하게 길어질 것이다. 세계 GDP에서 동아시아의
비중을 늘린 것은 바로 산업화의 이러한 측면이며, 동아시아 경로가 확대되
는 과정의 일부분이다.[47]

---

46) *Ibid.*, pp. 105~10, 112~14.
47) *Ibid.*, p. 110. 스기하라가 언급한 기러기형 경제 발전 패턴은 공업 혁신의 공간
적 확산을 설명하는 "선도 부문" 모델이다. 아카마쓰 가나메(赤松要)가 1961년
에 처음 제창한 이후 몇 가지 신(新)버전으로 발전하였다. Kaname Akamatsu,
"A Theory of Unbalanced Growth in the World Economy", *Weltwirtscha-
ftliches Archiv* 86, 1(1961); K. Kojima and Terutomo Ozawa, "Toward a
Theory of Industrial Restructuring and Dynamic Comparative Advantage",
Hitotsubashi Journal of Economics 26, 2(1985); Bruce Cumings, "The
Origins and Development of the Northeast Asian Political Economy:
Industrial Sectors, Product Cycles, and Political Consequences", in F. C.
Deyo, ed., *The Political Economy of the New Asian Industrialism*(Ithaca, NY:
Cornell University Press, 1987); Terutomo Ozawa, "Foreign Direct Investment

동아시아 경제의 부활은 그러므로 자본 집약적 에너지 소모형의 서구 경로를 따라갔기 때문이 아니라, 서구 경로와 노동 집약적 에너지 절약형의 동아시아 경로를 융합한 덕분이었다. 스기하라가 보기에, 이러한 융합은 세계 경제와 사회의 미래를 위해 중대한 의미를 담고 있다. 그의 주장에 따르면, 서구 경로를 열어젖힌 산업혁명은 세계 인구의 소수 일부분의 생산력만을 크게 확대한 "생산의 기적"이었다. 이와 달리, 동아시아 경로를 열어젖힌 근면혁명은 노동 집약적 에너지 절약형 산업화를 통해 세계 인구의 광대한 다수에게 생산의 기적의 혜택을 확산시킬 수 있는 가능성을 만들어낸 "분배의 기적"이었다. 사실 산업화의 확산에 따른 환경 파괴라는 관점에서 보면, 오로지 "서구 경로가 동아시아 경로로 접근해 가야만(그 반대가 아니라)" 분배의 기석은 시속될 수 있다.[48]

스기하라의 테제는 그래프 1-1과 1-2를 참고로 요약할 수 있다. 두 그래프는 서구 발전 경로와 동아시아 발전 경로를 대표할 주요 국가들(전자는 영국과 미국, 후자는 중국과 일본)이 세계 GDP와 1인당 GDP에서 점하는 비중을 나타낸다. 그래프 1-2에서 볼 수 있는 것처럼, 1인당 GDP는 주요 서방 국가들에 유리하게 격차가 벌어지고 있었는데, 18세기 말과 19세기 초의 서구 산업혁명은 이 경향을 강화했다. 그렇지만 그래프

and Structural Transformation: Japan as a Recycler of Market and Industry", *Business and the Contemporary World* 5, 2(1993); K. Kojima, "The 'Flying Geese' Model of Asian Economic Development: Origin, Theoretical Extensions, and Regional Policy Implications", *Journal of Asian Economics* 11(2000); Terutomo Ozawa, "Pax Americana-Led Macro-Clustering and Flying-Geese-Style Catch-Up in East Asia: Mechanisms of Regionalized Endogenous Growth", *Journal of Asian Economics* 13(2003). 이 개량 버전 중 하나가, 서론에서 언급하고 제11장에서 토론할 오자와의 동아시아 경제 기적이 서로 연결되면서 눈덩이처럼 커져가는 과정에 기초가 되었다.

48) Sugihara, "The East Asian Path of Economic Development", p. 116.

1-1에서 알 수 있듯이 세계 GDP에서의 비중만큼은, 동아시아의 근면혁명이 19세기 초 내내 서구 산업혁명의 영향에 간신히 대적하여, 동아시아에 유리하게 격차가 더 벌어졌다. 그러다가 1820년에서 1950년까지, 동아시아 근면혁명이 한계에 이르고 서구 산업혁명이 새로운 에너지원을 생산 수단의 생산 및 원거리 운송(철도와 증기선)에 적용하면서 진정으로 혁명적인 제2단계에 접어들자, 전체 세계 GDP에서의 비중은 대폭서구 경로에 유리하게 옮겨 갔다. 1950년 이후 서구의 자본 및 에너지집약적 경로가 자체 한계에 이르고 서구의 기술을 노동 집약적 에너지절약형 동아시아 경로에 선택적으로 통합한 것이 결실을 거두면서, 후자[즉 중국과 일본]는 1인당 GDP 격차를 줄여나가기 시작했으며(그래프 1-2) 전체 세계 GDP 비중에서는 더더욱 격차를 줄였다.[49]

이 책의 중심 논지는 이 테제를 수정하고 확대한 버전이다. 수정은 먼저 시장 기반의 스미스적 성장과 진정한 자본주의적 발전 두 개념을 명확하게 정의하여 구분하는 것에서부터 시작할 것이다. 스기하라의 노동집약적 에너지 절약형 발전 경로는 황이 "퇴화적 성장"(involutionary growth)이라고 부른 것과 닮았다. 스기하라와 마찬가지로, 황은 생산 단위로서 농가(農家)는 여성 · 어린이 · 노인의 비농경 부업 노동을 흡수함으로써 운영 비용을 절감할 수 있고, 고용 노동을 사용하는 더 큰 자본주의적 생산 단위에 대해 강점을 가질 수 있었다고 인식한다. 그러나 황에게는, 그 결과 이전 중국에 부분적이나마 존재했던 더 큰 규모의 임노동에 기초한 농가가 17세기 이후에 소멸하게 된 것이 스기하라가 생각한 것처럼 특수한 동아시아 경로에 따른 "발전" 혹은 "진화"가 아니라,

---

49) 구매력 평가(PPP)를 기준으로 GDP를 측정하면, 동아시아의 1인당 GDP와 세계 GDP에서의 비중은 현행 환율을 적용했을 때보다 훨씬 높게 나온다. 하지만 본문에서 묘사한 추세는 현행 환율로 측정했을 때에도 마찬가지이다[구매력 평가 환율은 즉 한 나라의 화폐는 어느 나라에서나 동일한 구매력을 가진다는 가정 아래, 각국 통화의 구매력을 비교해 결정하는 환율이다].

그래프 1-1 세계 GDP에서 두 그룹 합산이 각각 차지하는 비중: 미국과 영국 대 중국과
일본

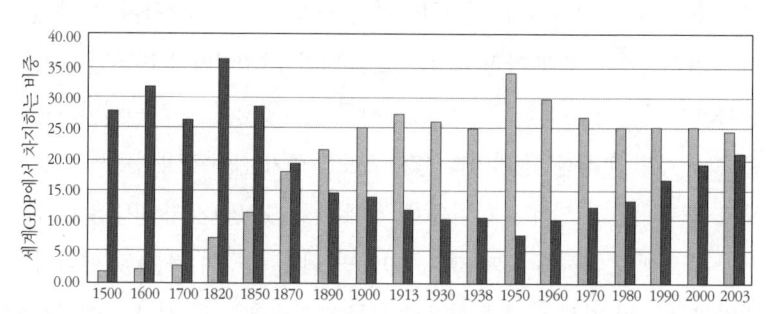

주: GDP는 1990년 International Geary-Khamis Dollars로 백만 달러 단위임.
출전: Angus Maddison, *Contours of the World Economy, 1-2030 AD*(New York, Oxford
University Press, 2007).

그래프 1-2 1인당 GDP의 합산: 미국과 영국 대 중국과 일본(로그값)

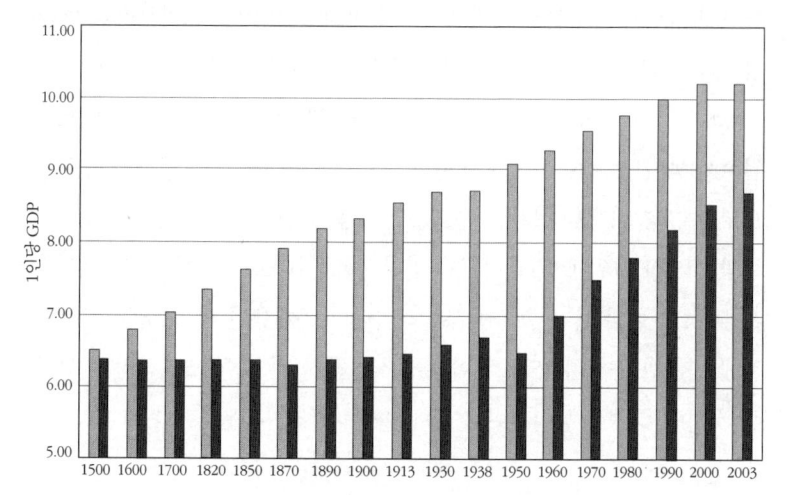

주: 1인당 GDP는 1990년 International Geary-Khamis Dollars logged 단위임.
출전: Angus Maddison, *Contours of the World Economy, 1-2030 AD*(New York, Oxford
University Press, 2007).

"발전 없는 성장"이나 "퇴화"였던 것이다.[50] 만약 우리가 황이나 브레너처럼 "진화"나 "발전"을 임노동을 고용하는 자본 집약적 생산이 노동 집약적 가구 생산을 대체하는 것으로 정의한다면, [17세기 이후의] 이 소멸은 정말로 "퇴화적"인 것으로 규정해야 할 것이다. 그러나 만약 우리가 바로 스기하라가 가정한 것처럼 노동 집약적 생산이 경제 발전을 추동하는 데 지속적으로 역할을 할 수 있다는 가능성을 열어둔다면, 이러한 규정은 부당하다. 이것은 시장 기반 성장을 어떻게 정의해야 세계 경제 성장의 주도 지역으로서 동아시아의 소멸과 재등장을 묘사하고 설명하는 데 가장 유용하냐는 문제를 제기한다.

위와 밀접한 관련이 있는 것이, 진정한 자본주의적 동력과 비교하여 시장에 기반을 둔 스미스적 동력이 정확하게 무엇이냐는 문제이다. 웡, 포머런츠, 프랑크 그리고 스기하라가 주장하는 것처럼, 유럽과 동아시아 근면혁명은 모두 스미스적 동력의 사례였는가? 아니면 황과 브레너가 주장하는 것처럼, 동아시아는 경제적 정체로 향해 가고 유럽은 무한한 경제 성장으로 향해 가는 서로 다른 경험이었나? 나아가 스기하라는 서구의 자본 집약적 발전 경로는 그 자체에 한계가 있었다고 주장한다. 그 한계들이란 노동 집약적인 동아시아 경로의 한계들과 비교해서 정확하게 무엇이었나? 이 질문들이 우리가 다음 두 장에서 본격적으로 다루려는 것이다.

---

50) Huang, "Development or Involution in Eighteenth-Century Britain and China?" pp. 514, 534.

제2장 애덤 스미스의 역사사회학

만약 경제학자가 경제 발전이라는 명제에 대해 말할 만한 것이 있다면, "그것은 오로지 그들이 경제 이론만 공부하지 않고 역사사회학을 공부했거나—대체로 정말 수박 겉 핥기 식이지만—혹은 경제 미래에 대해 가설을 세워보았기 때문이다." 그 실례로, 조지프 슘페터는 "노동분업, 토지에서 사적 소유권의 기원, 자연에 대한 지배력의 강화, 경제적 자유 그리고 법률적 보호"를 "애덤 스미스의 '경제사회학'을 구성하는 가장 중요한 요소"로 열거하였다. 그는 이렇게 덧붙였다. 모든 이러한 요소들은 "명백히 경제적 사건들이 진행되는 사회적 틀과 관련된 것이지, 전자〔경제적 사건의 진행〕내부에서 자생적으로 나온 것이 전혀 아니다."[1]

슘페터의 주장은 전통적인 경제 이론의 관심과 그 자신의 관심을 구별하는 것에 목적이 있었다. 전통적인 경제 이론은 평형으로 나아가는 움직임이나 평형 주위에서의 움직임에 대해 관심을 갖지만, 슘페터는 경제 발전을 "기존의 평형 상태를 끊임없이 변화시키고 대체하는, 평형

---

[1] Joseph Schumpeter, *The Theory of Economic Development* (New York: Oxford University Press, 1961), pp. 59~60 n.

의 자발적이고 불연속적인 〔……〕 교란"으로 이해하고, 여기에 관심을 가진다. "정역학"(靜力學, statics)과 "동역학"(動力學, dynamics)을 분리하자, 경제이론가들, 가장 유명하게는 존 베이츠 클라크(J. B. Clark)와 같은 학자들이 자본과 인구의 증가나 기술과 생산 조직의 변화와 같은 동적(動的) 요소가 정적(靜的) 평형을 교란하는 것을 볼 수 있게 되었다. 하지만 동적 요소들은 경제학 이론에서는 설명도 없이 외재적인 것으로 남았다. 슘페터가 보기에 이러한 방법론은 자본과 인구 증가의 경우에는 얼마간 정당화될 수 있지만, 기술과 생산 조직의 변화의 경우에는 그렇지 않았다. 기술과 생산 조직의 변화는 경제 과정 자체에서 생겨나는 것이기 때문에 따라서 경제 발전의 내재적 원천으로 다루어져야 했다. 슘페터의 접근법은 마르크스의 접근법과 유사한데, 마르크스는 "내재적인(internal) 경제 발전이 있을 뿐, 경제 생활을 변화하는 데이터에 단순히 맞추는 것이 아니다"라고 보았다. 하지만 슘페터가 기꺼이 인정했듯이, 그의 분석은 "〔마르크스—인용자〕 연구 영역에서 작은 일부분을 다룬 것에 불과하다."[2)]

슘페터가 경제 이론의 단점에 대해 방법론적 관심을 가졌던 것은, 두 가지 종류의 상이한 '시장 기반 경제 발전' 사이의 중요한 차이점과 밀접한 관련이 있다. 첫 번째 시장 기반 경제 발전은 어떤 사회적 틀 안에서 발생하며, 경제 성장을 위해 그 틀의 숨은 잠재력을 계발하지만, 틀 자체는 근본적인 면에서 조금도 바꾸지 않는다. 경제 성장의 잠재력을 늘이거나 줄일 수 있는 사회적 틀의 근본적 변화가 일어날 수도 있다. 그러나 그러한 변화는 경제 성장의 과정 안에서 발생하기보다는 비경제적 성격의 과정과 조치에서 발생한다. 이런 종류의 발전은 대체로, 그러나 결코 정확하게 그런 것은 아니고, 우리가 제1장에서 반복해서 만났던 스미스적 성장, 근면혁명 그리고 시장 기반 비자본주의적 발전 개념에 해

---

2) *Ibid.*, 강조는 원문.

당된다.

대조적으로 두 번째 종류의 시장 기반 경제 발전은, 경향적으로 그 발전이 일어나는 사회적 틀을 파괴하고 상이한 성장 잠재력을 가진 새로운 사회적 틀을 출현시킬 수 있는(반드시 실현되는 것은 아니지만) 조건을 창출하는 것이다. 사회적 틀은 경제 과정의 내부적인 동력 말고도 다른 여러 원인 때문에도 변화할 수 있다. 하지만 이런 경우에 비경제적 성격의 과정과 조치에서 연유한 변화들은 경제 과정 안에서 비롯된 변화들에 대해 부차적이거나 종속적이다. 우리가 앞으로 문맥에 따라 슘페터적 혹은 마르크스적이라고 부르게 될 이런 종류의 발전은 대체로, 그러나 마찬가지로 결코 정확하게 그런 것은 아니고, 산업혁명과 시장 기반의 자본주의적 발전 개념에 해당한다.

제2장의 목적은 첫 번째 경제 발전의 성격을 스미스 자신이 이론화한 대로 명료하게 설명하는 것이다. 구체적으로 우리는 그가 시장을 통치 도구로 파악한 것, 경쟁과 사회적 분업의 상호 작용이 기존의 사회적 틀 안에서 경제 팽창을 이끄는 조건이라고 파악한 것, 그의 "자연스러운" 발전 경로와 "부자연스러운" 발전 경로라는 개념, 국부(國富)를 국력(國力)의 원천으로 파악한 것 등에 초점을 맞출 것이다. 스미스의 경제 발전 개념에 대한 마르크스와 슘페터의 비판은 제3장에서 검토할 것이다. 구체적으로는 자본주의는 경제 팽창이 그 전까지 바탕으로 하던 사회적 틀을 '창조적으로'(그리고 그렇게 창조적이지 않게) 파괴함으로써 자본의 자기팽창을 막는 장애물을 뛰어넘는 경향이 있다는 점에 초점을 맞출 것이다. 그런 다음에 이 상이한 경제 발전 개념들을 이용하여,* 동아시아 근면혁명으로 열린 발전 경로가 세계 사회에 계속해서 중대한 의미를 지닌다는 스기하라 가오루의 테제를 다시 정식화할 것이다.

---

*즉 스미스가 묘사한 첫 번째 비자본주의적 경제 발전 개념과 두 번째 마르크스와 슘페터가 묘사한 자본주의적 경제 발전 개념을 이용하여.

통치 도구로서의 시장

"과거 경제학의 거장" 가운데, 스미스는 "가장 널리 언급되면서도 가장 드물게 읽힌 사람 중의 하나"[3]라고 한다. 정말 그렇든 아니든 간에, 스미스는 마르크스와 더불어 확실히 가장 오해받고 있는 사람 중의 하나이다. 특히 그의 유산을 둘러싸고 세 가지 신화가 있다. 그가 "자기조정적인" 시장의 이론가이고 옹호자였다는 것, 그가 "끊임없는" 경제 팽창의 엔진으로서 자본주의의 이론가이고 옹호자였다는 것, 그리고 그가 『국부론』 제1장에서 묘사한 핀 공장에서 일어난 것과 같은 노동 분업의 이론가이고 옹호자였다는 신화이다. 사실 그는 이 중에 아무것도 아니었다.

도널드 윈치가 권위 있게 주장한 바처럼, 스미스가 정치경제학을 "정치가나 입법자를 위한 과학의 한 분과"라고 표현했고, 그 자신의 공헌을 법과 통치에 관한 "이론" 혹은 일련의 "일반 원리"라고 표현한 것은 스미스의 의도와 성과를 정확하게 나타낸 것이다.[4] 『국부론』은 최소 국가

---

3) Robert Heilbroner, "Economic Predictions", *The New Yorker*, July 8, 1991, p. 73. 프랑크는 한 회고록에서 다음과 같이 말했다. 자주 볼 수 있듯이, "[『국부론』—인용자](총 32장 중에) 첫 세 장은 잘 모르는 오늘날의 독자들이 이 책에 입문하게끔 하는 데까지다. (그것은 우리가 시카고 대학에서 프랭크 나이트Frank Knight의 경제사상사 수업에 입문하게 하는 데까지였다. [……] 밀턴 프리드먼 Milton Friedman은 스미스를 거의 다 버렸고, 앨프리드 마셜Alfred Marshall로 스미스를 대신하기를 바랐다. [……] 우리가 마셜의 『경제학 원리』의 각주로부터 배우도록 지도하고 [……] 정말로 실증적으로 풍부한 본문과 부록은 모두 망각 속으로 추방해버렸다)"(Andre Gunder Frank, "On the Roots of Development and Underdevelopment in the New World: Smith and Marx vs the Weberians", *International Review of Sociology*, 2nd series, 10, 2~3, 1974, p. 121, 강조는 원문).

4) Donald Winch, *Adam Smith's Politics: An Essay in Historiographic Revision* (Cambridge: Cambridge University Press, 1978). Knud Haakonssen, *The*

혹은 아예 국가가 없어야 가장 잘 작동하는 자기조정적인 시장을 이론화한 것이 전혀 아니다. 오히려 『도덕 감정론』과 미간행된 『법학 강의』에 못지않게 강한 국가의 존재를 전제로 했다. 국가는 시장이 존재할 수 있는 조건을 창출하고 재생산하며, 통치의 효과적인 도구로 시장을 이용하며, 시장의 작동을 조절하고, 시장이 가져오는 사회적으로나 정치적으로 바람직하지 못한 결과를 시정하고 대처하기 위해 적극적으로 개입한다. 좀더 확실히 말하면, 스미스 정치경제학의 목적은 "사람들에게 생존에 필요한 〔……〕 재화를 충분히 마련해주는 것, 혹은 더 바람직하게는 사람들로 하여금 스스로 생존에 필요한 〔……〕 재화를 마련할 수 있도록 해주는 것"이지만, 그에 못지않게 "공공 서비스를 하기에 충분한 세입을 국가에 공급하는 것"[5]이었다. 이러한 노력의 일환으로, 스미스가 입법자들에게 개입하라고 충고한 영역은 아주 많았다. 내부적 · 외부적 위협에서 개인과 국가를 안전하게 보호해주는 것(경찰과 국방), 법의 집행, 무역과 통신을 촉진할 물질적 인프라의 마련, 화폐와 신용의 조절, 그리고 분업이 대중의 지적 능력에 끼치는 부정적 효과에 대처하기 위한 대중 교육 등이 포함된다. 이상 및 기타 영역에서, 스미스가 입법자들에게 한 충고는 경제적이기보다는 사회적 · 정치적 고려에 따른 것이었다.[6]

Science of a Legislator: *The Natural Jurisprudence of David Hume and Adam Smith*(Cambridge: Cambridge University Press, 1981) 및 Patricia Werhane, *Adam Smith and his Legacy for Modern Capitalism*(New York: Oxford University Press, 1991) 역시 참조.

5) Adam Smith, *An Inquiry into the Nature and Causes of the Wealth of Nations*, 2 vols(London: Methuen, 1961), vol. I, p. 449.

6) Winch, *Adam Smith's Politics*, chs 5, 6, and 7; Haakonssen, *Science of a Legislator*, pp. 93~95, 160ff; Werhane, *Adam Smith and his Legacy*; Jerry Z. Muller, *Adam Smith in his Time and ours: Designing the Decent Society*(New York: Free Press, 1993), pp. 140~48.

19세기 "자유주의 신조"에 전형적으로 나타나는 자기조정적 시장과 최소 정부가 줄 혜택에 대한 교조적인 신념, 혹은 20세기 말에 워싱턴 컨센서스가 옹호하는 "충격 요법"의 치유력에 대한 역시 교조적인 신념은 스미스와는 완전히 맞지 않는 것이었다. 사실 스미스가 살아 있다면, 아마도 이런 신념들이 유토피아적이며 실행 불가능한 것이라고 비판한 칼 폴라니(Karl Polanyi)의 주장에 동조할 것이다. 대영 제국에 완전한 무역의 자유가 확립될 것을 기대하는 것은 스미스가 보기에는 "대영 제국에 오세아나(Oceana)*나 유토피아가 수립되길 바라는 것만큼이나 터무니없는" 것이었다. 그러한 완전한 자유(complete freedom)(스미스는 때때로 "완벽한 자유perfect liberty"라고 불렀다)는 경제적 번영을 위한 필수 조건도 아니었다. "만약 한 나라가 완벽한 자유와 완벽한 정의를 누리지 않는 한 번영할 수 없다고 한다면, 세상에서 번영할 수 있는 나라는 하나도 없다." 그리고 스미스가 자유무역주의에 호의적이었다는 것은 추호도 의심할 여지가 없지만, 그는 1980년대와 1990년대의 충격 요법과 비슷한 어떤 것에도 강하게 반대했다. 경제에서 비중이 큰 부문들이 악영향을 받게 되는 분야에서는, 변화란 "절대로 갑자기 도입되어서는 안 되며 천천히 점진적으로 그리고 매우 오랫동안 경고한 뒤에야 이루어져야 한다." "다수의 인력"을 고용하는 무역이나 강한 대중적 반발을 불러일으키는 생필품 무역에서는 보호 조치를 철회하는 데 특별히 신중해야 한다. 그뿐 아니라 생필품 무역에서는, "정부는 민심의 안정을 유지하기 위해서 [대중의−인용자] 편견에 양보해야 하며 대중이 동의하는 제도를 수립해야 한다." 7)

---

* 제임스 해링턴의 저서 『오세아나 공화국』(*The Common Wealth of Oceana*, 1656)에서 말한 군주제를 폐지한 민주적 공화정을 뜻함.
7) 이 주장의 골자와 이 문단의 모든 스미스 인용은 Donald Winch, "Science of the Legislator: Adam Smith and After", *The Economic Journal* 93(1983), pp. 504~09에서 따온 것이다. 스미스가 자유주의 신조에 대한 폴라니의 비판에 동의

다른 말로 하면 정부가 시장을 사용한 것은 사회적 목적을 위해서였으며, 그 사용 역시 강력한 사회적 구속을 받았다. 예를 들어, 스미스가 대영 제국에 자유무역이 전면적으로 확립되기를 기대하는 것이 완전히 비현실적이라고 생각한 이유는 순전히 사회적이었다.

대중의 편견뿐 아니라 그보다 더 꺾을 수 없는 것, 즉 많은 개인들의 사적 이해관계가 불가항력적으로 이에 반대한다. 공장주들이 국내 시장에 자신들의 경쟁자 수를 늘릴 가능성이 있는 어떤 법에도 반대하듯이 군대의 장교들이 똑같은 열성을 가지고 만장일치로 어떤 병력 감축에도 반대하고 나선다면, 또 공장주가 직공들을 선동해 그런 규제의 발의자들을 폭력과 분노로 공격하듯이 군대의 장교들이 똑같은 방식으로 병사들을 부추긴다면, 군대를 축소하려는 시도는 지금 공장주들이 우리에게 불리하게 이익을 취하고 있는 독점을 어느 면에서든지 줄이려고 시도할 경우 부딪쳐야 할 위험만큼이나 위험스러울 것이다.[8]

<hr />

하리라는 것은 나의 주장이다. 폴라니 자신은 스미스와 자유주의 신조와의 관계에 대해 약간 애매하다. 폴라니는 스미스가 과거를 잘못 해석하여 경제적 인간 (Economic Man)이란 개념을 만들어냈다고 비판했지만, 다음과 같이 말하기도 했다. "부는 〔스미스에게―인용자〕 단지 공동체의 삶의 한 측면에 지나지 않았으며, 공동체의 목적에 부는 여전히 종속적이었다. 〔……〕 자본가의 경제적 이해가 사회 작동의 법칙을 결정한다거나 자본가들이 〔사회와〕 분리되어 독립적으로 존재하는 경제적 세계를 지배하는 신성한 섭리의 세속적 대변인이었다는 주장은 스미스의 저작에서 전혀 찾아볼 수 없다. 그에게 경제적 영역은 우리에게 선악의 기준을 마련해주는 경제 자체의 법칙들에 지배되는 것이 아니었다"(Karl Polanyi, *The Great Transformation: The Political and Economic Origins of our Time*, Boston: Beacon Press, 1957).

8) Smith, *Wealth of Nations*, vol. I, pp. 493~94.

경쟁과 이윤율의 하락

스미스는 "자기조정적" 시장의 이론가와 옹호자도 아니지만, "끊임없는" 경제 팽창의 엔진으로서 자본주의의 이론가와 옹호자는 더더욱 아니었다. 널리 퍼져 있는 생각과 달리, 시간이 지남에 따라 자본의 축적은 이윤율을 하락시켜 결국 경제 팽창을 종결하는 경향이 있다는 생각은 마르크스가 아니라 스미스의 것이다. 우리가 앞으로 제3장에서 볼 것처럼, 이윤율 저하 경향 "법칙"의 마르크스 버전은, 사실상 스미스의 버전이 자본주의 발전의 장기적 잠재력에 대해 과도하게 비관적임을 보여주는 데 목적이 있다.

이 "법칙"의 스미스 버전에서는, 기존 생산 영역과 무역 경로 내에서 자본의 양이 계속 증가해서 축적되면 필연적으로 경쟁이 격화되고, 그 결과 이윤율 하락 경향이 생겨난다.

어느 나라든지 자본이 증가함에 따라, 자본을 사용해 얻을 수 있는 이윤은 필연적으로 감소한다. 그 나라 안에서 새로 어떤 자본을 사용해 높은 이윤을 얻을 수 있는 방법을 찾기는 점차 그리고 갈수록 어려워진다. 그 결과 자본 소유자는 다른 자본 소유자가 차지하고 있는 사용처를 얻기 위해 노력하게 되고, 여러 자본들 사이에는 경쟁이 일어난다. [……] [그 목적을 위해, 그는—인용자] 자신이 취급하고 있는 상품을 다소 싸게 팔아야만 하고, 때로는 팔 물건을 확보하기 위해서 그것을 비싸게 사야만 한다. [……] 자본을 사용함으로써 얻을 수 있는 이윤은 이런 식으로 양쪽에서 감소하게 된다.[9]

---

9) *Ibid.*, vol. I, p. 375. 몇 줄 뒤에서 스미스는 같은 요지를 더 간명하게 말한다. "그 나라의 모든 자본이 늘어나면, 그를 구성하는 여러 자본들 사이의 경쟁은 자연히 이와 함께 늘어난다. 특정 자본의 소유자들은 자신들 각각의 자본이 투자되어 얻은 노동 생산 중에 [예전보다] 더 작은 몫을 가져가는 데 만족할 수밖에 없다"(*ibid.*, p. 378).

새로운 생산 영역과 무역 경로가 개척되면 잠시나마 이 경향에 맞설 수 있다. 그러나 만약 진입이 자유롭다면(스미스가 말한 "완벽한 자유"), 새로운 경쟁의 영향으로 [이윤 하락] 경향은 불가피하게 다시 재개된다.

새로운 제조업, 상업 영역, 농경 방법의 개척은 언제나 일종의 투기이며, 창업자는 이것으로부터 특별한 이윤을 꿈꾼다. 이 이윤은 때로는 매우 크고 때로는 매우 작은데, 일반적으로 그 지역의 오래된 사업의 이윤과는 어떤 규칙적인 비례 관계를 가지지 않는다. 그 계획 사업이 성공하면 처음에는 이윤이 일반적으로 매우 높다. 그 사업 또는 방법이 완전히 확립되어 잘 알려지면 경쟁에 의해 그 이윤은 다른 사업 수준으로 저하한다.[10]

이윤율이 저하하는 일반적인 수준은 상인과 공장주가 사적인 협약이나 정부의 규제를 통해 자신들의 활동 영역 내로 진입을 제한할 수 있는 위치에 있는가에 따라 높을 수도 있고 낮을 수도 있을 것이다. 만약 그들이 그렇게 할 만한 위치에 있지 않다면, 이윤은 무역과 생산에 자본을 투자하는 데 따른 리스크라는 관점에서 "참을 만하다"고 생각되는 정도까지 떨어질 것이다.[11] 그러나 만약 그들이 진입을 막아 시장을 [자본의] 공급 부족 상태로 유지할 수 있다면, 이윤은 그들의 참을 만한 수준보다 상당히 높아질 것이다. 첫 번째 경우, 무역과 생산의 확대는 낮은 이윤 때문에 **저절로** 끝이 날 것이다. 두 번째 경우는 상인과 제조업자가

10) *Ibid.*, p. 128. 이러한 관점은 리카도와 마르크스 모두에게 전적으로 받아들여졌으며 확실히 슘페터의 혁신 이론을 예상케 한다. Paolo Sylos-Labini, "Competition: The Product Markets", in T. Wilson and A. S. Skinner, eds., *The Market and the State: Essays in Honour of Adam Smith*(Oxford: Clarendon Press, 1976), p. 219.
11) "일반적으로 최저의 이윤율이라도 반드시 자본을 사용했을 때 생겨날 수 있는 우연적인 손실을 보상하고도 충분히 남는 것이어야 한다"(Smith, *Wealth of Nations*, vol. I, pp. 107~08).

가능한 한 이윤 수준을 높게 유지하려는 경향 때문에 〔무역과 생산의 확대는〕 의도적으로 끝이 날 것이다.[12] 어느 쪽이든, 경제 과정은 이윤율의 하락이 그 이상의 경제 성장을 제한하는 것을 극복할 수 있는 어떤 경향도 자생적으로 만들어내지 않는다.

스미스가 이런 경향들을 어떻게 다루어야 하는가에 대해 정부(政府)에 충고할 때, 훗날 자유주의적 그리고 신자유주의적 이데올로기에 전형적으로 나타나는 자본 친화적인 성향은 전혀 보이지 않는다. 오히려 반대로,

> 스미스가 생각하기에 〔……〕 만약 이윤율의 하락이 다양한 종류의 독점적 장애물들이 점차적으로 제거되는 것을 반영한다면, 그것은 긍정적인 현상이었다. 〔……〕 그것〔이윤율 하락〕이 증가하는 경쟁의 반영이며, 받아들일 수 있는 최저 수준까지 떨어지지 않는다면, 그것은 긍정적인 현상이다.[13]

다른 말로 하면, 스미스에게 정부의 근본 임무는 자본가들이 무역과 생산에 자원을 투자할 때 따르는 리스크를 보상하는 데 필요한 최저한의 수준까지 이윤을 하락시키도록 확실하게 상호 경쟁시키는 것이다. 이러한 해석은 스미스의 "모든 문명사회를 기본적으로 구성하는 3대 계급(orders)", 즉 지대(地代)로 먹고사는 사람들, 임금으로 먹고사는 사람들, 이윤으로 먹고사는 사람들의 현저히 다른 이익에 대한 정의와 잘 맞는다. 스미스는 처음 두 계급(orders)〔혹은 오늘날 용어로 사회 계급(social classes)〕의 이익은 지대와 임금의 실질 가치가 그 사회의 경제 팽창과 더불어 오르고 경제 쇠퇴와 더불어 떨어지기 때문에 그 사회의 일반적인 이익과 일치하는 경향이 있다고 주장한다. 대조적으로 이윤 생활자

---

12) Sylos-Labini, "Competition", pp. 216~20 참조.
13) *Ibid.*, p. 220, 강조는 원문.

는 항상 시장은 확대하고 경쟁은 제한하려고 하기 때문에 그 사회의 일 반적인 이익과 상충된다. 그리고 한편으로

> 시장을 확대하는 것은 종종 공공의 이익에 합당할 수 있지만 [……] 경 쟁을 제한하는 것은 항상 공공의 이익에 반하며 판매인들만 만족시킨다. 왜 냐하면 이들은 자기 자신의 이익을 위해 동료 시민들에게 불합리한 세금을 부과하여 자연적인 수준 이상으로 이윤을 늘리기 때문이다.[14]

일반적 이익과 상충된다는 것 외에, 더 심각한 것은 이윤 생활자는 다 른 사회 계급보다 더 명석하고 강하고 단호하게 자신의 이익을 추구한 다는 점이다. 지주 계급의 상황은 편안하고 안전하기 때문에 "어떤 공공 규제의 중대성을 예견, 이해하는 데 필요한 통찰력을 지닐 수 없을 뿐 아니라 사용할 수 없게 된다." 임금 생활자는 어떤가 하면, "그는 사회 의 일반적 이익을 파악할 수도 없고, 사회의 이익과 자신의 이익 사이의 관계를 이해할 수도 없다." 게다가 [입법을 위한] 공공의 토론(public deliberation)에서 "그의 목소리는 다만 노동자의 이러저러한 불평이 그 의 고용주에 의해, 노동자의 목적을 위해서가 아니라 고용주 스스로의 목적을 위해, 고무·선동·지지되는 특별한 경우를 제외하고는, 거의 경청되지 않으며 별로 존중되지도 않는다." 대조적으로 이윤 생활자, 특 히 대자본을 투자하는 자들은 "그들의 부로 인해 정부로부터 가장 큰 배 려를 받는다." 게다가 "그들은 일생 동안 여러 가지 계획과 사업에 몰두 하고 있으므로, [……] 자기 자신의 이익에 대해 지주보다 더 밝다."[15] 그러므로 사회의 일반적인 이익을 추구할 때, 스미스는 입법자들에게 자본가들의 이익과 힘을 수용하기보다는 대항하라고 충고했다. 자본 친

---

14) Smith, *Wealth of Nations*, vol. I, pp. 276, 278.
15) *Ibid.*, pp. 276~78.

화적이기는커녕, 스미스의 입법자들에 대한 충고는 거의 변함없이 노동 친화적이었다.

우리의 상인과 제조업자는 높은 임금이 상품 가격을 인상시켜 국내·국외의 판매량을 감축한다고 여기고 높은 임금의 나쁜 영향에 대해서는 크게 불평을 하면서도, 높은 이윤의 나쁜 영향에 대해서는 아무런 얘기도 하지 않는다. 그들은 자신의 이윤이 미치는 해로운 영향에 대해서는 입을 다물고, 타인들의 이득이 미치는 해로운 영향에 대해서만 불평하고 있다.[16]

스미스의 관점에서, 높은 임금에 대한 불평은 특히나 부당하다. 왜냐하면 "노동에 대한 후한 보수"는 국부 증가의 결과인 동시에 인구를 증가시키고 보통 사람들의 근면함을 증대시키는 원인이기 때문이다. "이것[노동의 후한 보수]을 불평하는 것은 그 나라의 최대 번영의 필연적인 인과관계에 대해 한탄하는 것이다."[17] 높은 임금과 경제적 진보 사이의 연관성이 가장 잘 나타나는 곳은 북아메리카 식민지이다.

모든 이주자들은 자신이 경작할 수 있는 것보다 많은 토지를 획득한다. 그가 지불해야 할 지대도 없으며 세금도 거의 없다. 〔……〕 그는 생산물을 가능한 한 증가시키려는 동기를 갖게 되며, 생산물은 거의 모두 자기의 것이 된다. 〔……〕 그는 최고로 높은 임금을 주고서라도 사방에서 노동자들을 모으려고 애쓴다. 그러나 임금이 높고 토지는 풍부하고 저렴하기 때문에 노동자는 곧 고용주를 떠나 스스로 지주가 된다. 그리고 그도 마찬가지로 똑

---

16) *Ibid.*, p. 110; also vol. II, p. 113.
17) *Ibid.*, vol. I, pp. 90~91. 윈치가 기술한 것처럼, 여기에는 훗날 농경에서 수확 감소와 대중의 빈곤화를 주장하는 토머스 맬서스의 어두운 전망 같은 것은 조금도 찾아볼 수 없다. 이 주제에 대해서는 제3장에서 다시 돌아가서 살펴볼 것이다. Winch, "Science of the Legislator", pp. 513~14 참조.

같이 높은 임금을 주고 다른 노동자들을 고용하게 되는데, 그 노동자도 자신이 첫 번째 고용주를 떠난 이유와 똑같은 이유로 자신을 떠나게 된다. [……] 다른 나라에서는 지대·이윤이 임금을 잠식하고 두 개의 우월한 계급이 열등 계급을 억압한다. 그러나 새로운 식민지에서는 두 개의 우월한 계급은 이해관계 때문에 열등 계급을 더 너그럽고 인간적으로 취급해야 한다. 왜냐하면 이곳에서는 열등 계급이 적어도 노예 상태로 있지는 않기 때문이다.[18]

새로운 식민지에서의 조건들은 그러나 예외적인 것이다. 왜냐하면 "언제나 대부분의 여타 나라들보다 일정 기간 동안 영토에 비해 자본이 부족하고, 자본에 비해 인구가 부족해야만 하기" 때문이다. 스미스는 이 조건을 "영토가 유지할 수 있는 인구, 또는 자본이 고용할 수 있는 인구를 초과하는 과잉인구를 가지며", "각 사업의 성질·규모가 허용하는 최대의 자본량이 각 분야에 사용된" 나라의 조건과 대조하였다. 이런 나라들에서는 "경쟁은 [어디에서나] 최대일 것이고, 따라서 일반적인 이윤은 최저일 것이다." 스미스는 "일찍이 이 정도의 풍요에 도달한" 나라가 있는가 의문을 던지면서도, 전혀 다를 것 같은 두 후보, 즉 중국과 네덜란드를 언급한다.[19]

우리는 후에 중국, 유럽 그리고 북아메리카의 발전 조건에 대한 스미스의 비교 분석으로 되돌아갈 것이다. 하지만 여기에서는 위의 논지와 관련하여, 스미스가 한쪽에는 북아메리카 식민지를 다른 한쪽에는 중국과 네덜란드의 사례를 비교하여 그가 생각한 경제 발전 개념(특정한 물리적·제도적·사회적 환경 속에 삽입되고embedded 제한받는 과정)을 보여주었다는 점을 지적해두자. 보다 구체적으로 스미스는 경제 발전을,

---

18) Smith, *Wealth of Nations*, vol. II, pp. 76~77.
19) *Ibid.*, vol. I, pp. 103~08.

천혜의 천연자원을 포함하며 법과 제도에 의해 내적으로 모양이 갖춰지고 외적으로 경계 지어지는 공간적 용기(즉 "국가")에 사람과 물리적 자본(capital) (즉 "자본stock")을 채워 넣는 것으로 인식한다. 그 공간적 용기가 북아메리카 식민지처럼 "자본이 부족하고", "인구가 부족할" 때, 경제 성장의 잠재력은 커진다. 즉 스미스가 "진보적"이라고 부른 조건 혹은 "상태"이다. 대조적으로 그 공간적 용기가 중국과 네덜란드처럼 "자본이 꽉 차 있고" "인구가 꽉 차 있을" 때, 경제 성장의 잠재력은 있다고 해도 크지 않다. 즉 스미스가 "정체적"이라고 부른 조건 혹은 "상태"인데, 현대 용어로는 경제적 성숙의 하나로 볼 수도 있다. 입법자의 과제는 자신의 영토에 성장 잠재력을 전면적으로 실현할 수 있는 법과 제도를 부여하는 것이다. 그러므로 스미스가 보기에 중국은 "오랫동안 정체 상태에 있는 것" 같았고, "아마도 오래전에" "토양과 기후 그리고 타국들과의 정세 등이 그 나라에 줄 수 있는 모든 부를 이미 획득한" 것처럼 보였다. 그러나 이때 얻은 부의 최대치는 "법률과 제도가 달라졌을 때 중국의 토양, 기후, 정세가 줄 수 있는 것보다는 훨씬 적을 수 있다."[20]

적어도 이 부분을 읽은 독자에게, 스미스가 한 나라의 법과 제도에서의 변화가 그 나라의 크기와 천연자원 조건이 경제 성장에 부과하는 제약을 어느 정도까지 극복할 수 있다고 생각했는지는 확실하지 않다. 그럼에도 불구하고 확실한 것은 슘페터가 주장했듯이 스미스가 이해한 경제 성장의 과정 자체에는, "정체 상태"로 안주해버리거나 마크 엘빈이 후기 중화 제국의 정체 상태를 표현했던 "고도 균형의 함정"에 빠지게 되는 경향을 극복할 어떤 내재적 메커니즘도 없다는 점이다.[21] 스미스

---

20) *Ibid.*, p. 106.
21) Mark Elvin, *The Pattern of the Chinese Past*(Stanford, CA: Stanford University Press, 1973), p. 314 및 11장 이하.

는 어디에서도 스스로 작동하는 시장의 보이지 않는 손이 이러한 함정에서 경제를 꺼낼 수 있다고 암시하지 않았다. 만약 무엇인가 혹은 어느 누군가 할 수 있다면, 그것은 법과 제도의 적절한 변화를 통한 정부의 보이는 손이다. 위와 긴밀히 연관되어 있는 것으로 또 하나 분명한 점은, 법과 제도에 변화를 가져올 때 전술한 바와 같이 정부는 강력한 사회적 구속에 종속적이며, 또한 이러한 변화로써 경제적이기보다는 본질적으로 사회적인 경제 발전 과정의 모순에 대처한다는 것이다.

노동 분업과 대중의 지적 능력의 저하

경제 발전의 사회적 모순에 대처하는 국가의 행동이라는 주제는 우리를 스미스의 유산을 둘러싼 세 번째 신화로 안내한다. 즉 그가 『국부론』의 도입부에서 묘사한 분업의 이론가이고 옹호자라는 신화이다. 슘페터가 스미스 이전에도 그 이후에도 스미스만큼 분업에 많은 비중을 둔 사상가는 없었다고 말한 것은 유명하다. 스미스에서 "그것〔분업〕은 실제로 경제 진보의 유일한 요소"[22]라는 것이다. 슘페터의 두 번째 말은 과장이라고 하더라도, 처음에 한 말은 생산 단위 내부의 분업(마르크스가 말한 "기술적 분업")이라기보다 시장 교환으로 연결된 독립된 생산 단위들 사이의 분업(마르크스가 말한 "사회적 분업")에 한해서는 진실이다.[23]

『국부론』의 서술에서 이 두 가지 노동 분업이 전략적으로 등장하는 위치는 마르크스의 『자본』 제1권과 반대이다. 마르크스는 그의 이야기를 시장과 그 기초가 되는 사회적 분업에서 시작하지만 곧 우리를 시장

---

22) Joseph Schumpeter, *History of Economic Analysis*(New York: Oxford University Press, 1954), p. 187.

23) Karl Marx, *Capital*, vol. I(Moscow: Foreign Languages Publishing House, 1959), pp. 350~56.

이라는 "소란스러운 공간"을 떠나, "자본이 어떻게 생산하고 자본이 어떻게 생산되는지"를 알아내기 위해, 생산 수단의 소유자와 노동력 소유자를 따라 "생산이라는 비밀스러운 장소"[24]로 초대한다. 반대로 스미스는 어떻게 분업이 노동 생산력을 향상시켰는가를 핀 공장의 사례를 통해 보여주는 것으로 그의 이야기를 시작한다. 그러나 그 다음에 그는 생산이라는 비밀스러운 장소를 떠나, 사회적 분업(도시와 시골 사이, 혹은 여러 경제 부문과 경제 활동 사이), 각각 다른 경제 활동으로 특화한 단위들을 연결하는 시장 교환, 여러 교역 및 생산 분야 사이에 분업과 특화를 더욱 조장하는 경쟁, 경쟁과 분업 사이의 시너지를 장려하고 조절하고 이용하기 위해 정부가 무엇을 할 수 있는가에 계속해서 초점을 맞춘다. 스미스가 간접적으로라도 기술적 분업으로 돌아간 것은 『국부론』 말미에 정부가 대중 교육에 조치를 취할 것을 지지할 때뿐이었다. 그런데 여기에서 그는 책머리에서처럼 기술적 분업의 노동 생산성에 대한 긍정적인 효과를 강조하지 않고, 오히려 기술적 분업이 노동 인구 전체에 미치는 해로운 영향을 비난하고 있다.

분업의 진전에 따라 노동으로 생활하는 사람들의 거의 대부분, 즉 국민 대부분의 직업은 몇 가지의 극히 단순한 직업(흔히 하나 또는 두 가지 작업)으로 한정된다. 그런데 대다수 사람들의 이해력은 필연적으로 그들의 일상적인 직업에 의해 형성된다. 자신의 일생을 몇 가지 단순한 작업에 바치는 사람들은, 그리고 그것의 결과물도 항상 같거나 거의 같을 경우에는, 예기치 못한 어려움을 제거할 방법을 발견하기 위해 그의 이해력을 발휘하거나 그의 창조력을 행사할 기회를 가질 수 없다. 따라서 그는 자연히 그런 노력을 하는 습관을 상실하게 되고, 일반적으로 인간으로서 가장 둔해지고 무지해진다. 〔……〕 그는 자기 나라의 중대하고 광범한 이해관계를 전혀 판단

---

24) *Ibid.*, p. 176.

할 수 없게 되며, 만약 그가 그런 상태로 되지 않도록 국가가 특별히 애쓰지 않는다면, 그는 전쟁 시에도 자기 나라를 방어할 수가 없게 된다. 〔……〕 또한 그의 단조롭고 정체된 생활은 신체의 활동력을 떨어뜨려서 그때까지 그가 배워온 직업 이외의 어떤 직업에서도 활기 있고 참을성 있게 자기의 역량을 발휘할 수 없게 만든다. 이처럼 그의 특수한 직무상의 숙련과 기교는 자신의 지적·사회적·군사적 재능들을 희생시켜서 획득한 것 같다. 진보하고 문명화한 모든 사회에서는 노동 빈민, 즉 대다수의 인민들은, 정부가 이를 방지하기 위해서 노력하지 않는 한, 필연적으로 이런 상황에 빠지게 된다.[25]

기술적 분업이 전투력에 미치는 부정적인 영향은 우선 차치하고, 국익을 판단하는 능력에 미치는 부정적 영향은, 앞서 언급했던 스미스가 임금 생활자의 "사회의 일반적 이익을 파악하고, 사회의 이익과 자신의 이익 사이의 관계를 이해하는" 능력을 낮게 평가했던 것과도 일치한다. 그러나 기술적 분업이 임금노동자가 자신의 일에서 문제점을 제거하는 지적이고 창조적인 방법을 알아내거나 "그때까지 그가 배워온 것" 외에 다른 일을 효과적으로 수행하는 능력을 훼손한다고 주장한다는 점에서, 같은 현상이 노동 생산력을 향상시킨다고 한 이전 그의 주장과 모순되는 것처럼 보인다. 일례로 웨스트는 스미스가 분업이 노동 생산성을 향상시킬 것이라고 기대한 이유 중 하나가 분업이 노동자의 모든 주의력을 단순한 동작을 더 쉽고 더 수월하게 수행하는 방법을 발견할 수 있도록 유도하여 노동자의 창의성을 진작한다는 점이었다고 지적하면서, 이 두 주장 사이의 "충격적인 불일치"를 발견한다.[26]

---

25) Smith, *Wealth of Nations*, vol. II, pp. 302~03.
26) E. G. West, "Adam Smith's Two Views on the Division of Labour", *Economica* 31, 122(1964), p. 26.

네이선 로젠버그는 웨스트에게 이의를 제기하며, "비록 분업이 잠재적으로 노동자의 도덕적·지적 능력에 파괴적인 영향을 끼치고, 또 스미스가 심각하게 이러한 영향을 걱정하기는 했지만, 스미스는 이러한 전개가 지속적인 기술 변화에 심각한 장애가 될 것이라고는 염려하지 않았다"[27]고 주장했다. 이러한 주장을 뒷받침하기 위해, 로젠버그는 스미스에게서 기술 혁신은 노동자의 창의성 이외에도 두 가지 원천이 있다고 지적한다. 즉 자본재 생산자의 활동과 스미스가 "철학자" (philosophers)라고 불렀고 오늘날 우리가 과학자라고 부르는 사람들의 활동이 그것이다.

기계에서 보는 개량들이 기계를 사용할 기회가 있었던 사람들에 의해 이루어진 것은 결코 아니다. 대다수는 기계를 만드는 일 자체가 하나의 특수한 사업이 되었을 때, 그 기계를 만든 사람들의 독창력에 의해 이루어진 것이었으며, 몇 가지는 이른바 과학자(philosopher) 또는 사상가(men of speculation)——이들의 임무는 어떤 것을 만드는 데 있지 않고 일체의 사물을 관찰하는 데 있다. 그러므로 그들은 서로 전혀 관계가 없고 성질이 전혀 다른 대상들의 힘을 때때로 결합시킬 수 있다——에 의해 만들어진 것이다. 사회의 진보에 따라 과학 또는 사색은, 기타 모든 직업과 마찬가지로, 특정 계급 인민의 주된 또는 유일한 직업이 된다. 그들의 업무도, 다른 직업과 마찬가지로, 다수의 상이한 부문으로 세분되고, 각각의 부문은 상이한 과학자들의 전문이 된다. 산업에서의 분업과 마찬가지로, 과학에서의 이러한 분업은 기교를 증진하고 시간을 절약한다. 각자는 자기 자신의 분야에서 점점 더 전문가가 되며, 그리하여 전체로서의 업적도 증가하며, 과학의 수량 및 내용도 크게 증가한다.[28]

---

27) Nathan Rosenberg, "Adam Smith on the Division of Labor: Two Views or One?" *Economica* 32, 127(1965), pp. 138~39.

로젠버그는 스미스의 구상에서 기술 변화의 이 세 가지 원천(직접 생산자, 생산 수단의 생산자, 철학자/과학자)의 상대적인 중요성은 분업의 진전에 따라 달라진다고 주장한다. 분업 진전의 초기 단계에서는, 다수 인구의 지식 및 이해 수준이 중요하며, 생산 과정에 참여하는 사람은 누구든지 시간과 에너지를 절약하고 문제점을 해결하는 데 필요한 간단한 종류의 혁신에 기여할 수 있다. 노동 분업이 더 진전될수록, 기술 변화에 기여하는 다수 인구의 능력은 덜 중요해지는데, 그 이유는 한편으로는 혁신이 갈수록 복잡해지기 때문이고 다른 한편으로는 더 단조롭고 획일적인 작업을 한 결과 통찰력이 갈수록 위축되기 때문이다. 하지만 지식과 이해력의 평균 수준이 위축된다고 하더라도, 지식 생산에서 특화의 확산이 바로 기술 진보를 위한 유일하고 전례 없는 기회를 제공하여 더 높은 수준의 과학적 성취를 가능하게 한다.[29] 스미스 자신이 지적하듯이,

미개 사회에서는 각 개인이 하는 일은 매우 다양하지만, 사회 전체의 직업은 그렇게 다양하지 않다. 각 개인이 할 수 있는 일은 다른 사람들도 하거나 할 수 있는 일들이다. 각 개인은 상당한 정도의 지식과 기교 및 발명의 재능이 있지만, 그것을 특히 많이 지닌 사람은 거의 없다. 하지만 보통 지니고 있는 정도만으로도 일반적으로 사회의 모든 단순한 업무를 수행하기에 충분하다. 이와는 반대로 문명국에서는 대다수 개인들은 하는 일이 그다지 다양하지 않지만, 사회 전체의 직업은 거의 무한할 정도로 다양하다. 이런 다양한 직업은 [……] 다른 사람들의 직업을 관찰할 여가와 의향이 있는 소수 사람들에게 거의 무한한 연구 대상을 제공한다. 이처럼 다양한 연구 대상에 대한 사색은 필연적으로 그들의 사색에서 끝없는 비교와 연상을 행

28) Smith, *Wealth of Nations*, vol. I, p. 14.
29) Rosenberg, "Adam Smith on the Division of Labor", pp. 136~37.

하게 하고, 그들의 이해력은 굉장한 정도로 예리해지고 포괄적이게 된다.[30]

　로젠버그가 이 구절을 기술과 생산 조직에서 변화의 주요 주체가 직접 생산자에서 과학자로 전환하는 것을 나타냈다고 해석한 것은 타당하다. 다만 우리는 (다음의) 두 가지 중요한 측면에서 단서를 달겠다. 첫째로, 로젠버그의 전환은 스미스가 생각한 특정한 물리적·제도적·사회적 환경 속에 삽입되어 제한받는 과정으로서 경제 발전 개념과 일치한다. 스미스의 경제 발전 개념은 간단히 말해 구체적으로 다음과 같은 메커니즘을 말한다. 즉 한쪽에서는 수입 증가로 인한 전국적 시장의 확대와 다른 한쪽에서는 분업의 증가가 서로를 지탱하며 경제 성장을 이끄는 선순환을 낳지만, 다만 이 양자가 삽입되어 있는 영토적 용기가 이윤율을 최소한 받아들일 수 있는 수준 이하로 떨어뜨리지 않고 끝없이 늘어나는 자본을 수용할 수 있는 한에서만 선순환을 지속할 수 있다. 그러나 일단 그 용기가 "자본 과잉"이 되거나 "인구 과잉"이 되었을 때, 분업의 확대가 자력으로 경제를 고도 균형의 함정(그가 말한 "정체 상태")에서 구할 수 있다고 스미스가 암시한 곳은 어디에도 없다. 앞에서 언급했듯이, 오로지 정부의 보이는 손만이 법과 제도의 적절한 변화를 통해 경제를 그러한 함정에서 구출할 수 있다.

　둘째로, 특화의 노동 생산성에 대한 긍정적 영향을 보여주는 핀 공장의 예에도 불구하고, 위에서 인용한 구절과 그 전반적인 문맥을 살펴보면, 확실히 스미스는 노동 생산성에 가장 긍정적인 영향을 준 것이 생산 단위 자체 내에서 노동 역할의 특화(즉 기술적 분업의 증가)가 아니라 생산 단위와 분야에서 특화의 출현(즉 사회적 분업의 증가)이라고 보았다.

　바꾸어 말하면 스미스에게 노동 생산력을 향상시키는 데 가장 중요한 두 가지 발전은 '자본재 생산으로 특화한 부문의 출현'과 '과학적 지식

---

30) Smith, *Wealth of Nations*, vol. II, p. 304.

생산으로 특화한 개인 및 조직의 출현'이다. 비록 두 가지 발전 모두 시장 크기의 확대에 의존하지만, 특화된 노동 역할의 출현과는 달리 시장으로 연결된 생산 단위 크기의 확대에 반드시 의존하지는 않는다.

스미스가 대기업의 효율성과 유용성에 대해 완전히 회의적이었던 것은 이러한 주장을 강하게 뒷받침한다. 스미스의 회의적 태도는 앞서 논한 대기업 세력에 대항하라고 정부에게 했던 충고에서뿐 아니라 주식회사에 대한 부정적 태도에서도 명백하다.

이런 회사들은, 국가라면 하지 않았을 시도를 스스로의 비용을 들여 함으로써 약간의 무역 부문을 처음 개척하는 데 유용했을지 모르지만, 장기적으로 볼 때는 일반적으로 장애물이 되거나 무용함이 증명되었고, 무역을 잘못 관리하거나 제한했다.[31]

주주들은 "좀처럼 그 회사의 사업을 아는 체하지 않고", 또한 "회사의 사업에 관여하려 하지 않으며, 이사회가 적절하다고 생각하는 배당금을 반년이나 1년 단위로 받는 것으로 만족한다."

이러한 회사의 업무 처리에서는 다소 태만과 낭비가 있게 마련이다. 이 점 때문에 〔……〕 주식회사는 어떤 배타적 특권 없이는 거의 성공할 수 없었고, 배타적인 특권을 가지고도 성공하지 못할 때가 많았다. 일반적으로 그들은 배타적 특권이 없는 경우 무역에 실패했다. 배타적 특권이 있는 경우에는 무역을 잘못 관리했을 뿐 아니라 무역을 제한하였다.[32]

경영상의 "태만과 낭비"가 주식회사의 성과가 시원찮은 유일한 이유

---

31) *Ibid.*, p. 255.
32) *Ibid.*, pp. 264~65.

는 아니다. 현지 조건에 적응하는 유연성의 부족은 오늘날의 다국적 기업과 매우 유사한 형태의 배타적 특권 없이 여러 국가들의 시장에서 동시에 영업하는 회사의 경우 태만과 낭비만큼이나 중요한 원인이었다.

양쪽 시장에서 많은 경쟁자가 있을 때 한 시장에서 이윤을 붙여 팔기 위해 다른 시장에서 매입하는 것, 수요의 일시적 변동뿐 아니라 그 수요를 충족시키는 공급(혹은 경쟁)의 훨씬 더 크고 빈번한 변동을 경계하는 것, 그리고 민첩하게 판단해서 각종 재화의 품질, 수량을 이런 상황 변화에 적응시키는 것은 일종의 전쟁이기 때문이다. 이 전쟁의 작전은 끊임없이 변화하며, 그것을 성공적으로 수행하기 위해서는 끊임없이 경계하고 주의하지 않으면 안 되는데, 이것을 주식회사의 이사들에게 기대힐 수는 없는 일이다.[33]

스미스는 "모든 업무가 이른바 천편일률적이어서 임기응변이 필요 없는 것"이 되면, 주식회사는 아마도 "배타적 특권 없이 성공적으로 운영"할 수 있을 것이라고 인식했다. 그러나 그는 오로지 네 가지 활동만이 이 경우에 해당할 것이라고 언급했다. 은행, 보험, 배가 통행할 수 있는 운하의 건설과 유지, 그리고 대도시에 식수를 공급하는 사업이 그것이다. 제조업은 절대로 이 중의 하나가 아니다.

특정 제조업을 진흥한다는 공적인 명분하에 설립된 주식회사도 운영을 잘못하면 사회의 총자본을 감소시킬 뿐 아니라 그 밖의 점에서도 이득보다 해가 될 수 있다. 비록 올바른 의도에서 시작했다고 하더라도, 이사들은 제조업의 특정 영역을 〔……〕 불가피하게 편애하기 때문에, 제조업의 나머지 부분은 실질적으로 저해받고, 만약 그러지 않았다면 사려 깊은 산업 활동과 이윤 사이에 생겨났을 자연적인 비율——이 비율은 그 나라의 전체 산업 활

---

33) *Ibid.*, p. 278.

동에 대해 다른 어떤 장려책보다 가장 크고 가장 효과적인 장려책이다—
은 다소 파괴된다.[34]

풍요로 가는 대안적 경로

앞의 구절에서 "사려 깊은 산업 활동과 이윤 사이의 〔……〕 자연적인
비율"에 대한 언급은 스미스의 경제 발전 개념에 대해 네 번째의 명확한
설명을 하도록 한다. 앞서 언급했듯이, 스미스는 "영토가 유지할 수 있
는 인구, 또는 자본이 고용할 수 있는 인구를 초과하는 과잉인구를 가져
서", "각 사업의 성질·규모가 허용하는 최대의 자본량이 각 분야에 사
용된" 나라의 가장 가능성 있는 사례로 중국과 네덜란드를 꼽는다. 그럼
에도 불구하고 스미스는 또한 중국과 네덜란드가 서로 매우 상이한 경
로를 따라 발전하여 이러한 경제적 성숙 상태에 이르렀다고 말한다.

중국은 스미스가 "사물의 자연적 과정" 혹은 "풍요로 가는 자연적 진
보"라고 부른 경로를 따라 경제적 성숙에 이른 국가의 사례로 여러 차례
언급된다. 이러한 사물의 "자연적" 과정에서, "더 많은 자본은 〔……〕
우선은 농업으로 향하고, 다음으로 제조업, 마지막으로 외국무역으로
향한다." 농경의 확대와 개선은 제조업에 대한 투자 수요를 창출하고,
농업 생산과 제조업 생산의 확대는 다시 더 큰 가치의 상품과 해외에서
교환될 수 있는 잉여 상품을 창출한다. "인간이 만든 제도가 〔……〕 사
물의 자연적 과정을 결코 교란하지 않는다면, 부의 증대와 도시의 증가
는 영토 혹은 농촌의 개량과 경작에 비례하여 모든 정치 사회에서 필연
적으로 나타날 것이다."[35]

이와 대조적으로 네덜란드는 경제적 성숙으로의 유럽식 경로, 즉 스

---

34) *Ibid.*, pp. 279~82.
35) *Ibid.*, vol. I, pp. 403~05.

미스가 "부자연스럽고 역행적"이라고 부른 경로를 따라간 나라 중에 가장 극단적(막스 베버의 용어로는 이념형의) 사례로 거론된다.

그러나 이러한 사물의 자연적 순서는 모든 사회에서 어느 정도 일어났음이 틀림없지만, 유럽의 모든 근대 국가에서는 이 순서가 많은 측면에서 완전히 전도되었다. 우선 약간의 외국무역을 하는 도시가 좀더 정교한 제조업이나 원거리 판매에 적합한 제조업을 도입했으며, 그 다음으로 제조업과 외국무역이 농업에서의 주요한 개량을 야기했다. 최초에 그들을 다스렸던 통치의 성질로부터 유래되어 그 통치가 크게 바뀐 뒤에도 여전히 남아 있던 풍습과 관습이 이러한 부자연스럽고 역행적인 순서를 이들 나라에 강요한 것이다.[36]

스미스의 중국에 대한 묘사는, 결국에 마르크스의 악명 높은 "아시아적 생산 양식"을 낳게 되는 몽테스키외, 디드로, 루소의 중국 비판과는 거리가 멀다. 그렇지만 스미스의 중국 묘사는 가장 유명하게는 라이프니츠, 볼테르, 케네로 대표되는 유럽 계몽운동의 중국을 사랑하는 일파가 묘사하는 것 같은 찬탄으로 차 있지도 않다.[37] 후자에게 영감을 준 정보의 원천은 "신뢰하기 어려운 여행자들, 그리고 많은 경우 바보 같고 거짓말 잘하는 선교사들이 [······] 만들어낸" 것이라고 때때로 조롱당했다.[38] 더 중요하게, 스미스는 중국의 법과 제도가 경제 팽창의 가속화

---

36) *Ibid.*, pp. 405~06.
37) 계몽운동 내에서 청대 중국을 찬미하는 그룹과 경멸하는 그룹의 분열에 대해서는 Michael Adas, *Machines as Measure of Men: Science, Technology and Ideologies of Western Dominance*(Ithaca, NY: Cornell University Press, 1989), pp. 79~93 참조. 마르크스의 아시아적 생산 양식에 대해서는 Perry Anderson, *Lineages of the Absolute State*(London: New Left Books, 1979), pp. 462~549 참조.

에 불필요한 제한을 가한다고 비판했다. 그러므로 중국의 "국내 시장"이 아마도 유럽의 다른 모든 나라들을 합한 것만큼 크고, 중국 경제가 영토, 천연자원 그리고 다른 나라와의 정세가 허용하는 최대한으로 팽창했을 것이라고 진술하면서도, 스미스는 이어서 "외국무역을 〔……〕무시하고 외국 선박의 출입을 한두 개 항구밖에 허용하지 않는 나라는 이와는 다른 법과 제도라면 가능했을 분량의 사업을 처리해낼 수 없다"고 말한다.

이처럼 거대한 국내 시장에 세계의 나머지 모든 지역의 외국 시장을 덧붙인 외국무역이 만일 이루어진다면, 또한 특히 외국무역의 상당 부분이 중국 선박으로 이루어진다면, 틀림없이 중국의 제조업자들은 더욱더 증가할 것이며, 제조업의 생산력은 더욱더 발전할 것이다. 또한 이렇게 되면 좀더 폭넓은 항해가 이루어짐으로써 중국인들은 세계의 다른 모든 지역에서 시행되는 기술·산업상의 여러 개량뿐 아니라 다른 나라에서 사용되는 각종 기계들을 스스로 사용·제작하는 기술까지도 자연스럽게 습득하게 될 것이다. 현재와 같은 정책으로는 다른 나라 국민들(일본인은 제외한다)을 본받아 그들 자신을 발전시킬 수 있는 기회는 거의 없다.[39]

지금 이 진술의 역사적 정확성이란 문제는 차치하고, 중국의 법과 제도에 대한 비판은 어떻게 보아도 유럽의 법과 제도가 중국 것보다 우월하다는 의미는 아니며, "부자연스럽고 역행적인" 유럽식 경제 발전 경로가 "자연스러운" 중국식 경로보다 우월하다는 의미는 더더욱 아니다. 스미스의 비판은 단순히 이른바 외국무역에 대한 중국의 태만이 "자연스러운" 중국식 경로가 그 코스를 완주하는 것을 막고 있다는 표현이다.

38) Smith, *Wealth of Nations*, vol. II, p. 251.
39) Smith, *Wealth of Nations*, vol. I, p. 106; vol. II, p. 202.

그러나 어디에도 스미스가 중국이 "부자연스럽고 역행적인" 유럽식 경로를 따라갈 수도 있었다거나 따라갔어야 했다고 말한 곳은 없다. 반대로 스미스가 유럽 정치가에게 충고한 주된 요지는 그들 자신의 국가 발전 진로를 "자연스러운" 경로로 가도록 조종하라는 것이다.

스미스는 이 충고에 몇 가지 근거를 제시하였다. 부분적으로 그는 자기 주장의 타당성을 각 산업 분야의 투자가 국가 시장과 국부(國富)에 미치는 영향이 다르다는 점에서 보여주었다. 스미스는 농업과 소매업에 사용되는 자본이 가장 긍정적인 영향을 준다고 주장했다. 왜냐하면 이 자본들은 "고정된 지점, 농장 그리고 소매업자의 가게에 거의 갇혀 있어서" 그 나라 안에 반드시 머물기 때문이다. 대조적으로 도매업에 사용되는 자본은 "어느 곳이든 고정된 혹은 필요한 기주지가 없는 것처럼 보이며, 싸게 살 수 있거나 비싸게 팔 수 있는가에 따라 이곳에서 저곳으로 옮겨 다닌다." 그렇지만 도매업에 사용되는 자본도 "국내 상업"(즉 "한 나라의 산업 생산물을 그 나라의 한 지역에서 구매해 다른 지역에서 파는 데 종사하는 것"), 혹은 "대외 소비무역"(즉 "국내 소비를 위해 외국 재화를 구매하는 데 종사하는 것") 혹은 "중개무역"(즉 "외국들 사이의 무역을 취급하고, 한 외국의 잉여 생산물을 다른 외국으로 운송하는 데 종사하는 것") 중 어디에 사용되는가에 따라서 국가 시장에 끼치는 영향은 다르다. 국내 상업에 투자되는 자본이 가장 긍정적인 영향을 주는데, 왜냐하면 "똑같은 자본을 가지고 가장 큰 세수(稅收)를 제공하고 그 나라 사람들에게 가장 많은 고용을 창출하기" 때문이다. 국내 소비를 위해 외국 재화를 구매하는 데 투자되는 자본은 국내 상업보다 덜 즉각적이고 그저 약간 긍정적인 영향을 준다. 왜냐하면 외국 재화를 구입함으로써 해외에 창출된 세수와 고용이 궁극적으로 투자하는 국가의 경제에도 동등한 세수와 재화를 창출할 것이라는 보장은 없기 때문이다. 그러나 가장 덜 긍정적인 영향은 한 나라의 자본이 중개무역에 투자되는 경우이다. 왜냐하면 그 자본은 "자기 나라의 생산적 노동을 유지하는 것에서 빠져나와 외국의 생

산적 노동을 유지하는 데 사용"[40]되는 것이기 때문이다.

"자연스러운" 발전 경로를 선호하는 이 첫 번째 주장은 단순히, 일국의 시장 경제를 발전시키는 가장 가능성이 높은 길이 농업과 국내 상업의 확대와 개선에서부터 시작된다고 말하는 것이다. 이 확대와 개선은 농업 활동과 상호 북돋우는 관계에 있는 제조업 활동이 자발적으로 발전할 수 있는 기회를 창출한다. 다음에는 농업과 공업 성장이 잉여 상품을 산출하여, 이 잉여 상품들은 국내 시장에서 팔 때보다 더 높은 이윤으로 해외에서 다른 상품들과 교환되어 팔린다. 외국무역이 시장의 크기를 더 확대함에 따라, 새로운 생산의 특화된 분야가 출현하고, 아마도 "그 나라의 소비를 충족시키고 생산적 노동을 유지하는" 데 사용될 수 있는 양을 초과하는 정도의 자본이 축적될 수 있는 기회가 나타난다. 그러한 상황이 나타날 때, "그 [자본의―인용자] 잉여분은 중개무역으로 자연스럽게 흘러들어가 다른 나라에 대해 동일한 역할을 하는 데 사용된다."

> 중개무역은 엄청난 국부의 자연적인 결과이며 징후이지, 그것의 자연적인 원인인 것 같지는 않다. 특별한 장려책으로 그것을 자극하려고 했던 정치가는 결과와 징후를 그 원인으로 잘못 알았던 것 같다.[41]

경제 발전의 "자연스러운" 경로를 선호하는 이러한 주장은 스미스의 반(反)도시적 성향을 전형적으로 보여주는 두 개의 다른 주장으로 보완된다. 로젠버그가 지적했듯이, 이러한 성향은 스미스의 이중적 주장, 즉 지리적인 집중성이 도시 지역을 경쟁 과정을 억제하는 진원지로 만든다는 것, 그리고 농촌 주민들이 도시 주민들보다 분업의 부정적 영향을 덜 받는다는 것, 이 두 주장의 논리적 결과이다.[42]

---

40) *Ibid.*, vol. I, pp. 385, 389~92, 456.
41) *Ibid.*, p. 395.

도시 주민들은 한 장소에 집합하고 있으므로 쉽게 단결할 수 있다. 따라서 도시에서 행해지는 가장 보잘것없는 직업까지도 [……] 동업조합을 결성한다. 동업조합이 결성되지 않은 직업에서도 동업조합의 정신, 즉 외부인에 대한 경계나, 도제를 받아들이거나 직업상의 비법을 전달하는 것에 대한 반감이 일반적으로 지배하며, 이러한 동업조합의 정신은 규칙으로써 금지할 수 없는 자유 경쟁을 자발적인 협의·동의에 의해 저지할 것을 가르쳐준다. [……] 시골 주민들은 서로 멀리 분산되어 있으므로 쉽게 단결할 수 없다. 그들은 동업조합을 만들어본 적도 없으며, 동업조합의 정신도 그들 사이에는 없다.[43]

이러한 도시의 농촌과 다른 조건은 때때로 법률적 뒷받침까지 받으며, "도시 거주자들이 외국인이나 [……] 자국민들과의 자유 경쟁으로 다 못 팔게 될지도 모른다고 두려워하지도 않고 가격을 올릴" 수 있게 한다. 비록 "그 나라의 지주, 농민 그리고 노동자는" 궁극적으로 이 더 높은 가격을 지불해야만 하는 사람들이지만, 그들은 국가가 지원하는 도시의 독점에 거의 반대하지 않는다. 왜냐하면 "상인·제조업자들이 시끄럽게 주장하는 소리와 궤변은 쉽사리 사회의 일부 및 그 부차적인 부분의 사적 이익이 사회 전체의 일반 이익이라는 것을 농촌 주민에게 설득하기"[44] 때문이다. 스미스는 여기에서 앞에서 말한 이윤 생활자의 능력, 즉 자신의 계급 이익이 사회의 일반 이익과 일치하지 않는데도 사회가 이를 받아들이게 만드는 능력을 반복해서 이야기하고 있다. 그러나 그렇게 하는 과정에서, 스미스는 이윤으로 먹고사는 사람, 지대로 먹고사는 사람, 임금으로 먹고사는 사람들의 계급 이해를 토론할 때에

---

42) Rosenberg, "Adam Smith on the Division of Labor", p. 138 n.
43) Smith, *Wealth of Nations*, vol. I, pp. 140~41; 또한 vol. II, pp. 383~84 참조.
44) *Ibid.*, vol. I, pp. 142~43.

빠져 있었던 도시 노동자와 농촌 노동자 사이의 차이를 이끌어낸다. 도시와 농촌 간의 불균등 교환 관계로 혜택을 입는 것은 이 관계의 확립을 조장한 상인과 제조업자뿐 아니라 도시 노동자도 마찬가지라고 말한다.

스미스가 농촌 노동자가 도시 노동자보다 분업의 부정적 영향을 덜받는다고 주장한 것은 바로 이러한 맥락에서이다. 보통의 농촌 노동자는 비록 "일반적으로 바보와 무식한 사람의 표본으로 간주되지만", 자신이 일하는 아주 다양한 도구와 원료를 다루는 데 필요한 "판단과 주의의 면에서는 실수하는 일이 거의 없다." "그의 이해력은 [……] 사물의 다양한 변화를 고려하는 데 습관이 되어 있으므로, 아침부터 밤까지 한두 가지 매우 간단한 작업의 수행에 모든 신경을 쏟는 기계 노동자의 이해력보다 일반적으로 훨씬 더 우수하다." 게다가 "많은 다른 우연적 사건뿐 아니라 항상 변화하는 날씨"라는 농경 생산의 변화하는 조건 때문에, "항상 같거나 거의 똑같은" 생산 조건에 있는 도시 노동자보다 훨씬 더 농촌 노동자는 계속해서 판단과 주의를 할 필요성이 있었고, 생생하게 이를 유지했다. 정말 소규모의 토지 소유자가 될 기회가 주어진다면, 농촌 노동자는 대지주보다 훨씬 더 훌륭한 경영자가 될 것이다.[45]

도시 지역에 경쟁에 대한 억제가 없다면, 농촌 노동자의 우월한 지성과 기술은 "자연스러운" 발전 경로를 따른 중국과 같은 나라에서 그렇다고 하듯이, 도시 노동자보다 더 높은 지위와 더 높은 임금으로 나타났을 것이다. 그러나 유럽과 같이 "부자연스러운" 발전 경로를 따른 나라들의 현실은 그 반대이다. 그럼에도 불구하고 스미스는 적어도 영국에서 그 자체 모순의 압박으로 이러한 "부자연스러운" 상태가 변화하고 있다고 적는다.

---

45) *Ibid.*, pp. 141~42, 410~19.

이러한 변화는 도시 산업을 특별히 장려한 것의 필연적인, 그러나 그 효과가 아주 늦게 나타난 결과라고 간주할 수 있다. 도시에 축적되는 자본은 너무나 커져서 〔……〕 경쟁을 증대함으로써 필연적으로 이윤을 감축한다. 도시에서의 이윤 저하는 자본이 농촌으로 유입되도록 강요하며, 그곳에서 농업 노동에 대한 새로운 수요를 창출함으로써 필연적으로 농업 노동 임금을 인상시킨다. 이리하여 자본은 〔……〕 전국으로 확산되고 농업에 사용됨으로써 부분적으로 농촌으로 되돌아오는데, 이 자본은 원래는 농촌의 희생 위에 대부분 도시에서 축적되었던 것이다.[46]

스미스가 입법자에게 하는 충고는 "부자연스러운" 경로가 "자연스러운" 경로 쪽으로 자발적으로 접근하는 이러한 현상을 촉진하라는 것이다. 이러한 충고를 하는 이유를 요약하면서, 스미스는 "한 나라의 경제 정책의 가장 큰 목적은 그 나라의 부와 힘을 증가시키는 것"이라고 말한다. 그리고 "상업·제조업에 의해 한 나라가 획득한" 자본은 적어도 부분적이나마 "그 나라 토지의 경작·개량에 투자되어 실현되지 않고는" "대단히 불안정하고 불확실한 재산이다."

상인은 반드시 어떤 특정국의 시민일 필요는 없다고 하는 말도 있는데, 맞는 말이다. 어느 지역에서 자기의 사업을 운영하는가는 대체로 그들에게는 상관이 없다. 매우 사소한 기분 나쁜 일이 있어도 그는 한 나라에서 다른 나라로 그의 자본 및 그것이 유지하는 산업을 옮겨버린다. 그의 자본의 어떤 부분이 건물이나 영구적인 토지 개량에 투자되어 한 나라의 지표(地表)에 퍼질 때까지는 그 나라에 속한다고 말할 수 없다. 〔……〕 전쟁과 정치로 조성된 보통의 대변혁은 상업으로부터만 나오는 부의 원천을 쉽사리 고갈

---

46) *Ibid.*, pp. 142~43. 유럽보다 중국에서는 농업 노동이 산업 노동에 비해 더 높은 보상을 받는다는 것에 관해서는 vol. Ⅱ, p. 201 참조.

시켜버린다. 농업의 더 건실한 개량으로부터 나오는 부의 원천은 더 오래 지속되며, 적대적이고 야만적인 민족에 의해 1~2세기 동안 지속된 약탈과 유린으로 인한 격변에 의하지 않고는, 파괴될 수 없다.[47]

부와 힘

스미스는 유럽의 "부자연스러운" 발전 경로가 "자연스러운" 경로 쪽으로 접근하는 것을 지지하는 이유를 종합하면서, "부"(富, wealth)와 "힘" 사이의 연관 관계를 확립하는데, 이는 우리에게 그가 정치경제학을 "정치가나 입법자를 위한 과학의 한 분과"라고 개념화한 것을 상기시킨다. "홉스 씨가 말한 바와 같이, 부는 힘이다." 홉스를 인용한 바로 뒤에, 스미스는 그에게 동의하는 조건으로 "거대한 재산을 획득하거나 상속받는 사람이 반드시 어떤 정치적 권력을, 그것이 군사적인 것이건 비군사적인 것이건 간에, 획득하거나 상속받는 것은 아니다"라고 단서를 덧붙였다. 부는 그 소유자에게 "그 두 가지를 획득할 수단을" 제공할 수 있을지 모르지만, 그러나 "그에게 그것들을 반드시 가져다주는 것은 아니다." 재산의 소유가 "즉시 그리고 직접적으로" 가져다주는 힘은 "구매력, 즉 일종의 모든 노동에 대한 지배력이며, 또는 그 당시 시장에 나와 있는 모든 노동 생산물에 대한 지배력이다."[48]

앨버트 허슈먼이 강조했듯이, 폭력의 수단을 지배함으로써 얻는 권력이 부의 소유로 얻는 권력으로 대체되는 것은 스미스에게 상업과 산업발전의 가장 긍정적인 효과였다.[49] 이러한 발전 이전에는, 대토지 소유

---

47) *Ibid.*, vol. I, pp. 394, 444~45.

48) *Ibid.*, p. 35.

49) Albert O. Hirschman, *The Passions and the Interests: Political Arguments for Capitalism before its Triumph*(Princeton, NJ: Princeton University Press, 1977), pp. 100~02.

자들은 그들의 잉여 생산물을 다수의 가신들을 부양하는 데만 사용했으
므로, 가신들은 대영주에게 전적으로 의존하면서 대영주의 사적인 군대
를 구성했다. 이러한 환경 아래에서 중앙 정부가 "자기의 재량에 따라
거의 계속적으로 서로 간에, 그리고 종종 왕에게, 전쟁을 도발하며" 온
나라를 "폭력·약탈·무질서의 무대"로 만들던 대영주의 폭력을 억제하
는 것은 매우 어려웠다. 그러나 중앙 정부의 정치적·군사적 힘이 할 수
없었던 것〔즉 대영주의 폭력 억제〕을, "외국무역·제조업이라는 조용하
고 감지할 수 없는 작용이 점차로 이루어냈다."

　　외국무역과 제조업은 대영주들에게 자기 토지의 총잉여생산물과 교환할
수 있는 물건, 그리고 차지인이나 하인 들과 나누지 않고 스스로 소비할 수
있는 물건들을 제공했다. 〔……〕 그들은 다이아몬드 버클이나 하찮고 쓸모
없는 물건과의 교환으로 천 명의 1년분 생활 자료 〔……〕 그리고 그 생활
자료가 자기들에게 부여하는 모든 권력을 포기했다. 〔……〕 이리하여 그들
은 모든 허영 중 가장 유치하고 천하고 지저분한 허영과의 교환으로 모든
권력·권위를 점차 상실해갔던 것이다. 〔그리하여—인용자〕 도시의 시민이
나 상인과 다름없게 되었다. 질서 정연한 정치가 도시뿐만 아니라 시골에도
확립되었고, 도시에서와 마찬가지로 시골에서도 그것을 교란할 만한 힘을
가진 사람은 아무도 없었다.[50]

　스미스는 여기에서, 비록 부가 즉시 그리고 직접적으로 정치적 힘으
로 전환되지는 않는다고 해도 부가 좀더 우회적인 방법으로 정치적 힘
을 얻을 수 있는 수단을 제공한다는 점, 그리고 또 그가 다른 곳에서 도
시 상인과 제조업자가(그들의 힘과 권위는 여기에서 대수롭지 않게 표현된
다) 국익과 배치되는 그들만의 이익을 국가와 사회에 강제할 수 있는 능

50) Smith, *Wealth of Nations*, vol. I, pp. 433~39.

력에 대해서 묘사했던 것을 마치 잊어버린 것처럼 보인다. 제3장에서 살펴보겠지만, 스미스는 화폐를 단지 지불 수단으로 의미를 축소해서 보았기 때문에 이윤의 추구와 힘의 추구 사이의 보다 장기적이고 더 큰 규모의 관계를 보는 데 한계가 있었다. 그러나 오늘날의 문맥에서 외국무역과 제조업의 운영에 관한 스미스의 상반된 주장 사이의 모순, 즉 외국무역과 제조업이 중앙 정부의 힘을 강화하면서도, 국익을 추구하는 중앙 정부의 능력에 개입할 수 있는 여러 강력한 세력들을 창출한다는 모순은 그 각각이 국가 발전의 상이한 작용과 "단계"를 언급한 것임을 이해하면 해소할 수 있다.

첫 번째 주장은 현존의 혹은 장래의 국가 영토를 넘어선 폭력의 합법적 사용의 중앙 집권화를 언급한 것이다. 이러한 면에서, 스미스는 군벌주의를 비난하고, 외국무역과 제조업이 도시에서 농촌 지역으로 시장 교환을 확대하여 군벌주의의 독특한 유럽적 형태("봉건주의")를 극복하는 역할을 했다고 환영한다. 반대로 두 번째 주장은 폭력의 합법적 사용이 성공적으로 중앙 집권화되고 일국의 시장 경제가 전면적으로 확립된 상황을 언급한다. 이러한 환경 아래서, 외국무역과 제조업의 "부자연스러운" 과잉발전은 중앙 정부가 국익을 추구하는 능력에 주요한 장애가 된다. 따라서 스미스는 입법자에게 상호 경쟁을 통해 가격과 이윤을 낮추게 만들어서 상인과 제조업자의 힘에 대항하라고 충고한다. 어떤 상황에서 중앙 정부의 힘에 대한 주요한 제약은 영주의 폭력 수단에 대한 지배력에서 나오지만, 다른 상황에서는 상인과 제조업자의 부에 대한 지배력에서 나온다. 그러나 이 모든 상황에서 스미스에게 가장 중요한 관심사는 국익을 추구하는 중앙 정부의 능력을 확립하고 보존하는 것이다.

국내의 위협과 저항에 맞서서 국익을 추구하는 것은 물론 국제적인 무대에서 국익의 추구와도 긴밀히 연관되어 있다. 그리고 스미스는 "사회를 다른 독립 사회의 폭력과 침입으로부터 보호하는 것"이 "주권국가

[the sovereign, 김수행 번역에 따르면 원문 문맥에서는 국왕]의 첫 번째 의무"이며 "풍요보다 훨씬 더 중요한 것"이라는 점에 대해서는 추호도 의심하지 않는다. 그러므로 그는 국방의 이해를 위해서라면 그의 관점에서 국부에 대해 부정적 효과가 있는 정책이라도 기꺼이 지지한다.

만약 어떤 특정한 제조업이 [……] 사회의 방어에 필요하다면, 우리 이웃에게 그 공급을 의존하는 것이 항상 사려 깊지는 않을 것이다. 그리고 그런 제조업이 그러지 않고서는 국내에서 지탱할 수 없다고 하면, 그 제조업을 지원하기 위해 다른 모든 산업 분야에 세금을 부과하는 것이 비합리적인 일은 아닐 것이다.

유사하게 스미스는 영국 선박에 영국 무역의 독점권을 준 1651년의 항해 조례가 경제적 고려보다는 "국민적 적대감으로부터 나왔다"고 하더라도 "아마도 영국의 모든 무역 규제 중에서 가장 현명한 규제"일 것이라고 평가했다. "그 특정 시기에 국민적 적대감은 가장 사려 깊은 지혜를 가진 사람이라면 추천했을 목적, 즉 영국의 안전을 위협하는 유일한 해상국인 네덜란드의 해군력을 감축시키는 것을 겨냥했던 것이다."[51]
스미스는 국방의 필요와 국가의 경제 발전 사이의 주요한 모순을 보았다. 국부의 증가는 그 나라를 더 가난한 이웃 나라에 더욱 매력적인 표적으로 만들었다. 그러나 국부의 증가를 가능하게 하는 분업은 국민 다수의 전투력을 훼손한다. 유목민족 국가 및 대외 교역을 거의 하지 않고 오로지 가내수공업만 있는 농경민족 국가에서는 "각 개인은 전사이고 또한 쉽사리 전사가 된다." 산업노동자, 상업노동자, 농업노동자가 특화된 나라에서는 그렇지 않다. 이들은 스스로 전쟁을 위해 전업으로

---

51) *Ibid.*, vol. I, pp. 486~87; vol. II, pp. 28, 213. 보다 상세한 토론을 보려면 Haakonssen, *Science of a Legislator*, pp. 93~95, 180ff 참조.

고용될 준비도 되어 있지 않고 군사 훈련에 참가할 시간도 없다. 국부와 분업이 진전됨에 따라, "대부분의 사람들은 완전히 비전투적이 된다. [……] 그리고 만일 국가가 그 사회의 방위를 위해 어떤 새로운 조치를 취하지 않는다면, 사람들은 그들의 자연스러운 습성으로 말미암아 결코 자신을 방어할 수 없게 된다."[52]

국가를 더욱 공격당하기 쉽게 만들고 방어 능력은 더욱 떨어뜨리는 경제 발전 경향들 사이의 모순을 해결하기 위해, 스미스는 입법자에게 국방상 취해야 할 조치를 충고하는데, 주로 그의 사회적 분업의 우위 이론을 "전쟁 기술"로 확대하는 것에 의지한다.

기계적인 기술과 이것과 필연적으로 관련되는 다른 몇 가지 기술의 수준은 특정 시대에 전쟁 기술이 도달할 수 있는 최고 수준을 결정한다. 그러나 전쟁 기술을 이런 최고 수준으로 높이기 위해서는 그것이 특정 시민계급의 유일한 또는 주된 직업이 되어야 할 필요가 있으며, 분업은 다른 어떤 기술의 경우에서와 마찬가지로 전쟁 기술의 진보에 필수적이다.[53]

그러나 분업을 전쟁 기술로까지 확대하는 것은 사적 동기에만 의존할 수 없다. 다른 기술에 "분업이 도입된 것은 개인들의 판단에 의해 자연적으로 이루어진 것이다." 그러나 민간인이 "대부분의 자기 시간을 이런 특정한 일에 써버리게" 유도할 수 있는 것은 국가뿐이다. 이러한 관점에서 볼 때, 근대적 상비군의 탄생은 민병대에 의존하는 것보다 몇 가지 유리한 점이 있다. 상비군은 군사 활동을 더욱 특화할 여유가 있다. 상비군은 "오늘날의 군대에서 [……] 병사가 무기를 능숙하게 다루는 것보다 훨씬 중요한" 규율, 질서 그리고 명령에 대한 절대 복종이라는

---

52) Smith, *Wealth of Nations*, vol. II, pp. 216~20.
53) *Ibid.*, p. 219.

자질을 주입한다. 그리고 상비군은 "저항할 수 없는 물리력에 의해 국왕의 법을 제국의 가장 변두리까지 시행하며, 상비군이 없다면 어떤 통치도 받아들이지 않을 나라들에서 어느 정도 정상적인 통치를 가능하게 한다."[54]

그러므로 비록 국방에 대해 토론하면서도 스미스의 압도적인 관심은 중앙 정부의 손에 권력을 집중시키는 것으로 되돌아간다. 그러나 "총포의 발명이 전쟁 기술에 가져온 큰 변화"에 대한 논의를 끝맺으면서, 스미스는 『국부론』에서는 어떤 분명한 대답도 주지 않은 문제들을 제기한다. 스미스는 우리에게 그 큰 변화의 주된 효과가 "일정 수의 군인을 평화시에 훈련, 연습시키는 경비는 물론 전쟁 시에 그들을 동원하는 경비도 크게 증가시켰다"는 짐이라고 말한다. 병사들의 무기, 탄약은 더욱 비싸졌고, 도시를 "몇 주만이라도 그처럼 우수한 대포의 공격에 견뎌내도록" 하려면 더 많은 돈이 들었다. 이 불가피한 결과야말로 국제 관계에서 진정한 혁명이었다.

오늘날의 전쟁에서는 총포에 소요되는 비용이 엄청나므로, 이런 경비를 능히 부담할 수 있는 나라가 훨씬 유리하다는 것은 명백하다. 따라서 부유한 문명국은 가난한 미개국에 비해 훨씬 유리하다. 고대에는 부유한 문명국이 가난한 미개국에 대해 자국을 방위하는 것이 어렵다는 것을 알았다. 그러나 오늘날에는 가난한 미개국이 부유한 문명국에 대해 자국을 방위하는 것이 어렵다는 것을 깨닫는다. 〔……〕 총포의 발명은 문명의 영속과 확대에 확실히 유리하다.[55]

두 가지 질문이 즉시 떠오른다. 첫째로 다른 조건이 같다면, 제조업,

---

54) *Ibid.*, pp. 219~22, 228~29.
55) *Ibid.*, pp. 230~31.

외국무역 그리고 항해에 더 큰 역할을 부여하는 "부자연스러운" 경제 발전 경로가 "자연스러운" 경제 발전 경로보다 근대적 무기가 부유한 국가에 주는 유리함이 더 크다고 할 수 있는가? 그리고 만약에 그렇다면, 스미스의 "자연스러운" 발전 경로에 대한 선호는 그가 풍요보다 국방을 우선시한 것과 어떻게 조화시킬 수 있는가? 혹은 고쳐 말하면, 이미 스미스 자신의 시대에 인도에서 일어났고 곧이어 중국에서도 일어난 일처럼, "자연스러운" 경로를 따라 발전한 "풍요롭고 문명화된" 국가들이 "부자연스러운" 경로를 따라 발전한 덜 "풍요롭고 문명화된" 국가들의 침략에 노출되지 않겠는가? 둘째로 위의 문제와 긴밀히 연관되어, 만약 "부자연스러운" 경로를 따라 획득한 부가 우월한 군사력의 원천이라면, 그리고 유럽이 비유럽의 "야만국" 및 "문명국"들을 희생하여 세계 경제의 더 큰 통합의 이익을 전유(專有)할 수 있었던 것이 우월한 군사력 덕분이라면, 스미스가 이 책 서론에서 인용했던 구절에서 주장한 것처럼, 어떻게 "모든 나라들에서 모든 나라들로의 상업"이 세계 각국 사이에 "힘의 균등"을 가져올 수 있겠는가? 상업이 유럽 계통의 민족들에게는 부와 힘의 선순환을, 다른 민족들 대부분에게는 빈곤과 약소의 악순환을 가져다주는 것을 어떤 세력들이, 만약 그런 것이 있다면, 막을 것인가?

이들 질문은 스미스 역사사회학의 범위를 멀리 벗어난다. 그럼에도 불구하고 이 질문은 우리의 관심사에 핵심적이다. 이 질문에 답하기 위해, 이제 우리는 제1장에서 검토한 경제 발전의 상이한 개념들을 재검토하는 것으로 한 발 되돌아가야 한다. 그리고 난 다음 마르크스와 슘페터의 자본주의 발전 이론이 세계 발전의 주도 지역으로서 동아시아의 쇠퇴와 부활을 이해하는 데 어떤 빛을 던져줄 수 있는지 살펴보아야 한다.

제3장 마르크스, 슘페터 그리고 자본과 권력의 '끝없는' 축적

앞에서 애덤 스미스 역사사회학의 재구성은 제1장에서 말한 베이징에서의 스미스 "발견"이 전혀 신기루가 아님을 확인해준다. 스미스는 후기 중화 제국을 시장 기반 발전의 전형으로만 본 것이 아니었다. 그가 보기에〔중국 경제는〕시장 기반 발전이 도달할 수 있는 거의 최대한까지 진전된 것이었다. 내가 "거의"라고 말한 이유는 스미스가 외국무역에 더 적극적으로 나서고 특히 외국무역을 중국 선박으로 행한다면 중국의 국부를 더 늘릴 수 있을 것이라고 생각했기 때문이다. 이러한 단점에도 불구하고 스미스는 정부가 추구하기에 가장 권할 만한 시장 기반 경제 발전 형태의 모델로 유럽보다는 중국을 지지했다.

그렇게 볼 때, 안드레 군더 프랑크가 스미스에 따르면 "유럽은 국부의 발전 과정에 뒤늦게 동참한 신참이었다"고 주장한 것은 오직 부분적으로만 진실이다. 스미스는 유럽의 경제 발전이 중국보다 더 작은 국민 경제 안에서 발생했으며 또 그가 중국의 "자연스러운" 경로보다 국익에 덜 이롭다고 생각한 "부자연스러운" 경로를 따라서 발생했다고 보았다. 그러나 스미스의 관점에서, 네덜란드는 지리상 중국과는 비교할 수도 없이 작은 규모인데도 중국과 유사한 풍요의 조건을 얻었다.

더 일반적으로, 로이 빈 웡, 프랑크 그리고 케네스 포머런츠가 사용한

스미스적 성장이란 개념의 문제점은* (제1장에서 살펴본) 이들의 비판자들과 마찬가지로, 스미스가 경제 발전을 단일한 경로가 아니라 두 개의 상이한 노선을 따라서 발생하는 것으로 이론화했다는 사실을 간과한 것이다. 즉 유럽으로 대표되는 "부자연스러운" 혹은 외국무역에 기반한 경로와 중국으로 대표되는 "자연스러운" 혹은 국내무역에 기반한 경로이다. 얀 드 브리스, 필립 황, 로버트 브레너와 마찬가지로, 스미스도 중국과 유럽이 상이한 경로를 따라 발전했다고 보았다. 그러나 그들과 달리 스미스는 유럽 경로가 중국 경로보다 성장 잠재력이 더 크다고 보지 않았다. 반대로 스미스는 두 경로는 모두 정체 상태 혹은 고도 균형으로 이어진다고 보았다. 중국과 네덜란드는 이미 그런 상태에 도달했다. 그러나 [중국과 네덜란드만 그런 것이 아니라] 모든 나라에서 경제 성장은,

그래프 3-1 저도 (맬서스) 균형의 함정 대(對) 고도 (스미스) 균형의 함정

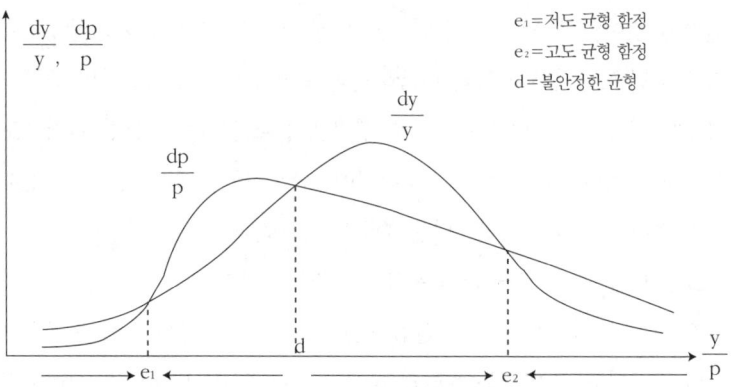

주: y/p=1인당 소득, dy/y=소득 증가율, dp/p=인구 증가율. Richard Nelson, "A Theory of the Low-Level Equilibrium Trap in Underdeveloped Economies", *The American Economic Review* 46, 4(1956)에서 조정 후 인용.

---

* 이들이 중국과 유럽이 스미스적 성장이라는 같은 경로를 따라서 발전했다고 파악한 것과 달리.

아직 "자본이 부족하고" "인구가 부족한" 북아메리카 식민지도 포함하여, 결국 유사한 상태로 점점 저하될 것이다.

정체 상태에 대한 스미스의 개념(그리고 그로부터 도출되는 고도 균형의 함정 개념)은 자주 그러지만 인구의 경제 성장에 대한 억제라는 맬서스의 개념과 혼동되어서는 안 된다. 둘 사이의 차이는 그래프 3-1을 이용해서 명확하게 설명할 수 있다. 그래프 3-1에서 e_1은 맬서스가 이론화한 것과 유사한 저도 균형을 나타내고, 반면 e_2는 스미스가 이론화한 것과 유사한 고도 균형을 나타낸다.[1] 수평축 x는 1인당 소득 수준(y/p)을 나타내는데, 이때 y는 소득이고 p는 인구이다. 수직축 y는 소득 증가율(dy/y)과 인구 증가율(dp/p)을 모두 나타낸다. 그러므로 곡선 dy/y는 소득 증가율(dy/y)과 1인당 소득 수준(y/p)의 관계를 나타낸다. 1인당 소득 수준의 성장은 일정 지점까지는 소득 증가율의 상승과, 그 지점이 지나면서부터는 소득 증가율의 하락과 밀접한 연관성이 있는 것으로 가정한다. 곡선 dp/p는 대신 인구 증가율(dp/p)과 1인당 소득 수준(y/p) 사이의 관계를 나타낸다. 1인당 소득 수준의 성장은 일정 지점까지는 인구 증가율의 상승과, 그 지점이 지나면서부터는 인구 증가율의 하락과 밀접한 연관성이 있는 것으로 가정한다. 비록 두 곡선은 모양이 비슷하지만, 표가 보여주듯이, 소득 수준이 낮을 때에는 인구 증가율이 소득 증가율보다 더 급격하게 상승하고, 소득 수준이 높을 때에는 인구 증가율이 소득 증가율보다 덜 급격하게 하락한다고 가정한다. 곡선 dy/y가 곡선 dp/p보다 높을 때에는, 소득 증가율이 인구 증가율을 초과하고,

1) 그래프 3-1은 원래 리처드 넬슨이 저도 균형 함정 이론을 보여주기 위해 고안한 유사한 표에서 도출한 것이다. 넬슨에 관해서는 Richard Nelson, "A Theory of the Low-Level Equilibrium Trap in Underdeveloped Economies", *The American Economic Review* 46, 4(1956) 참조. 그리고 같은 발상을 더 상세히 설명한 것으로는 Harvey Leibenstem, *Economic Backwardness and Economic Growth*(New York : Wiley, 1963) 참조.

따라서 1인당 소득(수평축 위의 y/p)은 증가한다. 그리고 곡선 dy/y가 곡선 dp/p보다 낮을 때에는, 인구 증가율이 소득 증가율을 초과하고, 따라서 1인당 소득(수평축 위의 y/p)은 줄어든다.

이러한 가정은 세 곳의 균형점(e₁, d, e₂)을 산출한다. 이 균형점은 즉 소득 증가율과 인구 증가율이 같아서, 1인당 소득이 변화하지 않는 점이다. 그러나 점 d는 1인당 소득이 심지어 조금만 증가(감소)해도 인구 증가보다 더 높은(낮은) 소득 증가율을 가져오고 따라서 점 e₂(e₁)에 도달할 때까지 1인당 소득의 증가(감소)를 가져온다는 의미에서 불안정한 균형을 나타낸다. 대조적으로, 점 e₁과 점 e₂는 안정된 균형을 나타낸다. 왜냐하면 이 점들에서 왼쪽으로 가든 오른쪽으로 가든 수입과 인구 증가율의 격차가 다시 1인당 소득을 제자리로 돌려놓기 때문이다. 두 점이 모두 안정된 균형점이라도, e₁은 저도 균형을, e₂는 고도 균형을 나타낸다. 저도 균형은 인구가 경제 성장을 제어한다는 맬서스 식 개념을 가장 잘 나타낸다. 왜냐하면 1인당 소득이 e₁ 이상으로 오르는 것을 막는 것은 인구 증가율의 급격한 상승이기 때문이다. 정체 상태에 대한 스미스적 개념은 대신 고도 균형으로 가장 잘 나타난다. 왜냐하면 1인당 소득이 e₂ 이상으로 오르는 것을 막는 것은 소득 증가율의 급격한 하락이기 때문이다.

또한 그래프 3-1은 스미스[원문에서는 슘페터이지만 아리기의 착오인 듯함—옮긴이]의 경제 발전 개념을 분명히 나타내는데, 즉 경제 발전에는 그것이 발생하는 사회적 틀을 변화시키는 어떠한 내재적 경향도 없다는 것이다. 어떤 경제가 일단 어떻게든지 하여 d보다 높은 1인당 소득을 얻어서 겨우 e₁의 저도 균형에서 빠져나온다고 해도, 경제 발전이 진행됨에 따라 수익이 줄어들면서 1인당 소득 증가율은 인구 증가율과 같은 수준까지 떨어진다. 그것이 발생했을 때, 그 경제는 고도 균형 e₂(스미스의 정체 상태)에 주저앉아, 그 이상의 성장은 오로지 정부(혹은 다른 외재적 과정이나 조치)의 보이는 손이 더 큰 성장 잠재력을 지닌 사회적 틀을 창

출할 때만 가능하다. 그 변화는 그래프 3-1에서는 곡선 dy/y의 오른쪽 상향 이동으로 나타날 것이다. 그러나 그 변화는 오직 그 경제를 더 높은 균형으로 이동시킬 수 있을 뿐이다. 그 변화가 끝없는 성장 과정을 낳을 수는 없다. 그러므로 그래프 3-1의 그것과 같은 표현 방식은, 슘페터가 생각한 **자본주의적 발전**의 가장 중요한 특성, 즉 그것〔자본주의적 발전〕이 자신을 낳은 사회적 틀을 파괴하고 더 큰 성장 잠재력을 지닌 새로운 틀이 나타날 수 있는 조건을 창출하는 경향을 나타낼 수 없다.

대분기(大分岐) 이전에 영국이 이미 한계 없는 성장의 경로를 따라서 발전하고 있었다고 주장할 때, 황과 브레너는 이러한 경향이 특징적인 발전〔즉 사회적 틀을 파괴하는〕을 염두에 둔다. 브레너는 이러한 발전에서 핵심 요소는 직접 생산자가 생산 수단에서 분리되는 것이라고 보았다. 그래야 노동자가 상호 경쟁적으로 대규모 생산 단위에 자신의 노동력을 팔게끔 만들 수 있기 때문이다. 브레너는 바로 이 조건이 중국에는 없었기 때문에 중국의 시장 기반 발전은 영국의 시장 기반 발전처럼 한계 없는 성장을 할 수 없었다고 주장한다. 황은 〔브레너와 달리〕 중국도 17세기까지는 대규모의 임금 노동에 기반한 농장이 있었다고 인정한다. 그러나 그는 브레너와 유사하게 이런 대농장이 곧이어 소생산 가족농으로 대체되었기 때문에 유럽식 경로와 같은 보다 역동적인 성격을 획득하지 못했다고 보았다.

황과 브레너의 입장은——두 사람의 입장은 마르크스의 정치경제학 비판에서 도출된 것인데 마르크스의 정치경제학 비판에 관해서는 곧 살펴보겠다——『국부론』에 나타난 입장과는 뚜렷한 대조를 이룬다. 대규모 생산과 노동의 기술적 분업을 한계 없는 경제 발전의 조건으로 승격시킴으로써, 그들은 스미스의 이 두 현상에 대한 부정적 관점을 완전히 거꾸로 뒤집었다. 동아시아 근면혁명의 여전한 중요성을 주장하는 스기하라 가오루의 테제 역시 유럽식 경로에 전형적인 임노동에 기반한 대규모 생산이 경쟁에서 유리하다는 데는 이의가 없다. 그렇지만 스기하

라 테제는 첫째 이 경로에 따른 발전 역시 자체 한계가 있으며, 둘째 이 한계에 달했을 때 이를 넘어서 더 경제 발전을 하려면 동아시아 근면혁명의 경로가 가장 전망이 밝다고 주장한다. 스기하라가 이 문맥에서 스미스를 인용하지는 않지만, 동아시아 경로에 전형적인 소생산 가족농의 이점, 즉 가장 두드러진 것으로 여러 가지 작업을 모두 잘 수행할 수 있는 노동력의 보존, 생산의 자연적·사회적 환경에 나타난 변수에 유연하게 대처할 수 있는 이점, 생산 경영과 관련한 문제를 예견하고 방지하고 해결하는 이점, 이런 점들에 대해 스기하라가 긍정적인 평가를 한 것은 현저히 스미스적이다. 제6장에서 살펴보겠지만 이러한 이점에 대한 긍정적 평가는 최근의 이른바 '유연 생신 이론'에서도 전형적으로 나타난다. 동아시아의 부활이 시장 기반 발전에 대한 스미스의 관점에서 적어도 몇 가지 측면을 입증하고 있다고 할 수 있을까?

이 질문에 답하려면 우리는 그 준비 작업으로 시장 기반의 **자본주의적** 발전 개념이 무엇인지, 또 이것이 대분기와 현재 동아시아의 경제적 부활을 이해하는 데 어떤 관련이 있는지를 명확히 해두어야 한다. 이 장에서 나의 주장은 마르크스와 슘페터의 자본주의 발전 이론이 유럽식 발전 경로의 특이성에 대한 중요한 통찰을 제공한다는 것이다. 하지만 두 사람의 이론은 유럽의 외국무역에 기반한 발전과 군사력의 우위 사이의 관련성이라는 문제를 해결하기에는 스미스의 역사사회학보다도 유용성이 떨어진다. 이 두 가지 덕분에 적어도 지난 3세기 동안 유럽인들은 세계 경제의 통합 강화에 따른 이익 대부분을 전유할 수 있었다. 그러므로 나는 마르크스와 슘페터의 이론을 이 책의 나머지에서 이 양자의 관련성 문제를 다룰 수 있는 분석적 틀로 개조할 것이다.

자본의 '끝없는' 축적

『자본』의 부제이기도 한 정치경제학 비판에서, 마르크스는 자본의 축

적과 이윤율의 저하, 혹은 노동의 사회적·기술적 분업과 같은 구체적인 쟁점에 대해서 스미스와 다른 의견을 피력한다. 뿐만 아니라 그는 전혀 다른 연구 계획을 추구한다. 그는 말하자면 대화의 성격과 주제를 바꾼다. 그가 대화를 나누는 사람은 정부(스미스의 입법자)가 아니라 사회계급이다. 그가 문제로 삼는 주제는 국가의 부와 힘이 아니라, 자본 소유자가 노동력 소유자에 대해서 갖는 부와 힘이다. 그의 연구 전략이 특히 중요시하는 것은 시장에서 벌어지는 경쟁이 아니라 작업장에서 벌어지는 계급투쟁과 기술 변화이다.

대화의 성격과 주제의 이러한 이동은 마르크스의 숨어 있는 국가 발전 이론에 관해서 많은 혼란을 일으키는 근원이 되어왔다. 내가 숨어 있다고 말한 이유는 마르크스는 내놓고 그런 이론을 주장한 적이 없기 때문이다. 그가 주장한 것은 세계적 규모로 전개된 자본주의 발전에 관한 이론이다. 이 이론은 제1장에서 지적했듯이 통찰력 있게 오늘날 이해하는 "세계화"(globalization)를 내다보았지만, 자본주의적 발전의 일반화가 토머스 프리드먼의 표현 방식으로 세계를 "평평하게 할 것"이라고 잘못 예언했다. 정말 마르크스는 곧 세계가 평평해질 것이라고 너무나 자신만만했기 때문에, 그는 자신의 자본주의 생산에 관한 이론 전체를, 국경이 없는 세계, 즉 노동력은 노동 수단을 완전히 빼앗기고 노동력을 포함한 모든 상품은 생산 원가와 거의 같은 가격으로 자유롭게 교환되는 그런 세계를 전제로 세웠다.[2]

---

2) 그러나 비현실적인 이 전제는 마르크스의 이론적 목적을 위해 정당화되었다. 마르크스는 완전 경쟁이라는 이상적 세계에서조차 작업장에서 노동의 자본에 대한 종속의 강화, 노동력의 재생산에 필요한 상품 가격의 지속적인 하락의 결과, 자본 소유자는 노동력 소유자에 대해 상대적으로 부와 힘을 가질 것이라는 점을 보여주려 했다. 그러나 그 전제는 여러 상이한 시공간에 일어난 실제 자본주의 발전의 양상과는 전혀 맞지 않았다(그리고 지금도 맞지 않는다). 실제 그의 일부 역사적 분석—가장 대표적으로는 프랑스에서의 계급투쟁에 대한 분석—에서 마르크스는 스스로 자신의 정치경제학 비판에서 한 발 물러나 계급 이익을 (스미스가 하듯

비록 마르크스가 내놓고 국가 발전 이론을 전개한 적은 없지만, 그의 자본주의 발전 분석에 숨어 있는 [국가 발전] 이론은 스미스의 이론과는 몇 가지 면에서 다르다. 첫 번째 차이는 다른 모든 차이를 결정하는데, 마르크스에게서 자본주의적 주체들은 무엇보다도 상품을 더 유용한 상품으로 전환하려는 목적으로 시장 교환에 참가한다는 것이다. 하지만 스미스는 상품은 그 자체로 유용하지만, "돈은 상품을 구매하는 것 외에는 아무런 쓸모가 없다"는 근거로 이 가능성을 배제한다.

구매하는 자는 항상 다시 팔려고 하는 것은 아니며, 자주 사용하거나 소비하려고 한다. 반면에 판매하는 자는 항싱 다시 사려고 한다. 구매자는 대체로 구매를 다 할 수 있지만, 판매자는 팔 물건의 절반조차 다 팔 수 없다. 그것은 사람들이 돈을 원하기 때문이 아니라, 돈으로 구매를 할 수 있기를 원하기 때문이다.[3]

마르크스는 스미스의 논리를 상품 교환의 공식인 C-M-C′으로 기호화했는데, 여기에서 화폐(M)는 단지 한 상품(C)을 더 유용한 다른 상품(C′)으로 전화하는 수단일 뿐이다. 그리고 나서 그는 이 논리를 자본가의 논리와 대비했다. 자본가의 업무는 특정한 결합의 상품(C)을 구매하는 데 투자된 화폐(M)가 시장에서 판매를 통해 더 큰 수량의 화폐(M′)를 산출할 때에 완결된다(즉 자본가는 목적을 이룬다). 그러므로 마르크스의 자본의 일반 공식 M-C-M′은 간단하게, 자본 투자가에게 상품의

이) 국가 정치 · 경제의 영역과 연관지어 정의하고, 생산의 비밀스러운 장소에 관해서는 전혀 언급하지 않았다. Giovanni Arrighi, Terence K. Hopkins, and Immanuel Wallerstein, *Antisystemic Movements*(London: Verso, 1989), ch. 1 참조.

3) Adam Smith, *An Inquiry into the Nature and Causes of the Wealth of Nations*, 2 vols(London: Methuen, 1961), vol. I, p. 460.

y
w

114 | 제1부 애덤 스미스와 신(新)아시아 시대

구매는 어디까지나 그들의 화폐 자산 가치를 M에서 M′으로 증식시키는 수단이라는 것을 의미한다. 만약에 정말로 상품의 교역과 생산보다 신용 체계에서 더 높은 수익을 올릴 기회가 있는 환경이 조성된다면, 그때 화폐의 상품으로의 전환은 완전히 생략될지도 모른다(마르크스의 축약된 자본 공식인 M–M′처럼).[4]

마르크스는 자본주의적 주체가 왜 축적 그 자체를 위해 화폐를 축적하는 비합리적으로 보이는 목표를 추구하는지 결코 분명하게 설명하지 않는다. 사실 그의 금언 "축적하라, 축적하라! 그것이 모세와 예언자들이다"는 왜 그 자체를 목적으로 화폐 축적을 하는지 어떤 합리적인 설명을 그가 안 해도 된다는 허가장처럼 보인다. 그럼에도 불구하고 이 금언을 언급한 바로 후에 그는 "힘에 대한 사랑은 부유해지고자 하는 욕망의 한 요소이다"[5]라고 말한다. 그러므로 우리는 부와 힘을 똑같이 본 홉스로 되돌아간다. 스미스는 화폐에서 나오는 힘을 "구매력"에 한정할 때에만 동의하면서 홉스를 인용했다. 하지만 마르크스는 명시적으로 이러한 한정을 거부한다. 그리고 그가 화폐가 어떤 종류의 힘을 주는지, 이 힘이 다른 종류의 힘과 어떤 관계에 있는지 정확히 우리에게 말하지는 않지만, 그의 저작 전체는 화폐의 "끝없는" 축적이 자본주의 사회에서 힘의 근본적 원천이라는 것을 암시한다.

이 점은 마르크스의 숨어 있는 '시장에 기반을 둔 국가 발전 이론'과 스미스의 명시적인 '시장에 기반을 둔 국가 발전 이론' 사이의 두 번째 차이에서도 분명하다. 마르크스는 유럽의 경제 발전 경로가 근거리 (국내)무역보다는 원거리 (외국)무역에 기초하고 있다는 스미스의 의견에 동의한다. 『공산주의자 선언』과 『자본』 모두에서, 마르크스는 "자본의

---

4) Karl Marx, *Capital*, vol. I(Moscow: Foreign Languages Publishing House, 1959), pp. 146~55; *Capital*, vol. III(Moscow: Foreign Languages Publishing House, 1962), pp. 343~44.

5) Marx, *Capital*, vol. I, pp. 592~95.

근대 역사", 즉 유럽에서 부르주아지의 지배와 근대 산업의 발흥은, "16세기 전 세계적 규모의 상업과 전 세계적 규모의 시장의 창출로부터 시작한다"[6]고 단언한다.

동인도와 중국 시장, 아메리카 대륙의 식민지화, 식민지와의 교역, 교환 수단과 상품의 증가는 일반적으로 상업에, 항해에, 산업에 일찍이 알지 못한 추진력을 주었다. [……] 길드 마스터들은 제조업자인 중간계급에 의해 구석으로 밀려났다. 여러 길드 사이의 [사회적—인용자] 분업은 각 단독 작업장 내의 [기술적—인용자] 분업에 직면하여 자취를 감추었다.[7]

그러나 스미스에게 "부자연스러운" 경제 발전의 경로였던 것이 마르크스에게는 자본주의적 경로이다. 더 중요하게는, 스미스가 농업과 국내 상업에 기초한 발전을 선호한 것이나, 스미스가 정부의 행위를 통해 자본가 세력에 대항할 필요성을 강조한 열성이 마르크스에게서는 전혀 보이지 않는다. 마르크스의 관점에서는, 근대적 산업과 세계 시장의 확립에 따라, 정부는 부르주아지의 힘에 대항할 능력을 완전히 상실했다. 부르주아지는 "근대적 대의제 국가에서 스스로 배타적인 정치적 지배력을 획득"하여, 사실상 정부를 '부르주아지의 용무를 처리하는 위원회'의 역할로 축소했던 것이다. 아시아 국가와 문명에 대해서, 스미스는 자신의 "자연스러운" 발전 노선의 사례로 꼽았으나, 마르크스는 유럽의 자본주의적 경로의 출현을 가능하게 한 시장을 공급한 것으로 보고, 유럽 부르주아지의 맹공에 살아남을 가능성이 전혀 없었다고 보았다. "[부르주아지가—인용자] 농촌을 도시에 의존하게 만든 것처럼, 부르주아지는

---

6) *Ibid.*, p. 146.
7) Marx and Engels, *The Communist Manifesto*(Harmondsworth : Penguin, 1967), p. 80.

야만 혹은 반야만 국가를 문명 국가에 의존하게 만들고, 농민의 국가를 부르주아지의 국가에 의존하게 만들고, 동양을 서양에 의존하게 만들었다."[8]

계급 권력에만 전적으로 초점을 맞추고, 마르크스는 우리에게 어떻게 부르주아지의 부가 그렇게 쉽게 일국 내에서도 국제적으로도 정치적 권력으로 옮겨지는가에 대해 말하는 것은 잊어버린다. 일국 내에서, 마르크스는 아마도 부와 지리적 집중성이 부르주아지에게 일반적 국익을 희생하고 자신의 특정 계급 이익을 국가에 강요할 수 있는 권력을 주었다는 스미스의 주장에 동의할 것이다. 그렇기는 해도 분명히 마르크스는 부르주아지의 권력이 『국부론』의 출판 이래로 너무나 크게 성장하여 이에 대항하려는 모든 중단기적 시도는 사라졌다고 생각했다. 또한 마르크스가 스미스와는 의견을 달리하여, 적어도 몇몇 유럽 국가에서는 부르주아지의 이익이 국익과 일치하게 되었다고 생각했을 수도 있다. (안토니오 그람시의 말을 빌려 쓰자면) 부르주아지가 대변하는 자본주의적 경로가 "모든 '국가' 에너지 발전의 [……] 원동력으로 인식되고 나타나게"[9] 되었다고 생각했을 수 있다.

[한편] 부르주아지의 경제적 권력이 어떤 국가의 다른 국가에 대한 권력으로 옮겨지는 메커니즘에 관해서는, 마르크스는 특히 일관성 있지는 않더라도 [일국 내의 경우보다] 더 명시적으로 말한다. 『공산주의자 선언』과 『자본』의 여러 곳에서 언급한 메커니즘은 자본주의적 생산이 가지는 경쟁상의 우위이다. "그 상품의 저렴한 가격은 중국의 모든 성벽을 허무는 중포병이다." 그러나 『자본』 제1권 결론 부분의 한 장에서 마르크스는 중국을 상대한 아편전쟁을 세계 사회의 자본주의적 전환의 "산

8) *Ibid.*, pp. 82, 84.
9) Antonio Gramsci, *Selections from the prison Notebooks*(New York : International Publishers, 1971), pp. 181~82.

파"로서 군사력이 계속해서 중요하다는 사례로 명시적으로 언급한다.[10]

제11장에서 보게 되는 것처럼, 영국 군함이 중국의 시장 경제를 둘러싸고 있던 정부 규제의 벽을 허물어버린 뒤에도, 영국 상인과 제조업자는 대부분의 영역에서 중국의 경쟁자들을 압도하는 데 힘든 시간을 보내야 했다. 중국에 관한 한, 대포에 비유한 저렴한 상품보다는 실제적인 군사력이 동양을 서양에 복종시킨 관건이었다. 만약 그렇다면 우리는 무엇이 "부르주아지의 나라"를 "농민들의 나라"보다 군사적으로 우월하게 만들었는지, 혹은 더 구체적으로 말하면 자본주의적 경로에 따른 경제 발전이 시장 기반 비자본주의적 경로에 따른 발전보다 군사력을 더 증강시키는지 어떤지, 증강시킨다면 어떻게 그것이 가능한지 알 필요가 있다. 이 문제에 대해서, 마르크스는 스미스보다도 더 별말이 없었다. 마르크스는 오로지 자본주의와 산업주의(industrialism) 사이의 관련성에만 초점을 맞추고, 두 현상과 군사주의 사이의 긴밀한 관련성에 대해서는 주목하지 않은 채 끝맺는다. 게다가 그는 자본주의적 발전의 경제적 우월성에 대해 말할 때도 황과 브레너가 제1장에서 인용한 구절에서 보여준 것만큼도 명쾌하지 않다.

이 점은 우리를 마르크스와 스미스 사이의 세 번째 중요한 차이로 이끈다. 제2장에서 언급했듯이, 스미스의 연구 계획은 그를 핀 공장에서 나와서 시장과 사회적 분업에 대해 탐구하게 한 반면, 마르크스의 연구 계획은 생산이라는 비밀스러운 장소로 가서 노동과 자본 사이의 관계 및 기술적 분업을 탐구하게 했다. 이 장소에서, 마르크스는 기술적·조직적 변화가 스미스가 이미 이론화한 것처럼 자본가 사이의 경쟁이나 상업과 생산에서 새로 특화된 분야의 출현에서만 비롯되는 것이 아니라, 임금과 노동 조건을 둘러싼 자본과 노동 사이의 끊임없는 투쟁에서도 비롯된다는 것을 발견한다. 이러한 면에서, 스미스는 대형화한 생산

10) Marx and Engels, *Communist Manifesto*, p. 84; Marx, *Capital*, vol. I, p. 751.

단위로의 생산 집중과 이와 더불어 진행되는 기술적 분업의 심화가 경제적 효율성과 노동력의 지적 능력에 유해하다고 간주했으나, 마르크스는 혁신의 필수적인 조건이라고 본다. 혁신은 자본가들이 노동자들을 다른 노동자, 기계 그리고 자본에 의해 통제되는 조직에 체현된 지식에 의해 쉽게 대체될 수 있도록 만들어서, 경쟁의 압박을 노동자들에게 전가할 수 있도록 만든다.

원래 노동자에게는 상품의 생산에 필요한 물적 수단이 없기 때문에 그가 자신의 노동력을 자본에 판매하지 않는 한 그의 노동력은 아무런 쓸모가 없다. 그것은 판매되고 나서야 비로소 만들어진 관계를 통해 이제 자본가의 작업장 안에서 기능을 수행한다.[11]

이것은 마르크스가 스미스 정치경제학을 비판한 중심 진술이다. 생산 단위의 대형화와 기술적 분업의 심화는 그것이 경제적 효율성과 노동력의 지적 능력에 어떤 영향을 주든지 간에, 마르크스가 보기에는 자본 소유자가 노동력 소유자보다 부유하고 강력한 힘을 획득하기 위한 필수 조건이다. 기술적·조직적 변화는 계급 중립적이지 않다. 이러한 변화는 노동을 자본에 더욱 실질적으로 복종하게 만드는 도구이다. 그런데 이 계급 복종의 과정이 자본가의 기업에 실제로 고용된 노동력의 생산력을 끊임없이 증가시키는 데는 효과를 발휘하지만, 마르크스가 일국 수준, 지역 수준 그리고 세계적 수준에서 경제 발전을 촉진하는 데 이런 과정이 어떤 효과가 있다고 생각했는지는 확실치 않다.

하나는, 명시적으로 뚜렷하게, 마르크스가 기술적 분업이 노동력의 도덕적·지적 능력에 유해한 영향을 준다는 스미스의 주장에 동의한다는 점이다. 마르크스는 우리에게 기술적 분업이 "생산 능력과 소질의 세

---

11) Marx, *Capital*, vol. I, p. 360.

계를 억압하고 노동자의 일면적 기능만을 집중적으로 육성함으로써 노동자를 하나의 기형적인 불구로 만들어버린다"고 말한다. 이번에는 이러한 경향이 경제 발전을 진전시키는 데 장애가 될 것이다. 왜냐하면 사회에서 줄곧 확대되고 변화하는 분업은 "대량의 자본과 대량의 노동자를 한 생산 부문에서 다른 생산 부문으로 계속해서 이동시키고", 따라서 근대 산업의 자본주의적 형태가 창출한 "기형적인 불구"보다는 "다양한 사회적 기능을 번갈아가면서 수행하는 전인적 인간"을 필요로 하기 때문이다.[12]

그러므로 [위의 주장처럼 명시적이지는 않지만] 암묵적으로, 마르크스는 경제 발전에서 기술적 분업이 궁극적으로 사회적 분업보다 널 이롭나는 스미스의 주장에 여기에서는 찬성하는 것처럼 보인다. 게다가 19세기 산업혁명의 여러 산업에 걸친 전개를 묘사할 때에는, 그의 강조점은 기술적 분업보다는 거의 전적으로 사회적 분업이다. 이 묘사에서 기술적 변화는 "[생산] 과정의 각 단계로서 결합되어 있지만 [……] 사회적 분업에 의해 고립되어 있는" 산업의 여러 영역을 가로질러 확산된다.

이러하여 기계 방적으로 기계 방직은 꼭 필요하게 되었고, 이들 두 분야의 기계화로 인해 다시 표백, 날염 그리고 염색에서 기계적 화학적 혁명이 반드시 일어나게 되었다. [……] 또한 면 방적업의 혁명은 목화에서 씨를 분리하는 조면기(繰綿機)의 발명을 가져왔다. 오늘날 요구되는 대규모 면화 생산이 가능하게 된 것은 오로지 이 발명 덕분이었다. 하지만 특히 산업과 농업 생산 양식의 혁명은 통신과 운송 수단의 혁명과 같은 사회적 생산 과정의 일반적 조건에서의 혁명 역시 필요하게 만들었다. [……] 생산 속도가 빠르고 생산 규모가 거대할 뿐만 아니라 대량의 자본과 노동자들이 한 생산 영역에서 다른 생산 영역으로 끊임없이 이동하고 또 새로 만들어진 세계 시

12) *Ibid.*, pp. 360~63, 486~89.

장과의 관계 아래 놓여 있는 근대 산업에 대해, 매뉴팩처 시대부터 물려받은 통신과 운송 수단은 참을 수 없는 족쇄가 되었다. 이에 따라 〔……〕 통신과 운송수단은 하천 증기선, 철도, 해운 증기선, 전보 시스템이 만들어지면서 점차로 기계화된 산업의 생산 양식에 적합하게 바뀌었다. 하지만 이제막대한 양의 철을 단조, 용접, 절단, 천공, 성형해야만 되었으며, 그러기 위해서는 거대한 기계가 필요했다〔그리고 그런 거대한 기계 역시 또 다른 기계들을 사용해야만 제작할 수 있었다〕.[13]

시야가 세계적이라는 것만 제외하면, 마르크스의 이 서술 안에는, 경제 발전이 사회적 분업의 심화(자본재 생산을 특화한 부문의 출현, 과학적 지식 생산으로 특화한 개인과 조직의 출현 등)에 의해 추진되는 과정이라는 스미스의 설명과 맞지 않는 것은 전혀 없다. 이러한 산업혁명의 확산 과정에 대해서 독특하게 자본주의적인 것이 뭔가 있다면, 그것은 계속 규모가 커지는 생산 단위의 임노동 사용은 아니다. 오히려 그것은〔뭔가 자본주의적인 것은〕 그 과정의 기저에 있으면서 계속해서 어떤 특정 시점에 생산 분야들 사이에 존재하는 균형과 같은 것을 전복시키는 자본의 자기팽창이다. "사실 각각의 생산 영역은 끊임없이 서로 균형을 유지하려고 한다. 〔……〕 그러나 다양한 생산 영역이 끊임없이 균형을 유지하려는 이 경향은 이 균형을 끊임없이 파괴하려는 데 대한 반동으로만 작용한다."[14] 이 계속되는 균형의 파괴는 슘페터가 후에 자본주의의 "창조적 파괴"라고 불렀던 것이다.

---

13) *Ibid.*, pp. 383~84.
14) *Ibid.*, pp. 355~56.

자본주의의 위기와 창조적 파괴

제2장에서 예견했듯이, 자본의 축적이 시간이 지남에 따라 이윤율을 하락시키고 결국 경제 팽창을 종결하는 경향이 있다는 생각은 마르크스의 생각이 아니라 스미스의 것이다. 마르크스에게, 이 경향은 실재하기는 하지만, 스미스의 생각처럼 더 큰 팽창을 막는 극복할 수 없는 장애는 결코 아니다. 반대로, "부의 일반적 형태— [즉—인용자] 화폐—의 대표자로서 자본은 자신을 제한하는 장벽을 뛰어넘는 끝없고 무한한 추진력이다. [……] 모든 한계는 극복될 장벽으로만 나타난다."

이러한 경향에 맞추어, 자본은 국가의 장벽과 편견을 뛰어넘어 또한 모든 현재적 필요에 안주하는 전통적·제한적·보수적인 만족과 낡은 생활 방식의 재생산을 뛰어넘어 맹진한다. 자본은 이러한 모든 것에 대해 파괴적이며 항상적으로 이를 혁명하며, 생산력의 발전, 수요의 확대 [……] 그리고 자연력과 정신력의 착취와 교환을 속박하는 모든 장벽을 허물고 있다.[15]

이 끝없고 무한한 추진력은 자본주의 발전의 위기에 빠지기 쉬운 경향과 분리할 수 없다. 스미스는 과잉축적 상황, 자본 사이의 경쟁 강화, 결국 팽창을 종결하는 이윤율 하락을 위기라고 규정하여 말하지 않는다. 스미스에게는 이러한 상황이 특정 지리적·제도적 환경 내에 삽입되어(embedded) 제한받는 경제 발전 과정의 자연스러운 결과이다. 대조적으로 마르크스에게는 상업, 생산과 축적이 모두 이윤이라는 관점에서 이루어지는 경제에서 이윤율의 일반적이고 지속적인 하락은 위기, 즉 불안정과 기능 장애의 시간으로 나타나게 되어 있다. 더 중요한 것

---

15) Karl Marx, *Grundrisse: Foundations of the Critique of Political Economy* (New York: Vintage, 1973), pp. 334, 408, 410.

은, 스미스가 자본주의적 주체가 화폐 축적 그 자체를 목적으로—혹은 보다 정확하게는 화폐가 가져다주는 사회적 · 정치적 권력 때문에—화폐를 축적할 가능성을 배제했으며 또 생산 과정에서 노동이 자본에 계속해서 더욱 실질적으로 종속되는 점을 무시했으므로 이른바 과잉생산 위기의 가능성도 역시 배제한다는 것이다. 대조적으로 마르크스는 자본의 과잉축적과 이윤율 저하 경향과 관련한 위기를 중요하게 생각하기 때문에, 이러한 종류의 위기[즉 과잉생산 위기] 역시 적어도 그만큼 중요하게 생각한다.

과잉생산은 특히 자본 생산의 일반 법칙에 규정된다. 이는 생산력의 한계까지 생산하는 것, 다시 말하자면 시장이나 지불 능력에 의해 뒷받침되는 수요의 실질적 한계를 전혀 고려하지 않고 주어진 양의 노동과 자본의 한계까지 착취하는 것이다. 그리고 이는 수입의 끊임없는 자본으로의 전화[……]를 통해 이루어지는데, 반면 한쪽에서 다수의 생산자는 여전히 수요의 평균 수준에 얽매여 있고 자본주의적 생산의 본성에 따라 반드시 얽매인 채로 있어야만 한다.[16]

과잉생산 위기의 개념은, 실질 임금이 노동 생산성의 증가에 발맞추어 증가할 수 있는가에 관해, 과잉축적 위기의 개념과는 정반대의 가정에 기초한다. 과잉축적 위기는 기존의 상업과 생산의 경로에서 투자 기회를 찾는 자본이 지나치게 많아져서 자본 소유자 사이의 경쟁으로 실질 임금을 노동 생산성과 나란히 혹은 더 빠르게 상승시키기 때문에 발생한다. 과잉생산 위기는 이와 대조적으로 자본 소유자가 경쟁의 압력을 성공적으로 노동자에게 전가한 결과 실질 임금이 노동 생산성 증가

---

16) Karl Marx, "Crisis Theory (from *Theories of Surplus Value*)", in R. C. Tucker, ed., *The Marx-Engels Reader*(New York: Norton, 1978), p. 465.

만큼 상승하지 못하고, 따라서 총수요가 총공급에 발맞추어 효과적으로 팽창하지 못하게 되기 때문에 발생한다.

폴 스위지가 강조했듯이, 실질 임금이 노동 생산성 증가만큼 상승하지 못한다는 가정은 그 반대의 가정*보다 노동이 자본에 더욱 실질적으로 종속된다는 마르크스의 이론과 훨씬 정합적이다.[17] 그러나 마르크스의 이론적 정합성은 여기에서 우리의 관심사가 아니다.[18] 여하튼 우리의 현재 목적에서 마르크스의 자본주의 위기 설명에서 가장 흥미로운 것은 위기의 기원이 아니라 위기의 결과이다. 즉 마르크스가 이 위기들을 근본적인 자본주의 재편의 계기로 인식했다는 사실이다.

스미스와 마찬가지로, 마르크스는 어떻게 지속적이고 일반적인 이윤율 하락이 자본가들 사이의 경쟁을 호혜적인 게임 ― 즉 자본이 상호 팽창을 통해 이익을 얻는 게임 ― 에서, 제로섬(혹은 심지어 부정적인) 게임 ― 즉 목적을 달성하기 위해서라면 자신의 이윤을 희생하더라도 다른 자본을 사업에서 몰아내는 것을 주된 목적으로 하는 "출혈적 경쟁"이다 ― 으로 변환하는가를 강조한다.* 변환을 일으키는 것은, "합리적" 혹은 "참을 수 있는" 수준으로 생각하는 것보다 더 아래로 이윤율이 떨어지지 않는 수준에서 상품의 구매와 판매에서 투자를 찾는 초과 자본

---

* 즉 실질 임금이 노동 생산성 증가에 발맞추어 상승할 수 있다.
17) Paul Sweezy, *The Theory of Capitalist Development*(London: Dobson, 1946), pp. 100~08, 133~86.
18) 스위지 자신이 지적하듯이, 기계와 여타 노동 절약적 장치가 성공적으로 실질 임금이 노동 생산성과 같은 속도로 증가하지 못하도록 하는가 여부는 일반 이론에 근거해서 해결할 수 있는 문제가 아니다. *Ibid.*, pp. 105~06. 제5장과 6장에서 보겠지만, 이 문제는 경험에 근거해서 해결할 수 있다.
* 이 글에서는 호혜적인(positive-sum), 제로섬(zero-sum), 부정적인(negative-sum) 게임의 표현이 여러 번 사용되는데, 관계로 볼 때는 '호혜적, 제로섬, 부정적'으로 번역할 수 있으나, 체계나 게임 전체에 대해서 총량을 증가시킨다, 총량에 변화가 없다, 총량을 감소시킨다는 뜻 역시 포함하고 있다.

혹은 잉여 자본의 존재이다. 이러한 하락을 막거나 대항하기 위해, 잉여 자본은 반드시 축출되어야 한다.

경기가 좋을 경우, 경쟁은 〔……〕 자본가계급의 사실상의 연대 관계로 작용함으로써 이들 〔자본가들—인용자〕이 공동의 전리품을 각자의 투자 규모에 비례하여 나란히 나누어 갖게 한다. 그러나 문제가 이윤의 배분이 아니라 손실의 배분이 될 경우에는, 이들 각자는 서로 가능한 한 자신의 손실분을 줄여서 남에게 그것을 떠넘기려고 노력한다. 문제가 되는 손실은 어쨌거나 자본가계급이 부담할 수밖에 없다. 그러나 이들 자본가 각자가 그 손실을 얼마씩 떠맡을 것인가 하는 문제는 이미 힘과 술수의 문제가 되고, 따라서 경쟁은 철천지원수들 간의 전쟁으로 바뀌어버린다. 그리하여 개별 자본가의 이해와 자본가계급 전체의 이해 사이의 이런 대립은 표면화되는데 이것은 〔……〕 이들 이해가 경쟁에 의해 일치될 경우 그것이 표면화되는 것과 꼭 마찬가지이다.[19]

이윤율의 하락과 경쟁 투쟁의 격화는 그러나 정체 상태로 끝나지 않는다. 반대로 자본이 삽입된 사회적 틀의 파괴와 새로운 사회적 틀의 창조로 이끈다. 마르크스의 설명에 따르면, 이 창조적 파괴는 세 개의 주요한 형태를 취한다. 자본 크기의 증대와 사업체의 재편, 과잉인구와 새로운 국제적 분업의 형성, 그리고 새롭고 더 큰 자본 축적 중심의 출현이다. 이제 간단하게 하나씩 차례대로 살펴보자.

마르크스는 자본의 **집적**(concentration, 축적에 의해 개별 자본 크기의 증가)과 자본의 **집중**(centralization, "다수의 소형 자본에서 소수의 대형 자본"으로의 변환)을 구별한다. 경쟁이 강화되고 이윤율이 떨어질 때, 소자본은 "일부는 정복자의 손으로 넘어가고, 일부는 사라진다."

---

19) Marx, *Capital*, vol. III, p. 248.

소위 자본 과잉이란 것은 언제나 본질적으로 이윤율의 저하를 이윤량의 증가로 상쇄시키지 못하는 그런 자본의 과잉 [……] 혹은 스스로 생산 활동에 투여되지 못하고 신용이란 형태로 대기업 경영자들의 처분에 맡겨지는 그런 자본의 과잉과 관련이 있다.[20]

이러한 면에서 결정적인 것은 신용 체계의 역할이다. 신용 체계는 "경쟁이란 전투에서 새로운 가공할 무기로 변신하며, 그 결과 자본의 집중을 위한 거대한 사회적 메커니즘으로 전화한다." 이번에는 자본 집중이 기술적·조직적 변화를 확대하고 가속화한다.

축적은 [……] 집중에 비해 매우 완만한 방식임이 명백하다. 만약 세계가 축적을 통해 개별 자본들이 철도를 건설할 수 있을 만한 규모가 될 때까지 기다려야 했다면 세계에는 아직도 철도가 건설되지 않고 있을 것이다. 그러나 집중은 주식회사를 매개로 하여 순식간에 그 일을 해냈다.[21]

자본의 집중과 재편은 노동 예비군의 형성과 국제적 분업의 재편과 나란히 진행된다. 기술적·조직적 변화의 확대와 가속화는 자본주의 발전의 자본 집약적이고 노동 절약적인 경향을 강화하고, ──자본 축적의 통상적인 수요에 비해서── "상대적으로 과다한 노동 인구"를 만들어낸다. 이러한 과잉인구는 계속해서 규모가 증가하는 자본주의적 발전이 새로운 단계에 들어가면 비로소 유용하게 된다.

축적이 진행됨에 따라 사회적 부 가운데 넘쳐서 남아도는 부분〔따라서 추가자본으로 전화할 수 있는 부분〕은 시장이 갑자기 확대된 낡은 생산부문──

---

20) Marx, *Capital*, vol. I, pp. 625~26 ; vol. III, p. 246.
21) Marx, *Capital*, vol. I, pp. 626~28.

또는 철도 등과 같이 낡은 생산부문의 발전에 따라 새롭게 필요하게 된 생산부문——으로 미친 듯이 쏟아져 들어간다. 그러나 이들 경우 모두에서 반드시 필요한 조건은 대량의 인간이 결정적인 시점에 다른 영역의 생산 규모에 피해를 입히지 않은 채로 신속하게 투입될 수 있어야 한다는 점이다. 그리고 바로 그것을 공급해주는 것이 곧 과잉인구이다.[22]

노동의 "끊임없는" 공급을 자체 내부에서, 즉 자본주의적 발전 과정 자체의 결과로 창출함으로써, "근대적 산업 체계는 [……] 오로지 원료와 판매 시장에 의해서만 제한을 받는 하나의 탄력성, 즉 하나의 돌발적이고 비약적인 확대능력을 획득한다." 그러한 제한조차도 극복하기 위한 제한일 뿐이다. "조면기가 면화 생산을 증가시켰듯이 기계는 한편으로 원료의 직접적인 증가를 가져온다." 더 근본적으로,

기계 생산물의 저렴화와 운수업 및 통신업의 변혁은 외국 시장을 정복하기 위한 무기가 된다. 외국 시장의 수공업 생산물을 파멸시킴으로써, 기계제 경영은 외국 시장을 강제적으로 자기의 원료 생산지로 변화시켜버린다. 이리하여 인도는 영국을 위한 면화·양모·대마·황마·인디고 등을 생산하도록 강요당하였다. 여러 대공업 국가에서 노동자가 끊임없이 '과잉화'함으로써 국외 이주와 다른 나라에 대한 식민지화가 촉진된다. 이들 식민지화된 나라들은 예를 들어 오스트레일리아가 양모 생산지가 된 것처럼 모국을 위한 원료 생산지로 전화한다. 이리하여 기계제 경영의 본거지를 중심으로 새로운 국제 분업이 형성되고, 이런 국제 분업은 지구의 한 부분을, 공업 생산을 주로 하는 지역을 위한 농업 생산 지역으로 바꾸어버린다.[23]

---

22) *Ibid.*, pp. 628~32.
23) *Ibid.*, pp. 450~51.

마르크스는 여기에서 근대 산업의 저렴한 가격이 유럽 부르주아지가 세계 시장을 정복하고 개조한 주된 무기였다는 『공산주의자 선언』의 주장을 반복한다. 하지만 이 문맥에서 다른 나라의 비자본주의 경제의 파괴와 과잉인구의 재식민(再植民)을 통한 해외 영토의 식민지화는 『공산주의자 선언』에서처럼 부르주아지의 유럽 이미지를 본뜬 세계가 아니라 유럽 산업의 이익을 위한 원료 공급자의 세계를 창출한다. 이러한 불일치는, 아메리카와 같은 유럽인 정착지를 통해 새로 창출한 시장 경제와 인도나 중국과 같은 스미스적 고도 균형 함정에 오랫동안 잡혀 있던 시장 경제에서 유럽의 세계 재창조가 가져온 매우 다른 결과를 반영한다. 우리는 이 불일치에 대해 다음 장들에서 다시 이야기할 것이다. 지금은 신용 체계가 "자본 집중을 위한 거대한 사회적 메커니즘"이라고 했던 마르크스의 관찰은, 어느 일개 정치적 권역(political jurisdictions)* 내에서 작동하는 자본주의만을 언급한 것이 아니라 여러 권역[국가들]을 가로질러 작동하는 자본주의 역시 언급한 것임을 적시해두자.

이는 우리를 마르크스의 창조적 파괴 과정의 세 번째 주된 결과로 이끈다. 『자본』의 연구 계획에는 경제 과정에서 국가의 역할이 빠져 있기 때문에, 마르크스는 국채와 신용 체계를 "본원적 축적", 즉 "자본주의적 생산 양식의 결과가 아니라 그 시발점인 축적"의 항목 아래서 검토한다. 그럼에도 불구하고 그는 자본주의적 축적의 쇠퇴하는 중심에서 발흥하는 중심으로 잉여 자본을 이동시키는 수단으로서 국채를 여전히 중요하게 생각한다.

국채와 함께 국제적인 신용제도도 생겨났는데, 거기에는 종종 여러 나라에서 진행된 본원적 축적의 한 원천이 숨겨져 있다. 예를 들면 베네치아의 약탈 제도가 보인 갖가지 비열 행위는 쇠퇴해가는 베네치아에서 거액의 화

* 동일한 사법·정치적 통치 권역, 즉 대체로 국가.

폐를 빌렸던 네덜란드가·거두어들인 자본적 부의 숨겨진 기초를 이루고 있다. 이와 마찬가지의 관계가 네덜란드와 영국 사이에서도 있었다. 18세기 초에 [······] 네덜란드는 지배적인 상공업국으로서의 지위를 상실하였다. 때문에 네덜란드가 주력했던 사업의 하나는 거대한 자본의 대출, 특히 강대한 경쟁자였던 영국에 대한 대출이었다. 오늘날의 미국과 영국의 관계도 마찬가지이다.[24)]

마르크스는 이러한 역사적 관찰을 이론적으로는 발전시키지 않았다. 『자본』 제3권에서 "화폐를 거래하는 자본"에 상당한 분량을 할애했으면서, 그는 국채를 "자본주의적 생산 양식의 결과가 아니라 그 시발점"인 축적 메커니즘으로 제한한 것에서 결코 풀어주지 않았다. 그리고 위의 구절에서처럼 부상하는 중심들(네덜란드, 영국, 미국)에서 "시발점"으로 보이는 것은 역시 현역 중심들(베네치아, 네덜란드, 영국)에서 이루어진 오랜 자본 축적의 "결과"이다. 하나의 중요한 측면에서, 이 역사적 관찰에서 엿보이는 국가 발전의 인식은 스미스의 인식에 접근한다. 왜냐하면 마르크스의 인식은 자본이 축적되는 통치 권역의 "용기"(containers) 크기가 중요하다고 인정하기 때문이다. 비록 연속적인 네 개의 용기들(베네치아, 네덜란드, 영국 그리고 미국)은 모두 외국무역에 기반한, 외향적인 경로──스미스가 "부자연스럽다" 하고 마르크스가 자본주의적이라고 한──를 따라 발전했지만, 이들은 이윤율의 지속적인 하락을 야기하지 않고는 자본의 "끝없는" 축적을 수용할 수 없을 정도로 너무 작아지게 되었다. 마르크스는 살아서 영국 쇠퇴의 시작을 보았을 뿐이었다. 하지만 이 책의 제2부에서 보게 되는 것처럼, 영국뿐 아니라 1세기 후의 미국에서도 마찬가지로 지속적인 하락은 일어났다.

자신을 제한하는 모든 장애물을 뛰어넘는 자본주의의 끝없는 추진력

24) *Ibid.*, pp. 713, 755~56.

에 대해 낙관적인 예상을 했지만, 마르크스는 역사적으로 이 추진력이 스미스가 강조한 물리적·제도적 제한에 지배당해왔다고 인정해야만 했다. 하지만 이것은 마르크스가 제시한 주도적 자본주의 국가들의 연쇄(sequence)를 별개의, 공간적·시간적으로 구분된 일국(一國) 자본주의 발전 일화들의 연속으로 읽을 때만 그러하다. 그러나 만약 우리가 그 연쇄를 세계적 규모로 자본주의가 발전하는 일련의 연관된 단계들로 읽는다면, 우리는 다른 그림을 얻는다. 즉 이 그림에서는 자본주의의 추진력이 자신을 제한하는 모든 장애물을 뛰어넘어간다는 발상이 반복된다. 다시 말하면 마르크스는, 어느 일정 시기에 주도적인 자본주의적 조직을 보유한 어떤 통치 권역의 용기라도 결국에는 모두 자본 "괴잉"이 되고, 따라서 이윤율 하락과 침체로 향하는 경향을 경험하게 된다는 점에서 스미스에게 암묵적으로 동의한다. 그렇지만 마르크스는 국제적 신용 체계가 자본을 공급하여 더 큰 용기로 옮겨 가게 함으로써 침체에서 탈출할 수 있도록 하므로—미국과 영국, 영국과 네덜란드, 네덜란드와 베네치아의 관계처럼—, 자본의 자기팽창은 더 큰 규모로 재개될 수 있다고 본다. 그러므로 마르크스에게조차, 끝없는 팽창을 향한 경향은 오로지 세계적 규모의 자본주의 발전에 관련된 것이지, 어떤 특정 국가 내의 자본주의 발전에 관련된 것은 아니다.

자본주의의 창조적 파괴에 대한 슘페터의 분석은, 자신도 기꺼이 인정했듯이, 마르크스의 연구 영역에서 작은 일부분을 다룬 것에 불과하다. 그러나 슘페터의 분석은 마르크스의 연구 어젠다를 따라가다 보면 전면에 드러나지 않거나 혹은 눈에 띄지 않게 되어버린 마르크스의 중요한 통찰을 재조명하는 장점을 가지고 있다. 이러한 통찰 중의 하나는 창조적인 파괴 과정의 측면으로 관찰한 호황과 불황에 대한 인식이다. 슘페터가 보기에, 낡은 경제 구조의 끊임없는 파괴와 혁신을 통한 새로운 경제 구조의 창출은 "가장 중요하고 즉각적인 수익의 원천일 뿐 아니라, 간접적으로는 그 진행 과정에서 예기치 않은 수익과 손실이 발생하

고 투기 사업이 중대한 활동 영역을 확보하게 되는 상황을 만든다."[25] 이 과정에서 초과 이윤——상금을 받는 얼마 안 되는 소수파의 노력을 불러일으키는 데 필요한 정도를 훨씬 넘어서는 "깜짝 놀랄 정도의 상금"——이 두 배의 역할을 한다. 초과 이윤은 혁신에 항상적인 동기를 부여하지만, 또 한편으로는,

　더 평등하고 더 "공정한" 분배의 세계보다 훨씬 더 효율적으로, 아주 적은 보상만을 대가로 얻거나 혹은 아무것도 못 얻고 심지어 손해를 보기도 하는 대다수 기업가들이 그럼에도 온 힘을 다해 진력하게 한다. 왜냐하면 기업가들은 눈앞에 엄청난 상금을 두고 있고 자신들이 똑같이 잘할 수 있는 가능성을 과대평가하기 때문이다.[26]

　하지만 깜짝 놀랄 정도의 상금을 거둬들이는 대신에, 이 전장에 몰려든 "대다수"는 경쟁을 활성화하게 되고, 그 경쟁은 초과 이윤을 제거할 뿐 아니라 이미 존재하고 있던 (기존의) 생산조합을 파괴함으로써 광범위한 손실을 입힌다. 슘페터는 따라서 끊임없이 작동하는 창조적 파괴의 과정을 진정한 혁명적 단계와 혁명의 결과물을 흡수하는 단계, 두 단계로 나눈다.

　이런 일들이 개시되어가는 <u>동안</u>, 우리는 활발한 소비와 지배적인 "호황"을 경험한다. 〔……〕 그리고 이 일들이 완료되고 그 결과가 쏟아져 나오는 <u>동안</u>, 우리는 산업 구조의 낡은 요소의 제거와 지배적인 "불황"을 경험한

25) Joseph Schumpeter, *Capitalism, Socialism, and Democracy*(London: George Allen & Unwin, 1954), p. 83; *Business Cycles: A Theoretical, Historical, and Statistical Analysis of the Capitalist Process*(New York: McGraw Hill, 1964), p. 80.
26) Schumpeter, *Capitalism, Socialism, and Democracy*, pp. 73~74.

다.[27] (밑줄은 옮긴이)

슘페터의 표현에 따르면, 이윤 지향적인 혁신(과 그 혁신의 경쟁 압력에 대한 영향)은 **시간적으로**[in time, 같은 시기에] 집중 발생하여, 경제 전체를 지배적인 장기 "호황" 국면으로부터 지배적인 장기 "불황" 국면으로 바꿔버린다. 그러나 다른 곳에서 주장했듯이, 혁신이 **공간적으로**[in space, 같은 공간에] 밀집해서 일어난다고 가정하는 것도 마찬가지로 타당성이 있다. 그러므로 우리는 위 인용문의 "동안"(while)을 "곳"(where)으로 대체하여, 위 인용문을 지배적인 "호황" 지대와 지배적인 "불황" 지대로 나뉘는 공간적인 양극화를 묘사한 것으로 읽을 수 있다.[28]

그가 자주 산업 구조에 적용해서 언급하기는 하지만, 슘페터의 창조적 파괴라는 개념은 그 과정[창조적 파괴의 과정]을 광범위하게 규정하는 혁신을 "새로운 조합의 실행"으로 정의함으로써 보다 많은 장점이 있다. 이는 산업의 기술적 · 제도적 혁신뿐 아니라, 새로운 시장, 새로운 교역로, 새로운 공급원, 신상품의 출하나 상품의 획득과 처분에서 새로운 조직의 도입과 같은 모든 상업적 혁신도 포함한다. 이러한 혁신은 시장을 새로운 경로로 성공적으로 "지도한다." 슘페터는 이러한 지도력의 주체를 "기업가"로 불렀다. "기업가"는 생산 수단과 지불 수단에 상당한 지배력을 가지고 있다는 의미라면 "자본가"일 수도 있고 아닐 수도 있지만, 기존 경제 생활의 흐름을 바꿈으로써 거둘 수 있는 초과 이윤의 기회를 탐지하고 잡아내는 능력이 있는 개인들이다. 그가 마음속으로 생각한 사례로서, 슘페터는 "근대적 유형의 '산업의 선장(船長)'으로서

---

27) *Ibid.*, p. 68.

28) Giovanni Arrighi, Beverly J. Silver, and Benjamin D. Brewer, "Industrial Convergence and the Persistence of the North-South Divide", *Studies in Comparative International Development* 38, 1(2003), pp. 17~18. 또한 이 책 제8장 이하 참조.

〔……〕 특히 자기 자신을 이를테면 12세기의 베네치아 상업 기업가라고 생각하거나 〔……〕 또는 농업과 가축 교역에다가, 이를테면 시골 양조장, 호텔 그리고 가게를 결합했던 마을 유지와 동일시하는 사람"을 지적한다.

그러나 유형이야 무엇이든, 모든 사람은 오로지 그가 실제로 "새로운 결합을 실행할" 때에만 기업가일 수 있다. 그가 자신의 사업 기반을 다진 뒤 다른 사람들이 사업을 경영하는 것처럼 안주하여 경영한다면, 그 즉시 기업가로서의 성격을 잃어버린다.[29]

자본가는 화폐 소유자로 화폐나 물질적 재화에 대한 권리를 주장한다. 자본가가 스스로 기업가 역할을 할 수도 있으나 그것에 구애받지 않는다. 자본가의 구체적 역할은 기업가에게 경제 체계를 새로운 경로로 가도록 하는 데 필요한 지불 수단을 공급하는 것이다. 전형적으로 이것은 신용의 공급을 통해 이루어진다. 그리고 모든 예비 자금과 저축은 보통 신용 제도로 흘러들어가며, 구매력에 따른 총수요는, 기존의 것이건 새로 창출된 것이건, 이들 제도로 집중하기 때문에, "은행가"가 "가장 우월한 자본가이다. 은행가는 새로운 조합을 만들고자 하는 자들과 생산 수단의 소유자들 사이에 서 있다."

---

29) Joseph Schumpeter, *The Theory of Economic Development*(New York: Oxford University Press, 1961), pp. 66, 78, 131~36. 슘페터는 기업가가 지주나 자본가나 노동자가 하는 방식대로 "사회적 계급을 이루지 않는다"고 강조했다. 기업가들은 어떤 사회 계급에서도 나올 수 있으며, 만약 성공한다면 더 특권적인 계급 지위로도 상승할 것이다. 그러나 "획득된 계급 지위는 기업가의 지위 같은 것이 아니라, 기업의 수익이 어떻게 쓰이는가에 따라서 지주 혹은 자본가로 규정된다"(*Ibid.*, pp. 78~79).

이러한 의미에서 신용의 제공은 기업가의 목적에 맞게 편의를 제공하라는 주문, 기업가에게 필요한 재화에 대한 주문으로서 경제 체계에 작용한다. 그것은 기업가에게 생산적 힘을 위임하는 것을 의미한다.[30]

구매력의 생산자와 구매력의 판매자는 화폐 혹은 자본 시장에서 기업가를 만나며, 그곳에서 그들은 현재의 구매력을 미래의 구매력과 교환한다. "두 집단 사이에 매일 벌어지는 가격 경쟁에서 새로운 조합의 운명이 결정된다."

경제 체계에서 미래에 대한 모든 계획과 전망은 [금융시장(자본시장, money market)—인용자], 국가 운명의 모든 조건, 모든 정치적 · 경제적 · 자연적 사건에 영향을 미친다. […] **금융시장은**, 예전에도 그랬던 것처럼, **항상 자본주의 체계의 총사령부**이며, 여기에서 나온 명령은 그에 속한 각급의 개인에게 내려지며, 그곳에서 토론되고 결정되는 것은 항상 핵심적으로 미래의 발전 계획에 대한 결정이다.[31]

비록 다른 것처럼 보이지만, 마르크스와 슘페터의 경제 발전 개념은 서로 모순되기보다는 보완적이다. 슘페터는 스스로 자신이 자본주의의 성과에 대해 말한 것은 마르크스가 『공산주의자 선언』에서 제시한 "자본주의의 성취에 관한 대단히 탁월한 [설명을—인용자]"다만 발전시킨 것이라고 고백했다.[32] 그리고 정말로 나는 위에서 살펴본 슘페터의 창조적 파괴에 대한 설명에서 마르크스가 동의하지 않을 만한 것은 아무것도 찾을 수 없다. 슘페터와 마르크스의 차이는 주로 사회적 체계로서

---

30) *Ibid*., pp. 69, 74, 107.
31) *Ibid*., pp. 125~26, 강조는 인용자.
32) Schumpeter, *Capitalism, Socialism, and Democracy*, p. 7.

자본주의를 궁극적으로 대체하게 될 모순과 주체에 관한 것이다. 그러나 자본주의적 동력에 한해서는, 두 사람은 단지 다른 각도의 시점에서 자본주의적 동력을 관찰했고 따라서 그 현상의 서로 다르지만 양립 가능한 측면을 보았다.[33]

정리와 다음 장 소개

스미스의 "부자연스러운" 발전 경로를 자본주의적 경로로 다시 개념화해 보면, 고도 균형의 함정에서 유럽이 탈출한 것은 19세기의 새로운 현상이 아님을 보여준다. 오히려 유럽 자본주의의 네트워크 및 그 중심의 대규모 재편을 통해 일어난 그 이전 시기의 탈출이 먼저 있었고, 19세기에 산업혁명을 통한 탈출은 그것에 의해 준비된 것이었다. 이러한 경향은 스미스와 마르크스가 모두 유럽 경로의 기본적 특성으로 강조한 것과 분리해서 생각할 수 없다. 즉 유럽 경로의 외향성, 세계 시장에 뿌리박고 있다는 점, 그리고 외국무역에서 공업, 농업으로 전개하는 "역행적"* 방향성이 그것이다. 이러한 관점에서, 자본주의적 동력의 기원 혹은 부재를 농업에서 찾는 널리 퍼진 관행은 잘못된 것이다. 프랑크가 애용했던 은유를 사용하자면, 그것은 잘못된 가로등 밑에서 잃어버린 시계 찾기라는 속담을 생각나게 한다. 유럽 부르주아지의 부와 힘은 농경에서 비롯된 것이 아니라 원거리 외국무역에서 비롯되었으며 심지어 공업도 몇 세기가 지난 후에야 유럽 부르주아지의 주요 기반이 되었다.[34]

---

33) John E. Elliott, "Marx and Schumpeter on Capitalism's Creative Destruction: A Comparative Restatement", *The Quarterly Journal of Economics*, XCV, 1 (1980) 참조.

* 스미스가 보기에 이 발전 방향은 역행이고 퇴보였다.

34) Giovanni Arrighi, *The Long Twentieth Century: Money, Power and the Origins of our Times*(London: Verso, 1994), chs 2~3, 또한 이 책 제8장 이하

마찬가지로 광범위하게 퍼져 있는 잘못된 관행은, 역사적으로 볼 때 세계 수준의 자본주의 발전에 속한 특징을 일국 수준의 자본주의 발전으로 해석하거나, 혹은 거꾸로 그렇게 잘못 파악하는 것이다. 자본의 집중과 계속 대형화하는 생산 단위 내 기술적 분업의 증대에 관한 마르크스의 이론은 오로지 세계적 수준으로 보았을 때 타당하다. 철도는 영국에서 발명되고 처음 도입되었지만, 철도가 수직 통합형의 주식회사로 자본을 재조직하게 이끈 것은, 오로지 철도가 미국에서 비교가 안 될 정도로 더 큰 지리적 규모로 도입되었을 때였다(여기에는 영국의 잉여 자본이 결정적으로 기여했다). 자본주의 발전의 중심이 영국에서 미국으로 이동하지 않았더라면, [자본의] 재조직에 의해 촉진된 기술적 분업의 엄청난 신전은 아마 일어나지 않았을 것이다. 실제로, 산업혁명에도 불구하고 혹은 산업혁명 때문에 19세기 내내 영국은 가족 자본주의가 강화되었으며 생산 과정의 수직적 통합이 증가한 것이 아니라 오히려 감소하였다.[35]

반대로, 브레너가 마르크스로부터 도출했던, 자본주의적 발전은 농업 생산자로부터 생존을 위한 생산 수단의 분리를 전제로 한다는 주장은, 영국에서 자본주의의 발전을 촉진한 조건을 서술할 때에는 약간의 타당성이 있다. 그러나 세계적 수준에서는 이러한 분리는 자본주의 발전의

참조. "잃어버린 시계"의 은유는, Andre Gunder Frank, *ReOrient: Global Economy in the Asian Age*(Berkeley, CA: University of California Press, 1998), pp. 338~39 참조.

35) 자본주의 기업의 수직적 통합과 관료적 경영의 촉진에서 철도의 역할은 Alfred Chandler, *The Visible Hand: The Managerial Revolution in American Business*(Cambridge, MA: The Belknap Press, 1977), chs. 3~5 참조. 19세기 영국에서 가족 사업(business)이 강고히 지속되었고 수직적 통합은 감소했다는 증거는 Giovanni Arrighi and Beverly J. Silver, *Chaos and Governance in the Modern World System*(Minneapolis, MN: University of Minnesota Press, 1999), ch. 2 참조.

전제 조건이기보다는 자본주의의 창조적 파괴의 결과로 나타난다. 그 결과는 즉 상대적 과잉인구의 창출이다. 어쨌든 이 분리는 〔영국은 그렇다고 쳐도〕 프랑스나 스위스 같은 다른 유럽 국가나 미국에서 자본주의 발전의 전제 조건은 확실히 아니었다. 미국에서는 원주민의 파괴, 노예화한 아프리카인들의 강제 이주, 그리고 유럽 잉여 인구의 식민(植民)에 의해서 자본주의 역사에서 가장 대단한 기술적·조직적 진보가 이루어질 수 있는 농경적 기반이 놓였다.

유럽 발전 경로의 자본주의적 성격은 콕 집어 설명하기 참으로 어렵기 때문에, 프랑크는 이 탐구를 "비금속을 황금으로 바꾸는 철학자의 돌을 찾는 연금술사의 연구보다 나을 게 없다"[36]고 보았다. 프랑크의 좌절은 이해할 만하다. 그리고 그는 탄탄한 실증적 근거를 가지고 유럽의 발전 경로와 동아시아의 발전 경로 사이의 차이를, 한 지역에는 "자본가"가 있었고 다른 지역에는 없었다는 식으로 찾는 것을 거부한다. 윌리엄 로가 기술한 것처럼, 우리가 제11장에서 하는 분석은 "이유야 무엇이든지, 1500년 이래로 중국 사회와 서구 사회의 역사 사이 분기의 원인은 진보적인 서구가 자본주의와 근대 국가를 발견했으나 중국은 그렇지 못했다는 사실에 있지 않다"[37]는 점을 확인할 것이다.

제11장에서 더 자세하게 논하겠지만, 유럽의 시장 기반 발전 경로와 동아시아의 시장 기반 발전 경로를 구별할 수 있게 만드는 특징은 특정 비즈니스나 국가 제도 같은 것의 존재 여부가 아니라, 상이한 권력 구조

---

36) Frank, *ReOrient*, p. 332에서 K. N. Chaudhuri, *Asia before Europe: Economy and Civilization of the Indian Ocean from the Rise of Islam to 1750* (Cambridge: Cambridge University Press, 1990), p. 84에 나오는 연금술사가 철학자의 돌을 찾는 탐구의 비유를 인용하고 있다.

37) William Rowe, "Modern Chinese Social History in Comparative Perspective", in P. S. Ropp, ed., *Heritage of China: Contemporary Perspectives on Chinese Civilization*(Berkeley, CA: University of California Press, 1990), p. 262.

내의 조합이다. 그러므로 스미스의 "부자연스러운" 경로가 "자연스러운" 경로와 다른 것은, 부자연스러운 경로가 더 많은 수의 자본가를 가지고 있었기 때문이 아니라, 자본가들이 자신의 계급적 이해를 국익을 희생해서라도 강제할 수 있는 더 큰 권력을 가졌기 때문이다. 스미스의 "부자연스러운" 경로를 자본주의적 경로로 다시 개념화한 마르크스의 경우, 이러한 더 큰 권력은 정부를 '부르주아지의 용무를 처리하는 위원회'로 바꿔버렸다. 비록 이것이 좋게 말하면 과장이고 심하게 말하면 유럽 국가들 대부분에 대한 성격 묘사로는 틀린 말이라고 할지라도, 유럽 발전 경로의 주도자였던 국가들에 대해서만큼은 정확한 기술일 것이다. 페르낭 브로델이 말했듯이,

자본주의는 오로지 국가와 동일시되거나 자본주의가 바로 국가일 때만 승리한다. 자본주의의 첫 번째 대단계, 즉 이탈리아의 베네치아, 제노바, 피렌체 도시국가 단계에서 권력은 돈 있는 엘리트의 손에 있었다. 17세기 네덜란드에서, 섭정 시대의 귀족들은 사업가, 상인, 대부업자의 이익을 위해서, 심지어는 그들의 지시에 따라 통치했다. 마찬가지로 영국에서는 1688년의 명예혁명을 계기로 비즈니스가 네덜란드의 그것과 비슷해져갔다.[38]

[브로델의 글에는] 베네치아에 제노바 · 피렌체가 보태져 있고, 자본주의적 발전의 최근 주도자인 미국이 빠져 있는 것만 빼면, 이것은 마르크스가 국제적 신용 체계를 통한 잉여 자본의 재순환으로 서로 맞물려 돌아간다고 한 바로 그 '쇠퇴하는 자본주의 중심과 부상하는 자본주의 중심의 연쇄'와 똑같다. 두 연쇄 모두에서, 자본주의와 일체가 된 국가들──이탈리아의 도시국가, 네덜란드의 원(原)국민국가(proto-nation-

---

38) Fernand Braudel, *Afterthoughts on Material Civilization and Capitalism* (Baltimore, MD : Johns Hopkins University Press, 1977), pp. 64~65.

state) 그리고 마침내 국민국가(national state)일 뿐 아니라 세계를 에워싼 해양 및 영토 제국의 중심을 형성 중이던 영국——은 각각의 선임자보다 더욱 거대해지고 더욱 강력해졌다. 우리의 주장은 유럽의 발전 경로를 "자본주의적"이라고 규정할 수 있는 것이 다른 무엇보다도 이 자본과 권력의 끝없는 축적의 **연쇄**라는 점이 될 것이다. 그리고 거꾸로 동아시아에 이러한 연쇄에 필적할 만한 무언가가 없었다는 것이, 대분기 이전에 동아시아 발전 경로가 유럽과 마찬가지로 시장에 기반을 둔 것이었지만 자본주의적 동학을 가지고 있지는 않았다는 가장 명백한 표지라는 것이다.

우리는 나아가 이러한 유럽 발전 경로의 특이성은 두 개의 다른 경향과 관련지어야만 비로소 이해할 수 있다고 주장할 것이다. 첫째는 장기적인 금융 팽창을 일으키는 과잉축적의 위기 경향으로, 슘페터의 말을 바꿔 쓰면, 이는 경제 체계를 새로운 경로로 가도록 강제하는 데 필요한 지불 수단을 공급한다. 브로델이 강조하듯이, 이 경향은 19세기의 새로운 현상이 전혀 아니다. 16세기 제노바와 18세기 암스테르담은 19세기 말 영국과 20세기 말 미국에 못지않게, "성장의 파도와 〔……〕 정상적인 투자 경로를 뛰어넘는 규모의 자본 축적이 이루어진 결과, 금융 자본주의가 이미 적어도 한동안은 비즈니스 세계의 모든 활동들을 접수하고 지배하는 지위를 누렸다."[39] 처음에 이 지배는 경향적으로 당시의 자본주의 중심들의 부를 되살아나게 하지만, 시간이 지남에 따라 이는 정치적·경제적·사회적 혼돈의 근원이 되며, 이 과정에서 현존하는 축적의 사회적 틀은 파괴된다. 슘페터의 표현으로 "자본주의 체계의 총사령부"는 새로운 중심에 재배치된다. 그리고 더욱 포괄적인 축적의 사회적 틀이 더 강력한 국가의 주도 아래 창출된다.[40] 1980년대와 1990년대의 미

---

39) Fernand Braudel, *Civilization and Capitalism, 15th ~ 18th Century, Volume III: The Perspective of the World* (New York: Harper & Row, 1984), p. 604.

국이 주도한 금융 팽창이 이 패턴에 맞는지 어떤지, 어느 정도 맞는지가 이 책 제2부의 주제이다.

역사적 자본주의의 반복적인 금융 팽창과 자본주의와 일체화된 더욱 강력한 국가의 연쇄는 그럼에도 또 다른 경향과 관련짓지 않으면 이해할 수 없다. 즉 이동 자본(mobile capital)을 둘러싼 국가 간 경쟁의 강화로, 막스 베버가 "[근대-인용자] 시대의 세계사적 특수성"[41]이라고 부른 것이다. 이 경향은 자본주의, 산업주의, 군사주의 사이의 관계라는 문제를 푸는 열쇠이다. 이 문제는 스미스가 암묵적으로 제기했으나 해결하지는 않았으며, 마르크스와 슘페터에게는 말할 만한 흥미로운 점이 없다. 제2장에서 적었듯이, 근대적 무기의 비싼 가격이 가난한 나라보다 부자 나라에 군사적 이점을 주었다는 스미스의 관찰은 긴밀히 연관된 두 가지 질문을 제기한다. 첫째, "부자연스러운" 경제 발전 경로——마르크스를 따라 우리가 자본주의적 경로로 다시 명명한——가 제조업, 외국무역 그리고 항해에 더 큰 역할을 부여한다면, 이 경로를 따라 발전한 국가는 가난한 나라에 대해서뿐 아니라 스미스의 "자연스러운" 경로를 따라 발전한 부유한 시장 경제에 대해서도 군사적 우위를 획득하지 않겠는가? 그리고 둘째로 자본주의적 경로를 따라 획득된 부가 우월한 군

---

40) 이 패턴의 상이한 측면에 대해서는 Arrighi, *The Long Twentieth Century* 및 Arrighi and Silver, *Chaos and Governance* 참조.

41) Max Weber, *Economy and Society*(Berkeley, CA: University of California Press, 1978), p. 354. 베버에 따르면 전근대 시대에는 세계 제국의 형성이 자본주의적 팽창의 주요 장소인 도시들의 자유와 권력을 빼앗았던 데 반해, 근대 시대에는 이러한 장소들이 "평화 시나 전시나 권력을 둘러싼 영속적인 투쟁을 벌이는 경쟁적인 국민국가의" 영향력 아래에 들어갔다. "각 국가들은 이동 자본을 둘러싸고 경쟁해야 했으며, 이동 자본은 이 국가들에 조건을 지시하고 그 조건하에서 국가들이 권력을 잡도록 도와주었다." 근대 자본주의를 위해 최대의 기회를 창출했던 것은 바로 이 경쟁 투쟁이다. Max Weber, *General Economic History* (New York: Collier, 1961), p. 249.

사력의 원천이라면, 그리고 스미스가 주장했듯이 우월한 군사력이 유럽이 비유럽 국가들을 희생하여 그 대가로 세계 경제의 더 큰 통합의 이익을 전유(專有)할 수 있었던 이유라고 한다면, 이러한 통합이 유럽 계통 민족들에게는 부와 힘의 선순환을 대부분의 다른 민족들에게는 빈곤과 약소의 악순환을 가져다주는 것을 어떤 힘이 막을 수 있을 것인가?

이 질문들은 이 책의 제3부와 제4부에서 답변할 것이다. 제3부는 구체적으로 자본주의적 경로에 따라 "끝이 없어" 보이는 자본과 권력의 축적에 초점을 맞출 것이다. 이 축적은 세계사에서 처음으로 진정한 세계국가를 창출하려는 미국의 시도에서 절정을 이루었다. 이는 국가 간 경쟁에 추동된 자본주의, 산업주의 그리고 군사주의의 시너지가 정말로 유럽 계통 민족들에게는 부와 힘의 선순환을, 이에 상응하여 대부분의 다른 민족들에게는 빈곤과 약소의 악순환을 초래했다는 것을 보여줄 것이다. 이 경향에서 핵심적인 것은 창조적 파괴의 과정에서 결국 세계 북측(the global north)이 되는 지배적인 "호황" 지대와 세계 남측(the global south)이 되는 지배적인 "불황" 지대로 공간적으로 양극화하는 것이다. 그러나 이는 또한 첫째 이 양극화가 북측 지배의 재생산을 위한 사회적·정치적 정당성에 극복할 수 없는 문제를 갈수록 제기했고, 둘째로 미국이 강제적인 수단으로 이 문제들을 극복하려고 한 시도는 역풍을 맞아, 세계 남측 사람들에게 사회적·경제적인 권력을 부여할 전례 없는 기회를 만들어냈다는 것을 보여줄 것이다.

이 책의 종장인 제4부에서는 중국이 이러한 권력의 부여를 선도하게 한 세계사적 조건에 초점을 맞출 것이다. 스기하라는 냉전 시기 미국과 소련의 경쟁 강화와 구 식민지 세계의 민족주의 흥기가 결합하여 동아시아에 근면혁명 경로와 산업혁명 경로를 이종 교배하기에 유리한 지정학적 환경을 창출했다고 주장했다. 나는 그의 주장을 나 자신의 용어로 재정식화하고, 두 가지 새로운 방향으로 발전시킬 것이다. 나는, 첫째 근면혁명 경로와 산업혁명 경로 자체가 동아시아와 유럽에 나타난 대조

적인 지정학적 환경에서 나왔으며, 이 환경은 브로델이 유럽사와 관련하여 "확장된"(extended) 16세기(1350~1650)[42]라고 부르고 동아시아사에서는 명대(明代, 1368~1644)와 거의 정확하게 일치하는 과정 속에서 나타났다고 주장할 것이다. 나는 이 지정학적 환경의 차이가 머지않아 대분기로 이끄는 유럽과 동아시아의 상이한 두 가지 발전 경로의 출현에 대해 단순하지만 강력한 설명을 제공함을 보일 것이다. 그러나 나는 또한 유럽 경로의 동아시아 경로에 대한 우월성은 금융적 · 군사적 능력의 시너지에 결정적으로 의존하고 있으며 그것은 점점 더 통합되고 경쟁적인 세계 경제에서는 지속하기 어려운 것임을 주장할 것이다. 20세기의 마지막 수십 년 동안에 그랬던 것처럼, 일단 그 시너지가 작동을 멈추자, 일본은 이종 교배의, 시장 기반 발전 경로의 전조(前兆)가 되었고, 중국은 본격적으로 그 경로를 구현하였다. 이러한 현상은 존 페어뱅크의 말을 빌리자면, 중국 안팎의 사람들을 계속해서 혼란스럽게 하고 있다.

---

42) Braudel, *Capitalism and Civilization, 15th~18th Century, Volume III*, p. 79.

제2부

전 지구적 혼돈을 쫓아서

제4장 전 지구적 혼돈의 경제학

소스타인 베블런은 1873~96년의 대공황이 끝난 직후에 다음과 같이 썼다. "불황(depression)은 근본적으로는 사업가의 정서적인 병이다. 그것은 고난의 병소(病巢)이다. 산업의 침체와 근로자와 그 밖의 계급이 겪는 고통은 본질적으로 병의 증상이며 부차적인 결과이다." 그러므로 효험이 있는 치료법은 반드시 "이 감정적인 고난의 병소에 도달하여 [……] 이윤율을 '합리적인' 수준으로 회복시키는 것이다."[1] 1873년과 1896년 사이에, 물가는 균일하지는 않지만 가차 없이 떨어졌는데, 데이비드 랜즈는 이를 "인류의 기억에서 가장 격렬한 디플레이션"이라고 불렀다. 물가를 따라서 이자율이 "경제이론가들이 자본이 너무 풍부해서 공짜 상품이 되어버릴 가능성을 처음 생각해낼 정도까지" 떨어졌다. "그리고 이윤은 위축되었으며, 주기적인 불황이라고 생각했던 것이 영원히 지속될 것처럼 보였다. 경제 체계는 작동을 멈추려는 것처럼 보였다."[2]

---

1) Thorstein Veblen, *The Theory of Business Enterprise*(New Brunswick, NJ: Transaction Books, 1978), p. 241.
2) David S. Landes, *The Unbound Prometheus: Technological Change and Industrial Development in Western Europe from 1756 to the Present*(Cambridge: Cambridge University Press, 1969), p. 231.

실제로 경제 체계는 "작동을 멈추지" 않았다. 생산과 투자는 당시 새롭게 산업화하고 있던 국가들(가장 대표적으로는 독일과 미국)뿐만 아니라 영국에서도 지속적으로 증가했다. 랜즈와 동시에 책을 출간한 또 다른 역사학자는 1873~96년의 대공황은 "신화"[3]에 불과하다고 선언할 정도였다. 그럼에도 불구하고 베블런이 주장하듯이, 생산과 투자가 지속적으로 팽창하면서 동시에 "대공황"이었다고 말해도 모순이 아니다. 반대로 대공황이 "신화"가 아닌 이유는 정확하게는, 영국과 세계 경제의 생산과 무역이 대체로 팽창하였고 심지어 너무 빨리 팽창하는 바람에 이윤율이 "합리적"이라고 생각되는 수준을 유지할 수 없게 되었기 때문이다.

더 구체적으로, 19세기 중반 세계 무역의 대팽창은 자본 축적의 주체들이 받는 경쟁 압력을 체계 전체에 걸쳐 강화했다. 영국을 중심으로 하는 세계 경제 전역에서 더 늘어난 지역의 더 늘어난 기업들이 투입의 조달과 산출의 처분을 둘러싸고 서로의 영역을 침탈하였고, 이로써 각자 예전에 가지고 있던 "독점"——즉 특정 시장 분야(適所, niches)에 대한 일정한 배타적 지배권——을 파괴하였다.

독점에서 경쟁으로의 이러한 이동은 아마도 유럽 공업기업과 상업기업의 분위기를 조성하는 데 가장 중요한 단일 요소였을 것이다. 경제 성장은 이제 경제 투쟁이었다. 이 투쟁은 강자와 약자를 분리하고 일부를 좌절시키고 다른 일부를 단련시켰으며, 낡은 국가를 희생하여 [……] 신흥 국가에 유리한 역할을 했다. 한없이 진보하는 미래에 대한 낙관론은 불안정성과 일종의 고뇌로 바뀌었다.[4]

---

3) S. B. Saul, *The Myth of the Great Depression, 1873~1896*(London: Macmillan, 1969).
4) Landes, *Unbound Prometheus*, p. 240.

그러나 그 다음에 너무나도 갑자기 마치 마법과 같이,

　　수레바퀴가 돌아갔다. 그 세기의 마지막 몇 년 동안, 물가는 상승하기 시
작하였고 이윤도 따라서 상승했다. 사업이 호전되자, 자신감이 돌아왔다.
앞선 수십 년간의 침울한 분위기에 간간이 끼어들었던 단기간의 호경기로
드문드문 생겼다가 순식간에 사라지는 그런 자신감이 아니라, 1870년대 초
이래로 이토록 만연한 적이 없는 보편적인 행복감이었다. 모든 것이 다시
제대로 된 것처럼 보였다. 비록 철컥거리는 무기 소리와 자본주의의 "최종
단계"를 운위하는 마르크스주의자들의 경고에도 불구하고. 모든 서유럽에
서, 이 몇 년의 시기는 좋았던 옛 시절로 기억 속에 살아 있다. 에드워드 시
대, 라 벨 에포크〔la belle époque, 좋은 시절〕.[5]

　　앞으로 살펴보겠지만, 이윤이 보다 "합리적인" 수준으로 갑작스럽게
회복되고, 그 결과 영국과 서구 부르주아지들이 "과도한" 경쟁이 야기
한 병에서 회복한 데는 어떤 마법도 없었다. 지금은 1896~1914년의
"좋은 시절"로부터 모두가 혜택을 본 것은 아니라는 것만을 적어두자.
국제적으로 그 회복의 주된 수혜자는 영국이었다. 영국의 산업적 최고
우위는 기울었지만, 〔대신〕 영국의 금융이 승승장구했으며 영국의 선박
업자, 무역업자, 보험업자, 세계 지불 체계에서 중개업자로서의 서비스
는 그 어느 때보다 없어서는 안 되게 되었다.[6] 그러나 심지어 영국 내에
서조차도 모든 사람이 이익을 얻은 것은 아니었다. 특히 주목할 만한 것
은 1890년 중반 이후 그 이전 반세기 동안의 급속한 임금 상승 추세를
역전시키며 영국 실질 임금이 전반적으로 하락했다는 점이다.[7] 그러프

---

5) *Ibid.*, p. 231.
6) Eric J. Hobsbawm, *Industry and Empire: An Economic History of Britain
　 since 1750*(London: Weidenfeld & Nicolson, 1968), p. 125.
7) Saul, *Myth of the Great Depression*, pp. 28~38; Michael Barrat Brown, *The*

로 당시 패권국가의 노동계급에게 벨 에포크는 그 이전 반세기에 걸친 그들의 경제적 조건의 개선을 봉쇄당한 시기였다. 임금 하락은 의심할 여지 없이 영국 부르주아지의 다시 찾은 행복감에 또 하나의 활력소가 되었다. 그러나 곧 "철컥거리는 무기 소리"가 감당할 수 없게 되었고, 위기를 촉진했으며, 이 위기로부터 영국 중심의 세계 자본주의 체계는 다시는 회복하지 못하게 된다.

로버트 브레너는 1973~93년의 "지속적인 침체"와 그 후 미국과 세계 경제의 "회복"을 분석하면서 불황, 회복 그리고 위기를 겪은 이 세계 자본주의의 초기 경험을 언급하지는 않는다. 그러나 그의 중심 논의는 계속해서 둘 사이의 비교로 초대한다.[8] 그러므로 나는 브레너의 논의를 서로 한 세기 떨어져 있는 두 시기의 전 지구적 혼돈을 비교 분석하는 출발점으로 삼아, 우리 시대의 전 지구적 혼돈만의 새로운 특징과 변칙적인 점이 무엇인지 결론을 도출하겠다. 이 장에서 나는 브레너의 논의를 가장 흥미롭고 핵심적인 측면에 초점을 맞추어 재구성할 것이다. 제5장에서는 약점과 한계에 초점을 맞추어 그의 논의를 비판적으로 재검토하고, 제6장에서는 이러한 비판을 통합하여 그 전 지구적 혼돈이 미국의 최종적 위기와 동아시아의 경제적 부활 모두가 등장하는 무대를 차려놓았다는 나 자신의 해석으로 발전시키겠다. 그리고 제2부의 결론 부분에서 전 지구적 혼돈에 관한 나의 논의를 이 책 제1부에서 발전시킨 이론

Economics of Imperialism(Harmondsworth: Penguin, 1974), table 14.

8) Robert Brenner, "The Economics of Global Turbulence: A Special Report on the World Economy, 1950~1998", *New Left Review* I, 229(1998); *The Boom and the Bubble: The U. S. in the World Economy*(London: Verso, 2002); *The Economics of Global Turbulence: The Advanced Capitalist Economies from Long Boom to Long Downturn*(London: Verso, 2006). 2006년의 책은 1998년에 『뉴레프트리뷰』 특집호에 발표된 책 분량의 원고와 새로 추가한 서문 및 발문으로 구성되어 있다. 서문 및 발문을 언급할 때 외에는 1998년에 출판된 논문을 계속 참고한다.

적 틀과 명확히 관련지으려 한다.

불균등 발전: 호황에서 위기로

브레너는 1950년대와 1960년대의 장기 호황과 1965년과 1973년 사이에 이 호황을 끝낸 수익성의 위기 두 가지 모두 그가 "불균등 발전"(uneven development)이라고 부른 것에 뿌리를 두고 있다고 인식한다. 그의 정의에 따르면, 불균등 발전은 자본주의 발전의 후발 주자가 발전의 선도 주자를 따라잡으려고 노력하고 마침내 따라잡는 데 성공하는 과정이다.[9] 제2차 세계대전 이후 미국이 앞서 이룬 발전의 성취를 따라잡으려 했던 후발 주자 중에 가장 성공한 사례로 브레너는 독일과 일본에 초점을 맞추었다. 브레너는 두 나라의 성공이 미국이 개척한 높은 생산성 기술을 농촌 및 중소기업 부문에 넘쳐나던 탄력적인 저임금 노동의 대량 공급과 결합하여 이윤율과 투자율을 밀어 올릴 수 있었기 때문이라고 주장한다. 1960년대 초 내내 이러한 경향은〔즉 독일과 일본의 성공〕미국의 생산과 이윤에 부정적인 영향을 주지 않았는데, 왜냐하면 "해외에서 생산된 상품은 대부분 미국 시장에서 여전히 경쟁할 수 없었고, 또 미국의 생산자들이 해외 판매에 의존하는 비중은 아주 작았기 때문이었다."[10]

---

9) Brenner, "Economics of Global Turbulence", pp. 39~137; *The Boom and the Bubble*, pp. 9~24. 브레너가 사용한 "불균등 발전"이라는 표현은 트로츠키와 레닌이 말한 불균등 발전과 비슷해 보이지만, 오늘날 후자의 보다 보편적인 용법, 즉 자본주의 발전이 지리적 공간을 양극화하고 분화하는 경향을 지칭하는 용법과는 전혀 다르다. 특히 Samir Amin, *Unequal Development*(New York: Monthly Review Press, 1976) 및 Neil Smith, *Uneven Development: Nature, Capital and the Production of Space*(Oxford: Basil Blackwell, 1984) 참조. 특기하지 않는 한, 나는 이 표현을 브레너와 같은 의미로 사용할 것이다.

10) Brenner, "Economics of Global Turbulence", pp. 91~92.

실제로 "불균등 경제 발전은 미국 국내 경제의 상대적인 쇠퇴를 가져왔으나 〔……〕 그것은 또한 미국의 정치경제 내에서 그 지배적인 세력들이 계속해서 활력을 유지하기 위한 전제 조건이었다."

미국의 다국적 기업과 국제 은행은 해외로 팽창하려 했으므로, 해외 직접 투자를 위한 수익성 있는 배출구가 필요했다. 국내에 기반을 둔 제조업은 수출을 증가시킬 필요가 있으므로, 자신들의 상품에 대한 해외 수요를 빠르게 증가시키길 요구했다. 미국이라는 제국은 "공산주의를 봉쇄하는" 데 열중하면서 세계를 자유 진영의 기업체에 안전하게 유지하려 했으며, 전후 자본주의 질서의 정치적 단결을 위한 기반으로서 미국의 동맹국들과 경쟁자들에게 경제적인 성공을 주려 했다. 〔……〕 그러므로 이러한 모든 세력들은 각자의 목적을 실현하기 위해 유럽과 일본의 경제적 활력에 의존하였다.[11]

간단히 말해서 1960년대 초까지 불균등 발전은 호혜적인 게임이었으며, 이것이 "지도자와 추종자 간의, 선발 주자와 후발 주자 간의, 패권자와 종속자 간의 매우 마찰이 심하고 불안정할 수 있는 공생 관계"[12]를 지탱했다. 랜즈의 1873~96년의 대공황에 대한 설명을 바꿔 쓰자면, 그것은 아직 "경제 투쟁", 즉 제로섬 혹은 심지어 일부를 희생해야 다른 일부가 이익을 얻는 부정적인 게임까지 가지 않은 것이다. 브레너 자신은 1973~93년의 장기 하락(the long downturn)이 시작하게 된 원인을 설명하면서 바로 불균등 발전이 1965~73년에 일어났기 때문이라고 한다. 그때까지 독일과 일본은 미국을 따라잡을 뿐 아니라, "섬유, 철강, 자동차, 공작 기계, 소비자 가전제품 등등 핵심 산업에서 차례차례로 선

11) Brenner, *The Boom and the Bubble*, pp. 14~15.
12) *Ibid.*, p. 15.

두 주자인 미국을 서서히 제쳤다." 더 중요한 것은, 독일·일본과 다른 후발 국가들에 기반을 둔 더 새롭고 더 저가의 생산자가 "선진 지역의 생산자들, 특히 미국과 영국의 생산자들이 지금까지 지배하던 시장을 침범하기"[13] 시작했다는 점이다.

이러한 저가 상품의 미국 시장과 세계 시장 침입은 미국 제조업자들이 "자신들의 자본과 노동 투여에 대해 기존의 수익률을 확보할 수 있는" 능력을 침식했고, 1965년과 1973년 사이에 자본금에 대한 수익률이 40퍼센트 이상 하락하게 만들었다. 미국 제조업자들은 국내외의 이러한 경쟁 격화에 다양한 방식으로 대응했다. 그들은 생산품 가격을 풀코스트 이하로 낮추었다. 즉 오직 유동 자본에 대한 기존 이윤율만을 기대했다. 또 그들은 임금 비용의 증가를 억제하였으며 공장과 설비를 최신화하였다. 하지만 궁극적으로 초기의 경쟁 투쟁에서 가장 결정적인 미국의 무기는 일본 엔화와 독일 마르크화에 대한 달러의 맹렬한 평가절하였다.[14]

평가절하는 어느 정도는 독일과 일본 제조업자에 대한 미국의 경쟁력 상실에서 비롯된 무역수지 악화의 결과였다. 그럼에도 불구하고 이 세 통화 가치에 대한 무역수지의 영향은 정부 정책에 의해 상당히 확대되었으며, 이러한 정부 정책은 제2차 세계대전 종결 후에 확립된 국제적인 금-달러본위제(gold-dollar standard regime)를 뒤흔들었다(궁극적으로는 붕괴시켰다). 독일과 일본 정부는 국내 경제에 발생한 인플레이션 압력에 대응하기 위해 국내 수요를 억제하고 수출 주도의 생산 붐을 일으켰으므로, 이는 양국의 무역 흑자와 양국 화폐에 대한 투기 수요를 더욱 증가시켰다.[15] 존슨 정부 말기와 닉슨 정부 초기에 미국 정부는 증가하

---

13) Brenner, "Economics of Global Turbulence", pp. 41, 105~08.
14) *Ibid.*, pp. 93~94; *The Boom and the Bubble*, pp. 17~18.
15) Brenner, "Economics of Global Turbulence", pp. 94, 116, 119, 126~30.

는 국제통화의 불안정성 조류를 내뿜 재정과 긴축통화 정책을 통해 전환하려 시도했다. 그러나 곧,

　　걱정스러운 주식시장의 폭락뿐만 아니라 강력한 인플레이션 억제 정책을 유지하는 정치적 대가는 닉슨 정부가 도저히 받아들일 수 없을 정도임이 드러났다. 1970년 11월의 의회 선거에서 공화당이 패배하기 훨씬 이전에, 높은 이자율이 경기 회복의 숨통을 조이려고 하자, 정부는 다시 한 번 재정 부양책으로 돌아섰고 연방준비제도이사회(FRB)는 신용 완화 정책을 수용하였다. 닉슨이 몇 달 뒤에 발언한 것처럼, "우리는 이제 모두 케인스주의자이다." 16)

　　1970년대 중반 미국이 거시 경제적 팽창 정책으로 돌아선 것은 금-달러본위제에 조종(弔鐘)을 울리는 것이었다. 이자율이 미국에서는 떨어지면서도 유럽과 일본에서는 여전히 높거나 올라감에 따라, 단기 투기 자금이 달러를 버리면서 미국의 국제수지(BOP) 적자(단기와 장기)는 치솟았다. 1971년 12월의 스미스소니언 합의(the Smithsonian Agreement)는 미적지근한 태도로 금에 대해서 달러를 7.9퍼센트 평가절하하고, 마르크화는 13.5퍼센트, 엔화는 16.9퍼센트 재조정함으로써 고정환율을 유지하려고 시도했으나, 닉슨 정부가 또 다른 경제 부양책을 쓰면서 미국 통화의 평가절하 압력이 재개되자 이를 저지할 수 없었다. 1973년까지 압력은 견딜 수 없을 정도가 되었고, 그 결과 달러가 다시 대폭 평가절하되었고 변동환율제를 지지하여 고정환율제를 공식적으로 포기하게 되었다. 17)
　　브레너의 주장에 따르면, 마르크화와 엔화에 대한 달러의 대폭적인

---

16) *Ibid.*, pp. 120~21.
17) *Ibid.*, pp. 121~23.

평가절하(마르크화는 1969~73년에 전체적으로 50퍼센트, 엔화는 1971~73년에 전체적으로 28.2퍼센트)는 "상대적으로 저렴한 비용으로 [미국의 제조업 부문이—인용자] 생산성 향상과 임금 억제라는 방법으로는 얻을 수 없는 일종의 180도 선회를" 확보할 수 있었다. 이 180도 선회는 미국 경제에 마치 전기라도 통한 듯 활기를 불어넣었다. 제조업에서 수익성, 투자 성장과 노동 생산성은 제자리로 돌아왔으며 미국의 무역수지는 흑자를 회복했다. 독일과 일본 경제에 대한 영향은 정반대였다. 양국 제조업자들의 경쟁력은 급격히 저하되었으며, 이번에는 그들이 "판매를 계속 유지하려면 높은 수익률을 포기해야만" 했다. 그러므로 세계적인 수익성 위기는 극복되지 못했다. 그러나 그 부담은 이제 주요 자본주의 국가들 사이에 보다 균등하게 공유되었다.[18]

요약하자면, 후발 주자들이 앞선 경제 강국을 성공적으로 따라잡는 과정인 불균등 경제 발전은, 전후 장기 호황과 1960년대 말 1970년대 초의 수익성 위기 둘 다를 가져왔다. 따라잡기가 진행되는 동안은 전 세계적으로 고이윤, 고투자, 생산성 증가의 선순환이 지속되었다. 그러나 일단 후발 주자가, 혹은 적어도 가장 규모가 큰 두 후발 주자가 실제로 이전의 선두 주자를 따라잡자, 그 결과는 전 세계적인 생산능력 과잉과 그로 인한 이윤율의 하락 압력이었다. 처음에 미국의 제조업자들은 그 압력을 정면에서 견뎠다. 그러나 곧 미국이 정부의 지원하에 마르크화와 엔화에 대한 달러 가치를 엄청나게 평가절하함으로써, 수익성 하락은 세 주요 자본주의 강국들 사이에 보다 균등하게 배분되었다.

과잉생산능력과 지속적인 침체

불균등 발전은 초과생산능력을 낳았고, 초과생산능력은 1965년과

---

18) *Ibid.*, pp. 123~24, 137.

1973년 사이 이윤율의 전반적인 하락을 일으켰다. 그러나 1973년에서 1993년까지 상대적인 침체가 지속된 근본적인 원인은, 자본주의 기업체와 정부가 과잉생산능력을 제거하여 수익성을 이전 수준으로 회복하는 데 실패했기 때문이었다. 브레너가 개념화한 것을 따르면, "고비용의 기업들이 이전의 수익성을 유지할 수 있도록 하기에는 수요가 불충분할 때", "과잉생산능력(over-capacity)과 과잉생산"(over-production, 브레너는 이 두 용어를 항상 같이 쓴다)이 존재한다. 이런 기업들은 그러므로 "생산 수단 중 일부의 사용을 중단해야만 하게 되고, 나머지 생산 수단을 사용하려면 오로지 가격을 낮추고 따라서 수익성을 낮추어야만 한다. 그러므로 과잉생산능력과 과잉생산이란 기왕의 이윤율에 대해서 그렇다는 이야기이다."[19] 생산능력의 과잉공급이 제거되든가 아니면 이윤율이 반드시 떨어져야만 한다면, 그 결과는 모두 무시무시한데 이 같은 하락은 자본주의 경제에서 투자율과 생산성 증가율의 하락에서부터 실질 임금과 고용 수준의 쇠퇴까지 수반한다. 브레너의 주장은 적어도 1993년까지 1965~73년의 수익성 위기의 근저에 있는 생산능력의 과잉공급이 제거되기는커녕 오히려 더 늘었으며, 계속해서 수익성을 떨어뜨렸다.

그의 주장은 두 가지 논의에 근거하고 있다. 하나는 자본주의 기업에 관한 것이고 하나는 정부에 관한 것이다. 브레너의 세계 자본주의의 개념화에는 자체적으로 과잉생산능력이 다수의 산업에서 발생하지 않도

---

19) *Ibid.*, pp. 25~26, 강조는 원문. 적었듯이 브레너는 늘 "과잉생산능력"과 "과잉생산"이란 용어를 함께 쓰는데, 때때로 "과잉축적"(over-accumulation)이란 용어로 대체하기도 한다(예를 들면, *The Boom and the Bubble*, pp. 32, 159). 제5장과 6장에서 살펴보겠지만, 그가 표현하고 있는 것은 과잉축적의 위기로, 여기에서 과잉생산능력과 과잉생산은 별개의 표현이다. 그러나 과잉생산능력과 과잉생산의 개념 차이를 명확하게 하지 않음으로써, 브레너는 용어에서도 또 과잉축적 위기의 다른 표현들과 관련해서도 각 개념의 실제 중요성을 경험적으로 평가하는 데 상당한 어려움을 낳는다.

록 하거나 과잉생산능력이 일단 발생한 후 세계 경제의 만성적인 특징이 되지 않도록 하는 시장 메커니즘은 전혀 없다. 참여 기업 수가 과도하게 많아진 산업 분야에서 고비용의 기존 기업은 퇴출에 저항하는 수단과 동기도 가지고 있으며, 반면 과잉생산능력과 이윤율의 하락이 반드시 새로운 기업의 진입을 억제하는 것도 아니다. 고비용의 기존 기업이 퇴출에 저항하는 것은, 그들의 유형·무형의 자산 중 다수가 오로지 기존의 생산 종목을 통해서만 실현될 수 있고, 종목을 바꿀 경우 상실될 것이기 때문이다. 게다가 "수익성 하락의 불가피한 결과로 투자와 임금의 증가가 둔화하고, 그 결과 필연적으로 나타나는 수요의 둔화는 〔이들 기존 기업이〕 새로운 종목으로 자본을 재배치하는 것을 갈수록 어렵게 만든다." 그러므로 이러한 기업들은 "〔오로지 유동 비용에 대한 평균 이윤율만을 추구함으로써—인용자〕 자신의 시장을 방어하고, 혁신 과정과 추가적인 고정 자본 투자를 가속화하여 반격을 꾀할 이유를 다 가지고 있다." 이러한 전략의 채택은 이번에는 "원래 비용 절감을 위한 혁신을 하던 기업들을 자극하여 스스로 기술 변화를 가속화하게 만들 것이고, 이미 존재하던 과잉생산능력과 과잉생산을 더욱 악화시킨다."[20)]

동시에, 과잉생산능력의 악화는 새로운 진입도, 그 결과 이윤율을 더욱 하락시키는 압력도 제지하지 않는다. "반대로, 이윤율의 초기 하락은 아직 후발로 발전하는 지역에서 더 싼 노동력을 더 고도의 기술과 결합시킴으로써 더 낮은 생산 비용을 추구하는 전 세계적인 추세를 강화할 수도 있다." 이러한 장기 하락 기간에 이루어진 새로운 진입의 가장 현저한 사례는 이른바 일부 저발전 국가들——특히 동아시아 저발전 국가나, 멕시코와 브라질 같은 곳——에 자리 잡은 생산자들인데, 이들은 세계 제조업 상품시장을 상당히 잠식함으로써 가격과 수익성의 하락 압력을 더욱 강화했다. "간단히 말하면 퇴출은 너무 적고, 진입은 너무 많았

20) Brenner, "Economics of Global Turbulence", pp. 32~33.

던 것이다."[21]

첫 번째 논의는 대부분 상황 추정에 의한 경험적 정황 증거에 기반하여 연역적으로 전개되었다. 경험적 증거와 역사적 서술이 풍부한 것은 두 번째 논의인데, 주요 자본주의 강국들의 정부, 특히 미국이 너무 적은 퇴출과 너무 많은 진입으로 흘러가는 시장 경향을 완화하기보다는 악화시키는 데 공동 책임이 있다는 것이다. 이러한 면에서 우리의 장기 하락 이해에 대한 브레너의 주요 공헌은, 문제의 정부들이 1960년대 말 이래 자본가들을 상호 적대적으로 만들었던 체계 전체에 걸친 경쟁 투쟁에서 〔경쟁〕 조절자였다기보다는——그런 역할도 하기는 했지만——, 능동적인 〔경쟁〕 참여자나 심지어 주역처럼 행동했음을 보여주었다는 점이다.

앞에서 언급했듯이, 수익성 위기에 대해 설명하면서 브레너는 미국 정부가 마르크화와 엔화에 대한 미 달러화의 대폭적인 평가절하를 적극적으로 추진하여 위기의 부담을 미국에서 독일과 일본 제조업자로 전가하는 데 결정적인 공헌을 했다고 보았다. 유사하게 장기 하락을 설명하면서, 브레너는 통화 평가절하와 평가절상의 밀물 썰물 조치가 자본가 간 경쟁 투쟁에서 얼마나 정부 행위의 핵심적인 도구인가를 보여준다. 이 통화 평가절하와 평가절상의 조수 간만에는 세 개의 주요한 정치경제적 전환점이 있다. 1970년대 미 달러의 평가절하를 뒤집은, 1979~80년의 레이건-대처 통화주의 "혁명", 달러 평가절하를 재개한 1985년의 플라자 협약, 평가절하를 다시 뒤집은 1995년의 "역(逆) 플라자 협약"이 그것이다. 브레너가 이 전환점과 장기 하락의 바탕에 있는 제조업의 과잉생산능력·과잉생산 사이의 관계를 어떻게 설명하는지 간단히 살펴보자.

1970년대 말까지, 연방 정부의 재정 적자, 극도로 방만한 통화 운영,

---

21) *Ibid.*, p. 34; *The Boom and the Bubble*, pp. 26, 31, 37.

달러 환율에서 "은근한 무시"(benign neglect, 선의의 무시, 온건한 방관 등으로 번역됨)라는 미국의 거시 정책은, 경제 팽창을 지속시키고 미국 제조업의 경쟁력과 수익성을 회복하는 능력에서 한계를 드러냈다. 미국 의 정책은 "선진 자본주의 국가 경제가 1974~75년의 석유 위기로 인한 경기후퇴를 뛰어넘어 70년대 남은 기간 동안 계속해서 팽창할 수 있도 록 해주었다." 그럼에도 불구하고 정책의 효과에서, "케인스적 자극은 심각하게 양가적이라는 것이 드러났다." 수요의 증가를 국내적으로도 국제적으로도 유지할 수 있었지만, "케인스적 치료법은 과잉생산능력과 과잉생산을 영속화하여, 역사적으로 새로운 [수익] 상승을 위한 길을 열었던 극약의 구조조정, 바로 불황이 일어나지 못하게 했다." 이번에는 수익성의 감소가 기업들이 "수익성이 더 높았던 과거만큼 공급 증가를 할 수도 없고 하고 싶지도 않게 만들었으며 그 결과 1970년대 계속 늘어 난 공공 적자는 산출 증가보다는 **물가** 상승을 초래했다." 인플레이션 압 력이 확대되면서, 이에 동반하여 미국 국제수지 적자는 신기록을 세웠 다. 1977~78년까지, 이 적자들은 "미국 통화의 파괴적인 급락을 촉진 하였고 국제 준비통화로서 달러의 지위를 위협하였으며, 긴 안목에서 중대한 변화를 위한 [길을 열었다-인용자]." 이 중대한 변화는 1979~80 년의 레이건-대처 통화주의 혁명으로 찾아왔다.[22]

---

22) Brenner, *The Boom and the Bubble*, pp. 33~34, 강조는 원문. 이 연속된 사건 이 통화주의 혁명(혹은 내가 더 선호하는 표현으로는 반동)을 이끌었다는 설명 은 브레너의 장기 하락 이론에서 가장 약한 고리이다. 첫째로 그는, 왜 과잉생산 능력과 과잉생산의 조건 아래서 케인스적 자극이 산출 증가가 아니라 물가 상승 을 야기했는지, 그리고 그렇게 되었다면 왜 물가 상승은 수익성의 상승을 이끌어 내지 못했는지 우리에게 여전히 의문을 남긴다. 더 중요한 것으로, 브레너는 "왜 그리고 어떻게 해서 미국 제조업의 경제력을 회복하기 위해 고안되었던" 미국의 정책이 반대로 미국의 기록적인 무역 적자로 끝나고 말았는지 말해주지 않았다. 1973년의 다자간 섬유협정, 1974년의 "불공정 무역"에 대한 미국 통상법 301조 [슈퍼 301조] 그리고 동아시아 국가들에 이른바 "수출 자율 규제" 요구를 강화

브레너에 따르면, 그 변화의 주요 목적은 법인세를 줄이고 실업을 줄이고 자본에 대한 통제를 제거함으로써, 제조업뿐만 아니라 주로 제조업보다도 생산성이 낮은 서비스 부문 특히 국내외 금융 부문에서 수익성을 회복하는 것이었다. 그러나 초기의 케인스적 해법과는 달리, 통화주의 치료법은 구조조정이라는 극약을 먹여서 수익성을 회복하려 하였다. 전례 없는 신용 긴축으로 "케인스적 신용 확대로 버터온 고비용 저이윤의 제조업 회사들이 일소되었다." 인플레이션 압력은 신속하게 통제될 수 있었지만, 미국 사상 최고의 실질 이자율과 이에 따른 달러의 강세는 "미국에서 출발한 전 세계적인 〔경제〕 붕괴를 가속화할 것 같았다."[23]

그러한 붕괴는 "운 좋게" 케인스주의로 극단적으로 회귀하면서 피할 수 있었다. 레이건의 "군비 지출과 부유층의 감세라는 기념비적인 프로그램은 〔……〕 부분적으로 통화주의의 신용 긴축으로 인한 파괴를 상쇄하고, 경제가 다시 째각거리며 돌아가게 해주었다." 레이건주의 정책은 물론 무역수지와 경상수지 적자를 역시 극단적으로 다시 초래했는데, 특히 "이 시점 이래로 세계의 나머지 대다수 국가는 갈수록 케인스 식 공공 적자를 피했다." 1970년대에 전례 없는 적자는 "1979~82년의 불경기로부터 세계를 끌어내는 데 필요한 수요를 투입해주었다." 그러나 1970년대와는 대조적으로, 〔레이건 시기〕 미국의 적자는 더 컸음에도 이

한 것 등 보호주의적 조치를 동시에 단계적으로 확대했는데도 말이다. 그의 초기 연구에서 브레너는 이러한 기대를 배반한 결과에 대해 세 가지 이유를 제시했다. 즉 미국의 거시 경제 정책이 경쟁국들의 정책보다 더 적극적인 경기 부양책이었다는 것, 미국의 노동 생산성 성장은 더 느렸다는 것, 명백하게 "해외의 경쟁 자본가들이 줄어든 수익성에 대해 훨씬 잘 참았다는 것"이다. Brenner, "Economics of Global Turbulence", pp. 179~80 참조. 그럼에도 불구하고 이들은 그의 "너무 적은 퇴출과 너무 많은 진입" 테제와 분명히 딱 맞지 않는 임시적인 설명이다. 또 제5장과 6장에서 보게 되겠지만, 이러한 설명은 1979~80년 달러의 파괴적인 급락의 가장 근본적인 원인을 놓치고 있다.

23) Brenner, *The Boom and the Bubble*, pp. 35~36.

제는 달러 가치의 폭락을 일으키지 않았다. 반대로 극단적으로 높은 미국의 실질 이자율이 끌어당기고 일본 대장성이 밀면서 전 세계로부터 미국으로 거대한 자본이 유입되었으며, 그 결과 미국 통화는 급격히 평가절상되었다.[24]

인플레이션 압력의 완화, 높은 실질 이자율, 자본의 대규모 유입, 달러 가치의 상승 등의 시너지 효과는 레이건 정부의 목표인 미국 금융 자본의 강화와 잘 어울렸다. 그렇지만 이는 "미국 제조업의 대부분에는 파멸적임이 드러났다." 하원과 미국의 지도적 기업의 많은 경영자들로부터 강한 압력을 받자, 레이건 정부는 "획기적인 방향 전환에 착수하지 않을 수 없었다." 이 획기적인 전환의 하이라이트가 1985년 9월 22일의 플라자 협약이었다. 이로써 G5의 강국들은 미국의 압력하에 달러의 환율을 인하하여 미국 제조업을 구제하는 공동 행동을 취하는 데 동의했다. 바로 그 다음 날, 미국은 다른 나라들의 "불공정" 무역 관행에 대한 강도 높은 비난으로 협약을 보강했다. 이 비난은 곧 위협 수준으로 강도가 높아져서 현실화되었고, 이를 뒷받침하기 위해 "그들의 수입품을 ['수출 자율 규제'를 통해—인용자] 제한하고, 또 그들의 시장을 미국의 수출품과 외국인 직접 투자에 개방시킬 곤봉으로서" 새로운 법률이 만들어져서(가장 유명한 것으로, 1988년의 종합 무역 경쟁력법the Omnibus Trade and Competition Act과 1989년의 미·일 무역 및 구조조정법the Structural Impediments Act이 있다), 미국 시장을 선도적인 (대체로 동아시아의) 외국인 경쟁자들에게 닫았다.[25]

보호주의적이면서 "시장 개방을 요구하는" 조치를 강화하는 동시에 달러의 급격한 평가절하를 꾀한다는 면에서, 레이건 정부는 닉슨, 포드 그리고 카터 정부의 뒤를 따르고 있었다. 1980년대와 1990년대 초 이

---

24) *Ibid.*, pp. 36, 54~55.
25) *Ibid.*, pp. 54, 59~60.

러한 발의의 결과는 그럼에도 1970년대와는 아주 달랐다.

플라자 협약과 그 후속 조치들은 미국 제조업이 방향을 선회하는 전환점이었으며 세계 경제 전체에서도 중요한 분수령임이 드러났다. 이로써 10년 동안 대체로 지속적이고 대폭적인 엔화와 마르크화에 대한 달러의 평가절하가 시작되었고, 10년 동안 실질 임금 증가의 동결이 수반되었다. 플라자 협약은 이로써 동시에 경쟁력을 회복할 길을 열었는데, 이에 따라 미국 제조업의 수출 증가가 가속화되었으며, 독일과 일본 산업은 장기적인 위기를 겪었고, 동아시아 전역에 수출에 기반한 제조업 팽창이 전례 없을 정도로 폭발하였다. 동아시아의 국가 경제는 대부분 자국 통화가 달러에 연계되어 있었으므로, 이들 국가의 제조업 수출업자들은 1985~95년 동안 달러 가치가 떨어졌을 때 일본의 경쟁자들에 대해서 커다란 경쟁 우위를 확보할 수 있었다.[26]

1993년까지 플라자 협약에서 시작된 추세는, 이에 앞서서 1980년대 초 전례 없는 신용 긴축으로 촉발된 미국 산업의 구조조정과 더불어서, 결과적으로 미국의 수익성, 투자 그리고 생산을 회복시켰다. 베블런의 말을 바꿔 쓰자면, 미국 비즈니스의 정서적인 병을 고치기 위해 정부가 처방한 치료법의 약효가 마침내 감정적인 고난의 병소에 도달하여, 수익률을 "합리적인" 수준으로 회복시킨 것처럼 보였다. 그러나 그 치료는 심각한 부작용이 있었다.

브레너의 관점에서 주요한 문제는 미국의 소생이 주로 일본과 서유럽의 경쟁자들을 희생해서 이루어졌다는 것이며, 세계 경제를 괴롭히는 제조업의 과잉생산능력과 과잉생산을 극복하기 위해서는 거의 아무것도 한 일이 없다는 것이다. 이러한 미국 소생의 제로섬적 성격은 미국

---

26) *Ibid.*, pp. 60~61.

자신에게도 문제가 되었다. 첫째로 "세계 수요가 줄곧 더 느리게 증가하고 특히 이와 관련하여 제조업에서 국제 경쟁이 격화된 것은" [미국의] 소생 역시 제약했다. 더 중요하게, 미국은 "주요 파트너이자 라이벌[특히 일본]의 진짜 심각한 위기는" 감당하기가 매우 어려웠다.

이러한 모순은 1994~95년 멕시코 페소 위기 이후에 완전히 표면에 드러났다. 그 위기와 미국의 멕시코 경제 구제는 앞선 10년간의 달러 하락 추세를 갑자기 악화시켜 다시 달러의 가치가 폭락했다. 1995년 4월에 달러 대비 엔화 가치가 이제까지 최고치인 79에 이르자, "일본 생산자들은 그들의 가변 비용조차도 건질 수 없었다. 그리고 [……] 일본의 성장 기계는 끽 소리를 내며 멈춰 서려고 하는 것처럼 보였다." 멕시코 경제 붕괴의 충격과 그것이 국제 금융 안정성에 미친 재난적 영향에서 아직 벗어나지 못했던 상황에서(그리고 1996년 대통령 선거가 다가오던 배경하에서), 클린턴 정부는 멕시코 사태가 일본에 재현되는 모험을 할 수 없었다.

비록 일본의 위기가 봉쇄된다고 하더라도, 아마 일본이 미국에 보유하고 있는 거대한 자산, 특히 국채의 대량 청산이 따라올 것이다. 그러한 전개는 이자율을 급등시키고, 통화시장을 놀라게 하고, 아마도 미국 경제가 마침내 정상 궤도에 진입할 태세를 보이는 바로 그 순간에 경기후퇴에 빠뜨릴 것이다.[27]

로버트 루빈(Robert Rubin) 재무장관의 주도로, 미국은 독일 · 일본과 함께 엔화 강세와 달러 약세를 뒤집기 위한 공동 행동을 취하기 위해 교섭에 들어갔다. 이 같은 이중의 반전은 일본의 이자율을 미국의 이자율보다 더 낮추고 또 독일과 미국이 통화시장에서 달러를 매입함과 동시

---

27) *Ibid.*, pp. 130~31.

에 일본이 미국 국채와 같은 달러 표시 증권의 매수를 상당히 확대하면서 달성할 수 있었다. 후에 "역 플라자 협약"이라고 불리는 이 협정은 "처음 1985년의 플라자 협약이 그랬던 것과 아주 비슷하게, 미국과 그 주요 동맹국이자 경쟁국 모두에게 정책 기조의 충격적인—그리고 완전히 예기치 못한—180도 선회를" 의미했다.[28]

　이러한 방향 전환을 통해, 세계에서 가장 큰 경제의 정부들이 상부상조의 미뉴에트 춤곡에서 서로의 역할을 바꾸었다. "바로 일본과 독일이 〔……〕 자국에 큰 대가를 치르면서도 1980년대 전반기의 위기로부터 미국 제조업을 구출하기 위해 플라자 협약에 동의해야 했던 것처럼, 〔이제—인용자〕 미국이 위기에 빠진 일본 제조입 부문을 구제하기 위한 아주 비슷한 긴급 조치를 그렇게 받아들여야만 했다. 그 결과는 역시 획기적이었다."[29] 이 획기적인 결과는 진행 중이던 미국 경제의 회복을 1990년대 후반기의 호황과 거품으로 바꾸어놓았다.

유지할 수 없는 회복

　1995년 이전에도, 미국 제조업의 수익성 회복은 주가 상승으로 이어졌다. "역 플라자 협약"은 달러 가치를 밀어올림으로써 외국 투자자들에게 유리하게 이러한 주가 상승세를 증폭시켰다. 더 중요하게, 이번 협약은 "일본, 동아시아와 해외로부터 현금의 물꼬를 터트려 더욱 보편적으로 미국 금융시장으로 자금을 유입시켜, 이자율을 급속히 완화하고 기업 대출이 크게 늘 수 있는 길을 열어, 주식시장에서 증권 매입에 자금을 공급했다." 이 점에서 결정적이었던 것이 일본의 정책이었다. 일본 정부는 직접 미국의 국공채와 달러 매입 자금을 쏟아부었을 뿐 아니라

---

28) *Ibid*.
29) *Ibid*., p. 127.

해외 투자에 관한 규제를 완화하여 일본의 보험회사들이 정부의 뒤를 따르도록 장려했다. 게다가 공정 할인율을 0.5퍼센트로 대폭 인하함으로써, 일본 당국은 투자자들이 — 무엇보다도 미국인 투자자까지도 포함해서 — 거의 공짜로 일본에서 엔화를 빌려서 달러로 바꾼 뒤 다른 곳에, 특히 미국의 주식시장에 투자할 수 있도록 했다.[30]

미국으로 향하는 외국 자본의 홍수와 이로 인한 달러화의 평가절상은 1995년 이전의 주가 활황을 이후의 거품으로 바꾸는 데 필수적인 요소였다. 그러나 브레너는 이러한 변환은 미국 연방준비제도이사회의 장려가 없었더라면 일어나지 않았을 것이라고 설명한다. 앨런 그린스펀(Alan Greenspan)은 1996년 12월 주식시장의 "비합리적인 과열"에 대해 유명한 경고를 했음에도 불구하고, "주가의 운행에 대해 심각한 우려를 나타내는 아무런 조처도 취하지 않았다." 반대로 오히려 그는 국내 자금 공급을 꾸준히 늘리면서도, 이자율을 상당 정도로 올리거나 혹은 지급 준비율을 높이거나 하지 않았다. 또 주식 매입에 대한 신용거래 보증금(margin requirements)을 올리지도 않았다. 더 나쁘게는, 거품이 추진력을 얻었을 때, 그린스펀은 더 많이 나갔다.

1998년 봄까지 그는 맹렬한 주가를 "신경제"(New Economy)의 생산성 증가로 명백히 합리화하려 했다. 그는 이 생산성 증가가, 인플레이션을 계속 진정시키면서 투자자들의 "먼 장래에까지 이어지는 수익의 비상한 증가"에 대한 기대에 신뢰를 줄 수 있을 것으로 보았다. 그린스펀은 폭발적인 자산 가치 상승으로부터 흘러나오는 부(富)의 효과가 기업 투자와 가구 소비를 더욱 확대시킬 것이고, 이는 호황을 강화할 것이라고 긍정적으로 평가하고 있었다. 〔……〕주식 투기자들이 이 연방준비제도이사회 의장이 스스로 공언한 경고에도 불구하고 자신들의 과열이 비합리적이지 않을 뿐

---

30) *Ibid.*, pp. 139~41.

아니라 분별 있고 수익을 얻을 것이라고 본다고 결론을 냈어도 탓하기 어렵다.[31]

"역 플라자 협약"과 연방준비제도이사회의 방만한 신용 체제로 풀린 자본의 유입은 주식시장 거품의 필수 조건이었다. 그러나 그 거품을 팽창시킨 "능동적인 주요 세력"은 미국의 비금융 기업이었다. 이들은 이러한 조건을 활용하여 "어마어마한 규모로 주식을 사기 위해 차입을 막대하게 늘렸는데, 기업 인수 합병을 하기 위해서이거나 혹은 단순히 자사의 투자자 지분을 되사들이기(회수하기) 위해서였다." 미국의 기업들은 "그들 역사상 최대의 부채 더미의 파도"에 올라탐으로써, 주가를 선례 없는 비율로 끌어 올렸다. "상승하는 주가가 장부상의 자산을 불려주고 따라서 담보 능력을 늘려주어 여전히 더 대출할 수 있도록 해주었기 때문에, 거품은 자가발전할 수 있게 되었고, 또한 이미 진행 중이던 강한 순환적 상승에 기름을 부었다."[32]

　그 [미국 경제의] 회복은 화려했지만, 제조업의 과잉생산능력과 과잉생산이란 오래된 문제의 극복에는 아무런 신호를 보내지 않았다. 반대로 장부상의 가치가 부풀려지고 거품이 소비자 수요에 가져온 "부의 효과"(wealth effect)는 기업들이 실제로 실현한 이윤으로 보증할 만한 것보다 훨씬 많이 투자하게 유도했다. 그 결과 부의 효과가 생산성 증가, 투자, 소비자 수요를 보조하던 것을 멈추자마자, "기업들은 [……] 진실로 참기 어려운 수익성의 하락 압력을 겪을 수밖에 없었다." 실제로 2001년 중반에 글을 썼기 때문에, 브레너는 이미 거품의 붕괴와 "뒤이은 생산능력의 엄청난 과잉"이 미국과 세계 경제에 미친 최초의 영향을 목격했다. 가장 현저하게는 비금융 기업 이윤율의 재난과 같은 하락이

31) *Ibid.*, pp. 143~46.
32) *Ibid.*, pp. 146~47, 151~52.

"1990년대의 팽창기에 얻은 수익성 상승분의 사실상 전부"를 소진했으며 자본 축적은 급격히 위축되었다.[33]

뒤이은 하락이 얼마나 심각할 것인가를 숙고하면서, 브레너는 "근본적인 질문"은 "1990년대를 나누는 몇 차례의 심각한 경기후퇴와 위기가, 또한 선진 자본주의 세계 전역에 걸친 새로운 산업의 등장이 마침내 세계 제조업의 과잉생산 경향을 제거하고", "역동적인 국제적 [경제] 팽창을 뒷받침하는 데" 필요한 "상호 보완성을 늘릴 수 있느냐"는 것이라 지적했다. 이것저것 다 검토한 뒤 결국 그는 그러한 구조조정은 사실상 일어나지 않았다는 것을 알았다. 반대로 그의 판단으로는 거품의 붕괴로 미국 경제는 "버블이 끝난 직후 일본 경제의 발목을 잡았던 것과 똑같은 경제 침체 요인들의 무게에 짓눌려버렸다." "거품이 거꾸로 터지면서 개시된 나선형적 하강, 여전히 과잉생산능력과 과잉생산으로 옴짝달싹 못하는 국제적인 제조업 부문은 둘 다" 그런 요인이다. 미국 경제는 일본을 불구로 만들었던 은행 위기는 피할 수 있을지도 모른다. 그러나 미국 경제는 "일본이 결국 [불황이란] 진흙탕을 뚫고 나올 수 있게 했던 막대한 저축과 경상수지 흑자"가 없었다. 그러므로 미국 경제는 엄청난 미국 기업 부채와 가구 부채를 줄이려면 따라 나오는 "수요의 파괴적인 감소"뿐 아니라, 외국인 투자의 격렬한 철수 가능성과 그로 인한 달러 폭락에도 취약했다.[34]

이러한 상황에서 브레너는 미국이 세계 경제를 회복보다는 자기강화적인(self-reinforcing) 경기후퇴로 이끌어갈 것 같다고 생각했다. 이러한 의미에서 이 자기강화적 경기후퇴는, "미국 주식시장에까지 영향을 끼치기 직전에 잠시 연기되었지만 결코 해결되지는 못했던 1997~98년의 국제적 위기의 속편"을 이룰 것이다. 이 앞선 위기에서와 마찬가지

---

33) *Ibid.*, pp. 209~17, 248~53, 261~64.
34) *Ibid.*, pp. 269, 276~78, 강조는 원문.

로, "동아시아는 다시 한 번 세계의 화약고임을 증명한다." 일본과 동아
시아 지역 다른 곳의 방대한 과잉생산능력은 국지적으로도 세계적으로
도 강한 하락 압력을 행사하였다.[35] 신중하게도 브레너는 어떤 특정 시
나리오도 내놓지 않았다. 그러나 모든 그의 주장 근저에 있는 중심 테제
는 우리에게 장기 하락은 끝나려면 멀었고 사실은 더 심각한 사태가 올
것이라는 인상을 강하게 남긴다.[36]

이 중심 테제는 대체로 30년이 넘게 지속된 세계 경제의 상대적인 침
체가 "너무 적은 퇴출"과 "너무 많은 진입" 때문이라는 것이다. 너무 적
고 너무 많다는 것은 1950년대와 1960년대의 장기 호황 동안 달성한 수
준으로 제조업의 수익성을 회복시키려 할 때 필요한 정도와 비교한 상
대적인 표현이다. 우리가 살펴보았듯이, 브레너는 이러한 경향의 원인
을 기존 고비용 기업의 상호 강화적인 행동*과 세계 삼대(三大) 국가 경
제의 정부들(미국, 독일, 일본)이 취한 정책에서 찾았다. 이와 같은 조합
의 결과, 세 국가 중 어느 나라도 혹은 세계 경제 전체적으로도 "파산,
규모 축소, 휴업이라는 **표준적인 자본주의적 방식**에 의해 과잉의 고비용
생산 수단을 일소할 수" 없게 되었다.

고비용 저이윤의 기업은 따라서 이론적으로라면 더 생산적이고 고이윤의
더 역동적인 기업에 의해 결국 인수되었어야 할 경제적 지위를 오랫동안 차

---

35) *Ibid.*, pp. 278~82.
36) 이러한 관점은 1998년 논문의 2006년 판에서도 반복되었다. "진실은, 2001년 2월
에 시작된 새로운 탈(脫)신경제(新經濟) 경기 순환(post-New Economy business
cycle)에 들어간 지 거의 5년이 지난 오늘날에도, 표준적인 거시 경제 지표는 장
기 하락이 극복되었다는 어떤 명백한 조짐도 나타내지 않고 있다는 것이다.
〔……〕 오히려 금융 불균형과 자산 가격의 거품은 심지어 1990년대 후반의 기록
적인 선례를 뛰어넘어, 세계 경제에 먹구름을 드리우고 있었다"(Brenner, *The
Economics of Global Turbulence*, pp. xxviii~xxix).
* 서로 과잉투자를 강화하도록 만드는 행동 방식.

지하고 있을 수 있었다. 그러나 경기 순환이 그 자연스러운 경로를 밟아가도 록 함으로써 이 덜 생산적이고 수익성이 낮은 기업을 업계에서 퇴출시킨다 면 상대적으로 심각하기는 하지만 제한적인 경기후퇴 양상의 장기 하락은, 이제 **철저한 불황**으로 바뀔 가능성이 매우 높다. 간단히 말하면, 체계를 건 강하게 회복시키기 위한 선결 조건은 부채의 수축으로, 부채의 수축은 마르 크스가 "자본 가치의 도살"이라고 부른 상황으로 이끌 것이다. 그러나 이것 〔부채의 수축=자본 가치의 도살〕을 달성할 유일한 체계적인 방도는 불황이 기 때문에, 그 실질적인 유일한 대안 역시 계속적인 부채 팽창이었고, 이는 침체와 금융적 불안정성 둘 다의 원인이 되었다.[37]

장기 하락에 대한 설명에서, 브레너는 구조 전체의 조정이라는 "표준 적인" 자본주의적 방식이 잠시나마 작동했던 두 시기를 언급한다. 레이 건 정권하의 1980년대 초와 클린턴 정권하의 1990년대 중반이다. 그러 나 구조조정이 체계 전체에 걸친 불황에 방아쇠를 당길 것 같자, 곧 주 요 자본주의 국가들은 일치된 행동으로 공공 부채〔public debt, 즉 공채〕 와 민간 부채(private debt)를 팽창시켜 "자본 가치의 도살"을 막았다. "그러나 부채의 증가는 〔……〕 불황을 저지하는 데는 도움을 주었지 만, 경제를 다시 활성화하는 데 근본적인 조건인 수익성의 회복을 늦추 었다."[38]

브레너는, 장기 하락의 "상대적인 침체"에 대한 반대 개념으로서 "불 황"이 어떤 양상일 것인지는 결코 우리에게 말해주지 않는다. 방금 인용 한 구절에서, 문맥상 불황이 훨씬 더 파괴적인 현상인 것은 분명하다. 그 러나 그 차이는 결코 명확하게 설명되지 않아서, 여전히 다음과 같은 의

37) Brenner, *The Boom and the Bubble*, p. 113; "Economics of Global Turbu-lence", p. 152, 강조는 인용자.
38) Brenner, "Economics of Global Turbulence", pp. 151~52.

문점을 남긴다. 세계 자본주의는 브레너가 말하는 이런 "고전적이고", "자연스럽고", "표준적인" 구조조정과 철저한 불황을 실제로 경험한 적이 있는가? 둘째로, 만약 있었다면, 역사적 조건에서 무엇을 고쳐야 오늘날 자본주의가 같은 경험을 피하도록 할 수 있는가? 그리고 마지막으로 미래의 세계 자본주의와 세계 사회를 위해 이 변화가 의미하는 것은 무엇인가?

두 장기 하락의 비교

이러한 질문에 답하기 위해, 이 장 첫머리에서 나왔던 1873~96년 대공황의 개략과 브레너가 설명한 1973~93년의 장기 하락 혹은 지속적인 침체를 비교해 보면 유용할 것이다. 전 시기의 대공황에 대해서는 **불황**이라고 부르는 것이 일반적인데도,[39] 이러한 비교는 즉시 둘 사이에 놀랄 만한 유사점을 드러내준다. 둘 다 수익성 하락이 장기간 지속되었다. 둘 다 자본주의적 기업에 체계 전체에 경쟁 압력을 강화했다는 특징이 있었다. 그리고 둘 다 예외적인 세계 무역과 생산의 지속적이고 수익성 높은 팽창이 앞서 있었다. 게다가 두 시기에서 모두, 수익성 위기와 경쟁 격화가 발생한 근원은 똑같이 앞서 있었던 팽창에 있었다. 즉 그 근원이란 주도적 국가들이 종전에 "독점하던" 발전의 성과를 후발 주자 국가들이 성공적으로 "따라잡기"를 했다는 점이다. 일단 우리가 주도적 국가로 미국을 영국으로 바꾸고, 후발 주자로 독일과 일본을 미국과 독

---

39) 앞에서 언급했듯이, 1873~96년의 대공황이 "신화"라고 불렸던 것은 바로 [대공황이라고 하면서도 사실은] 1930년대 진정한 "대공황"과 같은 생산·무역·투자의 붕괴가 아니라 성장률의 후퇴가 그 불황의 성격이었기 때문이다. 그러나 1870년대와 1880년대에는 수익성이 붕괴하고 1890년대 초까지 불황이었다. 브레너는 이 "불황"이란 용어의 의미론적 애매함을 다루지 않지만, 그가 이 용어를 자주 사용하는 것을 납득시키려면 반드시 짚고 넘어가야 할 문제이다.

일로 바꾸면, 브레너의 20세기 말 장기 하락에 대한 해석을 똑같이 19세기 말의 그것에도 적용할 수 있다. 흥미롭게도 1960년대 말과 1970년대 초의 수익성 위기 동안 일본에서 표면화한 "과당 경쟁"이라는 개념은 브레너가 1973~93년의 장기 하락의 근본적인 조건을 묘사하면서 가끔씩 사용하는데, 이 용어가 처음 유행한 것은 19세기 말 하락기 실업계에서, 특히 미국에서였다.[40]

두 장기 하락 사이의 차이점은 우리가 앞으로 볼 것처럼 기본적인 측면에서 유사점보다 더 중요하다. 그렇기는 해도 19세기 말의 세계 자본주의는 20세기 말의 장기 하락에 필적할 만한 경쟁 격화의 상황에 직면했으며, 20년이나 넘게 상대적인 침체를 경험하였다. 국지적 혹은 단기의 위기와 경기후퇴는 많았지만 브레너가 수익성을 회복하는 표준적인 자본주의 방식이라고 한 체계 전반에 걸친 구조조정 같은 것은 없었다. 특히 제조업에서는 계속해서 "진입은 너무 많고" "퇴출은 너무 적었으며", 마찬가지로 중요한 기술적·조직적 혁신이 체계 전반의 경쟁 압력을 완화하기보다는 강화하였다. 19세기 말의 장기 하락은 이른바 제2차 산업혁명의 시작을 목격했다. 게다가 더 중요하게는 근대적이고 다음 세기를 지배하게 될 다단위의, 수직 통합형의 기업체가 미국에 출현하는 것을 보았다. "1870년대 말에는 거의 존재하지 않았던 이러한 통합된 기업체가 30년도 안 되는 사이에 [미국의─인용자] 가장 핵심적인 산업의 다수를 지배하게 되었다."[41]

---

40) Terutomo Ozawa, *Multinationalism, Japanese Style: The Political Economy of Outward Dependency*(Princeton, NJ: Princeton University Press, 1979), pp. 66~67; Veblen, *Theory of Business Enterprise*, p. 216; Martin J. Sklar, *The Corporate Reconstruction of American Capitalism, 1890~1916: The Market, the Law, and Politics*(Cambridge: Cambridge University Press, 1988), pp. 53~56 참조.

41) Alfred Chandler, *The Visible Hand: The Managerial Revolution in American Business*(Cambridge, MA: The Belknap Press, 1977), p. 285.

체계 전반에 걸친 구조조정은 없었지만, 그 세기를 마무리 짓는 몇 년 동안에 수익성은 회복되었으며, 에드워드 시대 벨 에포크의 상승이 나타났다. 제3장에서 썼듯이, 그리고 이후의 장에서 보다 구체화하듯이, 이 상승을 추적해보면 최초의 산업화 이전의 시작 단계부터 바로 오늘날까지 세계 자본주의를 특징짓는 체계 전반의 경쟁 격화에 대한 대응이었음을 알 수 있다. 이러한 대응은 체계 전반에 걸친, 〔하지만〕 그 시기의 주도적인 자본주의 경제에 집중된, 자본 축적 과정의 "금융화" (financialization) 경향으로 이루어진다. 자본가 간 경쟁이 호혜적인 게임에서 부정적인 게임으로 전환되는 데 빠뜨릴 수 없는 이 경향은, 쇠퇴하고는 있지만 아직은 세계 자본주의의 패권적 중심이 적어도 일시적으로는 수익성을 회복하는 기본 메커니즘으로도 작용한다. 이러한 관점에서 우리는 1873~96년의 대공황과 1973~93년의 장기 하락 사이의 유사점뿐 아니라, 에드워드 시대의 벨 에포크와 1990년대 미국의 경제 회복과 커다란 행복감 사이의 유사점도 간파할 수 있다.[42]

1990년대 미국 경제 회복의 최종적인 결과를 판단하기는 이르겠지만, 우리는 에드워드 시대의 벨 에포크가 두 차례의 세계대전이라는 파국과 그 중간인 1930년대의 세계 경제 붕괴로 끝났다는 것을 알고 있다. 이 붕괴가 사실상 지난 150년 동안 체계 전반에 걸친 구조조정 혹은 "철저한 불황"이라는 브레너의 이미지와 부합하는 유일한 사건이다. 만약 이것이 정말 브레너의 이미지가 의미하는 그런 것이라면, 우리는 브레너가 말한 그런 과정은 수익성을 회복하는 "표준적이고" "자연스러운" 자본주의적 방법이라기보다는 예외적인 현상으로 보인다고 결론지어야

---

42) Giovanni Arrighi, *The Long Twentieth Century: Money, Power and the Origins of our Times*(London: Verso, 1994); Giovanni Arrighi and Beverly J. Silver, *Chaos and Governance in the Modern World System*(Minneapolis, MN: University of Minnesota Press, 1999) and "Capitalism and World (Dis) Order", *Review of International Studies* 27(2001).

할 것이다. 지금까지 되풀이된 것은 브레너가 말한 불균등 발전의 경향이다. 장기 호황을 만들어내고, 이후 장기간의 경쟁 격화가 일어나 수익성이 감소하고 상대적 정체가 나타난 뒤, 그 시기의 주도적 국가 경제에 집중적으로 금융 팽창이 이루어지면서 이를 기반으로 수익성의 상승이 일어난다. 지난 150년간 유일한 체계의 붕괴는 불균등 발전의 제1라운드에서 제2라운드로 전환하면서 발생했다.

그렇다면 다음과 같은 질문이 제기된다. 이에 필적할 만한 붕괴가 현재 만들어지고 있는가, 그리고 이런 붕괴의 발생이 브레너가 생각한 대로 세계 경제를 다시 활성화하기 위한 "근본적인" 조건인가. 이 질문에 답하기 위해서, 우리는 두 장기 하락 사이의 공통점뿐 아니라 차이점도 조명해야 한다. 그 차이는 정말로 그리고 [공통점과] 마찬가지로 뚜렷하다. 두 장기 하락은 모두 경쟁 투쟁의 격화라는 특징이 있지만, 매우 다른 경로로 진행되었다. 앞서 언급했듯이, 1873~96년에 기업 간 경쟁의 주요한 형태는 '가격 전쟁'으로, "인류의 기억에서 가장 격렬한 디플레이션"을 가져왔다. 이러한 경향으로 흘러간 것과 긴밀히 관련된 문제로, 주요 자본주의 국가의 정부는 자국의 통화를 금속본위제의 자율적 메커니즘에 맡겼고, 따라서 경쟁 투쟁의 수단으로 평가절하와 평가절상을 포기했었다.

그러나 갈수록 정부는 보호주의적 · 중상주의적 정책을 통해 자국 산업의 적극적인 지원자가 되었으며, 정부의 해외 식민 제국 건설은 세계 시장의 통일성을 훼손했다. 비록 영국은 계속해서 일방적으로 자유무역을 실시했지만, 영국도 영토 팽창과 해외 제국 건설의 선봉에 있었다. 1880년대부터 해외 제국 건설에서 국가 간 경쟁의 강화 경향은 발흥하는 자본주의 강국과 쇠퇴하는 자본주의 강국 사이의 치열한 군비 경쟁으로 나타났는데, 결국 막바지에 이르러서 제1차 세계대전으로 터져 나왔다. 영국이 이 쟁탈전의 적극적인 참가자이긴 했지만, 1880년대와 1900년대 두 번의 주요한 해외 투자의 고조를 통해 영국은 세계 경제에 자본

을 계속 공급했으며, 그중에는 미국에 퍼부은 자금도 상당했다.

이런 모든 측면에서, 20세기 말의 장기 하락 동안 경쟁 투쟁은 〔19세기 말과는〕 아주 다른 경로를 따라 전개되었다. 1970년대 동안 상품 가격은 떨어지기보다는 일반적으로 올랐는데, 아마도 평화 시기에 체계 전반에 걸쳐 일어난 인플레이션 중 가장 규모가 큰 하나일 것이다. 인플레이션 압력은 1980년대와 1990년대에 막을 수 있었지만, 물가는 장기 하락 내내 계속해서 올랐다. 장기 하락 초기에 금속본위제 사이의 마지막 가느다란 연결 고리(브레턴우즈에서 성립된 금-달러본위제)가 끊어져 다시는 회복되지 못했다. 그러므로 브레너가 강조하듯이, 주요 자본주의 국가의 정부는 경쟁 투쟁의 수단으로 통화의 평가절하와 평가설상을 사용할 수 있는 입장에 있었다. 그리고 그들이 체계적으로 그렇게 하는 동안, 그러면서도 그들은 세계 무역과 투자를 더욱 자유화하는 일련의 교섭을 통해 세계 시장의 통합을 계속해서 촉진했으며, 궁극적으로 세계 무역기구(WTO)의 결성을 가져왔다.

세계 시장의 통일성은 침식되기는커녕 이 시기 더욱 공고해졌다. 발흥하는 자본주의 강국과 쇠퇴하는 자본주의 강국 사이에는 군비 경쟁을 전혀 찾아볼 수 없었다. 반대로, 특히 1980년대 냉전의 군비 증강이 마지막으로 고조된 후, 세계의 군사력은 종전보다 더욱 미국의 손에 집중되었다. 동시에, 영국이 이전 장기 하락과 금융 팽창 기간 내내 세계 경제의 나머지 지역에 자본을 공급했던 것과는 반대로, 미국은 브레너의 지적대로 역사적으로 전례가 없을 정도로 자본을 흡수해왔다. 이러한 점들로 볼 때 가장 최근의 장기 하락에 나타난 경쟁투쟁의 궤도는 이전과는 매우 다르다. 우리의 다음 과제는 두 시기의 이러한 공통점과 차이점의 결합을 설명하고, 이러한 비교가 브레너의 지난 30년에 걸친 전 지구적 혼돈에 대한 설명에 어떤 새로운 빛을 던져줄 수 있는지를 알아내는 것이다.

제5장 전 지구적 혼돈의 사회적 동학

　로버트 브레너는 장기 하락에 대한 설명을 그가 자본주의적 위기의 "공급측" 이론이라고 부른 학설에 대한 비판으로서 제시한다. 좌파와 우파에 의해 다양한 형태로 개진된 이 이론은, 1960년대 말까지 부유한 자본주의 국가에서 노동은 〔자본가의〕 이윤을 압박하고 따라서 자본주의적 축적의 메커니즘을 침식하기에 충분한 영향력을 획득했다고 주장했다. 반면 브레너는 노동이 국지적으로 그리고 일시적으로 그러한 지위에 정말 있을지도 모른다고 인정하면서도, 노동이 장기적이고 체계 전반에 걸친 장기 하락을 일으킬 정도의 힘을 행사할 수 있다고는 상상조차 할 수 없다고 본다.

　노동은 대체적으로 체계 전체의 장기 하락을 일으킬 수는 없다. 왜냐하면 대체로 어떤 생산 분야에서든 이른바 자본 투자의 잠재적 영역은, 조합과 (혹은) 정당에 의해 영향을 받거나 국가가 지원하는 규범, 가치, 제도에 의해 조절되는 노동시장을 넘어서서 확대되기 때문이다. 그러므로 기업은 노동자의 저항력이 약한 곳에 투자함으로써 어떤 시점에서든지 일반적으로 노동자의 제도화된 힘을 우회하고 따라서 훼손할 수 있다. 정말 그들은 그렇게 해야 한다. 그렇지 않으면 그들은 곧 그렇게 하려는 다른 자본가들에

게 허를 찔려 경쟁에서 패배하게 될 것이다.[1]

브레너가 말한 대로라면 아래로부터 즉 노동으로부터 자본가에게 가하는 '수직적' 압력은 장기 하락의 기본이 되는 공간적으로 보편적이고 시간적으로 장기적인 이윤 압박을 가져올 수도 없고 가져오지도 않았다는 것이다. 오로지 자본가 간 경쟁에서 오는 '수평적' 압력이 그렇게 할 수 있다.[2]

브레너의 가설은 "효율성의 손실 없이(즉 더 낮은 단위 비용으로) 현행 기술 수준을 구현하는 생산 수단과 결합할 수 있는 더 저렴한 노동"이 실제로 있다는 가정에 기초한다. 브레너에 따르면 이 가설은 두 가지 이유로 타당하다. 첫째, "경제 발전의 오랜 역사가 있는 지역의 노동력은, 단순히 이들의 생산성 수준으로 설명할 수 있는 것보다 실제 더 높은 임금을 받는 경향이 있다." 그리고 둘째로 "비슷하게 시간이 갈수록 기술의 진보는 모든 생산물에서 생산에 필요한 숙련도를 감소시키는 경향이 있고, 그 결과 이들 상품을 효율성의 손실 없이 만들 수 있는 노동력 규모는 점차 확대되며 지불해야 하는 임금도 따라서 줄어든다."[3]

간단히 말하면 브레너는 자신이 탐구하지 않은 역사적 이유를 근거로, "선진" 자본주의 국가의 노동력은 자신의 생산성이 보장하는 것보다 더 높은 노동에 대한 보수를 확보할 수 있었다고 주장한다. 이것은 선진국의 노동력을, 자신의 실제적 혹은 잠재적 생산성이 보장하는 수준보

---

1) 브레너는 노동자의 힘이 훼손될 수 있는 또 다른 메커니즘으로서 이주가 "만약 〔……〕 정치적 수단으로 억제되지 않는다면"이라고 언급했지만〔이주가 노동자 억제의 메커니즘이 될 수 있다는 가능성을 인정했지만〕, 그가 압도적으로 강조하는 것은 자본의 이동성이다. Robert Brenner, "The Economics of Global Turbulence: A Special Report on the World Economy, 1950~1998", *New Left Review* I/229(1998), pp. 18~20.

2) *Ibid.*, p. 23.

3) *Ibid.*, p. 18.

다 낮은 임금으로 노동하는——마찬가지로 그가 탐구하지는 않은 역사적 이유로——노동력과의 경쟁에 취약하게 만든다. 동시에 기술의 진보는 계속해서 이러한 저임금 노동자, 혹은 노동 예비군의 세계적 풀을 확대하고, 〔자본가들은〕이들을 동원하여 과임금(過賃金)의 노동자로부터 오는 수익성 압박에 선수를 칠 수 있다. 자본가가 누를 수 없는 수익성에 대한 유일한 압박은 다른 자본가와의 경쟁에서 오는 압력이다.

이러한 주장에는 두 가지 주요한 문제점이 있다. 첫째로 과거에 "선진" 자본주의 국가의 노동자들이 생산성으로 보장받을 수 있는 것보다 더 큰 보수를 얻을 수 있었다고 주장하는 것은, 그렇게 하는 어떠한 시도〔생산성보다 더 큰 보수를 받으려는 시도〕도 노동자들을 세계 시장에서 발을 못 붙이게 할 것이라는 이론적 주장과 모순되기 때문에, 논리적으로 앞뒤가 안 맞는 것처럼 보인다. 게다가 이 주장은 과거에 못지않게 오늘날에도 더 비싼 노동력을 누르기 위해 더 저렴한 노동 공급을 동원하는 것을 너무 쉽게 보고 있다. 이 문제점들을 다시 한 번 역사적 기록을 살펴봄으로써 명확히 해보자.

계급투쟁과 자본가 간 경쟁

1873~96년의 장기 하락 분석은, 이윤에 대한 장기적이고 보편적인 압박을 가져오는 데 수직적(노동-자본가) 관계보다 수평적(자본가 간) 관계가 더 중요하다는 브레너의 테제에 대해 그를 지지하는 강력한 증거와 반박하는 강력한 증거를 모두 제공한다. 브레너의 주장을 지지하는 것으로, 격렬한 노자 투쟁이 수익성의 장기 하락에 앞서서 나타났다기보다는 이후에 나타났다는 점을 들 수 있다. 이러한 노자 투쟁은 영국과 미국에서는 지속적인 파업 활동의 형태로, 독일과 여타 지역에서는 노동계급 정당의 결성이라는 형태로 나타났다. 불황 동안에 발생한 실질 임금의 상당한 증가를 가져온 주요한 그리고 더 중요한 추동력이 가

차 없는 가격 전쟁의 형태로 나타난 자본가 간 경쟁이었다는 점은 의심할 여지가 거의 없다. 특히 영국에서는 그렇다. 본국에서 실질 임금의 증가가 적어도 부분적으로는 1880년대 영국 해외 투자의 폭발적인 증가의 한 원인이었다고 추정하는 것도 역시 일리가 있다. 그러므로 20세기 말에 대한 브레너의 주장은 19세기 말의 경험에 나타난 핵심적인 특징과 맞는다. 하지만 그 잘 맞는다는 것은 완벽하게 딱 맞는다는 것과는 한참 거리가 있다.

비록 자본가 간 경쟁이 의심할 여지 없이 맹렬한 가격 디플레이션을 통해 수익성을 압박하고 실질 임금을 끌어 올리는 일차적인 힘이었다고 하더라도, 증가한 파업 활동과 계급 조직화의 형태로 나타난 노동자의 저항 역시 명목 임금이 가격만큼 빠르게 하락하지 않도록 함으로써 그러한 결과[즉 수익성 악화와 실질 임금 상승]에 크게 기여하지 않았는가? 그리고 이러한 저항 자체가 영국으로부터의 자본 유출과 미국으로의 노동 유입이라는 경향, 또한 신중상주의적 관행의 부활과 전례 없는 규모의 해외 제국 건설을 통한 자본가 간 경쟁의 "정치화" 경향을 강화하여, 자본가 간 경쟁의 궤도에 영향을 주지 않았는가? 이 질문에 대한 정확한 답변이 무엇이든지, 브레너가 수평적 투쟁과 수직적 투쟁을 금 긋듯이 구분하고 보편적이고 지속적인 수익성 하락을 가져올 수 있는 기여 요소로 후자[즉 수직적 투쟁]를 선험적으로 배제해버린 것은 이 두 종류의 투쟁 사이의 복잡한 역사적 상호작용을 해명하는 데 적합하지 않다.[4]

유사하게 요소[즉 생산요소, 자본과 노동]의 국제적 이동성으로 자본주의 중심 국가에서 노동자의 영향력을 필연적으로 누를 수 있다는 브레너의 주장은 그 이동성이 19세기 말의 장기 하락 동안 실제로 어떻게 작

---

4) 이러한 질문들에 대한 답변의 하나로는 Beverly J. Silver, *Forces of Labor: Workers' Movements and Globalization since 1870*(Cambridge: Cambridge University Press, 2003), pp. 131~38 참조.

용했는가 하는 기본적인 측면을 무시한다. 이 시기 영국과 더 하위의 중심 국가들에서 수출된 자본의 대부분은 산업 생산의 재배치가 아닌, 해외 영토에서 인프라 건설에 열중하였다. 이로써 영국과 다른 (식민지) 본국 산업들의 생산품에 대한 수요를 확대하고 반면 저렴한 원료와 임금재(賃金財)의 공급을 늘렸던 것이다. 주요 자본주의 중심 국가에서 노동의 영향력을 훼손하기는커녕, 이러한 형태의 해외 투자는 노동의 영향력을 강화하였다. 동시에 부단한 인구 이입이 미국에서 노동의 영향력이 늘어나는 것을 억제했을지도 모르지만, 방대한 이주, 특히 영국으로부터의 인구 이출은 유럽 노동자들이 힘을 가질 수 있도록 도왔다. 예란 테르본이 말하듯이, 19세기에 유럽 전체적으로 그리고 특히나 영국은 사실상 무제한이나 다름없는 이주로 인한 노동의 배출을 누렸다. "심지어 세계 산업의 중심 영국조차 인구 배출 지역이었다. 〔……〕 한 보수적인 통계는 약 5천만의 유럽인이 1850~1930년 동안에 유럽 대륙 밖으로 이주해 나갔다고 하는데, 이 숫자는 1900년 유럽 대륙 인구의 약 12퍼센트에 가깝다."5)

모든 것을 고려해 볼 때, 19세기 말 지속적이고 보편적인 이윤 압박은, 자본가 간 경쟁의 강화뿐만 아니라 노동자들이 경쟁의 비용을 자신들에게 감당하도록 하려는 시도에 효과적으로 저항하고 자본가들이 이러한 저항을 누르기가 어려웠던 것에도 원인이 있었다고 보인다. 부분적으로는 이러한 어려움과도 관련되어, 1873~96년의 장기 하락이 끝난 뒤 반세기 동안, 자본가 간 경쟁은 갈수록 정치화했다. 자본주의 기업 간의 가격 전쟁이 아니라, 발흥하는 자본주의 강국과 쇠퇴하는 자본주의 강국 사이의 문자 그대로 전쟁이 수평적 투쟁과 수직적 투쟁과 같은 동학을 지배하게 되었다. 1890년대 말부터 제1차 세계대전까지 이러한

---

5) Göran Therborn, *European Modernity and Beyond: The Trajectory of European Societies, 1945~2000*(London: Sage, 1995), p. 40.

변환은 수익성을 회복시키는 데 도움이 되었다. 그러나 그 변환의 최종 결과는 영국 중심의 세계 시장 붕괴와 제국주의 간 투쟁이라는 새롭고 더 지독한 단계였다. 실제로 1930년대와 1940년대에는 세계 시장이라고 할 만한 것이 없었다. 에릭 홉스봄의 말로 표현하자면, 세계 자본주의는 "국민국가 경제들과 그들이 연합한 제국들이라는 (각각의) 이글루 속으로"[6] 후퇴해버렸다.

이러한 환경 아래에서, 노자 투쟁은 두 개의 상이한 그리고 갈수록 차이가 벌어지는 경로를 따라 발전했다. 하나는 생산의 지점에 둥지를 튼 운동으로써 압도적으로 "사회적인" 경로이며, 그 투쟁의 주된 무기는 대량 생산이 전략적으로 배치된 노동자들의 손에 쥐여준 파괴적인 힘이었다. 이 경로는 19세기 영국에서 기원하였으나 미국에서 거의 이상적인 형태를 갖추었다. 다른 하나는 정당의 관료적 구조 안에 둥지를 튼 운동으로서 압도적으로 "정치적인" 경로이며, 그 투쟁의 주된 무기는 국가 권력의 장악과 그들의 통제하에 들어간 국가의 급격한 근대화였다. 이 경로는 유럽 대륙에서 기원하였으며 독일이 가장 대표적이지만, 소련에서 그 이상적인 형태를 갖추었다.[7]

두 경로를 따른 투쟁 과정은 두 번의 세계대전이라는 형태로 완전히 모양을 갖추었다. 이들 투쟁 과정은 패턴에서 비슷한 특징을 보인다. 공공연한 노동의 투쟁성이 양차 대전 전야에 등장했다가, 전쟁 과정에서 일시적으로 쇠퇴한 뒤, 전쟁 직후의 시기에 폭발했다. 러시아 혁명은 제1차 세계대전 시기 노동 투쟁성의 고조 속에서 발생했다. 반면에 제2차

---

6) Eric J. Hobsbawm, *Nations and Nationalism since 1780: Programme, Myth, Reality*(Cambridge: Cambridge University Press, 1991), p. 132.

7) Giovanni Arrighi and Beverly J. Silver, "Labor Movements and Capital Migration: The US and Western Europe in World-Historical Perspective", in Charles Bergquist, ed., *Labor in the Capitalist World-Economy*(Beverly Hills, CA: Sage, 1984).

세계대전의 그것[이 시기 노동 투쟁성의 고조]은 공산주의 체계의 동유럽, 중국, 북한 그리고 베트남으로의 확산을 경험했다. 미국의 전후 세계 질서에 사회적 제한을 가한 것은, 바로 중심부에서 늘어나는 노동의 투쟁성, 주변부 및 반주변부에서 공산 혁명의 진전이었다.[8] 자본가 간 경쟁의 형태와 강도, 즉 제국주의 간 경쟁과 세계대전은 이 시기 동안 노동자 투쟁의 형태와 강도를 규정지었다. 그러나 자본 간 투쟁의 궤도에 미친 노동자 투쟁의 "피드백"은 1873~96년의 장기 하락 때 그랬던 것보다 20세기 전반기에 오히려 더 강력했다. 정말로 이 같은 강력한 피드백이 아니고서는, 제2차 세계대전 이후 성립된, 아리스티드 졸버그가 말한 "노동 친화적" 국제 체제를 설명하기가 힘들 것이다.[9]

미국의 지지하에 세계 시장이 새롭고 더 견고한 토대 위에 재건됨에 따라, 이 체계는 체계 전반에 걸친 수익성의 회복을 위한 제도적 조건을 창출했으며, 이는 1950년대와 1960년대 장기 호황의 바탕이 되었다. 나는 브레너가 말한 의미에서 "불균등 발전"이 장기 호황과 그 후의 장기 하락을 결정지은 기본적인 요인이라는 그의 주장에 특별히 이의가 없다. 그러나 노자 투쟁이 하락의 범위, 기간, 그리고 형태를 결정하는 데 중대한 역할을 전혀 하지 않았다는 그의 주장은 19세기 말의 사례보다

---

8) Silver, *Forces of Labor*, pp. 125~31, 138~61.

9) Aristide R. Zolberg, "Response: Working-Class Dissolution", *International Labor and Working-Class History* 47(1995). 확실히 미국 헤게모니의 확립과 함께 "노동 친화적" 개혁, 예를 들어 완전 고용을 선호하는 거시 경제적 정책과 같은 것들이 제도화되었지만, 이와 병행하여 전후(戰後) 사회 계약이 제공했던 것보다 더 심화된 사회 변혁을 추구하는 노동운동은 모든 부문에서 격렬하게 탄압당했다. 그럼에도 불구하고 증가하는 노동 불안과 발전하는 공산주의 혁명의 압력 아래 시행된 개혁은, 영국 세계 헤게모니 시기의 자유방임적 체제와 비교하면 성격에서 중대한 전환을 표지했다. Giovanni Arrighi and Beverly J. Silver, *Chaos and Governance in the Modern World System*(Minneapolis, MN: University of Minnesota Press, 1999) pp. 202~07; Silver, *Forces of Labor*, pp. 157~58 참조.

도 20세기 말의 경우에서 더 입증하기 어려워 보인다.

20세기 말에 노동자 투쟁은 19세기 말에 그랬던 것보다 자본가 간 경쟁에서 훨씬 더 주도적인 역할을 수행했다는 점을 언급하는 것에서부터 시작하자. 19세기 말에는 노자 투쟁의 강화와 실질 임금에서 가장 중대한 인상이 장기 하락의 개시 이후에 나타났지만, 20세기 후반기에는 장기 하락에 앞서서 나타났다. 브레너는 노동의 영향력이 체계 전반에 걸친 지속적 이윤 압박을 가져오는 역할을 할 수 없다고 주장하면서, 오로지 1950년대 말과 1960년대 초 미국에서 노동자의 힘이 봉쇄되었던 것에만 거의 초점을 맞추었다. 그 봉쇄는 수익성 위기 이전에 발생했으므로, 브레너는 위기가 노동자의 압력 때문일 수 없다고 주장한다.[10] 불행하게도 이렇게 계급투쟁에서 단기간의 국지적인 사례라는 '나무' 한 그루에만 초점을 좁혔기 때문에, 브레너는 1968~73년에 펠프스 브라운이 명명한 "임금 폭발"에서 절정에 이른 여러 나라에서 발생한(multinational) 임금과 노동 조건을 둘러싼 투쟁의 고조라는 '숲'을 보지 못했다.[11] 세계 경제의 중심부 지역에서 실질 임금이 20년 동안이나 상승한 후에, 그리고 전 세계적으로 자본가 간 경쟁이 격화되는 시기에 찾아온 이러한 임금 폭발은, 많은 사람들이 강조했듯이 수익성에 대해 체계 전반에 걸친 하락 압력을 행사했을 뿐만 아니라,[12] 더 중요하게는 이후 자본가 간

---

10) Brenner, "Economics of Global Turbulence", pp. 52~54, 58~63.

11) E. H. Phelps Brown, "A Non-Monetarist View of the Pay Explosion", *Three Banks Review*, 105(1975).

12) 특히 Makoto Itoh, *The World Economic Crisis and Japanese Capitalism*(New York: St Martin's Press, 1990), pp. 50~53; Philip Armstrong, Andrew Glyn, and John Harrison, *Capitalism since World War II: The Making and Breakup of the Great Boom*(London: Fontana, 1984), pp. 269~76; Philip Armstrong and Andrew Glyn, *Accumulation, Profits, State Spending: Data for Advanced Capitalist Countries 1952~83*(Oxford: Oxford Institute of Economics and Statistics, 1986) 참조.

경쟁의 궤도에도 중대하고 지속적인 영향력을 끼쳤던 것이다.

　이것은 우리를 두 세기말의 장기 하락 사이의 차이에 관한 두 번째 관찰로 안내한다. 브레너는 가끔 가격 인플레이션에 관해 언급하지만, 그가 묘사한 20세기 말의 하락이 특히나 인플레이션이 강했다는 특징에 대해서는 대체로 무관심하다. 19세기 말 하락의 특징인 강한 디플레이션과 대조해 보면 더욱 현저하다. 브레너는 이러한 특수성에 한 번도 의문을 던지지 않았으며, 이와 긴밀히 연관되어 있는 의문, 즉 1965~73년의 수익성 위기가 왜 결국, 금본위제와 다른 금속본위제를 확산시킨 1870년대와 1880년대의 경향과는 확연히 대조적으로, 통화 발행과 금속본위제 사이의 마지막 가느다란 연계마저도 끊어버리게 했느냐는 의문도 제기하지 않는다.

　확실히 브레너는 암묵적으로, 워싱턴이 1970년대에 금-달러본위제를 뒤흔드는 투기를 저지하려는 미적지근한 시도를 최종적으로 포기한 것이, 급격한 환율 재조정을 통해 수익성에 대한 하락 압력을 미국 제조업자에게서 일본과 독일의 제조업자들에게로 전가하려는 책략 때문만은 아니었다는 점을 알고 있다. 그가 무심코 언급하듯이, "강력한 인플레이션 억제 정책을 지속하는 정치적 대가를 〔……〕 닉슨 정부가 더는 받아들일 수 없다는 것이 곧바로 드러났다."[13] 이러한 "정치적 대가"가 무엇인지, 그 대가가 노자 관계와 상관이 있는지 어떤지, 그는 아무 이야기도 하지 않는다. 이 장 다음 절에서 보게 되겠지만, 미국의 경우 이러한 대가는 국내적인 것일 뿐 아니라 세계 체계적인 것이었다. 그렇지만 국내적으로 베트남 전쟁과 (흑인) 민권을 둘러싼 격렬한 사회적 갈등으로 분열되어 있던 미국에서조차, 통화 발행을 금속본위제 원칙에 종속시킬 때 치러야 할 정치적 비용은 명백히 사회적인 요소를 지니고 있었는데, 노동 계층이 사회 지배층의 이데올로기와 관행에서 멀어지게 만드는 것

---

13) Brenner, "Economics of Global Turbulence", pp. 120~21.

을 감수해야 하는 위험성도 있었다.[14]

사실상 금본위제의 최종적 종언에 노동의 영향력이 어떤 역할을 했는가에 대한 가장 강력한 증거는 미국이 아니라, 1960년대에 순수 금본위제로의 회귀를 완고하게 주창했던 나라, 바로 드골의 프랑스에서 나온다. 프랑스의 금본위 옹호는, 1968년 5월에 노동자들이 반체제 학생들의 편에 서지 않도록 드골이 대규모 임금 인상을 인정해야만 했을 때 갑작스럽게 끝이 났고, 이후 다시 살아나지 않았다. 통화 발행이 금속본위제의 자동적인 메커니즘에 종속되어 있다면, 이와 같은 임금 인상은 불가능했을 것이다. 이 점을 너무나 잘 알고 있었던 드골은 사회 평화를 회복하기 위해 필요한 것을 했고 금본위제로의 회귀라는 백일몽을 접었다.[15]

미국과 프랑스의 경험이 알려주듯이, 1960년대 말과 1970년대 초의 호황에서 상대적 침체로 이행하는 동안 노동의 영향력은 19세기 말의 하락이 개시될 때 그랬던 것처럼 단순한 자본가 간 경쟁의 반영이 아니었다.[16] 반대로 노동의 영향력은 그 이행의 근저에 있는 수익성 압박에도, 또한 하락이 디플레이션 경로가 아니라 인플레이션 경로를 따라 진행되도록 하는 데도 독자적으로 기여할 만큼 중대했다. 이것은 자본가 간 경쟁이 수익성 압박에 작용하지 않았다는 것을 의미하지는 않으며,

---

14) Silver, *Forces of Labor*, pp. 161~63.

15) 오늘날에는 완전히 잊어버린 5월 사건과 프랑스의 갑작스러운 금본위제 옹호의 중단 사이의 관계는 그 당시에도 거의 주목받지 못했다. 그럼에도 나는 어떻게 1968년 5월 사태가 미 달러의 패권에 도전하는 수단으로서 금본위제를 지지하던 프랑스의 입장을 갑작스럽게 뒤집었는가를 뉴스 기사에서 아주 생생히 기억하고 있다.

16) 제4장에서 지적했던 것처럼, 실질 임금은 1873~96년 사이 대공황 동안 계속해서 상승했다. 1880년대와 1890년대에 임금 상승은 노동자들이 명목 임금의 인하에 저항했기 때문이라고 할 수 있지만, 처음에는 전적으로 임금보다도 더 빨리 가격을 낮추고자 하는 자본가 간 경쟁 때문이었다.

노동자와 노동자의 사회적 세력이 장기 하락의 인플레이션적 성격에서 혜택을 받았음을 의미하는 것도 아니다. 명백히 이들은 혜택을 받지 않았다. 다만 여기에서 말하고자 하는 것은, 노자 투쟁보다 자본가 간 경쟁이 거의 절대적으로 압도적인 브레너의 모델은 최근의 장기 하락에는 과거의 하락보다도 더 들어맞지 않는다는 것이다.

자본 이동성이 노동의 영향력에 미치는 효과를 좀더 자세히 검토해보면 이러한 평가에 더 확실한 증거를 제공한다. 1970년대에는 특히 공업 자본도 포함하여 저소득 저임금 국가로 자본이 '이주'하는 경향이 정말 강했다. 그럼에도 불구하고 비벌리 실버가 아주 자세히 입증했듯이, 부유한 국가로부터 더 빈곤한 국가로 산업 활동의 재배치는 명백한 "밑바닥까지의 경쟁"*을 가져오기보다는, 대개는 더 저렴한 임금의 투자처에서 강력한 새로운 노동운동의 출현을 이끌었다. 기업체들은 처음에는 싸고 유순한 노동력을 제공할 것 같았기 때문에 특정 제3세계 지역들 즉 브라질·남아프리카·한국 등에 관심을 가졌지만, 그 결과로 나타난 자본 집약적 대량 생산 산업의 팽창은 파괴력이 상당한 새롭고 투쟁적인 노동계급을 창출했다. 이러한 경향은 이미 19세기 말과 20세기 초에 영국 자본주의의 주요 산업인 섬유 산업에서도 뚜렷하게 나타났다. 그러나 자동차 산업과 같은 미국 자본주의의 주도 산업에서 이러한 경향은 훨씬 더 강력했다.[17]

따라서 산업 재배치를 통해 수익성에 대한 노동의 압박에 선수치려는

---

* 서로 최저 임금을 확보하기 위한 경쟁.

17) Silver, *Forces of Labor*, 특히 제2장과 3장. 브레너와 실버는 모두 레이먼드 버넌(Raymond Vernon)의 생산 주기 모델을 이용했다("International Investment and International Trade in the Product Cycle", *Quarterly Journal of Economics* 80, 2, 1966 참조). 브레너는("Economics of Global Turbulence", p. 18) 자신의 모델의 가정을 연역적으로 뒷받침하는 데 이 모델을 이용했으나, 반면에 실버는(*Forces of Labor*, pp. 77~97) 노동의 저항을 누르는 데 산업 재배치가 한계가 있다는 것을 경험적으로 보여주는 데 사용한다.

자본가의 시도는, 실제로 기대한 것과 같은 풍부한 저임금의 규율이 잘 잡힌 노동 공급의 이익은 그다지 주지 못한 채, 더 부유한 시장에 가깝고 더 안전한 정치적 환경에서 생산할 때 누릴 수 있는 상당한 이익을 자본에게서 빼앗는 경향이 있었다. 후에 토론할 다른 경향과 결합하여 이러한 경향은 1980년대 국가 간 자본 흐름에서 저소득 및 중소득 국가로 향하던 방향이 다시 미국으로 대거 역전되는 데 일조했다. 다시 한번 말하지만 나는 자본의 재배치가 자본의 가장 큰 순유출을 경험한 국가에서 노동자의 영향력을 훼손하는 데 일조했다는 점을 부인하지 않는다. 단지 나는 일반적으로 말하자면 이러한 산업 재배치가 수익성에 오히려 역풍을 가져오는 경향이 있다는 것, 그리고 미국의 사례만 보자면 이러한 순유출은 곧 대폭의 순유입으로 전환되었다는 점을 말하고 있다. 만약 노동자의 영향력이 장기 하락 과정에서 쇠퇴했다면, 확실히 그랬지만, 자본의 이동성은 매우 설득력 있는 설명은 아니다.

노동 이주도 마찬가지로 매우 그럴싸한 설명은 제공하지 않는다. 지난 35년 동안 19세기 말보다 훨씬 더 압도적으로 가난한 국가들로부터 노동이 이주해왔으며, 그 결과 부유한 산업 중심부 지역의 노동자에게 더 큰 경쟁의 위협이 되었다는 것은 사실이다. 그렇지만 20세기 말에 부유한 국가의 노동자들이 이주 노동력과의 경쟁을 앞서 차단할 수 있는 능력은, 때로는 인종적인 이데올로기와 관행을 고수함으로써, 예전보다 훨씬 커졌다.[18]

---

18) 이러한 차단 능력이 더 커진 것은, 19세기 말 이래 운송에서의 기술 발전에도 불구하고, 비율 면에서 오늘날 노동 이주가 19세기 말의 이주 흐름보다 더 줄어들었다는 점을 보아도 알 수 있다. David Held et al., *Global Transformations* (Stanford, CA: Stanford University Press, 1999), ch. 6 참조. 게다가 이주노동자는 1990년대 미국의 가장 전투적이고 성공적이었던 노동 투쟁 중 일부에서 주역이었다. 예를 들면 '경비원들을 위한 정의 캠페인'이 그러하다. Roger Waldinger et al., "Helots No More: A Case Study of the Justice for Janitors Campaign in Los Angeles", in K. Bronfenbrenner et al., eds., *Organizing to*

요컨대 체계 전반에 걸친 지속적인 수익성 위축을 결정짓는 데 자본가 간 경쟁이 노자 투쟁에 비해 절대적으로 압도적이라는 브레너의 주장은 수평적 투쟁과 수직적 투쟁 사이의 복잡한 역사적 상호작용을 보지 못한 것이다. 비록 세계사적으로 자본가 간 경쟁은 정말 압도적인 영향력을 가져왔지만——우리가 자본주의 국가 간의 전쟁을 그 경쟁의 가장 중요한 형태로 포함한다면——, 노자 투쟁은 특히 가장 최근의 장기 하락의 직전과 초기 단계에서는 절대 단순한 "종속 변수"가 아니었다.[19] 중심부 지역에서 임금과 노동 조건을 둘러싼 투쟁은 중대한 1968~73년 시기 동안 수익성에 대한 최초의 압박을 가져왔을 뿐 아니라, 더 중요하게는 중심부 자본주의 국가의 지배 그룹으로 하여금 위기 관리를 위해 디플레이션 전략이 아니라 인플레이션 전략을 선택하게 만들었다.

단도직입적으로 말하면 전후 장기 호황이 끝났을 때, 중심부 지역에서 노동의 영향력은 강력한 디플레이션을 통해 경기를 만회하려는 어떤 시도도 사회적으로나 정치적으로나 너무나 위험하게 만들 정도로 충분히 컸다. 대조적으로 인플레이션 전략은 국제적〔생산〕 요소의 이동성이 할 수 있는 것보다 훨씬 더 효과적으로 노동자의 힘을 누를 수 있도록 해주었다. 실제로 1970년대의 그 당시 "스태그플레이션"이라 불린 대단한 침체 속 인플레이션과 이것이 자본가 간 경쟁과 노자 관계에 미친 영향은, 중심부 지역에서 노동자의 힘을 효과적으로 약화하여, 레이건-대처 반동(反動)의 영향력 아래 무너지도록 길을 터주었다. 이러한 전개의 중대성과 뒤이은 장기 하락의 궤도에 미친 영향을 제대로 파악하기 위해서는, 노자 관계에만 초점을 맞춰서는 부족하다. 더 중요한 것은 남북 관계이며, 이제 우리는 이 문제로 넘어가겠다.

Win(Ithaca, NY: Cornell University Press, 1998), ch. 6 참조.

19) Arrighi and Silver, *Chaos and Governance*, ch. 3 참조.

세계 남측의 동향

"공급측" 이론가들에 대한 비판에서, 브레너는 세계 경제를 국가 구성 요소의 단순한 총합으로 보는 그들의 성향과, 세계 경제를 그 자체의 논리를 가진 체계적 과정으로 보려는 자신의 시도를 대조하였다.

공급측 이론가들은 제도, 정책과 권력을 강조한 결과, 분석의 틀이 과도하게 각국별로 국민국가와 국민 경제의 관점에서 이루어지게 되고, 국제 경제는 일종의 국민 경제의 확대판 정도로 보며, 체계적인 경제 문제는 국지적 경제 문제들이 모여서 생겨난다고 본다. 이와 달리, 나는 하나의 **자본 축적과 수익률 체계 전체로서** 국제 경제를 이론적 시좌(視座)로 취하여, 이 시좌로부터 국제 경제의 위기와 그 국가적 구성 요소의 위기를 분석할 것이다.[20)]

이러한 시도는 상찬할 만하지만, 브레너의 분석은 거의 세 국민국가/국민 경제(미국, 일본과 독일)와 그들 상호 관계에만 초점을 맞추고, 이따금 다른 서구 국가와 동아시아의 "기적 경제"를 언급하는 데 그침으로써, 기대에 못 미친다. 중국은 〔그의 저작〕『전 지구적 혼돈의 경제학』의 끝 부분에 스쳐 지나가듯이 등장할 뿐이고, 『호황과 거품』의 마지막 페이지에 좀더 자세하게 등장한다. 2006년에 『전 지구적 혼돈의 경제학』의 발문에서, 브레너는 초기 논문판의 간행 이래로 중국의 놀라운 경제적 활약을 언급하지 않을 수 없게 되었다. 하지만 〔여기에서도〕 중국의 부상은 미국, 독일, 일본에 초점을 맞추었던 초기 분석에 기초하여 도출한 결론을 보강하는 것에 불과했다.[21)]

---

20) Brenner, "Economics of Global Turbulence", p. 23, 강조는 원문.
21) Robert Brenner, *The Economics of Global Turbulence: The Advanced*

세계의 방대한 수많은 국가와 그 인구는 브레너가 말한 세계 경제의 작용에서 명백히 아무런 의미를 지니지 않는다. 브레너는 3국에만 치중하는 것이 "왜곡을 가져온다"는 점을 인정한다. 그러나 그는 이 왜곡이 무엇인지 구체적으로 말하지 않고, 나아가 자신의 협소한 초점을 세 가지 근거로 정당화한다. 첫째, 1950년에 미국 · 독일 · 일본 경제를 합하면, "17개 주도적인 자본주의 경제의 (구매력 평가 기준으로) 총생산 가운데 60퍼센트에 상당하며, 1994년에 이 수치는 66퍼센트로 상승했다." 둘째, 이 3국 경제는 각자 모두 "대(大) 지역 블록의 허브에 [⋯⋯] 위치하여, 이 블록을 효과적으로 추동하고 지배한다." 그리고 마지막으로 "이들 3국 경제 사이의 상호작용은 [⋯⋯] 전후 시기를 통틀어 선진 자본주의 세계의 진화에 관건 중의 하나였다."[22]

이 전제들은 두 가지 점에서 의심스럽다. 문제가 된 3국 경제를 결합한 총량은 브레너의 출전이 제시한 것보다는 덜하지만, 정말 상당하기는 하다.[23] 그럼에도 불구하고 그래프 5-1이 보여주듯이, 전 세계 수출에서 3국이 차지하는 비중은 대부분의 기간 동안 30퍼센트가 못 되었으며, 1980년대 내내 독일과 일본의 비중이 늘어나서 미국 비중의 하락을 보충했거나 보충하고도 남았지만, 1990년대 중반 이래로 3국 모두의 비

Capitalist Economies from Long Boom to Long Downturn, 1945~2005 (London: Verso, 2006), pp. 323~29, 340~43.

22) Brenner, "Economics of Global Turbulence", p. 9.
23) 세계은행의 더 포괄적인 데이터를 사용하면, "세계" GNP에서 이 세 나라를 합한 비중은 1960년에 53.1퍼센트에서 1999년에 53.6퍼센트로 소폭 상승하면서 실제로 일정한 수준을 유지한 것으로 보인다(World Bank, *World Tables*, vol. 1과 vol. 2[Washington DC, World Bank, 1984] 및 *World Development Indicators*, CD ROM[Washington DC, World Bank, 2001]에서 계산). "World" GNP는 예전 공산주의 국가인 소련과 동유럽 및 기타 국가들을 제외했는데, 1960년과 1999년 둘 다를 비교할 수 있는 데이터가 없기 때문이다. 그러나 이용할 수 있는 모든 자료에 따르면 이들 국가를 제외해도 기껏해야 위의 수치가 1퍼센트 혹은 2퍼센트가량 상승하는 효과 정도에 불과하다.

그래프 5-1 4개국 수출이 전 세계 수출에서 차지하는 비율(미국, 독일, 일본, 중국)

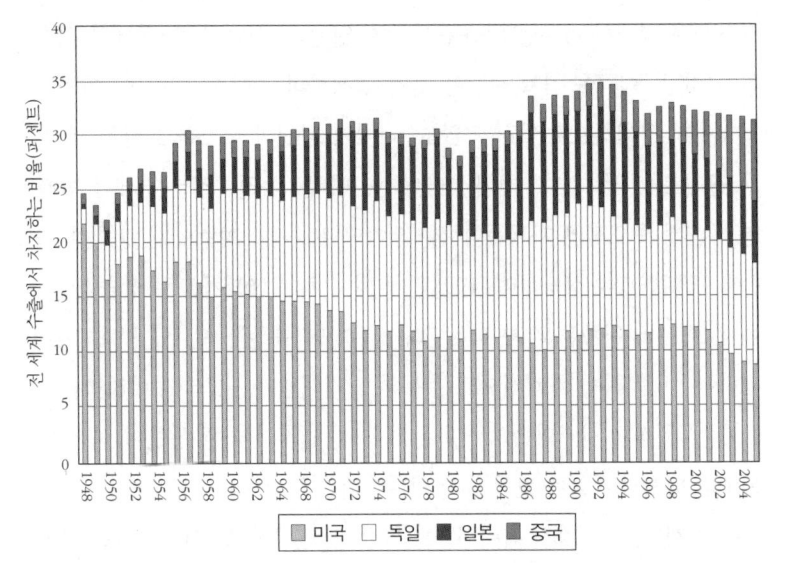

주: 전 세계 수출에서 차지하는 비율은 현재 미 달러 단위로 계산함.
출전: WTO 국제무역 통계(International Trade Statistics).

중은 중국 비중의 급격한 상승과 현저한 대조를 이루며 하락하고 있다. 게다가 브레너가 중점을 둔 활동 분야인 제조업에서 3국의 부가가치를 합한 비중은 장기 하락의 과정에서 상당한 폭으로 하락했다. 그 하락은 대체로 세계 남측(global South)의 많은 국가들이 급격히 산업화했기 때문인데, 앨리스 암스덴은 이를 "'나머지'의 발흥"(The Rise of the 'Rest')이라고 불렀다. 심지어 중국을 제외해도, 세계 제조업 부가가치에서 세계 남측의 비중은 1975년 10.7퍼센트에서 1998년 17퍼센트로 늘어났으며, 세계 제조업 수출에서 차지하는 비중은 더 빠르게 늘어나 1975년 7.5퍼센트에서 1998년에는 23.3퍼센트였다.[24] 브레너는 세계

---

24) Alice Amsden, *The Rise of "The Rest"*(New York: Oxford University Press, 2001) 및 "Good-bye Dependency Theory, Hello Dependency Theory",

남측을 엉성하게 다룬 결과 그가 그렇게 중요시하는 경쟁의 격화에서 가장 역동적인 요소 하나를 놓치게 되었다.

브레너가 세 나라에만 초점을 맞춘 것의 두 번째 문제점은 더 심각하다. 자본주의적 동학의 분석에서 세계 정치를 사실상 퇴출시킨 것이다. 미국 · 일본 · 독일 사이의 상호작용이 제2차 세계대전 이래 세계 자본주의 진화에 "관건 중의 하나"였다는 점에 대해서는 의문의 여지가 없다. 그러나 이것은 확실히 유일한 관건도 아니었으며 심지어 가장 중요한 관건도 아니었다. 제4장에서 인용한 구절 중 하나에서 브레너가 암묵적으로 인식하고 있는 것처럼, 장기 호황 내내 미국과 독일 · 일본의 상호작용은 미국, 소련 그리고 중국 사이의 냉전 관계에 완전히 삽입되고 지배되었다. 장기 호황에서 장기 하락으로의 이행을 표지하는 수익성 위기는 1970년대의 대단한 스태그플레이션과 마찬가지로, 베트남 전쟁의 확대와 최종적인 미국의 패배로 비롯된 같은 시기 미국 헤게모니의 위기에 깊은 영향을 받았다. 레이건-대처 신자유주의 반동의 경우, 그것은 일차적으로 해결되지 못한 수익성 위기에 대한 반응이었지만, 마찬가지로—특히—심화되어가는 헤게모니 위기에 대한 반응이기도 했다. 자본가 간 경쟁의 궤도와 세계 3대 경제 사이의 상호작용의 궤도는

***

Studies in Comparative International Development 38, 1(2003), tables 1 및 2. 암스덴의 비율(퍼센트)을 중국을 포함시켜 다시 계산하면, 세계 제조업 부가가치의 세계 남측 비중은 1975년의 11.9퍼센트에서 1998년 21.8퍼센트로 증가한다. 다른 곳에서도 나타나듯이, 제조업 부가가치에서 남측 비중의 이러한 증가는 산업화 정도에서 남과 북이 강하게 근접(수렴)하고 있음을 반영하지만, 수입 격차는 전혀 수렴되고 있지 않다. Giovanni Arrighi, Beverly J. Silver, and Benjamin D. Brewer, "Industrial Convergence and the Persistence of the North-South Divide", *Studies in Comparative International Development* 38, 1(2003); "A Reply to Alice Amsden", *Studies in Comparative International Development* 38, 1(2003); "Industrial Convergence and the Persistence of the North-South Divide: A Rejoinder to Firebaugh", *Studies in Comparative International Development* 40, 1(2005) 참조.

줄곧 더 넓은 정치적 문맥에 의해 규정되었다. 브레너의 이야기 안에 이러한 문맥이 거의 완전히 결여되어 있다는 것은 왜곡의 근원뿐만 아니라 불확정성의 근원이 되고 있다.

1960년대 말과 1970년대 초의 수익성 위기와 시기를 같이한 금-달러 본위제 붕괴 사이의 관련성을 생각해보라. 우리가 보았듯이, 브레너는 암묵적으로 금의 포기에 "정치적 비용"이 작용하고 있었음을 인정하지만, 그럼에도 불구하고 금을 포기하기로 결정한 일차적인 요인이 미국 제조업자와 독일 · 일본의 라이벌 사이의 경쟁 투쟁이라는 테제를 견지한다. 우리는 이러한 주장이 위기에서 노동자의 영향력이 맡은 상대적으로 자율적인 역할을 무시하고 있다고 이미 비판하였다. 하지만 가장 중요한 결정 요소는 자본가 간 경쟁도 아니고 노자 관계도 아니고, 바로 베트남 전쟁의 확대가 미국의 국제수지에 미친 직접적인 그리고 특히 간접적인 효과였다. 비록 베트남이 브레너의 이야기에서 빠져 있는 것이 오히려 눈에 띄기는 하지만, 그 영향은 몇 가지 사례에 슬며시 드러나 있다. 그러므로 "단계적으로 늘어난 베트남 전쟁 비용"이 미국에서 가격 인플레이션을 갑작스럽게 가속화한 원인으로 설명되는데, 이 인플레이션은 1965년과 1973년 사이 실질 임금의 상승을 둔화시켰으나 멈추게 하지는 않았다. 이번에는 이러한 인플레이션의 가속화가 같은 시기 독일과 일본의 라이벌에 비해 국내외 모두에서 미국 제조업자의 경쟁적 지위를 약화한 원인으로 지목된다.[25]

이처럼 그때그때의 발언을 보면, 브레너조차도 미국과 외국 제조업자 사이의 경쟁 격화와 미국과 다른 곳에서의 변덕스러운 노자 투쟁의 배후에는 그의 연구 계획이 배제해버린 현저히 체계적인 그러나 정치적인 변수가 숨어 있음을 인정하고 있다. 이 숨어 있는 변수는 미국 정

---

25) Brenner, "Economics of Global Turbulence", p. 97; *The Economics of Global Turbulence*, pp. 102, 119.

부가 무력의 사용을 통해 제3세계에서 민족주의와 공산주의가 연합한 도전을 봉쇄하려고 한 권력 투쟁이다. 베트남에서의 전쟁 확대가 베트남인들의 저항을 분쇄하는 데 실패하고 대신 미국 자체 내에 전쟁에 대한 광범위한 반대를 불러온 것처럼, 이 투쟁은 수익성 위기로서 같은 기간에 그 절정에 도달했다. 내가 다른 곳에서 주장했듯이, 전쟁 비용은 국내 반대 여론의 고조를 차단하기 위한 프로그램의 비용까지 포함하여 이윤 압박에 일조했을 뿐 아니라, 고정환율제도의 브레턴우즈 체제 붕괴와 이에 따른 미 달러의 가파른 평가절하의 가장 근본적인 원인이었다.[26]

브레너가 주장하듯이, 1969~73년의 달러 평가절하는 미국이 수익성 위기의 부담을 독일과 일본에 떠넘기고, 국내의 임금 상승이 이윤에 가하는 압박을 저지하도록 도왔다. 그러나 나는 이러한 부담의 재분배가 대체로 제3세계의 지배를 위한 미국 정부의 투쟁을 자금 압박으로부터 풀어주는 것을 주목적으로 하는 정책들의 부산물이었다고 주장하려 한다. 적어도 처음에는 금-달러본위제의 청산은 미국 정부에게 오로지 자국 통화를 발행하기만 하면 세계의 자원을 다 이용할 수 있는 전례 없는 재량권(freedom of action)을 준 것처럼 보였다.[27] 그러나 이러한 자유재량은 베트남에서 미국의 패배를 막을 수 없었고 그 이후 미국의 위신과 힘의 가파른 쇠퇴를 멈추게 하지도 못했다. 정말로 만약 한 게 있다면, 이러한 자유재량은 전 세계에 걸친 인플레이션 악순환을 야기하여 그러한 쇠퇴를 악화시켰으며, 미국 신용 구조 전체를 파괴하고 미국의 부와 힘이 과거 어느 때보다도 더 의존하게 된 전 세계에 걸친 자본 축적 연결망을 파괴할 것 같았다.[28]

---

26) Giovanni Arrighi, *The Long Twentieth Century: Money, Power and the Origins of our Times*(London : Verso, 1994), pp. 300~08, 320~21.

27) Riccardo Parboni, *The Dollar and its Rivals*(London : Verso, 1981), pp. 47, 89~90.

미국의 힘과 위신의 쇠퇴는 1970년대 말에 이르러, 이란 혁명, 새로운 유가 인상, 소련의 아프가니스탄 침공 그리고 미 달러에 대한 또 다른 심각한 신뢰성 위기로 바닥을 쳤다. 브레너는 미국 헤게모니의 위기 심화를 1979년과 1982년 사이 미국 정부의 통화 정책이 극단적 방만에서 극도의 긴축으로 변화한 맥락으로서는 거의 언급하지 않는다. 그는 "국제 준비통화로서 달러의 지위를 위협하는 미국 달러의 파괴적인 폭락"이라는 변화는 추적한다. 그러나 그는 이러한 패주에 대해 만족할 만한 설명을 전혀 하지 않는다. 그리고 『비즈니스 위크』에 따르면 1980년 1월에 금 가격이 사상 최고인 875달러로 치솟은 배경이었던 아프가니스탄과 이란에 대한 '아랍의 공포'(the Arab fears)에 대해서도 주의를 기울이지 않는다.[29] 10년 먼저 있었던 금-달러본위제의 청산이 그랬던 것처럼, [이번에도] 세계 3대 경제 사이의 자본가 간 경쟁보다는 세계 남측에서의 전쟁과 혁명이 1979~82년 통화주의 반동의 일차적인 추진력이었다. 금융 분야에서 근본적인 변화는 다시 한 번 중심부 지역의 자본가 간 투쟁과 계급투쟁에 모두 중요한 영향을 끼쳤다. 그러나 그 변화의 가장 강력한 자극은 수익성 위기보다는 제3세계에서 미국 헤게모니의 해결되지 못한 위기에서 나왔다.

여기에서도 역시 20세기 말의 장기 하락의 특성은 1873~96년의 장기 하락과 비교하면 쉽게 드러날 것이다. 잘 지적되지는 않지만, 두 장기 하락에서 남북 관계의 차이는 노자 관계의 차이보다도 더 중요하다.

---

28) Arrighi, *The Long Twentieth Century*, pp. 310~14, 317~20. 제6장에서 보게 되겠지만, 1973~74년의 이른바 첫 번째 "오일 쇼크"는, '1960년대 말과 1970년대 초 미국 헤게모니의 위기'와 '1970년대 말 미 달러의 파괴적인 폭락'을 연결하는 전 세계적 인플레이션 악순환에서 결정적인 개입 변수였다.

29) Michael Moffitt, *The World's Money: International Banking from Bretton Woods to the Brink of Insolvency*(New York: Simon & Schuster, 1983), p. 178에서 인용함.

가장 중요하고 모든 것을 포괄하는 차이점은 첫 번째 장기 하락은 북측의 영토 정복과 남측의 식민지화가 최후이자 최대로 고조되는 와중에 발생했으나, 두 번째 장기 하락은 세계사에서 탈식민지화가 최대로 고조된 말미에 발생했다는 점이다.[30] 두 장기 하락 사이에 20세기 전반기의 거대한 "서구에 대한 반란"이 나타났으며, 서문에서 인용한 제프리 바라클러프에 따르면 이것은 세계사에서 완전히 새로운 시대의 시작을 표지하는 것이었다. 1990년대에 서구의 힘은 무한해 보였으므로 20세기 전반기 남측의 반란은 헛된 시도까지는 아니더라도 대수롭지 않아 보였지만, 지난 반세기에 일어난 남북 관계의 근본적인 변화라는 관점에서 보지 않는다면 가장 최근의(1990년대) 장기 하락의 기원도 궤도도 결과도 정확하게 해독할 수 없다. 핵심을 설명하기 위해 나는 다시 한 번 두 장기 하락의 금융적 측면에 초점을 맞추어 보겠다.

앞 절에서 우리는 가장 최근의 장기 하락이 인플레이션을 특징으로 하게 된 원인을 중심부 지역에서 노자 관계를 19세기 말에 그랬던 것처럼 금속본위제의 규율에 종속시키는 것이 사회적 · 정치적으로 불가능해졌기 때문이라고 추적했다. 하지만 중심부 지역 내의 이러한 사회적 압박의 성격과 강도 자체는 중심부와 주변부를 연결하는 특정한 정치적 편성에 따라 결정적으로 달라진다. 이것을 가장 잘 보여주는 사례는 영국의 금본위제에 대한 집착과 아대륙 인도로부터의 공출 사이의 밀접한 관련성이다. 인도 제국은 두 가지 주요한 측면에서 영국에 결정적으로 중요했다.

첫째 군사적 측면이다. 솔즈베리 경(Lord Salisbury)의 말처럼, "인도는 우리가 보수를 지급하지 않고 얼마든지 군대를 끌어 쓸 수 있는 동방

---

30) 식민지화와 탈식민지화의 고조에 관해서는 Albert Bergesen and Ronald Schoenberg, "Long Waves of Colonial Expansion and Contraction, 1415~1969", in A. Bergesen, ed., *Studies in the Modern World-System*(New York: Academic Press, 1980) 참조.

의 바다(the Oriental Seas)에 있는 영국 병영이었다."31) 완전히 인도 납
세자들의 돈으로 유지되는 이들 병력은 유럽 스타일의 식민지 군대로
조직되어, 영국이 아시아와 아프리카를 서구의 무역, 투자 그리고 영향
력에 개방시키는 끝없는 전쟁에서 정기적으로 동원되었다.32) 이들 병력
은 "빅토리아 시대의 팽창주의라는 벨벳 장갑을 낀 강철 주먹이었으며
〔……〕산업 자본주의의 국제화 배후의 주요한 강제력"33)이었다. 1920
년에 가서도, 영국의 군사적 점령에 대항한 전면적인 폭동을 진압하기
위해 영국이 이라크에 배치한 군대의 87퍼센트 이상이 인도 출신 병사
들이었다. "그러므로 아마도 우리 시대의 영어권 제국이 직면한 가장
큰 문제는 매우 단순하다. 영국은 인도인 군대가 있지만, 미국은 없다
는 것이다."34)

둘째로 그리고 첫째만큼 중요한 것은 악명 높은 본국비(本國費, Home
Charges)와 잉글랜드은행〔the Bank of England, 영국 중앙은행〕의 인도

31) B. R. Tomlinson, "India and the British Empire, 1880~1935", *The Indian Economic and Social History Review* 12, 4(1975)에서 재인용.

32) 아시아와 아프리카를 합하면, 1837~1900년에 영국이 치른 개별 군사 작전은 72 차례나 된다. Brian Bond, ed., *Victorian Military Campaigns* (London: Hutchiuson, 1967), pp. 309~11. 다른 통계로 1803~1901년 사이에 영국이 치른 주요 식민지 전쟁은 50차례이다(Anthony Giddens, *The Nation-State and Violence*, Berkeley, CA: University of California Press, 1987, p. 223).

33) David Washbrook, "South Asia, the World System, and World Capitalism", *The Journal of Asian Studies* 49, 3(1990), p. 481.

34) N. Ferguson, "Cowboys and Indians", *New York Times*, May 24, 2005. 2003 년에 미국은 인도 정부에 17,000명의 사단 병력을 파병해달라고 강한 압력을 행사했다. 인도 정부는 그렇게 할 의사가 있었지만, 국내의 정치적 환경 때문에 이루어지지 않았다. "돌이켜 보면 이것은 이라크 전쟁의 첫 30개월에 일어난 중대한 사건 중의 하나였다. 인도가 참가하지 않는다는 것은 앞으로 어떤 대규모 군대의 제공도〔역설적으로 영국군을 제외하고―인용자〕없을 것이라는 것을 의미했다"(P. Rogers, "Fragments of the 'War on Terror'", *Open-Democracy*, August 25, 2005).

외환 보유고에 대한 통제로, 이 두 가지가 결합하여 인도를 영국의 세계적 금융 및 상업적 우위의 "추축"(樞軸)으로 만들었다. 인도가 영국에 대해 국제수지 적자이면서 다른 모든 나라들에 대해서는 흑자였기 때문에, 영국은 인도를 제외한 나머지 세계 각국에 대한 자국의 경상수지 적자를 해결할 수 있었다. 대영 제국의 국제수지에 대한 인도의 강제적인 기여가 없었다면, 대영 제국이 "해외 투자에서 나온 수입을 해외 투자를 더 확대하는 데 사용하고, 투자 수입으로 흡수한 유동성을 국제통화 체계에 환류시키는" 일은 불가능했을 것이다. 무엇보다도 인도의 통화 보유고는 "영국의 통화 당국이 자국 보유고를 보충하고 런던을 국제통화 체계의 중심으로 유지하는 데 쓸 수 있는 거대한 비축고(masse de manœuvre)를 제공했다."[35]

본국의 노동자와 자본가에게 통화의 규율을 지키도록 강제하는 과정에서, 영국의 지배 그룹은 한 세기 이후에 미국의 지도자들이 직면한 것과는 전혀 다른 상황에 있었다. 첫째로, 세계 남측에서 치른 끝없는 전쟁을 포함하여 세계-헤게모니 기능의 행사에, 베트남 전쟁이 미국에 야기한 인플레이션 압력과 같은 것은 없었다. 전쟁 비용은 인도인의 돈으로 충당되었다. 뿐만 아니라 싸운 것도 인도인과 그 외 식민지 군대였으므로, 영국의 전쟁은 미국 정부가 사상자의 증가에 따른 국내의 반전 여론을 봉쇄하기 위해 치러야 했던 사회적 비용 역시 필요하지 않았다.

전쟁 비용 외에도, 20세기 말 미국과 달리, 영국은 자국 통화를 금속 본위제에 종속시키는 데 필요한 끊임없는 "구조조정"에서 그 이익은 (본국 신민들을 위해) 내부에 유보하고, 그 비용은 바깥으로 (그 식민지 신

35) Marcello de Cecco, *The International Gold Standard: Money and Empire*, 2nd edn(New York: St Martin's Press, 1984), pp. 62~63. 19세기 말과 20세기 초에 영국이 인도에서 수탈해 간 공물의 총량에 대해서는 Amiya K. Bagchi, *Perilous Passage: Mankind and the Global Ascendancy of Capital*(Lantham, MD: Rowman & Littlefield, 2005), pp. 239~43 참조.

민들에게) 떠넘길 수 있었다. 인도의 국제수지 흑자에 대한 강제적 통제 덕분에 영국은 본국의 고질적인 무역 적자의 부담을 인도의 납세자, 노동자, 자본가에게 전가할 수 있었다.[36] 대조적으로 탈식민지의 세계에서는 이러한 노골적인 강제는 할 수 없었다. 미국은 국민 경제와 해외 비용의 규모를 급격히 줄여서 무역수지와 경상수지 적자를 맞추거나, 아니면 미래의 수입 중 점점 더 많은 몫을 외국 채권자에게 양도해야 하는 빡빡한 선택에 직면했다. 미국은 인플레이션에 의한 위기 관리 전략을 선택하게 되는데, 미국의 국민 경제 규모를 급격하게 축소하기는 사회적으로나 정치적으로나 불가능했다는 것, 혹은 이 전략이 미국의 제조업자에게 외국과의 경쟁 압력을 경감해줄 수 있다는 것만이 유일한 이유는 아니었다. 인플레이션 전략은 또한 경제 규모의 축소냐 빚이냐는 똑같이 마뜩잖은 두 가지 중에 하나를 선택하지 않기 위한 어느 정도는 의식적인 시도였다. 1970년대 말 미국 헤게모니 위기의 심화와 이로 인한 달러화의 파괴적인 폭락은 선택을 더는 미룰 수 없다는 충격적인 독촉장이었다.

카터 정부 말기에 시작되어 레이건 정부 아래서 더 강력하게 추진된 통화주의 반동은 이러한 상황에 대한 실용주의적인 대응이었다. 브레너가 언급했듯이, 이 정책 선회는 수익성 위기를 완화하기보다는 오히려 심화했다. 그러나 브레너는 언급하지 않지만, 미국의 정책 선회는 확실히 정책 수행자들의 장밋빛 기대의 최고 수준을 뛰어넘을 정도로 지난 15년간 미국이 겪은 세계적 영향력의 가파른 쇠퇴를 반전시켰던 것이다.[37] 이 기대하지 않은 반전을 이해하기 위해서는, 다시 한 번 초점을

---

36) 영국의 고질적인 무역 적자에 관해서는 여러 연구가 있지만 특히 Andre Gunder Frank, "Multilateral Merchandise Trade Imbalances and Uneven Economic Development", *Journal of Economic History* 5, 2(1978); de Cecco, *The International Gold Standard* 참조.

37) Arrighi, *The Long Twentieth Century*, pp. 323~24.

옮겨서 브레너 분석의 중심인 자본가 간 경쟁 과정을 비판적으로 재검토해야 한다.

미국 회복의 금융적 기초

우리가 앞에서 보았듯이, 브레너는 1973년 이래 "과잉생산과 과잉생산능력"이 지속된 원인을 부분적으로는 "자신의 시장을 방어하고, 혁신 과정과 추가적인 고정 자본 투자를 가속화하여 반격을 꾀할 이유를 다 가지고 있는" 기존 고비용 기업의 행동에서, 또 부분적으로는 퇴출은 너무 적고, 진입은 너무 많은 기본 경향을 완화하기보다는 악화시킨 미국·일본·독일 정부의 행위에서 찾았다. 또한 우리는 정부의 행위가 브레너의 역사적 서술에서 중심을 이루지만, 이론적으로 더 핵심적인 기업에 관한 주장은 대부분 정황 증거를 기초로 연역적으로 추론된 것임을 지적했다.

이 핵심적인 주장의 주된 문제점은 분석이 오로지 제조업에만 초점을 맞추고 있다는 것이다. 브레너는, 그가 왜 미국, 일본과 독일 경제에만 초점을 맞추었는지에 대해서 아무 설명이 없었던 것처럼, 이에 대해서도 명확하고 합리적인 설명을 하지 않는다. 이론적으로나 역사적으로나 자본주의를 산업 자본주의와 동일시하는 것은 브레너에게나 마르크스주의자이건 아니건 대부분의 사회과학자들에게나 설명을 할 필요가 없는 신념인 것처럼 보인다. 그러나 전 세계 제조업이 생산한 부가가치의 비중은 상대적으로 작으며, 1960년의 28퍼센트에서 점차 줄어들어 1980년에는 24.5퍼센트, 1998년에는 20.5퍼센트까지 감소했다. 게다가 이러한 위축은 브레너가 분석한 "선진" 자본주의 국가에서 평균보다 더 컸다. 북아메리카, 서유럽, 오스트랄라시아* 그리고 일본을 합한 비중은

---

* 오스트레일리아, 뉴질랜드 및 부근 섬들의 총칭.

1960년에 28.9퍼센트에서 1980년 24.5퍼센트, 1998년에는 19.7퍼센트로 줄었다.[38]

브레너는 이 문제점을 알고 있는 것 같지만, 그는 제조업 비중 감소를 그가 제조업에 초점을 맞춘 것의 타당성과 유효성에 의문을 제기할 이유로 보기보다는 경제 위기의 한 증상으로 본다. 그러므로 1980년대 미국 비제조업 부문의 "거대한 팽창"을 논평하면서, 브레너는 이를 "미국 경제에서 제조업의 위기를 동반한 가장 부정적인 의미로 '탈산업화'라고 부를 수 있는 광범위한 경제적 쇠퇴의 증상"[39]으로 해석한다. 하지만 어느 순간 그는 자신이 제조업으로 초점을 좁힌 것에 대해 어떤 정당화가 필요하다고 느낀다.

총고용과 GDP에서 차지하는 비중 하락을 지적하면서 제조업 부문의 중요성을 낮게 평가하는 것이 일반적으로 되었다. 그러나 1990년대 동안 미국 기업 제조업 부문은 여전히 비금융 기업 부문(기업 경제에서 기업 금융 부문을 뺀 것)에서 발생한 총이윤의 46.8퍼센트에 상당했으며, 1990년에도 총이윤의 46.2퍼센트를 차지했다. 세전(稅前) 제조업 수익률의 상승은 사실상 전반적인 민간 경제가 따라서 세전 수익률을 회복할 수 있게 한 유일한 원천이었다.[40]

왜 기업 금융 부문의 이윤이 비교에 포함되지 않는지 명확하지 않다는 점은 차치하고서라도, 이 정당화는 면밀히 실증적으로 검토하면 성립하지 않는다. 그레타 크리프너가 이용 가능한 자료를 철저히 분석하

---

38) 백분율은 World Bank 1984 및 2001에서 계산했다. 세계 총량은 1960, 1980 및 1998에 이용 가능한 통계가 있는 모든 나라를 합한 것이다. 부가가치는 GDP이다.
39) Robert Brenner, *The Boom and the Bubble: The U. S. in the World Economy* (London: Verso, 2002), p. 79.
40) *Ibid.*, pp. 68~70, 강조는 원문.

여 보여주었듯이, 미국 기업 총이윤에서 금융 · 보험 · 부동산의 비중은 1980년대에는 제조업 비중을 거의 따라잡았고 1990년대에는 이를 뛰어넘었다. 더 중요한 것은 1970년대와 1980년대에 비금융 기업 자체가 공장과 설비에 대한 투자에 비해서 금융 자산에 대한 투자를 급격히 늘렸으며, 이에 따라 생산 활동에서 벌어들인 수입과 이윤에 비해서 금융에서 나오는 수입과 이윤에 점점 더 의존하게 되었다는 점이다. 제조업이 이러한 비금융 경제의 "금융화"로의 추세를 억누른 것이 아니라 **주도했다**는 크리프너의 발견은 특히 중요하다.[41]

브레너는 그의 "과잉생산능력과 과잉생산" 개념에 대해서, 크리프너가 비금융 경제의 금융화를 보여주는 다양한 지표를 제시한 것에 필적할 만한 지표를 전혀 제시하지 않는다. 그렇기는 하지만 안와르 샤이크가 제시한 미국 제조업의 "생산능력 가동률"(capacity utilization)에 대한 지표 두 가지를 참고할 수 있다. 하나는 그 자신의 측정치에 기초한 것이고 다른 하나는 연방준비제도이사회의 수치에 기초한 것으로, 불완전하지만 과잉생산능력에 대한 역(逆)지표로 쓸 수 있다.[42] 1947~95년

---

41) Greta R. Krippner, "The Financialization of the American Economy", *Socio-Economic Review* 3(2005). 크리프너의 분석은 이하의 자료에 기초한 것이다. The Federal Reserve Flow of Funds Accounts; the Bureau of Economic Analysis; National Income and Product Accounts; the IRS Corporation Income Tax Returns; Balance-of-Payments data; the IRS Corporate Foreign Tax Credit data.

42) Anwar Shaikh, "Explaining the Global Economic Crisis", *Historical Materialism* 5(1999), pp. 140~41. 이 두 지표를 사용하여, 아니 어떤 다른 지표를 사용하더라도 브레너의 "과잉생산능력"을 측정하려고 할 때 부딪히는 중요한 문제점은, 이미 언급했듯이 브레너가 항상 이 용어를 "과잉생산"과 함께 사용하면서도 두 용어의 정확한 개념을 확실히 구분해서 말해주지 않는다는 점이다. 이렇게 두 용어를 합성해놓았기 때문에 무엇이 과잉생산능력이나 과잉생산의 유효한 지표가 될 수 있는지 알 수 없게 되었다. 그러나 과잉생산능력이라는 개념을 너무 남용하지 않고 그 자체의 의미가 전혀 없지는 않다면, 브레너의 과잉생

전 시기에 걸쳐서, 두 지표는 기복이 매우 심하지만 뚜렷한 장기적 추세는 보여주지 않는다. 더 구체적으로 보면, 두 지표는, 특히 샤이크가 측정한 지표는 브레너의 주장과 일치하여, 미국 제조업의 과잉생산능력이 장기 호황이 끝나가는 몇 년 사이에 급격히 감소했다가, 장기 호황에서 장기 하락으로의 이행기를 표시하는 수익성 위기 동안에는 훨씬 더 급격히 늘어났음을 보여준다. 대조적으로 1973년 이후는 두 지표 모두 상당한 기복을 보여주지만, 정상치를 넘는 과잉생산능력이 장기 하락의 특징이라는 브레너의 주장을 지지할 어떤 증거도 제공하지 않는다. 연방준비제도이사회의 수치는 생산능력 가동률이 어느 쪽이든 특정한 추세가 없이 1950년대 수준으로 돌아가지만, 샤이크의 수치는 1970년대의 생산능력 가동률이 1950년대보다 더 높은 수준이었고 1980년대와 1990년대에는 더 상승하여 상대적으로 과잉생산능력이 낮아지고 줄어드는 것을 보여준다.

불완전하지만 이들 지표로부터 측정할 수 있는 것으로 보완하면, 크리프너의 발견은 기존의 고비용 제조업자의 행동에 관한 브레너의 선험적 가설에 명백히 심각한 의문을 던진다. 더 낮은 원가의 경쟁자들이 자신들의 시장에 난입한 것에 대한 이들 기존 기업들의 주된 반응은, 이미 투하한 자본을 정력적으로 방어하여 반격을 가하기 위해 고정 자본에 추가 투자함으로써 과잉생산능력을 더 증가시키는 것으로 보이지 않는다. 이런 종류의 반응도 확실히 있었지만, 주된 반응은 자본주의적 견지에서 훨씬 합리적인 것이었다. (특히 제조업과 같은 상업 거래가 집중되는 부문에서) 국제적 경쟁의 격화에 직면하여, 고비용의 기존 기업들은 자신의 현금 수입 흐름에서 더 많은 비율을 고정 자본과 상품 투자에서 금융적 경로를 통한 유동성과 축적으로 돌림으로써 수익 하락에 대

산능력의 증가는 생산능력 가동률의 감소로 반영되고, 거꾸로도 그렇다고 가정해도 합리적일 것이다.

응하였다.

이것이 크리프너가 실증적으로 관찰한 것이다. 그러나 이것은 또한 상업과 생산에 투자된 자본의 수익이 어떤 한계점 이하로 떨어지고 자본가 간 경쟁이 제로섬 게임, 혹은 부정적인 게임이 될 때마다 우리가 이론적으로 예상할 수 있는 것이다. 이러한 조건, 구체적으로 브레너에 따르면 장기 하락이라고 간주되는 조건하에서는, 수입 자금 운용을 상업과 생산에 재투자하는 데 따르는 위험과 불확실성은 높다. 그리고 기업이 예전에 전문으로 했던 특정 산업이나 경제 활동 분야 안에서도 그리고 그 바깥에서도, 확대되는 경쟁 투쟁에서 방어적이거나 공격적인 무기로서, 유동 자산을 늘리는 데 자금을 쓰는 것이 사업 상식에 잘 맞는다. 왜냐하면 유동성은 기업체가 조만간 자본의 과잉축적과 옛 사업 종목과 새로운 사업 종목 내부의 경쟁 격화에서 발생할 "자본 가치의 도살"을 피할 수 있게 해줄 뿐 아니라, 자신의 수입 자금 운용을 고정 자산과 상품에 계속해서 투입하는 덜 신중하고 "분별없이 열의에 넘치는" 기업체의 자산, 고객 및 공급자를 싼값으로 접수할 수 있게 해주기 때문이다.

어떤 의미에서, 이 경쟁 전략은 브레너 자신이 다른 맥락에서 구사한 생산 주기의 논리를 다른 방식으로 연장한 것에 지나지 않는다. 어느 한 시기에서 주도적인 자본주의적 조직이 택하는 생산 주기의 논리는 끊임없이 이런저런 "혁신"을 통해, 과밀화된 따라서 이윤이 덜 남는 시장 분야(適所, niches)에서 덜 붐비고 따라서 이윤이 더 좋은 시장 분야로 자원을 이동시키는 것이다. 경쟁의 확대로 상품시장에서 상대적으로 비어 있고 이윤이 높은 분야(適所)를 이용할 수 있는 가능성이 줄어들 때에도, 주도적인 자본주의적 조직은 퇴각할 수 있고 경쟁 압력을 타자에게 전가할 수 있는 마지막 유일한 피난처를 가지고 있다. 이 최후의 피난처는 슘페터가 "자본주의 체계의 총사령부"라고 말한 금융시장이다.[43]

이러한 측면에서 20세기 말의 미국 자본은 제조업에서 경쟁의 격화에 역시 금융화로 대응했던 한 세기 전 영국 자본과 유사한 궤도를 따르고 있었다. 20세기 벽두에 핼퍼드 매킨더(Halford Mackinder)가 한 런던 은행가 단체에서 연설 중에 지적했듯이 —— 이때는 영국 자본의 금융화가 이미 상당히 진척된 단계였다 —— , 각국의 산업화는 하나의 어음교환소의 중요성을 증대한다. 이 하나의 어음교환소는 "항상 자본을 최대로 보유하고 있는 곳이 될 것이며 [······] 그곳에서 [우리는−인용자] 본질적으로 자본 소유자이며, 자본 소유자는 항상 여타 국가의 지력(智力)과 근력(筋力) 활동을 나눠 가진다."[44] 영국 자산의 거의 절반이 해외에 있고 국민 소득의 약 10퍼센트가 해외 투자에 대한 이자였던 에드워드 시대의 벨 에포크 동안에는 확실히 그랬다.[45]

---

43) 제3장에서 이미 제시했고 제8장에서 더 상세히 설명하겠지만, 체계 전반에 걸친 격렬한 자본가 간 경쟁이 자본의 지속적인 금융화를 가져오는 경향은, 산업혁명 이전과 이후 역사적 자본주의가 취한 다양한 조직적 형태 사이에 연속성을 보여주는 가장 명백한 표지이다. 이 경향에 대한 상세한 토론은 Arrighi, *The Long Twentieth Century*, pp. 220~38 참조.

44) Peter J. Hugill, *World Trade since 1431: Geography, Technology, and Capitalism*(Baltimore, MD: Johns Hopkins University Press, 1993), p. 305의 재인용.

45) A. K. Cairncross, *Home and Foreign Investment, 1870~1913*(Cambridge: Cambridge University Press, 1953), pp. 3, 23. 피터 매셔스가 언급했듯이, 영국의 해외 투자는 "'명목적 자본'일 뿐 아니라, 금융업자와 사업가로 이루어진 금리 生活者들의 '맹목적 자본'으로 이들은 사업이 진행될 때 흘러넘칠 교역을 바라고 투자하는 것이었다." 미국에서 영국의 철도 건설은 물론, 오스트레일리아 · 캐나다 · 남아프리카 · 아르헨티나 등지에서 영국의 철도 건설은 더더욱 "이들 광대한 대지를 개척하고 [······] 영국을 위해 공급할 [······] 1차 산품의 수출 부문을 발전시키는 수단이 되었다."(Peter Mathias, *The First Industrial Nation: An Economic History of Britain, 1700~1914*, London: Methuen, 1969, p. 329); Stanley D. Chapman, *Merchant Enterprise in Britain: From the Industrial Revolution to World War I*(New York: Cambridge University Press, 1992), pp. 233ff 역시 참조.

미국은 대영 제국과 비교하면 훨씬 더 큰 경제적 · 군사적 · 정치적 힘을 가지고 있지만, 미국 자본이 금융화를 통해 여타 국가의 "지력과 근력 활동"을 나눠 가지기는 더욱 힘들었다. 확실히 수직 통합형 다국적 기업의 성립에서 미국의 탁월함은 이러한 공유를 실행할 수 있게 한 대단히 효과적인 수단이었다. 그리고 물론 이민은 미국 역사를 통틀어 전 세계로부터 지력과 근력을 "흡수하여 고갈시켜왔다."[46] 그러나 19세기 영국과 달리, 미국은 구조적으로 세계의 어음교환소 역할을 하기에는 맞지 않았다. 미국의 세계 경제와의 관계는 오히려 자국 중심의[self-centered, 독립적이고 대외 의존적이지 않은] 대체로 자족적인(self-sufficient) 대륙 경제의 그것이었다.

이러한 차이는 1950년대 우드로 윌슨 재단(the Woodrow Wilson Foundation)과 국가계획협회(the National Planning Association)의 후원으로 설립된 한 연구회가 강조하였다. "본질적으로 19세기에 채용된 것과 유사한 방식으로 충분히 통합된 세계 경제 체계를 다시 달성할 수 있다"는 가정에 도전하면서, 이 연구회는 미국이 비록 19세기 영국과 같이 "다 성숙한 채권자"이기는 하지만 세계와의 관계는 영국과는 완전히 다르다는 점을 지적하였다. 영국은 "세계 경제 체계에 완전히 통합되었으며 그 체계를 상당히 성공적으로 작동시킬 수 있었는데, 그것은 영국이 해외무역에 의존적이었고, 영국의 상업 · 금융기관이 광범위한 영향력

---

46) 미국의 기업체들은 대륙 내 통합을 완성하자마자 거의 동시에 다국적화했다. Stephen Hymer, "The Multinational Corporation and the Law of Uneven Development", in J. N. Bhagwati, ed., *Economics and the World Order* (New York: Macmillan, 1972), p. 121 참조. 1902년에 이르면 유럽인들은 이미 "미국의 침공"을 이야기하고 있었다. 그리고 1914년까지 미국의 해외 직접 투자는 미국 GNP의 7퍼센트에 상당하게 되었는데, 이 비율은 유럽이 다시 한 번 "미국의 도전"에 위협을 느끼게 된 1966년과 같은 것이다. Mira Wilkins, *The Emergence of Multinational Enterprise*(Cambridge: Cambridge University Press, 1970), pp. 71, 201 참조.

을 가졌으며, 영국의 국가 경제 정책과 세계 경제의 통합에 필요한 정책이 기본적으로 일치했기 때문이었다." 반대로 미국은 "세계 경제 체계에 부분적으로만 통합되어 있으며, 그러므로 마찬가지로 부분적으로만 경쟁력이 있으며 미국이 체계를 작동하는 일상적인 양식과 페이스는 주기적으로 교란되는 경향이 있다. 세계 교역 체계의 매일매일의 작동을 한데 묶어 관리하는 미국의 상업기관과 금융기관 네트워크는 존재하지 않는다."[47]

20세기 전반기의 자본가 간 경쟁을 특징짓는 세계 시장의 증대하는 파편화와 최종적인 붕괴라는 조건하에서, 미국 경제의 규모, 자기중심성 그리고 상대적인 자족성은 미국 자본에 결정적인 경쟁 우위를 제공했다. 수직 통합형 다국적 기업의 성립에서 미국의 탁월함은 미국이 직접 투자를 통해 이 시기에 만연한 보호주의를 누를 수 있게 해주었다. 하지만 미국이 제2차 세계대전이 끝난 후에 매우 성공적으로 세계 시장을 재통일하고 팽창시키자 이러한 미국의 우위는 줄어들었다. 그리고 이어서 발생한 국제적인 경쟁의 격화는 어떤 면에서 예전의 우위를 단점으로 바꾸어놓았다.

팽창하고 통일된 세계 시장은 더 작고 덜 자국 중심적이며 덜 자족적인 국가의 기업이 미국 회사의 그것에 필적할 만한 규모와 범위의 경제를 누릴 수 있도록 해주었다. 수직 통합형의 관료적으로 관리되는 다국적 기업의 우위는 그 수가 수백 개 정도이고 대부분이 미국 기업이었을

---

47) William Y. Elliott, ed., *The Political Economy of American Foreign Policy: Its Concepts, Strategy, and Limits*(New York: Henry Holt, 1955), p. 43. 이 차이는 1980년대와 1990년대의 자유주의 십자군 운동의 고조기에조차도 미국이 19세기 말과 20세기 초에 영국이 그랬던 것과 달리, 자유주의 신조의 가르침에만 일방적으로 매달리지 않았던 이유를 설명하는 데 중요하다. Beverly J. Silver and Giovanni Arrighi, "Polanyi's 'Double Movement': The Belle Époques of British and U. S. Hegemony Compared", *Politics and Society* 31, 2(2003) 참조.

적에 압도적이었으나, 그 수와 다양성(국적까지 포함하여)이 폭발적인 증가를 경험했을 때, 이러한 우위는 재빨리 사라졌다. 1980년까지 1만 개가 넘는 이와 같은 기업이 있었다고 추계되며, 1990년대 초까지는 다시 3배나 수가 늘어났다.[48] 이들 사이의 상호 경쟁이 강화되자, 기업들은 예전에 자체 조직 내에서 실행하던 업무를 중소기업에 하청을 주어야만 했다. 1870년대 이래로 미국 자본을 부유하게 해준 수직적 통합과 비즈니스의 관료화 경향은 이제 비공식적 네트워킹과 중소기업의 종속적 재활성화라는 경향으로 대체되기 시작했다.[49]

앞으로 각 장에서 보게 되겠지만, 기업체에서 이러한 경향의 반전은 미국에 대한 동아시아 경제의 경쟁력을 뒷받침하는 데 결정적이었다. 하지만 지금은, 미국이 세계 경제에 충분히 유기적으로 통합되지 않은 것이 20세기 전반기에는 미국 자본의 주요한 우위 중 하나였지만, 1970년대에 와서는 국내외에서 추진력을 얻은 금융화로의 경향을 충분히 이용하는 미국의 능력을 제약하는 것으로 바뀌었다는 점을 언급하자. 마찬가지로 이러한 점에서 닉슨 통치하에서 미국이 채택한 인플

---

48) John M. Stopford and John H. Dunning, *Multinationals: Company Performance and Global Trends*(London: Macmillan, 1983), p. 3; Satoshi Ikeda, "World Production", in T. K. Hopkins, I. Wallerstein et al., *The Age of Transition: Trajectory of the World-System 1945~2025*(London: Zed Books, 1996).

49) Arrighi and Silver, *Chaos and Governance*, ch. 2; cf. Manuel Castells and Alejandro Portes, "World Underneath: The Origins, Dynamics, and Effects of the Informal Economy", in A. Portes, M. Castells, and L. A. Benton, eds., *The Informal Economy: Studies in Advanced and Less Developed Countries* (Baltimore, MD: Johns Hopkins University Press, 1989), pp. 27~29; Michael J. Piore and Charles F. Sable, *The Second Industrial Divide: Possibilities for Prosperity*(New York: Basic Books, 1984), pp. 4~5, 15, 19~20; Bennett Harrison, *Lean and Mean: The Changing Landscape of Corporate Power in the Age of Flexibility*(New York: Basic Books, 1994), pp. 244~45.

레이션 위기-관리 전략은 역효과를 냈다. 수익성 위기의 부담을 미국 자본으로부터 미국 노동자와 외국 경쟁자들에게 재분배하는 데는 성공했어도, 그 전략은 자본의 금융화로 풀린 점점 더 많은 양의 유동성을 미국 경제와 미국의 통화에서 몰아냈기 때문에 부메랑이 되어 돌아왔다. 그리고 거꾸로 통화주의 반동이 미국의 힘의 쇠퇴를 되돌리는 데 그렇게 깜짝 놀랄 정도로 성공한 주된 원인은 이 반동이 세계 자본의 흐름이 미국과 달러로 가도록 대폭적인 경로 재조정을 이끌어냈기 때문이다.

이러한 경로 재조정은, 1950년대와 1960년대에 세계 유동성과 해외 직접 투자의 주요 원천이었던 미국을 1980년대부터 지금까지 내내 세계의 주요 채무국이자 유동성 흡수 국가로 바꾸어놓았다. 경로 재조정의 정도는 그래프 5-2에 나타난 미국 국제수지 중 경상수지의 변화로 가늠할 수 있다. 브레너는 이런 채무 수준이 결국 지속 가능할까 의심했는

그래프 5-2 4개국의 경상수지(1980~2005)

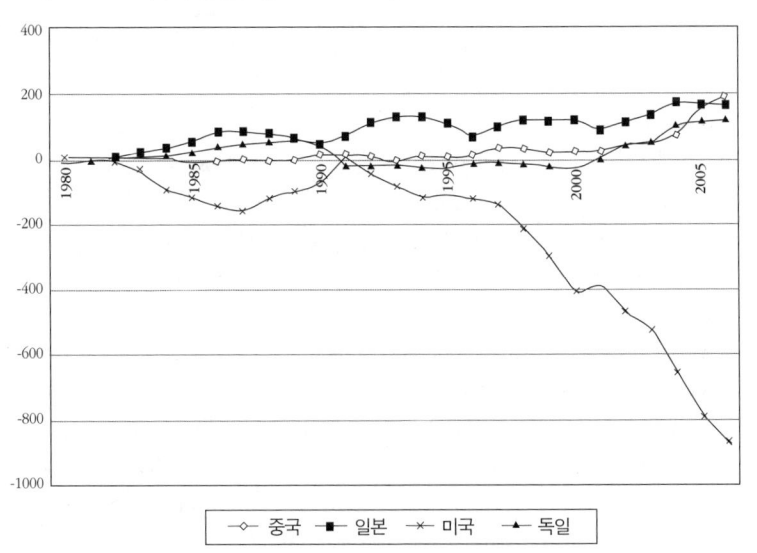

주: 수치는 10억 미국 달러 단위임.
출전: IMF 세계 경제 전망 데이터베이스(IMF World Economic Outlook Database), 2006년 9월.

데, 그 점에서 그는 아마도 옳을 것이다. 하지만 20여 년 동안 확대되는 대외 채무는 미국이 1970년대의 악화하던 위기를, 영국의 에드워드 시대에 완전히 필적할 만한, 그리고 어떤 면에서는 그보다 훨씬 더 눈부신 벨 에포크로 바꿀 수 있게 해주었다.

무엇보다도 그것은 미국이 무력으로는 달성할 수 없었던 것을 금융 수단으로 얻을 수 있게 해주었다. 바로 냉전에서 소련을 패배시키고 반항적인 세계 남측을 길들일 수 있게 해준 것이다. 해외——주로 일본——로부터의 막대한 자금 차입은 레이건 정부가 군비 경쟁을 (오로지는 아니지만 주로 전략방위구상SDI을 통해) 소련이 감당할 수 있는 수준을 훨씬 넘어서까지 확대하는 데 필수적이었다. 소련의 점령에 대항하는 아프간 반군에 대한 미국의 풍부한 지원, 군비 경쟁 확대에 대해, 소련은 이중으로 맞서야 했지만, 어느 쪽에서도 승리할 수 없었다. 아프가니스탄에서 소련군의 하이테크 군사 장비는 미국이 베트남에서 패배한 것과 똑같은 어려움을 겪었다. 그리고 군비 경쟁에서 미국은 소련의 능력을 완전히 넘어서는 금융 자원을 동원할 수 있었다.

동시에 막대한 자본 흐름의 방향이 미국으로 다시 돌아서자, 1970년대 남측 국가들이 경험한 자본의 홍수는 1980년대의 갑작스러운 "가뭄"으로 바뀌었다. 1982년 멕시코의 채무 불이행을 첫 신호탄으로, 이 가뭄은 경쟁 압력을 북에서 남으로 전가하고, 1980년대와 1990년대에 남측 지역의 부에 심각한 양극화를 야기한 아마도 단 하나의 가장 중요한 요인이었다. 경향적으로 볼 때, 역사적인 이유로 미국의 늘어나는 염가 공산품 수요를 차지하는 경쟁에서 강세를 보인 지역들——가장 대표적으로 동아시아——은 이 자본 흐름의 방향 전환으로 이익을 얻는 경향이 있었다. 왜냐하면 이들 지역의 국제수지가 개선되어 (외화가 풍부해지자) 세계 금융시장에서 미국과 경쟁할 필요성이 줄어들었으며, 실제로 이들 중 일부는 미국을 위한 주요 대부자가 되었기 때문이다. 다른 지역들, 가장 대표적으로 사하라 남쪽의 아프리카와 라틴아메리카는 역사적인

이유로 북아메리카의 수요를 차지하는 경쟁에서 특히 불리했다. 이 지역들은 국제수지에서 어려운 상황에 빠졌고, 세계 금융시장에서 미국과 직접 경쟁해야 하는 절망적인 처지에 몰렸다.[50] 어느 쪽이든, 미국은 남측의 "승리자"가 열심히 공급한 저렴한 상품과 신용은 물론, 남측의 "패배자"가 싼값으로 양도해야만 했던 자산을 둘러싼 세계적 경쟁 투쟁과 권력 투쟁에서, 미국 기업과 정부 기관이 움직이기 가장 좋은 위치에 있었기 때문에 경제와 정치 양쪽에서 이익을 얻었다.

결정적으로 외국 자본의 대량 유입은 "극단적 케인스주의"에 핵심적이었다. "극단적 케인스주의"는 극도의 방만에서 극도의 긴축통화 정책으로 전환하는 바람에 야기된 심각한 경기후퇴에서 미국과 세계 경제를 구출했다. 이 심각한 경기후퇴와 이에 동반한 복지국가의 이념적·실제적 청산이야말로 미국과 다른 중심부 지역에서 노동자의 영향력이 붕괴하는 진정한 전환점이었다. 물론 〔그 이전에도〕 1970년대의 스태그플레이션은 경쟁 격화의 부담을 자신의 어깨에 전가하려는 시도에 대한 노동자의 저항을 벌써 꺾어버렸다. 하지만 중심부 국가에서 전반적으로 그리고 특히 미국에서 명목 임금에 대한 아래로부터의 압력이 진정되면서 노동자들이 자신들의 생활 수준을 방어하는 최선의 기회로 정부의 가격 인플레이션 통제에 의존하게 된 것은 오로지 1980년대에 가서였다. 마거릿 대처의 고문이었던 앨런 버드(Alan Budd)는 훗날 회고하면서 "그렇게 해서 만들어낸 것이 마르크스주의의 용어로 말하자면 노동 예비군을 재창출하고 자본가들에게 사상 최고의 이윤을 얻도록 해주었던 자본주의의 위기였다"[51]고 공공연하게 인정했다.

50) 1980년대와 1990년대 새로운 세계 환경에서 동아시아의 비교 우위와 아프리카 사하라 남부 지역의 비교 열위를 초보적으로 분석한 것에 관해서는 Giovanni Arrighi, "The African Crisis: World Systemic and Regional Aspects", *New Left Review* II/15(2002), pp. 24~31 참조.
51) David Harvey, *Spaces of Hope*(Berkeley, CA: University of California Press,

브레너의 주장대로 노동자의 영향력 약화는 다른 중심부 지역보다 미국에서 더 컸으며, 따라서 1990년대 미국의 수익성 회복에 기여하였다. 비슷한 맥락에서 앨런 그린스펀은 훗날 일본과 유럽 각국에 비해서 생산성과 이윤 증가에 미국이 더 성공할 수 있었던 원인을 일본과 유럽의 "상대적으로 경직된 따라서 더 비싼 노동시장"에 돌렸다. "왜냐하면 우리가 노동자를 해고하는 비용은 더 쌌고", "고용의 잠재적 비용과 고용을 늘리는 데 따르는 리스크는 더 적었기 때문이다"[52]라고 그는 말을 잇는다. 그러나 이 점이 1990년대 미국의 수익성 회복에 의심할 여지 없는 한 요인이었다고는 하더라도, 브레너가 (그리고 그린스펀이) 제조업에만 초점을 한정한 것은 다시 잘못된 결론을 이끌어낸다. 왜냐하면 이 선회는 일차적으로 미국 실질 임금의 상대적으로 낮은 상승 때문이 아니라, 국내와 세계 모두에서 미국 경제가 금융화를 최대한 이용할 수 있도록 전반적인 방향 전환을 했기 때문이었다. 이러한 시각에서 "미국과 다른 중심부 지역의 탈산업화"(deindustrialization)는 확실히 이에 직접적으로 가장 악영향을 받은 노동자들에게는 부정적인 뉘앙스를 띠지만, 그러나 미국 경제 전체로는 그리고 특히 미국의 부유층에게는 전혀 그런 무시무시한 의미가 아니었다. 오히려 그것은 1990년대 미국의 부와 힘의 거대한 부흥을 위한 필요조건이었다. 데이비드 랜즈의 에드워드 시대의 표현을 빌려 쓰자면, 그 당시는 세계 남측과 예전의 동측[East, 구 공산권]에서 "철컥거리는 무기 소리"가 들리고, 또 다가올 문명의 충돌을 운운하는 경고*가 나왔음에도 불구하고, 모든 것이 다시 제대로 된 것처럼 보였다.

2000), p. 7의 재인용.
52) "For Greenspan, Flexibility Key to U. S. Gains", *International Herald Tribune*, July 12, 2000.
* 중국의 부상으로 미국과 중국이 충돌할 것이라는 새뮤얼 헌팅턴의 책 이름을 빗댐.

제6장 헤게모니의 위기

　로버트 웨이드는 1970년대와 1980년대 동아시아의 경제 팽창을 추동한 상호작용하는 여러 요소들 중에 원인으로서 더 중요한 것으로 어느하나를 꼽는 것은 어렵다고 강조하고, 우리에게 "맹꽁이자물쇠보다는 숫자조합 자물쇠 방식으로"[1] 생각해보라고 권유했다. 이 권유가 동아시아의 팽창에 들어맞는 이야기라면, 그 팽창이 전개되는 무대를 마련한 전 지구적 혼돈에 대해서는 더더욱 맞는 말일 것이다. 로버트 브레너의 불균등 발전은 의심할 여지 없이 이 조합 중 한 요소이다. 그러나 브레너의 그것은 호황에서 위기를 거쳐 상대적 침체와 벨 에포크에 이르는 20세기 후반기 동안 세계적 규모로 발생한 자본 축적의 메커니즘을 풀수 있는 열쇠는 결코 아니다.

　이 메커니즘을 풀 수 있는 조합은 미국 세계 헤게모니의 확립과 위기이며, 그 안에 불균등 발전, 자본가 간 경쟁, 국가 행위가 모두 삽입되었던 것이다. 제5장에서 주장한 보다 넓은 사회적·정치적 시각에서 브레너가 설명한 전 지구적 혼돈을 고쳐 쓰면서, 나는 단순한 지배(sheer

---

1) Robert Wade, "East Asian Economic Success: Conflicting Perspectives, Partial Insights, Shaky Evidence", *World Politics* 44(1992), p. 312.

domination)와는 좀 다른 것으로서 안토니오 그람시의 헤게모니 정의를 사용할 것이다. 이 정의에 따르면, 헤게모니란, 지배 집단이 지배 집단의 이익뿐 아니라 종속 집단들이 보다 일반적 이익에도 복무한다고 인식하는 방향으로 사회를 이끌어갈 수 있을 때, 지배 집단에게 생기는 추가적인 힘이다. 이것은 탤컷 파슨스가 무력의 광범위한 사용이나 위협을 통하지 않고는 사회를 지배할 수 없는 상황을 가리키는 데 사용한 "파워 디플레이션"〔power deflation, 힘의 수축〕과 정반대의 개념이다. 만약 종속 집단이 자신들의 지배자에 대해 신뢰를 가지고 있다면, 지배 체계는 무력에 호소하지 않고도 통치될 수 있다. 그러나 만약 신뢰가 사그라진다면, 지배 체계는 무력 없이는 통치될 수 없다. 마찬가지로 그람시의 헤게모니 개념은, 지배 집단이 자신의 지배를 그 자신의 이익뿐만 아니라 종속 집단들의 이익에도 복무하는 것으로 보이게 할 수 있을 때 발생하는 "파워 인플레이션"〔power inflation, 힘의 팽창〕이라고 말할 수 있을 것이다. 이와 같은 신뢰가 부족하거나 사그라질 때, 헤게모니는 단순한 지배로 찌그러들 것이다. 이것이 바로 라나지트 구하가 명명한 "헤게모니 없는 지배"이다.[2]

그람시가 그랬던 것처럼 일국적 차원에서 지도력을 이야기하는 한, 한 국가가 다른 국가에 대해서 힘이 증대하는 것은 일반적(즉 "국가적인") 이익을 성공적으로 추구하는 데 중요한 구성 요소이자 그 자체로 척도이다. 그러나 우리가 국제적인 차원에서 지도력이라는 용어를 지배

---

2) Giovanni Arrighi and Beverly J. Silver, *Chaos and Governance in the Modern World System*(Minneapolis, MN: University of Minnesota Press, 1999), pp. 26~27; Talcott Parsons, "Some Reflections on the Place of Force in Social Process", in H. Eckstein, ed., *Internal War*(Glencoe, IL: Free Press, 1964); Ranajit Guha, "Dominance without Hegemony and its Historiography", in R. Gupta, ed., *Subaltern Studies*, IV(New York: Oxford University Press, 1992), pp. 231~32.

적인 국가가 바람직한 방향으로 국가들의 **체계**(the system of states)*를 이끄는 것을 가리키는 것으로 사용할 때는, 〔체계에서〕 일반적 이익은 일개 국가의 다른 국가에 대한 힘의 증대라는 식으로 정의될 수 없다. 왜냐하면 정의에 따르면 이 힘은 체계 전체를 위해서 증대될 수 없기 때문이다. 그렇지만 체계 전체를 위한 일반적 이익이 무엇인지는 힘의 "분배적인" 측면보다는 "집합적인" 측면에 초점을 맞추면 알 수 있다. 힘의 분배적 측면은 제로섬 게임의 관계를 말하는 것으로, 한 주체는 오로지 다른 주체가 힘을 일정 정도 잃을 때에만 힘을 획득할 수 있다. 힘의 집합적인 측면은 반대로 호혜적인 게임 관계를 말하는 것으로, 이에 따라 별개의 주체들 사이의 협력은 제3자나 자연(自然)에 대한 그들의 힘을 증대한다. 그러므로 국가들의 체계의 일반적 이익은 국가들 사이에 힘의 분배의 변화라는 식으로는 정의할 수 없으며,** 체계 전체의 지배 집단의 제3자 혹은 자연에 대한 집합적인 힘의 증가라는 식으로 정의할 수 있다.3)

우리는 헤게모니의 위기라는 용어를, 현재의 헤게모니 국가가 자국의 힘 및 지배 집단 국가들의 집합적인 힘을 확대하는 방향으로 국가들의 체계를 계속 지도할 수단이나 의지를 결여하게 된 상황을 가리키는 데 쓸 것이다. 위기는 항상 헤게모니의 종말로 끝나는 것은 아니다. 특히 우리의 관심사와 밀접한 관계가 있는 것은, 문제를 신호하지만 아주 오랜 기간을 거쳐 해소되는 헤게모니의 위기—우리는 이를 "신호적 위

---

* 국가를 구성 요소로 이루어지는 체계로, '국가 간 체계'로도 번역되어 있다. 제11 장에서 아리기는 동아시아 국가 간 체계에 대해 주로 inter-state system을 사용하고 있는데 명확한 설명은 없다.

** 왜냐하면 아무리 분배해도 체계 이익의 총량 전체는 변화가 없으므로.

3) Arrighi and Silver, *Chaos and Governance*, pp. 27~28. 힘의 분배적 측면과 집합적 측면의 구분에 대해서는 Talcott Parsons, "The Distribution of Power in American Society", *Structure and Process in Modern Societies*(New York : Free Press, 1960), pp. 199~225 참조.

기"(signal crises)로 부를 것이다——와, 해소되지 못하고 결국 헤게모니의 종말을 표지하는 위기——우리는 이를 "최종적 위기"(terminal crises)로 부를 것이다——를 구분하는 것이다. 우리의 헤게모니 정의가 의미하듯이, 한 국가는 그 헤게모니의 최종적 위기 이후에도 계속 지배적일 수 있다. 우리는 이 상황을 구하의 표현을 따라 헤게모니 없는 지배의 하나로 규정할 것이다.

이 장에서 우리는 브레너의 호황, 상대적 침체, 그리고 거품을 미국 헤게모니의 확립, 신호적 위기 그리고 일시적인 회복(벨 에포크)이라는 이야기로 바꾸어 말해보겠다. 이 책의 제3부에서 나는 9·11사태 이후 미국 헤게모니의 최종적 위기를 재촉하고 동아시아 경제 부흥에서 중국의 지도력을 공고히 한 여러 힘을 검토할 것이다.

미국 헤게모니와 그 신호적 위기

제2차 세계대전 이후 불균등 발전의 형태는——우리가 보기에는 19세기 혹은 20세기 전반기〔불균등 발전의〕형태와는 정반대인데——, 완전히 냉전 시기 미국 세계 헤게모니의 형성과 진화 안에 삽입되었으며, 그에 의해 모양이 결정되었다. 이번의 헤게모니는 사회적 성격이 독특했다. 그 성격은 체계 전반에 걸친 제도적 편성에 반영되었으며, 이는 19세기 영국 중심의 세계 경제의 근간이 된 제도적 편성과는 아주 달랐다. 이러한 편성은 기원에서는 현저히 정치적이고 지향에서는 사회적이었다. 그 편성의 근거는 "새로운 세계 질서는 혁명 후에 따라오는 혼란에 대항할 수 있는 유일한 보증이며", "세계의 안전은 여러 국제적 체계를

---

4) Franz Schurmann, *The Logic of World Power: An Inquiry into the Origins, Currents, and Contradictions of World Politics*(New York: Pantheon, 1974), pp. 44, 68.

통해 행사되는 미국의 힘에 근거해야 한다"[4]는 미국 정부 관리들 사이에 널리 퍼진 신념이었다. 이에 못지않게 널리 유포된 신념은 뉴딜의 교훈이 국제적 범위에서도 타당하다는 것이었다.

바로 뉴딜 정부가 갈수록 국민 복지에 실제적인 책임을 지게 된 것처럼, 미국 외교 정책 입안자들은 세계 복지에 갈수록 책임을 지게 되었다. [……] 미국은 세계의 문제를 자국과 떼어놓을 수 없었다. 게다가 국내에서는 이러한 문제들에서 정치와 경제를, 안전과 번영을, 국방과 복지를 구분하면서 산뜻하게 골라내고 선택할 수 없었다. 뉴딜이란 사전에서, 책임을 진다는 것은 대규모의 정부 개입을 의미했다.[5]

프랭클린 루스벨트(Franklin Roosevelt)의 원래 구상에서 뉴딜은 유엔을 통해 "세계화"(globalized)되고, 소련은 이익과 안전 모두를 위해서 진화하는 팍스 아메리카나 속으로 통합될 세계의 빈국 중 하나였다. 트루먼 정부하에서 구체화된 더 조잡하지만 더 현실적인 정치 기획에서는, 소비에트 권력의 봉쇄가 미국 헤게모니를 조직하는 주요한 원칙이 되었으며 세계 통화와 군사력에 대한 미국의 통제는 이 봉쇄의 일차적인 수단이 되었다.[6] 트루먼의 보다 현실적인 모델은 하나의 세계적인 복지국가를 창조하려는 루스벨트 원래의 구상을 부정한 것이라기보다는, 원(原)구상을 공산주의 국가들의 소비에트 체계와 경쟁하고 이에 대립하는 세계적 규모의 "전쟁-복지국가"(warfare-welfare state)를 창조하려는 프로젝트로 변형한 것이었다.[7]

5) Ann-Marie Burley, "Regulating The World: Multilateralism, International Law, and the Projection of the New Deal Regulatory State", J. G. Ruggie, ed., *Multilateralism Matters: The Theory and Praxis of an Institutional Form*, New York, Columbia University Press, 1993, pp. 125~26, 129~32.
6) Schurmann, *Logic of World Power*, pp. 5, 67, 77.

브레너가 전후 호황과 연이은 하락의 원인으로 지목한 불균등 발전, 그 과정의 속도와 범위는 이 프로젝트의 성패(成敗)와 관련짓지 않고는 이해할 수 없다. 그 모델은 자본주의 역사상 가장 거대한 체계 전반에 걸친 팽창 중 하나를 일으켰다는 면에서 매우 성공적이었다. 이 모델이 없었다면, 세계 자본주의는 아마도 완전한 불황은 아니라도 장기간의 침체를 겪었을 것이다. 이와 같은 경제 위축은 세계적 규모로 군사적 케인스주의와 사회적 케인스주의를 함께 작동시킴으로써 피할 수 있었다. 군사적 케인스주의, 즉 미국과 동맹국의 재무장을 위한 막대한 지출 및 광대한 네트워크의 준영구적인 군사 기지의 배치는 의심할 여지 없이 그 조합의 가장 역동적이고 눈에 띄는 요소였다. 그러나 미국이 지원하는 사회적 케인스주의의 확산, 즉 정부 차원의 완전 고용 추구 및 서구/북측의 고도 대량 소비와 세계 남측의 "발전" 확산 역시 필수적인 요소였다.[8]

브레너의 불균등 발전에서 핵심인 독일과 일본 산업기구의 재건과 개량은 미국의 전쟁-복지국가의 세계화에서 필수적인 측면이었다. 브루

---

7) 제임스 오코너의 표현을 빌린 것이다. James O'Connor, *The Fiscal Crisis of the State*(New York: St Martin's Press), 1973.
8) 팽창을 일으키는 데서 군사적 케인스주의의 결정적인 역할에 관해서는 여러 연구가 있지만 Fred Block, *The Origins of International Economic Disorder: A Study of the United States International Monetary Policy from World War II to the Present*(Berkeley, CA: University of California Press, 1977), pp. 103~04; Thomas J. McCormick, *America's Half Century: United States Foreign Policy in the Cold War*(Baltimore, MD: Johns Hopkins University Press, 1989), pp. 77~78, 98; Giovanni Arrighi, *The Long Twentieth Century: Money, Power and the Origins of our Times*(London, Verso: 1994), pp. 295~98 참조. 사회적 케인스주의의 북측 버전과 남측 버전에 관해서는 Arrighi and Silver, *Chaos and Governance*, pp. 202~11; Beverly J. Silver, *Forces of Labor: Workers' Movements and Globalization since 1870* (Cambridge: Cambridge University Press, 2003), pp. 149~61 참조.

스 커밍스가 특히 일본의 재산업화(reindustrialization)라는 미국의 방식을 논평하면서 지적하듯이, "조지 케넌(George Kennan)의 봉쇄 정책은 항상 제한적이고 인색했는데, 세계에는 네 개 혹은 다섯 개의 산업 구조가 존재하고, 소련이 하나를 미국이 네 개를 가지고 있으며, 앞으로도 이렇게 유지되어야 한다는 생각에 기초하고 있었다." 케넌의 "생각"은 일본의 재산업화에 대한 미국 정부의 지원으로 옮겨졌다. 한국전쟁은 "'일본판 마셜 플랜'이 되었다. 〔……〕 전쟁 조달은 일본이 전쟁을 따라 밟아서 〔재〕산업화의 길을 트는 추진력이 되었다."9) 미국은 독일의 산업기구 재건과 개량에 대해서는 일본과는 다른 그러나 마찬가지로 효과적인 경로를 통해 장려하였다. 독일은 물론 마셜 플랜과 미국의 해외 군비 지출의 주요 수혜자 중의 하나였다. 그러나 가장 중요한 공헌은 서유럽 경제연합에 대한 미국의 지원이었다. 존 포스터 덜레스(John Foster Dulles)가 1948년에 선언했듯이, "건전한 유럽은" "작은 구획으로 나누어"질 수 없었다. 그것〔건전한 유럽〕은 "대량 소비를 위한 근대적 방식의 염가 생산의 타당성을 보여주기에 충분할 정도로" 큰 시장으로 조직되어야 했다. 재산업화한 독일은 이러한 새 유럽의 핵심 요소였다.10)

불균등 발전은 19세기 영국 헤게모니 아래서는 "아래로부터" 자본주

---

9) Bruce Cumings, "The Origins and Development of the Northeast Asian Political Economy: Industrial Sectors, Product Cycles, and Political Consequences", in F. C. Deyo, ed., *The Political Economy of the New Asian Industrialism*(Ithaca, NY: Cornell University Press, 1987), p. 60; "The Political Economy of the Pacific Rim", in R. A. Palat, ed., *Pacific-Asia and the Future of the World-System*(Westport, CT: Greenwood Press, 1993), p. 31. 또한 Jerome B. Cohen, *Japan's Postwar Economy*(Bloomington, IN: Indiana University Press, 1958), pp. 85~91; Takafusa Nakamura, *The Postwar Japanese Economy*(Tokyo: Tokyo University Press, 1981), p. 42; Makoto Itoh, *The World Economic Crisis and Japanese Capitalism*(New York: St Martin's Press, 1990), p. 142 참조.
10) McCormick, *America's Half Century*, pp. 79~80의 재인용.

의적 축적자들의 행위에서 비롯된 자발적인 과정이었지만, 미국 헤게모니 아래 불균등 발전은 세계화하는 미국 전쟁-복지국가에 의해 "위로부터" 의식적·적극적으로 조장된 과정이었다. 이 차이는 제2차 세계대전 뒤의 오랜 전후 호황의 속도와 범위를 설명해줄 뿐 아니라, 이 호황을 1970년대와 1980년대의 상대적 침체로 바꾸어놓은 [전후 호황의] 한계와 모순의 특수한 조합 역시 설명해준다. 브레너의 장기 하락의 개시에 관한 설명은 이런 한계와 모순 중 하나를 지적하고 있다. 즉 성공적인 따라잡기는 새로운 경쟁자를 만들고, 경쟁의 격화는 기존 기업들의 이윤에 하락 압력을 가한다. 이것이 냉전 프로젝트의 예상치 못한 결과였던 점에서, 이는 미국 정책의 한계일 뿐 아니라 모순이기도 했다. 하지만 이 결과는 정책의 일차적인 목표가 경제적인 것이 아니라 사회적이고 정치적인 것이었기 때문에, 예상은 되지만 불가피하게 치러야 하는 경제적 대가였다고 생각하는 편이 더욱 타당할 것이다. 그 일차적 목표란 바로 공산주의의 봉쇄, 민족주의 길들이기, 미국 헤게모니의 공고화였다.

미국 정책의 가장 심각한 모순은 다른 곳에 있었다. 그것은 바로 이 사회적이고 정치적인 목표를 달성하는 어려움에 있었다. 확실히 신속한 경제 성장, 낮은 실업률, 고도의 대량 소비의 현실적 확산은 자본 축적의 신흥 중심들에서 여러 변종 자유주의적 자본주의의 헤게모니를 공고히 했다. 그러나 앞에서 지적했듯이, 심지어 이들 중심부 지역들에서조차도 자유주의적 자본주의의 정치적 승리는 직접적인 투쟁이나 선거 동원을 통해 사회적 생산의 더 많은 몫을 주장하려는 노동자들의 성향을 약화하지 않았고 대체로 실제로는 강화했다. 워싱턴의 냉전 정책은 따라서 이윤에 대해 이중의 압박을 가했다. 첫 번째 압박은 일본과 서유럽의 생산기구의 개량과 팽창에 유리한 조건을 창출하느라 촉진된 자본가 간 경쟁의 격화에서 나왔다. 그리고 두 번째 압박은 서구 세계 전역에서 완전에 가까운 고용과 고도 대량 소비를 추구하느라 촉진된 노동자의

사회적 권력 강화에서 나왔다.

이 이중의 압박이 체계 전반에 걸친 수익성 위기를 낳을 수밖에 없지만, 그것이 그 자체로 1970년대 무엇보다 중요한 사건이 된 미국 헤게모니의 위기를 낳아야만 하는 이유는 없다. 만약 수익성 문제가 더 큰 범주인 헤게모니 위기의 일부라고 한다면, 그 이유는 미국의 전쟁–복지국가가 세계 남측에서 사회적 목적도 정치적 목적도 달성하지 못했기 때문이다. 사회적으로, 트루먼이 1949년 그의 취임사에서 세계의 빈국들에 약속했던 "공정한 거래"(Fair Deal)는 남과 북을 갈라놓은 소득 격차를 실제로 좁히는 면에서 결코 실현되지 못했다. 제3세계 국가들이 —널리 "발전"의 전제로 삼는 수단인 — 산업화를 가속화했을 때, 남과 북사이의 산업 격차는 정말로 크게 줄어들었다. 그러나 앞에서도 지적했듯이, 소득 격차는 전혀 줄어들지 않았던 것이다. 이렇게 제3세계 국가들은 기대했던 산업화의 이익은 얻지 못하고 비용을 감당하고 있었다. 설상가상으로, 1970년에 당시 세계은행 총재였던 로버트 맥나마라가 자인한 것처럼, 고율의 GNP 성장이 제3세계 국가에서는 기대했던 복지의 향상을 가져오지 않았다.[11]

이 사회적 실패와 부분적으로 관계가 있지만, 미국의 전쟁–복지국가의 정치적 실패는 훨씬 더 현저했다. 그 진원지는 물론 베트남 전쟁이었다. 베트남 전쟁에서 미국은 미군 사상자가 늘어가고 이런 종류의 전투에는 역사적으로 전례가 없는 군사 무기와 화력을 배치했는데도 우위를 점할 수 없었다. 그 최종적 결과는 미국이 세계 경찰로서 상당한 정치적 신뢰를 잃었다는 것이며, 그 때문에 냉전 정책이 봉쇄하려 했던 민족주의 세력과 사회적 혁명 세력이 용기를 얻었다는 것이다. 미국은 군사기구에 대한 정치적 신뢰를 크게 상실함과 동시에 세계 통화 체계에 대한

---

11) Robert McNamara, "The True Dimension of the Task", *International Development Review* 1(1970), pp. 5~6.

통제력 역시 상실했다. 제5장에서 주장했듯이, '위대한 사회 프로그램' (the Great Society program)을 통해 베트남에서의 전쟁 수행을 지탱하고 국내의 반전 여론을 극복하려고 했지만, 이에 따른 공적 비용의 증가는 미국과 세계 경제 전반에 인플레이션 압력을 강화했으며 미국의 재정 위기를 심화했고, 마침내 미국 중심의 고정환율 체제를 무너뜨렸다.

물론 베트남 전쟁의 영향이 없었더라도 브레턴우즈 체제가 살아남을 수 있었을지는 알 수 없다. 그렇지만 만약 불균등 발전이 미국 냉전 체제하에서처럼 "위로부터"가 아니라 19세기 때처럼 "아래로부터" 진행되었다면, 세계 자본주의에 어떤 일이 생겼을지 역시 알 수 없다. 나의 주장이 브레너의 주장과 다른 것은 역사적으로 제2차 세계대전 이후 불균등 발전은 처음부터 끝까지 냉전 경쟁 속에 삽입되어 진행되었으며, 따라서 미국 헤게모니의 전쟁-복지국가가 채용한 전략과 구조의 성공과 실패에 의해 완전히 규정되었다는 점이다. 자본가 간 경쟁의 강화와 이에 따른 수익성 위기는 전후 장기 호황이 그 한계에 도달했다는 신호로서 중요했다. 그러나 이 둘은 동시대에 미국 냉전 정책의 한계와 모순을 드러낸 더 큰 범주의 헤게모니의 신호적 위기에서 단지 한 요소에 불과했다.[12]

금융화와 통화주의 반동

제5장에서 제시했듯이, 1979~82년의 통화주의 반동은 미국 자본주의와 세계 자본주의의 진화에서, 브레너가 같은 정도의 혹은 더 큰 중요성을 부여한 1985년의 플라자 협약과 1995년의 역 플라자 협약보다 훨

---

12) 베트남 전쟁을 미국 헤게모니의 신호적 위기의 중심 사건으로 보는 것에 대해서는 앞의 제5장과 Arrighi, *The Long Twentieth Century*, pp. 215~17, 300, 320~22 참조.

씬 더 결정적인 전기(轉機)였다. 1985년과 1995년의 협약은 다른 여러 면에서 중요하기는 해도, 이미 극도의 방만에서 극도의 긴축통화 정책으로 전환하기 시작한 미국 헤게모니 소생 과정 안에서는 [일종의] 조정의 시기였다. 전환 이전의 미국 통화 정책과 재정 정책은, 금융적 경로를 통해 축적을 시도하는 대량의 자본들을 끌어들이기보다는 쫓아내는 경향이 있었다. 설상가상으로 이 같은 정책은 브레너가 강조하듯이 미국 제조업의 경쟁력에는 긍정적인 영향을 미쳤지만, 이로써 창출된 세계적 규모의 축적 조건은 미국 국가에도 미국 자본에도 이로움을 주지 않았다.

이와 관련하여 중요한 것이 유로달러와 기타 치외법권적 금융시장의 폭발적인 성장이었다.* 이상하게도 이러한 발전은 브레너가 호황에서 하락으로 전환한다고 했던 같은 시기에 시작하여 1970년대에 지울 수 없는 흔적을 남겼는데도, 브레너는 거의 언급하지 않는다. 유로달러 시장은, 미국 내에 돈을 예탁하는 위험을 감수하고 싶지 않은 공산국가들의 국제수지 차액의 달러를 유치하기 위해 1950년대에 설립되어, 처음에는 미국의 다국적 기업의 예금과 뉴욕 은행들의 역외(域外) 사업을 통해 성장했다. 1950년대와 1960년대 초에 걸쳐 서서히 성장한 유로달러 시장은 1967년과 1970년 사이에 유로통화의 자산 가치가 4배 넘게 뛰면서, 1960년대 중후반에 기하급수로 성장하기 시작했다.[13]

이 폭발적 성장의 배경에 있는 것이 정확히 무엇인지 알기는 어렵지

---

* 발행국인 미국 밖의 외국 은행에 예치된 달러를 유로달러라고 한다. 이처럼 발행국이 아닌 지역에 예치되는 통화를 유로통화라고 하며(유로엔, 유로위안 등) 이 역외 예치금을 거래하고 대출하는 시장을 유로통화 시장이라고 한다.

13) Engène L. Versluysen, *The Political Economy of International Finance*(New York: St Martin's Press, 1981), pp. 16~22; Marcello de Cecco, "Inflation and Structural Change in the Euro-Dollar Market", *EUI Working Papers* 23 (Florence: European University Institute, 1982), p. 11; Andrew Walter, *World Power and World Money*(New York: St Martin's Press, 1991), p. 182.

만, 아마도 같은 시기 미국 수익성과 헤게모니의 결합된 위기에 의해 유발되었다고 추측할 수 있다. 브레너는 국내 미국 제조업 생산에 초점을 맞추었지만, 잘 알다시피 사실 해외에서 영업하던 미국 기업들 역시 유럽 경쟁자들과 더욱 힘든 경쟁에 직면하기 시작했다.[14] 게다가 유럽은 1968~73년 임금 폭발의 진원지였다. 경쟁 격화에서 비롯된 수평적 압력과 노동자들의 요구에서 비롯된 수직적 압력은, 해외에서 영업하는 미국의 다국적 기업이 유동성을 선호하게 하는 데 크게 작용하였음이 틀림없다. 생산에 현금 흐름을 유리하게 재투자할 조건이 유럽보다 미국이 덜 좋았기 때문에, 미국의 다국적 기업이 늘어나는 유동 자산을 본국으로 보내는 것보다 유로통화 시장과 다른 역외 금융시장에 "박아두는 것"(park)이 사업상으로는 아주 이치에 맞았다.

어쨌든 간에, 유로통화 시장의 폭발적인 성장은 통화 투기자들——미국 은행과 미국 기업체를 포함하여——에게, 미국이 통제하는 고정환율 체계의 안정성을 흔드는 쪽으로 돈을 걸 수도 있고 따라서 그 안정성을 훼손할 수 있는 거대한 [통화] 비축고를 제공했다. 그리고 일단 고정환율 체계가 실제로 붕괴하자, 민간에서 관리되는 대량의 유동성이 유례없이 성장하여, 세계 화폐와 신용의 생산에서 미국과 그 밖의 국가 행위자들과 경쟁할 수 있는 문이 열렸다. 이 특수한 경쟁 투쟁에서는 세 가지 상호 보강하는 경향이 작용했다.

첫째로 고정환율 체계의 붕괴는 상공업 활동의 리스크와 불확실성을 증폭시킴으로써, 자본의 금융화에 새로운 동력을 더해주었다. 환율 변동은 기업이 현금 흐름 상태, 판매, 이윤 및 자산을 여러 국가와 통화 중에서 어떻게 배분을 달리할지를 결정하는 주요 요소가 되었다. 이러한 배분 변동에서 올 수 있는 손해를 막고, 또는 이러한 변동에서 수익을

---

14) Alfred Chandler, *Scale and Scope: The Dynamics of Industrial Capitalism* (Cambridge, MA: The Belknap Press, 1990), pp. 615~16.

얻기 위해, 다국적 기업은 더 많은 유동성을 행동이 가장 자유롭고 특화된 서비스를 가장 쉽게 이용할 수 있는 치외법권적 금융시장의 금융 투기에 배치하였다.[15]

둘째로 1970년대 초 미국 통화의 대폭적인 평가절하는 세계 경찰로서 미국의 신뢰 상실과 함께 제3세계 국가 정부들이 자국의 산업 원료 수출 가격의 협상에서 더 공격적인 입장을 취하게 만들었는데, 특히 석유가 그러했다. 자본가 간 경쟁의 격화와 저소득·중소득 국가들의 산업화 노력의 가속으로 인해 1973년 이전에 이미 원료 가격은 상당히 상승해 있었다. 하지만 1973년에는 베트남에서 미국의 패배가 사실상 공인되고 바로 이어서 욤키푸르 전쟁(the Yom Kippur War)으로 이스라엘의 불패 신화가 산산이 깨지자, 석유수출국기구(OPEC)는 활력을 얻어 몇 달 사이에 원유 가격을 4배나 올림으로써 달러의 평가절하로부터 더욱 효과적으로 회원국을 보호하였다. 이른바 첫 "오일 쇼크"는 임금 폭발의 맨 나중에 찾아와, 수익성 위기를 심화하고 중심부 자본주의 국가들의 인플레이션 경향을 강화했다. 더욱 중요한 것은, 오일 쇼크가 6백억 달러의 잉여 "오일달러"를 만들어냈고, 그 돈의 상당 부분이 유로통화와 다른 역외 금융시장에 맡겨지거나 투자되었다는 점이다. 금융 투기를 위해 동원될 수 있는 민간에서 관리되는 대량의 유동성과, 공적으로 관리되는 경로 바깥에 나타난 새로운 신용 창출(credit creation)은 이로 인해 또 다른 강력한 추진력을 얻게 되었다.[16]

마지막으로 극도로 방만한 미국 통화 정책과 역외 금융시장에서 민간에서 관리되는 유동성의 폭발적인 증가가 함께 작용하여, 세계 화폐와 신용 공급은 엄청나게 팽창했지만, 화폐 자본의 평가절하를 막을 수 있

---

15) 여러 연구가 있지만 Susan Strange, *Casino Capitalism*(Oxford: Basil Black-well, 1986), pp. 11~13 참조.

16) Itoh, *World Economic Crisis*, pp. 53~54, 60~68, 116; de Cecco, "Inflation and Structural Change", p. 12; Strange, *Casino Capitalism*, p. 18.

는 수요 조건은 이 팽창에 맞추어 늘어나지 못했다. 물론 유동성 수요가 많이 있기는 했다. 널뛰기 환율 변동에 위험 분산 거래로 대응하거나 혹은 그것에 투기를 하기 위한 다국적 기업 쪽의 수요도 있었고, 갈수록 경쟁적이고 변덕스러운 환경에서 발전 노력을 유지하기 위한 저소득·중소득 국가들 쪽의 수요도 있었다. 하지만 대부분 이런 수요는 지불 가능한 채무를 늘려주기보다는, 인플레이션 압력을 더해주었다.

이전에는 미국 이외의 다른 국가들은 자국의 국제수지를 일정한 균형 상태로 유지해야만 했다. 이들 국가들은 해외에서 쓰려면 돈을 "벌어야만" 했다. 이제 이들은 빌릴 수 있었다. 외관상으로 무한히 팽창할 수 있을 것 같은 유동성이 있었기 때문에, 대출할 만하다고 판단되는 국가들은 더 이상 해외 소비에 외부적 제약을 전혀 받지 않았다. 〔……〕 이러한 환경에서, 국제수지 적자는 이제 더는 그 자체로 국내 인플레이션을 자동적으로 제어해줄 수 없게 되었다. 적자 상태의 국가들은 마법과 같은 유동성 기계로부터 무한정 빌려 쓸 수 있었다. 〔……〕 당연한 결과로, 전 세계적 인플레이션이 10년 내내 가속화했으며, 민간 은행 체계가 붕괴할 것이라는 우려가 갈수록 현실성을 띠었다. 더 많은 채무의 이행이 "유예되었고", 많은 빈국들이 악명 높은 지급 불능 상태가 되어갔다.[17]

요컨대 수익성 위기와 헤게모니 위기 사이의 상호작용은, 미국의 인플레이션적인 위기 관리 전략과 맞물려, 10년 동안이나 세계 통화 혼란을 가중시켰고, 인플레이션을 상승시켰으며 세계의 지불 수단, 준비통화 및 회계 단위로서 미 달러의 능력을 꾸준히 떨어뜨렸다. 브레너는 제조업 수익성에만 초점을 좁힌 결과 세계 자본주의 질서의 통화 기초의

---

17) David Calleo, *The Imperious Economy*(Cambridge, MA : Harvard University Press, 1982), pp. 137~38.

붕괴라는 보다 넓은 맥락을 놓친다. 만약 그 과정에서 ── 자본주의적 축적의 시작이자 끝인 ── 화폐 자본이 공짜 상품이 될 정도로 그렇게 넘쳐나게 되었다면, 방만한 통화 정책으로 미국 제조업의 이윤 압박을 약간 제거했다고 해서 무슨 의미가 있는가? 미국의 화폐 발행 특권의 남용이 사실상 자본을 대안이 되는 다른 화폐 수단으로 쫓아버렸고, 그 때문에 미국은 세계 권력의 주요 수단 중 하나를 빼앗긴 것이 아닌가?

1970년대 미국과 세계 자본주의의 문제의 뿌리는 낮은 이윤율 그 자체가 아니었다. 결국 〔총량에서〕 더 많은 이윤을 추구하다 보면 이윤율이 하락하는 것은 역사적 자본주의가 지닌 오래된 전통이었다.[18] 1970년대를 통틀어 진정한 문제는 미국의 통화 정책이 자본을 부추겨 세계의 교역과 생산을 계속 팽창시키도록 시도하였다는 것이다. 심지어 이러한 팽창이 기업 자본 일반에 그리고 특히나 미국 기업 자본에 비용, 리스크와 불확실성이 늘어나는 일차적인 원인이 되었음에도 그러했다. 당연한 결과로 미국 통화 당국이 창출한 유동성 중 아주 작은 부분만이 새로운 교역과 생산 설비로 들어갔다. 유동성의 대부분은 치외법권적 통화 공급으로 전환되어, 민간 은행 간 화폐 창출(money creation)의 메커니즘을 통해 여러 번 자기복제를 거친 뒤, 연방준비제도가 발행하는 달러와 경쟁하기 위해 세계 시장에 신속하게 재등장했던 것이다.

결국 이러한 민간 화폐와 공공 화폐 사이의 늘어나는 경쟁은 미국 정부에 이익이 되지 않았다. 왜냐하면 민간 달러 공급의 팽창은 갈수록 많은 국가들을 국제수지의 제약에서 자유롭게 만들었고, 이로써 워싱턴의 화폐 발행 특권을 훼손했기 때문이다. 마찬가지로 이것은 미국 자본에도 이익이 되지 않았다. 왜냐하면 민간 달러 공급의 팽창은 역외 금융시장에 안전하고 유리하게 재활용될 수 있는 수준보다 더 많은 유동성을

---

18) 이에 관해서 마르크스와 애덤 스미스는 완전히 일치한다. Karl Marx, *Capital*, vol. III(Moscow: Foreign Languages Publishing House, 1962), pp. 245~46.

공급했기 때문이다. 그 때문에 이들 시장을 관리하는 미국 은행들과 다른 금융 중개자는, 대출할 만하다고 판단되는 국가들에 서로 돈을 밀어넣기 위해 대출할 만하다고 평가하는 기준까지 낮추면서, 서로 치열하게 경쟁해야만 했다.

이러한 상호 파괴적인 경쟁은 미국 헤게모니의 위기 심화라는 상황에서 전개되면서, 1979~80년 달러의 파괴적인 급락에서 절정을 이루었다. 달러 급락 이후에 나타난 미국 통화 정책의 갑작스러운 반전의 실질적 동기와 표면상 논리가 무엇이든지 간에, 그 반전의 진정한 장기적 중요성은—그리고 이것이 결국에는 예상 외로 미국의 부(富)를 회복시킨 주된 원인은—이 상호 파괴적인 경쟁을 갑작스럽게 끝냈다는 점이다. 미국 정부가 그 체계에 유동성 공급을 중단한 것만이 아니다. 더 중요하게, 미국은, 사상 최고의 이자율, 세금 감면, 자본주의적 생산자와 투기자 들에 더 많은 재량권 보장 및 새 정책의 실시로 얻은 이익인 달러의 평가절상 등을 통해, 전 세계에 걸쳐 공격적으로 자본을 얻기 위해 경쟁하기 시작했다. 이것은 제5장에서 논한 것처럼 자본이 미국으로 흘러가는 대폭적인 경로 재조정을 이끌어냈다. 거칠게 말하면, 통화주의 반동의 핵심은 미국의 국가적 대응이 진행 중인 금융 팽창의 공급 측면에서 수요 측면으로 정책을 이동한 것이다. 이 이동을 통해, 미국 정부는 늘어나는 민간 유동성 공급과 경쟁하기를 멈추고, 대신 금융적 경로를 통해 후자의 축적을 위한 활기찬 수요 조건을 창출했다.

통화주의 반동은 고립된 한 사건이 아니라 지속적으로 관리해야 하는 하나의 과정이었다. 1980년대와 1990년대 주도적 자본주의 국가 사이의 국가 간 협력과 경쟁에 대한 브레너의 설명은 이 관리를 특징짓는 극과 극을 오가는 널뛰기를 집중적으로 조명하는 데 특히 유용하다. 그 과정〔통화주의 반동이라는 과정〕이 감당하지 못할 정도로 과도해져서 체계적 붕괴를 야기하려 할 때마다, 주도적 자본주의 국가들은 위기를 회피하기 위해 협력하였으며, 가장 즉각적으로 붕괴의 위협을 받는 생산자

들에게 경쟁력 압박을 덜어주었다. 1985년의 플라자 협약 직전에는 미국 제조업자가 구제 대상이었고, 1995년 역 플라자 협약 직전에는 일본 그리고 정도는 좀 덜했지만 서유럽 제조업자가 그러했다. 그러나 일단 위기를 회피하면, 국가 간 경쟁은 새로운 붕괴의 위협이 불길하게 나타날 때까지 재개되었다. 이러한 설명은 우리에게 깨우침을 주지만, 이 과정이 한계를 지니는지 어떤지, 그리고 한계가 있다면 그 한계란 무엇인지에 대해서는 말해주지 않는다.

벨 에포크: 최종적 위기의 서막

1990년대 초, 즉 브레너가 분석한 회복이 본격적으로 시작하기 전이자 통화주의 반동이 1970년대의 위기를 미국과 세계 자본주의의 새로운 벨 에포크로 전환하는 데 이미 성공한 후인 그즈음에, 나는 다음과 같이 주장했다. "[이 새로운 벨 에포크와 에드워드 시대의―인용자] 가장 놀라운 유사성은 [두 호황의] 수익자들이 자신들이 누리게 된 갑작스럽고 전례 없는 번영은 이 좋은 시절에 앞서 있었던 축적 위기를 해결해서 얻은 것이 아니라는 점을 거의 깨닫지 못했다는 것이다." 사실상 "새롭게 제공된 번영은 위기를 다른 방면으로 전가함으로써 얻은 것이다. 위기가 더욱 골치 아픈 형태로 재등장하는 것은 다만 시간문제였다."[19]

이러한 진단은, 1990년대 후반기 미국의 경제 회복이 "장기 하락의 결정적인 초극"은 되지 못하며, 게다가 더 심각한 사태가 닥쳐올 것이라는 브레너의 판단과 유사하다. 그럼에도 불구하고 지난 30년간의 전 지구적 혼돈의 근저에 있는 수익성 위기에 대한 브레너의 분석과 나의 분석 사이에는 두 가지 주요한 차이점이 있다. 첫째, 나는 수익성 위기를 보다 넓은 헤게모니 위기의 측면에서 해석한다. 둘째, 나는 수익성과 헤

---

19) Arrighi, *The Long Twentieth Century*, p. 324.

게모니의 이중 위기에 대한 자본가들의 지배적인 대응이 제조업의 지속적인 "과잉생산능력과 과잉생산"이 아니라 자본의 금융화였다고 본다.

이 책 제3부에서 살펴보겠지만, 9·11사태에 대한 부시 정부의 대응은 미국 헤게모니의 최종적 위기를 재촉하였고, 이로써 미국의 벨 에포크를 오히려 앞당겨 끝장내버렸다. 그렇지만 미국의 벨 에포크가 일시적인 현상으로 끝날 수밖에 없었던 주요 원인은, 부시나 혹은 어떤 다른 미국 대통령이 무엇을 하든지 상관없이, 금융 팽창이 체계의 안정성에 미치는 근본적으로 모순적인 영향에 있다. 단기적으로 볼 때—여기에서 단기적이란 수년이라기보다는 수십 년을 포괄한다고 이해하고—, 금융 팽창은 기존의 헤게모니 집단이 자신의 헤게모니에 도전하는 경쟁 격화의 부담을 국내에서나 국제적으로나 종속 집단에게 전가할 수 있게 함으로써 현존 질서를 안정시키는 경향이 있다. 나는 위와 같은 과정을 미국 정부가—1970년대 내내 그랬듯이—미국 헤게모니 위기를 일으키는 한 요인이었던 자본의 금융화를 미국의 부와 힘을 다시 팽창시키는 요인으로 바꾸는 데 성공한 사례를 들어 묘사했다. 메커니즘은 다르지만, 이것과 유사한—덜 눈부시기는 해도—반전을 19세기 말과 20세기 초 영국 중심의 금융 팽창 과정에서도, 또한 18세기 중반 네덜란드 중심의 금융 팽창 과정에서도 찾아낼 수 있다.[20]

하지만 시간이 지남에 따라, 금융 팽창은 경제적일 뿐 아니라 사회적이고 정치적이기도 한 과정들을 통해, 현존 질서를 불안정하게 만드는 경향이 있다. 경제적으로 금융 팽창은 구매력을 상품(인력 상품도 포함하여)에 대한 수요 창출적인 투자에서 축장과 투기로 전용시켜, 가치의 실현 문제를 악화시켰다. 정치적으로 금융 팽창은, 체계 전반에 걸친 경쟁 격화를 유리하게 이용할 수 있는 기존 헤게모니 국가의 능력을 훼손하는 새로운 힘의 편성을 출현시킨다. 사회적으로 금융 팽창은 대폭적인

20) Arrighi and Silver, *Chaos and Governance*, 제1장과 결론.

보상의 재분배와 사회적 위계의 전복을 수반하여, 이에 따라 기존의 생활 방식이 공격받게 된 종속 집단과 계급 가운데 저항과 반란의 움직임을 야기하는 경향이 있다.

이러한 경향들[즉 금융 팽창의 경제적·정치적·사회적 경향]이 취하는 형태와 시공간에서 상호 관련되는 방식은 금융 팽창의 사례에 따라 달랐다. 그러나 세 가지 경향의 어떤 조합을 역사적 자본주의에서 이미 완료된 두 차례의 헤게모니 이행에서 찾아낼 수 있다. 바로 네덜란드 헤게모니에서 영국 헤게모니로 그리고 영국 헤게모니에서 미국 헤게모니로의 이행이다. 과거의 이행에서 보면, 이들 경향은 최종적으로 체계 조직의 완전한 그리고 복구 불가능해 보이는 붕괴로 끝이 났고, 새로운 헤게모니 아래에서 체계(시스템)가 재건될 때까지는 극복되지 못했다.[21] [1929년 뉴욕 월가의] 주가 대폭락과 1930년대의 세계 대공황──지난 150년 동안 체계 전반에 걸친 구조조정과 "철저한 불황"이라는 브레너의 이미지에 유일하게 일치하는 사건──은 가장 최근에 일어난 붕괴의 핵심 요소였다. 통화주의 반동은 1970년대 금융 팽창을 1980년대와 1990년대 미국의 부와 힘을 다시 부풀리는 추진력으로 전환하는 데 성공했지만, 그 자체로 유사한 체계적 붕괴가 다시 일어나지 않을 것이라는 보장은 되지 않았다. 거꾸로 전환의 규모와 범위는 "철저한 불황"을 오히려 더 일으킬 수 있을 정도로 전 세계적으로 가치의 실현 문제를 악화시킬 수도 있었다.[22]

---

21) *Ibid.*, 제1장과 3장 및 결론.

22) 제임스 크로티의 비판에 대한 응답으로, 브레너는 긴축통화 정책이 1969~70년의 가치의 실현 문제를 악화시켰음을 인정한다. James Crotty, "Review of *Turbulence in the World Economy* by Robert Brenner", *Challenge* 42, 3 (1999) 및 브레너의 답변은 pp. 119~30 참조. 하지만 이상하게도 브레너는 1980년대와 1990년대의 훨씬 더 지속적이고 광범위한 긴축통화 정책이 더더욱 심각한 가치의 실현 문제를 야기한 것에 대해서는 거의 언급하지 않는다.

하지만 다시 한 번 상황의 경제학은 진행되는 이행의 정치적 · 사회적 차원과 결합하여 전개되었다. 그리고 현재 진행 중인 이행의 경제학이 몇 가지 주요 측면에서 자본가 간 경쟁의 강화와 이와 연계된 자본의 금융화라는 과거 이행들의 경제학과 비슷하기는 하지만, 그 정치학과 사회학은 아주 다르다. 앞에서 이미 언급했듯이, 19세기 말과 20세기 초의 장기 하락과 벨 에포크의 과정에서 있었던 경향, 즉 자본가 간 경쟁이 영토를 둘러싼 세계적 규모의 국가 간 투쟁으로 전환되면서 이와 관련해 부상하는 자본주의 강국과 쇠퇴하는 자본주의 강국 사이에 군비 경쟁이 가속화하는 경향이 최근의 장기 하락과 벨 에포크의 과정에서는 나타나지 않았다. 반대로 세계의 군사력은 과거 어느 때보다 미국의 손에 집중되었으며, 부상하는 자본주의 강국과 쇠퇴하는 자본주의 강국은 계속해서 세계 시장의 통일을 공고히 하는 방향으로 협력했다. 물론 늘어나는 가치의 실현 문제가 체계 전반에 걸친 심각한 불황을 재촉한다면, 이런 상황이 어떻게 바뀔지는 장담할 수 없다. 하지만 당분간은 1930년대의 경제적 붕괴에 결정적으로 기여한 세계 시장 분할의 가속화는 현재의 이행에서는 〔붕괴의〕 한 요인이 될 것 같지 않다.

위와 밀접하게 관련되어, 20세기 말에 자본주의 간 경쟁을 규정하고 제약한 사회 세력은 이전의 이행에서 작동한 세력과는 상당히 다르다. 비록 통화주의 반동은 중심부 지역의 노동 및 전 세계의 남측 국가 대부분의 역량을 침식하여 국내의 파이도 세계의 파이도 모두 더 큰 몫을 차지하는 데 꽤 성공했지만, 이 성공은 자체의 한계와 모순이 있다. 이 모순들 중에서 중요한 것은, 브레너 자신도 강조하듯이, 1990년대 미국 경제가 회복한 것과 세계 경제가 지속적으로 미국 경제의 성장에 의존했던 바탕에는 세계 사상 유례가 없는 미국의 대외 채무 증가가 있었다는 점이다. 이와 같은 상황은 오래 유지될 수 없다. 현상 유지를 하려면, 미국은 세계 각국과 경상수지 균형을 맞추기 위해 **매일 20억 달러 이상의** 금액(지금도 계속 증가 중이다)을 공공연한 공물이나 "보호비" 명목으로

전환하여 확보해야만 한다. 그리고 이 책 제3부에서 보겠지만, 미국은 정말 새롭고 역사상 최초의 진정한 세계 제국을 창출함으로써 이러한 조 공을 뜯어내려고 시도했으나 비참하게 실패했으며, 그 결과 1920년대와 1930년대 이래 전례 없이 세계 정치적으로 불안정한 정세를 만들었다.

1778년 네덜란드 자본주의의 벨 에포크가 끝나갈 무렵, [프랑스의] 잡지 『드 보르제』(De Borger)는 다음과 같이 썼다. "모든 사람이 우리[프랑스-인용자] 이웃의 속담처럼 '내 시대가 계속된다면야 나 없는 뒤에 홍수가 나건 어찌 되건 알 바 아니다'라고 말한다. 우리는 속담을 말이 아니라 행동으로 받아들였다."23) 이것은 가장 최근의 사례도 포함하여 역사적 자본주의의 모든 금융 팽창과 벨 에포크의 근저에 있는 철학을 아주 잘 요약한다. 그때와 지금의 주요한 차이점은 쇠퇴하는 헤게모니 국가가 휘두르는 힘이 비교가 안 될 정도로 더 크다는 것이다.

데이비드 칼레오가 주장했듯이, 국제 체계의 붕괴는, 정신 나간 공격적인 신흥 강국들이 현존 질서에 도전하기 때문에 생기기도 하지만, 쇠퇴하는 강국이 조정과 수용보다는 내리막을 걷는 자신의 헤게모니를 착취적 지배로 공고화하려고 할 때도 일어난다.24) 1999년에 비벌리 실버와 나는 서구 세계에서 현재와 과거의 헤게모니 이행을 비교하여 결론을 내리면서 칼레오가 말한 체계 붕괴에서 두 가지 원인의 역할이 역사적으로 뒤바뀐다는 점을 강조하였다. 네덜란드 자본주의의 벨 에포크 시절에 네덜란드의 세계 권력은 이미 상당히 감소했기 때문에, 뒤에 일

---

23) Charles R. Boxer, *The Dutch Seaborne Empire 1600~1800*(New York: Knopf, 1965), p. 291의 재인용.

24) David P. Calleo, *Beyond American Hegemony: The Future of the Western Alliance*(New York: Basic Books, 1987), p. 142. 나는 칼레오의 표현인 "내리막을 걷는 우위"(slipping preeminence)와 "착취적인 헤게모니"(exploitative hegemony)를 이 장과 이 책 전체에서 채택한 그람시의 헤게모니와 지배 구분법과 맞추기 위해 "내리막을 걷는 헤게모니"와 "착취적 지배"로 바꾸었다.

어난 체계 붕괴에서 조정과 수용에 대한 네덜란드의 저항은 새로 등장
한 공격적이고 제국을 건설하는 국민국가들, 무엇보다도 영국과 프랑스
가 맡은 역할에 비교하면, 사실상 아무 역할도 하지 못했다. 오늘날 대
조적으로 우리는 스펙트럼의 정반대쪽에 도달했다.

미국 중심의 세계 체계를 붕괴시킬 공격적인 신흥 [군사—인용자] 강국은
어디에도 없다. 반면 미국은 심지어 영국이 한 세기 전에 쇠퇴하는 헤게모
니를 착취적 지배로 전환하려고 했을 때의 역량보다 훨씬 더 큰 역량을 가
지고 있다. 만약 체계가 최종적으로 붕괴한다면, 그것은 근본적으로 조정과
수용에 대한 미국의 저항 때문일 것이다. 그러므로 반대로 미국이 동아시아
지역의 부상하는 경제 강국을 조정하고 수용하는 것은 파국을 피하며 새로
운 세계 질서로 이행할 수 있는 필수 조건이다. 마찬가지로 필수 조건은, 동
아시아 경제 팽창의 주요 중심들에서 [……] 미국 헤게모니가 남긴 체계 차
원의 문제들에 대해, 체계 차원의 해법을 제공하는 과제를 기꺼이 떠맡으려
하고 떠맡을 수 있는 [……] 새로운 세계적 지도력이 등장하는 것이다.[25]

이 글을 쓴 뒤, 조정과 수용에 대한 미국의 저항은 '새로운 미국의 세
기 프로젝트'라는 어느 누구도 예상 못한 극단적인 형태로 나타났다. 이
프로젝트의 이라크에서의 첫 시도는 벌써 미국 헤게모니의 최종적 위기
를 재촉하였고 세계 경제 권력의 동아시아로의 이동을 더욱 강화하였
다. 그러나 이라크 투기의 파국적 결과가 더 큰 파국의 서막이 될지, 아
니면 미국인들과 미국 정부에게 세계 권력의 새로운 현실에 적응하라고
가르쳤는지는 아직 알 수 없다. 그리고 미국 헤게모니가 남긴 문제들에
대해 체계 차원의 해법을 제공하는 능력이 있는 새로운 세계적 지도력
이 동아시아에서 등장하고 있는지도 역시 아직 알 수 없다. 이 주제들은

25) Arrighi and Silver, *Chaos and Governance*, pp. 288~89.

이 책의 제3부와 제4부에서 논할 것이다. 그러나 앞으로 나아가기 전에, 나는 전 지구적 혼돈이 제1부에서 발전시킨 이론적 틀과 어떤 관계에 있는지 명확하게 함으로써 이에 관한 나의 주장을 더욱 명료하게 하고자 한다.

정리와 다음 장 소개

브레너는 20세기 말의 장기 하락을 〔마르크스의〕 '과잉생산'의 상태로 규정했지만, 그가 실제로 묘사한 것은 바로 애덤 스미스의 경제 발전 이론에서 이윤율을 하락시켜 경제 팽창을 종식시킨다고 한 자본의 '과잉축적'의 일종이다. 제3장에서 주장했듯이, 마르크스의 과잉생산 개념은 자본주의적 축적자의 노동 절약적인 성향 때문에 총수요가 총공급에 발맞추어 팽창하지 못하는 상황에 적용되어야 한다. 이러한 상황이 통화주의 반동의 결과로 나타났을지는 모르겠지만, 반동 자체를 촉진했던 수익성과 헤게모니의 이중 위기의 원인은 결코 아니었다.

물론 20세기 말의 수익성 하락에 스미스의 경제 발전 이론을 적용하려고 하면 안 맞는 점이 많다. 왜냐하면 스미스의 이론은 일반적 이익을 위해 자본가 간 경쟁을 활성화하고 조절하는 하나의 주권국가〔원문은 국왕〕의 존재를 전제로 하지만, 반면에 20세기 말의 수익성 하락은 다수 주권국가의 존재를 특징으로 하는 세계적 형세에서 발생했기 때문이다. 하지만 우리의 개념화에서, 헤게모니 국가는 세계적 차원에서 정부의 기능을 수행하고, 그렇게 함으로써 정부에 대한 스미스의 조언을 유념할 수도 무시할 수도 있는 정책들을 추구한다.* 이렇게 볼 때 초기 미국의 냉전 정책은 스미스의 조언의, 문자 그대로는 아니더라도, 참뜻을 따

---

* 스미스는 사회 전체의 일반적 이익을 위해 자본가들을 서로 경쟁시키라고 조언했다.

랐다. 왜냐하면 미국의 냉전 정책은 일본과 서유럽의 생산기구를 개량하고 확대함으로써 이후 자본가 간 경쟁의 강화를 위한 조건을 창출했으며, 또한 세계 북측에서는 완전에 가까운 고용을 세계 남측에서는 발전을 촉진함으로써 경쟁 격화의 부담을 노동에 전가하려는 자본가의 능력을 제약했기 때문이다. 반대로, 1980년대 미국이 지원하는 통화주의 반동은 스미스가 정부에게 한 충고와는 정반대로 행동했다. 왜냐하면 "대안은 없다"(TINA: There Is No Alternative)는 악명 높은 슬로건 아래, 통화주의 반동은 자본가들이 경쟁 압력의 부담을 노동과 전 세계의 종속 집단에게 전가할 수 있도록 정책을 펴서 수익성을 재확립할 수 있게 촉진했기 때문이다.

제5장에서 언급했듯이, 브레너와 앨런 그린스펀은 둘 다 미국에서 노동자의 영향력이 유럽과 일본보다 더 크게 약화한 것이 1990년대와 그 이후까지 미국 수익성이 회복되는 데 일조했다고 지적한다. 그렇지만 이윤율 하락에 대한 스미스의 이론을 살펴보다 보면, 이 회복이 이번에는 국내외에서 미국 기업의 경쟁력을 악화시키는 데 일조할 것이라는 더 중요한 주제를 알아차리게 된다. 한 국가의 경상수지 균형은 다른 어느 것보다 종합적인 경쟁력을 잘 보여주는 척도이다. 그래프 5-2에서 나타나듯이, 1990년대 중반 수익성의 회복 이후에, 미국의 적자는 실제로 폭발을 경험했다. 반면 독일과 일본은 계속해서 흑자를 냈다. 이러한 격차의 확대는 높은 이윤이야말로 자본가들이 항상 불평하는 높은 임금보다도 기업의 경쟁력에 더욱 "해로운 영향"을 미친다는 스미스의 주장이 옳다는 것을 보여주는 것이 아닐까? 특히 미국 기업의 세계적 경쟁력의 악화를 동반한, 제조업 피고용인의 평균 소득과 대비한 미국 CEO들의 평균 소득 비율의 엄청난 증가라는 관점에서 본다면 더욱 그러하다. 1980년에 이 비율은 40 : 1이었으나, 20년 후에 이 비율은 475 : 1이었다. 즉 유럽과 일본의 비율보다 20배에서 30배가 더 높다. 유럽과 일본이 1인당 생산성에서 이미 미국을 따라잡았거나 추월했음에도 그러하다. 미국

CEO들에게 던져지는 터무니없는 보수는 미국 기업체의 쇠퇴하는 경쟁력 문제에서 해답의 일부분이기는커녕 문제의 일부분일 것이다.[26]

어쨌든 간에, 미국의 경쟁력이 하락한 가장 개연성 있는 근본 원인은 제5장에서 언급한 [과거 미국 기업 경쟁력의 원천이었던] 기업의 수직적 통합과 관료화 경향이 역전된 것이었다. 19세기 말 경쟁 압력의 강화는 ─스미스가 한 세기 전에 이론화했듯이─ 이윤을 겨우 "참을 만한" 수준으로 떨어뜨리고, "과도한 경쟁"에 대항하는 자본가들 사이의 광범위한 반동을 불러일으켰다. 특히 미국의 제조업자들은─1900년에 에드워드 미드(Edward S. Meade)가 썼지만─ "대중들을 위해 일하는 데 넌더리가 났다." 그들은 "이렇게 이윤을 획득하기 위한 필사적인 투쟁 없이 더 큰 이윤을" 얻기를 원했으며, "염가를 누리는 소비자들이 거의 모든 혜택을 가져가는 데다 늘 걱정스럽기까지 한 투쟁을 그만둘 수 있는"[27] 방법을 찾았다.

경쟁을 억제할 수 있는 명백한 방법 하나는 수평적 결합이었다. 바로 같은 시장을 두고 비슷한 투입과 산출로 경쟁하는 기업들을 제휴, 합병, 혹은 인수하는 방식의 융합이다. 이런 종류의 결합을 통해, 경쟁하던 기업들은 생산·구매·판매를 결합하여 더 큰 이윤을 보장할 수 있었으며, 규제 없는 시장에 침투하고 재원을 공동 출자하여 신기술을 개발하며 경영을 더 효율적으로 조직할 수 있었다. 하지만 수평적 결합은 과밀한 시장─즉 바로 이런 결합이 가장 요구되는 곳─에서 특히 정부의

---

26) Cf. Robin Blackburn, *Banking on Death; Or Investing in Life: The History and Future of Pensions*(London: Verso, 2002), p. 201; Tony Judt, "Europe vs. America", *New York Review*, February 10, 2005; M. Reutter, "Workplace Tremors", *Washington Post*, October 23, 2005.

27) Martin J. Sklar, *The Corporate Reconstruction of American Capitalism, 1890~1916: The Market, the Law, and Politics*(Cambridge: Cambridge University Press, 1988), p. 56의 재인용.

지원이 없이는 강행하기 어려웠다.

경쟁을 억제할 수 있는 그럴듯하고 더 효과적인 방법은 수직적 통합이었다. 바로 1차 생산으로부터 "제조 부문"(위로의) 공급과 최종 소비로 향하는 "판매 부문"(아래로의) 판로를 보장하기 위해, 기업의 작동과 공급자와 소비자의 작동을 융합하는 것이다. 이러한 융합에서 생겨난 다단위 기업은, 1차 투입의 조달에서 최종 산물의 처분까지 연계하는 생산과 교환의 연쇄적 하위 공정을 통해, 투입과 산출을 옮기는 데 드는 거래 비용, 리스크, 불확실성을 줄일 수 있었다. 자금 흐름을 보다 효과적으로 계획함으로써 다단위 기업들은 생산과 분배에서 설비와 직원을 더 집중적으로 사용할 수 있게 되었으며, 행정의 조직화로 이늘 기업들은 더 확실한 현금 흐름을 보장하고, 제공한 서비스의 대가를 보다 신속하게 상환받을 수 있었다. 이런 종류의 집중화로 확보된 대량의 안정된 현금 흐름이 시장과 노동 과정을 감독하고 조절하는 경영 위계제의 창출에 재투자되자, 수직 통합형의 기업은 단일 단위 기업이나 덜 특화한 다단위 기업에 대해서 결정적인 경쟁 우위를 얻었다. 이러한 위계제는 일단 확립이 되자, 수직적 통합을 통해 성공적으로 재조직된 산업에서는 진입 장벽의 역할을 했다.[28]

19세기 말의 출혈 경쟁으로 개시된 수평적 연합과 수직적 통합의 두 경향은 그 시대의 3대 주요 산업국가, 영국 · 미국 · 독일에서 모두 다르게 발달했다. 정부의 지원이 결정적으로 중요했던 독일 기업은 두 방향에서 모두 가장 성공적으로 움직여서, 비즈니스 기업의 고도로 중앙집권적이고 일관성 있는 체계를 창조했으며, 이는 마르크스주의적 국가독점 자본주의론의 모델이 되었다. 반대로 영국 기업은 세계적 상업과 금융의 중개업으로 더욱 특화하는 쪽으로 나아가, 수평적 연합과 특히

---

28) Alfred Chandler, *The Visible Hand: The Managerial Revolution in American Business*(Cambridge, MA: The Belknap Press, 1977), pp. 7, 299.

수직적 통합으로 움직이는 데 가장 덜 성공적이었다. 미국 기업은 독일과 영국 중간 어디쯤에 처해 있었는데, 수평적 연합의 창출에서는 독일 기업보다 덜 성공적이었으나, 결국에는 수직적 통합을 실행하는 데 가장 성공한 국가로 부상했다.[29]

그러므로 19세기 말 경쟁 압박의 강화와 수익성 하락은, 경제 팽창이 그것이 삽입된 특정한 제도적 환경에 의해 제한을 받는다는 스미스의 주장을 입증했다. 독일과 미국의 경쟁 투쟁의 결과는, 자본의 집적과 집중이 낡은 제도적 환경을 파괴하고 성장 잠재력이 더 큰 새로운 제도적 환경을 창출한다는 마르크스의 주장을 입증했다. 비록 마르크스주의자들은 오랫동안 국가 독점 자본주의의 독일 모델에 계속 집착했지만, 수직적 통합이 마르크스가 『자본』에서 이론화한 노동의 기술적 분업과 사업 조직을 창출한 곳은 미국에서였다. 제1장에서 논한 트론티가 마르크스를 디트로이트에서 "발견"함으로써 드디어 보여주었듯이.

대조적으로 20세기 말의 장기 하락은 스미스의 예언이 옳았음을 입증하는 것처럼 보인다. 그 원인을 보는 관점(특정 제도적 환경 내의 과잉 축적)에서뿐 아니라 그 결과, 즉 생산 단위 내의 기술적 분업보다는 생산 단위 사이의 사회적 분업에 훨씬 더 의존하는 보다 탈중앙집권적 기업 형태가 부활할 것이라는 예측도 그러하다. 1960년대 말에 이미 피터 드러커는 제너럴 모터스와 US 스틸과 같은 거대 미국 기업의 지배는 제1차 세계대전 이전 반세기 동안의 그것에 필적할 만한 "혼돈"의 시대로 곧 끝이 날 것이라고 내다보았다. 폴 크루그먼이 지적하듯이, 드러커의 예상은 미래를 내다본 것이었음이 드러났다.[30]

1980년대까지, 관료적으로 관리되는 수직 통합형 기업의 위기는 현실

---

29) Chandler, *Scale and Scope*; Arrighi and Silver, *Chaos and Governance*, pp. 121~30.

30) Peter Drucker, *The Age of Discontinuity*(New York: Harper & Row, 1969); P. Krugman, "Age of Anxiety", *New York Times*, November 28, 2005.

이 되었다. 마누엘 카스텔과 알레한드로 포르테스는 다음과 같이 썼다. "전국적인 수직적 구조를 갖추고 직원과 생산 라인 사이의 직능을 분리한 대기업은", "합리화된 산업 경영으로 나가는 데 필요한 진화의 최종 단계로 더는 보이지 않는다. 경제 활동의 네트워크, 기업 네트워크와 노동자들의 공동 작업 클러스터가 성공적인 생산과 분배의 새로운 모델이 된 것 같다." 유사한 맥락에서, 마이클 피오레와 찰스 세이블은, 관료적으로 관리되는 거대 기업의 대량 생산이, 시장 관계에 맞춰 조정되는 소형 및 중형 기업 단위에서 실행하는 소조식(小組式) 숙련 생산의 "유연한 특화"에 대해 거둔 승리는 완전하지도 않고 돌이킬 수 없는 것도 아니라고 주장했다.[31]

---

31) Manuel Castells and Alejandro Portes, "World Underneath: The Origins, Dynamics, and Effects of the Informal Economy", in A. Portes, M. Castells, and L. A. Benton, eds., *The Informal Economy: Studies in Advanced and Less Developed Countries*(Baltimore, MD: Johns Hopkins University Press, 1989), pp. 29~30; Michael J. Piore and Charles F. Sable, *The Second Industrial Divide: Possibilities for Prosperity*(New York: Basic Books, 1984), pp. 4~5, 15, 19~20. 이런 주장은 앨프리드 마셜의 "산업 지구"(industrial districts)라는 개념에 대한 관심을 부활시켰다. 산업 지구란, 중소기업이 대기업이 이용할 수 있는 규모와 범위의 "내부적 경제"를 이용하지 않더라도 살아남아 번영할 수 있게 만드는 "외부적 경제"(여기에서 외부적이란 개별 기업 단위에 대해 외부적이라는 뜻이다)가 소재하는 곳이다〔마셜이 주목한 영국의 요크셔 서쪽 셰필드의 칼 제조업 지구처럼, 소기업의 연결망에 기반을 둔 매우 전문화된 산업 지역〕. Alfred Marshall, *Industry and Trade*(London: Macmillan, 1919); Giacomo Becattini, "The Marshallian Industrial District as a Socio-Economic Notion", in F. Pyke, G. Becattini, and W. Sengenberger, eds., *Industrial Districts and Inter-Firm Cooperation in Italy*(Geneva: International Institute for Labor Studies, 1990); Sebastiano Brusco, "Small Firms and Industrial Districts: The Experience of Italy", in D. Keeble and F. Weaver, eds., *New Firms and Regional Development*(London: Croom Helm, 1986) 참조. 하지만 제2장에서도 증명되었듯이, 마셜의 개념 뒤에는――사람들은 대체로 간과하지만――기업식 경영의 경쟁력 우위에 대한 스미스의 회의주의가 있다. 스미스는

베넷 해리슨이 강조했듯이, 대기업을 "계속해서 변동하는 소비자 수요, 높아진 국제 경쟁, 보다 '유연한' 형태의 노동과 기업 간 상호작용의 필요 등을 특징으로 하는 '탈산업'(post-industrial) 세계에서 점점 더 경쟁할 수 없는 공룡과 같은 것"으로 묘사하는 것은 지나친 과장이다. 쇠퇴해가기보다는, "집중화된 경제 세력은 자신의 모습을 변화시키고 있다. 즉 대기업은, 자기들끼리, 또 각급의 정부 통치기관과, 그리고 자신의 공급자와 하청업자로 일하는 일반적으로 (항상 그런 것은 아니라도) 더 작은 기업군(群)과, 온갖 방식의 제휴, 장단기의 금융 및 기술 거래를 새로 만들어내고 있다." 그 과정에서 대기업들은 종신직("중심부")은 줄일 데까지 줄이고, 임시직("주변부")은 되도록 많이 늘려 대체로 지리적으로 다른 곳에 있는 자신들의 네트워크 외곽에 재배치한다. 대기업은 그러므로 네트워킹에 의지하여, 시장과 기술 자원 및 금융 자원에 대해서는 최대한 통제를 유지하면서 생산을 자신의 조직적 영역 밖으로 탈집중화했다.[32]

이 모든 것을 인정하더라도, 이 변화의 세계사적 중요성은 적어도 두 가지 이유로 과소평가되어서는 안 된다. 첫째, 이 변화는 관료적으로 관리되는 수직 통합형 기업의 경쟁 우위가 두 가지의 특수한 역사적 조건에 얼마나 의존적인가를 보여준다. 그 특수한 역사적 조건이란 한편으로는 20세기 전반기 세계 시장의 분할과 다른 한편으로는 대륙 크기의 미국 국민 경제에 주어진 공간적 자원 및 천연자원의 혜택이다. 이러한 우위는, 오로지 이 같은 기업[수직 통합형 기업]의 수와 종류가 적고, 직접 투자가 아니면 교역만으로 상대적으로 보호주의적인 국가의 시장이

[대기업이나 다국적 기업과 같은 기업식 경영은] 경영자의 "태만과 낭비"가 필연적으로 나타나고, 현지 조건에 적응하는 유연성이 부족하고, 기술적 분업이 노동력의 질에 부정적 영향력을 미쳐 경쟁력이 떨어진다고 본다.

32) Bennett Harrison, *Lean and Mean: The Changing Landscape of Corporate Power in the Age of Flexibility*(New York: Basic Books, 1994), pp. 8~12.

나 식민지 시장에 침투하기 어려웠을 시절에나 꽤 컸다. 그러나 미국 헤
게모니가 세계 시장의 통일을 촉진하고, 수직 통합형 기업 구조의 수와
종류가 전 세계적으로 급격히 늘어나자, 수직적 통합과 관료적 관리의
우위는 약해지기 시작했다. 반면 스미스와 마셜이 강조한 비공식적으로
조정되는 사회적 분업의 우위는 이에 상응하여 증대했다. 그 결과는 19
세기 가족 자본주의로의 복귀가 아니라, 기업형과 비기업형 비즈니스의
다양한 잡종 형태로, 이런 잡종 형태는 모두 20세기의 지배적인 기업 조
직과는 판연히 다르다.

　둘째로, 중소기업을 오히려 대기업 자신의 권력을 공고히 하고 확대
하는 수단으로 이용하는 대기업의 전략은 어느 곳에서든지 뚜렷하게 나
타났다. 그러나 이러한 전략이 동아시아에서만큼 신속하고 광범위한 경
제 성장을 가져온 곳은 어디에도 없다. 이 책 제3부에서 살펴보겠지만,
이러한 결과는 동아시아로 경제적 힘이 이동하는 근원이 되는데, 〔동아
시아에서 이처럼 성공적이었던 원인은〕 그 지역의 시장에 기반을 둔 비자본
주의적 발전 전통과 서구의 자본주의적 발전 사이의 이종 교배로 추적
할 수 있다. 그러나 미국에서 이 전략의 결과는 아주 달랐으니, 과거 지
배적이었던 공업 기업의 위기를 해소하기보다는 심화했다.

　이 심화되는 위기의 가장 극적인 발로는 미국의 "기업 모형"으로 제
너럴 모터스(GM)를 월마트가 대체한 것이다. 1950년대에 GM은 미국
최대의 기업이었으며, 그 수입은 미국 GDP의 3퍼센트를 차지했다. 오
늘날 월마트는 150만 명의 노동자와 미국 GDP의 2.3퍼센트에 상당하는
수입을 가지고 GM의 자리를 차지했다. 그러나 두 모형은 근본적으로
다르다. GM은 수직 통합형 공업 기업으로 전 세계에 걸쳐 생산 설비를
세웠지만, 여전히 미국 경제에 깊숙이 뿌리내렸으며 그 생산품의 태반
은 미국에서 제조되고 팔렸다. 반대로 월마트는 일차적으로 그 생산품
의 대부분을 제조하는 외국(주로 아시아) 하청업자와 그 생산품의 대부
분을 구입하는 미국 소비자 사이를 매개하는 상업적인 중개업자이다.

미국 기업의 모형으로서 두 기업의 임무 교대는, 따라서 미국이 생산자들의 국가에서, 핼퍼드 매킨더의 말을 빌리면 "여타 국가의 지력(智力)과 근력(筋力) 활동을 나눠 가지는" 세계적 금융 중계항의 역할을 하는 국가로 전환했다는 상징이자 척도로 간주할 수 있다.

새로운 미국 기업의 모형을 옹호하는 사람들의 주장에 따르면, 월마트는 가장 싼 공급원과 가장 효과적인 조달 및 분배 기술을 개척한 고도로 혁신적인 기업으로, 이로써 매일 2천만 명가량의 소비자에게 저가로 매우 다양한 상품을 공급할 수 있고, 1990년대 이래 미국 생산성의 호조에 크게 기여할 수 있었다. 그러나 새로운 미국 기업의 모형을 비난하는 사람들의 논법에 따르면, 월마트는 저가에 고생산성의 선도자일 뿐 아니라, 특히 수입을 노동에서 가져와 자본에 재분배하고, 마르크스의 말을 빌려 쓰자면 노동자를 "기형적인 불구"와 일회용 상품으로 만들어버리는 선도자이기도 하다. 배리 린은 월마트가 세계 사상 최대의 소매상이라는 자신의 지위를 이용하면서, 임금과 이익을 소매에서뿐 아니라 제조와 운송에서도 끌어 내린다고 말한다. "월마트와 오늘날 유력한 회사들은 〔……〕 그들이 팔 물건을 만들고 재배하는 수백만의 사람들과 소규모 회사들의 임금과 이윤을 끌어 내리고, 효율성이라는 이름 아래 생산 라인 전체를 무너뜨리도록 〔……〕 설계되어 있다." 월마트의 피고용인에 대한 잔인한 대우를 보고하면서 크루그먼은 논평한다. "옛날에는 자신의 노동자를 이렇게 심하게 처우하는 회사는 노동조합 조직자들의 주요 표적이 되어버렸다." 그러나 오늘날 월마트와 같은 고용주들은 "성난 노동자들이 조합을 만들어 임금 전쟁으로 대응하는 것을 두려워하지 않는다. 왜냐하면 그들은 노동자의 권익을 보호해야 할 정부 관리들이 임금을 깎는 고용주의 편에 서서 할 수 있는 모든 것을 다 해줄 것이라는 것을 알기 때문이다."[33]

33) J. Madrick, "Wal-Mart and Productivity", *New York Times*, September 2,

간단히 말하면 월마트와 그 반(反)노동적 전략의 부상은 한편으로는 과거 지배적이었던 공업 기업 위기의 발로이자, 다른 한편으로는 미국 자본의 금융화를 촉진한 통화주의 반동의 발로이다. 월마트가 이러한 환경을 창출한 것은 아니었다. 그러나 이를 이용함으로써, 월마트는 이러한 환경을 공고하게 만드는 적극적인 주체가 되었다. 다른 말로 하자면, 노동을 희생하여 수익성의 회복에 기여함으로써, 월마트는 세계의 금융적 어음교환소로서 미국의 지위를 강화하였으며, 이리하여 미국인들 중 영향력 있는 소수가 그들 자신의 지력과 근력을 사용하지 않고도 여타 국가의 지력과 근력 활동을 나눠 가질 수 있게 해주었다.

2004; Barry Lynn, "The Case for Breaking Up Wal-Mart", *Harper's Magazine*, July 24, 2006; P. Krugman, "The War Against Wages", *New York Times*, October 6, 2006.

제 3 부

헤게모니의 해체

제7장 헤게모니 없는 지배

21세기로 넘어갈 즈음, "E"와 "I"라는 말, 즉 제국(Empire)과 제국주의(Imperialism)가 다시 유행하였다. 존 아이켄베리에게는 실례지만, 이들 단어의 귀환은 "근대 사상 처음으로, 세계 최강의 국가가 다른 강국의 제약을 받지 않고 세계 무대에서 활동할 수 있다"는 "미국 일극(一極) 시대"의 도래 때문이 아니었다.[1] 그 시대는 1989년 소비에트 블록의 붕괴와 더불어 시작되었으나, 1990년대 내내 유행했던 말은 "세계화"(globalization)였지, 제국이나 제국주의가 아니었다. 아이켄베리 자신이 지적하듯이, 미국의 세계 무비(無比)의 힘은 "헤게모니"라는 항목 아래에서 일반적으로 토론되었다. 심지어 많은 마르크스주의자를 포함한 비판적 사상가조차 제국과 제국주의라는 개념이 분석 도구로서 거의 쓸모가 없다고 보았다.[2] 1991년 걸프 전쟁 직후에, 브루스 커밍스는 세계에서 미국의 역할을 표현하는 데 "제국주의"라는 말을 사용한 것을

---

1) G. J. Ikenberry, "Illusions of Empire: Defining the New American Order", *New York Times*, March 16, 2004.
2) Leo Panich and Sam Gindin, "Global Capitalism and American Empire", in L. Panich and C. Leys, eds., *The New Imperial Challenge*(London: Merlin Press, 2003), pp. 2~3.

찾아내려면 전자 현미경을 써야 할 것이라고 주장했다.[3] 물론 과장법이다. 하지만 진실의 중요한 요소를 포함한 과장이다.

2000년 『제국』의 출판은 이런 상황을 크게 바꾸어놓지 않았다. 왜냐하면 마이클 하트와 안토니오 네그리의 이 저작은 단순히 포장만 바꾸어서 세계화의 중심 교의를 과격하게 비꼰 것이기 때문이다. 세계 경제적 · 정보적 통합의 현재 조건으로는 어떤 국민국가도, 심지어 미국조차도 제국주의적 프로젝트의 중심을 형성할 수 없다는 진술이 그렇다. 게다가 하트와 네그리는 『제국』을 세계 지배의 논리와 구조로서 제시했는데, 그것은 몇 개의 핵심적인 측면에서 마르크스주의자들이 20세기에 이론화한 제국주의와는 정반대였다.[4]

1990년대와의 진정한 결별은 2001년에야 일어났다. 9·11사태에 대한 대응으로 부시 정부가 새로운 제국주의적 프로그램, 바로 새로운 미국의 세기 프로젝트를 채택했을 때이다. 이 반사 작용과 60년 전에 첫 번째 미국의 세기를 이끈 작용들 사이에는 이상하게도 유사점이 있다. 1930년대의 대공황, 유럽과 일본에서 파시즘의 부상은 프랭클린 루스벨트에게 팍스 아메리카나가 국내의 안전과 번영을 보장하기 위해 필요하다고 확신시켰다. 그러나 대외 정책에서 개입을 꺼리는 조류는, 미국인들이 아메리카 대륙에 고립되어 있는 것이 안전을 보장해준다고 믿고 있는 한, 바꾸기 어려웠다. 프란츠 셔먼의 주장에 따르면, 유럽 전쟁의 발발과 진주만 공습 사이에 "루스벨트는 틀림없이 그게 그렇지 않다는 것을 어떤 극적인 형태로 보여줄 수 있기를 빌었다." 그의 기도가 이루어졌을 때, "루스벨트는 진주만으로 일어난 내셔널리즘의 이데올로기적

---

3) Bruce Cumings, "Global Realm with No Limit, Global Realm with No Name", *Radical History Review* 57(1993), pp. 47~48.

4) Michael Hardt and Antonio Negri, *Empire*(Cambridge, MA: Harvard University Press, 2000), pp. xiv, 327~32. 이 책에 대한 다양한 비판적인 평가에 관해서는 Gopal Balakrishnan, ed., *Debating Empire*(London: Verso, 2003) 참조.

감정을 기민하게 이용하여, 그가 미국의 질서, 안전과 정의를 약속할 수 단인 제국주의의 이데올로기를 공들여 만들었다."[5]

하지만 일단 제2차 세계대전이 끝나자, 고립주의적 경향이 다시 고개를 들었다. 해리 트루먼과 딘 애치슨 국무장관은 국가 이성(raison d'etat)과 미국의 경제적 이익에 호소하는 것만으로는 이를 극복하는 데 충분하지 않다는 것을 잘 알았다. 트루먼 독트린이 된 문건 초안을 잡으면서, 그러므로 그들은 세계적인 공산주의의 위협이라는 개념을 부풀려서 "미국인들을 호되게 겁주라는" 아서 밴던버그(Arthur Vandenberg)의 악명 높은 충고를 따랐다.[6] 이 책략은 마셜 플랜을 위한 의회의 지지를 획득하는 데 효력을 발휘했다. 그러나 1950년 4월 트루먼이 원칙적으로 동의한 국가안전보장회의(NSC: National Security Council) 문서 68에서 구상한 미국과 유럽의 재무장을 위한 대규모의 자금을 확보하려면 뭔가가 더 필요했다. 이 NSC 문서는 정확한 수치는 제시하지 않았지만, 추계는 매년 지출이 1950년 펜타곤(미 국방부)에서 원래 요구한 수치보다 300퍼센트나 많았다.

반공주의의 명분이 있더라도, 이 정도의 돈을 재정에 보수적인 의회로부터 얻어내는 것은 트루먼 정부에게 쉽지 않은 일이었다. 필요한 것은 국제적인 비상사태였다. 그리고 1949년 11월 이래, 애치슨 국무장관은 1950년 연내 어느 때에 아시아의 변방 전략 지역인 한국, 베트남, 타이완 혹은 이 세 곳에서 모두 비상사태가 일어날 것이라고 예언하고 있었다. 대통령이

---

5) Franz Schurmann, *The Logic of World Power: An Inquiry into the Origins, Currents, and Contradictions of World Politics*(New York: Pantheon, 1974), pp. 40~41.

6) Thomas J. McCormick, *America's Half Century: United States Foreign Policy in the Cold War*(Baltimore: MD, Johns Hopkins University Press, 1989), pp. 77~78.

NSC-68을 검토한 지 두 달 후에 그런 위기가 일어났다. 애치슨은 훗날 "한국이 용케 찾아와서 우리를 구했다"고 말했던 것이다.[7]

조지 부시가 취임과 9·11 사이의 8개월 동안에 무엇을 빌었는지는 말하기 어렵다. 하지만 우리는 부시 정부 내에 새로운 미국의 세기 프로젝트의 주동자들이 오랫동안 가다듬어 온 새로운 제국주의적 전략을 실행에 옮길 기회를 기다리고 있었다는 것은 안다.[8] 그들이 집무를 시작한 뒤 처음 몇 달은 순조롭지 못했다. 그러나 애치슨의 말을 빌려 쓰자면, 오사마 빈 라덴이 그들을 구했다. 마이클 만의 관찰처럼, 빈 라덴은 "대중을 동원할 수 있는 힘과 목표"[9]를 모두 제공해주었다. 무슬림 "원리주의"와 "불량국가"의 위협이, 미국인을 호되게 겁주고, 딕 체니, 도널드 럼즈펠드, 폴 울포위츠가 거의 10년가량이나 주장했으나 성공하지 못한 이라크 침략에 대해 의회가 만장일치에 가깝게 지지하게 만든 새로운 공포 인자가 되었다.[10]

미국의 떠오르는 제국주의적 프로젝트를 묘사하는 데 "E"와 "I"란 말

---

7) *Ibid.*, p. 98.
8) 새로운 미국의 세기에 관한 자세한 내용은 웹사이트 http://www.newamericancentury.org 참조. 이 계획의 주동자들의 부상과 권력 장악 과정에 관해서는 Arthur Schlesinger Jr., "The Making of a Mess", *New York Review*, September 22, 2004 참조.
9) Michael Mann, *Incoherent Empire*(London: Verso, 2003), p. 9.
10) 9·11 훨씬 이전부터 신보수주의자들이 이라크에서의 전쟁 수행을 결정하고 있었던 것에 대해서는, Ron Suskind, *The Price of Loyalty: George W. Bush, the White House, and the Education of Paul O'Neill*(New York: Simon & Schuster, 2004) 및 Richard Clarke, *Against All Enemies: Inside America's War on Terror*(New York: Free Press, 2004) 참조. 클라크는 테러가 일어난 지 하루도 안 되었을 때 열린──지금은 유명해진(혹은 악명 높아진)──각료 회의급 회의에 대해 보고하는데, 이 모임에서 럼즈펠드는 "아프가니스탄에는 폭격하기에 체면이 설 만한 타깃이 없고", 따라서 이라크가 "더 나은 타깃"이기 때문에 "우리는 대신 이라크 폭격을 고려해야 한다"고 지적했다.

을 재유행시킨 것은 바로 이러한 전개이다. 그 계획은 목표 달성에 심지어 비판자들이 예상한 것보다도 더 빨리 철저히 실패했으므로, "E"와 "I"라는 말은 통용되게 된 것만큼이나 빨리 안 쓰이게 될 수도 있을 것이다. 그럼에도 불구하고, 이 말들이 쓰이지 않게 되더라도, 새로운 미국의 세기 프로젝트를 출현시키고 부시 정부가 이를 채택하게 이끈 사회적 · 정치적 · 경제적 환경은 이런저런 다른 형태로 지속되리라 예상할 수 있다. 특히 흥미로운 것은 이러한 환경이 이 책 제2부에서 다룬 전 지구적 혼돈과 관련이 있는지, 어떻게 관련이 있는지, 그리고 이러한 환경이 테러와의 전쟁의 영향하에 어떻게 변화했는지이다.

이 장에서 나는 신보수주의의 제국주의 프로젝트가 해체되고, 우리가 라나지트 구하를 따라 일찍이 헤게모니 없는 지배라고 불렀던 것으로 미국 헤게모니가 변형되는 과정을 분석할 것이다. 먼저 이라크 전쟁의 이중의 실패, 이른바 베트남 신드롬을 종식시키는 것과 새로운 미국의 세기를 위한 기초 놓기에 실패한 것에 초점을 맞춘 다음에, 미국의 경제적 쇠퇴에 대응하려던 신보수주의의 제국주의 프로젝트의 실패로 넘어가겠다. 그리고 결론에서 이라크 투기의 가장 중요한 의도하지 않은 결과가 세계 경제의 중심이 다시 동아시아, 동아시아 안에서도 중국으로 돌아가는 추세를 강화한 것임을 제시하겠다.

베트남 신드롬의 지속

적대 행위의 종식이 공식적으로 선언된 후 여섯 달 사이에, 많은 시사 해설자들이 목도한 상황은, 이라크가 베트남이 아닌데도 "수렁", "소모", "신뢰성 결여" "이라크화"와 같은 이미지들이 심지어 그때보다 더 자주 사용되어, 현재의 논쟁이 "거의 이라크에 관한 것만큼이나 베트남에 관한 것"[11]처럼 보이는 지경이었다. 베트남에서와 마찬가지로 이라크에서, 미국은 상대적으로 별것 아닌 적군의 저항을 이겨내는 데 갈수

록 큰 어려움을 겪었고, 이는 전 세계의 미국 군사력에 대한 신뢰를 위
태롭게 하고 있었다. 그러나 바로 이라크가 베트남이 아니기 때문에, 나
는 이라크에서의 실패가 베트남에서의 실패보다 미국의 힘에 훨씬 더
심각한 도전을 던졌다고 주장하겠다. 앞에서 지적했듯이, 베트남 전쟁
은 미국 헤게모니의 "신호적 위기"에서 핵심적인 사건이었다. 그러나
1980년대와 특히 1990년대에 1968~73년의 신호적 위기는 미국의 부와
힘의 놀라운 재기 — 한 세기 이전에 영국이 누렸던 것에 전적으로 필적
할 만한 벨 에포크 — 에 꺾이고 말았다. 재기는 소련이 붕괴한 후 그 절
정에 달했는데, 그때 미국은 스스로 — 그리고 널리 그렇게 받아들여졌
다 — 전 세계가 일찍이 본 적이 없는 가장 강력한 군사 강국의 모습으
로 나타났다. 하지만 이러한 외관 뒤에는, 베트남 평결이 결코 실제로
뒤집힌 적이 없으며, 또한 미국 군사력의 현실적 신뢰 역시 완전히 회복
되지 않았다는 문제가 잠복해 있었다.

  베트남에서의 패배 이후에 미국이 교전한 군사 대결의 긴 목록을 보
면, 미국이 그러한 패주를 초래할 만한 상황을 신중하게 피했다는 점이
눈에 띈다. 이러한 면에서 전형적인 사례가 1983년 베이루트 주둔 미 해
병대 막사 폭격으로 미국인 241명이 사망한 후, 미국이 레바논에서 철
수한 것이다. 이때부터 소련의 붕괴까지 계속 미국은 대리인을 내세워
전쟁하거나(니카라과, 캄보디아, 앙골라, 아프가니스탄 그리고 이란과의 전
쟁에서 이라크를 지원했던 것처럼),[12] 혹은 별것 아닌 적과 싸우거나(그라

---

11) C. R. Whitney, "Watching Iraq, and Seeing Vietnam", *New York Times*,
    November 9, 2003.
12) 1984년 3월 사담 후세인의 잔학 행위에도 단념하지 않고, 럼즈펠드는 그에게 미
    국의 지원을 제공하기 위해 레이건의 특사로서 바그다드로 날아갔다. 이라크가
    이란에 대해 화학무기 공격을 개시한 바로 그날이었다. 4년 뒤에 후세인이 북이
    라크의 수백 개 마을을 파괴하고 쿠르드족 수천 명을 죽이는 동안, 워싱턴은 미
    국 농산물을 구입하는 보조금으로 그에게 5억 달러를 제공했다. 이듬해 미국 정
    부는 보조금을 10억 달러로 배로 올렸으며 그에게 고품질의 탄저균 종자와 생화

나다, 파나마), 혹은 미국 하이테크 무기가 절대적인 우위에 있는 하늘에서 공격했다(리비아).[13]

동시에 미국은——오로지는 아니지만 주로 전략방위구상(SDI)을 통해——모스크바가 경제적으로 감당할 수 있는 수준을 훨씬 넘어서까지 소련과 군비 경쟁을 가속화하였다. 군비 경쟁의 가속화는 소련을 이중의 대결로 빠뜨렸다. 아프가니스탄에서 소련군의 하이테크 군사 장비는 미국을 베트남에서 패배시킨 것과 똑같은 어려움에 봉착했으며, 군비 경쟁에서 미국은 소련의 능력을 완전히 넘어서는 금융 자원을 동원할 수 있었다. 그러나 소련의 최종적인 패배는 베트남 신드롬을 벗어나는 데 아무 역할도 하지 않았다. 소련이 패배한 것은 미국의 힘이 원인이었지만, 이는 미국의 군사력 덕택이 아니라 미국의 우월한 금융적 역량 덕택이었다. 그리고 소련의 패배는 군사적 원인이 있었지만, 이는 베트남 평결을 뒤집기보다는 재확인했다. 왜냐하면 베트남 못지않게 아프가니스탄에서도, 냉전의 초강대국이 통제하는 하이테크 군사 무기가 제3세계의 치안을 현지에서 유지하는 데 무력하다는 것을 보여주었기 때문이다. 아무리 그들[소련과 미국]이 "공포의 균형"(balance of terror)*을 재

학무기를 제조하는 데도 사용 가능한 다용도의 재료를 제공했다. S. Milne, "We Are Sleepwalking into a Reckless War of Aggression", *Guardian*, September 27, 2002; A. Roy, "Not Again", *Guardian*, September 27, 2002 참조.

13) 이러한 군사 대결을 고무한 레이건 독트린을 지칭하는 "제3세계에 대한 반격"〔롤백 전략〕이 최종적으로 역풍을 맞았다고 해서, 그 대상으로 선별된 국가들에 엄청난 손실과 고통이 없었다는 의미는 아니다. 하나만 예를 들면, 앙골라 내전이 연장된 결과, 미국의 지원을 받는 잔혹한 우니타(Unita) 조직에 의해 30만 명의 아이들이 직간접적으로 사망했다. D. Aaronovitch, "The Terrible Legacy of the Reagan Years", *Guardian*, June 8, 2004. 레이건 독트린이 미래의 테러리스트들을 키웠다는 더 장기적인 효과에 관해서는, Mahmood Mamdani, *Good Muslim, Bad Muslim: America, the Cold War, and the Roots of Terror*(New York: Pantheon, 2004) 참조.

* 냉전 시기 핵무기 아래의 균형을 지칭함. 양자 간에 군사력의 차이가 커도 핵무

생산하는 데 크게 성공한다고 해도 마찬가지이다.

 그렇기는 해도 소련의 붕괴는, 아프가니스탄의 군벌과 무자헤딘이 미국의 원조가 없었다면 소련을 패배시킬 수 없었을 것처럼, 소비에트의 지원이 없었다면 베트남은 미국을 패배시킬 수 없었을 것이라는 널리 받아들여지던 가정을 시험할 기회를 만들었다. 게다가 모스크바를 지배하게 되자 한국전쟁 이래 불가능했던 수준까지 미국의 경찰 행위를 정당화하기 위해 유엔 안전보장이사회[이하 안보리]를 동원할 수 있는 기반이 생겼다. 1990년 후세인의 쿠웨이트 침공은 즉시 이러한 동원을 위한 이상적인 기회를 창출했다. 이 기회를 미국은 신속하게 잡았으며, 텔레비전으로 중계되는 미국 하이테크 화력의 쇼를 상영했다.[14] 하지만 존 매케인(John McCain)이 지적하듯이, 제1차 걸프 전쟁에서의 승리는 그가 보기에 후세인을 권좌에서 제거하지 못했기 때문에 "[미국의—인용자] 국민 의식을 지배하는 베트남 신드롬의 위력을 완전히 몰아내지 못했다."[15] 다른 논평가들이 지적하듯이, 제1차 걸프 전쟁은 "의도적으로 베트남과는 모든 면에서 다르고자 했다. 장기적이고 점진적인 무력 사

기를 둘 다 보유하고 있을 경우 궤멸적인 타격을 줄 수 있으므로 전쟁 억지력이 생김.

14) 앤서니 지니 장군에 따르면, 1991년의 '사막의 폭풍' 작전은 "우리를 해외에서 기다리고 있는 끔찍하고 더러운 혼란을 선하고 깨끗한 병력 동원으로 어느 정도 이겨낼 수 있다는 인상을 남겼다. 바로 제2차 세계대전처럼. 사실상 사막의 폭풍 작전이 성공한 유일한 이유는, 우리가 제2차 세계대전을 다시 한 번 싸우라고 용케도 미국에 도전할 정도로 멍청한 지구에서 유일한 바보와 붙었기 때문이었다"(Tom Clancy with Anthony Zinni and Tony Koltz, *Battle Ready*, New York: Putnam, 2004).

15) C. R. Whitney, "Watching Iraq, and Seeing Vietnam", *New York Times*, November 9, 2003의 재인용. 새로운 미국의 세기 주동자들의 후세인 제거에 대한 병적 집착에는 의심할 여지 없이 위와 비슷한 시각이 작용하고 있었다. 예를 들어 울포위츠는 자신이 국방부 정책 차관으로 일했던 1기 부시 정부를 1991년 걸프 전쟁 이후 "사담을 처치하는 데" 실패했다고 비판했다. "Democrats Target Wolfowitz on Iraq Crisis", *New York Times*, May 18, 2004.

용 대신, 목표는 적을 무력으로 완전 제압한 뒤 재빨리 철수하는 것이었다."[16] 파월 독트린으로 알려진 이 전략은 베트남 평결을 뒤집기보다는 또 다른 베트남을 회피하기 위한 미국의 노력의 극치였다.

제3세계의 치안을 현지에서 유지하는 미군의 능력을 시험할 기회가 소말리아에서의 "인도주의적" 사명이라는 포장을 하고 제1차 걸프 전쟁 이후에 곧 찾아왔다. 이 시도는 참담하게 실패했다. 텔레비전으로 방영된 죽은 미국 군인을 모가디슈(Mogadishu)의 거리로 끌고 다니는 장면은 국내에서 베트남 신드롬을 부활시켰고, 즉각적인 미군의 철수로 이어졌다. 그러나 클린턴 정부 아래서, 파월 독트린은 점점 더 골칫거리가 되었고, 매들린 올브라이트(Madeleine Albright) 국무장관이 그 유명한 질문을 던지게끔 했다. "만약 우리가 사용할 수 없다면, 당신이 항상 이야기하는 이 대단한 군대를 보유하는 것이 무슨 의미가 있는가?"

보스니아에서의 "인도주의적" 사명과 유고슬라비아의 유산을 청산하는 지고지상의 목표는 "이 대단한 군대를 보유하는" 의미가 있음을 정확하게 보여주었다. 미국은 코소보 전쟁으로 미국이 착수하기로 선택한 경찰 행위에 대해 유엔의 사전 승인이 있으면 좋지만 없어도 상관없다는 것을 과시할 작정이었다. 더 믿을 만한 북대서양조약기구(NATO)의 승인으로 충분했다. 그렇지만 군사적으로 코소보 전쟁이 보여준 것이라고는 모든 사람이 이미 알고 있는 것, 바로 워싱턴이 어떤 나라라도 선택하면 폭격으로 소멸시킬 기술적 능력을 가지고 있다는 것뿐이었다. 그럼에도 불구하고 이 전쟁은 미국 정부가 미국 대중들에게는 납득이 안 되는 해외에서의 경찰 행위에 미국 시민의 생명을 기꺼이 걸 수 있다는 것을 과시하는 데는 실패했다.

9·11 직전까지만 해도 이러한 위험을 무릅쓰고 싶어 하지 않는다는 것은 여전히 거대한 미국 군사력의 아킬레스건이었다. 세계무역센터와

---

16) M. R. Gordon, "A Sequel, Not a Re-run", *New York Times*, March 18, 2003.

펜타곤에 대한 공격의 충격은 상황을 일변시켜, 미국 대중들에게 납득이 가는 개전 이유를 제공했다. 그러나 광범위한 국내외 지지를 누릴 수 있었던 아프가니스탄 전쟁에서조차도, 부시 정부는 미국인 사상자를 내는 것을 무릅쓰고 모험하지는 않으려고 했다. 비록 이렇게 주저하는 태도가 빈 라덴을 "산 채로건 죽여서건" 잡겠다는 미국이 공언한 전쟁 목표를 손상하는 것을 의미하더라도 말이다. 대신 아프가니스탄 사람들은 대부분의 전투를 현지에서 했으므로, 『워싱턴 포스트』의 한 시사 해설자는 다음과 같이 조소했던 것이다.

> 미국은 이 전쟁〔아프가니스탄 전쟁〕을 저렴하게 싸웠다. 〔하지만〕 미국 영토에 대한 최악의 공격에 따른 대응은 결과적으로 헤세 사람(Hessians)*을 고용하는 것이었다. 미국은 심지어 병력을 투입하여 파키스탄과의 국경을 봉쇄하려고 하지도 않았다. 얼마나 많은 빈 라덴의 전사들이 빠져나갔는지 누가 알겠는가? 그들 안에 빈 라덴도 있었는지 누가 알겠는가?[17]

무능력과 이데올로기에 눈먼 불합리는 부시 정부의 이해하기 힘든 많은 행동을 흔히 그럴듯하게 설명해줄 수 있다. 그렇지만 아프가니스탄에서 "저렴하게" 전쟁을 하고 빈 라덴 사냥에는 사상자를 낼 위험을 감수하지 않은 것은 완벽하게 합리적인 선택이었다. 만약 테러와의 전쟁의 목적이 단순히 테러리스트를 잡는 것이 아니라, 새로운 미국의 세기를 추구하여 서아시아의 정치적 지형을 새로 만들려고 하는 것이라면. 이러한 더 광범위한 목적에 입각하면, 9·11사태 이후 미국인들이 어느 때보다 해외의 전쟁에 사상자가 나오는 것을 감내하게 되었을 때, 아프

---

* 독립전쟁 때 영국이 고용한 독일 병정, 즉 돈만 주면 뭐든 다 하는 용병.

17) R. Cohen, "Even a Low-Risk War Brings its Own Cost", *International Herald Tribune*, January 9, 2002.

가니스탄은 이를 시험하기에는 가장 불길한 장소였다. 아프가니스탄에서 "임무를 완수하는 것"은 이라크로 진격하여 점령하는 것보다 더 많은 미국인의 생명이 희생될 뿐 아니라, 사상자 1인당 얻을 수 있는 정치적 · 경제적 보수는 더 낮았다.

바그다드에 대한 성공적인 전격전은 이라크의 무장 병력이 사실상 어떤 저항도 하지 않음에 따라 이러한 기대를 입증하는 것 같았다. 그러나 2003년 6월까지 미국의 사상자 수는 무자비하게 늘어나기 시작했다. 설상가상으로, 서아시아는 말할 것도 없고 이라크를 미국의 이익에 맞게 개조하려던 미국의 계획이 현지의 현실과 부딪히면서 수정, 축소하거나 완전히 포기하지 않을 수 없게 됨에 따라, 사상자 1인당 정치적 · 경제적 보수가 가파르게 하락했다. 그러나 이라크에서는 [아프가니스탄과 달리] 워싱턴은 "임무를 완수"하기로 굳게 결심한 것처럼 보였다. 심지어 계속해서 그 "임무"가 무엇인지 다시 정의하더라도. 이라크 침공 후 1년 뒤 점차 더 가중되는 어려움 속에서, 부시는 휘하 장군들의 공개적인 비판에도 불구하고 "우리는 이라크에서 가던 길을 가야 한다"는 슬로건을 내걸었다. 미 중부군사령부(CENTCOM: The United States Central Command) 사령관 지니 장군은 "그 길은 [⋯⋯] 나이아가라 폭포 너머로 향해 있다"*[18)]고 반박했다. 2005년까지 미군은 그 임무가 무엇이든 간에 임무를 완수할 능력이 전혀 보이지 않았으며, 게다가 베트남에서 경험한 것과 비슷한 군대의 자질과 사기의 붕괴에 직면하기 시작했다. 그리고 병사 추가 모집은 한 명도 없었다. 대안은 더 이상 승리와 패배 사이에 있지 않은 것처럼 보였다. 한 해군 장교가 말한 것처럼, "우리가 할 수 있는 것이란, 이라크에서 패배하고 우리의 군대를 파괴하느냐, 아

---

* 계속 가면 폭포에 빠지듯 끝장난다는 의미.

18) Chalmers Johnson, "Why I Intend to Vote for John Kerry", *The History News Network*, June 14, 2004, p. 1.

니면 다만 패배만 하느냐"였다. 2006년 12월에 이르면, 콜린 파월 전 국무장관은 CBS 뉴스에서 "현지 군대는 무너지려 하고 있다"고 말했고, 부시는 처음으로 미국이 이라크 전쟁에서 승리하고 있지 않다고 인정하면서 로버트 게이츠(Robert Gates) 신임 국방장관에게, 육군과 해병대의 부대 전력을 증강할 계획을 개발하라고 명령하였다. 그가 겨우 몇 달 전에 각하했던 바로 그 계획이었다.[19] 하지만 이때에 이르면 위기 관리가 원칙 있는 정책을 대신하게 되었다.

세계 유일의 초강대국은 더는 행동하지 않는다. 대신 바그다드에서 어떤 일이 발생하든 그곳에서 나오는 최신의 나쁜 소식에 반응할 뿐이다. 이라크에서 발생하는 일에 대한 통제력이 그의 손에서 슬그머니 빠져나가자, 조지 W. 부시 대통령이 "전 세계적인 테러와의 전쟁"을 수행하는 전략은 파탄이 났다. 그는 나침반 없이 항해하고 있다. [……] 이라크는 제1단계였다. 그곳에서의 성공은 부시 정부가 유사한 노선을 따라 제2, 제3, 제4단계로 나아갈 길을 열어주었을 것이다. 이 제1단계에서 비롯된 실망과 좌절은 이제 프로젝트 전체를 대혼란에 빠뜨렸다.[20]

2004년에 이미 보수적인 렉싱턴 연구소(Lexington Institution)의 국방 전문가는 미국에 이 문제가 심각한 것은, "전 세계가 지금 이라크에서 베트남과 소말리아의 패턴을 볼 수 있기 때문"이라고 보았다. 2006년 10

---

19) P. Krugman, "Time to Leave", *New York Times*, November 21, 2005; Editorial, "Army Stretched to Breaking", *Minneapolis-St. Paul Star Tribune*, February 20, 2006; P. Rogers, "A Tale of Two Insurgencies", *openDemocracy*, June 1, 2006; P. Baker, "U. S. Not Winning War in Iraq, Bush Says for First Time", *Washington Post*, December 20, 2006.

20) A. Bacevich, "Bush's Illusions", *International Herald Tribune*, December 22, 2006.

월에 이르면, 부시조차도 이라크에서 진행 중인 폭력의 고조가 미국 대
중을 베트남 전쟁에 반대하는 방향으로 돌아서게 했던 구정 공세(舊正
攻勢, the Tet Offensive, 1968)에 못지않을 "수 있다"고 시인해야만 했
다.[21] 사실상 미국이 이라크에서 직면한 문제는 베트남에서 직면했던
문제보다 훨씬 더 심각하다. 정치적으로 궁지에 몰린 정세는 유사하다.
게다가 워싱턴은 전쟁의 무용성이 명백해진 지 오래인데도 전쟁을 종식
시킬 수 없다고 느끼고 있었다. 왜냐하면 철수는, 리처드 닉슨 식으로
말하면, 미국이 "처량한 속수무책의 거인"이라는 것을 보여주어 "전체
주의와 무정부주의가 전 세계를 횡행하게"[22] 조장할 것이기 때문이다.
닉슨과 유사하게, 오늘날 "심각하고도 악화되고 있는" 이라크 정세에도
불구하고, 전쟁 비판론자인 브렌트 스코크로프트조차 어느 정도 임무를
완수하지 않은 채 철수하는 것은 "비틀거리는 미국이라는 거인이〔싸
울〕결의를 잃어버렸다"는 것을 드러내, 도처의 테러리스트와 극단주의
자들이 용기를 얻게 될 것이라고 주장했다.[23] 그러나 미국이 이라크의

21) B. Bender, "Study Ties Hussein, Guerrilla Strategy", *Boston Globe*, October
11, 2004; M. Fletcher and P. Baker, "Iraq Violence, 'No Child' Occupy
Bush", *Washington Post, October* 19, 2006.
22) W. Pfaff, "Reclaiming the U. S. Army", *International Herald Tribune*, July
24~25, 2004.
23) B. Scowcroft, "Why America Can't Just Walk Away", *International Herald
Tribune*, January 4, 2007. 실제로 미국의 행동은 미군 철수가 고려되기 훨씬 전
부터 "처량하고 무력한 거인"의 이미지를 불러일으켰다. 더 다채로운 비유로는
사우디아라비아의 『아랍 뉴스』(*Arab News*)가 아부그라이브(Abu Ghraib)의 폭
로〔포로 학대 스캔들〕후에 미국의 군사력을 "근육이 묶인 수소의 반응 속도와
쥐 정도의 이해력을 가진 거대한 짐승"으로 묘사한 것이다. P. Kennicott, "A
Wretched New Picture of America", *Washington Post*, May 5, 2004의 재인용.
이러한 이미지는 만(M. Mann)이 자신의 예언적인 분석을 표현하는 데 쓴 "소름
끼치는 은유"를 생각나게 한다. "미 제국은 군사적 거인, 경제 운행을 객석에서
지휘하는 승객, 정치적 정신분열증 환자, 그리고 이데올로기의 유령이 될 것이
다. 그 결과는 세계를 꼴사납게 비틀거리며 걸어 다니는 정신 장애의 보기 흉한

저항을 꺾겠다는 의지가 있어도 꺾을 능력이 없음이 드러날 때 직면할 힘의 상실은 베트남의 패배에서 경험한 것보다 훨씬 더 크고 더 치유하기 어려운 것이다.

이라크에서의 패배가 베트남보다 더 심각한 주요 이유는 조지 소로스와 같은 전쟁의 초기 비판자들을 포함하여 많은 시사 해설자들이 주장하듯이 서아시아의 석유에 대한 미국의 의존이 아니다.[24] 오히려 앞에서 지적했듯이, 비슷하기는 해도 이라크는 베트남이 아니다. 순수하게 군사적으로 말하자면, 이라크의 반정부주의자들은 베트남처럼 중무장한 장비를 배치할 수도 없고, 유리한 자연 환경에서 오랜 게릴라전의 경험도 가지고 있지 않으며, 소련과 같은 초강대국의 지원을 누리지도 않는다. 이것과 다른 여러 측면에서, 이라크의 반정부주의자들은 베트남인보다는 훨씬 덜 위협적인 적이다. 게다가 미국의 베트남 철수와 이라크 침공 사이의 30년간, 미국의 군사력은 바로 베트남 평결을 뒤집기 위해 근본적인 구조조정을 거쳤다. 무장 병력의 이러한 "전문화"는 두 가지 목적이 있었는데, 전투에 바로 임할 수 있는 능력을 향상시키는 것과, 동시에 민간인 병사와 임시 장교의 부단한 교체가 군사 행동과 규율에 미치는 제약에서 자유로워지기 위해서였다. 같은 30년간 일어난 미국 무기의 비상한 기술적 향상과 함께, 이러한 구조조정은 미국 군사기구를 베트남 전쟁 때보다 훨씬 더 필살의 병력으로 바꾸어 놓았다.

간단히 말하면, 침략자 미국과 이라크 현지 저항 세력 사이의 힘의 격

괴물이다"(Mann, *Incoherent Empire*, p. 13).

24) "이라크를 침략하면, 우리는 발을 뺄 수 없게 된다. 베트남 전쟁에서처럼 철수하라는 국내의 압력이 형성되겠지만, 철수를 하면 세계에서 우리의 입지에 복구할 수 없는 손상을 입을 것이다. 이러한 면에서 이라크는 베트남보다도 더 심각하다. 우리가 중동의 석유에 의존하고 있기 때문이다"(G. Soros, "The US Is Now in the Hands of a Group of Extremists", *Guardian*, January 26, 2004).

차는 베트남과는 비교할 수 없을 정도로 컸다. 이것이 부시 정부가 이라크 침공이 베트남 평결을 뒤집을 것이라고 기대했던 이유이다. 그러나 이것은 마찬가지로 그 실패가 인도차이나에서의 패배보다도 미국 군사력의 신뢰성에 훨씬 더 큰 타격을 줄 수밖에 없는 이유이기도 하다. 파월 독트린이 만약 사용할 수 없다면 대단한 군대를 가지는 것이 무슨 의미가 있느냐는 문제를 제기했다면, 이라크라는 수렁은 앤드루 바세비치가 언급했듯이 "만약 결과가 팔루자(Fallujah), 나자프(Najaf), 카르발라(Karbala)라면, 이 대단한 군대를 사용하는 것이 무슨 의미가 있느냐"[25] 라는 훨씬 더 골치 아픈 문제를 제기했다.

이라크 전쟁의 결과에 관계없이, 확실히 미국은 앞으로 당분간은 세계의 지배적인 군사력으로 남아 있을 것이다. 그러나 미국 헤게모니의 신호적 위기를 재촉했던 베트남에서 미국이 처했던 곤경과 꼭 마찬가지로, 십중팔구 이라크에서 미국의 곤경은 나중에 회고하면 미국의 최종적 위기를 촉진했다고 평가될 것이다.[26] 이 위기는 오랫동안 만들어져 왔으며, 부시 정부나 다른 어떤 정부의 행동과 관계없이 어떤 형태로든지 조만간 필연적으로 닥치게 되어 있다. 그러나 그 위기가 지금 일어나고 있는 특정 형태는 손쉬운 승리가 베트남 평결을 뒤집고 새로운 미국

---

25) Andrew Bacevich, "A Modern Major General", *New Left Review*, II/29 (2004), p. 132.
26) 다른 시각에서, 프레드 핼리데이는 비슷한 지적을 했는데, 그는 다음과 같이 주장했다. "2004년 봄 우리는 근대 최대의 가장 처리하기 어려운 세계적 위기 중 하나에 처해 있다. 그것은 20세기를 지배했던 두 차례의 세계대전 혹은 냉전 같은 투쟁 형태인 세계적 전쟁도 아니고, 주요 국가들 사이의 전략적 군사 투쟁도 아니다. 또한 1929년과 (덜 심각했지만) 1973년과 같은 중대한 국제적 경제 위기도 아니다. 그러나 사회 생활과 정치 생활의 모든 분야에서, 우리는 지구 상의 모든 이들에게 영향을 미치고 전 세계적으로 심각한 결과를 초래할 것 같은 정세에 직면해 있다." Fred Halliday, "America and Arabia after Saddam", *openDemocracy*, May 13, 2004 참조.

의 세기를 위한 기반을 놓을 것이라는 희망으로 이라크를 침공한 결정에 의해 확정되었다.

앞에서 지적했듯이, 클린턴은 코소보 전쟁으로 무엇보다도 NATO가 뒷받침하는 미국의 경찰 행위에 대해 유엔의 지지는 없어도 그만이라는 것을 과시할 작정이었다. 부시는 이라크 전쟁으로 이제 심지어 NATO가 없어도 그만이라는 것을 과시할 작정이었다. 〔이 정책이 근거한〕 부시의 생각은 신보수주의적인 대외 정책 전문가의 말로 표현하면 다음과 같은 것이었다.

> 과거 5백여 년간 세계의 넘버 원 강국과 넘버 투 강국 사이의 격차가 지금보다 더 큰 적은 없었다. 이와 같은 미국의 지배력이라면, 〔부시 정부는—인용자〕 충분히 미국의 국익을 단호하게 드러내도 모든 국가가 거기에 맞춰갈 것이라고 믿었다.[27]

결과로 드러났듯이, 관계있는 거의 모든 나라는 그렇게 하지 않았다. 오로지 갈수록 미국의 51번째 주처럼 행동하는 처량한 "자발적인 연합"(有志同盟, 有志聯合, coalition of the willing)[28]인 영국만 빼고. 나머지 세계 각국은 미국 헤게모니의 연대기에서 일찍이 전례가 없을 정도로

---

27) Norman Ornstein, American Enterprise Institute (R. Cohen, D. E. Sanger and S. R. Weisman, "Challenging the Rest of the World with a New Order", *New York Times*, October 12, 2004에서 재인용).

28) 이미 2004년 말에, 이 연합은 "웃음거리"가 되었다고 보도되었다. 이라크에 아직 군대를 주둔하고 있는 28개 동맹국 가운데, "오로지 8개국 군대만이 500명이 넘는다. 대부분은 겉치레로 거기에 있는 것이다. 그리고 언어와 설비상의 곤란으로, 어떤 파견군, 예를 들어 마케도니아의 28명, 카자흐스탄의 29명 등은 있어서 도움되는 것보다 탈이 더 많다"(N. Kristof, "Brother, Can You Spare a Brigade?" *New York Times*, December 11, 2004). 그 이후로 그래도 중요한 파견군들은 영국과 오스트레일리아를 제외하고는 모두 철수했거나 철수를 공표했다.

미국의 지도력을 거부했다. 확실히 이라크 침공에 대한 해외의 많은 비판자들은 미국이 처한 곤경에 조금도 즐겁지 않았다. 프랑스 국제 관계 학회의 한 원로 고문은 다음과 같이 설명했다.

미국이 해외에서 수렁에 빠져 있는 것은 나머지 세계 각국에도 커다란 도전이다. 만약 미국이 이제 수렁에서 빠져나온다면, 다른 국가들은 예전에는 유엔 결의 없이 무모하게 이라크를 침공하지 말라고 간청했지만, 지금은 가만히 있으라고 미국에 압력을 행사해야 하는 이상한 입장에 있게 된다. 철수가 신속히 이루어진다면 국제적 관심사의 초점은 미국의 세계적 지배라는 위험에서 미국의 국제적 개입이 없어진 세상의 위험성으로 빠르게 바뀔 것이다. 문제는 만약 현재의 이라크 전략이 제대로 효과를 거두지 못할 경우 설득력 있는 대안이 없다는 것이다. 더 많은 미군을 파견하는 것도 권력을 이라크인들에게 넘겨주는 것도 상황을 크게 바꿀 것 같지 않다. 미국은 진퇴양난에 빠져 있으며, 우리도 마찬가지다.[29]

이러한 노선에 따른 판단으로, 2003년 10월 16일 유엔 안보리는 만장일치로 결의를 통과시켰으며, 이 결의는 미국이 주도하는 이라크 점령에 얼마간의 법적 정당성을 제공하였고 세계 각국 정부에게 그들의 지지를 빌려줄 것을 부탁했다. 하지만 법적 정당성 같은 것은 미국에는 주로—그것만은 아닐지라도—이라크 점령으로 점증하는 인적 비용과 재정적 비용을 부담하기 위해 다른 나라로부터 자원을 짜낼 수 있는 수단으로서 중요했다. 과연 유엔 안보리를 통한 결의를 서두른 주된 목적은 그 다음 주에 마드리드에서 미국이 개최한 "기부자 회의"의 성공을 보장받기 위해서였다. 마드리드 회의의 부실한 성과는 제9장에서 살펴

---

29) Dominique Moisi, "The World Is Trapped in the Iraqi Quagmire", *Financial Times*, November 14, 2003.

보겠지만 헤게모니에서 단순한 지배로 바뀐 결과 미국의 힘이 얼마나 위축되었는지 가늠할 좋은 척도를 제공한다.

이보다 더 좋은 척도가 있다면, 이라크의 침공으로 미국의 이익과 가치에 맞게 그 정치적 지형을 개조하려고 했던 서아시아에서 미국 영향력의 감퇴일 것이다. 2004년 봄까지, 이라크의 제반 문제들로 미국이 점령을 어떻게 이용할 것인가 하는 이슈는 전혀 현실적인 의미가 없게 되어버렸다. 이러한 사태에 토머스 프리드먼은 다음과 같이 한탄한다.

우리는 이라크에서의 전쟁보다 훨씬 더 중요한 무언가를 잃을 위기에 처해 있다. 우리는 세계에 도덕적 권위와 감화의 수단이었던 미국을 잃을 위기에 처해 있다. 나는 평생에 지금처럼 미국과 그 대통령이 온 세계에 미움을 받은 때를 알지 못한다. 〔……〕 테러와의 전쟁은 사상의 전쟁이며, 이길 확률이 조금이라도 있다면 우리는 우리의 사상에 대한 신뢰를 견지해야만 한다. 〔……〕 우리는 우리들만으로 〔9·11에 우리를 공격한 사람들―인용자〕에 대항한 사상의 전쟁에서 승리할 수 없다. 오로지 아랍과 무슬림만이〔즉 그들과 같은 맹목적 원리주의자들만이〕 자기들만으로도 싸울 뿐이다. 〔……〕 그러나 당신이 아무도 옆에 서고 싶지 않아하는 방사능 오염물질처럼 되었을 때, 누군가의 파트너가 되기는 어렵다.[30]

정말로 미국은 "방사능 오염물질"처럼 되어, 이른바 '확대된 중동' (Greater Middle East)에서 허다한 표면적인 정치적 개혁을 촉진하려던 계획을 폐지해야 했다. 2004년 2월에 한 아랍 신문이 세계에서 가장 부유한 국가들에 서아시아의 정치 변혁을 위해 압력을 가하라고 호소하는 부시 정부의 계획 초안을 공표하자, 몇몇 아랍 지도자들은 분노가 폭발했으며, 심지어 호스니 무바라크는 그 계획을 "기만적"이라고 표현했

---

30) "Restoring our Honor", *New York Times*, May 6, 2004.

다. 부시 정부는 재빨리 이를 철회했다. 몇 달 뒤에, 워싱턴은 조지아 주 시아일랜드(Sea Island)에서 열린 G8 정상회담에서, 아랍 세계의 인적 개발에 관한 유엔 보고서에 기초한 다국적 어젠다를 후원함으로써, "소프트 파워"[soft power, 연성 권력]의 수단을 구사하려 하였다. 그러나 유엔 보고서의 입안자들은, 미국이 아랍 세계에 신용이 거의 없으며 미국이 유엔 개발 보고를 미국의 일에 끌어들일수록 자신들의 연구의 권위를 훼손하는 것이라고 지적하며, 미국의 발의를 심하게 비판하였다. 2004년 12월에 파월 국무장관이 모로코의 정상회담에 도착했을 때, 이 회담은 아랍 세계 전역에 민주주의를 촉진할 작정이었지만, 미국은 주도권을 잡으려는 노력을 포기했다. 한 미국 관리의 언급에 따르면 아랍의 지도자들은 "기꺼이 원조는 하려 했지만, 개혁을 실행하고 싶어 하지는 않았다."[31]

미국이 안고 있는 문제는 아랍과 무슬림 사이에 널리 퍼져 있던 인식, 바로 이라크 침공이 팔레스타인 저항과 아랍 세계 일반에 상대하여 이스라엘의 힘을 강화하려는 목적이라는 인식만이 아니었다. 또한 이스라엘이 팔레스타인 영토에서 처음 선보였던 것과 같은 강압적인 지배 형태가 이라크에서 더 큰 규모로 재현되고 있는 것에 대한 그들의 분노만도 아니었다. 그러한 강압적 지배 형태란 "좌우 대칭처럼 놀랍도록 똑같은 군사 전술", "희생자의 곤경에 대한 비슷한 무관심", 그리고 "공격자의 불운에 대한 과도한 배려"[32]이다. 또 하나 특히 중요한 미국의 문제

---

31) J. Brinkley, "U. S. Slows Bid to Advance Democracy in Arab World", *New York Times*, December 5, 2004; F. Heisbourg, "Mideast Democracy Is a Long-Term, Global Project", *International Herald Tribune*, March 23, 2004.

32) 전쟁이 일어나기 전 몇 달 동안, 미국과 이스라엘 관리들은, 미국이 이라크 전쟁에서 신속히 승리하면 반항은 아무 소용 없다는 것을 아랍 지도자들에게 보여줄 것이고 이스라엘의 안전과 방위는 공고해질 것이라는 희망을 아주 대놓고 드러냈다. 이러한 이라크 전쟁의 효과를 진술한 사례를 잘 모아둔 것으로는 다음을 참조. Sukumar Muralidharan, "Israel: An Equal Partner in Occupation of

는 아랍과 무슬림 세계의 지배 집단들이 미국에 대한 굴종이 반항보다 더 큰 비용과 리스크를 지불할 것이라고 인식했다는 점이다. 이라크에서의 곤경으로 미국이 다른 무슬림 국가에 대항해 군사력을 사용할 위험성은 거의 제로가 되어버린 반면, 이라크 전쟁으로 가장 세력을 얻은 나라는 미국의 서아시아 지역 정권 교체 대상 목록에서 그 다음 타깃이었던 이란이었다.

　미국은 이란 최대의 적[즉 이라크]을 파괴해주었으면서도, 스스로는 그 지역에서 신뢰성에 심각한 타격을 입었다. 쿠르드족과 시아파 등 이라크에 있는 이란의 정치적 동맹자들은 새로운 정부 조직으로 통합되었으며 어느 때보다도 강하다. 그리고 이 나라[이란]는 이제 어떤 새로운 이라크의 정치적·사회적 체계 형성에서도 결정적인 역할은 아닐지언정 주요한 역할을 맡을 준비가 되어 있다. 이란은 [……] 미국이 상당한 대가를 치르면서 이라크에서 장기간 수렁에 빠져 있는 것을 보고 사실 행복해하고 있다. 시아파 공동체가 아랍 국가의 정치에서는 처음으로 [……] 이제 대중적이고 정당성 있는, 국제적으로 인정받는 지위를 획득했다는 것을 아주 기뻐하고 있다.[33]

이란의 시아파 정권과 함께 이라크에서 시아파의 우세는 만약 이것이 오랫동안 억압받아온 시아파 대중들 사이에 소요를 증대할 위협으로 작용한다면, 이라크와 페르시아 만을 따라 인접한 수니파 통치의 국가들에는 특히 위협적이다. 요르단의 압둘라 국왕은 경고했다. "만약 이라크가 이슬람 공화국으로 간다면", "우리들은 이라크의 국경 내에만 한정되지 않는 온갖 새로운 문제들에 노출될 것이다." 이러한 두려움은 미국

Iraq", *Economic and Political Weekly*, October 9, 2004.
33) F. Halliday, "America and Arabia after Saddam", *openDemocracy*, May 13, 2004.

이 그 지역의 수니파 지배자들을 이란에 대항하는 데 동원할 수 있는 여지를 만들어주었지만, 그 여지는 모든 아랍 지도자들에게 미국과 너무 가까이 동맹을 맺는 것은 위험하다는 인식이 갈수록 커지자 크게 줄어들었다.[34]

미국의 이라크 침공의 최종적인 결과가 더 광범위한 서아시아 지역에서 어떻게 나타날지는 말하기 어렵다. 〔이란의〕 아야톨라 정권(Ayatollah regime)이 갈수록 약해지고 인기를 잃고 있고, 미국 측이 또 다른 분별 없는 행동〔즉 이란 침공〕에 나설 가능성도 고려하면, 이란인들의 "승리"는 일시적이었음이 드러날 수도 있다. 실제로 시모어 허시(Seymour Hersh)와 『뉴욕 타임스』의 보도에 따르면, 부시 정부는 2006년 이스라엘의 레바논 폭격과 침공의 입안에 깊이 관여하였으며, 헤즈볼라에 대한 공세를 지원하였다. 그렇지만 이러한 움직임은 역풍을 일으켰다. 이란에 대한 믿을 만한 개전 이유를 만들기는커녕, 이라크 침공으로 이 지역에 생겨난 대혼란에 이스라엘이 얼마나 취약한지를 보여주었다. 미국이 이라크 내 시아파의 호의에 의존해야 한다는 점과 더불어, 이 새로운 실패는 이란에 대한 군사적 공격 가능성을 사라지게 했다. 그럼에도 2007년 1월 두 척의 항공모함과 전투요원의 페르시아 만 파견은 한 미군 고위 관계자의 말에 따르면 "우리가 그들에게 초점을 맞출 수도 있다는 것을 이란인들에게 상기시키려는"[35] 의도였다. 이러한 환경하에서,

---

34) R. Khalaf, "Iranian Nuclear Ambitions Worry Gulf Arab States", *Financial Times*, December 18/19, 2004; J. F. Burns and R. F. Worth, "Iraqi Campaign Raises Questions of Iran's Sway", *New York Times*, December 15, 2004; B. Daragahi, "Jordan's King Risks Shah's Fate, Critics Warn", *Los Angeles Times*, October 1, 2006; B. Scowcroft, "Why America Can't Just Walk Away", *International Herald Tribune*, January 4, 2007.

35) Z. Mian, "Choosing War, Confronting Defeat", *Economic and Political Weekly*, October 7, 2006; D. E. Sanger, "On Iran, Bush Confronts Haunting Echoes of Iraq", *New York Times*, January 28, 2007; M. Slackman, "Iraqi Ties

유일하게 확실히 말할 수 있는 것은 이라크 투기의 최종적 결과가 무엇이든지 원래의 청사진과는 전혀 다를 것이라는 것이다. 십중팔구 새로운 미국의 세기를 여는 서막(序幕)이기는커녕, 최초의 그리고 유일한 미국의 세기였던 "장기" 20세기를 끝내는 종막(終幕)이 될 것이다.

세계화 프로젝트의 이상한 죽음

우리가 미국 헤게모니의 최종적 위기를 목도하고 있다는 생각은 이라크 전쟁의 영향이 세계 정치경제에서 미국의 중심적 지위(centrality)*에 미친 영향을 보면 더욱 강해진다. 데이비드 하비가 강조했듯이, 신보수주의 제국주의 프로젝트의 목적은 국내와 세계 무대 모두에서 이른바 자기조정적인 시장에 대한 신자유주의적인 신념의 선언과는 오직 부분적으로만 일치할 따름이다. 만약 자유 시장의 작동이 미국의 중심적 지위를 훼손하려 위협한다면, 신보수주의자들은 신자유주의 아래 전 지구에 걸쳐 일어나는 저강도(低强度) 전쟁을, 일거에 그 위협을 제거할 수 있는 극적인 대결로 전환할 준비가 되어 있었다. 이라크 침공은 바로 그러한 대결을 작정한 것이었다. 군사력을 사용하여 세계의 석유 마개에 대한 미국의 통제력을 확립하고 그리하여 앞으로 다시 50년 이상 세계 경제에 대한 미국의 통제력을 확립하려는 더욱 장기적인 전략에서 나온 첫 전술적 행동이었던 것이다.[36]

to Iran Create New Risks for Washington", *New York Times*, June 8, 2006; F. Halliday, "Lebanon, Israel, and the 'Greater West Asian Crisis'", *openDemocracy*, August 18, 2006; W. Pfaff, "Can Bush Forestall Defeat?" *International Herald Tribune*, January 13~14, 2007; G. Kolko, "The Great Equalizer. Lessons from Iraq and Lebanon", *Japan Focus*, August 25, 2006.
  * 중심성. 중심적 역할과 지위.
36) David Harvey, *The New Imperialism*(New York: Oxford University Press, 2003), pp. 24~25, 75~78, 84~85, 190~92; 201~02.

이라크 침공의 예상치 못한 참담한 결과는, 1980년대와 1990년대 "세계화 프로젝트"의 결과 미국의 힘을 그토록 위협한 것이 무엇이었기에, 신보수주의자들을 이처럼 리스크 높은 이라크 투기로 몰아갔느냐는 질문을 제기한다. 미국이 지원하는 세계 무역과 자본 흐름의 자유화는 1970년대 이중 삼중의 위기 이후에 미국의 힘을 다시 크게 팽창시키지 않았는가? 저강도 전쟁을 신중히 구사하면서 미국-중심의, 미국이 조절하는 세계 시장을 적절히 운영하는 전략이야말로, 세계 정치경제에서 미국의 중심적 지위를 재생산하는 데 가장 좋은 보증 수표가 아니었는가?

그 모든 자유 시장의 수사(修辭)에도 불구하고, 부시 정부는 이른바 세계화의 중요한 제도적 측면을 구성하는 무역과 자본의 다자간 자유화 과정에 대해, 클린턴 정부가 그랬던 것만큼 결코 열광적이지 않았다. 게다가 "세계화"라는 말은 부시 대통령의 연설에서는 아주 가끔 등장할 뿐이었다. 한 대통령 고위 보좌관에 따르면, 그 단어는 "부시를 불편하게 만든다." 2003년 12월 부시 정부가 수입 철강에 대한 2002년 관세 때문에 WTO가 벌금을 부과하고 〔유럽연합이〕 23억 달러〔의 미국상품〕에 대한 보복 관세를 부과하겠다고 위협했을 때, 그 보좌관은 다음과 같이 설명했다. 현 백악관은 "1990년대에 잘못되었던 점이 우리가 미국의 이익을 첫째로 생각하는 것을 잊어버렸던 것이라고 생각하고 있다. 그런데 세계화는 대통령의 선택을 제약하고 미국의 영향력을 희석하는 많은 규제를 만들어내는 것처럼 들린다."[37]

---

37) D. Sanger, "While America Sells Security, China Is Buying Its Dollars", *New York Times*, December 7, 2003의 재인용. Chalmers Johnson, *The Sorrows of Empire: Militarism, Secrecy, and the End of the Republic*(New York: Metropolitan Books, 2004) p. 272도 참조. "9·11은 세계화의 전망에 궁극적인 타격이었다. 〔……〕 그러므로 〔……〕 미국은 '국익 최우선의 모드'로 후퇴했다. 〔……〕 이제 부시 대통령이 국경을 넘는 협력이나 통합에 대해 확신 있게 이야

세계화가 미국의 힘에 가하는 제약에서 자유로워지려는 부시 정부의 시도는 금융 영역에서 가장 명확하게 나타났다. 니얼 퍼거슨은 미국과 한 세기 전 영국의 금융적 위상을 대조하면서, 영국의 경우 헤게모니(hegemony)는 "역시 헤게머니(hege*money*, 돈의 지배)를 의미했다"고 지적하였다. 세계의 은행으로서 영국은 그 제국주의의 전성기에 "파운드화의 급락에 대해서는 전혀 걱정할 필요가 없었다." 반면에 미국은, "처음에는 아프가니스탄에서 이제는 이라크에서 '불량 정권'을 타도한 현재, 세계 최대의 채무국이다." 이러한 상황은 제5장과 제6장에서 토론한 미국 국제수지의 경상 계정에서 적자가 확대된 결과였다.

그러므로 미국의 입맛에 맞게 군사력으로 세계를 개조하려는 부시 대통령의 구상은 흥미로운 결과를 가져온다. 이에 따른 전쟁 수행 자금은——욕을 많이 먹은 프랑스를 포함한——유럽인들과 일본인들이 (마지못해) 내야 할 것이다. 그렇게 되면 악사에게 돈 낸 사람이 곡을 주문하는 원칙대로, 이들 국가들이 미국의 정책에 작은 영향력이라도 가지게 되지 않을까? 발자크는 일찍이 빚이 너무 많으면 채무자가 채권자들에게 힘을 갖게 되며, 빚을 적게 지는 것은 치명적이라고 말했다. 부시 씨와 그의 부하들은 이 교훈을 가슴속에 새겼던 것처럼 보인다.[38]

기할 때는 항상 테러와의 전쟁과 아주 좁은 맥락에서 이야기할 때뿐이다"(A. Martinez, "The Borders Are Closing", *Los Angeles Times*, June 1, 2005). 따라서 부시 정부는 다자간에서 쌍무적 자유무역협정으로 전환했다. 부시 정부가 지지하는 유일한 다자간 협상은 9·11테러 직후에 카타르 도하에서 발의된 새로운 세계 무역 협상이었으나, 이는 2년 뒤 주로 미국과 유럽의 농업 보조금 문제 때문에 칸쿤(Cancún)에서 화려하게 결렬되었다.

38) Niall Ferguson, "The True Cost of Hegemony", *New York Times*, April 20, 2003. 이 논의는 후에 다음 책에서 더욱 발전되었다. Niall Ferguson, *Colossus: The Price of America's Empire*(New York: Penguin, 2004), pp. 261~95.

그래프 7-1 경상수지가 세계 GDP에서 차지하는 비율

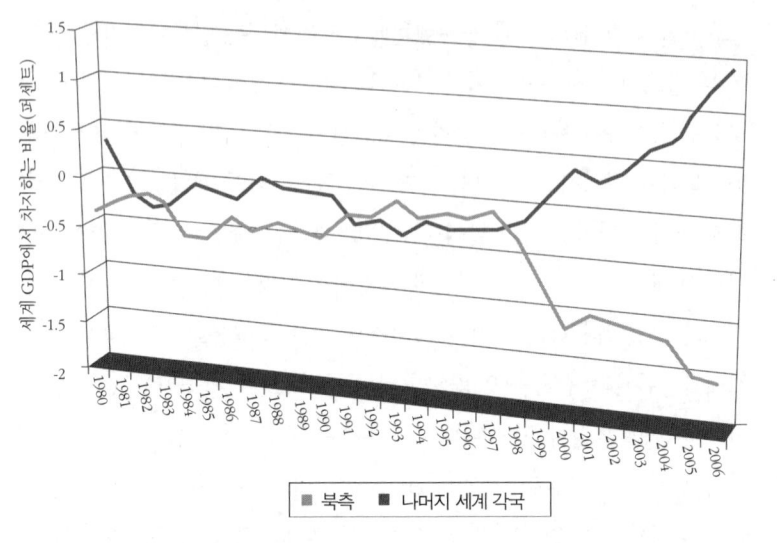

출전: IMF 세계경제전망 데이터베이스(IMF World Economic Outlook Database),
2006년 9월.

사실상, 미국의 거대한 경상수지 적자에 자금을 대준 주된 전주(錢主)
는 유럽인이 아니었다. 그래프 7-1에서 나타나듯이, 1997~98년의 아
시아 위기 이래로, 세계 북측 각국의 경상수지 **총합**은(즉 일본을 포함한
이전 제1세계), 대부분 미국의 적자 때문에 적자의 확대를 경험했다. 그
양은 나머지 세계(즉 예전의 제3, 제2세계)의 경상수지 흑자 확대 폭에
상당한다. 에필로그에서 살펴보겠지만, 이러한 분기(分岐)는 북측 그
리고 특히 미국의 세계 금융 지배가 가장 그 지배의 희생자가 될 것 같
았던 바로 그 국가들로부터 나오는 돈과 신용의 흐름에 갈수록 의지하
게 된 것과 관계있다. 당연하게도 미국의 한 두뇌 집단의 연구 책임자
는 현 정세의 위험성을 경고했다. "우리는 갈수록 우리의 가장 친한 친
구가 아니라 미국에 점점 더 큰 지분을 가진 채권자 그룹에 의존하고
있다." 39)
한동안 미국 경상수지 적자의 가장 중요한 전주는 단연 동아시아 정

부들이었다. 이들은 미국 국채를 대량으로 사들이고 달러 표시의 외환 보유고를 쌓아 올리는 데 몰두했는데, 그중 선두는 일본이었지만 갈수록 더 중요해진 것은 중국이다.[40] 이들 외국 정부들이 미국의 늘어나는 경상수지 적자에 자금을 공급하는 주요한 동기는 엄밀히 경제적인 것이라기보다는 정치적인 것이다. 퍼거슨도 "만약 어떤 개발도상국의 경상수지 적자가 해마다 폭이 늘어나 눈으로 확인할 수 있는 한 GDP의 5퍼센트 넘게 차지하고, 국가 예산이 흑자에서 적자로 바뀌었다면 매우 염려스러운 일이다"라는 취지의 케네스 로고프 국제통화기금(IMF) 수석 경제연구위원의 진술을 인용한다. 물론 로고프가 서둘러 덧붙였듯이, 미국은 "개발도상국"이 아니다. 그러나 로고프도 퍼거슨두 지적하지 않았지만, 미국은 평범한 "선진국"도 결코 아니다. 미국이 다른 나라 정부들과 국제기구, 무엇보다 맨 먼저 IMF에 기대하고 얻어내는 재정 운용

----

39) F. Kempe, "Why Economists Worry about Who Holds Foreign Currency Reserves", *Wall Street Journal*, May 9, 2006의 재인용.

40) "1990년대 외국인 투자는 미국 주식과 기업 인수에 수조 달러가 몰려들었으나 [이제—인용자] 그 자금의 대부분은 개인 투자자가 아니라 일본과 중국을 위시한 해외 정부로부터 나오고 있다. 이들의 목적은 이윤보다 환율의 안정화에 있었다. [……] 많은 경제학자들은 아시아의 중앙은행들이 제2차 세계대전 직후부터 1970년대 초까지 존속한 고정환율의 브레턴우즈 체제의 비공식적 버전을 창출했다고 주장한다"(E. Andrews, "The Dollar Is Down, but Should Anyone Care?" *New York Times*, November 16, 2004). 2004년 말까지 외국인들은 미국 주식의 13퍼센트, 회사채의 24퍼센트, 미 국채의 43퍼센트를 소유했다. R. J. Samuelson, "The Dangerous Dollar", *Washington Post*, November 17, 2004. 2006년 8월에 미국 국채의 최대 해외 보유국은 일본(6,640억 달러)으로, 중국이 그 뒤를 이었다(3,390억 달러). 중국의 미 국채 보유고는, 북측 보유국 중 최대인 3개국(영국, 독일, 캐나다)의 보유고 합산(3,000억 달러)을 능가했다. 게다가 어느 정도인지는 알려지지 않았지만, 2,000억 달러가 넘는 영국의 보유고에는 영국 금융시장과 기관을 통한 다량의 비영국인 투자자의 보유고가 포함되어 있다. F. Norris, "Accessory for a U. S. Border Fence: A Welcome Mat for Foreign Loans", *New York Times*, 4 November 2006에 나오는 데이터에서 계산함.

에서의 특혜적 대우는 어떤 다른 국가도, 아무리 "선진" 국가라도, 바랄 수 있는 것이 아니다. 이것〔미국의 특혜적 대우〕은 근본적으로 발자크 효과* 때문이 아니라, 오히려 세계 경제 내에 비할 바 없는 미국의 비중과 중심적 지위 때문이며, 미국의 군사력이 세계의 정치적 안정에 필수적이라는 (적어도 현재의 이라크 위기 이전의) 일반화된 인식 때문이다. 이러한 면에서 세계 정치경제에서 힘과 중심적 지위는 예전 영국보다 미국에 훨씬 더 중요하다. 왜냐하면 제5장에서 논했듯이, 영국은 미국이 누릴 수 없는 의지처가 있었기 때문이다. 바로 인도에 영토 제국을 건설하여 거의 자유자재로 재정적 · 군사적 자원을 수탈할 수 있었던 것이다.

그러므로 우리는 미국의 "헤게머니"(hegemoney) 없는 지배의 조건을 다음과 같이 요약할 수 있다. 상대적 쇠퇴 단계의 영국 경우처럼, 미국 경상수지 적자의 확대는 국내외에서 미국 기업의 경쟁적 지위 악화를 반영한다. 그리고 영국의 경우처럼, 비록 덜 성공적이긴 하지만, 미국 자본은 이러한 악화에 대해 세계적 금융 중개업으로 특화함으로써 부분적으로 맞섰다. 그렇지만 영국과 달리, 미국은 점점 더 경쟁적인 세계에서 정치–군사상 독보적 우위를 유지하기 위해 필요한 자원을 수탈할 수 있는 어떤 영토 제국도 가지고 있지 않다. 물론 영국 역시 결국에는 그 독보적 우위를 상실했다. 적수인 옛 제국들과 새로운 제국들의 경쟁이 강화되어 식민지 신민들의 반란에 유리한 환경이 만들어졌고, 제국을 유지하는 비용은 계속 상승해 제국으로 얻는 이익을 훨씬 상회했다. 영국의 제국 경영이 이윤이 남기는커녕 수지 균형을 맞추기도 점점 더 어렵게 되자, 영국은 점점 더 미국에 채무를 지게 되었다. 미국은 영국 혹은 그 어떤 경쟁국보다도 산업 전쟁에서 더 낮은 방위비와 더 큰 실력을 둘 다 갖추고 있었다. 시간이 지남에 따라, 이런 상황은 런던이 해외 제

---

* the Balzac effect: 앞에서 발자크가 말한, 채무가 너무 많으면 채무자가 채권자에게 힘을 갖는다는 것.

국을 포기하고 불만스럽지만 새로운 헤게모니 세력의 하위 파트너에 만족하게 만들었다. 그럼에도 불구하고 영국이 세계의 주도적인 채권국으로서 예전의 지위를 상실하는 데는 두 차례의 세계 전쟁이 소요되었다. 두 차례 전쟁으로 영국은 군사적으로는 승리했지만 재정적으로는 패배했다.[41]

반대로 미국은 영국보다 훨씬 일찍 그리고 더 심각하게 채무국이 되었는데, 미국의 소비주의적 경향 때문만이 아니라, 영국이 자국의 헤게모니 기간 동안 그랬던 것처럼 세계 남측에서 끊임없이 전쟁을 수행하는 데 필요한 모든 군대를 공짜로 끌어 쓸 수 있는 인도가 미국에는 없었기 때문이었다. 워싱턴은 이들 군대와 고도로 자본 집약적인 무기에 돈을 치러야 했다. 그 위에 해외 제국으로부터 공물을 수탈하기는커녕, 미국은 세계 금융시장에서 폭발적으로 늘어나는 경상수지 적자의 균형을 맞추는 데 필요한 자본을 위해 기를 쓰고 경쟁해야만 했다. 1980년대와 1990년대 미국의 이러한 활동은 크게 성공적이었지만, 미국이 끌어들인 자본은 영국의 국제수지 균형에 기여한 인도와 달리 공짜가 아니었다. 반대로 이 자본은 해외 거주자에게로 수입(收入)이 점점 더 빠져나가는 스스로 팽창하는 흐름을 만들어냄으로써, 미국의 경상수지 적자는 갈수록 균형을 잡기 어렵게 되었다.[42]

---

41) Giovanni Arrighi and Beverly J. Silver, *Chaos and Governance in the Modern World System*(Minneapolis, MN: University of Minnesota Press, 1999), pp. 72~87.
42) 그러므로 2006년 9월 말에 『월스트리트 저널』은 적어도 지난 90년 만에 처음으로 미국은 해외 투자에서 번 것보다 훨씬 더 많이 외국 채권자들에게 지불했으며, 이로써 유럽에서 거액을 빌려 쓰던 19세기 상태로 되돌아갔다고 보도했다. 그 거액을 이제는 유럽이 아니라 아시아로부터 빌린다는 사실 이외에도, 19세기 미국의 채무국 상태와 오늘날의 상태 사이에는 근본적인 차이가 있다. 19세기에는 차용한 돈이 철도와 다른 인프라 건설에 자금을 대어 미국 경제의 생산성을 강화했지만, 오늘날은 차입한 돈이 사적 소비와 공적 소비를 충족하는 데 들어가

1990년대 미국의 벨 에포크는 언제든지 악순환으로 바뀔 수 있는 선순환에 기초했다. 잠재적으로는 악순환인 이 선순환은 두 가지 조건의 시너지에 의존했다. 첫째, 미국이 세계에서 마지막으로 의지할 수 있는 시장이자 불가결한 정치-군사적 힘으로서 기능할 수 있음을 보여줄 수 있어야 한다. 둘째, 이 두 기능을 계속해서 수행하는 데 필요한 자본이 아무리 규모가 더 커져도 세계 나머지 각국이 미국에 기꺼이 공급할 능력과 의지가 있어야 한다. 소비에트 블록의 붕괴, 제1차 걸프 전쟁과 유고슬라비아 전쟁에서의 화려한 "승리", 신경제 거품의 출현, 이 모두는 한편으로는 미국의 부와 힘 사이의 시너지에 엄청난 자극을 주었으며, 다른 한편으로는 해외 자본의 유입을 가져왔다. 그러나 만약 이 조건 중 어느 하나라도 바뀐다면, 시너지는 거꾸로 작용하여 선순환을 악순환으로 바꿀 수 있었다.

신경제 거품이 터진 직후에 권좌에 오른 부시는 클린턴 시대의 정책들에 대해 "불편해"할 수많은 이유를 가지고 있었다.[43] 거품이 팽창하는 동안, 미국에 흘러들어온 대부분의 외국 자본은 이윤을 추구하는 민간 자본이었고, 민간 투자자들 자신은 조직되지 않은 대중으로 미국의 정책에 거의 혹은 전혀 영향력을 가지지 않았다. 그러나 지적했듯이 거

고, 미국은 더는 생산 경쟁력이 없다. M. Whitehouse, "US Foreign Debt Shows its Teeth as Rates Climb", *Wall Street Journal*, September 7, 2005; P. Krugman, "Debt and Denial", *New York Times*, February 8, 2006.

43) 이라크 침공 이전에, 불길하게도 거품이 꺼진 후의 미국과 일본의 비교가 유행했다. 2002년에 미국은 3년 연속으로 주식이 하락했으며 이 기록은 1939~41년 이래 최장의 주가 손실이라는 사실은 도움이 되지 않았다. D. Leonhardt, "Japan and the U. S.: Bubble, Bubble, Toil and Trouble", *New York Times*, October 2, 2002; S. Roach, "The Next Japan?" http://www.morganstanley.com (accessed October 21, 2002). 부시 정부가 국가 재정과 금융 수단을 모두 동원해 전례 없이 경기 부양책을 폈지만(아래를 참조), 2000년대 미국이 1990년대 일본의 경험을 반복할지 모른다는 두려움은 완화되기는 해도 결코 완전히 없어지지는 않았다.

품이 터진 후에 미국으로 유입된 자본은 보다 정치적이 되었고, 미국의 경상수지 적자에 자금을 지원하는 정부들은 필연적으로 미국의 정책에 대해 적지 않은 영향력을 확보했다. 이러한 예전보다 커진 영향력은 즉각적으로는 워싱턴에 전혀 문제가 되지 않았다. 왜냐하면 동아시아의 채권국들 대부분은, 그리고 무엇보다도 먼저 일본은 자국의 안전과 번영이 미국에 크게 의지하고 있다고 느꼈기 때문이다. 앞으로 살펴보겠지만, 이러한 상황은 중국이 미국을 대신할 동아시아의 수출과 투자 지역으로 그리고 미국의 중요한 채권국으로 등장하면서 급격히 바뀌었다. 그러나 중국이란 요소를 빼더라도, 외국 정부에 대한 금융적 의존의 심화는, 세계의 경제적 통합을 촉진하고 조절했던 다자간 및 쌍무적 교섭에서 국익을 추구하는 미국의 능력을 필연적으로 제약하였다. 예를 들어 1997년 6월에 미국 경제의 호황에 대해 클린턴 정부가 상당히 허풍을 떨었던 덴버의 G8 회담에서 돌아오는 길에, 일본 총리는 뉴욕 청중들에게 일본이 미국과 자동차 판매를 둘러싸고 협상을 벌이는 동안 미국 국채를 대량 팔고 싶다는 유혹을 받았다고 말했다. 그러자 그때 환율이 심하게 요동쳤는데, 그래도 미국은 오직 국내 문제에만 정신이 팔려 있는 것처럼 보였다. 한 시사평론가가 지적했듯이, 하시모토 류타로〔일본 총리〕는 "미국이 강건한 〔……〕 경제를 만들었다 하더라도 아시아의 중앙은행들이 그 권리증을 갖고 있다는 점을 워싱턴에 바로 상기시키고 있었다."[44]

9·11테러에 대해 다수의 전선에서 진행되는 장기전으로 대응하기로 부시 정부가 결정하자, 1990년대의 정책에서 전환할 필요성이 더욱 절실해졌다. 왜냐하면 출발부터 다른 국가들에 무거운 채무를 지고 있는 상태에서 이런 규모의 전쟁에 어떻게 자금을 댈지 방도를 찾아야 했기

---

44) W. Pesek, "Commentary: Across Asia, the Sounds of Sharpening Knives", *International Herald Tribune*, December 7, 2004.

때문이다. 이 질문에 대해서는 네 가지 가능한 대답이 있다. 세금의 인상, 외국인들에게 더 많은 자금을 빌리는 것, 전쟁 자체로 수지를 맞추는 것, 혹은 미 달러가 국제통화로 일반적으로 수용된다는 점을 이용하여 미국이 누리는 화폐 발행의 특권을 이용하는 것이다.

세금 인상은 생각할 필요도 없이 불가능했다. 광범위한 세금 감면 선언으로 선거에서 이긴 부시 정부는 세금을 인상하면 반드시 핵심 지지층을 멀어지게 만들 것이고, 그것은 정치적 자살이었다. 게다가 전쟁 수행에 대한 대중의 지지는 상당 부분 부시 정부가 불러일으킨 믿음, 즉 미국은 총과 버터 중에 하나를 선택해야 할 필요가 없으며 둘 그 이상을 가질 것이라는 믿음에 의지했다. 9·11 위기를 이용해 시작한 두 차례의 전쟁에서, 부시 정부는 오히려 세금을 깎은 만큼 이전 정부가 축적한 잉여를 소모했다. 프리드먼은 이를 회고하며 한탄한다. 미국은 "닷컴 거품 이후에 9·11 버블이 따라왔다. 〔……〕 첫 번째 거품은 무모한 투자자들이 자금을 댔지만, 두 번째 거품은 무모한 정부와 의회가 자금을 댔다."[45]

해외에서 더 많은 돈을 빌리는 것은 가능했지만 경제적·정치적 한계가 있었다. 경제적으로 그 한계는 2000~01년 월스트리트의 주가 급락 이후 9·11로 더욱 악화된 국내 경제를 회복시키기 위해 이자율을 낮게 유지할 필요성이었다. 정치적으로 그 한계는 부시 정부가 미국의 정책에 대해 외국 정부들이 더 많은 영향력을 가지는 것을 꺼렸다는 점이었다. 외국(특히 동아시아) 정부로부터의 차입은 그러나 9·11 이후 증가했으며, 이들의 영향력도 증가했다. 따라서 적자를 메울 자금을 대는 것은 갈수록 동아시아 중앙은행의 처분에 맡겨졌다. 그러나 이러한 정세는 채무를 늘리려는 의식적인 미국의 정책에 따른 결과라기보다는, 외국 정부들이 그들 나름의 이유로 미국의 통제를 벗어나 급등하는 경상수지 적자에 계속해서 자금을 대기로 한 결정에 따른 결과였다.[46]

45) T. Friedman, "The 9·11 Bubble", *New York Times*, December 2, 2004.

전쟁 자체로 수지를 맞추는 것은 말하기는 쉬워도 실행하기는 어려웠다. 앞에서 언급했던 미완의 아프가니스탄 전쟁에서 이라크 전쟁으로 전환한 것은 우선 이라크가 미국이 쉽게 승리하기에 더 유리한 지역이라는 기대 때문이었다. 이라크가 아프가니스탄보다 "더 나은 타깃"이라던 럼즈펠드의 유명한 발언은 이 점을 전형적으로 보여준다. 하지만 전환의 또 다른 이유는 이라크의 석유가 이라크와 서아시아 지역 전체에서 미국의 권력을 공고히 할 수 있는 수단을 제공할 것이라는 기대 때문이었다. 우리가 지금 알고 있듯이, 두 기대는 모두 이루어지지 못했다. 일단 "더 나은 이라크 타깃"을 얻어냈다고 하더라도, 이라크의 석유는 처음부터 끝없이 질질 끄는 전쟁의 빠르게 증가하는 비용을 부담힐 수는 없었을 것이다.

전쟁 이전에 관리들은 비용을 논의하기를 거부했으며, 오직 다음과 같이 주장했을 뿐이다.

비용은 미미한 액수일 것이다[라고]. 하지만 발포가 시작된 직후에 의회가 저지할 만한 입장이 전혀 아닐 바로 그때, 정부는 이라크 자유 기금(the Iraq Freedom Fund)을 위해 750억 달러를 요구했다. 그러더니 "임무 완료"를 선언하고 대대적인 세금 인하를 밀어붙인 뒤에 [……] 부시 씨는 의회에 870억 달러가 더 필요하다고 말했고, 돈이 제때에 오지 않으면 미국 병사들이 고통 받을 것이라고 경고했다.

1년 뒤에 그는 똑같은 경고를 하며 돌아와, 의회에 다시 250억 달러를 요구했다.[47] 2006년 말까지, 의회는 이라크와 아프가니스탄 전쟁, 그리

46) F. Norris, "Is It Time for the Dollar to Fall in Asia?" *International Herald Tribune*, October 22, 2004; E. Porter, "Private Investors Abroad Cut their Investments in the U. S", *New York Times*, October 19, 2004.
47) P. Krugman, "The Wastrel Son", *New York Times*, May 18, 2004.

고 다른 지역의 테러와 연관된 작전에 5천억 달러가 넘는 지출을 승인했다. 2007년에 입안된 테러와의 전쟁은 제2차 세계대전을 제외하고 미국이 치른 모든 전쟁의 (인플레이션을 고려해 조정한) 비용을 초과했다.[48]

세금은 올릴 수 없고, 해외에서 더 빌리는 것은 한계가 있고, 전쟁은 자체로 수지를 맞출 수 없었기 때문에, 미국의 화폐 발행 특권의 이용이 부시의 전쟁에 주된 자금원이 되었다. 한 시사평론가가 썼듯이, 이라크 침공 직후에, 냉소주의자라면 해외 국가들이 과대평가된 종잇조각[즉 달러]의 대가로 상품, 서비스, 자산을 미국에 제공하는 것을 "뛰어난 미국의 음모로" 보았을 것이다.

1980년대와 1990년대에 [미국의─인용자] 정책 입안자들은 금융시장을 자유화하라고 많은 나라들을 설득했다. 이러한 자유화는 일반적으로 금융위기, 통화위기, 혹은 양자의 결합으로 끝이 났다. 이런 재난들은 피해를 당한 국가들에서 국내 투자를 낮추었으며, 경상수지 적자에 대한 깊은 두려움을 주입하였고, 외환 보유고를 축적하려는 강한 욕구를 낳았다. 가장 안전한 길은 그 나라의 잉여 자금을 세계 최대의 경제와 가장 유동적인 자본시장에 투자하는 것이었다. 속기 쉬운 외국인들이 미국에 자금을 대라는 설득에 더는 넘어가지 않게 되면, 달러 가치는 하락할 것이다. 미국의 부채는 달러 표시이므로 하락 폭이 클수록 세계 나머지 각국에 대한 미국의 순 부채는 더 줄어들게 된다는 것이 드러날 것이다. 이런 식으로 그 "음모"의 최종 단계는 달러 평가절하를 통한 부분적인 채무 불이행이 될 것이다.[49]

---

48) P. Baker, "U. S. Not Winning War in Iraq, Bush Says for the First Time", *Washington Post*, December 20, 2006; "Costs of Major U. S. Wars", *Counter-Punch*, May 5, 2006.

49) M. Wolf, "A Very Dangerous Game", *Financial Times*, September 30, 2003. 미국 "음모"의 보다 복잡한 설명에 관해서는 다음을 참조. R. H. Wade, "The Invisible Hand of the American Empire", *openDemocracy*, March 13, 2003;

2004년 말에 『이코노미스트』는 지난 3년간 달러가 유로 대비 35퍼센트, 엔화 대비 24퍼센트 하락했다고 말하고, 외국인이 보유한 달러 자산 가치를 거의 11조 달러로 추산했다. "일부의 예측대로 만약 달러가 또다시 30퍼센트가량 하락한다면, 이는 사상 최대의 채무 불이행에 해당할 것이다. 전통적인 채무 불이행이 아니라 외국인 달러 자산 가치를 수조 달러나 깎아버린, 모르는 사이에 슬그머니 일어난 채무 불이행이다."[50] 결과적으로 이 "사상 최대의 채무 불이행"은 아직 일어나지 않았다. 그러나 그것이 일어나든 아니든, 미국이 총과 버터를 소비하기 위해서 자산을 훨씬 넘어서 화폐 발행 특권을 이용하는 것은, 세계 경제에서 미국의 실제적 경쟁력 감퇴를 반영하는 데 필요한 미국의 근본적인 구조조정을 잠시 연기할 수는 있어도 언제까지나 피하게 할 수는 없다.

이라크 침공 이전에 경쟁력 감퇴의 장기적 원인에 대해서는 제6장에서 이미 밝혔다. 이라크 침공 이래로, 더 많은 수의 미국 관찰자들이 저급한 기술의 노동 집약적 분야뿐 아니라 미국의 비교 우위의 주력인 하이테크의 지식 집약적인 분야에서도 이러한 경쟁력 상실을 한탄하고 있다.[51] 미국의 다국적 기업은 총수입과 이윤에서 증가를 보았다. 그러나

Andre Gunder Frank, "Meet Uncle Sam—Without Clothes—Parading around China and the World", http://www.rrojasdatabank.info/agFrank/noclothes.htm에서 이용 가능.

50) "The Disappearing Dollar", *The Economist*, December 2, 2004.

51) 여러 저작 중에서도 다음을 참조. Adam Segal, "Is America Losing its Edge?" *Foreign Affairs*(November-December 2004); J. Kumagi and W. Sweet, "East Asia Rising", *IEEE Spectrum Online*, October 19, 2004; W. J. Broad, "U. S. Is Losing Its Dominance in the Sciences", *New York Times*, May 3, 2004; E. Porter, "Innovation and Disruption Still Going Hand in Hand", *New York Times*, December 6, 2004; D. Baltimore, "When Science Flees the U. S", *Los Angeles Times*, November 29, 2004; T. Friedman, "Fly Me to the Moon", *New York Times*, December 5, 2004; K. Bradsher, "Made in U. S., Shunned in China", *New York Times*, November 18, 2005; P. G. Roberts,

그 증가분은 주로 해외에서 발생했으며 이들 회사들은 세계 시장에서 점유율을 계속 확보하려면 이윤을 해외에 재투자해야만 했다.[52] 다른 국가들의 통화를 재평가(가장 대표적으로 중국)하는 것은 경쟁력 상실의 구제책으로 널리 구사되지만, 도움이 될지는 몰라도 과거의 경험을 보면 좋은 방법이 아니다.

미국의 통화에 대한 강박증이 문제를 잘못 짚은 것이라는 증거는 아주 풍부하다. 1979년 이래로, 달러 대비 엔화 가치는 거의 3배나 되었다. 그러나 양자 간 관계에서 미국의 일본에 대한 처지는 전혀 의미 있는 개선이 없었다. 일본은 여전히 미국 제조업자의 오랜 혐오의 대상이다.[53]

세계 경제의 새로운 현실에 대한 미국의 조정은 미국 달러화의 평가절하 확대, 경상수지 흑자가 최대인 국가들의 통화에 대한 평가절상, 그리고 이들 국가의 흑자를 미국의 적자에 자금을 대는 것에서 다른 곳,

"Another Grim Jobs Report. How Safe Is Your Job?" *CounterPunch*, April 18, 2006; J. Perry and M. Walker, "Europeans' Appetite for Imports Benefits China at the Expense of the U. S", *Wall Street Journal*, September 11, 2006.

52) L. Uchitelle, "Increasingly, American-Made Doesn't Mean in the U. S. A", *New York Times*, March 19, 2004.

53) J. Kynge and C. Swann, "US Risks Paying High Price for Calls over Currency Flexibility", *Financial Times*, September 26, 2003. 유사하게 2001년 7월과 2006년 3월 사이 유로화는 달러에 대해 44퍼센트가 올랐으나 유로 지역에 대한 미국의 양자 간 적자는 75퍼센트가 증가했다. C. Swann, "Revaluation of the Renminbi 'Will Do Little to Reduce US Deficit'", *Financial Times*, March 28, 2006. 더 일반적으로 말하면, 2001년과 2004년 달러 가치의 대폭적인 평가절하는 미국의 무역 적자를 줄이기는커녕, 적자 폭에서 6,177억 달러라는 신기록을 세우게 했다. 그래프 5-2에서 나타나듯이, 미국의 경상수지 적자는 1990년대 중반 이래로 달러가 평가절상되든지(1995~2000) 아니면 평가절하되든지(2001~04) 간에 상관없이 줄곧 확대되어 왔다.

특히 동아시아에서의 수요 창출에 투여하도록 경로를 조정하는 것 등의 결합일 것이다. 이 최종적인 조정은 달러의 패주를 통해 "난폭할" 수도 있고, 혹은 "부드러울" 수도 있을 것이다.[54] 어느 쪽이든, 조정은 불가피하게 세계 경제 자원에 대한 미국의 지배력이 더욱 감소하고, 세계 경제에서 미국 시장의 비중과 중심적 지위가 줄어들며, 국제적인 지불 수단과 준비통화로서 달러의 역할이 축소되는 결과를 가져올 것이다.

부시 정부는 미국의 경쟁력을 강화하기 위해 달러의 평가절하와 외국인에 대한 채무 불이행에 과도하게 의존하는 것에 따르는 리스크를 어느 정도 알고 있음을 보여주었다. 2003년 6월 도하 회의에서, 존 스노 (John Snow) 재무장관은 다른 G7 국가의 재무장관들을 설득하여 시장이 환율을 결정해야 한다는 공동 성명에 서명하도록 했다. 그 성명은 워싱턴이 공식적으로 클린턴 시대의 강한 달러 정책을 포기했으며 그리고 곧 달러 가치가 신속하게 여타 통화에 대비해 다이빙하며 하락할 것을 보여주는 신호로 받아들여졌다. 그러나 그 다이빙이 패주가 되려고 할 때마다, 미국 관리들은 강한 화폐의 중요성에 대한 주문을 반복했다. "시장에 있는 누구도 [그것이−인용자] 무엇을 의미하는지 확실히 알지 못한다. 그러나 그것이 [시장에 대한 국가의] 개입의 시작을 알리는 경우에 한해서, 그들은 숨어서 그린백[greenbacks, 달러]을 파는 것을 멈춘다."[55]

시장의 혼란은, 부시 정부가 수사적으로는 강한 통화의 중요성을 고수하면서도 2001년의 주가 폭락 이후 미국 경제의 회복을 지탱하고 테러와의 전쟁에서 확대되는 비용을 대기 위해 극도로 방만하게 통화와 재정을 운용했다는 모순을 생각하면 전적으로 이해가 된다. 이러한 극

54) M. Wolf, "A Very Dangerous Game", *Financial Times*, September 30, 2003.
55) C. Denny, "Trap a Dragon, Mr. Bush, and Lose an Election", *Guardian*, November 3, 2003.

도의 방만한 운용은 베트남 전쟁이 끝날 무렵의 미국 정책을 생각나게 한다. 이때 닉슨 정부의 존 코널리(John B. Connally) 재무장관이 [미국의 방만한 정책을] 걱정하던 세계에 대해 한 말은 유명하다. "달러는 우리의 통화이지만, 당신들의 문제이다."[56] 그렇지만 마침내 하락하는 달러는 미국의 문제가 되었다. 1980년 1월의 아주 단기간 동안, 금 가격이 1온스에 875달러라는 신기록을 세우며 상승하자, 이는 1971년부터 시작된 사실상의 달러본위제도가 곧 종언을 고할 것이라는 신호처럼 보였다. 1971년 그해에 미국은 1온스에 35달러라는 고정 가격으로 금을 사겠다는 공약을 포기했던 것이다. 결과적으로는, 달러는 패주에서 회복되었고, 사실상의 달러본위제는 지금까지 유지되고 있다. 이러한 경험에 비추어, 부시 정부가 기꺼이 미국의 화폐 발행 특권을 한계까지 남용하려고 하는 것은, 아마도 나쁜 상황이 최악으로 가더라도 워싱턴은 벼랑 끝에서 뒤로 물러서서 다시 20년간 경쟁자 없는 화폐 발행권을 누릴 수 있다는 믿음을 반영하는 것 같다.[57]

그렇지만 1970년대 말의 상황에 필적하는 새로운 달러 패주가 벌어질 경우, 이제는 미국이 세계 통화 체계에서 다시 우세한 위치에 서기가— 불가능하지는 않지만—훨씬 더 어려울 것이다. 1980년대에 미국 달러는, 미국 통화 정책의 극도의 방만에서 극도의 긴축으로 갑작스럽고 급격한 반전과 이에 동반한 기록적인 이자율, 세금 감면, 자본주의적 생산자와 투기자에 대한 재량권의 확대 등을 통해 전 세계 자본에 대한 미국 경쟁력을 강화함으로써, 세계 화폐로서의 지위를 되찾았다.[58] 그러나

56) M. Landler, "Sidelined by U. S. and Asia, Singing the Euro Blues", *New York Times*, December 12, 2004.

57) 이러한 신념은 폴 오닐(Paul O'Neill)이 보고한, "레이건은 적자가 문제가 안 된다는 것을 증명했다"("Reagan proved that deficits don't matter", J. Cassidy, "Taxing", *The New Yorker*, January 26, 2004에서 재인용-)는 체니의 주장에도 은연중에 엿보인다.

이러한 정책 반전은 엄청난 양의 자본을 끌어들이는 데 크게 성공했지만, 미국을 채권국에서 세계의 주요 채무국으로 바꾸어놓았다. 미국의 채권국들은 이렇게 덩치 큰 채무자의 발밑에서 깔개를 낚아채려는 [넘어뜨리려는] 생각은 접을지도 모른다. 실제로 지금 그런 것처럼. 발자크에게는 실례이지만, 이들 채권국들이 그럼에도 불구하고 대폭적인 통화 평가절하를 통해 부분적으로 채무를 불이행해온 나라에 대해서 대출금을 다시 두 배로 더 준다는 것은 전혀 말이 안 된다.[59] 게다가 예외적으로 많은 자본 유인책을 이미 인정해준 미국에는 새로운 달러의 패주 상황에서 더 줄 만한 것이 거의 남아 있지 않다. 이러한 상황에서, 즉 전례가 없는 막대한 채무와 자본 유인책의 고갈이라는 상황에서, 레이건 시대에 기획한 것 같은 이자율의 인상은 경제를 강건하게 회복시킬 수 있다는 보장도 없는 상태에서 훨씬 더 심각한 국내적 위축을 야기할 수도 있다. 이자율의 대폭 상승은 그러므로 달러의 패주에서 비롯된 미국 경제의 상대적인 규모 축소를 완화하기보다는 악화시킬 것이다.

여기에 우리는 1970년대 말에는 국제통화로서 미 달러를 대신할 만한, 혹은 있다 해도 실행 가능한 대체통화가 없었다는 점을 덧붙여야 한다. 유로화는 실체가 아니라 여전히 기획 단계였다. 신속히 평가절상되던 독일 마르크화와 일본 엔화는 세계 경제에서의 비중도, 국제적 지불수단과 준비통화가 되는 데 필요한 국가적·제도적 지원도 없었다. 달러에서 도망쳐 나와도 달리 갈 곳이 없었던 자본은 따라서 주로는 금으로 몰렸다. 그러나 어떤 자본주의 강국도 세계 경제의 침체기에 금을 통화로 재통용할 생각이 없었으며, 특히 그러한 재통용이 소련의 영향력을 강화할 것이라는 관점에서 그러했다. 이러한 환경하에서, 달러본위

---

58) 제5장과 6장에서 보았듯이, 정책의 반전은 카터 치하에서 시작되었지만 오직 레이건 치하에서 현실화했다.

59) M. Wolf, "The World Has a Dangerous Hunger for American Assets", *Financial Times*, December 8, 2004.

제를 보전하려는 미국의 시도는 세계 통화 조절에서 주요 국가 전체의 적극적인 협력에 의존할 수 있었다.

이러한 점에서 오늘날의 정세는 역시 아주 다르다. 주요국 정부들은 지금도 달러본위제를 보전하려는 미국 정부에 대체로 기꺼이 협력하려 할 것이다. 그러나 이러한 자발성은 예전과는 다른 토대, 그리고 1980년대 그들이 그랬던 것보다 미국에는 덜 유리한 토대에 의지한다. 로런스 서머스 전 재무장관이 최근 언급했듯이, 미국의 외국 돈에 대한 의존은 "심지어 외국 에너지에 대한 의존보다도 더 비참한" 것이다.

실은 은행에 미국 통화와 유가증권을 보유한 국가들은 미국의 번영도 보유한다. 이러한 전망은 미국인들을 불편하게 만들 것이다. 세계 최강국이 세계 최대의 채무국이라는 것은 이상야릇한 데가 있다. 물론 흥청망청 쓰는 초강대국에 자금을 대는 외국 정부들과 투자자들이 달러 보유고를 갑자기 싸게 팔아 미국 경제를 파산시킬 아무런 동기가 없다는 것은 사실이다. 그 경우 발생하는 금융위기는 그들 국가 경제에도 역시 심각한 손해를 입힐 것이다. 그러나 드디어 냉전의 군사적인 공포의 균형에서 빠져나온 상황에서, 미국은 만약 피할 수만 있다면 이와 같은 [냉전의 핵무기 아래 공포의 균형과 마찬가지로] 상호 확증 파괴의 새로운 버전을 쉽게 받아들이지 않을 것이다.[60]

정말로 미국이 이 새로운 "공포의 균형"*을 자국에 유리하게 해결하기는 소련과의 경우보다도 훨씬 더 어렵다. 앞에서 지적했듯이, 냉전 동안 미국의 결정적인 우위는 금융적인 것이었다. 그러나 새로운 대결에

---

60) Lawrence H. Summers, "America Overdrawn", *Foreign Policy* 143(2004).
* 냉전 시대 핵 보유국 사이의 관계를 달러와 국채의 보유자와 미국의 관계에 빗댄 것.

서, 금융적 힘은 미국에 유리한 것이 아니라 불리하다. 미국이 화폐 발행의 특권을 남용하여 다시 한 번 달러의 패주를 가져온다면, 유럽과 동아시아 정부들은 달러본위제에 대한 실행 가능한 대안을 창출하기에 25년 전보다 훨씬 더 좋은 위치에 있다. 그럼에도 불구하고 우리는 이 문제에서는 관성(慣性)이 가장 중요하다는 것, 그리고 달러의 왕좌를 박탈하는 데는 어떤 다른 한 화폐가 그 자리를 가져갈 필요는 없다는 것을 명심해야 한다.

현재의 통화를 몰아내는 것은 몇 년이 걸릴 것이다. 스털링화는 미국의 GDP가 19세기 말에 영국의 GDP를 따라잡은 후에도 적어도 반세기나 중심적인 국제적 역할을 유지했다. 그러나 최종적으로는 그 지위를 상실했다. 만약 미국이 지금과 같은 낭비적인 노선을 계속한다면, 달러는 비슷한 운명을 걸을 것이다. 그러나 미래에는 유로와 같은 하나의 화폐가 그 자리를 이어받을 것 같지는 않다. 대신 세계는 달러, 유로, 엔(혹은 앞으로 언젠가는 위안화도 확실히) 사이에서 다중의 준비통화 체계로 흘러갈 것 같다. 〔……〕 달러화로부터 이탈이 천천히 안정적으로 이루어진다면 아마도 상황은 조종할 수 있을 것이다. 그러나 만약 미국이 계속해서 자국 통화를 이렇게 방치한다면, 그 결과는 달러의 급격한 하락과 미국 이자율의 상승이 될 것이다.[61]

요약하면 많은 비판자들의 말처럼, 부시 정부는 하락하는 미국 달러는 미국의 문제가 아니고 오히려 적과 아군이 미국의 전쟁 수행과 경제성장의 자금을 대도록 만드는 매우 효과적인 수단이라고 생각했을 것이다. 실제로는 2000년대의 달러 하락은 1970년대의 달러 하락보다도 미국 헤게모니의 훨씬 심각한 위기의 표현이었다. 진행이 점진적이든 난폭하든 간에, 달러 하락은 세계 정치경제 내에 중심적 지위를 유지할 수

---

61) "The Passing of the Buck?" *The Economist*, December 2, 2004.

있는 능력을 상대적 · 절대적으로 상실했음을 표현한다(그리고 그러한 상실의 한 요소이다). 이러한 상실의 정도와 성격을 전면적으로 평가하기 위해서, 우리는 돌이켜 보면 신보수주의의 제국주의 프로젝트의 최대 실패라고 할 수 있는 것, 즉 중국이 세계 정치경제의 새로운 잠재적 중심이 되지 못하도록 하는 데 실패한 것에 초점을 돌려야 한다.

차이나 신드롬

9·11의 직전에 존 미어샤이머는 중국의 경제적 부상이 미국의 힘에 주는 의미에 대해서 예측과 처방을 하면서, 최근 미국 국제관계 이론 중 가장 야심작인 『강대국 정치학의 비극』을 끝맺었다.

> 중국은 지역 헤게모니를 운영할 충분한 〔경제적—인용자〕 힘을 가지는 수준에서는 아직 한참 멀리 있다. 그러므로 미국이 〔……〕 중국의 발흥을 늦출 수 있는 뭔가를 하기에 〔……〕 너무 늦은 것은 아니다. 사실상 국제 체계의 구조적 지상 명령〔즉 경쟁 권력의 견제〕은 강력해서 아마 미국은 가까운 시일 내에 건설적 포용 정책(constructive engagement)을 포기할지도 모른다. 사실상 새 부시 정부는 이 방향으로의 첫 단계에 들어갔다는 조짐이 있다.[62]

---

62) John J. Mearsheimer, *The Tragedy of Great Power Politics*(New York: W. W. Norton, 2001), p. 402. 미어샤이머의 주장은 1992년 울포위츠의 주장, 즉 대외 정책의 목적은 "그 어떤 〔자국에〕 적대적인 강국도, 그곳을 통제하면 세계적 강국이 될 수 있는 충분한 자원이 있는 지역을 지배하지 못하도록 하는 것"이어야 한다는 주장을 그대로 반영하고 있다(Chalmers Johnson, *The Sorrows of Empire: Militarism, Secrecy, and the End of the Republic*, New York: Metropolitan Books, 2004, pp. 85~86에서 재인용). 미어샤이머는 9·11이 일어난 지 여덟 달 후 한 인터뷰에서 그의 입장을 되풀이했다. "미국은 〔……〕 제1차 세계대전에서 독일을 굴복시켰듯이, 제2차 세계대전에서 일본 제국을 굴복시

결과적으로 이라크 수렁에 빠짐으로써, 부시 정부는 중국에 대한 건설적 포용 정책을 포기하기보다는 더 많이 포용할 수밖에 없게 되었다. 2003년 방콕에서 열린 아시아태평양경제협력체(APEC) 회담에 가는 길과 돌아오는 길에, 부시는 지리적으로도 수사적으로도 한때 그의 정부의 국가 안보 정책의 중심이었던 국가를 피해 갔다.[63] 『파이낸셜 타임스』가 지적했듯이, 이것은 "대통령이 된 첫 주에 중국을 미국의 '전략적 경쟁자'라고 주장하며, 중국에 대한 클린턴 식 포용 정책과 단절을 선전하면서 취임한 대통령에게는 커다란 전환"이다. 서아시아의 안보 문제가 미국 정부를 더욱 무겁게 짓누를수록, 중국의 위협에 대한 경고는 심지어 클린턴 치하보다 더욱 베이징 포용 정책에 밀려났다. 그 반전은 완벽해서, 백악관은 중화인민공화국과 국교를 재개한 닉슨 이래 어느 정부보다도 더 좋은 관계를 유지하고 있다고 자랑할 정도였다.[64]

켰듯이, 그리고 냉전에서 소련을 굴복시켰듯이, 중국을 봉쇄하고 중국을 굴복시키기 위해서라면 그 어떤 일도 서슴지 않을 것이다." 동시에 그는 "중국의 경제 발전을 늦추는 것은 거의 불가능할 것이다"라고 인식하였다. 그의 주장에 따르면 더 효과적인 전략은 미국이 일본, 베트남, 한국, 인도 그리고 러시아를 포함한 정치적·군사적 "균형적 연합"을 가동하는 것이다. 미국은 중국과의 국경 분쟁에서 러시아를 후원할 수 있고, 중국과의 해상 운송로 분쟁에서 일본을 후원할 수 있으며, 혹은 "타이완을 위한 전쟁으로 갈 수도 있다"(Harry Kreisler, "Through the Realist Lens", *Conversations with History, Conversation with John Mearsheimer*, Institute of International Studies, UC Berkeley, April 8, 2002).

63) "폴 울포위츠와 루이스 리비(Lewis Libby)가 기초한 1992년 『국방 정책 안내』의 초안에서, 미국의 패권에 대한 새로운 경쟁자가 나타날 가능성이 가장 높은 곳이 어딘지는 불명확했다. 중국뿐 아니라 유럽과 일본도 후보에 있었다. 하지만 부시 정부가 취임할 때까지, 이 패권 독트린의 발의자들은 가까운 장래에 나타날 유일하게 가능성 있는 대등한 경쟁자를 중국으로 보았다"(John Gershman, "Remaking Policy in Asia?" *Foreign Policy in Focus*, November 2002, available at http://www.fpif.org).

64) J. Harding and P. Spiegel, "Beijing Looms Large in the White House's

제10장에서 살펴보겠지만, 워싱턴은 미어샤이머가 선호한 정치적·군사적 "균형적 연합"과 같은 것도 포함하여 다양한 전략을 통해 중국을 견제하려는 생각을 결코 포기한 것은 아니었다. 그렇지만 미국이 테러와의 전쟁에 더욱 휩쓸릴수록, 또 해외의 싼 신용과 상품에 더욱 의존할수록, 중국은 더욱 성공적으로 미어샤이머가 생각한 것과 다른 "구조적 지상 명령"〔중국과의 제휴〕을 작동시킬 수 있다. 크루그먼이 지적했듯이, 미국 재무장관이 위안화의 재평가를 요구하러 베이징에 갔을 때 만족스러운 결과를 얻지 못한 것은, 중국의 미국에 대한 무역 흑자가 다른 국가들과의 무역 적자로 대부분 상쇄되기 때문이었다. 그러나 또 다른 이유는 이것이었다.

미국은 최근에 중국에 대해 영향력이 거의 없다. 부시 씨는 북한을 다루는 데 중국의 도움이 필요하다. 〔……〕 게다가 중국 중앙은행의 재무부 단기 증권 구입은 미국이 무역 적자에 자금을 조달하는 주요 수단 중의 하나이다. 〔……〕 이라크 공습 작전(Operation Flight Suit)이 끝난 지 단 4개월 만에, 초강대국은 과거 자신이 무례하게 굴었던 각국에 도와달라고 부탁하는 처지가 되었다. 임무 완료![65]

게다가 부시 정부는 위안화 재평가를 압박하는 수단으로 중국 수입품에 관세를 부과하는 조치가 역작용을 일으킬 수 있다는 위험성을 잘 알고 있었다. 부시의 경제 고문인 그레그 맨큐(Greg Mankiw)가 반복해서 진술했듯이, 미국의 일자리는 대부분 중국의 경쟁력이 별로 없는 산업 분야, 기계, 운송장비 그리고 반도체에서 사라졌다. 더 중요한 것은,

Defence Strategy", *Financial Times*, October 17, 2003. 또한 R. Cohen, "The Iraqi Silver Lining: Closer U. S.-China Ties", *International Herald Tribune*, December 13, 2006 참조.
65) P. Krugman, "The China Syndrome", *New York Times*, September 5, 2003.

위안화를 평가절상해도 중국 수입품 대신에 다른 더 비싼 외국 공급자들의 상품이 들어올 뿐이라는 점이다. 그 결과 미국은 인플레이션이 일어나고, 경쟁력은 더욱 상실하고, 일자리는 늘기보다 오히려 줄어들 것이다.[66]

중국의 강한 경제적 영향력과 서아시아에서 워싱턴의 곤경이 함께 작용하자, 양국 간의 상호 관계에서뿐만 아니라 제3자에 대한 이들 각각의 입장에도 곧바로 영향이 나타났다. 2003년 방콕 APEC 회의 전야에, 『뉴욕 타임스』는 아시아의 정치 · 경제 지도자들이 미국의 헤게모니가 "미묘하지만 확실하게 쇠퇴하고 있으며, 그만큼 아시아 국가들은 중국을 점점 더 중요한 지역 강국으로 〔보았다—인용자〕"고 보도했다. 비록 미국이 아직 이 지역의 최대 교역 상대국이지만, 중국은 신속하게 따라잡고 있으며, 곧 미국의 가장 중요한 두 전략적 동맹국인 일본과 한국에서 미국보다 더 큰 교역 상대국이 되었다. 더 중요한 것은, 아시아 지역의 현 정치 정세에 대한 인식이 급격히 바뀌었다는 점이다. 한 저명한 싱가포르 사업가는 1년 전에 중국을 약한 동남아시아 경제를 질식시키려는 거인이라고 비난했지만, 2003년 가을에는 전혀 다른 이야기를 했다. "중국은 이웃들을 기쁘게 하고 원조하고 수용하는 데 최선을 다하고 있다고 인식하지만, 미국은 점점 더 자국의 대외 정책에 몰두하여 모든 사람에게 그 어젠다를 따르라고 위협하는 나라로 인식한다."[67] 2006년까지 이러한 인식의 전환은 정세의 지정학에도 똑같이 급격한 변화를 가져왔다.

66) "Mr. Wen's Red Carpet", *The Economist*, December 11, 2003.

67) J. Perlez, "Asian Leaders Find China a More Cordial Neighbor", *New York Times*, October 18, 2003; "With U. S. Busy, China Is Romping with Neighbors", *New York Times*, December 3, 2003; P. Pan, "China's Improving Image Challenges U. S. in Asia", *Washington Post*, November 15, 2003; G. Kessler, "U. S., China Agree to Regular Talks", *Washington Post*, April 8, 2005.

과거 50년 동안 동남아시아 안보에서 안보상의 조치를 가져온 많은 조정들은 중국 공산주의의 팽창을 막는 보루로 설계되었다. 전통적으로 동남아시아의 지도자들은 미국이 지역 안보를 지탱해준다고 보았으나, 이제 동남아시아는 베이징과 관계를 강화할 필요성을 거리낌 없이 말하고 있다.[68]

할리우드 영화에서 MTV까지 미국의 호소력이 가장 강한 문화 영역에서조차 미국의 영향력이 감퇴하고 있다는 조짐들이 나타났다. 9·11 이후 비자를 얻기가 어려워지자 점점 더 많은 수의 아시아인들이 미국 방문을 단념하고 유학생과 관광객으로 중국에 가기 시작했다. 문화적 교환은 쌍방향으로 흘러갔다. 중국인들은 아시아 지역의 해외 관광객 중 압도적 다수를 차지한다. 아시아의 학생들은 급격히 늘어난 중국에서의 고등 교육 기회를 이용하였으며, 반면 비싼 미국의 교육비를 감당할 형편이 못 되는 중산층의 중국 학생들은 동남아시아의 대학으로 진학했다.[69]

그러나 중국 영향력의 부상이 가장 두드러진 것은 경제 영역이었다. 2001~04년에 중국은 세계 수입 물량의 전체 증가분 가운데 3분의 1을 차지하여, "동아시아 나머지 국가를 위한 기관차"가 되었으며, 일본의 경제 회복에 큰 역할을 담당했다.[70] 중국의 이와 같은 주도적인 경제적 역할은 "아시아에서 진행 중인 지정학적 권력 이동을 가리키는 또 하나의 증거"로 받아들여졌다.

---

68) D. Greenlees, "Asean Hails the Benefits of Friendship with China", *International Herald Tribune*, November 1, 2006.

69) J. Perlez, "Chinese Move to Eclipse U. S. Appeal in South Asia", *New York Times*, November 18, 2004.

70) "The Passing of the Buck?" *The Economist*, December 2, 2004. 2004년에 중국은 미국을 추월하여 기록이 시작된 이래 일본의 최대 교역 상대국이 되었다.

몇 년 사이에 중국은 경제 강국의 하나가 되었으며 한때 미국이 누구도 도전 못할 지위에 있었던 지역에서 점점 더 유력한 정치 세력이 되었다. 〔……〕 중국의 새로운 지위에서 많은 부분은, 중국이 세계의 주요 교역국가의 하나로 등장하고 그 과정에서 수출 지향적인 이웃들에게 중요한 시장으로 등장한 데서 생겨났다. 그러나 베이징의 새로운 지도자들이 과거의 분쟁은 잊어버리고 약자를 괴롭히기보다는 다른 나라들과 잘 사귈 준비가 되어 있음을 보여주면서, 이러한 힘에는 강한 정치적 의미가 생겨났다.[71]

이러한 이동에서 필수적인 요인은 미국에 대비한 중국의 상대적 중요성이 심지어 동아시아 지역 밖에서도 커진 것이었다. 동남아시아 중에서도 중국과 인도 사이의 무역은 1994년의 3억 달러에서 2005년에는 200억 달러 이상으로 성장하여, 양국 관계는 "완벽히 유턴"했고 정부와 비즈니스 분야에서 비슷한 수준으로 전례 없는 정도의 상호 포용이 이루어졌다.[72] 2004년 10월 베이징과 테헤란의 대규모 석유 협정 체결은 워싱턴이 서아시아에서 "세계의 석유 마개"에 대한 통제를 강화하는 데 실패한 것을 알리는 극적인 사건이었다.[73] 더 남쪽으로는 석유가 중국의 아프리카 진출에 기름을 부었다. 2000년에 베이징은 자발적으로 아프리카 국가들의 채무를 포기하였고, 그 후 5년 사이에 아프리카와 중국

---

71) T. Marshall, "China's Stature Growing in Asia", *Los Angeles Times*, December 8, 2003.

72) A. Greenspan, "When Giants Stop Scuffling and Start Trading", *International Herald Tribune*, September 14, 2004; N. Vidyasagar, "Meet India's Future No 1 Bilateral Trade Partner", *The Times of India*, February 9, 2005; S. Sengupta and H. French, "India and China Poised to Share Defining Moment", *New York Times*, April 10, 2005; W. N. Dawar, "Prepare Now for a Sino-Indian Trade Boom", *Financial Times*, October 31, 2005.

73) K. Afrasiabi, "China Rocks the Geopolitical Boat", *Asia Times Online*, November 6, 2004.

간의 무역은 겨우 100억 달러 미만에서 400억 달러가 넘게 증가했다. 매년 더 많은 중국인 기업가들이 —2006년은 2003년의 10배나 더 많은 수가— 아프리카에 와서 유럽 회사들이 비즈니스를 하는 데 관심을 가지지 않는 지역에 투자를 하고, 한편 중국 정부는 (타이완을 국가로 승인하지 말라고 요구하는 것을 제외하고는) 서구의 원조에 붙어 있는 그런 부대조건은 전혀 없이 개발 원조를 제공한다. 아프리카의 지도자들은 무역, 원조, 정치적 동맹을 위해 갈수록 동양을 주시하게 되었고, 이는 아프리카 대륙이 유럽·미국과 맺어온 역사적 유대를 흔들었다.[74] 마찬가지로 중요한 것이 중국의 남아메리카 진출이었다. 부시가 칠레에서 열린 2004년 APEC 회담에 휙 지나가듯이 방문하고 만 것과 달리, 후진타오는 아르헨티나, 브라질, 칠레, 쿠바를 2주에 걸쳐 방문했으며, 300억 달러가 넘는 새로운 투자를 공표하고, 중국에 필수 원료 제공을 보장할 장기 계약에 서명했다. 정치적 파급 효과는 브라질 및 베네수엘라와 가장 빠르게 진전된 것처럼 보이는데, 브라질의 룰라는 베이징의 "전략적 동맹" 구상을 연이어 선보였다. 베네수엘라의 우고 차베스는 중국에 대한 석유 판매 증가를 미국 시장에 대한 의존에서 벗어날 수 있는 길로 찬양했다.[75]

2004년에 이르면 유럽연합(EU)과 중국은 서로 주요 교역 파트너가 되어가고 있었다. 상대를 "전략적 파트너"로 지목하고 잦은 연석회의와

---

74) J. Murphy, "Africa, China Forging Link", *Baltimore Sun*, November 23, 2004; K. Leggett, "Staking a Claim", *Wall Street Journal*, March 29, 2005; E. Economy and K. Monaghan, "The Perils of Beijing's Africa Strategy", *International Herald Tribune*, November 1, 2006; "Africa and China", *The Economist*, November 3, 2006.

75) L. Rohrer, "China Widens Economic Role in Latin America", *New York Times*, November 20, 2004; J. Forero, "China's Oil Diplomacy in Latin America", *New York Times*, March 1, 2005. 또한 R. Lapper, "Latin America Quick to Dance to China's Tune", *Financial Times*, November 10, 2004 참조.

공식 방문까지 함께 이루어지면서, 더욱 밀접해지는 이들 경제 관계로 인해 국제 문제에서 "중국-유럽" 축의 등장을 말하는 목소리가 생겨났다. "축"은 아마 너무 강한 단어일 것이다. 그러나 만약 이러한 동맹이 실제로 등장한다면, 그것은 대체로 미국의 금융·군사 정책이 세계의 안보와 번영에 심각한 위협이 되고 있다는 공통의 인식 때문일 것이다. EU 집행위원회의 한 관리는 이렇게 설명한다. "미국은 모든 EU-중국 회담 테이블에서 자리에는 없어도 관계국이나 마찬가지인데, 압력이란 측면에서가 아니라 다자주의를 발전시키고 미국의 [……] 행동을 [……] 제약한다는 우리의 상호 이해관계라는 측면에서 그러하다."[76]

중국은 또한 다자간 무역 자유화의 촉진에서도 미국을 누르기 시작하였다. 지역적으로 중국은 동남아시아국가연합(ASEAN) 각국과의 통합을 성공적으로 추구하였으며, 한편으론 동시에 일본·한국·인도와의 경제적 관계를 모색했다. 국제적으로, 중국은 브라질·남아프리카·인도와 결합하여 칸쿤에서 열린 2003년 WTO 회담에서 세계 남측에는 시장 개방을 강요하면서도 자국의 시장, 특히 남측이 가장 비교우위를 가진 분야에서는 격렬히 보호주의적이었던 세계 북측의 이중 잣대에 대항하여 G20의 공세를 주도하였다. 이러한 면에서도 역시 중국의 자세는 미국이 칸쿤에서 나타난 남측 동맹을 분열시키거나 테러와의 전쟁에 지원을 얻을 목적으로 쌍무적 협상을 선호하고 다자간 무역 교섭을 포기한 것과는 뚜렷이 대조적이었다.[77]

---

76) David Shambaugh, "China and Europe: The Emerging Axis", *Current History*(September 2004), pp. 243~48.

77) R. L. Smith, and C. G. Cooper, "The US and Economic Stability in Asia", *Asia Times Online*, December 6, 2003; A. Kwa, "The Post-Cancún Backlash and Seven Strategies to Keep the WTO off the Tracks", *Focus on Trade* 95, November 2003; M. Vatikiotis and D. Murphy, "Birth of a Trading Empire", *Far Eastern Economic Review*, March 20, 2003.

제9장에서 살펴보겠지만, 신보수주의의 제국주의 프로젝트의 참담한 실패가 일반적으로 받아들여지는 사실이 된 것은 2006년에 가서였다. 그러나 이미 2004년 7월 4일, 미국의 독립기념일에 『뉴욕 타임스』는 커버스토리로 "중국의 세기"가 다가올 것이라고 선언함으로써 신보수주의자들의 새로운 미국의 세기에 반격했다.

미국 경제의 규모는 중국 경제보다 약 8배나 크다. 〔······〕 1인당 소득은 미국인이 중국인보다 36배나 많다. 그리고 중국의 길에 놓여 있는 잠재적 장애물도 적지 않다. 중국 은행은 붕괴할지도 모른다. 중국의 빈민과 소수민족들은 반란을 일으킬지도 모른다. 완고한 타이완과 미치광이 북한은 중국을 전쟁으로 몰아넣을 수도 있다. 미국은 중국이 우리에게 배로 날라 오는 모든 것에 세금을 징수할 수 있다. 그래도 핵무기라는 지각 변동만 빼면, 어떤 것도 중국을 오랫동안 주저앉힐 수는 없을 것 같다. 1978년 이래로 〔중국은—인용자〕 사실상 국제 교역이 없던 상태에서 미국과 독일에 이어 그리고 일본을 제치고 가장 활동적인 세계 3대 교역국으로 성장했다. 〔······〕 경기후퇴 21번, 불황 한 번, 주식시장의 폭락 두 번 그리고 세계대전 두 번은 지난 세기 동안 미국 경제의 성장을 막을 수 없었다. 중국은 금세기에 유사한 성장을 할 태세이다. 중국인들이 평균적으로 미국인들이 가진 부를 가지지는 못해도, 그리고 미국이 계속해서 강력한 경제적 게임을 할 수 있고 기술에서 앞서간다고 하더라도, 중국은 여전히 줄곧 얕잡아 볼 수 없는 경쟁자일 것이다. 만약 세계 시장에서 어떤 나라가 미국을 대체하게 된다면, 중국이 바로 그 나라다.[78]

요약하면 두 번째 미국의 세기를 위한 토대를 놓기는커녕, 이라크 점

---

78) T. C. Fishman, "The Chinese Century", *New York Times Magazine*, July 4, 2004.

령은 미국 군사력의 신뢰성을 위험에 빠뜨렸고, 세계 정치경제에서 미국과 그 통화의 중심적 지위를 더욱 훼손하였으며, 동아시아와 그를 넘어선 범위에서 미국 주도권에 대한 대안으로 중국이 등장하는 추세를 강화하였다. 신보수주의의 제국주의 프로젝트는 이보다 더 신속하고 완벽하게 실패하는 것을 상상하기 어려울 정도로 철저히 실패했다. 부시 정부의 세계적 우위의 시도는 미국 헤게모니의 최종적 위기 동안 간간이 출현한 몇 차례 "거품"의 하나로 역사에 남을 것 같다. 그 거품의 붕괴는 새로운 미국의 세기 프로젝트를 만들어낸 세계사적 환경을 변형하기는 해도 없애지는 못했다.[79] 미국이 우리가 사용해온 용어의 의미로 더는 헤게모니적이지 않더라도, 미국은 계속해서 세계의 우월한 군사 강국이며, 자국의 경제 정책과 외국인 경쟁자와 전주(錢主)의 경제 정책을 연결하는 새로운 "공포의 균형"에서 상당한 영향력을 보유한다. 이 남아 있는 힘을 미래에 어떻게 사용할지 알아내려면, 우리는 이제 자본주의와 제국주의 사이 관계의 근저에 있는 역사적 과정을 살펴보아야 한다.

79) "이라크는 미국의 새로운 세계적 힘을 신호할 것으로 생각되었다. 하지만 사실상 이라크는 미국 쇠퇴를 알리는 전조임이 드러났다고 할 것이다. [……] 이미 다른 방향으로 기울고 있는 세계적 상황에서 일단 미국 힘의 거품에 구멍이 나면, 미국의 힘은 상상한 것보다 더 빨리 수축될 것이다"(M. Jacques, "The Disastrous Foreign Policies of the US Have Left it More Isolated than Ever, and China Is Standing by to Take Over", *Guardian*, March 28, 2006). George Soros, *The Bubble of American Supremacy: Correcting the Misuse of American Power*, New York: Public Affairs, 2004. 신보수주의자들의 세계적 패권 시도는 그 결과가 명확해지기 훨씬 전부터 "거품"으로 묘사되었다.

제8장 역사적 자본주의의 영토적 논리

"제국주의는 쉽게 입에서 나오는 말이다." 한 세기 전 존 홉슨(John A. Hobson)의 말처럼, 데이비드 하비는 이 용어가 너무 많은 상이한 의미를 가지게 되어, 이것을──논쟁을 위해서가 아니라──분석을 위해 사용하려면 어느 정도 〔정의를〕 명확하게 할 필요가 있다고 말한다.[1) 제국주의의 가장 일반적인 의미는, 한 국가의 권위나 영향력을 다른 국가나 국가 없는 공동체에 대해 확대하거나 혹은 강요하는 것이다. 이런 의미로 이해하자면 제국주의는 아주 오랫동안 매우 다양한 형태로 존재해 왔다. 그러나 우리가 왜 세계사에서 가장 위대한 자본주의 강국인 미국이 무비(無比)의 전례가 없는 파괴력을 지닌 군사기구를 개발하였고, 왜 그 기구를 배치하여 지금까지 구상되었던 것 중에 가장 야심적인 세계 지배의 프로젝트를 추구하려는 성향을 강하게 내보이는지 이해하려면, 하비가 "자본주의적 제국주의" 혹은 "자본주의적 유형의 제국주의"라고 부른 특정 상표의 제국주의를 연구할 필요가 있다.

1) David Harvey, *The New Imperialism*(New York: Oxford University Press, 2003), p. 26. 홉슨의 제국주의에 대한 고전적 정의와, 그의 정의가 제국주의란 용어의 다양한(때로는 정반대의) 역사적 의미를 분석적으로 정확히 분류하는 데 매우 유용하다는 점에 관해서는 Giovanni Arrighi, *The Geometry of Imperialism* (London: Verso, 1983) 참조.

하비는 자본주의적 유형의 제국주의를 두 가지 구성 요소의 "모순적 융합"으로 정의한다. 바로 "국가와 제국의 정치"(the politics of state and empire)와 "공간과 시간에서 분자적 자본 축적 과정"(the molecular processes of capital accumulation in space and time)이다. 첫 번째 구성 요소는 "한 국가가 (혹은 하나의 권력 진영power bloc으로 작동하는 몇 개의 국가 집단이) 세계 전반에서 자국의 이해관계를 옹호하고 목적을 달성하려 투쟁할 때 동원하고 사용하는 정치적 · 외교적 · 군사적 전략"을 말한다. 이 투쟁은 "힘의 영토적 논리"(territorial logic of power)에 따라 추진된다. 이 논리에서는 한 영토와 그 영토 내의 사람과 천연자원에 대한 지배력이 힘을 추구하는 기초가 된다. 두 번째 구성 요소는 반대로 "매일의 생산 관행, 무역, 상업, 자본 흐름, 송금, 노동 이주, 기술 이전, 통화 투기, 정보의 흐름, 문화적 자극과 같은 것을 통해서 〔……〕 연속된 공간을 종횡하고, 여러 영토 공간들을 출입하는" 경제적 힘의 흐름을 말한다. 이 과정의 추진력은 "힘의 자본주의적 논리"(capitalist logic of power)이다. 이 논리에서는 경제적 자본에 대한 지배력이 힘을 추구하는 기초가 된다.[2]

이 두 구성 요소의 융합은 항상 문제적이고 때로는 모순적이다(즉 변

---

2) Harvey, *New Imperialism*, pp. 26~27. 하비는 힘의 자본주의적 논리와 영토적 논리에 대한 나의 구분법을 참조한다. Giovanni Arrighi, *The Long Twentieth Century: Money, Power and the Origins of our Times*(London: Verso, 1994). 하지만 그의 이 구분법의 사용은 두 가지 중요한 점에서 나의 구분법과 다르다. 그의 구분법에서, 영토적 논리는 국가 정책을 말하고, 자본주의적 논리는 생산 · 교환 · 축적의 정치를 말한다. 나의 구분법에서는 반대로, 두 논리 모두 주로 국가 정책을 말한다. 게다가 하비는 모든 시장 과정(무역, 상업, 노동 이주, 기술 이전, 정보 흐름 등을 포함하여)이 자본주의적 논리에 의해 움직인다고 가정하는 것 같다. 나는 그러한 가정을 하지 않는다. 앞으로 보게 되는 것처럼, 이러한 차이는 〔나의〕 자본주의와 제국주의적 관행 사이의 관계에 대한 역사적 설명이 핵심적인 측면에서 하비의 설명과 달라지는 결과를 가져온다.

증법적이다). 어느 논리도 다른 하나의 논리로 환원될 수 없다. 그러므로 "베트남 전쟁이나 이라크 침공을 [……] 오로지 자본 축적의 즉각적 요구라는 관점에서만 [……] 이해하기는 어렵다." 왜냐하면 "이러한 투기는 자본의 흥성을 증진하기보다는 제약한다"는 주장이 타당할 수 있기 때문이다. 그렇지만 마찬가지로 "제2차 세계대전 이후 소련의 힘에 대한 미국의 일반적 봉쇄 전략은——베트남에 대한 미국의 개입을 위한 밑거름이 되었지만——, 미국 기업의 이익을 위해 무역과 해외 투자 기회를 확대함으로써 더 많은 세계를 자본 축적에 계속 개방해야 한다는 절박한 필요성을 인식하지 않고서는 이해하기 어렵다."[3]

힘의 영토적 논리와 자본주의적 논리가 서로 하나로 환원될 수 없고, 또한 때로는 영토적 논리가 전면에 부상하지만, "자본주의적 유형의 제국주의를 다른 제국 개념과 구별 짓는 것은 자본주의적 논리가 지배한다는 점이다." 그러나 만약 그렇다면, "공간에 둔하게 고정되는 경향이 있는 힘의 영토적 논리가, 어떻게 끝없는 자본 축적의 무한한 동학(動學)에 대응할 수 있을까?"라고 하비는 묻는다. 그리고 만약 세계 체계 내의 헤게모니가 한 국가 혹은 몇 개 국가 집단의 자산이라면, "자본주의적 논리를 어떻게 관리해야 헤게모니 국가의 지위를 유지할 수 있을까?" 끝없는 자본 축적과의 관계 속에서 지위를 유지하려는 헤게모니 국가들의 시도는 불가피하게, 바로 그들이 유지하려는 지위를 위험에 빠뜨릴 정도까지 자국의 힘을 군사적·정치적으로 확대하고 팽창하고 강화하도록 유도하는 것은 아닌가? 조지 부시 치하의 미국이 바로 이 함정에 빠지고 있었던 것이 아닐까? 폴 케네디가 1987년에 과대 팽창과 과대 확대가 헤게모니 국가와 제국의 아킬레스건임이 거듭 드러났다고 경고했음에도 불구하고 말이다. 그리고 마침내 "만약 미국이 자체적으로 더 이상 21세기의 상당히 확대된 세계 경제를 운영하기에 충분할 정

3) Harvey, *New Imperialism*, pp. 29~30.

도로 크지도 않고 자원이 많지도 않다고 한다면, 어떤 종류의 정치적 힘의 축적이 어떤 종류의 정치적 협의하에서 미국의 지위를 대체할 수 있을까? 세계가 여전히 한계 없는 자본 축적에 심하게 몰두하는 상황에서 말이다."[4]

이러한 질문에 대한 답을 구하면서, 하비는 부시 정부의 새로운 미국의 세기 프로젝트의 채택을, 20세기 말 끝없는 자본 축적에 의해 창출된 전례 없는 세계적 경제 통합의 조건하에서 미국의 헤게모니를 유지하고자 하는 리스크 높은 접근 방식이었다고 해석한다. 만약 미국이 이라크에 친미 정권을 수립하고, 나아가 이란에서도 똑같이 친미 정권을 세우고, 중앙아시아에서 미국의 전략적 존재감을 공고히 하고, 카스피 해 분지의 석유 매장량을 지배할 수 있다면, "미국은 세계의 석유 마개를 통제함으로써 다음 50년 동안 세계 경제에 대한 효과적인 통제를 유지하기를 바랄 수 있을 것이다." 유럽과 동아시아의 모든 미국의 경제적 경쟁자들은 서아시아의 석유에 심하게 의존하고 있기 때문에,

미국이 경쟁을 막아내고 헤게모니 지위를 안전하게 하는 데, 저들 경쟁자들이 의존하는 핵심적 경제 자원의 가격, 조건, 분배를 통제하는 것보다 더 좋은 방법이 어디 있겠는가? 그리고 그렇게 하는 데, 미국이 아직까지 최강인 군사력 중 일부를 사용하는 것보다 더 좋은 방법이 어디 있겠는가?[5]

그렇지만 만약 이런 전략이 군사적으로 성공했다고 하더라도, 미국의 헤게모니 지위를 유지하는 데는 충분하지 못했을 것이다. 그러므로 미국의 이라크 침공 직전에, 토머스 프리드먼은 다음과 같이 주장했다. "과

---

4) *Ibid*., pp. 33~35; Paul Kennedy, *The Rise and Fall of the Great Powers: Economic Change and Military Conflict from 1500 to 2000*(New York: Random House, 1987).

5) Harvey, *New Imperialism*, pp. 24~25, 75~78.

대망상의 사악한 독재자가 세계의 산업 기반에 동력을 공급하는 이 천연자원에 대해 과도한 영향력을 획득할지도 모른다는 미국의 염려는 전혀 불합리하지도 비도덕적이지도 않았다." 그러나 미국은 그 의도가 우리[미국인] 자신의 홍청망청 쓸 수 있는 권익이 아니라 "경제적 생존을 위한 세계의 권익을 보호하려는" 것이며, 미국은 "미국의 과소비에 연료를 대기 위한 것이 아니라, 지구 전체의 이익을 위해서 행동하고 있다"고 주의 깊게 대중들에게 전달하고, 세계인을 안심시켜야 한다. "만약 우리가[미국인이] 이라크를 점령해서 단지 더 친미적인 독재자를 세우고 이라크라는 정유소를 운영한다면(우리가 다른 아랍 산유국에서 그랬던 것처럼), 이 전쟁은 비도덕적이게 될 것이다."[6]

하비는 우리가 제6장에서 이미 논한 그람시가 말하는 헤게모니와 단순한 지배 사이의 차이점을 보여주기 위해 프리드먼의 주장을 이용한다. 그런 뒤 하비는 계속해서 지난 반세기 동안 미국은 국내와 특히 해외의 적대 집단을 진압하거나 숙청하기 위해 빈번히 강압적 수단에 의존했다고 지적한다. 하지만 강압은 "미국의 힘에서 단지 부분적인 기반이었으며 때로는 역효과를 내기도 했다." 강압에 못지않게 불가결한 기초는 동의와 협력을 국제적으로 동원하는 미국의 능력이었다. 그러기 위해 미국은 자국의 한정된 이익을 최우선에 두었을 때조차도 일반적 이익을 대변해서 행동하고 있다고 다른 국가들에 그럴듯하게 주장할 수 있도록 행동했다. 이라크 침략을 정당화할 때에도, 부시 정부는 프리드먼이 제안한 대로 미국이 "단지 미국의 과소비에 연료를 대기 위한 것이 아니라, 지구 전체의 이익을 위해서 행동하고 있다"고 전 세계를 설득하기 위해, 할 수 있는 모든 것을 했다.[7] 그러나 미국 밖에서 이 주장을 진지하게 받아들인 사람은 거의 없다. 시작부터 주요한 문제는 "대량살상

---

6) *Ibid.*, p. 24에서 재인용.
7) *Ibid.*, pp. 39~40.

무기"와 "이라크-알카에다 커넥션"이라는 정당화가 신빙성이 적었다는 점이 아니라, 오히려 그 침략이 보다 광범위한 미국의 세계 지배 정치적 프로젝트의 일환이었는데, 그 프로젝트는 다른 강국들의 이익과 상관없이 또 다른 한 세기 동안 미국의 힘을 보존하는 것을 노골적으로 강조한다는 점이었다. 이라크를 침략한다는 일방적인 결정으로 그 계획을 이행하려던 시도는 "프랑스, 독일과 러시아에 중국까지 지원하는 〔……〕 저항의 유대를 만들어냈다." 이 갑작스러운 지정학적 재편성은 "희미하던 유라시아 파워 블록의 윤곽을 또렷하게 부각했는데, 오래전에 핼퍼드 매킨더는 이 블록이라면 세계를 지정학적으로 쉽게 지배할 수 있다고 예견한 바 있다."[8]

이러한 블록이 실제로 현실화할 것을 워싱턴이 오랫동안 두려워했다는 점에 비추어 보면, 이라크 점령은 더욱 광범위한 의미가 있었다.

그것〔이라크 점령〕은 중동의 지배를 통해 세계의 석유 마개와 나아가 세계 경제를 통제하려는 시도인 것만은 아니다. 또한 그것은 유라시아 땅덩이에 강력한 미국의 군사적 교두보가 되는 것이다. 이러한 교두보는 위로는 폴란드로부터 아래로 발칸에 이르는 미국의 동맹 관계들과 합쳐지면 유라시아에 강력한 전략지정학상의 지위를 미국에 안겨준다. 그러면 미국은 적어도 유라시아 세력이 하나로 통합되는 것을 막을 수 있게 되고, 끝없는 정치 권력의 축적을 위한 다음 단계로 나아갈 수 있으며, 이는 항상 마찬가지로 끝없는 자본의 축적을 반드시 동반한다.[9]

관찰자들로 하여금 "새로운" 제국주의를 이야기하게 하는 것은 바로

---

8) *Ibid.*, pp. 84~85. 전략지정학적 사상에서 매킨더의 현재적 중요성에 관해서는 Paul Kennedy, "Mission Impossible?" *New York Review*, June 10, 2004 참조.

9) Harvey, *New Imperialism*, p. 85.

이러한 원대한 계획들이었다. 그렇지만 하비가 지적하듯이, "자본주의적 논리 안에서 작동하는 힘들의 균형은 조금 다른 방향을 가리킨다."[10] 이러한 힘들과 영토적 팽창주의 논리의 상호작용이 이번 장의 주제를 이룬다. 나는 하비의 "공간적 조정"(spatial fix)*과 "강탈에 의한 축적"(accumulation by dispossession)을 소개하는 것에서 시작해서, 그 후 이 개념들을 이용해 자본주의적 발전과 영토적 팽창의 오랜 역사적 과정에 관한 내 생각을 이야기하겠다. 그 과정은 미국을 진정한 세계 제국으로 만들려던 실패한 프로젝트에서 절정을 이루었고 그 한계에 도달했다.

과잉축적과 공간의 생산

역사적 자본주의의 가장 핵심적인(그러면서도 이론적으로 무시되어온) 특징 중 하나는 "공간의 생산"이다. 이 과정은 앙리 르페브르가 주장했듯이 특히 결정적 정세(conjunctures, 콩종크튀르)에서 자본주의의 생존에 핵심적인 것이다.[11] 뿐만 아니라 그것은 역사적 사회 체계로서 자본주의의 형성과 세계적 확대를 위한 가장 근본적인 조건이기도 했다. 하비의 "시공간적 조정"(spatial-temporal fix) 혹은 줄여서 "공간적 조정"(spatial fix) 이론은 끝없는 자본 축적이 위기를 쉽게 발생시키는 경향을 설명하는 데 적용되었는데, 이 이론은 공간의 생산이 자본주의의 확대재생산에서 왜 핵심적인 요소인지 설득력 있는 설명을 제공한다.[12] 『신

** '공간 재정립'이라는 번역도 있다. 이 책은 데이비드 하비, 『신제국주의』(최병두 옮김, 한울아카데미, 2005)의 용어를 따랐다.

10) *Ibid.*, p. 86.

11) Henri Lefebvre, *The Survival of Capitalism: Reproduction of the Relations of Production*(New York: St Martin's Press, 1976).

12) David Harvey, *Limits to Capital*(Oxford: Basil Blackwell, 1982) 및 *Spaces of Capital: Towards a Critical Geography*(New York: Routledge, 2001)에 수록된 논문들.

제국주의』에서 하비는 이 이론을 전개하여, 새로운 미국의 세기 프로젝트의 출현과 1970년대와 1980년대 과잉축적 위기 사이의 관련성 그리고 이 프로젝트의 근저에 있는 영토적 논리와 자본주의적 논리 사이의 모순을 조명하였다. "조정"(fix)이라는 용어는 이중적인 의미가 있다.

총자본의 일정 부분은 어떤 물리적 형태로 (그것의 경제적·물리적 수명에 따라) 상대적으로 긴 시간 동안 문자 그대로 토지 안과 위에 고정된다. 어떤 사회적 비용들(공공 교육이나 의료보험 체계와 같은) 역시 영토화되어 [territorialized, 영토 내로 편성되어] 국가의 명령에 의해 지리적으로 움직일 수 없게 된다. 한편 시공간적 "조정"은 [이러한 자본과 비용의 긴박성에서 비롯되는] 자본주의적 위기에 대해 시간적 유예와 지리적 팽창으로 해결하는 특정한 해법을 나타내는 은유이다.[13]

"조정"이라는 용어의 문자적 의미는 자본의 축적이, 사방으로 움직일 수 있는 고정 자본(배, 트럭, 비행기, 기계와 같은)의 형태가 아니라 토지에 **삽입된**(embedded) 고정 자본인 여러 설비들(항구, 철도, 도로, 공항, 케이블망, 광섬유망, 파이프라인, 전기시설망, 상하수도 설비는 물론 공장, 사무실, 주택, 병원과 학교 등)로 구축된 특정한 환경의 존재에 의존하고 있다는 점에 주목한 것이다. 자본이 그 모든 물리적으로 이동 가능한 형태로서 최대 이윤을 좇아 공간 위를(over) 실제로 이동할 수 있으려면 공간 안에(in) 어떤 물리적 인프라스트럭처를 고정(fix=조정)해야만 가능하다.[14]

"조정"이라는 용어의 은유적 의미는 반대로 성공적인 자본 축적이 공간적 장벽을 완전히 없애거나—바로 마르크스가 말한 "시간에 의한 공

---

13) Harvey, *New Imperialism*, p. 115.
14) *Ibid*., pp. 99~100.

간의 소멸"이다──끝없이 감소시키는 경향을 강조한다. 이러한 경향은 그러므로 부지불식간에 지리적 공간 전역에 걸쳐 경쟁을 강화함으로써 특정 입지에서 확보한 독점적 특권을 훼손한다. 이러한 경향의 결과, 자본은 현존하는 영토 체계 내에서 상품의 생산과 교환에 수익성 있게 재투자될 수 있는 수준을 넘어서까지 축적을 반복한다. 이러한 자본의 잉여는 손해를 봐야만 처분 가능한 안 팔린 상품들의 재고 목록, 유휴 생산 설비 그리고 수익성 있는 투자의 배출구가 부족한 유동성이라는 형태로 나타난다. 새로운 공간을 축적 체계 안으로 편입하는 것은 그 결과 발생하는 과잉축적의 위기를, 처음에는 "시간적 유예"(temporal deferral)를 통해, 그 다음에는 축적 체계의 공간적 확대를 통해 이러한 잉여를 흡수함으로써 "조정한다"(예를 들면 해법을 제공한다). 시간적 유예를 통한 해법은 구체적으로 공간의 생산을 말하는데, 즉 필요한 물리적·사회적 인프라스트럭처를 구축하여 새로운 공간을 개척하고 보태는 데 잉여 자본을 활용하는 것이다. 한편 공간적 확대를 통한 흡수는 새로운 공간이 적절히 창출된 후에 축적 체계의 지리적 확대로 인해 수익성을 획득한 새로운 생산조합에 잉여 자본을 활용하는 것을 말한다.[15]

공간적 조정의 두 가지 의미를 통해 우리가 관심을 가지게 된 이 경향들이 결합된 결과는 우리가 제3장에서 살펴본 슘페터의 "창조적 파괴" 과정의 지리학적 변형이다. 하비가 말했듯이,

총체적 효과는 〔……〕 자본주의는 끝없는 자본 축적을 향한 영원한 욕망을 채우기 위해 한 시점에 자신의 활동을 촉진할 수 있는 어떤 지리적 경관을 창출하지만, 그 이후 한 시점에서 이를 파괴하고 전혀 다른 경관을 건설하는 것을 영원히 추구해야 한다는 점이다. 이리하여 창조적 파괴의 역사가 자본 축적의 실제 역사적 지형의 경관 속에 기입된다.[16]

---

15) *Ibid.*, pp. 98~99, 109~12.

슘페터가 작성한 창조적 파괴 과정을 추동하는 혁신의 종류 목록에는 교역과 생산의 공간적 배열(spatial configuration)에서의 변화가 들어 있었다. 그러나 슘페터는 교역과 생산의 공간적 배열을 바꾸어놓은 혁신들과 다른 종류의 혁신 사이의 관계를 결코 명쾌하게 설명하지 않았다. 이것을 설명한 것이 바로 하비로, 그는 슘페터 식의 동력을 추동하는 초과 이윤을 생산하는 데 기술적 우세와 입지적 우세가 서로 연관되면서 역할을 한다는 점을 강조하였다. 제3장에서 지적했듯이, 이러한 동력에서 초과 이윤(슘페터가 말한 "깜짝 놀랄 정도의 상금")은 이중적인 역할을 한다. 한편으로 초과 이윤은 혁신을 위한 끝없는 동기를 제공하며, 다른 한편으로는 방대한 수의 사업가들을 사로잡아 초과 이윤을 내는 분야로 들어가서 활동하도록 만들고, 그 과정에서 초과 이윤을 제거할 뿐 아니라 기존의 생산조합을 파괴하여 광범위한 손실을 야기하는 경쟁을 촉발한다. 하비는 유사한 과정을 이론화하지만, 개별 자본가들이 우월한 기술의 채택뿐 아니라 우월한 입지를 찾는 것으로도 초과 이윤을 획득할 수 있다는 점에 초점을 맞춘다.

그러므로 초과 이윤을 위한 경쟁적 추구에서 변화하는 기술 혹은 입지 사이에는 직접적인 트레이드오프(trade-off)가 존재한다. [……] 두 경우 모두에서 개별 자본가에게 발생하는 초과 이윤은 [……] 다른 자본가들이 똑같은 기술 혹은 똑같이 유리한 입지로의 이동을 채택하자마자 사라진다. [……] 입지에서 초과 이윤을 얻을 수 있는 기회가 제거될 때까지 [……] 기술 변화를 통해 [결과로 나타난―인용자] 평형의 기반을 깨려는 개별 자본가들의 경쟁 동기는 더욱 커진다. [그리하여―인용자] 경쟁은 동시에 생산의 공간적 배열의 이동, 기술적 혼합의 변화, 가치 관계의 재구축, 그리고 전반적인 축적 동력에서 시간적 이동을 촉진한다. 경쟁의 공간적 측면은

16) *Ibid.*, p. 101.

이러한 쉽게 변동하는 힘(forces)의 혼합에서 쉽게 변동하는 하나의 구성 요소이다.[17]

잉여 자본을 흡수하는 전반적인 축적 동력에서 나타난 시공간적 이동은, 일반적으로 "한 자리에 이미 고정되었지만 (토지에 삽입된) 아직 실현되지 못한 가치들을 〔……〕 위협한다." 그러므로,

한 자리에 고정된 방대한 양의 자본은 다른 곳에서 공간적 조정(fix)을 실현할 수 있는 능력에 장애로 작용한다. 〔……〕 만약 자본이 밖으로 이동해버린다면, 그 뒤에는 황폐화와 가치 하락이 흔적으로 남을 것이다. 1970년대와 1980년대 〔……〕 자본주의의 심장부에서 경험한 탈산업화가 바로 그런 사례이다. 만약 자본이 움직이지 않거나 움직이지 못한다면 〔……〕 과잉축적된 자본은 디플레이션적인 경기후퇴나 불황의 개시를 통해 직접적으로 가치가 하락한다.[18]

어느 쪽이건 공간적 조정은 한 공간에서 다른 공간으로 자본 흐름 방향의 재설정과 지역 간의 손쉬운 변동성을 필요로 한다. 방향의 재설정은 평온하게 일어날 수도 있고, 혹은 하비가 "전환적 위기"(switching crises)[19]라고 부른 것을 수반할 수도 있다. 하비는 정확하게 이러한 위기가 무엇인지 명쾌하게 말하지 않는다. 하지만 그의 주장의 취지를 보면 전환적 위기는 시공간적 조정에 따른 재배치에 대한 저항에서 나온 난국의 순간으로, 되풀이해서 자본주의의 역사지리학을 혁명적으로 바

---

17) Harvey, *Limits to Capital*, pp. 390~93; 또한 *New Imperialism*, pp. 96~98. '기술 혁신'과 '우세한 입지를 확보하려는 투쟁' 사이의 관계에 관한 하비의 고찰은 생산 혁신에도 역시 적용된다.

18) Harvey, *New Imperialism*, p. 116.

19) *Ibid.*, pp. 121~23; *Limits to Capital*, pp. 428~29.

꾸는 것으로 보인다. 부분적으로 저항은 자본 축적 자체의 모순적 논리에서 생겨난다. "자본주의가 더 발달할수록" "자본주의는 지리적 관성을 조장하는 힘들에 굴복하는 경향이 더 커진다"고 하비는 주장한다.

자본의 순환은 갈수록 움직일 수 없는 물리적 · 사회적 인프라스트럭처 안에 갇힌다. 이 인프라스트럭처는 특정 종류의 생산 〔……〕 노동 과정, 분배 제도, 소비 형태 등등을 지원하기 위해 고안된다. 점점 수량이 늘어나는 고정 자본은 〔……〕 제약 없는 이동성을 억제한다. 〔……〕 때때로 갈수록 강력해지고 더 깊숙이 똬리를 트는 영토적 동맹들이 기득권을 보존하고 기존의 투자를 유지하며, 지역 협약을 온전하게 고수하고, 공간적 경쟁의 찬 바람으로부터 스스로를 보호하기 위해 〔……〕 발생한다. 지역적 가치 하락이 정상적 과정에 따라 일어나는 것을 허용하지 않기 때문에 새로운 공간적 배열이 이루어질 수 없다.[20]

그러나 부분적으로 지리학적 관성의 힘들은 경제적 변화와 같은 것들에 대한 저항이 아니라 공간적 조정에 따른 현실의 혹은 상상된 정치적 · 사회적 결과에 대한 저항에서 유래한다. 정치적 결과에 대한 저항을 토론하면서, 하비는 중국을 진행 중인 과잉축적 위기에 효과적으로 공간적 조정을 할 수 있는 가장 유망한 장소로 초점을 맞추었다. 중국은 해외 직접 투자를 유인하는 곳으로 가장 신속히 성장했을 뿐 아니라, 중국의 내부 시장은 다른 어느 지역보다 빨리 성장해왔다. 하비의 관점으로 더욱 극적인 것은 장기적 인프라스트럭처에 대한 투자의 전망이다. 새로운 지하철 체계, 고속도로, 철도 및 도시 인프라스트럭처의 개량을 위한 노력은 "1950년대와 1960년대 동안 미국이 착수했던 것보다 완전히 훨씬 더 크고, 앞으로 수년 동안의 자본 잉여분을 흡수할 잠재력을

---

20) Harvey, *Limits to Capital*, pp. 428~29.

가지고 있다."[21]

대규모의 적자 재정 상태에서, 이러한 거대한 새로운 공간의 생산은 중국 국가 재정에 중요한 위기를 초래할 가능성이 있다. 그렇지만 이러한 위기를 회피할 수 있고 성공적으로 헤쳐 나갈 수 있다고 가정하면, 이러한 시공간적 조정은 "과잉축적된 자본을 흡수한다는 의미뿐 아니라, 경제적 · 정치적 세력 균형이 중국으로 이동한다는 것을 [……] 그리고 아마도 중국의 주도 아래 아시아 지역이 미국에 대해서 훨씬 더 경쟁적인 지위에 있게 될 것이라는 세계적 의미가 있다." 비록 이 과정이 근저에 있는 과잉축적 위기의 해법에 대한 최선의 전망을 약속한다고 해도 순조로운 공간적 조정에 대해 미국이 저항할 가능성을 무엇보다 높게 만드는 것은 바로 이 때문이다.[22] 공간적 조정과 헤게모니 이동 간의 연관성은 따라서 자본주의적 발전의 기존 중심이 항상 직면하는 딜레마를 강화한다. 새로운 지역의 거침없는 발전은 국제적 경쟁의 강화를 통해 이들 중심에 가치 하락을 가져온다. 해외의 발전에 대한 제약은 국제적 경쟁은 억제해도 잉여 자본의 수익성 있는 투자를 위한 기회를 차단함으로써 내부적으로 가치 하락을 발생시키는 기폭제가 된다.[23]

만약 경쟁에서 도전받는 중심이 역시 헤게모니의 중심이라면, 어느 쪽이든 결과는 그 중심부 지역의 자산 가치뿐 아니라 힘 역시도 수축시키려 할 것이다. 설상가상으로 과잉축적 위기에 대한 공간적 조정은 긍정적이든 부정적이든 그 추진력에 영향을 주는 사회적 측면을 항상 지니고 있기 때문에 도전받는 중심부 지역의 사회적 안정성을 위협할 수 있다. 하비는 원래 이러한 사회적 측면을 헤겔의 『법철학 강요』(*The Philosophy of Right*)에서 도출하였다. 헤겔은 이 책에서 부르주아 사회

---

21) Harvey, *New Imperialism*, p. 123.
22) *Ibid.*, pp. 123~24.
23) Harvey, *Limits to Capital*, p. 435.

는 한 극에는 부를 다른 극에는 궁핍을 과잉축적하는 경향이 있고, 이 경향 때문에 나타나는 사회적 불평등과 불안정성을 내재적 메커니즘을 통해서는 해결할 수 없다고 관찰하였다. 따라서 "성숙한" 시민사회는 해외무역과 식민지 관행 혹은 제국주의 관행을 통해 외재적 해결을 구할 수밖에 없다.[24] 『신제국주의』에서 하비는 헤겔의 이 관찰을 한나 아렌트의 주장으로 보충했다. 아렌트는 "홉스가 구상한 국가(Commonwealth)는 불안정한 구조라서 외부로부터 새로운 지지대를 항상 공급해야만 한다. 그러지 않으면 이 국가는 하룻밤 사이에 붕괴하여 자신을 탄생시킨 사적 이해관계의 목적도 없고 분별도 없는 대혼돈으로 화할 것이다"[25]라고 했다.

하비는 아렌트의 명제를 미국에 쉽게 적용할 수 있다는 것을 발견한다. 미국과 같은 "매우 특이한 다문화적 이민사회"에서는 "격렬한 경쟁적 개인주의가 [……] 항상적으로 사회적·경제적·정치적 삶을 혁명적으로 바꾸며 [……] 민주주의를 만성적으로 불안정하게 [만든다―인용자]." 이처럼 인종적으로 섞여 있고 개인주의가 강한 사회에서 내부적 응집력을 얻기는 어렵기 때문에 한 전통이 생겨났다. 리처드 호프스태터가 1960년대 초에 미국 정치학의 "과대망상적 스타일"이라고 묘사한 것으로, 그 전통은 즉 어떤 "타자"(공산주의, 사회주의, 무정부주의, "외부의 선동자", 혹은 좌파에게는 자본가나 국가의 음모 같은 것)에 대한 두려움이 국내 전선에서 정치적 결속을 창출하는 데 필수적이 되는 것이다.[26]

---

24) G. W. F. Hegel, *The Philosophy of Right*(New York: Oxford University Press, 1967), pp. 149~52; Harvey, *Spaces of Capital*, ch. 14; *Limits to Capital*, pp. 414~15.

25) Hannah Arendt, *The Origins of Totalitarianism*(New York: Harcourt, Brace & World, 1966), p. 142.

26) Harvey, *New Imperialism*, pp. 15~16, 49; R. Hofstadter, *The Paranoid Style in American Politics and Other Essays*(Cambridge, MA: Harvard University Press, 1996). 호프스태터는 미국 정치의 과대망상적 스타일이라는 개념을 구체

"온 나라가 통치할 수 없을 정도로 무법천지인 것 같은" 시기가 있다. 냉전의 종식과 함께 공산주의의 위협이 사라지고 경제는 호황을 이루었음에도(혹은 바로 그렇기 때문에), 하비의 평가에서 1990년대는 바로 그런 시기였고, 2000년 선거에서 조지 부시의 호소 중 일부는 "통제에서 점점 벗어나고 있는 시민사회에 결연하고 강고한 도덕적 나침반을 제공하겠다는 약속이었다." 어쨌든 간에, 9·11은 "1990년대의 방종한 방식과 결별하는 자극제를 제공했다." 이러한 면에서, 이라크 전쟁은 단순히 국내에서 처한 곤경에서 주의를 돌리려는 것이 아니었다. "그것은 국내에 새로운 사회적 질서 의식을 강요하고 국가[the commonwealth, 개인의 총의에 의해 창출된 제도적 국가라는 홉스적 의미에서]를 복종시키는 더할 나위 없는 기회였다." 다시 한 번 "바깥의 악한 적은 내부에 숨어 있는 악령을 쫓아내거나 길들이는 최고의 힘이 되었다."[27]

이러한 관찰을 보면, 공간적 조정은 경제적 재배치와 연관된 지리적 재편성에 대한 저항뿐 아니라, 사회적 변화에 대한 저항에 의해서도 역시 제약을 받는다. 왜냐하면 공간적 조정의 두 가지 의미 모두가 불가피하게 사회적 양상을 띠고 있기 때문이다. 토지 안과 위에 항구, 도로, 공항, 전기시설망, 상하수도 설비, 공장, 주택, 병원, 학교 등의 형태로 존재하는 문자 그대로 자본의 고정(fixing)은 자본 축적을 촉진하는 지리적 경관 그 이상의 무언가를 창조한다. 그것[문자적 의미의 공간적 고정]은 사회적 상호작용과 재생산을 하는 특정한 인간 거주지 역시 창출한다. 그리고 반대로 과잉축적 위기에 대한 은유적 의미의 공간적 조정은 새로운 지리적 경관의 창출로 쓸모없게 된 토지 안과 위에 고정된 자본

적으로 1964년 공화당 전당대회에서 배리 골드워터(Barry Goldwater)를 지명하는 데 성공한 극우파를 설명하면서 도입했다. 크루그먼은 오늘날 이러한 극우가 의회와 백악관 모두를 장악하여, "정치적 과대망상이〔……〕주류가 되었다"고 말한다("The Paranoid Style", *New York Times*, October 9, 2006).

27) Harvey, *New Imperialism*, pp. 16~17.

의 가치가 하락하는 것 이외에도 그 이상의 훨씬 많은 것을 수반한다. 그것〔은유적 의미의 공간적 조정〕은 쓸모없게 된 자본 축적의 경관 안에 삽입된(embedded) 인간 거주지의 황폐화 역시 가져온다.

칼 폴라니가 오래전에 19세기 말과 20세기 초의 과잉축적 위기를 특히 언급하면서 지적했듯이, 이런 종류의 황폐화는 진보적 정치 형태와 반동적 정치 형태로 "사회의 자기보호"를 불가피하게 불러일으키는데, 공간적 조정에 수반되는 경제 활동과 정치 권력의 재배치를 둔화시키려고 하거나 역전시키려는 세력들에 의해 발동된다.[28]

이러한 자기보호의 발동은 지리적 관성을 강화하고, 과잉축적 위기의 확실한 해결을 더욱 어렵게 만든다. 그렇지만 이 난국에서 빠져나올 수 있는 길, 바로 "취약한 지역에 가치 하락 위기를 가져감으로써 〔자기 지역의〕 과잉축적 체계를 제거하는" 금융 수단의 사용이 있다. 하비는 이러한 수단의 채용을 "과잉축적 문제에 대한 시공간적 조정의 사악하고 파괴적인 측면"[29]이라고 불렀다. 이제 간단하게 이와 관련된 것들을 살펴보자.

강탈에 의한 축적

새로운 공간의 생산으로 잉여 자본을 흡수하는 문제를 논하면서, 하비는 안 팔린 재고품과 유휴 생산설비를 인프라 투자〔하부구조에 대한 투

28) 폴라니는 공간적 조정이나 과잉축적 위기를 명확하게 이야기하지 않는다. 그럼에도 불구하고, "안주(安住, habitation) 대(對) 진보(improvement)"의 대립에 대한 그의 강조는, 한편에서 가차 없이 지리적 경관을 변형하는 자본의 경향과, 다른 한편에서 이들 지리적 경관에 삽입된 공동체들이 이 같은 가차 없는 변형에 저항하는 경향 간의 근본적인 모순과 그 발상에서 같다. Karl Polanyi, *The Great Transformation: The Political and Economic Origins of our Time*(Boston, MA: Beacon Press, 1957), ch. 3 참조.

29) Harvey, *New Imperialism*, pp. 134~35.

자)로 전환하는 것은 금융기관과 국가기관의 중개 역할에 결정적으로 달려 있다고 지적한다. "셔츠와 신발에서 생겨난 과잉 자본을 직접적으로 공항이나 연구기관으로 전환할 수는 없다." 그러나 국가기관과 금융기관은, 셔츠와 신발 생산에 갇혀 있는 잉여 자본에 상당하는 양의 신용을 창출하여, 공항, 연구기관 혹은 새로운 공간의 생산에 필요한 어떤 다른 형태의 인프라 투자에 투자할 능력이 있고 기꺼이 투자하는 행위자에게 그 신용을 제공할 능력이 있다. 물론 국가는 적자 재정이나 인프라 투자에 세수(稅收)를 배정하는 방식으로 잉여 자본을 [직접] 새로운 공간의 생산으로 전환할 수 있는 힘도 있다.[30]

실제 자본주의 세계에서, 민간 금융과 공공 금융의 이러한 건설적 작용은 토지 시장 및 자산 시장, 국채 분야에서 투기가 붐을 이루고 꺼지는 것과 불가분하게 서로 얽혀 있다. 투기의 과열은 상업과 생산에서 자본을 빼돌리고 궁극적으로는 가치 하락이라는 운명을 맞는다. 그렇지만 투기의 축소는 "자본주의의 입장에서는 마찬가지로 기분 나쁜 결과를" 가져올 것이다.

기존 환경에서 공간적 배열의 변형은 저지될 것이고 미래의 축적을 위해 필요한 물리적 경관은 실현될 수 없게 된다. [……] 투기의 만연과 무제한의 전유(專有)는 자본에게는 값비싸고 노동에게는 생명을 갉아먹는 것이지만, 이것이 야기한 무질서한 소란 속에서 새로운 공간적 배열이 자라날 수 있다.[31]

투기 과열이 기존 공간적 배열 아래서 가능한 수준을 뛰어넘어 교역과 생산을 확대할 수 있는 새로운 공간적 배열의 출현을—— 방해하기보

---

30) *Ibid.*, p. 113; *Limits to Capital*, p. 404.
31) *Ibid.*, p. 398; *New Imperialism*, pp. 131~32 또한 참조.

다는──도와준다고 한다면, 투기 과열은 호혜적인 게임을 위한 "필요악"이다. 이것이 1990년대 투기 과열과 "이상 과열 현상"을 합리화하는 관방의 수사(修辭) 방식이다. 자본의 공간적 이동을 자유롭게 하는 것이 세계 경제의 재생산 확대를 위해 궁극적으로 유리하며, 세계 경제의 가장 취약한 구성원들에게도 마찬가지로 유리하다고 주장되었다. 하지만 관방의 수사 아래에는 새로운 공간적 배열의 출현을 촉진하기보다는 방해하는 부정적 게임의 더욱 파괴적인 현실이 놓여 있었다.

> 외교와 전쟁의 관계처럼, 국가 권력이 지원하는 금융 자본의 개입은 흔히 다른 수단에 의한 축적이나 마찬가지이다. 국가 권력과 금융 자본의 약탈적 측면 간의 부정한 동맹은 "투기 자본주의"(vulture capitalism)의 첨단을 이룬다. 그것은 조화로운 세계 발전을 성취하고자 하는 것만큼이나 동족을 잡아먹는 관행과 강제된 가치 하락에 관련된 것이다.[32]

하비는 나아가 이러한 "다른 수단"이 마르크스가 애덤 스미스를 따라서 "원시적" 혹은 "본원적" 축적의 수단으로 언급한 것이라고 말한다. 하비는 아렌트의 관찰에 동의하며 인용하는데, 아렌트는 "자국 경계 내에서 더는 생산적인 투자처를 발견하지 못한 [……] '여분의' 화폐의 출현이" 19세기 말과 20세기 초에 마르크스가 말한 "단순한 강도와 같은 원죄가 [……] 축적의 모터가 갑자기 꺼지지 않도록 결국 반복되어야만 하는" 상황을 만들었다고 보았다. 유사한 상황이 20세기 말과 21세기 초에 다시 나타났기 때문에, 하비는 "자본 축적의 긴 역사지리학 내에서 '원시적' 혹은 '본원적' 축적의 약탈적인 관행이 계속 역할을 하고 지속될 것이라는 일반적인 재평가"를 지지한다. 그리고 그는 계속 진행 중인 과정을 '원시적' 혹은 '본원적'이라고 부르는 것은 이상하기 때문에,

---

32) Harvey, *New Imperialism*, p. 136.

그 용어를 "강탈에 의한 축적"이라는 개념으로 대체하자고 제안한다.[33]

역사적으로 강탈에 의한 축적은 많은 상이한 형태를 취했다. 그 안에는 다양한 소유권 형태(공동 소유, 집단 소유, 국가 소유 등)를 오로지 사적 소유권으로 전환한 것, 자산과 천연자원의 식민지적·반식민지적·신식민지적 그리고 제국주의적 전유(專有), 인적 자원과 천연자원의 이용에서 자본주의적 이용 이외의 대안적 이용 방식을 금지한 것 등이 있다. 이러한 과정들의 정석화된 절차에서 우발적이고 우연적인 요소도 많았지만, 금융 자본과 신용 체계는 〔줄곧〕 강탈의 주요한 수단이었으며, 한편 폭력을 독점하고 합법성을 체현하는 국가는 그 핵심 주역이었다. 그러나 강탈에 의한 축적의 표현, 행위자와 도구가 무엇이든 간에,

> 강탈에 의한 축적이 하는 것은 대량의 자산을(노동력을 포함하여) 매우 싼 값으로(어떤 경우는 공짜로) 방출하는 것이다. 과잉축적된 자본은 이러한 자산에 대한 소유권을 장악하여 즉시 이를 수익성 있는 용도로 전환할 수 있다.[34]

하비의 관점에서 1970년대 말 이래 신자유주의 이데올로기의 발흥과 이와 연관된 민영화의 정치학은 강탈에 의한 축적의 현 단계에서 첨단을 이룬다. 소련이 붕괴한 뒤 자본주의 강국들과 국제 금융기구가 충고한 "충격 요법"의 이름으로 실행된 잔혹한 민영화는, 그 전까지 이용할 수 없는 자산을 폭탄 세일가로 방출한 주요한 일화였다. 그러나 마찬가지로 중요한 것은 다른 저소득 국가에서 평가절하된 자산의 방출이 1980년대와 1990년대에 자본 흐름의 자유화 와중에 간간이 등장한 금

---

33) *Ibid.*, pp. 142~44; Karl Marx, *Capital*, vol. I(Moscow: Foreign Languages Publishing House, 1959), p. 713; Arendt, *Origins of Totalitarianism*, p. 148.
34) Harvey, *New Imperialism*, pp. 145~49.

융위기를 뒤따라서 나왔다는 점이다.[35] 물론 지역적 위기와 국지적인 가치 하락이 통제를 벗어나 세계적 붕괴의 도화선이 되거나, 혹은 자신을 낳은 체계에 대한 반란을 야기할 위험성은 항상 있다. 그러므로 헤게모니 국가는 자국의 이익을 위해 그 과정을 지휘하더라도, 세계적 자본 축적이 궤도를 유지하도록 "구제 금융"을 조직화해야만 한다. 이와 같은 구제 금융에 수반된 강제와 동의의 혼합은 상당히 다양하다. 그럼에도 하비의 결론에 따르면, 그것은 다음과 같다는 것이 드러난다.

> 헤게모니가 어떻게 금융 메커니즘을 통해 패권국가에 이익을 주면서도 서발턴[subaltern, 하위의 종속] 국가들을 황금의 길이라고 믿는 자본주의적 발전으로 유도하도록 조직할 수 있을까. 강탈에 의한 축적과 확대 재생산을 묶는 탯줄은 언제나처럼 국가 권력의 지원을 받는 금융 자본과 신용기관에 의해 제공된다.[36]

우리가 제3장에서 이미 본 것처럼, 마르크스는 금융과 국가기관이 여러 지역에서 강탈에 의한 축적(마르크스가 말한 본원적 축적)과 역사적 자본주의의 확대 재생산을 연결하는 데 결정적인 역할을 했다고 강조했다. 그러나 하비와 달리, 마르크스는 눈에 보이지 않는 자본가 간 협력의 수단으로서 오로지 국채와 국제 신용의 역할에만 초점을 맞추었다. 그것은 그 시작부터 마르크스가 살았던 시대까지 세계 자본주의 체계의 시공간을 가로질러 몇 번이고 되풀이되는 자본 축적을 "출발시켰던" 것이다. 마르크스의 협력하는 자본주의적 국가들의 연쇄에서, 우리는 새로이 등장하는 중심(네덜란드, 영국, 미국)에서 "출발점"으로 보이는 것이 동시에 종전에 기존 중심(베네치아, 네덜란드, 영국)에서 장기적인 자

---

35) *Ibid.*, pp. 149~50, 156~61.
36) *Ibid.*, pp. 151~52.

본 축적의 "결과"임을 지적했다. 게다가 마르크스가 그렇게 확실하게 말한 것은 아니지만, 그의 연쇄에서 새로 등장하는 각 지도적 중심은 그 이전의 선임자보다 영토 규모와 범위가 더 큰 행위자가 된다.

하비의 용어로 재정식화한 마르크스의 연쇄는 기존의 자본주의적 중심에서 과잉축적된 잉여 자본을 위해 수익성 있는 배출구를 제공하고 동시에 새롭게 등장하는 중심에서 강탈에 의한 축적을 할 필요성을 줄여주는, 일련의 점점 더 증가하는 규모와 범위의 공간적 조정을 나타낸다. 오늘날 이러한 경향이 아직 유효하다면, 미국과 다른 성숙한 자본 축적의 중심들은 새로 등장한 중심에 "거대한 양의 자본"을 빌려주고 있을 것이다. 그런데 미국은 왜 빌려주는 것이 아니라 제5장에서 이미 언급했듯이 매일 20억 달러가 넘는 수준으로 거대한 양의 자본을 빌리고 있을까? 그리고 이 자본 중에 왜 점점 더 많은 비중이 새로 등장하는 중심, 특히 중국에서 오는가?

이러한 변칙은 과거에 규모와 범위를 더 확대하는 공간적 조정으로 잉여 자본의 흡수를 촉진했던 메커니즘에 방해물이 있다는 신호이다. 하비는 이 변칙을 다루지는 않았지만, 공간적 조정이라는 그의 이론은 지리적 관성의 경제적·정치적·사회적 힘의 강화가 그 방해물의 원인일 수 있음을 시사한다. 확실히 이런 점이 부분적인 설명을 해주지만, 다른 이유도 있을 수 있다. 즉 주도적인 새롭게 등장하는 중심(중국)이 어떤 다른 수단을 통해—제12장에서 살펴보겠지만, 가능성 있는 가설로서—자본을 축적하기 때문이거나 혹은 전 세계적으로 축적되는 잉여 자본의 양이 전례 없을 정도로 커서 강압적 수단으로는 이를 수익성 있게 흡수하기에 충분한 크기와 범위의 공간적 조정을 창출할 수 없기 때문에, 강탈에 의한 축적이 한계에 이르게 되었을 수 있다.

하비는 이러한 가능성을 검토하지 않으며, 워싱턴의 새로운 미국의 세기 프로그램과 강탈에 의한 축적 사이의 관계를 명확히 하지도 않는다. "이라크 석유의 강탈"이 강탈에 의한 축적을 군사적 수단을 통해 연

장하려는 시도의 시작을 나타낼 수도 있다고 제시하면서도, 하비는 또한 신보수주의적 제국주의 프로젝트가 부과하려는 특수한 힘의 영토적 논리가 힘의 자본주의적 논리와는 심하게 어긋난다고 주장한다. 비록 단기적으로는 군사 지출이 미국 경제를 부양할 수 있지만, 지속적인 효과는 미국의 대외 부채가 더 늘어나고 이로 인해 미국이 자본 도피에 대해 더욱 취약해질 것이라는 점이다. 이에 따라 금융 자본이 계속해서 미국 국채 부담을 떠맡는 리스크는 증가할 것이고, 만약 이런 상황이 바뀌지 않는다면 조만간 자본의 도피가 발생했을 때 미국 경제는 "1930년대의 대공황 이래로 일찍이 경험한 적이 없을 정도의 전례 없는 긴축"을 수반할 "구조조정"을 하지 않을 수 없게 될 것이다.[37]

하비는 이러한 환경에서 미국이 "중국을 억제하기 위해 석유를 장악한 자신의 힘을 사용하고 싶은 유혹을 강하게 느낄 것이고, 이는 최소한 중앙아시아에서 지정학적 분쟁에 불을 붙일 것이고 아마도 더 세계적인 분쟁으로 확산될 것이다"고 추측했다. 하비가 보기에, 파괴적인 결과에 대한 유일한 현실적 대안은 미국과 유럽이 국내적으로도 국제적으로도 "새로운 '뉴딜'"과 같은 것을 주도하는 것이다. "이것은 자본의 논리를 〔……〕 신자유주의의 족쇄에서 해방하는 것을 의미하며, 국가 권력을 훨씬 더 개입주의적이고 재분배적인 노선에 따라 재편하고, 금융 자본의 투기적 힘을 제어하고, (특히 〔……〕 군산 복합체의) 독과점의 압도적인 힘을 분산시키거나 민주적으로 통제하는 것을 의미한다." 이 대안적 프로젝트는 오래전에 카를 카우츠키(Karl Kautsky)가 예견한 여러 자본주의 강국이 협동하는 "울트라 제국주의"(ultra-imperialism)와 비슷한데, 그것처럼 자체에 부정적인 함의와 결과도 있다. 그렇기는 하지만 이 대안적 프로젝트는 "미국의 신보수주의 운동이 기도하는 노골적인 군국주의적 제국주의보다는 훨씬 덜 폭력적이고 훨씬 더 온정적인 제국주의

37) *Ibid.*, pp. 201~02, 204~09.

노선을 제안하는 것처럼 보인다."[38]

이 글이 나온 뒤 4년 동안, 신보수주의적 제국주의 프로젝트가 해체되면서 군사적 수단으로 이라크 석유를 전유(專有)하여 강탈에 의한 축적의 새로운 단계를 개시하는 것은 불가능해졌고, 미국의 대외 부채와 자본 도피에 대한 취약성은 도리어 훨씬 더 증가했다. 하지만 아직까지는 금융 자본과 외국 정부가 계속해서 미국의 국채 부담을 떠맡아주었기 때문에 미국 경제를 어느 정도 긴축을 수반한 구조조정으로 내모는 자본 도피는 일어나지 않았으며, 1930년대의 경험에 필적할 만한 규모의 긴축도 물론 없었다. 설령 이러한 도피와 구조조정이 여전히 가능성은 있다고 하더라도, 만약 그것이 실제로 현실화했을 때 미국이 어떻게 반응할지를 예측하기는 어렵다. 이 책 제4부에서 살펴보겠지만, 이라크에서의 패주에도 불구하고 미국은 하비가 예견한 것 같은 지정학적 분쟁의 도화선이 될 대중국 전략의 추구를 단념하지 않았다. 그러나 세계적 정치경제 환경은 이런 전략에 더욱 불리하게 되었다. 여하튼 유럽-미국의 "울트라 제국주의" 프로젝트는 부시 정부가 추진했으나 실패한 노골적인 군국주의적 제국주의에 대한 유일한 대안도 가장 가능성 있는 대안도 아니다.

미국 헤게모니의 해체를 통해 열린 역사적 가능성의 전모를 밝히기 위해서는, 공간적 조정 개념과 강탈에 의한 축적 개념을 하비가 한 것보다 더 광범위하고 장기적인 역사적 시각에서 쇄신해야만 한다. 이러한 시각 안에서, 신제국주의(new imperialism)는 한편으로는 더 커져가는 규모와 범위의 공간적 조정으로 이루어진 오랜 역사적 과정의 결과로, 다른 한편으로는 미국 중심의 세계정부를 형성함으로써 이러한 과정에 종지부를 찍으려는 미국의 시도의 결과로 나타날 것이다. 이러한 시도는 처음부터 미국 헤게모니에 필수적이었다고 나는 주장할 것이다. 부

---

38) *Ibid.*, pp. 209~11.

시 치하에서 미국의 시도는 단지 그 한계에 봉착했고, 십중팔구 현재 진행되는 세계 정치경제의 변형에 근본적인 결정 요소가 더는 아니게 될 것이다.

과잉축적과 금융화

『전체주의의 기원』에서 아렌트는 자본 축적과 권력 축적 간의 관계에 관해 통찰력 있는 약간은 기능주의적인 관찰을 한다.

> 인간의 모든 것이 권력이라는 홉스의 주장은 〔……〕 끝없는 자산 축적은 반드시 끝없는 권력 축적에 기초한다는 이론적으로 논박의 여지가 없는 명제에서 나왔다. 〔……〕 자본 축적의 한없는 과정은, 끝없이 힘을 늘림으로써 늘어나는 재산을 보호할 수 있는 그렇게 "무한하신 힘"〔unlimited a Power, 하느님의 힘의 비유〕의 정치적 구조를 **필요로 한다**. 〔……〕 끝없는 자본 축적의 보호에 **필요한** 끝없는 권력 축적의 이러한 과정은 19세기의 "진보적" 이데올로기를 결정지었고, 제국주의 발흥의 징조를 보였다.[39]

아렌트의 이러한 이론적 관찰을 인용한 뒤, 하비는 그것이 주도적 조직의 연쇄라는 나의 경험적 서술과도 "정확하게" 부합한다고 쓴다.[40] 이 연쇄는 이탈리아 도시국가에서 네덜란드, 영국 그리고 미국 헤게모니 단계에 이르기까지 세계 자본주의 체계의 형성을 촉진하고 지탱했다.

---

39) Arendt, *Origins of Totalitarianism*, p. 143. 나는 앞으로 언급할 아렌트 주장의 기능주의적 성격을 강조하기 위해 "필요로 한다"(needs)와 "필요한"(necessary)을 고딕체로 표기했다.

40) Harvey, *New Imperialism*, pp. 34~35. 나의 경험적 관찰은 아렌트의 이론적 주장과는 독자적으로 이루어진 것이었다. 나는 양자의 일치성을 지적해준 하비에게 감사한다.

바로 17세기 말과 18세기 초에 헤게모니적 역할이 네덜란드의 크기와 자원에 비해 너무 비대해진 것처럼, 20세기 초에는 그 역할이 영국의 크기와 자원에 비해 너무 비대해졌다. 두 사례 모두, 헤게모니적 역할은 상당한 "보호비", 즉 절대적 혹은 상대적인 전략지정학적 격리 덕분에 배타적 비용 우위를 누릴 수 있게 된 한 국가에 낙착되었다. 18세기에는 영국, 20세기에는 미국이었다. 〔……〕 그러나 두 사례 모두 그 국가는 바람직하다고 보는 어떤 방향으로든 경쟁 국가 간의 세력 균형을 이동시킬 수 있을 정도로 자본주의적 세계-경제에서 충분한 비중을 가진 국가이기도 했다. 그리고 자본주의적 세계 경제가 19세기에 상당히 팽창했으므로, 20세기 초에 헤게모니를 잡는 데 필요한 영토와 자원은 18세기보다 훨씬 커졌다.[41]

일치를 부인할 수는 없지만 그 일치성은 하비가 생각한 것처럼 "정확한" 것은 아니다. 아렌트의 관찰은 각국 내의(within states) 권력과 자본의 축적을 말한 것이고, 반면에 나의 관찰은 진화하는 국가들의 체계 내의(in system of states) 권력과 자본의 축적을 말한 것이기 때문이다. 그 차이는 여러 면에서 중요하다.

우리가 아렌트에게서 주목하게 되는 것은, 개별 자본주의 국가가 "여분의 돈"(즉 자국의 경계 내에 수익성 있게 재투자할 수 있는 것보다 더 많은 자본)을 축적하면, 늘어난 자산을 보호할 수 있도록 더 강력해져야만 하는 과정이다. 이러한 관점에서 자본주의적 제국주의는 잉여 자본을 위한 수익성 있는 외부의 배출구를 발견하는 것과 국가를 강화하는 것을 동시에 목표로 하는 정책이다. 반대로 나의 관찰에서 주목하는 것은, 점점 더 강력해지는 자본주의적 조직이 행위자가 되어 축적 체계를 확대해온 과정이며, 이 체계는 처음부터 다수의 국가들을 아우른 것이다. 이러한 관점에서, 자본주의적 유형의 제국주의는 자본주의 국가가 강제적

41) Arrighi, *Long Twentieth Century*, p. 62.

수단으로 자국의 구미에 맞게 "끝없는" 자본과 권력의 축적에 수반되는 공간적 이동을 바꾸려는 반복되는 투쟁의 양상이다.[42]

하비가 강조하듯이, 국가 권력이 지원하는 금융 자본은, 자본의 확대 재생산에 따르는 공간의 생산과, 강탈에 의한 축적의 핵심을 이루는 "동족 식육의 관행과 강제적인 가치 하락"에서 모두 중요한 매개 역할을 한다. 그렇지만 그는 이러한 역할이 세계사에서 언제부터 시작되었는지는 정확하게 설명하지 않는다. 아렌트처럼, 하비는 금융 자본이 19세기 산업 자본의 부산물이라고 보는 관점을 고수하는 것 같다. 하지만 어떤 국가의 자본주의 발전에서는 맞는지 몰라도, 세계적 규모의 자본주의적 발전에서는 확실히 맞지 않는다.

제3장에서 이야기했듯이, 페르낭 브로델은 자본의 과잉축적("투자의 정상적인 경로를 넘어선 규모의 자본 축적")에 대한 대응으로서 금융화(금융 자본의 역량이 적어도 잠시 동안은 사업 세계의 모든 활동을 접수하고 지배하는 것)가 자본주의가 산업주의와 연관되기 훨씬 이전부터 유럽 경제에 명백하게 있었다는 것을 증명했다. 이제 여기에 더해서 브로델은 금융 자본에 대한 하비의 이론적 고찰을 세계사의 시공간에서 증명해주는 시기, 장소 그리고 행위자의 목록 또한 제공해준다. 브로델은 네덜란드가 1740년경부터 상업에서 멀어져 "유럽의 은행가"가 된 것은 주기적인 세계-체계적 경향을 대표한다고 말한다. 동일한 과정이 15세기와 다시 1560년경에 이탈리아에서 나타났는데, 그때부터 제노바의 상업 디아스

---

42) 나는 아렌트가 사용한 "끝없는"(never-ending)보다 "끝없는"(endless)이란 수식어를 더 좋아한다. 왜냐하면 "끝없는"(endless)이란 수식어가 축적이 "결코 끝나지 않는다"(never ends)고 하는 의미를 더 정확하게 전달하고, 동시에 실제로 끝이 나든 아니든 간에 "그 자체로 끝"이기 때문이다. [각주 39에 해당하는 본문의 아렌트 인용문에서 "끝없는"은 모두 never-ending이다. never-ending은 오로지 이 인용문에만 쓰였다. 문자적으로 never-ending은 end가 동사로 "결코 끝이 나지 않는" 정도의 의미이고, "endless"는 end가 명사로 "끝이 없는"이란 뉘앙스의 차이가 있지만 역문에서는 똑같이 번역하였다.]

포라의 주도 그룹들은 점차 상업을 포기하고 70여 년 동안 유럽 금융을 지배하였다. 이 지배는 바젤의 국제결제은행(BIS)이 20세기 동안 행사한 지배에 필적할 만한 것이었는데 "너무나 신중하고 교묘해서 역사가들조차 오랫동안 눈치 채지 못했다." 네덜란드 이후에, "산업혁명의 환상적인 투기"로 화폐 자본이 넘쳐났던 1873~96년의 대공황 와중과 그 이후에는 영국이 이 경향을 되풀이했다. 덧붙여 이른바 포드주의-케인스주의의 역시 "환상적인 투기" 이후에는 미국 자본이 1970년대 이래로 유사한 경향을 따라갔다. "이 순차적인 [모든-인용자] 자본주의적 발전은 금융 팽창의 국면에 도달함으로써 어떤 의미에서 자신의 성숙을 알리는 것처럼 보인다. 그것은 가을의 징후이다."[43]

이러한 관찰에 비추어 보면, 마르크스의 자본의 일반 공식(M-C-M')은 개별 자본가의 투자 논리뿐 아니라 세계 자본주의의 반복적 패턴을 묘사하는 것으로 재해석할 수도 있다. 이러한 패턴의 핵심적 국면은 실물 팽창의 시기(자본 축적의 M-C 국면)가 금융 팽창의 국면(C-M' 단계)으로 바뀌는 것이다. 실물 팽창 국면에서, 화폐 자본(M)은 노동력과 천연자원을 포함하여 점점 더 많은 상품(C)을 움직인다. 그리고 금융 팽창 국면에서, 팽창한 화폐 자본(M')은 그 자신을 상품 형태에서 해방시키고, 축적은 (마르크스의 단축 공식인 M-M'처럼) 금융 거래를 통해 진전된다. 종합하면, 이 두 시기 혹은 국면은 내가 **축적 체계의 순환**(a systemic cycle of accumulation: M-C-M' 또는 체계적 축적 순환)이라고 부른 것을 구성한다.[44]

이상의 전제들에서 출발하여, 나는 각각 "장기" 세기를 포괄하는 이러한 네 가지 순환을 확인했다. 제노바-이베리아 순환은 15세기부터 17세

---

43) Fernand Braudel, *Civilization and Capitalism, 15th~18th Century, Volume III: The Perspective of the World*(New York: Harper & Row, 1984), pp. 157, 164, 242~43, 246, 강조는 인용자.

44) Arrighi, *Long Twentieth Century*, pp. 4~6.

기 초까지 걸쳐 있고, 네덜란드 순환은 16세기 말에서 18세기 말까지, 영국 순환은 18세기 중반에서 20세기 초까지, 그리고 미국 순환은 19세기 말부터 가장 최근의 금융 팽창까지 걸쳐 있다. 각 순환은 특정 정부 행위자와 사업 행위자의 복합체 이름을 따서 명명되는데, 이 복합체가 세계 자본주의 체계를 처음에는 실물 팽창으로 이끌고 그 다음에는 금융 팽창으로 이끌었으며, 두 팽창이 합해서 순환을 구성한다. 연속되는 축적 체계의 순환들은 시작과 끝에서 서로 겹친다. 왜냐하면 금융 팽창의 단계는 세계 자본주의의 주요 발전의 "가을"일 뿐 아니라, 새로운 주도적 정부-사업 복합체가 나타나서 시간이 지남에 따라 체계를 재조직하고 더 큰 팽창을 가능하게 만드는 과정이기도 하기 때문이다.[45]

실물 팽창과 금융 팽창은 축적 체계와 지배 체계 둘 다의 과정이다. 이 체계는 몇 세기 동안 규모와 범위에서 더욱 커졌지만 맨 처음부터 많은 수와 다양한 정부 행위자와 사업 행위자를 포괄했다. 각 순환 내에서, 실물 팽창은 정부 행위자와 사업 행위자의 특정 블록이 등장하기 때문에 발생하는데, 이 블록은 더 광범위하고 더 심화된 분업이 출현할 조건을 창출하는 새로운 공간적 조정으로 체계를 이끌 수 있다. 이러한 조건 아래서, 교역과 생산에 투자된 자본에 대한 보수는 증가하고, 이윤은 어느 정도 규칙적으로 교역과 생산의 더 큰 확대로 재투자되는 경향이 있으며, 그리고 알게 모르게 체계의 주요 중심들은 서로의 팽창을 지탱하기 위해 협력한다. 하지만 시간이 지남에 따라 교역과 생산에서 계속 늘어나는 이윤을 재투자하는 것은, 심하게 이윤 폭을 줄이지 않고서는 상품의 구매와 판매에 재투자될 수 없는 정도로 자본이 축적되는 결과

---

45) 축적 체계의 순환의 역사적·이론적 토대에 관해서는 Arrighi, *Long Twentieth Century* 참조. 네덜란드에서 영국으로, 영국에서 미국 헤게모니로의 전환에 대한 자세한 분석을 보려면, Giovanni Arrighi and Beverly J. Silver, *Chaos and Governance in the Modern World System*(Minneapolis, MN: University of Minnesota Press, 1999) 참조.

를 가져온다. 이 시점에서 자본주의적 행위자들은 서로의 활동 영역을 침범하게 된다. 예전에 상호 협력을 위해 규정했던 분업은 무너진다. 그리고 경쟁이 점점 더 악성으로 된다. 교역과 생산에 투자된 자본을 보상받을 전망은 줄어들고, 자본주의적 행위자들은 수입으로 들어온 현금 흐름 중 더 많은 비율을 유동성 형태로 가지고 있게 된다. 실물 팽창에서 금융 팽창으로 단계가 넘어갈 무대가 이제 마련된다.

체계적 중요성을 가진 모든 금융 팽창에서, 유동성 형태의 잉여 자본 축적은 세 가지 주요한 효과가 있다. 첫째, 그것은 토지, 인프라스트럭처 및 교역과 생산 수단의 형태로 묶여 있던 잉여 자본을 팽창하는 화폐와 신용으로 전환시킨다. 둘째로 그것은 정부와 민간인들에게서 예전에 교역과 생산에서 얻었던 소득을 빼앗는다. 교역과 생산은 수익성이 없고 너무 리스크가 커서 더 이상 하지 않게 된다. 마지막으로 그리고 대체로 먼저의 두 효과의 당연한 결과로, 그것은 금융 중개자들을 위해 매우 수익성 높은 시장 분야〔適所〕를 창출했다. 금융 중개자들은 자금난에 처한 정부와 민간인들의 손에도, 그리고 교역과 생산에서 이윤 창출의 새로운 수단을 개척하려고 하는 공기업가와 사기업가의 손에도, 늘어나는 유동성 공급을 흘려 보내줄 수 있다.

그 결과, 앞선 실물 팽창의 주도적 행위자들은 이 수익성 높은 시장 분야를 선점하기에 가장 좋은 위치에 있으므로, 따라서 금융 팽창을 향한 축적 체계를 주도한다. 한 종류의 주도권을 다른 종류의 주도권으로 전환할 수 있는 이러한 능력은, 헤게모니의 신호적 위기를 경험한 후에도 세계 자본주의의 모든 기존 중심들이 자국의 부와 힘이 일시적이지만 상당히 재팽창하는 벨 에포크를 구가할 수 있게 하는 주요 원인이다. 모든 이러한 벨 에포크가 일시적인 현상인 이유는 이들이 그 근저에 있는 과잉축적 위기를 해소하기보다는 심화하는 경향이 있기 때문이다. 벨 에포크는 경제적 경쟁, 사회적 투쟁과 국가 간 경쟁을 기존 중심의 통제력을 뛰어넘는 수준까지 가속화한다. 그 결과 나타난 이러한 투쟁

들의 끊임없이 변화하는 성격을 논하기 전에, 먼저 두 가지를 관찰하는 것이 순서이다.

첫째는 모든 금융 팽창은 강탈에 의한 축적을 수반했다는 것이다. 자금난에 처한 정부와 민간인들에게 잉여 자본을 대부해주는 것은, 그것이 자산이나 수입을 차입자로부터 잉여 자본을 통제하는 주체에게 재분배하는 한에서만 이익이 되었다는 점을 보면 충분히 알 수 있다. 이러한 종류의 대량의 재분배는 르네상스 피렌체에서 레이건과 클린턴 시대에 이르기까지 금융 자본주의의 모든 벨 에포크에서 정말 기본적인 구성 요소였다. 하지만 재분배는 기본적으로 그 자체만으로는 그 근저에 있는 과잉축적 위기에 대해 어떤 해법도 제공하지 않았다. 반대로 유동성 선호가 더 낮은(즉 화폐 자본을 축적하는 경향이 더 적은) 계층과 공동체로부터 유동성 선호가 더 높은 계층과 공동체로 구매력을 옮김으로써, 더 많은 자본의 과잉축적과 수익성 위기의 재발을 야기했다. 게다가 강탈당하고 있는 계층과 공동체를 소외함으로써, 정통성 위기 역시 야기했다. 수익성 위기와 정통성 위기의 결합은 물론 아렌트와 하비가 각자 검토한 시대에 제국주의를 낳은 근본적 조건이라고 한 것이다. 그럼에도 불구하고 이에 필적할 만한 조건들 역시 더 이른 시기의 금융 팽창에서도 명백하게 나타나는데, 직간접적으로 각국 내부의 투쟁과 국가 간 투쟁을 격화시켰다.[46]

적어도 처음에는 격화된 국가 간 투쟁이 기존 중심들에 이익이 되었는데, 왜냐하면 이런 투쟁은 국가의 재정 수요를 팽창시키고 따라서 이동 자본(mobile capital)을 얻기 위한 이들 상호 경쟁을 강화하기 때문이다. 그러나 일단 이 투쟁들이 대규모 전쟁으로 확대되면, 기존 중심들은 점차 금융 영역에서조차 새롭게 등장한 중심들에 패배하게 되었다. 이

---

46) Arrighi, *Long Twentieth Century*; Arrighi and Silver, *Chaos and Governance*, 특히 제3장.

들은 끝없는 자본과 힘의 축적을 위해 예전 중심보다 더 큰 규모와 범위의 공간적 조정을 제공할 수 있는 우월한 위치에 있었다.

이 점은 두 번째 관찰로 우리를 이끄는데, 잉여 자본이 자본주의적 발전의 기존 중심에서 새로 등장하는 중심으로 이전되는 과정에 대한 것이다. 앞에서 언급했듯이, 마르크스가 생각한 이러한 재배치를 촉진하는 데서 신용 체계의 역할은 등장하는 중심에서 강탈에 의한 축적의 필요성을 줄이는 보이지 않는 자본가 간 협력을 가리킨다. 우리는 또 마르크스의 주도적 자본주의 중심들의 연쇄(베네치아, 네덜란드, 영국, 미국)가 전 단계의 과잉축적 위기의 해결과 실물 팽창의 새로운 단계를 개시하기 위한 조건을 창출할 일련의 점점 더 커지는 규모와 범위의 공간적 조정을 가리킨다고 언급했다. 여기에 우리는 전쟁이 중요한 역할을 담당했다는 점을 덧붙여야 한다. 적어도 두 사례에서(네덜란드에서 영국으로, 영국에서 미국으로), 성숙한 중심에서 새로 등장하는 중심으로 잉여 자본의 재배치는 국가 간 투쟁이 격화되기 훨씬 전에 시작했다. 하지만 이러한 초기의 이전은 새로 등장하는 중심의 자산 및 미래의 수입에 대한 〔기존 중심의〕권리를 확고히 해주고, 원래 투자액에 상당하거나 더 초과하는 이자 · 이윤 · 지대의 흐름을 성숙한 〔기존〕중심으로 되돌려보냈다. 따라서 초기의 잉여 자본 이전은 고도 금융(high finance)의 세계에서 기존 중심의 지위를 약화하기는커녕 강화하였다. 그러나 일단 전쟁이 확대되자, 성숙한 중심과 새로 등장한 중심을 연결하는 채무 관계는 크게 역전되었고, 새로 등장하는 중심으로의 〔잉여 자본의〕재배치는 더욱 실질적이고 상시적으로 되었다.

그 역전의 메커니즘은 이행마다 상당히 달랐다. 네덜란드-영국 역전에서는, 기본적인 메커니즘이 7년 전쟁 동안과 그 후 인도의 노획이었다. 이로써 영국은 네덜란드에 진 국채를 다 갚고 외채에서 거의 자유롭게 나폴레옹 전쟁을 시작할 수 있었다. 영국-미국 역전의 기본적인 메커니즘은 영국이 당시 수입으로 갚을 수 있는 수준을 초과하여 미국이 군

비 · 기계 · 식량 · 원료를 전시에 공급한 것이다. 그러나 두 경우 모두, 세계 자본주의의 감제 고지(the commanding heights)*에서 위병(衛兵) 교대**를 하기 위해서 전쟁은 필수적인 요소였다.[47]

자본주의적 힘의 전략의 기원

일부 비판자들의 독법과는 반대로, 축적 체계의 순환이라는 나의 개념은 자본주의의 역사를 "동일한 것의 영원 회귀"[48]로 묘사하지 않는다. 이와 달리 내 개념은 동일한 것(예를 들어 반복적인 체계 전반에 걸친 금융 팽창)이 회귀한 것처럼 보이는 바로 그때에, 새로운 단계의 자본가 간 경쟁, 국가 간 경쟁, 강탈에 의한 축적, 그리고 끊임없이 규모가 커지는 공간의 생산이 출현하여, 제국주의적 관행과의 관계뿐 아니라 세계 자본주의의 지리학과 작동 방식을 혁명적으로 바꾸었음을 보여준다. 따라

---

 * 원래는 군사 용어로 관제 고지, 감제 고지 등으로 번역된다. 1922년 레닌은 『신경제정책』에서 국가 경제의 가장 핵심적인 요소를 의미하는 용어로 구사했다. 경제 고지, 경제 패권으로도 번역된다.
** 근위병의 교대식처럼 세계 자본주의의 지배적 고지를 점한 국가가 바뀌는 것.
47) 네덜란드-영국 역전에 관해서는 Ralph Davis, *The Industrial Revolution and British Overseas Trade*(Leicester: Leicester University Press, 1979), pp. 55~56; P. J. Cain and A. G. Hopkins, "The Political Economy of British Expansion Overseas, 1750~1914", *Economic History Review*, 2nd series, 33, 4(1980), p. 471 및 Arrighi, *Long Twentieth Century*, pp. 208~12 참조. 영국-미국 역전에 관해서는 Barry Eichengreen and Richard Portes, "Debt and Default in the 1930s: Causes and Consequences", *European Economic Review* 30(1986), pp. 601~03; Paul Kennedy, *Rise and Fall of the Great Powers*, p. 268; Arrighi and Silver, Chaos and Governance, pp. 73~77 참조. 현재 진행되는 미국-동아시아 역전의 특수성은 이미 제2부에서 암시했지만, 이후의 장에서 심도 있게 다룰 것이다.
48) Michael Hardt and Antonio Negri, *Empire*(Cambridge, MA: Harvard University Press, 2000), p. 239.

서 만약 우리가 연속되는 축적 순환의 주도적인 자본주의적 행위자들의 "총사령부"를 수용해온 "힘의 용기(容器)"[49]에 초점을 맞춘다면, 우리는 즉시 도시국가와 세계주의적인 상업 디아스포라(제노바)로부터 원(原)국민국가(네덜란드)와 공인 합자회사들로, 다국적 국가(영국)와 전 세계적 규모의 조공 제국으로, 다시 대륙 크기의 국민국가(미국)와 세계적 규모의 초국적 기업, 군사 기지, 세계 통치 기구로 이루어진 체계로라는 진행을 볼 수 있다.[50]

이러한 진행이 보여주듯이, 세계 자본주의의 형성과 팽창을 촉진했던 행위자들 중 어느 국가도 정치적 · 사회적 이론에서 말하는 가공의 개념인 국민국가(national states)*와 일치하지 않는다. 제노바와 네덜란드는 국민국가라기에는 모자라고, 영국과 미국은 국민국가라기에는 넘친다. 그리고 바로 맨 처음부터, 이러한 행위자들이 세계 자본주의의 형성과 팽창에 지도적인 역할을 할 수 있도록 했던 축적과 힘의 네트워크는, 원(原)국가, 다국적 국가 혹은 국민국가로 정의할 때 그어지는 본국 영토 안에 "갇혀 있지" 않았다. 원거리 무역, 고도 금융 그리고 연관된 제국주의적 관행(즉 전쟁 만들기war-making와 제국 건설empire-building 활

---

49) Anthony Giddens, *The Nation-State and Violence*(Berkeley, CA: University of California Press, 1987). 기든스는 이 표현을 국가, 특히 국민국가를 나타내는 데 도입했다. 독자들은 알아채겠지만, 여기에서 이 표현은 더 광범위한 조직체를 가리키는 데 사용하고 있다.

50) 이 진행에 대한 상세한 설명은 Arrighi, *Long Twentieth Century*; Arrighi and Silver, *Chaos and Governance*, ch. 1; Giovanni Arrighi and Beverly J. Silver, "Capitalism and World (Dis)Order", *Review of International Studies* 27 (2001) 참조.

* 홉스봄의 nation-state와 찰스 틸리의 national state를 『장기 20세기』에서는 구분하여 후자를 지지하였다. 이 책에서는 전통 동아시아 국가에서 오늘날 국가까지 모두 포괄적으로 national state라고 쓰고 있다. 하지만 네덜란드를 proto-nation-state라고도 하고 proto-national state라고도 하는 등 엄밀히 구분하지는 않는다.

동)은 심지어 후기 행위자들보다는 초기 행위자들에게 더욱 핵심적인 이윤의 원천이었다. 아렌트의 주장처럼, 제국주의는 정말 "자본주의의 최후 단계라기보다는 부르주아지의 정치적 지배에서 첫 단계"[51]로 보아야 할 것이다. 그러나 이 첫 단계는 아렌트의 말처럼 19세기 말 국민국가가 아니라 근세의 도시국가에 위치해야 한다.

제국주의적 관행이 자본주의적 팽창의 후기 단계보다 초기 단계에서 더욱 중요한 이윤의 원천이었다는 사실이 〔그렇다고 해서〕 후기 행위자들의 정책과 행동이 초기 행위자들의 그것보다 덜 제국주의적이었다는 것을 의미하지는 않는다. 반대로, 후기 행위자들은 덜하기보다는 더욱 제국주의적으로 되었는데, 왜냐하면 자본주의적 힘의 전략과 영토주의적 힘의 전략 사이의 상호 침투가 증대했기 때문이다. 이러한 경향은 연속된 축적 체계의 순환의 역사지리학을 비교해 보면 분명히 알 수 있다.

심지어 첫 번째 순환이 현실로 나타나기 전에도, 이탈리아의 일부 도시국가들은——가장 대표적으로는 베네치아——, 근세 유럽의 환경에서도 자본주의적 힘의 전략이 실행될 수 있다는 것을 증명해주었다. 영토주의적 전략을 추구하는 지배자들은 영토적 판도의 규모를 확대함으로써 힘을 축적하려고 했다. 이와 대조적으로 이탈리아의 도시국가들을 통치한 부르주아지들은 화폐 자본에 대한 지배력을 확대함으로써 힘을 축적하려고 했으며, 반면에 영토의 획득은 자본 축적에 절대적으로 필요하지 않다면 자제했던 것이다. 이 전략의 성공은 두 조건의 상호작용에 의존했다. 하나는 자신들보다 더 큰 유럽 아대륙의 영토적 조직들〔즉 예를 들어 스페인, 영국, 프랑스 등〕 사이의 세력 균형이었다. 다른 하나는 등장하는 유럽 국가 체계의 외향성이었다. 즉 유럽 내부의 이윤과 힘의 성공적 추구가, 무역을 통해서든 약탈을 통해서든 유럽 외부의 자원에 특권적으로 접근할 수 있느냐에 결정적으로 의존했던 것이다. 세력 균

---

51) Arendt, *Origins of Totalitarianism*, p. 138.

형은 영토에서는 보잘것없는 자본주의적 조직[즉 예를 들어 제노바, 베네치아]이 정치적으로 생존할 수 있도록 했다. 뿐만 아니라 세력 균형으로 인해, 더 큰 영토적 조직들 사이의 금융 자원을 둘러싼 경쟁이 이들 자원을 통제했던 자본주의적 조직들에 권력을 주었던 것이다. 동시에 유럽 내 권력 투쟁이 외부화된 결과, 각국은 유럽 밖의 자원들에 대한 특권적 접근을 획득하는 데서 상대를 능가해야만 했으므로 이 경쟁은 계속해서 되풀이될 것이었다.[52]

처음에 이 두 조건의 결합은 자본주의적 힘의 전략에 극히 유리했다. 정말 가장 성공적인 행위자가 거의 전적으로 탈영토화한 조직이었을 정도였다. 그렇기 때문에 첫 번째 축적 체계의 순환을 가리키는 제노바-이베리아라는 명명은 도시국가로서 제노바 공화국을 말한 것이 아니다. 이 도시국가는 순환기 내내 정치적으로는 위태로운 존재였으며 아주 적은 힘밖에 "보유하지" 않았다. 제노바-이베리아 순환은 그보다도 대륙 간을 넘나드는 상업 및 금융 네트워크를 말한다. 이 네트워크를 이용해 세계주의적 디아스포라로 조직된 제노바의 자본가 계급은 유럽의 가장 강력한 지배자들과 대등하게 거래하고 이들 지배자들의 상호 경쟁을 자신의 자본 축적의 자기팽창을 위한 강력한 동력으로 전환할 수 있었다. 이러한 강력한 위치에서 제노바의 디아스포라 자본가들은 포르투갈과 스페인 제국의 지배자들과 매우 유리한 비공식적인 정치적 교환 관계에 진입했다. 이 관계 덕택에, 이베리아의 지배자들은 세계적 규모의 시장과 제국의 형성에 필요한 모든 전쟁 만들기(war-making)와 국가 만들기(state-making) 활동에 착수했으며, 반면 제노바의 디아스포라 자본가들은 이러한 활동을 상업적 · 금융적으로 돕는 것으로 특화했다. 스페인 제국과의 연계 때문에 멸망한 푸거 가문(the Fuggers)과 달리 제노바인들은 아마도 이 관계에서 이베리아의 [스페인] 동업자들보다 더 많은

---

52) Arrighi, *Long Twentieth Century*, chs 1 and 2.

것을 얻었다. 리처드 에렌버그(Richard Ehrenberg)가 말했듯이, "펠리페 2세가 수십 년간 자신의 세계 강대국 정책을 수행할 수 있었던 것은 포토시 은광 때문이 아니라 제노바의 환(換)시장 때문이었다." 그러나 그 과정에서, 수아레스 드 피게로아(Suárez de Figueroa)가 1617년에 한탄했듯이, 스페인과 포르투갈은 "제노바인의 인도(印度)"가 되어버렸다.[53]

두 번째 (네덜란드) 축적 체계의 순환에서, 오로지 자본주의적 힘의 전략만 이야기하자면, 이를 추구할 수 있는 조건은 여전히 유리한 편이었지만 첫 번째 순환에서만큼 유리하지는 않았다. 확실히 유럽의 더 큰 영토국가들을 상호 적대적으로 만들었던 강렬한 투쟁은 네덜란드의 부상에도 필수적이었으며, 1648년 베스트팔렌 조약으로 창출된 평화는 유럽의 세력 균형에 어느 정도 제도적인 안정성을 제공했다. 또한 이베리아인들은 오로지 남보다 먼저 아메리카 대륙을 정복하고 동인도제도로 가는 직항로를 확립했다는 이유로 쉽사리 팽창할 수 있었는데 17세기에 네덜란드는 〔그런 여건이 없었더라도〕 발트 해에서 대서양과 인도양으로 경영의 공간적 규모를 마찬가지 수준으로 수월하고 신속하게 확대할 수 있었다. 그럼에도 불구하고, 이베리아인들의 전 세계적 규모의 공간적 조정으로 유럽에 창출된 지정학적 경관은, "장기" 16세기 동안 제노바 디아스포라에 부를 가져다주었던 자본주의적 힘의 전략과 같은 것이 존속할 여지를 없애버렸다. 네덜란드인들은 이베리아 해상 영토 제국에서 암스테르담 중심의 상업 중계항(집산지) 및 공인 합자회사 체계를 창출

53) 에렌버그는 Peter Kriedte, *Peasants, Landlords, and Merchant Capitalists: Europe and the World Economy, 1500~1800*(Cambridge: Cambridge University Press, 1983), p. 47에서 재인용하였으며, 드 피게로아는 J. H. Elliott, *The Old World and the New 1492~1650*(Cambridge: Cambridge University Press, 1970), p. 96의 재인용이다. 제노바-이베리아 순환에 대한 상세한 내용은 Arrighi, *Long Twentieth Century*, pp. 109~32, 145~51 참조.

해내는 데 성공했으며, 이 조직들은 바로 제노바인들이 하지 않았던 것, 즉 전쟁 만들기와 국가 만들기를 스스로 함으로써 두 번째 축적 체계의 순환을 위한 기반이 되었다.[54]

바이얼릿 바버는 이 암스테르담 중심 체계야말로 "근대 국가의 무력에 의해 지탱되지 않고 그 자신의 힘으로 자립한 도시에 의해 유지되는 [……] 진정한 무역과 신용의 제국"[55]의 마지막 사례였다고 주장했다. 네덜란드는 사라져가는 도시국가의 특징과 등장하는 국민국가의 특징을 결합한 형태이기 때문에, 네덜란드를 "근대 국가"라고 할 수 있는지 여부는 논쟁적인 주제이다. 그러나 사람들이 어느 쪽의 특징을 강조하든지 간에, 네덜란드 순환이 역사적 자본주의의 구분되는 두 시대 사이의 분수령이라는 점은 틀림없다. 한쪽은 도시의 시대이며 다른 한쪽은 영토국가와 국민 경제의 시대이다.

유럽이 성공적으로 몸집이 커져 18세기 말까지 전 세계를 포용하기 위해서는, 핵심적으로 **지배적인 중심부가 전체 구조의 균형을 맞출 수 있는 규모로 커져야만 했다.** 홀로, 혹은 거의 홀로 존립하는 도시들은 이제 그들이 힘을 끌어왔던 이웃 국가 경제에 충분한 구매력을 제공할 수 없게 되었다. 곧 이들 도시들은 더는 그 과제에 부응할 수 없게 될 것이다. 영토국가가 그 자리를 넘겨받을 것이다.[56]

우리는 왜 중심부가 "전체 구조의 균형을 맞추기" 위해서는 "규모가

54) Arrighi, *Long Twentieth Century*, pp. 36~47, 127~51; Arrighi and Silver, *Chaos and Governance*, pp. 39~41, 99~109.

55) Violet Barbour, *Capitalism in Amsterdam in the Seventeenth Century* (Baltimore, MD: Johns Hopkins University Press, 1950), p. 13.

56) Braudel, *Civilization and Capitalism, 15th~18th Century, Volume III*, p. 175, 강조는 인용자.

커져야" 하느냐는 문제를 후에 다룰 것이다. 여기에서는 영토국가가 자본주의적 팽창의 주도적 행위자로 등장한 것이 지금까지 그랬던 것보다 훨씬 더 자본주의와 제국주의의 상호 침투를 촉발했다는 점을 언급하는 데 그친다. 비록 제노바 디아스포라 자본가들의 부는 전적으로 그 이베리아 동업자의 전쟁 만들기와 제국 건설의 활동에 의존했지만, 그럼에도 디아스포라 자체는 이러한 활동들을 철저히 자제했다. 제노바 자본주의와 이베리아 제국주의는 서로를 부양했지만, 그것은 오로지 처음부터 끝까지 각각 그들 자신의 조직을 재생산하는 정치적 교환 관계를 매개로 한 것이었다. 네덜란드 순환에서는 이 같은 분리는 존재하지 않는다. 네덜란드는 스페인 제국에 대항해 싸운 80년간의 독립 투쟁으로 네덜란드 자본주의에 오랫동안 지속된 반(反)제국주의적 성격을 갖게 되었다. 심지어 독립 투쟁이 끝난 뒤에도, 피터르 데 라 코르트(Pieter de la Court)는 네덜란드를 "야수들"의 밀림에 사는 "고양이"로 묘사했다. 야수들은 유럽의 영토국가들이다. "사자, 호랑이, 늑대, 여우, 곰 혹은 다른 육식동물은 왕왕 그 자신의 힘 때문에 멸망하는데, 다른 맹수를 잡으려고 잠복한 곳에서 포획된다." 고양이는 사자와 닮았다. 그러나 네덜란드는 고양이였고 앞으로도 고양이로 남을 것이다. 왜냐하면 "태어나면서부터 상인인 우리는 군인으로 변할 수 없기" 때문이며, "무역의 몰락을 가져오는 전쟁보다는 평화롭고 무역이 잘되는 시대에 우리가 얻을 수 있는 것이 더 많기"[57) 때문이다.

〔그러나〕 실상 네덜란드 축적 체계는 베스트팔렌 조약 이후는 전쟁보다 평화로 더 많은 이익을 얻었지만, 일찍이 건설되기는 전쟁과 이베리아 무역의 몰락을 통해서였다. 게다가 비유럽 세계에서 특히 인도네시아 군도에서 "네덜란드 고양이"는 네덜란드 자본의 끝없는 축적에 더

---

57) Peter Taylor, "Ten Years that Shook the World? The United Provinces as First Hegemonic State", *Sociological Perspectives* 37, 1(1994), pp. 36, 38.

유리한 경관을 창출하기 위해, 현지 무역과 생산의 경관을 파괴하는 데 사용한 폭력에서 유럽의 어느 "맹수"에게도 결코 뒤지지 않았다. 그래도 데 라 코르트의 은유는 유럽의 더 큰 영토국가들의 제국주의와 영토에서 보잘것없는 네덜란드 공화국 자본주의 차이를 지적하고 있는데 이 차이는 네덜란드 순환 내내 뚜렷했다. 왜냐하면 네덜란드 공화국이 구사한 힘의 전략은 일차적으로 영토적 판도의 확대에 의지한 것이 아니라, 화폐 자본과 국제적 신용 체계에 대한 지배력을 확대하는 데 의지했기 때문이다. 베네치아 전략과 제노바 전략의 강점을 결합하여, 네덜란드는 화폐와 신용을 중요한 수단으로 의지하여, 유럽의 영토국가 사이의 투쟁을 네덜란드 자본의 자기확대를 위한 동력으로 전환하였다. 그렇지만 시간이 지남에 따라, 이러한 투쟁의 격화는 네덜란드 전략의 성공을 흔들었으며 동시에 자본주의와 제국주의가 완전히 융합되는 조건을 창출했다. 그리고 이러한 형태를 취한 국가가 최종적으로는 새로운 자본주의적 팽창의 지도자로 부상했다.[58]

이러한 융합의 원인에 대해 약간의 통찰력을 얻으려면, 브로델의 주장으로 돌아가야 한다. 축적 체계의 지배 중심의 영토적 규모는 여하튼 그 체계의 공간적 규모의 확대에 맞추어 커져야만 한다. 브로델은 네덜란드의 작은 영토 규모가 세계화하는 유럽의 축적 체계의 중심을 유지하기에 약점이 되는 주된 이유 중 하나로 구조적인 노동 부족을 꼽았다. 그는 "네덜란드는 오로지 유럽의 비참한 하층 계급으로부터 필요한 여유 노동력을 얻을 수 있을 때에만 외양(外洋)의 운송업자라는 역할을 수행할 수 있다"고 주장한다. "네덜란드가 공화국을 '건설'할 수 있도록 해준 것은" 바로 나머지 유럽 각국의 빈곤 계층이었다는 것이다.[59] 그러

---

58) Arrighi, *Long Twentieth Century*, pp. 144~58; Arrighi and Silver, *Chaos and Governance*, pp. 48~51.

59) Braudel, *Civilization and Capitalism, 15th~18th Century, Volume III*, pp. 192~93.

나 일단 더 많은 수의 유럽 국가들이 중상주의와 제국주의의 이런저런 변형을 통해 자기 영토 안에 네덜란드의 부와 힘의 원천을 내부화하여 자기 것으로 하려고 하자, 유럽 노동 자원을 둘러싼 경쟁은 격화되었고 네덜란드 공화국의 크기는 점점 더 극복할 수 없는 약점이 되어버렸다. 스타보리누스(Stavorinus)가 한탄한 것처럼,

> 1740년 이래로, 예전에는 이런 노력에 거의 관심을 기울이지 않던 많은 나라들에서, 해전이 늘어나고 무역과 항해가 크게 증가하면서 그 결과 유능한 선원과 전함, 상인에 대한 수요가 지속적으로 크게 늘어났고, 그 결과 공급은 대폭 줄어들어, 예전에 선원이 넘쳐났던 우리나라에서는 이제 어떤 배도 항해를 위해 적정 수의 유능한 일손을 조달하는 데 커다란 어려움과 비용을 감당해야 한다.[60]

네덜란드가 식민지를 건설하는 데 더 큰 영토국가와 경쟁할 수 없었던 것이 단순히 그 목표에 동원할 수 있는 네덜란드 사람이 너무 적어서만은 아닐 것이다. 결과적으로 북아메리카에서 식민지 인구의 대부분과 부유한 상인, 농장주 그리고 전문직 계층의 거의 대부분은 영국 출신이었으며, 이들은 영국인 도매상을 통해 영국에서 생산 유통된 제조품을 소비하는 데 익숙했다. 이에 따라 영국의 항구들은 암스테르담의 중계무역에 도전하기 시작했고 마침내 능가하게 되었다. 게다가 네덜란드 공업은 활력이 없어진 반면, 영국 공업은 대서양 무역과 정부 보호의 강화가 결합하여 효과를 발휘하면서 신속하게 발전했다.[61] 영국이 해외의

---

60) Charles R. Boxer, *The Dutch Seaborne Empire 1600~1800*(New York: Knopf, 1965), p. 109의 재인용.

61) *Ibid.*, p. 109; Ralph Davis, "The Rise of Protection in England, 1689~ 1786", *Economic History Review*, 2nd series, 19(1966), p. 307; "English Foreign Trade, 1700~1774", in W. E. Minchinton, ed., *The Growth of*

상업 확대와 국내의 공업 확대에서 모두 네덜란드를 따돌리고 경쟁에서 승리하는 데 성공하자, 중계무역에서 암스테르담의 비중은 점차 감소했다. 그러나 네덜란드의 상업 패권에 결정타는 발트 해로 중상주의가 확대되어 그 결과 오랫동안 네덜란드 자본주의의 "모태가 된 무역"이 와해된 것이었다.[62]

자본주의와 제국주의의 융합

영국이 자본주의와 제국주의의 완전한 융합을 통해 자본과 힘의 끝없는 축적에 새로운 지도자로 등장한 것은 바로 이러한 맥락에서였다. 일단 런던이 세계화하는 유럽 국가들의 체계의 금융 중심으로 암스테르담을 대체하게 되자, 암스테르담이 1780년대까지 그랬던 것처럼, 영국은 이동 자본을 둘러싼 국가 간 경쟁의 주된 수혜자가 되었다. 이러한 측면에서 영국은 "장기" 16세기에 제노바가 시작하고 "장기" 17세기에 네덜란드가 더욱 발전시킨 자본주의적 전통의 후계자가 되었다. 그렇지만

English Overseas Trade in the Seventeenth and Eighteenth Centuries (London: Methuen, 1969), p. 115; Minchinton, Growth of English Overseas Trade, p. 13.

62) "1720년대와 1730년대에 네덜란드의 세계 무역 체계가 결정적으로 쇠퇴한 근본 원인은 1720년경부터 전 유럽 대륙을 사실상 휩쓸었던 새로운 형태의 공업 중상주의(industrial mercantilism)의 파도였다. 〔……〕 1720년까지 프러시아, 러시아, 스웨덴, 덴마크-노르웨이 같은 나라들은, 진행 중인 대북방 전쟁(the Great Northern War)에서, 영국과 프랑스의 공격적 중상주의에 겨룰 만한 수단과 기회를 결여하고 있었다. 그러나 1720년을 전후한 몇 년 사이에, 북유럽 강국 사이의 경쟁 의식이 고조되고 또 대체로 네덜란드인이나 위그노들이 개발한 새로운 기술과 기법이 전파되면서, 극적인 변화가 나타났다. 그 다음 20여 년 사이에, 대부분의 북유럽 국가들은 체계적인 공업 중상주의 정책의 틀에 들어갔다"(Jonathan Israel, Dutch Primacy in World Trade, 1585~1740, Oxford: Clarendon Press, 1989, pp. 383~84).

다른 측면에서, 영국은 제노바의 이베리아 동업자가 시작한 제국주의적 전통의 후계자이기도 하였다. 이 전통은 네덜란드의 "반제국주의적" 성향과 베스트팔렌에서 이루어진 유럽 세력 균형의 안정화가 단지 일시적으로 그것도 부분적으로 역전시켰을 뿐이었다.[63]

자본주의와 제국주의의 이 특별한 융합 때문에 자본과 힘의 끝없는 축적에는 네덜란드 순환의 그것과는 핵심적 측면에서 다른 공간적 조직적 조정이 일어났다. 지정학적으로 볼 때, 네덜란드의 주도 아래 베스트팔렌에서 확립된 국가들의 체계는 진실로 무정부적인 성격이었다. 즉 중앙의 지배가 없었다는 면에서 그렇다. 그에 비해 나폴레옹 전쟁 이후 영국의 주도 아래 재조직된 국가 간 체계하에서, 유럽의 세력 균형은 적어도 한동안 영국의 비공식적 지배의 수단으로 변질되었다. 전쟁을 통해 세력 균형에 대한 통제력을 획득하자, 영국은 그 통제력을 계속 장악하기 위해 많은 조치를 취했다. 신성동맹(the Holy Alliance)으로 조직된 유럽 대륙의 절대주의 국가들을 상대로, 세력 균형의 변화는 오로지 새로 설립된 '강대국 협조 체계'[Concert of Europe, 1815~1914]에서 상의를 통해서만 이루어질 것이라고 안심시키면서, 영국은 절대주의 국가들의 힘을 견제하는 두 가지 평형추를 만들어냈다. 유럽에서는, 비록 2등 강국으로 등급을 하향시켜 억누르기는 했지만 패배한 프랑스를 강대국의 하나로 포함시키도록 요구했고 그렇게 할 수 있었다. 아메리카 대륙에서는 식민 통치를 회복하려는 신성동맹의 의도에 대해 라틴아메리카에 대한 불간섭 원칙을 확인하고 미국이 이 원칙을 지지하도록 유도함으로써 대항했다. 후에 먼로 독트린이 된 주의, 즉 유럽은 아메리카의 일에 간섭해서는 안 된다는 주의는 애초에는 영국의 정책이었던 것이다.[64]

---

63) Arrighi, *Long Twentieth Century*, pp. 47~58, 159~69 참조.

64) Polanyi, *Great Transformation*, pp. 5~7, 259~62; David Weigall, *Britain and the World, 1815~1986: A Dictionary of International Relations*(New York: Batsford, 1987), pp. 58, 111; Henry Kissinger, *A World Restored:*

영국은 유럽 대륙에 파편화하고 "균형 잡힌" 세력 구조를 보존 및 공고화하면서 자국의 이익을 추구함으로써, 영국의 압도적인 세계 권력은 일반적 이익 안에서 행사된다는 인식을 조성했다. 일반적 이익이란 과거 동맹국의 이익뿐 아니라 적들의 이익이기도 하며, 유럽의 옛 군주국들의 이익일 뿐 아니라 아메리카 대륙의 새로운 공화국들의 이익일 수도 있었다. 이 같은 인식은 1848년 곡물법 및 1849년 항해 조례의 철폐에서 정점에 달한 영국의 **일방적인** 무역 자유화에 의해 공고해졌다. 그후 20여 년에 걸쳐, 영국을 제외한 전 세계 수출의 거의 3분의 1이 영국으로 향했다. 전체 수입 및 수출의 약 25퍼센트를 차지하는 미국은 영국의 최대 단일 무역 파트너였는데, 반면 유럽 각국은 다 합해서 25퍼센트 정도를 차지했다. 이 정책을 통해 영국은 필수 공급품의 국내 가격을 싸게 할 수 있었고, 동시에 다른 국가들이 영국의 제조품을 살 수 있도록 지불 수단을 공급했다. 또한 영국은 서구 세계의 대다수를 무역 궤도로 끌어들여, 영국의 해외 교역과 영토 제국을 위해 국가 간 협력을 기르고, 방위비를 저렴하게 낮출 수 있었다.[65]

역시 이러한 측면에서 영국 중심의 축적 체계는 선임자였던 네덜란드와는 근본적으로 달랐다. 두 체계에서 주도적인 자본주의 국가의 본국은 중앙 중계지(핵심 집산지)의 역할을 담당했다. 그러나 네덜란드 체계가 우월하게 되자 바로 네덜란드는 영국과 프랑스 양국의 공격적 중상주의의 도전을 받기 시작했다. 대조적으로 영국 체계는 유럽 역사상 가

Europe after Napoleon. The Politics of Conservation in a Revolutionary Age (New York: Grosser & Dunlap, 1964), pp. 38~39; Alonso Aguilar, Pan-Americanism from Monroe to the Present: A View from the Other Side (New York: Monthly Review Press, 1968), pp. 23~25 참조.

65) Michael Barrat Brown, After Imperialism(London: Heinemann, 1963), p. 63; Paul Kennedy, The Rise and Fall of British Naval Mastery(London: Scribner, 1976), pp. 156~64, 149~50; Joseph S. Nye, Bound to Lead: The Changing Nature of American Power(New York: Basic Books, 1990), p. 53.

장 긴 평화기, 즉 폴라니가 말한 100년의 평화(Hundred Years' Peace, 1815~1914)를 통해 더욱 공고해졌다. 영국의 세력 균형에 대한 통제력과 세계 무역에서 중심적 지위는 이 오랜 평화를 상호 보강하는 조건들이었다. 첫 번째 조건[즉 세력 균형에 대한 통제력]은 영국이 베스트팔렌 이후 네덜란드의 패권에 도전했던 것과 같은 방식으로 어떤 다른 나라가 영국의 상업적 패권에 도전할 수 있는 가능성을 줄였다. 두 번째 조건[즉 세계 무역에서 중심적 지위]은 점점 더 많은 영토국가들을 영국 중심의 체계를 보존하면서 자국의 이익을 강화하는 세계적 노동 분업이라는 "우리에 가두었다." 그리고 그 이익이 더욱 보편적인 것이 될수록, 영국은 자국의 상업적 패권에 대한 도전의 출현을 방지하도록 더욱 손쉽게 세력 균형을 조종할 수 있었다.

이러한 환경의 조합은 핵심적으로는 영국 체계와 네덜란드 체계의 세 번째 차이점에 의존했다. 네덜란드 중계항이 근본적으로 상업적인 것이었던 반면, 영국 중계항은 "세계의 작업장"으로 공업적이기도 했다. 영국은 오랫동안 유럽의 주요한 공업 중심지였다. 그러나 나폴레옹 전쟁 시기 영국 중계무역의 확대와 방대한 정부 지출이 영국의 공업 역량을 국력 강화의 효과적인 도구로 바꾼 것은 오로지 18세기에 일어난 일이다.[66] 특히 나폴레옹 전쟁은 결정적인 전환점이 되었다. 윌리엄 맥닐의 말을 빌리자면,

정부 수요는, 1816~20년의 전후 불황에서 알 수 있듯이, 평화 시기의 수요를 초과하는 생산 역량을 갖추도록 철강 산업을 조숙하게 만들었다. 그러나 정부 수요는 미래의 발전을 위한 조건 역시 창출했으니, 영국의 대장장이들이 신식 대규모 용광로에서 더 저렴한 상품을 생산하고 새로운 용도를 개발하도록 만드는 대단한 자극제가 되었기 때문이다. 따라서 영국 경제에

---

66) Arrighi, *Long Twentieth Century*, ch. 3.

서 군사 수요는 산업혁명의 다음 단계를 규정하는 데 큰 영향을 끼쳤는데, 증기기관의 개량과 철로와 철함과 같은 중요한 혁신이 동시에 이루어질 수 있었던 것은 철강 생산에 대한 전시의 추진력이 없었다면 절대로 불가능했을 것이다.[67]

19세기 동안, 철로와 증기선은 지구를 일찍이 존재한 적이 없었던 상호작용하는 단일한 경제로 만들었다. 1848년에 영국 바깥에는 철도망과 비슷한 그 어떤 것도 없었다. 그 후 30여 년 정도가 지나는 동안, 에릭 홉스봄의 표현을 빌리면, "세계의 가장 구석진 지역들도 규칙성과, 방대한 상품과 사람을 수송하는 능력과, 무엇보다도 속도에서 전례가 없는 통신 수단에 의해 서로 연결되기 시작했다." 이러한 수송과 통신 체계가 모습을 갖춤에 따라, 세계 무역은 전례 없는 폭으로 확대되었다. 1840년 말부터 1870년 중반까지, 주요 유럽 국가들 간의 해운 상품 거래량은 4배 이상 증가했고, 영국과 오스만 제국, 라틴아메리카, 인도, 오스트랄라시아와의 교역액은 거의 6배가 늘어났다. 결국 이러한 세계 교역의 확대는 국가 간 경쟁과 대항을 강화했다. 그러나 설비와 자원을 끌어 쓰기 위해 영국 중계항에 접속하는 이점은 너무나 컸기 때문에, 어떤 유럽 국가도 쉽사리 포기할 수 없었다.[68]

따라서 항상 순수하게 중상주의적이었던 17세기 네덜란드의 세계 무역 체계와는 달리, 19세기 영국의 세계 무역 체계는 또한 기계화한 수송

67) William McNeill, *The Pursuit of Power: Technology, Armed Force, and Society since A. D. 1000*(Chicago: University of Chicago Press, 1982), pp. 211~12. 또한 Leland H. Jenks, *The Migration of British Capital to 1875* (New York and London: Knopf, 1938), pp. 133~34; Eric J. Hobsbawm, *Industry and Empire: An Economic History of Britain since 1750*(London: Weidenfeld & Nicolson, 1968), p. 34 참조.

68) Eric J. Hobsbawm, *The Age of Capital 1848~1875*(New York: New American Library, 1979), pp. 37~39, 50~54.

과 생산이 통합된 체계가 되었다. 영국은 이 체계의 최대의 조직자이자 최대의 수혜자였으며, 이 체계 안에서 영국은 어음교환소와 중앙 조절자의 이중적 기능을 수행했다. 어음교환소의 기능이 세계의 작업장이라는 영국의 역할과 뗄 수 없는 것이었다면, 중앙 조절자의 기능은 비유럽 세계에서 주도적인 제국 건설자라는 영국의 역할과 뗄 수 없는 것이었다. 데 라 코르트의 은유로 돌아가자면, "고양이"였고 계속 고양이로 남은 네덜란드와는 달리, 영국은 줄곧 영토적 "맹수"였으며, 자본주의로의 개종은 다만 영토 확대의 식욕을 돋웠을 뿐이다. 앞서 지적했듯이, 영국은 인도를 약탈함으로써 네덜란드로부터 자국의 국채를 되살 수 있었으며 거의 외채 없이 나폴레옹 전쟁을 시작할 수 있었다. 따라서 그 덕택에 영국의 공공 지출은 1792~1815년 사이에 6배나 늘어날 수 있었는데, 맥닐은 바로 이것이 산업혁명의 자본재 국면의 모습을 규정짓는 데 결정적인 역할을 했다고 보았다. 더 중요하게는 국가 지출의 확대 덕분에 남아시아에서 영토 제국을 건설하는 정복 과정을 개시할 수 있었으며, 이 정복이 영국의 세계 권력의 주요한 대들보가 되었던 것이다.

이러한 영토 정복 과정의 전개는 다른 곳에서 상세히 서술한 바 있다.[69] 여기에서는 다만 이 영토 정복 과정이 힘의 확대 재생산에 관계하는 두 가지 측면, 즉 인구학적 측면과 재정적 측면에 대해서 언급하겠다. 인도의 거대한 인구 자원은 영국의 세계 권력을 상업적으로도 군사적으로도 지탱했다. 상업적으로, 인도의 노동자들은 유럽 직물산업의 주요 경쟁자에서 유럽을 위한 값싼 식량과 원료의 주요 생산자로 강제로 전환되었다. 군사적으로, 제5장에서 이미 언급했듯이, 인도의 인적 자원은 유럽 스타일의 식민지 군대로 조직되었으며, 이 군대의 경비는 전적으로 인도의 납세자에게 의존하면서 19세기 내내 끊이지 않았던 일련의 전쟁들에 동원되었다. 이 전쟁을 통해 영국은 아시아와 아프리카

69) Arrighi and Silver, *Chaos and Governance*, pp. 106~14, 223~46.

를 서구 무역과 투자에 개방시켰던 것이다. 재정적 측면에 관해서는, 인도 통화의 평가절하, 악명 높은 본국비의 부과——인도는 영국에 수탈과 착취를 당하는 대가로 본국비를 지불해야만 했다——그리고 인도의 외환 보유고에 대한 잉글랜드은행의 지배, 세 가지가 합쳐져 인도를 영국의 세계 금융 및 상업 패권의 "추축"으로 변모시켰다.[70)

영국의 주도 아래, 자본과 힘의 끝없는 축적은 이제 제노바-이베리아 순환과 네덜란드 순환에서보다 더 큰 규모와 범위의 공간적 조정에 삽입되게 되었다. 그러나 바로 그 이유 때문에, 결과적으로 자본의 과잉축적이 훨씬 더 대량으로 발생했다. 이전의 순환들에서와 마찬가지로, 실물 팽창에서 금융 팽창으로 국면 전환을 신호하는 경쟁 격화가 시작되자, 처음에는 기존 중심이 이 경쟁 격화를 이용하기 가장 유리한 위치에 있었다. 그렇지만 그 결과 나타난 에드워드 시대의 벨 에포크는 국가 간 투쟁 격화의 서막일 뿐이었고, 이 투쟁은 다시 한 번 세계 자본주의의 역사지리학을 혁명적으로 바꾸게 되었다. 18세기 말과 19세기 초의 유사 "혁명"은 자본주의적 주도권을 둘러싼 투쟁에서 네덜란드와 같은 원(原)국민국가를 탈락시켰다. 20세기 전반기의 '혁명'에서는 국민국가들 자체가 경쟁에서 밀려날 차례였다. 만약 그들이 통합된 대륙 규모의 농군산 복합체(agricultural-industrial-military complexes)*를 통제하는

70) 인도로부터 공물 착취에 대한 이러한 측면 및 또 다른 측면에 관해서는 Michael Barrat Brown, *The Economics of Imperialism*(Harmondsworth: Penguin, 1974), pp. 133~36; B. R. Tomlinson, "India and the British Empire, 1880~1935", *The Indian Economic and Social History Review* 12, 4(1975); Marcello de Cecco, *The International Gold Standard: Money and Empire*, 2nd edn(New York: St Martin's Press, 1984), pp. 62~63; David Washbrook, "South Asia, the World System, and World Capitalism", *The Journal of Asian Studies* 49, 3(1990), p. 481; Amiya K. Bagchi, *Perilous Passage: Mankind and the Global Ascendancy of Capital*(Lantham, MD: Rowman & Littlefield, 2005), pp. 145~47, 239~43 참조.

국민국가가 아닌 한에서는 말이다.

앤드루 갬블은 다음과 같이 말한다. "19세기 말이 가까워지자 영국에는 새로운 불안정성, 군국주의와 호전적 애국주의(jingoism)**의 확산이 나타났다. 왜냐하면 세계가 갑자기 공업 강국들로 가득 찬 것처럼 보였기 때문인데, 이들의 본토 기반은 자원과 인력, 공업 생산에서 잠재적으로 영국의 본토 기반보다 훨씬 더 강력했다."[71] 1870년 이후 통일 독일의 신속한 공업화는 특히 영국을 당황스럽게 만들었는데, 이는 유럽에서 영국의 해상 지배에 도전하고 대륙 패권을 꿈꿀 수 있는 내륙 강국이 부상할 수 있는 조건을 창출했기 때문이다. 제1차 세계대전 동안, 영국과 그 동맹국들은 독일을 억제하는 데 성공했으며, 영국은 심지어 해양 제국과 영토 제국의 판도를 넓혔다. 그러나 이러한 군사적-정치적 성공에 든 재정적 비용은, 영국이 세계 자본주의의 중심으로서 지위를 유지할 수 있는 능력을 파괴해버렸다.

전쟁 동안, 영국은 세계의 신용 시장에서 주요 은행가이자 대부업자로 계속 기능했다. 자국을 위해서뿐 아니라 러시아, 이탈리아, 프랑스에 차관 보증을 서주었다. 얼핏 보면 이것은 "연합의 은행가"(banker of the coalition)로서 18세기에 영국이 했던 역할의 재판으로 보인다. 그렇지만 결정적인 차이가 있었다. 바로 미국에 대한 방대한 무역 적자였다. 미국은 수십억 달러에 달하는 탄약과 식량을 동맹국들에 공급했지만, 대가로 요구하는 상품은 거의 없었다. "금의 양도나 영국이 보유한 방대한

---

* 군산 복합체에 농업을 보태어 농업-공업-군사 복합체로 지칭한다. 즉 대륙 규모에 군사, 공업, 농업을 유기적으로 결합한 거대 경제인 미국 및 소련을 가리킨다. 군산 복합체(military-industrial complex)는 군사-공업 복합체, 군부와 방위산업체가 유기적으로 밀착하여 협력하는 체제, 블록을 의미한다. 아이젠하워의 발언에서 유래했다.
** 대외적으로 강경하고 배타적인 애국주의를 가리킨다.
71) Andrew Gamble, *Britain in Decline*(London: Macmillan, 1985), p. 58.

달러 표시 유가증권의 매각으로도 이 격차를 메울 수 없었다. 오로지 뉴욕과 시카고의 금융시장(자본시장)에서 빌려서 미국의 군수품 공급자들에게 달러로 지불하는 것만이 해법이었다."[72] 영국의 신용이 소진될 지경에 이르렀을 때, 미국은 자국의 경제적 · 군사적 힘을 그 전쟁에 직접 투입함으로써 판세를 채무자(영국) 쪽으로 기울게 만들었다. 유럽의 세력 균형에 대한 통제력은 결정적으로 영국에서 미국의 손으로 넘어왔다. 영국 해협이 더는 제공해줄 수 없는 격리의 역할을 대서양은 여전히 제공해줄 수 있었다. 더 중요한 것은 수송과 통신 수단의 혁신으로 공간적 장벽이 지속적으로 극복됨에 따라, 미국이 멀리 있다는 것이 상업적으로나 군사적으로나 점점 더 단점으로 작용하지 않게 되었다는 것이다. "게다가 태평양이 대서양과 쌍벽을 이루는 경제 지대로 등장하기 시작하자, 미국의 입지는 세계의 양대 대양에 모두 자유롭게 접근할 수 있는 중앙의 대륙만 한 크기의 섬이 되었다."[73]

이 "대륙만 한 크기의 섬"은 장기간에 걸쳐 만들어졌다. 그것은 한 세기에 걸친 영토 강탈과 점유 과정의 공간적 산물이었으며, 이 과정을 통해 미국은 미국사의 아주 초창기부터 제국주의를 "내부화"해왔다. "미국에는 유럽 강국과 같은 정착자 형태의 식민주의적 성격이 없다고 은근히 자랑하는 미국 역사가들은, 미국 제국주의의 **국내사**(internal history) 전체가 영토 강탈과 점유라는 하나의 방대한 과정임을 은폐한 것일 뿐이다. '해외에서' 영토주의가 없었던 것은 '국내에서' 전례 없는 영토주의가 있었기 때문이었다."[74] 클라이드 배로가 이 내부적 제국주의에 대한

---

72) Kennedy, *Rise and Fall of the Great Powers*, p. 268.

73) Joshua S. Goldstein and David P. Rapkin, "After Insularity: Hegemony and the Future World Order", *Futures* 23(1991), p. 946.

74) Gareth Stedman Jones, "The History of US Imperialism", in R. Blackburn, ed., *Ideology in Social Science*(New York: Vintage, 1972), pp. 216~17, 강조는 원문. John Agnew, *The United States in the World-Economy: A Regional*

찰스 비어드(Charles Beard)의 평가를 요약하면서 지적했듯이,

　　서부 이주는 방대한 규모의 인간 살육과 환경 파괴를 가져왔다. 미국 정
착자들은 메뚜기 떼처럼 차례로 변경을 가로질러 이동했으며, 오직 충분히
땅을 약탈하고 원주민들을 제거하고 죽이거나 주변인으로 전락시킨 다음에
야 멈추었다. 과연 제1차 세계대전의 전야에 비어드는 그의 수업에서 반전
론자들에게 다음과 같이 강의했다. "미국인이 평화적인 민족이라고 생각하
는 것은 환상이었다. 그들은 지금도 그리고 예전에도 항상 역사상 가장 파
괴적인 민족 중 하나였다."[75]

　　대륙만 한 크기의 미국 "섬"이 대량의 인적 · 환경적 파괴를 통해 만들
어졌다면, 미국을 유럽 국가들에 대해 결정적인 경쟁적 · 전략적 우위를
가진 강력한 농군산 복합체로 변모시킨 것은 19세기 후반 수송 혁명과
전쟁의 공업화였다. 물론 영국의 전 세계적 규모의 영토 제국은 미국보
다 더 많은 자원을 가지고 있었다. 그렇지만 영국의 식민지 영역은 전
세계에 흩어져 상호 통합성이 미약했고, 대조적으로 미국의 영토 영역
은 지역적으로 집중되어 있으면서 정치적 · 경제적으로 모두 강하게 상
호 통합되어 있었다. 이것은 "장기" 19세기와 20세기의 각 주도적 자본
주의 국가의 공간 배열에서 중요한 차이점이었다. 앞에서 언급했듯이,
영국의 널리 뻗은 제국은 영국 중심의 축적 체계의 형성과 공고화에 핵
심적인 요소였다. 그러나 "생활 공간"을 둘러싼 국가 간 경쟁이 수송 혁
명과 전쟁의 공업화의 영향으로 격화되자마자, 영국의 본국 영역과 해
외 영역에 들어가는 방위비는 격증하기 시작했고, 영국의 제국 속령은

　　Geography(Cambridge: Cambridge University Press, 1987)도 참조.

75) Clyde W. Barrow, "God, Money, and the State: The Spirits of American
　　Empire", Forschungsgruppe Europäische Gemeinschaften, Arbeitspapier 22,
　　Universität Marburg.

자산에서 부채로 바뀌었다. 동시에 이 동일한 두 현상[수송 혁명과 전쟁의 공업화]으로 공간적 제약이 극복되자, 미국의 대륙만 한 크기, [영국처럼 흩어져 있지 않고] 뭉쳐 있는 영토, 격리, 그리고 세계의 양대 대양에 직접 연결되는 접근성 등은 격화된 국가 간 권력 투쟁에서 결정적인 전략적 우위로 바뀌었다.[76]

놀라울 것도 없이 그 투쟁은 19세기와 20세기 초에 너무나 빈번히 예견된 양극 세계의 도래로 끝이 났다. "국제 질서는 [……] 이제 '하나의 체계에서 다른 체계로' 이동하였다. 오로지 미국과 소련만이 중요했다. [……] 둘 중 미국의 '슈퍼파워'가 훨씬 우월하다."[77] 토머스 매코믹이 강조했듯이, 미국의 지도자들은 제2차 세계대전을 "적들을 정복하기 위해서뿐 아니라, 그들이 건설하고 주도하고자 하는 전후 세계 질서를 위한 지정학적 기초를 만들기 위해서" 싸웠다. 이러한 야심 찬 목표를 추구하는 데 나폴레옹 전쟁 동안의 영국의 선례를 숙지하는 것은 도움이 되었다. 특히,

영국은 전쟁이 최종적인 그리고 결정적인 단계에 이르렀을 때 비로소 유럽의 주 무대에 등장했다. 영국 군사력의 직접적인 존재는 대륙의 권력 구조에서 어떤 다른 대륙 강도도 프랑스의 지위를 차지하려고 시도하지 못하게 하는 역할을 했으며, 강화 회담에서 영국의 지배적인 발언권 주장에 합법성을 보강해주었다. 이와 유사한 식으로, 미국은 제2차 세계대전의 마지막 그리고 결정적인 단계에 유럽 전역(戰域)에 들어갔다. 노르망디 상륙 작전, 1944년 6월 미국의 프랑스 침입, 독일로의 동진(東進)은 비슷하게 잠재적인 서쪽 러시아의 야심을 제지했으며, 미국이 평화 협상 테이블의 상석을 확보하게 해주었다.[78]

---

76) Arrighi and Silver, *Chaos and Governance*, pp. 66~84.
77) Kennedy, *Rise and Fall of the Great Powers*, p. 357.

이러한 유사성은 두 이행에서, 국가 간 체계에서 세력 균형에 대한 통제력이 새롭게 부상하는 헤게모니 국가에 핵심적이라는 사실을 보여준다. 그러나 미국 헤게모니 아래에서 자본과 힘의 끝없는 축적에 나타난 공간적·조직적 조정은 영국의 그것과는 같을 수 없었다. 새로운 조정 19세기 영국의 공간적 조정을 회복할 수 없을 정도로 파괴함으로써 나타난 자본주의의 새로운 역사지리를 반영해야만 했다. 이 새로운 역사지리는 인류사에서 일찍이 구상된 것 중에 가장 야심 찬 정치적 프로젝트의 기초를 닦았다. 바로 세계국가의 창출이다. 우리는 이제 이 프로젝트의 등장과 종언에 대해 다룰 것이다.

---

78) Thomas J. McCormick, *America's Half Century: United States Foreign Policy in the Cold War*(Baltimore, MD: Johns Hopkins University Press, 1989), pp. 35~36.

제9장 미증유의 세계국가

　제2차 세계대전이 끝난 직후, 루트비히 데히오(Ludwig Dehio)는 수차례에 걸친 유럽의 권력 투쟁이 일어날 때마다 이 투쟁이 창출한 조건들로 인해, 유럽 중심의 주권국가 체계가 지리적으로 팽창하고, 권력의 소재지가 더욱 서쪽과 동쪽으로 "이주"(移住)하고, 팽창 체계 구조에 돌이킬 수 없는 변형이 일어났다고 주장했다. 그뿐만 아니라, 데히오는 앞선 5세기 동안 유럽의 세력 균형을 복제하던 메커니즘에 대한 자신의 연구를, "말하자면 [……] 이미 존재하지 않게 된 구조를 [……] 부검의 결과로서" 다루는 작업이라고 표현했다.

　서양에서 세력 균형은, 오로지 유럽에서부터 그 변경을 넘어 평형추가 몇 번이고 계속하여 저울에서 패권을 추구하는 세력들의 반대쪽으로 던져졌기 때문에 비로소 유지될 수 있었다. [……] 제2차 세계대전으로, 계속된 이주를 통해 유럽을 떠났던 세력들이 [……] 고향으로 다시 돌아왔다. [……] 낡은 소국가들의 다원적 체계는 자신들이 도와달라고 부른 젊고 거대한 강국들 앞에 완전히 빛을 잃고 말았다. [……] 이리하여 유럽 무대를 둘러싼 온 낡은 틀은 붕괴하고 있다. 더 좁은 무대[유럽]는 강력한 출연진을 위한 무대 장치로서 압도적이었던 중요성을 잃어버리고 있으며, 더 넓은 앞무대

〔대서양〕로 흡수되고 있다. 양 무대에서 세계적 거인 둘이 주인공의 역할을 떠맡고 있다. 〔……〕 분할된 국가들의 체계는 몇 번이고 본래의 유동적인 상태로 되돌아간다. 그러나 분할로 향했던 낡은 유럽의 경향은 이제 통합을 향한 새로운 세계적 추세에 떠밀려나고 있다. 그리고 이러한 추세의 거센 흐름은 지구 전체에서 통합이 대세가 될 때까지는 멈출 것 같지 않다.[1]

이 글이 발표된 후 반세기 동안, "세계적 거인" 둘 중 하나〔즉 소련〕가 몰락하고, 세계의 군사력이 미국의 손에 한층 집중된 것을 보면, 이 발언이 마치 예언처럼 들린다. 그러나 데히오가 "분할로 향했던 낡은 유럽의 경향"의 종언을 지적하기 훨씬 전에, 프랭클린 루스벨트가 이미 "통합을 향한 새로운 세계적 추세"에서 어떤 형태의 정치 구조가 나타날 것인가 하는 문제를 제기했다. 세계대전, 혁명, 반혁명 그리고 자본주의 역사상 가장 심각한 경제적 붕괴가 일어난 30여 년간을 되돌아보고, 루스벨트는 세계적 규모의 대혼란은 오로지 세계 정치의 근본적인 재조직을 통해서만 극복될 수 있다고 확신하게 되었다. 그의 비전에서 중심적인 것은 세계의 안전이 국제기구를 통해 행사되는 미국의 힘을 기반으로 해야 한다는 사상이었다. "그러나 이러한 계획이 세계의 고통 받는 사람들에게 이데올로기적인 호소력을 널리 발휘하려면, 그것〔미국의 힘〕이 국제통화 체계보다 덜 비밀스럽고 어떤 군사 동맹이나 군사 기지보다는 덜 노골적인 기구에서 나와야 한다."[2]

그 핵심 기구는 유엔이 되어야 했다. 유엔은 평화에 대한 보편적인 열망, 독립을 바라고 부국과 언젠가 동등해지고자 하는 빈국들의 갈망에

1) Ludwig Dehio, *The Precarious Balance: Four Centuries of the European Power Struggle*(New York: Vintage, 1962), pp. 264~66, 269.
2) Franz Schurmann, *The Logic of World Power: An Inquiry into the Origins, Currents, and Contradictions of World Politics*(New York: Pantheon, 1974), p. 68.

호소했다. 프란츠 셔먼이 이 비전의 정치적 함의가 진정 혁명적이라고 본 것은 근거가 없지 않다.

세계 사상 처음으로 세계정부(world government)라는 사상이 구체적으로 제도화되었다. 국제연맹은 기본적으로 국가들의 의회라는 19세기 정신으로 지도되었지만, 유엔은 공개적으로 미국의 정치적 사상에 의해 지도되었다. 〔……〕 영국이 영국 제국을 통해 창출한 세계 체계에는 어떤 혁명적인 것도 없었다. 〔……〕 영국의 진정한 제국적 위대함은 경제적인 것이지 정치적인 것이 아니었다. 그러나 유엔은 정치적 사상이었고 지금도 그렇다. 미국 혁명〔미국 독립전쟁과 미 합중국의 성립〕은 국가가 인간의 의식적이고 계획적인 행위를 통해 건설될 수 있다는 것을 증명했다. 〔……〕 루스벨트가 대담하게도 구상하고 실천한 것은 이러한 정부 건설의 과정을 세계 전체로 확대하려는 것이었다.[3]

세계정부라는 루스벨트의 비전에는 사회적 목표와 재정-금융적 함의가 같이 있었다. 그것은 미국의 뉴딜을 세계적 규모로 확대하려는 설계였다.

뉴딜의 핵심은 큰(big) 정부는 안전과 진보를 성취하기 위해 관대하게 지출해야 한다는 관념이다. 그러므로 전후 안전은 전쟁으로 인한 대혼란을 극복하기 위해서 미국 정부의 관대한 지출을 필요로 할 것이다. 〔……〕 빈국들에 대한 〔……〕 원조는 미국 국내의 사회 복지 프로그램과 마찬가지 효과를 가져다줄 것이다. 즉 원조는 빈국들에게 대혼란을 극복할 안전을 제공할 것이며 그들이 폭력 혁명 세력으로 변하는 것을 막아줄 것이다. 반면 빈국들은 꼼짝없이 부활한 세계 시장 체계에 끌려 들어갈 것이다. 일반적 체

---

3) *Ibid.*, p. 71.

계에 들어감으로써, 빈국들은 더욱 책임감 있게 행동할 것이다. 바로 미국의 노동조합들이 전쟁 중에 그랬던 것처럼. 영국과 서유럽의 남은 국가들을 돕는 것은 경제 성장에 다시 불을 붙이게 될 것이며, 그것은 대서양을 횡단하는 무역을 자극하여 궁극적으로는 미국 경제를 도울 것이다. 미국은 전쟁 수행을 지원하기 위해 엄청난 적자에 달하는 막대한 비용을 지출했다. 그 결과는 깜짝 놀랄 만한 예상치 못한 경제 성장이었다. 전후의 지출은 전 세계적 규모로 똑같은 효과를 낳을 것이다.[4]

그리고 정말 그렇게 되었다. 하지만 그것은, 소련까지도 전 인류의 이익과 안전을 위한 새로운 질서에 통합될 세계의 빈국 중 하나로 포함한 루스벨트의 "하나의 세계 주의"(one-worldism)가 소련 세력의 봉쇄를 미국 헤게모니의 주된 조직 원칙으로 만든 트루먼의 "자유세계주의"(free-worldism)로 바뀐 이후에 비로소 이루어졌다. 루스벨트의 혁명적 이상주의는 세계정부의 기관들이 뉴딜을 전 세계로 확대할 주요 도구라고 보았지만, 이는 그의 후계자들이 표방하는 개혁주의적 현실주의로 대체되어버렸다. 이들은 세계 통화와 세계적 군사력에 대한 미국의 통제력을 미국 헤게모니의 주요 도구로서 제도화한다.[5]

왜냐하면 루스벨트의 프로젝트는 미국 의회와 실업계의 입맛에는 너무 이상주의적이었기 때문이다. 세계는 미국이 그 자신의 이미지대로 재조직하기에는 너무 크고 혼돈스러운 장소였다. 만약 그 재조직이 미국 정부가 적과 동지의 관점이나 이익과 타협해야만 하는 세계정부와 같은 기관을 통해서 성취해야 한다면 특히나 그러하다. 의회와 미국 실업계는 이처럼 비현실적인 계획을 수행하는 데 자금을 풀기에는 미국 대외 정책의 금전적 비용과 이익의 계산에서 훨씬 "합리적"이었던 것이

---

4) *Ibid.*, p. 67.
5) *Ibid.*, pp. 5, 67, 77 참조.

다. 게다가 제7장에서 썼듯이, 한국이 "용케 찾아와서" 트루먼에게 그가 "미국인들을 호되게 접주는" 데 필요한 것을 제공하지 않았다면, NSC-68〔국가안전보장회의 문서〕에서 구상한 미국과 유럽의 재무장은 아마 자금 지원을 받지 못했을 것이다. 그러나 한국〔한국전쟁〕은 정말 용케 찾아왔고 한국전쟁 기간과 이후의 대규모 재무장은 미국과 세계 경제에 어마어마한 부양 효과를 가져다주었다.

미국 정부가 대출에 매우 관대한 세계 중앙은행으로 기능하면서, 외국 정부에 대한 미국의 군사 원조와 해외로의 군사비 직접 지출은 세계 무역과 생산에 미국의 유동성을 대량으로 주입해주었다. 이러한 원조와 지출은 1950년과 1958년 사이에 줄곧 늘어났으며, 1964년과 1973년 사이에 다시 늘어났다. 세계 무역과 생산은 공전의 비율로 성장했다.[6] 토머스 매코믹에 따르면, 한국전쟁으로 시작해서 1973년 파리 평화협정, 실질적으로는 베트남 전쟁으로 끝난 23년간은 "세계 자본주의 역사상 가장 지속적이고 수익성 높은 경제 성장의 시대"[7]였다.

이 시기는 많은 사람들이 "자본주의의 황금시대"라고 부른다. 하지만 1950년대와 1960년대의 세계 무역과 생산의 확대율이 역사적으로 볼 때 정말 이례적으로 높기는 해도, 이때가 자본주의의 첫 번째 황금시대는 아니었다. 19세기 말의 관찰자들이 "대발견의 시대"〔즉 대항해 시대〕에 비견했던 에릭 홉스봄의 자본의 시대(1848~75) 역시 그만큼 인상적이었다.[8] 백 년 앞선 "자본의 시대"와 마찬가지로, 1950년대와 1960년

---

6) David Calleo, *The Atlantic Fantasy*(Baltimore, MD: Johns Hopkins University Press, 1970), pp. 86~87; Robert Gilpin, *The Political Economy of International Relations*(Princeton, NJ: Princeton University Press, 1987), pp. 133~34 참조.

7) Thomas J. McCormick, *America's Half Century: United States Foreign Policy in the Cold War*(Baltimore, MD: Johns Hopkins University Press, 1989), p. 99.

대의 황금시대가 끝나자 장기간 금융 팽창이 나타났고, 그것이 정점에 달했을 때 제국주의적 관행이 부활했다. 나는 작금의 제국주의적 관행의 부활이 백 년 전의 그것과 진정 색다른 점이 헤게모니 국가가 스스로 세계국가(a world state)로 변신함으로써 쇠퇴에 저항하려고 시도한다는 것이라고 주장하려 한다. 이러한 시도는 루스벨트의 세계정부(world-government) 프로젝트의 속편이지만, 그것과는 현격히 다른 환경 아래서 상이한 수단에 의한 것이다. 비록 루스벨트의 하나의 세계, 세계적 뉴딜 비전은 결코 현실화하지는 못했지만, 트루먼이 그것의 규모를 줄이고 군사화한 냉전 버전은 미국 자본과 힘의 중요한 확대를 가져왔다. 그러면 그때보다 세계적 군사력은 미국의 手에 더욱 집중되어 있는 조건에서, 신보수주의적 프로젝트는 같은 실험을 되풀이했는데 왜 이렇게 참담하게 실패했을까?

미국 보호의 성격 변화

찰스 틸리가 국가 활동을 폭력의 조직과 독점화라는 보완적 측면으로 개념화한 것은 우리에게 이 질문에 대한 분명한 답변을 제공해줄 수 있다. 틸리의 주장에 따르면, 정부가 무엇을 하든지 간에, 정부는 "집중된 폭력 수단을 독점하려는 경향이 있다는 점에서 여타 조직과 구별된다." 이러한 경향은 네 가지 다른 종류의 활동을 통해 현실화한다. 즉 보호, 국가 만들기(state-making), 전쟁 만들기(war-making) 그리고 수탈이다. 보호는 정부 활동의 가장 독특한 "산물"이다. 틸리가 강조하듯이 "'보호'란 말은 두 가지 대조적인 어조로 들린다." 첫 번째 어조로, 이 말은 위험에 맞설 피난처를 제공하는 힘센 친구와 같이 위안을 주는 이미

---

8) Eric J. Hobsbawm, *The Age of Capital 1848~1875*(New York: New American Library, 1979), p. 32.

지를 불러일으킨다. 또 다른 어조로, 이 말은 암암리든 공개적이든 불량배의 공갈 협박에 상인들이 손해를 피하기 위해 강요된 공물을 내는 것과 같은 사악한 이미지를 불러일으킨다.

"보호"라는 말이 어떤 이미지를 불러일으키는가는 주로 그 위협의 실체와 외관에 대한 우리의 평가에 달려 있다. 위험과 그 위험에 대해 대가를 치르고 얻는 방어물 둘 다를 생산하는 사람은 공갈꾼이다. 필요한 방어물은 제공하지만 그 위험의 출현에 대해서는 거의 통제력이 없는 사람은, 특히 그의 가격이 그의 경쟁자의 가격보다 더 비싸지 않을 경우 **정당한 보호자**(legitimate protector)라고 부를 수 있다. 현지의 공갈꾼들과 외부의 약탈자들을 막는 믿을 수 있고 저렴한 방어물을 공급하는 사람이 최고의 조건을 제안한다.

틸리는 나아가 이 기준에 따르면 정부가 제공하는 보호는 대체로 공갈에 해당한다고 주장한다.

어떤 정부가 그 시민들을 보호하기 위해 막아주겠다고 하는 위협이 가공의 것이거나 혹은 정부 활동의 결과라면, 그 정부는 보호 공갈을 조직해온 것이다. 정부 스스로 보통 대외 전쟁의 위협을 가장하거나 심지어 조작하며, 많은 경우에 정부의 억압적이고 수탈적인 활동이 그 시민들의 생계에 현재 가장 큰 위협이기 때문에, 많은 정부들은 기본적으로는 **공갈꾼**과 같은 방식으로 움직인다. 물론 차이는 있다. 일반적인 정의로 공갈꾼에게는 **정부**의 존엄성은 없기 때문이다.[9]

---

9) Charles Tilly, "War Making and State Making as Organized Crime", in P. B. Evans, D. Rueschemeyer, and T. Skocpol, eds., *Bringing the State Back In* (Cambridge: Cambridge University Press, 1985), pp. 170~71, 강조는 인용자.

틸리는 아서 스틴치콤을 추종하여, 권력 보유자의 정당성은 힘이 행사되는 사람들[즉 피지배자]의 동의보다는, 다른 권력 보유자의 동의에 훨씬 많이 의존한다고 주장한다. 이에 덧붙여, 틸리는 다른 정부들은 "상당한 무력을 통제하는 정부가 도전을 받더라도 그 정부의 결정을 추인하는 경향이 훨씬 강하다. 보복의 두려움뿐 아니라 그 일반적 지배에 적합한 안정된 환경을 유지하기를 바라기 때문이다."[10] 특정 정부가 보호를 제공한다는 주장의 신뢰성은 그 정부가 집중된 폭력 수단을 독점하는 데 성공함에 따라 높아진다. 이는 영토적 영역 안(국가 만들기) 및 밖에서(전쟁 만들기) 경쟁자들을 제거 혹은 무력화하는 데 필요하다. 그리고 보호, 국가 만들기와 전쟁 만들기는 모두 재정적·물질적 자원이 필요하기 때문에, 수탈은 정부가 이들 자원을 조달하는 데 수단이 되는 활동이다. 만약 효과적으로 잘 실행된다면, 네 가지 활동 각각은 "대체로 나머지 활동을 강화해준다."[11]

틸리의 모델은 보호의 생산, 국가 만들기, 전쟁 만들기 그리고 수탈 활동 사이의 시너지 효과가 정부가 일국 수준에서 집중된 폭력 수단을 독점하는 데 확실히 성공할 수 있도록 해준다는 점을 강조한다. 이 모델을 전 세계적 수준에서 집중된 폭력 수단을 조직하고 독점하려는 미국 정부의 사례에 적용하려면, 두 가지 수정이 필요하다. 첫째로, 세계국가의 형성은 국가 만들기 활동과 전쟁 만들기 활동 사이의 구분을 모호하게 만든다. 왜냐하면 자칭 세계국가는 전 세계를 장래의 자기 영역으로 주장할 것이고 따라서 사실상 국가 내 영역과 국가 간 영역 사이를 구분하지 않을 것이기 때문이다. 따라서 미국이 제2차 세계대전 이래 치른 많은 "전쟁들"은 전쟁이라기보다는 경찰 행위로 널리 묘사된다. 둘째로,

---

10) Arithur L. Stinchcombe, *Constructing Social Theories* (New York: Harcourt, Brace & World, 1968), p. 150; Tilly, "War Making and State Making", p. 171.

11) Tilly, "War Making and State Making", pp. 171, 181.

"정부의 존엄성"은 여전히 국민국가의 것이기 때문에, 자칭 세계국가는 자신을 "보호 공갈"의 조직자가 아니라 "정당한 보호"의 조직자로 보이게 하는 데 더욱 큰 어려움에 직면한다.

이러한 수정을 염두에 두면, 우리는 역기능적인 보호 공갈과 정당한 보호 사이의 차이라는 점에서 트루먼 정부의 성과를 반복하지 못한 부시 정부의 실패를 이해할 수 있다. 여러 한계에도 불구하고 트루먼이 착수한, 규모를 줄이고 군사화한 세계정부 프로젝트는 많은 일국의 권력 보유자들에게 정당한 보호라는 자격을 얻었고 또한 그렇게 인식되었다. 이것은 부분적으로, 미국이 여전히 국민국가 수준에 머물고 있었던 "정부의 존엄성" 중 적어도 일부가 미국의 세계정부적 활동에 일치한다는 것을 확실히 보여주기 위해, 1950년대와 1960년대 내내 유엔에 의존한 덕택이었다. 그렇지만 미국의 냉전 프로젝트가 정당한 보호로 인정받을 수 있었던 두 가지 주요 이유는 제도적인 것보다는 실제적인 것이었다.

첫 번째 이유는 틸리의 말을 빌리자면 미국은 자신이 발생시키지 않은 위험에 맞서는 데 필요한 방어물을 제공했다는 것이다. 경제적으로나 정치적으로나 미국이 20세기 전반기의 격화하는 폭력에서 주된 수혜자이기는 했지만, 격화의 진원지는 유럽이지 미국이 아니었다. 아노 메이어가 다른 문맥에서 언급했듯이, 양차 대전에서 "유럽의 피의 희생은 미국의 그것보다 헤아릴 수 없을 정도로 더 컸고 더 고통스러운 것"이었기 때문에 유럽은 방어물을 가장 필요로 하고 있었다.[12] 그러나 그 희생은 유럽의 분쟁에서 비롯된 것이다. 그러므로 유사한 분쟁이 다시 일어날 가능성을 줄일 수 있는 세계 질서를 제공함으로써, 미국은 정당한 보호자로 인정받았다.

두 번째 이유는 미국이 누구도 상대할 수 없는 저렴한 가격으로 효과

---

12) Arno J. Mayer, "Beyond the Drumbeat: Iraq, Preventive War, 'Old Europe'", *Monthly Review* 54 10(2003).

적인 보호를 제공했다는 점이다. 루스벨트와 트루먼은 둘 다 앞선 30년간의 세계적 대혼란 동안 미국에 축적된 잉여 자본으로 전 세계적 규모의 보호를 제공하는 데 자금을 대겠다고 제안하고 있었다. 새로 창설된 국제기구는 말할 것도 없고 어떤 국가도 이처럼 저렴한 제안에 상응하는 자원을 가지지 못했다. 진정 트루먼 정부의 주요 문제는 자신들이 제안하는 보호를 받아들일 고객을 찾는 것이 아니라, 미국의 잉여 자본을 세계적 규모의 보호를 생산하는 데 투자하는 것이 미국의 국익에 부합한다고 의회를 설득하는 것이었다. 트루먼이 공산주의의 위협을 인위적으로 부풀린 것은 바로 이런 목적 때문이었다.

이러한 상황은 1960년대 말과 1970년대 초에 미국 헤게모니의 신호적 위기와 함께 바뀌기 시작했다. 베트남 전쟁은 미국의 보호가 미국이 주장한 것처럼 그리고 그들의 고객이 기대한 것처럼 믿을 만하지 않다는 것을 보여주었다. 제1차 세계대전과 제2차 세계대전에서 미국은 다른 국가들이 실제 전투의 대부분을 하게 하면서 부유해지고 강력해졌다. 대신 그들에게 신용, 식량과 무기를 공급하고, 그들이 재정적·군사적으로 서로를 고갈시키는 것을 지켜보면서, 분쟁에 뒤늦게 개입하여 미국의 국익에 가장 유리한 결과를 확보할 수 있었다. 이와 대조적으로 베트남에서 미국은 사회적·문화적·정치적으로 적대적인 환경 속에서 전투의 대부분을 직접 치러야 했다. 반면 미국의 유럽과 동아시아 고객들은 경제적 경쟁자로서 힘을 키웠으며, 미국의 다국적 기업은 치외법권적인 금융시장에서 이윤을 축적하면서 미국 정부로부터 절실히 필요한 세금 수입을 빼앗았다. 이러한 사정들이 결합한 결과, 미국 군사력은 신뢰성을 잃어버렸고 미국의 금-달러본위제는 붕괴했다. 설상가상으로 유엔은 제3세계의 불만을 토로하는 공명판으로 바뀌었고, 미국이 세계 정부 기능을 행사하는 데 거의 정당성을 부여하지 않게 되었다.

위기가 심화되던 10년 후, 레이건 정부는 미국의 정당한 보호에서 보호 공갈로의 변신을 개시하였다. 레이건 정부는 미국 헤게모니의 정당

성의 원천인 유엔을 버렸다. 그리고 레이건 정부는 미국 보호에 가장 의존하는 고객이자 가장 빨리 잉여 자본을 축적하던 일본이 (국제무역 연대기에서 처음 듣는 고안물인) 수출 "자율" 규제로 대미 경쟁력을 억제하고 일본의 잉여 자본을 증가 일로에 있는 미국의 재정 적자와 무역 적자를 지원하는 데 쓰도록 우격다짐을 하기 시작했다. 그리고 군비 경쟁을 대폭 격화시킴으로써 소련과의 "공포의 균형"이란 톱니바퀴를 돌리기 시작했다. 그러고는 제3세계와 소비에트 세력을 후퇴시키기 위해 다채로운 국지적 불량배들(사담 후세인 등) 그리고 종교적 원리주의자들(오사마 빈 라덴 등)과 결탁했다. 이렇게 하여 미국은 다시 동맹국들에 보호 비용을 청구할 수 있게 되었으며, 아울러 나중에 보호를 제공할 위험을 스스로 만들어냈다.[13]

제3세계와 소비에트의 힘을 약화하는 데 레이건 정부가 성공하자, 아버지 조지 부시 정부에서는 미국의 "기지 제국"(empire of bases)을 수지가 맞게 운영할 수 있다는 환상이 생겨났다. 찰머스 존슨이 지적했듯이, 이러한 제국은 "옛날식의 재정적으로 자급하는 제국들"보다 훨씬 더 무역 적자와 자본 이동에 취약했다(그리고 취약하다). 그러나 "이따금씩은" 미국의 기지 제국은 "돈을 번다. 왜냐하면 마치 1930년대 갱들이 자신들의 지배하에 있는 사람들과 업체에 보호비를 내라고 강요한 것처럼, 미국은 제국 프로젝트를 위해 돈을 내라고 외국 정부들에 압력을 가하기 때문이다." 이런 사례 중에 가장 유명한 것이 제1차 이라크 전쟁이었다. 부시 정부는 유엔을 다시금 전쟁의 정당성을 제공하는 데 이용함으로써, 자신들에게 가장 군사적으로 의존하면서 가장 부유한 고객들(제일 대표적으로 사우디아라비아, 쿠웨이트, 아랍에미리트, 독일 그리고 특

---

13) 레이건 정부하에서 '공산주의에 대항한 직접적 개입'에서 '미래의 테러리스트를 양성한 민병대의 소규모 반란 지원'으로 어떻게 전환되는가는 Mahmood Mamdani, *Good Muslim, Bad Muslim: America, the Cold War, and the Roots of Terror*(New York: Pantheon, 2004) 참조.

히 일본)로부터 합계 541억 달러에 달하는 재정적 기부를 끌어낸 것이다. 반면 미국이 출연한 것은 90억 달러로 일본이 낸 130억 달러의 절반을 갓 넘었을 뿐이다.[14] 게다가 이번의 막대한 지출은 미국이 만들지 않은 공산주의와 같은 위험에 맞서기 위한 것이 아니었다. 이 지출을 염출하여 막으려는 위험이란 부분적으로는 이란과 전쟁을 벌인 후세인을 지지한 미국 때문에 생긴 것이었다.

정당한 보호에서 보호 공갈로의 전환은 다른 수단을 통해 클린턴 정부에서도 계속되었다. 미국의 경찰 활동에 정당성을 부여하는 수단으로서 유엔의 중재는 다시금 버려졌다. 이번에는 NATO를 통한 집단적인 수행이 선호되었고 "인도주의적" 사명이 선택되었다. 동시에 브레턴우즈 체제의 각 기구들이 갈수록 통합되어가는 세계 시장을 미국이 지배할 수단으로 새로 단장되었다. 보스니아와 코소보 사명의 "성공"은 신경제 거품의 억누를 수 없는 팽창과 더불어 미국을 "없어서는 안 될 국가"라고 한 매들린 올브라이트 국무장관의 표현에 신뢰를 주었다. 그러나 그 "없어서는 안 되는 것"의 기초는 올브라이트의 주장처럼 이른바

---

14) Chalmers Johnson, *The Sorrows of Empire: Militarism, Secrecy, and the End of the Republic*(New York: Metropolitan Books, 2004), pp. 25, 307. 존슨에 따르면, 미국은 후에 이 전쟁에서 약간의 순이익까지 냈다고 떠벌렸다. Eric J. Hobsbawm, *The Age of Extremes: A History of the World, 1914~1991*(New York: Vintage, 1994), p. 242 역시 참조. 미국이 고객들에게 미국의 주요 전쟁 중 하나에 돈을 대도록 시도하고 또 실제로 그런 노력이 성공한 것은 이때가 최초이자 유일했다. 본래 이런 강탈의 성공이 미국이 헤게모니를 가지고 있다는 표시는 아니었다. 왜냐하면 헤게모니가 절정에 달했을 때 미국은 자국의 전쟁과 고객들의 보호를 위한 비용을 전적으로 자신이 감당했기 때문이다. 오히려 이것은 미국 '헤게모니'(hegemony)는 끝장이 났고, 다만 아직 고객들에게 자신이 제공하는 보호에 돈을 내도록 할 정도는 힘이 있는 '헤게머니'(hege*money*)로 바뀌었다는 징조였다. 부시가 미국의 고객들에게 제2차 이라크 전쟁을 위해 돈을 내도록 하는 데 실패한 것은 대조적으로 이제는 미국이 '헤게모니'도 '헤게머니'도 다 상실했다는 징조로 받아들일 수 있다.

"다른 나라보다 더 멀리 미래를 볼 수 있는"[15] 능력이 아니었다. 오히려 그 기초는 미국의 정책이 나머지 세계 전체에 돌이킬 수 없는 손상을 미칠 수 있다는 일반화된 두려움이었다. 미국이 현재 보호를 제공하고 있는 위험들은 미국 스스로 창출했거나 혹은 창출할 수 있는 위험들이었다. 그리고 외국 정부들이 미국 정부의 국고에 퍼붓기 시작한 수조 달러는 미국의 보호가 더는 싼값이 아니라는 것을 보여주었다.

없어도 되는 미국?

그러므로 부시 정부의 신보수주의자들(네오콘)이 정당한 보호자에서 공갈꾼으로의 변신을 처음 시작한 것은 아니다. 그들이 권력을 잡았을 때, 변신은 이미 상당히 진척된 단계에 있었다. 그러나 이 변신을 너무 심하게 밀어붙임으로써 그들은 부주의하게 군사적으로나 경제적으로나 그 한계를 노출하고 말았다. 제7장에서 보았듯이, 미국의 군사력이 효과적으로 세계의 치안을 유지할 수 있고 동시에 세계 정치경제에서 미국의 중심적 지위를 계속해서 보장할 수 있다는 것을 보여주려고 노력했지만, 그들은 두 가지 모두 실패하고 말았다. 이제 우리는 이러한 이중의 실패가 미국이 세계적 규모로 보호 공갈을 지나치게 확장했기 때문임을 알 수 있다.

콜린 파월이 미국은 "구역의 골목대장"(the bully on the block)이 되어야 한다고 말했을 때, 그의 말은 틸리가 말한 보호의 사악한 이미지를 불러일으켰다. 그는 나아가 보호의 위안을 주는 이미지를 불러내 미국은 "힘을 남용하지 않는다고 신용할 수 있으므로" 전 세계가 이 역할을 행복하게 받아들일 것이라고 주장했다.[16] 우리는 파월이 무슨 근거로

---

15) S. Sestanovich, "Not Much Kinder and Gentler", *New York Times*, February 3, 2005에서 재인용.

이렇게 믿고 있는지 모르겠다. 그러나 전 세계의 보도를 보면, 미국이 이라크를 침공한 후 1년도 되지 않아, 미국이 모든 사람들에게 자국의 대외 정책 어젠다에 참여하라고 우격다짐을 하면서, 미국 보호의 위안을 주는 이미지는 이러한 미국에 대한 사악한 이미지에 밀려났다. 더 중요한 것은 그러한 우격다짐도 성공하고 있지 않다는 것이다.

가장 강력한 증거는 심지어 가장 충성스러운 미국의 고객조차도 미국이 이라크 수렁에서 빠져나오는 데 필요한 자원을 공급해주려고 하지 않는다는 점이다. 파월이 2003년 10월 마드리드에서 열린 "기부자 회의"를 성공적이라고 선언하면서 대담하게 나가려 했지만, 유엔 안전보장이사회가 이라크 점령에 어느 정도 사법적인 정당성을 제공해준 뒤에도, 기부금은 기대했던 것보다도 훨씬 그리고 1991년 이라크 전쟁 때 모금된 액수보다도 심각하게 적었다. 실제 기부금(즉 돈 없는 미국에게 주는 보조금)은 목표치인 360억 달러의 8분의 1도 되지 않았고, 공약했던 200억 달러의 4분의 1도 되지 않았다. 제1차 이라크 전쟁에서의 매우 성공적인 강탈과 현저한 대조를 이루면서, 이때 미국은 혼자 책임을 덮어쓰게 되었다. 독일과 사우디아라비아는 사실상 한 푼도 주지 않았다. 일본이 주겠다고 공약한 15억 달러는 마드리드 회의에서는 단연 최대였지만 제1차 이라크 전쟁 때 일본이 토해낸 130억 달러에 비하면 빈약했다. 미 달러가 2003년보다 1991년에 훨씬 더 가치가 있었다는 것을 감안하면 실질 액수에서 더욱 그러하다.

미국이 고객들로부터 보호비를 끌어낼 수 있는 능력이 이처럼 쇠약해진 원인은 미국의 보호가 역효과를 냈다는 인식에서 찾아낼 수 있다. 그런 인식이 생긴 것은, 미국이 고객들의 등골을 뽑고도 오히려 예전에 보호해준다던 위험보다 더 큰 위험에 빠뜨렸기 때문이기도 하고, 미국의

---

16) David Harvey, *The New Imperialism*(New York: Oxford University Press, 2003), p. 80에서 재인용.

행동이 보호를 제공하게 만든 현재의 위험보다 더 큰 위험을 미래에 가져올지도 모르기 때문이기도 하다. 어느 쪽이든 제임스 캐럴이 특히 서아시아를 언급하면서 관찰한 것처럼, "없으면 안 되는 국가"는 이제 "대혼란을 퍼트리는 데만 없어서는 안 되게" 보였다.

> 이라크인, 레바논인, 이스라엘인, 팔레스타인인 모두가 폭력을 선택하면서 폭력의 후과를 감당한다. 그러나 이러한 선택이 이루어지고 있는 경위는 바로 압도적으로 워싱턴이 폭력이란 선택을 했기 때문에 만들어진 것이다.[17]

그러나 부분적으로 공물 납부의 극적인 감소는 미국의 보호에 대한 필요성과 가치가 1991년 당시보다 덜 절실하다는 믿음에 원인이 있을 수 있다. 미국의 힘에 여전히 의례적 경의가 표해지지만, 이러한 믿음은 겉으로 보이는 것보다 훨씬 더 광범위하다. 이런 점은 미국 고객들 중에 동아시아 지역이 아마도 가장 중요할 것이다. 과거에 이 지역의 많은 국가들은 중국이 자국의 안전에 가하는 실제의 혹은 가공의 위협에 맞서기 위해 미국의 보호가 필수적이라고 보았다. 그렇지만 오늘날 중국은 더는 심각한 위협으로 보이지 않으며 심지어 이런 위협이 다시 나타난다고 할지라도, 미국의 보호는 믿을 만하지 못하다고 인식되고 있다. 게다가 미국의 동아시아 통화에 대한 의존이 갈수록 커지고, 중국이 가장 크게, 가장 빨리 성장하는 시장으로 통합되면서, 동아시아 각국의 미국

---

17) James Carroll, "Reject the War", *International Herald Tribune*, December 19, 2006. 미국의 폭력 선택이 이라크를 국가적 규모의 테러리스트 훈련장으로 만들었다는 점에 관해서는 특히 Daniel Benjamin and Steven Simon, *The Next Attack: The Failure of the War on Terror and a Strategy for Getting it Right* (New York: Times Books, 2005); P. Rogers, "The War on Terror: Past, Present, Future", *openDemocracy*, August 24, 2006 참조.

시장에 대한 의존은 갈수록 줄어들고, 동아시아 고객들로부터 보호비를 끌어내는 미국의 능력 역시 약화했다.

앞에서 적었듯이, 경제적·전략적 동반자로서 중국의 매력은 동아시아 지역의 범위를 훨씬 뛰어넘는다. 중국의 부상은 정말 20세기 전반기 세계대전 동안 미국의 부상을 생각나게 한다. 소련이 1942~43년 베르마흐트[Wehrmacht, 독일 국방군]를 격파한 후에 미국이 제2차 세계대전의 진정한 승자로 등장한 것처럼, 이제 모든 증거들이 중국을 테러와의 전쟁에서 진정한 승자로 지목하고 있다. 미국이 앞으로 알카에다와 이라크 반군을 격파하는 데 성공하든지 말든지 간에 말이다.[18)]

이 책의 에필로그에서 우리는 이 "승리"에서 어떤 종류의 세계 질서(혹은 무질서)가 최종적으로 등장할 것인가 하는 주제를 다룰 것이다. 다만 여기에서는 새로운 미국의 세기 프로젝트의 신제국주의가 단일한 세계국가를 조직하는 중심이 되려고 한 미국의 60년에 걸친 투쟁의 불명예스러운 종말이 될 것이라는 점만을 언급하겠다. 그 투쟁은 세계를 바꾸었지만, 심지어 미국이 가장 승승장구하던 순간조차 미국의 그런 시도는 성공한 적이 없었다. 이 오랜 과정의 막판에 와서, 부시가 한 것이라고는 올브라이트가 틀렸음을 증명한 것밖에 없다. 마이클 린드는 애도한다. "결국, 미국은 [……] 없어도 되는 국가임이 드러났다."

최근까지 기억해보면 미국 없이는 아무것도 될 수 없었다. 그러나 오늘날

---

18) 2004년에 전기전자기술자협회의 한 패널리스트가 미국이 냉전과 싸워 일본이 이겼다는 오래된 농담을 회상했다. 그는 덧붙여 "새로운 농담은 미국이 테러와의 전쟁과 싸우고 있고, 중국이 이기고 있다는 것이다"(J. Kumagi and W. Sweet, "East Asia Rising", *IEEE Spectrum Online*, http:// www.spectrum. ieee.org, accessed October 19, 2004)고 말했다. 우연히도 이 농담은 현재 일어나고 있는 사태의 한 중요한 측면을 포착하고 있을 뿐 아니라, 제8장에서 묘사한 역사적 자본주의의 과거 동력도 역시 포착하고 있다.

실질적으로 세계 외교와 무역에서 장기적으로 중요한 모든 새로운 국제기구의 설립은 미국의 참여 없이 일어난다. [……] 유럽, 중국, 러시아, 라틴 아메리카 그리고 여타 지역들과 국가들은 누구의 영향이 [……] 미국의 콧대를 꺾을 것인가 조용히 저울질하고 있다.[19]

"과거 백여 년이 넘게 미국이 쌓아온 존경받는 국제적 지도국의 지위를 4년도 안 되는 동안에 철저하게 침식한 것은 [……] 놀라운 업적이다." 브라이언 어커트(Brian Urquhart)는 2004년 11월의 선거에서 이렇게 썼다.[20] 이 "놀라운 업적"에도 불구하고, 전 세계가 경악하게도, 선거는 부시 대통령을 백악관으로 돌려보냈을 뿐 아니라, 미국 정부의 모든 부처에 대한 신보수주의 진영의 장악력을 확고하게 만들었다. 선거 승리 후에, 부시는 이제 자신의 재량대로 쓸 수 있는 "정치적 자본"을 벌었다는 그 유명한 선언을 했다. 그렇지만 부시의 지지율과 반대율 사이의 변화를 그의 정치적 자본에 대한 거친 잣대로 삼는다면, 그래프 9-1은 이런 면에서 그가 얼마나 현실을 완전히 모르고 있는지 보여준다.

그래프가 나타내는 것은 첫째, 부시의 정치적 자본의 대부분은 그가 "빈" 것이 아니라, 9·11로 빈 라덴에게 선물 받은 것이라는 점이다. 둘째는 2003년 3월 이라크 침공 직후에 급격한 그러나 오래가지 못한 지지율 상승에도 불구하고, 부시는 2004년 재선거까지 그 선물을 이미 탕진해버리고 덤으로 연명하고 있었다는 사실이다. 부시가 백악관에 더 머무를 수 있는 4년을 얻은 것은, 그의 민주당 경쟁자들이 그가 만들어낸 쓰레기를 어떻게 깨끗이 치워야 할지 아이디어가 부족했다는 점과, 부시의 고문 칼 로브(Karl Rove)의 유명한 교활함 때문이었다. 로브는

---

19) M. Lind, "How the U. S. Became the World's Dispensable Nation", *Financial Times*, January 25, 2005.

20) K. Anthony Appiah et al., "The Election and America's Future", *New York Review*, November 4, 2004, p. 16.

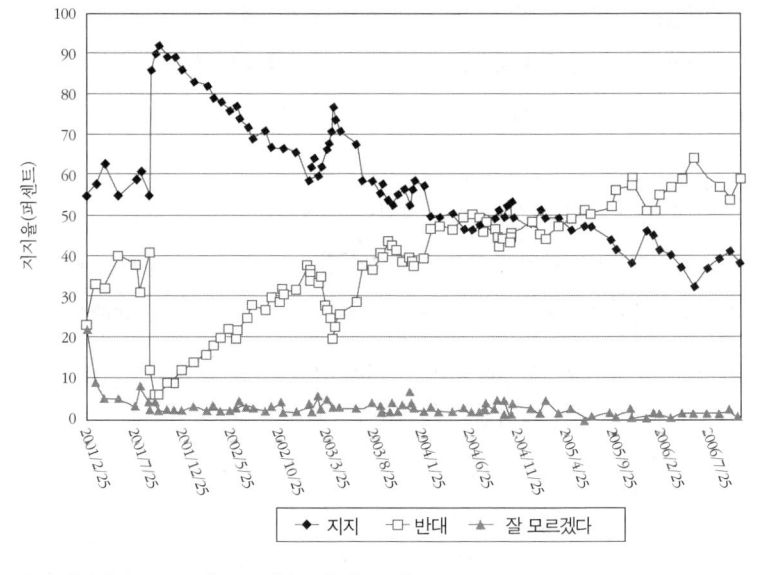

출전: 『워싱턴 포스트』와 ABC 방송국의 설문조사.

테러와의 전쟁이 국내보다 해외에서 훨씬 잘 싸웠으며, 테러리스트들을 이라크로 유도하지 않았다면 그들은 샌프란시스코나 디모인 거리에 출몰했을 것이라는 착상을 날조했다. 다시 한 번 "미국인들을 호되게 겁주는" 데는 효과적이었고 부시를 재당선시키기는 했지만, 미국이 끌어들인 대혼란에 삶이 파탄나고 끝장나버린 다수의 이라크 사람들에게나 또 보호를 약속해놓고는 무자비하고 분별없이 위험을 퍼트리고 있는 미국의 행동에 위협을 느낀 다른 모든 국가들에게는 먹히기 힘든 주장이었다. 그러나 미국인들조차 항상 바보처럼 속지는 않을 것이고, 결정적으로 로브의 교활함이 저변에서 작동하는 역사적 과정의 교활함을 이길 수는 없었다. 따라서 그래프 9-1이 보여주듯이 부시의 두 번째 취임 직후에 그의 정치적 자본의 소모는 냉혹하게 재개되었다.

주요한 전환점은 2005년 9월 허리케인 카트리나가 루이지애나를 초

토화한 것이었다. 토머스 프리드먼은 "9·11이 부시 정부의 한쪽 북엔드였다면 [……] 카트리나는 아마 반대쪽 북엔드일 것이다. 9·11이 부시 대통령의 등 뒤로 바람을 불어넣어주었다면, 카트리나는 그의 정면에 맞바람을 불어넣었다"[21]고 썼다. 부시와 럼즈펠드가 비극은 이라크와 아무 상관이 없다고 주장했지만, 이와 반대로 마이크 데이비스(Mike Davis)는 다음과 같이 말한다. "루이지애나 방위군의 3분의 1 이상이 부재하고 방위군의 중장비 중 상당수가 없었던 것은 처음부터 구조 작업과 구제 작업을 어렵게 만들었다. [……] 초토화한 세인트버나드 군(郡)의 한 격노한 주 하원의원이 『타임스피카윤』(Times-Picayune)에 말한 것처럼, '캐나다의 구조가 미 육군보다 먼저 도착했다.'"[22] 그리고 부시는 아무도 뉴올리언스 제방이 터질지 예상 못했다고 주장했지만, 이와 반대로 카트리나는 사이먼 샤마(Simon Schama)의 말을 빌리면 "근대 미국 역사상 가장 예상된 재난"이었다.

[2004년-인용자] 선거에서 조지 W. 부시는 정부의 가장 필수적인 책무, 미국 시민에 대한 공평하고 주의 깊은 보호를 수행하기에 최적인 사람으로 자신에게 투표하라고 미국인들에게 말했다. 이제 그 주장의 사기성이 되돌아와 부시를 늘 붙어 따라다니고 있다. 바그다드에서가 아니라 루이지애나의 물에 잠긴 여러 군(郡)에서.[23]

사실 이라크와 루이지애나는 미국이라는 동전, 즉 하이테크의 마법과 시장의 자기조정이라는 마법에 대한 복합적인 오랜 신념을 사반세기나

---

21) "Osama and Katrina", *New York Times*, September 7, 2005.
22) "The Predators of New Orleans", *Le Monde Diplomatique*, English edition, September 2005. 또한 R. Scheer, "Finally Fooling None of the People", *Los Angeles Times*, September 13, 2005 참조.
23) "Sorry Mr President, Katrina Is Not 9/11", *Guardian*, September 12, 2005.

지녀온 한 나라의 동전의 양면이었다. 폴리 토인비(Poly Toynbee)는 다음과 같이 썼다. "충격과 공포"(shock and awe)*는 "지구 상에서 본 적이 없는 병력을 방출하려던" 것이었는데, 이 슬로건 아래 이라크로 진공한 미국은 이제 다른 종류의 충격에 직면했다.

이제는 미국이 풍광을 육중하게 가로질러 걸어가는 소심한 로봇 공룡이나, 부속과 표시는 번쩍거리지만 아무런 힘도 없고 내부는 텅 빈 거대한 파워레인저 장난감같이 보인다는 것을 [……] 발견하는 것은 충격적이다. 이라크는 스마트 미사일, 헤비메탈의 테크노 음악 쇼, 탐파(Tampa)의 남부 사령부의 지시를 받는 전자 헬멧을 쓴 병사들이 실제로는 아무 쓸모가 없다는 것을 보여주었다. 자전거를 탄 베트콩이 자신들이 일찍이 그 거인**에게 가르쳐주었다고 생각한 그 교훈은 이제 실패와 참화가 면전에서 백악관을 노려볼 때, 다시 한 번 학습되고 있다. 미국이 국가를 부수는 힘은 국가를 만드는 힘이 없다면 쓸모가 없다는 사실을 깨닫는다면, 충격과 공포는 끝이 난다. 그러나 미국의 등딱지 속이 진짜 텅텅 비어 있다는 것을 폭로하기 위해서는 허리케인 카트리나가 필요했다. 의심할 여지 없이, 이라크를 지배하는 것은 자국의 국경 안조차도 이토록 나약하게 지배하는 나라가 할 수 있는 일이 아니다. 투표자의 절반이 그 정부를 믿지 못하는 나라가 어떻게 잘 운영될 수 있겠는가? 루이지애나의 대참사가 폭로한 것은, 더는 국가가 아니며, 다만 원자화하고 분할된 개인이 그들을 하나로 묶을 이념의 깃발이란 없이, 가능한 한 서로 떨어져서 평행선의 삶을 살아가는 한 나라였다.[24]

---

* 이라크 전쟁의 전략. 전쟁 초반에 화력을 집중적으로 써서 신속히 전쟁을 끝내는 전략을 뜻하며 신속한 점령/신속한 우위로도 번역한다.

** behemoth: 베헤모스, 거대한 짐승, 괴수. 즉 미국.

24) "The Chasm Between Us", *Guardian*, September 9, 2005. 유사한 주장에 관해서는 R. Drayton, "Shock, Awe and Hobbes Have Backfired on America's

따라서 우리는 한나 아렌트의 주장으로 돌아가겠다. "홉스가 구상한 국가는 불안정한 구조라서", "자신을 탄생시킨 사적 이해관계라는 목적도 없고 분별도 없는 대혼돈으로 하룻밤 사이에" 돌아가는 위험을 피하려면, "항상 외부로부터 새로운 지지대를 공급해야만 한다." 바로 이런 이유 때문에, 카트리나의 기억이 흐릿해지기 시작할 때, 부시가 미국이란 깃발에 더 심한 손상을 끼칠 것이라는 미국인들의 두려움이 샌프란시스코나 디모인 거리에 테러리스트가 출몰할 것이라는 두려움을 압도하기 시작했다. 이것은 부시의 정치적 자산을 더욱 침식했다. 이라크 전쟁이 자신의 대통령직에 끼친 손실을 그때껏 가장 솔직하게 시인하면서, 2006년 3월 부시는 마지못해 "〔내 정치적 ─ 인용자〕 자본을 전쟁에 탕진하고 있다고 해야 할 것"[25]이라고 자인했다. 2006년 11월 중간 선거에 이르면 그는 〔정치적 자본에서〕 심각한 적자 상태였다. 민주당은 양원에서 모두 승리했다. 정부에 남아 있던 네오콘들은 딕 체니를 제외하고 모두 해임되었다. 그리고 새로운 미국의 세기에 대한 모든 꿈은 피해 대책에 집중하기 위해 보류되었다.

정리와 다음 장 소개

마르크스는 엥겔스에게 쓴 1857년 9월 25일의 편지에서, "다른 무엇보다도 더 생생하게 〔……〕 군대의 역사는 생산력과 사회적 관계 사이의 관련성에 대한 우리의 관점이 옳다는 것을 보여준다"고 썼다.

예를 들어 샐러리〔the salaire, 임금 체계 ─ 인용자〕가 처음 발달한 것이 고

Neocons", *Guardian*, December 28, 2005 참조.
25) E. Bumiller, "Bush Concedes Iraq War Erodes Political Status", *New York Times*, March 22, 2006.

대 군대였던 것처럼, 군대가 경제 발전에서도 중요하기는 하지만 〔……〕 또한 기계의 대규모 사용이 처음 이루어진 것도 바로 군대에서였습니다. 심지어 금속의 특수한 가치나 화폐로 금속을 사용한 것 또한 원래 〔……〕 전쟁에서 이들 금속이 중요했던 것에 연유한 것으로 보입니다. 또한 한 분과 내에 노동 분업은 군대에 의해 처음 실행되었습니다. 게다가 이 모든 것들은 바로 문명사회 전체 역사의 놀랄 만한 축소판입니다. 만약 그대가 시간이 있다면, 이러한 관점에서 이 문제를 연구해볼 수 있을 것입니다.[26]

만약 엥겔스가 시간이 있었다면, 그는 생산력과 사회적 관계 사이의 관련성에 대한 자신과 마르크스의 관점이 옳았음을 보여줄 수 있었을지도 모른다. 하지만 그것은 그가 생산력을 보호 생산까지 포함한 것으로 다시 정의했을 때에만 그렇다. 더 중요한 것은 십중팔구 엥겔스는 자본주의, 산업주의, 군사주의 사이의 관련성이라는 문제를 다루어야만 한다고 느꼈을 것이라는 점이다. 이 문제는 근대적 전쟁에는 막대한 비용이 들기 때문에 부국이 빈국에 대해 군사적 우위를 가진다는 애덤 스미스의 관찰에서 암묵적으로 제기된 것이다. 우리가 제3장에서 질문을 던졌던 것처럼, 만약 제조업 · 대외무역 · 항운이 유럽의 자본주의적 경로에서—스미스가 말한 시장에 기반을 둔 "자연스러운" 경로와 비교하여—더 커다란 역할을 했다고 가정한다면, 자본주의 · 산업주의 · 군사주의가 서로를 강화하면서, 유럽 외의 전 세계를 대가로 유럽을 부와 힘의 선순환으로 이끌지 않았을까? 그리고 만약 그들이 서로를 강화했다면, 이러한 부와 힘의 한계는 무엇일까?

유럽의 발전 경로에서 힘의 추구에 대한 윌리엄 맥닐의 선구적 해석

---

26) Russell Johnson, "Pre-Conditioning' for Industry: Civil War Military Service and the Making of an American Working Class", the 25th Annual North American Labor History Conference, Wayne State University, Detroit, October 16~18, 2003에서 재인용. 강조는 원문.

은, 이 장과 앞의 두 장에서 전개한 분석과 함께, 이러한 질문에 대답하는 데 도움을 줄 수 있는 몇 가지 관찰을 제공한다. 첫 번째 관찰은, 전쟁과 끊임없는 군비 경쟁의 상업화는 가장 초기의 이탈리아 도시국가에서 최후의 정점을 이룬 실패한 미국의 세계국가에 이르기까지 줄곧 서구식 자본주의 발전 경로의 특징이었다는 점이다. 이른바 "군사적 케인스주의", 즉 국가가 군사 지출을 통해 자국 시민들의 소득을 부양하고 이로써 세금 수입과 새로운 군사 지출의 자금력을 증가시키는 방식은, 금융 자본이나 초국적 기업도 역시 그러했던 것처럼, 20세기만의 색다른 현상이 아니었다. 이탈리아 도시국가도 전쟁 만들기와 국가 만들기에서 임노동 관계를 발전시킴으로써 이미 일종의 소규모 군사적 케인스주의를 실행하고 있었으며, 이는 방위비의 일부를 세입으로 바꿈으로써 전쟁 비용의 수지 타산을 맞춘 것처럼 보였다.

[충분한—인용자] 화폐가 부유한 이탈리아 도시에 유통되어, 시민들이 세금을 내고 그 수입으로 이방인 용병을 살 수 있도록 해주었다. 그러자 용병들이 임금을 소비하기만 하면 용병들의 화폐는 다시 유통 과정에 재투입되었다. 그렇게 함으로써 그들은 이런 도시들이 애당초 무장한 폭력을 상업화할 수 있도록 한 시장 교환을 강화했다. 이렇게 새롭게 등장한 체계는 자립적[self-sustaining, 스스로 지탱할 수 있는]으로 되는 경향이 있었다.[27]

[그런데] 실제로는 새롭게 등장한 체계가 진정 자립적으로 될 수 있으려면, 군사 지출이 이를 지탱하기 위해 소비되는 세금보다 더 많은 세입을 산출해야만 했다. 이 사실은 우리를 두 번째 관찰로 이끄는데, 유럽 체계에서는 적어도 두 가지 메커니즘이 함께 잘 작동하는 국가들에서

27) William McNeill, *The Pursuit of Power: Technology, Armed Force, and Society since A. D. 1000* (Chicago: University of Chicago Press, 1982), p. 74.

이 조건이 충족되었다는 점이다. 하나는 한 시대의 주도적 자본주의 국가가 국가 간 경쟁의 이익을 전유(專有)할 수 있고 따라서 진정으로 전쟁을 수지 타산이 맞도록 만드는 세력 균형의 메커니즘이다. 그리고 다른 하나는 체계의 외부적 팽창인데, 이것은 이중적인 작용을 했다. 외부적 팽창 때문에, 유럽 국가들은 더 정교한 전쟁 수단과 전쟁 기술을 고안하기 위해 계속해서 경쟁해야 했으며, 동시에 유럽 이외의 전 세계로부터 무역과 세금 수입을 확대하는 데 필요한 자원을 전유할 수 있었다. 맥닐은 그 과정을 특히 산업혁명 이전의 150년을 구체적으로 언급하면서 요약하는데,

서유럽이라는 투계장 안에서, 한 국가가 그 경쟁자들보다 우월한 완력을 지닌 근대적 형태의 군대를 개량해냈다. 이는 세력 균형에서 단지 부분적이고 일시적인 교란을 가져왔을 뿐이고, 외교로 제어할 수 있음이 증명되었다. 하지만 [이러한 근대적 형태의 군대 개량이] 유럽의 행동반경의 경계에 작용한 결과는 인도든, 시베리아이든 아메리카 대륙이든 체계의 팽창이었다. 변경의 팽창은 이번에는 팽창하는 교역 네트워크를 부양하였고, 유럽에서 세금을 부과할 수 있는 부를 늘렸으며, 군사 설비의 재정 지원을 수월하게 해주었다. 변경의 팽창이 없었더라면 군사 설비의 재정 지원은 더 성가셨을 것이다. 간단히 말하면, 유럽은 지구의 다른 민족과 국가를 대가로 군사 조직이 경제적·정치적 팽창을 부양하고 부양받는 자체 강화적인 순환을 시작했던 것이다.[28]

세 번째 관찰은 이 자체 강화적인 순환이 보호 생산에서 일어난 두 가지 다른 종류의 혁신의 원인이자 결과였다는 점이다. 첫 번째 혁신은 마르크스가 엥겔스에게 보낸 편지에서 언급했듯이 군대 내에서의 기술적

28) *Ibid.*, p. 143.

분업에 관한 것이다. 17세기 초에 나사우의 마우리츠(Maurice of Nassau)는 오랫동안 잊혔던 고대 로마 군대의 기술을 재발견하고 완성함으로써 네덜란드 군대를 재조직하였다. 바로 이 노선에 따라 2세기 후에 프레더릭 W. 테일러(Frederick W. Taylor)의 "과학적 관리"는 미국 산업을 재조직하게 될 것이다. 마우리츠는 군사 노동력의 효율성을 제고하기 위해 포위 기술을 재조직하여, 사상자 면에서 비용을 절감했으며, 군대의 규율 유지를 도왔다. 그는 행군과 총포의 장전 및 발포를 표준화하였으며 군사 훈련을 병사들의 정규 활동의 하나로 만들었다. 그는 군대를 소규모의 전술 단위로 세분화하고, 장교와 하사관 수를 늘리고, 명령 체계를 합리화하였다.

이런 방식으로, 군대는 본 적이 없는 환경에 대해서도 예민하고 다소 분별력 있는 반응을 할 수 있는 중추 신경 체계를 가진 유기적 조직이 되었다. 모든 움직임이 새로운 수준의 정확도와 속도를 얻었다. 발포와 행군 중의 병사의 개별적인 움직임도 전장 전체를 가로지르는 대대의 움직임과 마찬가지로 과거 어느 때보다 통제되고 예측될 수 있었다. 잘 훈련된 부대는 모든 동작을 계산함으로써 전투의 매분당 적에게 발사하는 타격의 총량을 증가시킬 수 있었다. 개별 보병 한 사람의 기민함과 결의는 이제 더는 중요하지 않게 되었다. 무용담과 개인적 용기는 장갑으로 무장한 기계적 동작 아래로 사라지고 말았다. 〔……〕 그러나 마우리츠 방식으로 훈련받은 군대는 자동적으로 전투에서 우월한 효율성을 과시했다.[29]

---

29) 마우리츠 식 "과학적 관리"가 유럽 각국 군대로 확산된 것은 두 가지 의미가 있다. 유럽 내에서는 스페인이 누렸던 규모의 이점을 무력화했고, 따라서 군사력을 평준화하는 경향을 가져와 세력 균형을 다시 만들어냈다. 유럽 밖에서는 인도양 연안에 포진한 유럽의 교역 거점을 보호하기 위해 유럽 교관들이 현지 인력을 모집하여 마우리츠 식 군대의 축소판을 만들어냈다. "18세기까지 이러한 병력은 규모는 작았지만, 현지 지배자들이 통상 전장에 투입하던 규율 미비의 군대에 대

두 번째 혁신은 마르크스가 "기계의 대규모 사용"이라고 언급한 것에 해당한다. 제8장에서도 적었듯이, 맥닐은 증기기관의 개량과 철로, 철선(鐵船)과 같은 획기적인 혁신을 동시에 이룩하는 데 결정적인 역할을 한 것은 다른 여러 가지 중에서도 나폴레옹 전쟁 시기 영국 경제의 군사적 수요라고 보았다. 철 생산에 대한 전시(戰時)의 추진력이 없었더라면 이러한 혁신을 낳은 여러 조건들은 존재하지 않았을 것이다. 이러한 의미에서 정말 중요한, 예를 들어 자본재 공업과 같은 부문에서 일어난 산업혁명은 대체로 유럽의 군비 경쟁의 부산물이었다. 그러나 아주 신속하게도, 근대 공업의 생산품과 공정을 전쟁 만들기 활동에 적용하는 것, 바로 맥닐이 말한 "전쟁의 공업화"는 [거꾸로] 그 군비 경쟁에 전례가 없는 추진력을 주었다.

전쟁의 공업화는 프랑스 해군이 대구경의 대포를 장착한 철갑 증기선을 채택하여 목재 전함을 완전히 고물로 만들었던 1840년대에 본격적으로 시작되었다. 프랑스 해군이 지금까지보다 더욱 정교한 철갑 증기선을 진수하자, 영국 해군도 이를 따라 할 수밖에 없었다. 다른 국가들도 똑같이 따라 하게 되자, 새로운 군비 경쟁은 영국도 프랑스도 통제할 수 없는 그 자체의 동력을 획득하였다.

크림 전쟁(1854~56)은 중요한 전환점이었다. 대부분의 자본재 공업 분야가 그랬던 것처럼, 1850년경에 유럽 전역에서 수공업 생산은 여전히 군수산업에서 압도적이었다. 그러나 1855년과 1870년 사이에 크림 전쟁의 최초의 충격 아래, 이러한 방식은 훗날 "미국식 제조업 체계"라고 불린 방식으로 대체되었다. 그 주요 원리는 자동 혹은 반자동의 평삭(平削) 기계를 사용하여 교환 가능한 부품을 정해놓은 모양대로 잘라내는 것이다. 이 기계들은 비싸고 또 재료가 많이 들어갔다. "그러나 총포가 대량으로 필요하다면, 자동화는 대량 생산 경제를 통해 반복 생산을

해 뚜렷한 우월함을 보여주었다."(*ibid*., pp. 127~39).

하여 수지를 맞출 수 있었다." 영국 정부와 벨기에 총포 제작자가 최초로 미국식 기계를 수입했지만, 1870년까지는 오스트리아 · 프랑스 · 프러시아 · 러시아 · 스페인 · 덴마크 · 스웨덴 · 터키, 심지어 이집트까지 그 대열에 동참했다. 그 결과 국가 간 경쟁은 소형 병기의 조달에서 수공업 생산의 족쇄를 벗어났다. 모든 군대가 수십 년이 아니라 수년 만에 새로운 설비를 갖출 수 있게 되었다. 그리고 이러한 가속화는 그 자체로 소형 병기의 설계에서 끊임없는 혁신의 한 요인이 되었다.[30]

동시에 대규모 민간 기업 역시 군비 경쟁의 한 요인이 되었다. 크림 전쟁으로 촉발된 주요 발명은 베서머 제강법의 발견으로, 이는 이전의 낡은 총 주조법을 폐물로 만들었다. 소총 생산은 국영 병기 공장이 노동 과정과 생산 설계에서 변화를 선도하여 민간의 소규모 기업을 몰락시키고 생산을 집중화하였는데, 이와는 대조적으로 중포 생산에서는 거대 민간 기업이 새로운 방식과 소재의 채택을 선도하여, 예전에 국영 병기 공장이 맡았던 활동을 자신들의 손에 집중화하였다.

세계적인 공업화된 군수산업이 이리하여 1860년대에 나타났다. 〔……〕심지어 프랑스, 영국, 프러시아 같은 기술적으로 숙련된 정부 병기 공장조차도 민간 제조업자의 끈질긴 도전에 직면했으며, 이들은 자신들의 생산품이 정부가 생산한 무기를 능가한다고 기꺼이 지적하고 나섰다. 이렇게 상업적 경쟁은 국가적 대항에 힘을 보태서 총포 설계의 개량을 촉진했다.[31]

---

30) *Ibid.*, pp. 225~27, 233~36.
31) 이것은 상업적 기업이 군비 경쟁의 주인공이 되고 이번에는 다시 군비 경쟁에 의해 변형되는 장기적 과정의 시작에 불과했다. "무기 공장들이 잇따라 새로운 기술을 개척함에 따라——철강 야금, 화학산업, 전기기계, 무선통신, 터빈, 디젤, 공학,(사격 통제를 위한) 계산기, 수력기계 등등——, 이들 공장들은 준공영적 성격을 띤 방대한 관료 구조로 진화했다"(*ibid.*, pp. 237, 241, 292).

크림 전쟁은 유럽 대륙 전역에 전국적 철도 체계를 건설하는 데 역시 새로운 동력을 가져다주었다. 증기선 기술이 기존에 해양 강국들이 대륙 강국들에 비해 병참에서 누리던 우위를 더욱 강화한다는 점이 전투에서 드러났다. 프랑스와 영국은 군대와 보급품을 해로로 3주 만에 크리미아로 보낼 수 있었지만, 모스크바에서 오는 러시아의 군대와 보급품은 전선까지 도착하는 데 때로는 석 달이나 걸렸다. 게다가 영국의 (해상) 봉쇄는 러시아가 해로로 새 무기를 수입하는 것을 방해했으며, 육로로 수입될 보급품에 지불할 러시아의 곡물과 다른 수출품 흐름의 대부분도 차단해버렸다. 이리하여 러시아뿐 아니라 중부 유럽과 남부 유럽도 효과적인 전국적 철도 체계의 건설을 전쟁 만들기와 국가 만들기 활동의 필수적인 측면으로 인식하게 되었고, 유럽 각국 정부들 사이에는 그야말로 철도에 대한 열광이 나타났던 것이다. 1850년 이전까지 유럽에 놓인 철도는 총 1만 5천 마일이었으나, 1850년과 1870년 사이에 5만 마일의 철도가 유럽에 신설되었다. 유럽 철도 건설의 이 같은 급증이 전쟁 이후에도 이어지면서, 이번에는 영국과 유럽 대륙 국가들 사이의 공업화 격차를 줄이는 데 단일 요소로는 가장 중요한 요소가 되었다.[32]

전쟁의 공업화는, 지구의 다른 민족과 국가를 희생해 경제적 · 정치적 팽창을 부양하고 그에 의해 부양받는 유럽식 군사 조직의 자체 강화적

---

32) Paul Kennedy, *The Rise and Fall of the Great Powers: Economic Change and Military Conflict from 1500 to 2000*(New York: Random House, 1987), p. 174; William L. McElwee, *The Art of War, Waterloo to Mons*(London: Weidenfeld & Nicolson, 1974), pp. 106~10; David S. Landes, *The Unbound Prometheus: Technological Change and Industrial Development in Western Europe from 1750 to the Present*(Cambridge: Cambridge University Press, 1969), pp. 201~02. 클라이브 트레빌콕(Clive Trebilcock)에 따르면, 1890~1914년 사이의 무기 생산에 대한 공적 지출의 파급 효과는 거의 그 이전에 철도의 효과만큼이나 유럽 경제에 영향을 미쳤다고 한다. McNeill, *The Pursuit of Power*, p. 292의 재인용.

인 순환에 엄청난 추진력을 새로 부여했다. 증기선과 철도가 지리적이고 거리상의 자연적 장애물을 소멸시킴에 따라, "유럽식 전쟁 조직과 타지역 전쟁 조직 사이의 극명한 차이가 세계 각지에서 잇따라 또렷하게 드러났다." 새로이 "독점하다시피 한 전략적 통신과 수송"은, 현지 전투 인력이 손에 넣을 수 있는 어떤 무기보다도 줄곧 훨씬 앞서 가는 신속한 무기의 진화와 더불어, "유럽인들에게" 제국주의 침략을 "너무나 싸고 쉽게" 만들었고, "그만큼 아시아인, 아프리카인, 오세아니아의 민족들에게는 재앙이었다."[33]

네 번째 관찰은 자본주의 · 산업주의 · 군사주의 사이의 연쇄에 관한 것으로, 군사적 우위의 획득에서 세계 유동성에 대한 지배가 갖는 중요성이다. 이런 측면에서, 조지프 슘페터의 자본가들은 기업가들을 좌지우지했다. 이렇게 19세기에 영국의 손에 축적되었거나 거쳐 갔던 풍부한 유동성은 상품시장에서의 경쟁 투쟁뿐 아니라 군비 경쟁의 투쟁에서도 강력한 수단이었다. 1840년대 중반부터 1860년대까지, 전함 설계에서 대부분의 기술적 약진은 프랑스가 선도했다. 그런데 모든 프랑스의

---

33) McNeill, *The Pursuit of Power*, pp. 143, 257~58. 앞에서 지적했듯이, 빅토리아 시대에 영국 제국주의가 손쉽고 저렴했던 것은 기본적으로 인도로부터 재정적 자원과 군사 인적 자원을 강제적으로 짜낼 수 있었기 때문이었다. 인도에 관한 한, 전쟁의 공업화의 주된 효과는 갈수록 정교화하던 인도의 무장 저항을 막아낼 수 있었다는 것이다. 그렇지만 18세기 말에 영국 군대는 6~7배나 많은 인도 군대를 패배시킬 수 있었던 반면, 1840년대가 되면 영국은 인도 군대를 패퇴시키기 위해 같은 규모의 군대와 더 우월한 화력을 사용해야만 했다. Robert B. Marks, *The Origins of the Modern World: A Global and Ecological Narrative from the Fifteenth to the Twenty-First Century*(Lantham, MD: Rowman & Littlefield, 2007), p. 153; Philip D. Curtin, *The World and the West: The European Challenge and the Overseas Response in the Age of Empire* (Cambridge: Cambridge University Press, 2000), ch. 2 참조. 유럽의 제국주의적 팽창이 장래 세계 남측의 민족들에게 미친 파멸적 측면에 관해서는 Mike Davis, *Late Victorian Holocausts: El Niño Famines and the Making of the Third World*(London: Verso, 2001) 참조.

약진은 오히려 프랑스가 따라잡을 수 없는 영국의 해상 전유(專有)를 낳았으며, "프랑스가 경쟁의 원리를 바꿀 때마다 영국 해군이 기술적으로 따라잡고 수적으로 능가하는 것은 상대적으로 쉬웠다."[34] 19세기 군비 경쟁의 이러한 형태는 3세기 앞선 제노바의 디아스포라 자본가들이 가장 먼저 가장 화려하게 선도했다. 제8장에서 썼듯이, 이들은 새로운 무역 노선과 신대륙을 유럽의 착취에 개방시키는 모든 일을 다 했던 이베리아의 동업자들에게서 등골을 뽑았다. 그러나 이 형태는 냉전기 미국과 소련 사이의 경쟁에서 다시 한 번 재현되었다. "전쟁의" 주요한 기술적 혁신은 1957년 10월 소련의 스푸트니크호의 발사였다. 그러나 그 성과는 미국이 1961년에 소련의 능력을 전적으로 뛰어넘는 풍부한 금융 수단으로 우주 계획을 개시하자 완전히 빛을 잃게 되었다.

간단히 말하면 세계의 자원에 대한 지배력을 둘러싼 국가 간 투쟁은, 유럽식 발전 경로를 따라 끝없는 힘과 자본의 축적을 견인한 자본가 간 경쟁의 필수적인 차원이었다. 실로 군비 경쟁은 끝없는 혁신의 조류에 일차적인 원천이었으며, 이러한 혁신은 규모와 범위에서 줄곧 커지는 무역과 생산을 위해 새로운 공간적 배열을 계속해서 창출했으며, 기존의 공간적 배열을 파괴했다. 유럽의 경로를 엄밀하게 **자본주의적으로** 만든 것은 바로 세계의 금융 자원에 대한 지배력이 모든 다른 자원을 둘러싼 투쟁에서 결정적인 우위를 제공했다는 사실이다. 비록 처음부터 산업주의는 그 경로의 필수적인 구성 요소였지만, 산업혁명 자체는 "독립" 변수라기보다는 "개입" 변수였다. 산업혁명은 금융 자본주의, 군사주의, 제국주의가 2세기 내지 3세기 동안 상호작용을 한 결과였으며, 또한 이후에는 이 세 가지를 혼합하는 가장 강력한 활력소가 되었다. 더욱이 산업주의가 군사력의 주요한 결정 인자가 되자마자, 유럽식 경로에 수반한 부와 힘의 선순환은 한계점에 도달하기 시작했다. 경쟁적인 군산

---

34) McNeill, *The Pursuit of Power*, pp. 227~28.

복합체를 만들어내고 유지하는 데 핵심적이라고 생각되는 공간을 둘러 싼 유럽의 투쟁은 통제 불능에 빠져서, 20세기 전반기에 "서구에 대한 반란"이 나타날 구멍을 만들어냈다. 그 결과 해외의 영토 팽창에 드는 비용은 급격히 증가했으며 이익은 급격히 줄어들었다. 동시에 이러한 변화는 힘의 소재지가 서쪽과 동쪽의 두 대륙 크기의 국가〔즉 미국과 소련〕로 좀더 "이주"해 가는 사태를 야기했다. 이 국가들은 경쟁적 군산 복합체를 만들어내고 유지하는 데 필요한 모든 공간을 이미 갖추고 있었다. 그 결과, 이 장 첫머리에서 인용한 구절에서 데히오가 묘사한 세계화한 유럽식 체계의 구조에 돌이킬 수 없는 변종이 나타났다.

새로운 체계 아래에서, 세계의 군사력은 미국과 소련에 의해 효과적으로 "양분"되었지만, 군비 경쟁은 세력 균형이라기보다는 "공포의 균형"에 내몰려 극단적으로 계속되었다. 맥닐이 지적하듯이 "원자폭탄의 발견으로, 인간의 파괴력은 공전의 자멸적 수준에 이르러, 과거의 한계를 뛰어넘어서 상상할 수 없을 정도까지 왔다." 상상할 수 없을 정도라고 했지만, 이 수준은 1957년 이후 10년 만에 수백 개의 장거리 미사일의 배치로 미국과 소련이 수 분 안에 상대방의 도시들을 파괴할 수 있게 되었을 때, 다시 한 번 갱신되었다. 1972년에 5년간의 전략무기제한협정(SALT)이 타결되자 두 초강대국 사이의 "공포의 균형"은 공고해졌지만, 군비 경쟁이 멈추지는 않았다. SALT는 군비 경쟁을 "아직 존재하지 않는다는 그럴듯한 이유로 협정에서 언급하지 않은 다른 종류의 무기들로" 옮긴 것에 불과했다.[35]

신무기 체계의 과학적 발견에서는——심지어 전쟁의 공업화에서보다 더욱——, 세계적 금융 자원에 대해 더 큰 지배력을 가진 초강대국이, 다른 초강대국이 수용할 수 없을 정도까지 연구 개발을 강화하거나 혹은 강화하겠다고 위협함으로써 공포의 균형을 자국에 유리하게 바꿀 수 있

---

35) *Ibid.*, pp. 360, 368, 372~73.

다. 이것이 미국이 1980년대에 한 일이며, 소련을 파산으로 내몰고 궁극적으로 세계의 군사력을 집중화하려는 경향을 가져왔다. 그러나 미국의 부를 힘의 원천으로 전환하는 것은 상대적으로 쉬웠던 반면에, 그 결과인 세계 군사력의 거의 독점적인 보유를 부의 원천으로 전환하는 것은 훨씬 더 어려웠다.

부와 힘 사이의 관계라는 문제를 다루면서, 스미스는 힘을 부로 구매하여 얻을 수 있는 것으로 축소해버렸지만, 이에 비해서는 스미스가 정당하지 않게 인용한 홉스의 원래 주장이 훨씬 유용하다. 이 주제에 관한 홉스의 의견은 "하인을 가진 것은 힘이다. 친구를 가진 것은 힘이다. 왜냐하면 그들은 공동의 역량이기 때문이다"라는 핀칠 뒤에 따라 나오는데, 이 관찰에서부터 홉스는 "관대함을 갖춘 부 역시 힘이다. 왜냐하면 관대한 부는 친구와 하인을 조달하기 때문이다. 관대함이 없다면 그렇지 않다. 왜냐하면 이 경우에 그들은 자신을 방어할 수 없을 뿐 아니라, 오히려 사람들의 질시에 먹잇감으로 노출되기 때문이다"[36]라는 금언을 추론했다.

이런 의견은 개인에 관한 것이지만, 세계화하는 유럽 체계에서 자본주의 국가들의 진화하는 힘의 논리를 파악하는 데도 특히 유용하다. 이탈리아의 도시국가들이 맨 처음 작은 영토적 용기 안에 자본의 방대한 축적을 통해 힘의 자본주의적 논리를 선도했을 때, 그들은 "친구"와 "하인"을 조달하는 데 부의 일부를 사용했으나, 이 도시국가들은 상호 투쟁에서 동맹자로 동원한 더 큰 영토국가들의 먹잇감이 되는 것을 피할 수는 없었다. 피터르 데 라 코르트의 은유로 돌아가자면, 마찬가지의 운명이 "네덜란드의 고양이"에게 떨어졌는데, 네덜란드는 이탈리아 도시국가보다는 더 큰 영토적 영역을 보유하고 훨씬 더 광대한 무역과 축적의

---

36) Thomas Hobbes, *Leviathan*, ed. C. B. Macpherson(Harmondsworth : Penguin, 1968), p. 150.

네트워크를 가지고 있었으면서도, 유럽이란 정글의 "맹수들"을 저지하는 데 갈수록 어려움을 겪었다. 상황은 맹수 중 하나인 영국 "사자"가 스스로 주도적 자본주의 국가가 되었을 때 바뀌었다. 영국 "사자"는 자신의 전 세계적 규모의 제국으로부터, 특히 무엇보다도 인도로부터 쥐어짠 자원을 사용하여, 확대된 유럽 세계, 주로는 아메리카 대륙에서 동맹국과 종속국을 조달했다. 하지만 이 경우에도 전임자들과 마찬가지로, 영국 사자는 놀라운 부로 인해 다른 국가들의 질시에 노출되었으며, 타국들이 영국의 산업주의와 제국주의의 전철을 밟자 영국 산업주의와 제국주의의 비용은 증가하고 이익은 감소하게 되었다.

상황은 미국이 자본주의 세계의 지도자가 되었을 때 더욱 극적으로 바뀌었다. 미국은 민족주의 세력과 공산주의 세력을 봉쇄하려 시도하면서, 서구 국가 체계에 전례가 없는 세계정부 프로젝트를 가동했다. 이 목적을 위해, 미국은 "관대함을 갖춘 부는 힘이다. 왜냐하면 관대한 부는 친구와 하인을 조달하기 때문이다"라는 생각으로 실험을 하였다. 미국의 관대한 도량은 냉전 초기 단계에서 미국의 힘을 부풀리는 데 결정적이었지만, 이런 관대한 정책은 그 주요 수혜자들을 경쟁자로 변환하는 경향이 있었으며, 그 결과 그 정책 자체의 기반을 침식했다. 이는 국가 간 관계에서 관대한 도량이 필연적으로 자신을 파괴하고 수명을 단축한다는 의미는 아니다. 단지 그것은 홉스의 금언이 사실상 다른 체계적 문맥에서 장기간에 걸쳐 얼마나 유효할 수 있는지, 언젠가 다시 유효하게 될 수 있는지를 보려면, 반드시 유럽의 자본주의적 발전 경로에서 동아시아의 시장 기반 발전 경로로 초점을 옮겨 가야 한다는 점을 의미한다. 우리는 제4부에서 이 점을 검토하겠다.

제4부

신(新)아시아 시대의 계보

제10장 '화평굴기'의 도전

"세계의 폭풍의 중심이 〔……〕 중국으로 옮겨 갔다. 누구나 그 강력한 제국이 〔……〕 다음 500년의 세계 정치에 관건임을 알고 있다." 이렇게 1899년 존 헤이(John Hay) 미 국무장관은 미국도 다른 열강과 똑같이 중국에 상업적으로 접근할 권리를 요구하는 문호 개방 정책을 선언했다. 한 세기 전의 헤이를 인용하면서, 리처드 홀브룩 전 미국 유엔대사는 오늘날은 "모든 것이 다르지만 아무것도 변하지 않았다"고 주장했다. "아주 다른 방식으로, 미국은 여전히 문호 개방을 추구하고 있다. 재무장관과 분노한 의회는, 미국 회사들에게 세계에서 가장 빨리 성장하는 경제 대국과 경쟁할 더 좋은 기회를 줄 수 있도록, 통화 가치를 절상하라고 중국을 두들기고 있다."[1]

홀브룩에게는 미안하지만, 이 점에서 오늘날의 상황은 백 년 전과는 완전히 다르다. 세계무역기구(WTO) 규정 아래서, 미국은 어떤 다른 나라와도 똑같이 중국에 상업적으로 접근할 권리가 있다. 게다가 중국은 2001년 WTO에 가입했을 때, "종전에 신참 성원국이 수용한 것 중에 가장 빠른 수입관세 인하와 시장 개방에 동의했다." 그리고 여러 문제들

---

1) Richard Holbrooke, "China Makes its Move", *Washington Post*, May 27, 2005.

에도 불구하고 중국은 "최종 시한을 맞춰 각 법안을 통과시켰다."[2] 21세기로 들어서는 길목에서 중-미 관계의 문제는 더 이상 미국이 중국에 상업적으로 접근할 권리가 아니다. 사실 문제는 오히려 중국이 미국을 대신해서 세계에서 가장 빨리 성장하는 경제 대국이 되었고 다른 국가들과 똑같이 미국에 상업적으로 접근할 수 있는 권리를 추구하고 있다는 것이다. 헤이의 은유로 말하자면, 문제는 단지 세계의 폭풍의 중심이 중국으로 옮겨 갔다는 점이 아니다(이런 사태는 솔직히 한 세기 전보다는 지금에 더 맞는 이야기이지만). 문제는 루 돕스(Lou Dobbs)가 2005년 6월 27일에 말한 것처럼 중국이 중심인 "붉은 폭풍"이 "우리 해안을 강타하고 있다"는 만연된 인식이다.

중국의 수출과 투자에 대해 미국의 "문"을 어떻게 열 것인가 하는 문제는 수년 동안 속으로 부글부글 발효한 끝에 중국해양석유총공사(中國海洋石油總公司, CNOOC)의 미국 석유회사인 유노컬(Unocal) 입찰에 대한 패닉으로 분출했다. 유노컬은 이미 셰브론(Chevron)이 인수하기로 합의했지만, 그리고 결과적으로 그렇게 되었지만, 6월 30일 미 하원은 투표 결과 398 대 15로 CNOOC가 유노컬을 사도록 놔둔다면 "미국의 국가 안보를 해칠 수 있다"는 결의안을 통과시켰다. 반중(反中) 감정이 고조되었다. 클린턴 정부 시절 미 중앙정보국(CIA)의 한 국장은 CNOOC를 "공산당 독재"의 수단인 회사라고 불러, 돕스의 "붉은 폭풍" 수사(修辭)를 되풀이하였다. 레이건 정부 시절 국방부의 고위 관리는 CNOOC

---

2) H. Winn, "Accession Has Brought Changes to China and WTO", *International Herald Tribune*, November 7, 2005. 무엇보다도 중국은 자국의 수출이 급증하여 상대 시장을 교란할 경우 다른 WTO 성원국이 중국 직물과 의류 수출품을 제한할 수 있다는 데 동의한 후에야 WTO에 가입할 수 있었다. 2005년에 유럽연합(EU)과 미국은 모두 중국 수출품에 쿼터를 다시 부과하는 협정을 이용했다. J. Kanter and K. Bradsher, "A Return to Quotas", *New York Times*, November 9, 2005 참조.

의 움직임을 "미국을 밀어내고 세계 수위의 경제 강국이 되고, 만약 필요하다면 우리를 군사적으로 패배시키는 데" 필요한 자원을 중국에 공급하려는 일보라고 묘사했다.[3]

냉전의 반공산주의가 끝나고 새로운 경쟁자에 대한 걱정이 시작된 지점이 어딘지 확실히 말하기는 어렵지만, CNOOC의 유노컬 입찰에 대한 2005년의 패닉은 1980년대 말 미국의 "일본의 위협"에 대한 걱정을 생각나게 한다. 더그 헨우드의 회고에 따르면, 그 당시에는

"불공정한" 경쟁을 통해 우리의 산업 기반을 파괴하고, 일본인들은 국채, 록펠러 센터, MCA와 같은 미국의 부동산을 사재기하려 몰려왔다〔고 주장되었다〕. 물론 진짜 위협은 미국이 중대한 경제적 경쟁자에 직면하고 있었다는 점, 〔……〕 목마른 사람들이 퍼마실 유독한 저수지를 준 것이 아시아인이었다는 점이었다. 그 후 일본의 거품은 꺼졌고, 황화론(黃禍論)의 위협은 물러났다. 그러나 그것〔황화론〕은 다시 돌아왔다. 이번에는 중국인의 얼굴을 하고서.[4]

15년 전에 미국 대중들에게 일본의 미국 기업 인수에 패닉을 일으키지 말라고 촉구했던 폴 크루그먼과 같은 관찰자조차도, "중국의 도전은 예전 일본의 도전보다 훨씬 더 심각하게 보인다"고 느꼈다. 크루그먼은 중국이 "〔미국 외채의─인용자〕 수동적인 전주(錢主)의 역할에" 더는 만족하지 않고 "소유권에 따른 권력을 요구하는" 것처럼 보이는데, 이것은 "하나도 놀라울 것이 없다"고 보았다. 그뿐 아니라 미국은 중국이 미국 회사를 투매하기보다는 인수하는 데 달러를 쓰려는 것에 안도해야 한다. 그러면서 크루그먼은 중국의 투자가 15년 전 일본의 투자와 다른 두

---

3) S. Lohr, "Who's Afraid of China Inc.?" *New York Times*, July 24, 2005.
4) Doug Henwood, "Chinese Shark Attack", *The Nation*, July 12, 2005.

가지 이유를 보았다. 하나는 중국이 전혀 "예전 일본인처럼 〔위신 투자에-인용자〕 돈을 흥청망청 탕진하지" 않는다는 점이다. 그러므로 중국의 투자는 일본 투자보다도 미국에 덜 보조가 될 것이다. 그러나 더 중요한 이유는 "중국이 일본과 달리 정말 미국의 전략적 라이벌이자 부족한 자원을 둘러싼 경쟁자로 부상하고 있는 것 같다"는 점이다. 이 때문에 중국이 전 세계에 걸쳐 경영을 하는 에너지 기업인 유노컬에 입찰한 것은 "단순한 사업 제안 이상"의 것이다.

만약 중국 정부가 광대한 석유와 천연가스 매장량에 대한 접근을 두고 경제 대국들이 다투고 있는 "거대한 게임"과 같은 것을 마음에 그리고 있다면, […] 유노컬은 […] 정확히 중국 정부가 손에 넣고 싶은 그런 회사이다. (회사를 사는 것은 인명이나 금전 면에서 산유국을 침공하는 것보다 훨씬 더 싸다) […] 만약 나라면 중국의 유노컬 입찰을 막겠다. 하지만 미국이 바로 지금처럼 중국에 너무 의존적인 상태가 아니라면, 그런 입장을 취하기가 훨씬 쉬울 것이다. 중국은 미국의 차용 증서를 사주었을 뿐 아니라, 현재 미국 군대가 이라크에서 꼼짝 못하고 있는 상황에서 북한과 협상하는 것을 도와주고 있다.[5]

제7장에서 살펴본 중국 신드롬의 모든 증상이 이 구절에 다 뚜렷이 나타나 있다. 9·11테러는 부시 정부의 신보수주의자들에게 베트남 신드롬을 극복하고 세계 에너지 공급에 대한 미국의 지배력을 강화할 수 있는 두 가지 목표를 추구하기 위해 이라크를 침략할 절호의 기회를 주었다. 비록 서아시아 전선의 개입이 오랫동안 신보수주의자들이 지지해온 중국을 압박하는 운동을 제쳐놓게 했지만, 이라크에서 빠르고 쉽게 승리

---

5) P. Krugman, "The Chinese Challenge", *International Herald Tribune*, June 28, 2005.

하면 그 운동을 더 효과적으로 재개할 수 있는 매우 유리한 조건을 창출할 것이라고 그들이 기대한 것은 합리적이었다. 그러나 2004년 여름까지 이라크 침공이 소기의 목적을 이루지 못할 것이고 대신 동아시아 지역과 그 너머까지 중국의 경제적·정치적 힘을 공고히 하고 더욱 확대시키고 있다는 것은 분명해졌다. 중국을 압박하는 운동이 추진력을 잃어가고 있으며 실패한 신보수주의 계획 대신 더 현실적인 선택지를 입안해야 할 시기가 왔다는 공감대가 부시 정부에 가까운 집단들 사이에 점차 형성되기 시작했다.

이 장의 목적은 이러한 선택지인 세 가지 대안을 검토하여, 각각이 드러낸 문제점과, 왜 미국의 대중국 정책이 이 세 가지의 일관성 없는 혼합이 되고 마는지 그 이유를 살펴보려는 것이다. 이 세 가지는 모두 보수주의자들이 제안한 것이지만, 서로 다른 논리적 가능성을 구성하고 있으며, 어느 당이 워싱턴을 지배하든지 간에 약간만 변형하면 미국의 정책을 이끌 수 있다. 어느 안이 궁극적으로 우세하게 될지는 말하기 어렵다. 우리가 확실히 말할 수 있는 것은 반중(反中)의 수사(修辭)는 당의 경계를 가로지르고 있으며, 민주당 정부가 들어선다고 해도 여기에서 열거한 목록을 벗어날 것 같지 않다는 점이다.

중국의 부상과 타협하기

미국은 중국에 "별나게 착종된" 신호를 보내는 버릇이 있다.

자본주의라는 구장(球場)에서 뛰어보아라. 하지만 대스타 중 하나가 될 정도로 잘하지는 마라. 이 말은 1980년대의 일본 때리기[Japan-bashing, 대일 제재]처럼, [미국의 중국에 대한 태도가] 잘 봐줘도 편집증적이고 심하게 말하면 인종주의적이라는 메시지이다. 서구의 우리는 막대한 경제 권력을 맡을 수 있어도, "작은 신의 아이들"(the children of a lesser god)*은

안 된다.[6]

CNOOC의 유노컬 입찰에 대한 패닉은 심지어 더욱 모순적인 신호를 보냈다. 레이건 정부에서 무역 관리를 지냈던 클라이드 V. 프레스토위츠(Clyde V. Prestowitz)는 말한다. "우리는 그들이 유노컬을 사려 할 때 쓸 돈을 중국에 넘겨주었다." "그리고 이제 우리는 중국인들에게 말하고 있다. 제발 우리 국채에 계속 투자하라고. 하지만 그들이 무역 흑자로 남긴 돈을 한 석유 회사에는 투자해서는 안 된다고. 이건 정말 우리 쪽이 애매하고 위선적인 것이다."[7] 더 심각한 문제는, "지구에서 둘째로 석유 매장량이 많은 나라를 '선제공격으로' 점령할 수 있는 권한을 부여한" 입법자들이 "이제는 중국이 합법적인 상품을 수출해서 번 달러로 미국에 기반을 둔 다국적 기업을 살 권리에 도전하고 있다는 점이다." 아시아인들은 "유노컬이 아시아 대륙에 천연가스 유전을 소유해도 조금도 위협적으로 느끼지 않겠지만", 민주당과 공화당은 미국이 국가 안보를 이유로 중국인들이 유노컬을 못 사게 할 권리가 있다고 주장한다. 미국이 "[석유나—인용자] 다른 어떤 핵심 자원에 대한 전 세계적 봉쇄를 군사력으로 실행하거나 막을 수 있는 유일한 국가"[8]라는 사실에도 불구하고 말이다.

이러한 모순적 신호들과 CNOOC 사태는 미국의 정책이 보다 호전적

---

* 선천적으로 열등한 자를 가리키는 말. 여기서는 서구인과 대비되는 아시아인을 지칭한다. 한국에서 번역된 장애인을 다룬 소설과 영화 제목은 '작은 신의 아이들'이지만, 엄밀히 말하면 '더 못한 신의 아이들'이란 뜻이 될 것이다.

6) R. Scheer, "On China at Least, Nixon Was Right", *Los Angeles Times*, July 26, 2005.

7) Lohr, "Who's Afraid of China Inc.?" *New York Times*, July 24, 2005에서 재인용.

8) Scheer, "On China at Least, Nixon Was Right"; A. M. Jaffe, "China's Oil Thirst: Wasted Energy", *International Herald Tribune*, July 28, 2005.

이고 반중적(反中的)인 자세로 옮겨 가는 데 필요한 요소였다. 이미 2004년 8월 뉴욕에서 열린 공화당 전당대회에서 "미국은 타이완이 스스로를 방위하도록 도울 것이다"고 선언되었다. 같은 해 여름, 미국 해군은 "서머 펄스 2004 작전"을 실시하였는데, 이 훈련에서 12개의 미국 항모 전단 중에 7개가 동시에 해상에 배치되었다. 비록 이 중 3개의 항모 전단만이 태평양에 파견되었지만, 군사력의 과시는 중국인들을 크게 경계시켰다. 이를 진정시키기 위해, 콜린 파월 미 국무장관은 10월 26일 베이징에서 한 기자 회견에서 "타이완은 독립국이 아니다. 타이완은 국가로서 주권을 누리지 않으며 그것이 여전히 우리의 정책, 우리의 확고한 정책이다. 〔……〕 우리는 양측이 일방적인 행동을 취하여 최후의 목표, 모든 당사자가 바라는 재통일에 손실을 끼치지 않기를 바란다"[9]고 선언했다.

파월의 확실한 성명에도 불구하고, 11월의 선거와 국무장관이 파월에서 라이스로 교체된 후에, 미국의 정책은 눈에 띄게 공격적인 반중적 자세로 돌아섰다. 2005년 2월 19일에 미국과 일본은 새로운 군사협정에 조인했으며 공동 성명을 발표했는데, 여기에서 처음으로 일본은 미국에 동참하여 타이완 해협의 안보를 "공동 전략 목표"로 규정하였다. 찰머스 존슨은 말한다. "일본이 타이완 해협에 개입할 권리를 주장함으로써 60년간의 공식적 평화주의를 결정적으로 끝냈음이 드러난 것은 중국 지도자들의 경계심을 무엇보다 가장 고조시켰을 것이다."[10] 관영 신화통신사는 이 공동 성명을 "전례 없다"고 표현하면서, 중국은 "미국과 일본이 중국의 타이완 문제에 대해 어떤 공동 문서를 발표하는 것에 대해서도 결단코 반대하며, 이는 중국에 대한 내정 간섭으로 중국의 주권을 침

9) Chalmers Johnson, "No Longer the 'Lone' Superpower: Coming to Terms with China", Japan Policy Research Institute(2005), available at http://www.jpri.org, p. 7.
10) Ibid.

해하는 것"11)이라는 한 중국 외교부 고위 관리의 말을 인용했다.

　몇 달 뒤, 6월 4일에 도널드 럼즈펠드는 싱가포르에서 열린 전략 회의에서 연설을 하면서, 중국은 "세계 각지를 공격 반경에 넣을 수 있도록 미사일 전력을 확대하고 있는 것으로 보이며", "그렇지 않더라도" 아시아 지역에서 "발사 능력을 향상시키고 있다"고 관측했다. 그런 뒤 그는 질문을 던졌다. "사람들은 틀림없이 의아해할 것이다. 어떤 나라도 중국을 위협하지 않는데, 왜 이렇게 군사 투자를 늘리는지, 왜 이렇게 대량의 무기 구입을 계속하고 늘리는지, 왜 이렇게 공격적인 군사 배치를 계속하는지." 미국의 공군기와 전함이 줄곧 중국의 해안을 맴돌고 있고, 핵탄두가 장착된 미국 미사일이 중국을 겨누고 있고, 미국의 군사 기지가 사방에서 중국을 에워싸고 있고, 과거 10년 동안 미국이 어느 때보다 많은 강력한 무기를 타이완에 인도(引渡)했다는 것, 이 모든 것을 고려한다면, 마이클 클레어의 말처럼, 중국이 보기에 럼즈펠드의 "이런 논평은 기가 막힐 것이 틀림없다." 기가 막히든 어쨌든, 이 논평은 "9·11 이래 어떤 미국의 공식 성명보다도 중국에 대한 호전성이 강하게 드러났으며, 그만큼 미국과 아시아의 언론에서 널리 실렸다."12)

　한 달 뒤, 펜타곤[미 국방부]에서 공개한 중국의 전투력에 대한 보고서는 이러한 호전적 자세를 확고히 했다. 비록 보고서는 중국의 군사 시설의 강점뿐 아니라 약점도 강조하였지만, 보고서의 주된 요지는 중국이 전투 역량을 자국 영토 범위를 넘어서 확대하고 있으며 이것이 세계 질서에 위험한 도전이 된다는 점이었다. "중국의 군비 증강 속도와 범위는 이미 지역적 군사 균형이 위험에 처하게 된 정도"라고 보고서는 말했다. "중국의 군사 현대화라는 현 추세는 중국이 —— 타이완을 훌쩍 뛰어넘어

---

11) Michael Klare, "Revving Up the China Threat: New Stage in US China Policy", *Japan Focus*, October 13, 2005에서 재인용.
12) Klare, "Revving Up the China Threat……"

—아시아에서 폭넓은 군사 작전을 수행할 수 있는 전력을 제공할 것이며, 이는 잠재적으로 이 지역에서 작전을 하는 현대화한 군사 세력들에게 확실한 위협이 될 것이다." 중국은 신속하게 반응했다. 서둘러 마련된 회담에서, 외교부 고위 관리는 미국 대사에게 보고서가 의도적으로 "중국 위협"론을 퍼트리고 있으며, "그것은 중국의 내정에 대한 노골적인 개입이고 중국과 다른 나라의 관계에 대한 도발"[13]이라고 말했다.

그러므로 CNOOC의 유노컬 입찰에 대한 패닉이 의회와 언론에서 터져 나오기 전에, 부시 정부는 이미 중국의 힘을 봉쇄하고 가능하면 예전 수준으로 약화하는 운동을 이미 시작했던 것이다. 하지만 이러한 측면에서도, 이라크 전쟁에 주의가 흩어져, 정부는 특히 미국의 무역 적자와 그 근저에 있는 이른바 중국의 불공정 무역 관행에 대한 반중국 정서에서 의회에 뒤졌다. 하지만 정부가 지정학적 영역에서 반중적 공세를 재개한 것은 상업적 영역에서 반중적 공세를 가속화하는 의회의 압력에 맞서기 위해서라고 해석할 수도 있다.

이 점은 신보수주의자 막스 부트(Max Boot)의 "좋은 중국 때리기와 나쁜 중국 때리기" 사이의 구분에 함축되어 있다. 그의 설명에 따르면,

나쁜 중국 때리기는 중국 상품이 우리 시장에 넘쳐나고 있다는 불평에 집중되어 있다. 사실상 그들의 성공은 우리 경제가 경쟁력이 없음을 보여주는 것이다. 그러나 럼즈펠드가 〔중국이 너무 많은 군사 예산을 쓰고 있으며 "더 개방적이고 대표성 있는 정부"로 이행하는 것이 너무 느리다고 한―인용자〕 논평은 좋은 중국 때리기이다. 왜냐하면 중국의 맹렬한 군비 증강은 〔……〕 타이완을 〔위협하고―인용자〕 군비 경쟁에 불을 붙여 일본, 한국, 타이완을 핵무장시킬 수 있기 때문이다.

13) *Ibid.*

부트의 견해로는, 이것이 미국의 군사비가 중국보다 5배에서 10배나 더 큰데도 중국이 군사 지출을 억제해야 하고, 미군이 지역 안보를 보장하는 아시아의 현상 유지를 받아들여야 하는 이유이다.[14]

부트의 주장은 2002년 9월의 국가 안전 보장 독트린과 대체로 일치하는데, 이 독트린에 따르면 미군은 "잠재적인 적이 미국의 힘을 능가하거나 혹은 동등해지려는 희망으로 군비 증강을 꾀하지 못하게 할 정도로 충분히 강해야만 한다." 그럼에도 불구하고, 미국의 행패에 대해 세계가 예민해지고 미국이 갈수록 중국에 경제적으로 의존하는 새로운 환경 아래서, 부시 정부는 미국의 힘을 보존하려는 시도에서 보다 신중해져야만 했다. 따라서 부시 정부는 보호주의적 공세를 취하는 것을 꺼렸는데, 이러한 공세는 중국의 보복 조치를 야기할 수 있었고, 미국의 이자율을 올리고 미국의 건설과 소비 지출에 예측할 수 없는 디플레이션을 가져올 수 있었다. 2005년 7월에 부시 대통령의 수석 경제보좌관(현 연방준비제도이사회 의장)이었던 벤 버냉키(Ben S. Bernanke)는, 미국이 더 생산성 높은 국가가 되고 아시아에 수출을 가속화하여 아시아, 특히 중국이 이전보다 소비자의 역할을 더 맡도록 유도하여, 역할이 바뀌는 조건이 마련될 때까지, "미국 정부는 인내심을 가지는 것 말고는 별다른 선택의 여지가 없다"[15]고 말했다.

지정학적 문제에서는 중국에 더 호전적이었지만(부트의 "좋은 중국 때리기), 이라크에서의 어려움은 이 [지정학적] 영역에서조차 더 현실주의적인 자세를 취하게 했다. 이 새로운 "현실주의는 이라크에서 태어났다. 이라크 전쟁은 복잡해진 세계에서 미국의 지위와 신뢰성이라는 측면에서 너무 비싼 값을 치르게 했으며, 때문에 테러와의 전쟁에서 어떤 선제

---

14) R. Cohen, "Shaping China's Future Power", *New York Times*, June 12, 2005 의 재인용.

15) L. Uchitelle, "China and the U. S. Embark on a Perilous Trip", *New York Times*, July 23, 2005.

적 행동도 더는 실행하기 어렵게 되었다." 새로운 현실주의는 〔부시의 첫 번째 임기 동안―인용자〕 입은 손상을 회복하기 위한 노력"에서 바로 뚜렷하게 나타났는데, "동맹국들과 접촉하고 그들에게 귀를 기울이고 이라크에서 코소보까지 협력 행동을 시도했다."[16] 그렇지만 이라크에서 태어난 이러한 현실주의적인 자세는 가장 중요한 미국―중국 관계에서는 확실히 정착되기 어려웠다. 무엇보다도 미국―중국 관계에서 현실주의가 무엇을 의미하는지는 보수주의자들 내에서조차 매우 논란이 되는 문제였다(그리고 지금도 여전히 그렇다). 그 광범위한 의견의 편차는 극단적으로 대조적인 세 사람, 로버트 캐플런, 헨리 키신저, 제임스 핑커턴의 입장(position)에서 가장 잘 나타난다.

신냉전으로?

캐플런의 입장은 존 미어샤이머의 "균형적 연합"(balancing coalition)을 통해 중국의 힘을 봉쇄하는 전략을 더욱 정교화한 것이다.[17] 미어샤이머처럼, 캐플런은 중국이 강대국으로 등장한 것은 불가피하고 그러므로 이러한 등장이 미국의 이익과 충돌하는 것도 역시 불가피하다고 주장한다. "강대국이 등장할 때마다 〔……〕 (가까운 최근의 예로 20세기 초 독일과 일본을 들 수 있는데), 그들은 특히 독단적으로 되는 경향이 있으며, 따라서 국제 정세를 폭력의 소용돌이로 몰아넣는다. 중국 역시 예외일 수 없을 것이다." 캐플런의 견해로는, 아주 정당하게,

중국인들은 디젤 엔진의 핵무기를 적재한 잠수함에 〔투자를 해왔다.―인

---

16) Cohen, "Shaping China's Future Power."
17) 미어샤이머의 관점은 제7장에서 이미 살펴보았고, 제11장에서 더 충분히 검토할 것이다.

용자] 자국 해안의 대륙붕을 보호하기 위해서뿐만 아니라, 중동과 세계 각
지에서 오는 에너지 자원의 해상 수송로를 보호하기 위해서이다. 자연히 그
들은 이 일을 자신들을 위해 대신 해달라고 미국에 맡기지 않는다. 위험성
을 감안하면, 그리고 강대국이 모두 합법적인 이익을 추구할 때 나타난 충돌
에 대해 역사가 우리에게 가르쳐주는 것을 생각하면, 아마 결과는 21세기를
규정할 군사적 충돌이 될 가망성이 높다. 중국과의 대규모 전쟁이 아니라면,
아마도 냉전 형식의 교착 상태로 수년 혹은 수십 년을 끌 수도 있다.[18]

이 신냉전에서 승리하기 위해서, 미국은 "자유주의적 국제주의의 열
광과 신보수주의적 개입주의의 열광에 미혹되지" 말고, "지역적 세력
균형을 재고 또 재면서, 되도록 가장 신중하며 기계적이고 실리만을 중
시하는 방식으로 힘에 접근해야 한다." 조지 H. W. 부시[아버지 부시],
제럴드 포드, 리처드 닉슨과 같은 온건한 공화당 대통령 당시 그랬던 것
처럼, 반드시 리스크 관리가 다시 "통치 이념"이 되어야 한다. 이라크
전쟁과 같은 군사적 모험은 신중하게 회피되어야 할 것이다.

심지어 이라크가 결국 민주주의의 성공담이 된다고 하더라도, 그것은 확
실히 실패의 문턱에서 겨우 살아 나온 성공일 것이므로 군사 부문과 외교
부문의 그 누구도 이를 되풀이하고 싶어 하지 않을 것이다. 특히나 아시아
에서는 더욱 그렇다. 아시아에서 이런 사태를 되풀이한다면, 감상적인 군사
적 모험이 가져올 경제적 반향이 엄청날 것이며, [……] 미국과 중국은
[……] 어느 한쪽이 주요 전투 한 차례 또는 한 번의 미사일 공격 교환에서
패배하더라도 계속 싸울 수 있는 역량을 가지고 있기 때문이다.

---

18) Robert D. Kaplan, "How We Would Fight China", *Atlantic Monthly*(June
2005), pp. 50~51.

이러한 위험한 행로를 피하기 위해서, 캐플런은 PACOM으로 알려진 미 태평양사령부를 중심으로 한 비스마르크 식 봉쇄 전략을 지지한다. 독일의 평론가 요제프 요페(Josef Joffe)를 추종하여, 캐플런은 아프가니스탄 침공이 미국이 처한 상황이 비스마르크 치하 프러시아와 유사하다는 것을 보여주었다고 주장한다. 영국, 러시아, 오스트리아는 그들이 서로를 필요로 하는 것보다 더 프러시아를 필요로 했다. 따라서 이 점이 베를린이라는 "바퀴통"(허브)에 그들이 "바퀴살처럼 연결되도록" 만들었던 것이다." 아프가니스탄 침공은 미국이 다른 위기 상황에서 다른 형태의 연합을 만들어낼 수 있다는 것을 보여주었다. 왜냐하면 세계의 다른 강국들은 그들이 서로를 필요로 하는 것보다 더 미국을 필요로 했기 때문이다.

불행하게도 미국은 이러한 새로운 세력 조정을 즉시 이용하지 못했다. 왜냐하면 조시 W. 부시 대통령은 비스마르크가 겸비한 미묘한 어투와 자제심이 없었기 때문이다. 비스마르크는 이런 체계는 오로지 일국이 그 체계를 압도하지 않을 때만 지속될 수 있다는 것을 잘 알고 있었다. 물론 부시 정부도 이라크 침공을 준비하면서 바로 그렇게 했다. 프랑스 · 독일 · 러시아 · 중국, 그리고 터키 · 멕시코 · 칠레 등 더 약한 국가들까지도 초대해서 우리들[미국]에 대항해 연합하도록 했으니 말이다.[19]

그러나 다행히도 비스마르크 식 조정은 태평양에서는 여전히 성공적이었다. "워싱턴 DC의 이데올로기로 뜨거운 백악관에서 시차로 5시간이나 떨어진 지역인, 우리 하와이에 기지를 둔 군사 장교들의 실용주의가 도와준" 덕분이다. 그뿐 아니라 캐플런은 PACOM이 "이라크 침공 이전에 부시 정부가 창안한 어떤 것보다 비스마르크 식 제국 상부 구조의

---

19) *Ibid.*, p. 50.

순수 버전"이라고 주장했다. 상호 간에는 그런 조정을 거의 하지 않은 국가들과 쌍무적 안전 보장 협정을 교섭함으로써, 미군은 일종의 태평양 군사 동맹을 형성해왔다. 이 동맹은 "비교적 고립되어 있는 지리적 바퀴통인 하와이 제도에 중심을 두고, 일본 · 한국 · 태국 · 싱가포르 · 오스트레일리아 · 뉴질랜드 · 인도와 같은 주요 동맹국들에게 바퀴살이 뻗어 있다. 이 동맹국들은 이번에는 하위의 바퀴통을 형성하여 우리가 멜라네시아, 미크로네시아, 폴리네시아 군도를 관리하고, 또 무엇보다 인도양을 관리하게끔 도와줄 수 있다."[20]

이러한 외교 절차에 방해받지 않는 "크지만 민첩한 구조"는 20세기 후반기 동맹 체계를 대신해 "원활하게 작동할" 대체물이 된다. "북대서양조약기구(NATO)가 실행하는 것 같은 위원회에 의한 전투 운영은 신속하고 치명적인 타격을 요구하는 시대에는 너무나 성가시게 되었다." 우호적인 아시아의 군대와 상호 시설과 용역을 이용할 수 있는 시스템을 형성하게 된 것은, 끊임없이 미군 부대를 이 훈련 배치에서 저 훈련 배치로 이동시킴으로써, "NATO보다 개선된 점이다. NATO의 전투력은 표준 이하의 옛 동구권 군대가 추가되면서 저하되었다." 게다가 "미국과 유럽 사이의 긴장은 최근에 군사적 통합성을 방해하고 있는 데 반해 우리의 태평양 동맹국들, 특히 일본과 오스트레일리아는 중국 해군의 부상에 맞서기 위해 미국과 더 많은 군사적 연대를 원하고 있다." PACOM에 기대를 거는 것이 NATO를 포기하는 것을 의미하지는 않는다. 반대로, "NATO 자체의 활력이 〔……〕 태평양에서의 냉전으로 되살아날 수 있을 것이다. 그리고 사실 NATO가 필수 불가결한 전쟁 수행 도구로 재등장하는 것이야말로 미국의 변함없는 부동의 목표여야 한다."

NATO는 주도하는 우리들의 것이다. 점차 강력해지는 유럽연합(EU)과는

---

20) *Ibid.*, pp. 51, 54~55.

다르다. EU 자체의 방위력이 현실이 된다면, 불가피하게 미국과 경쟁하는 지역 강자로 등장할 것이며, 우리에게 대항해 균형을 잡기 위하여 중국과 제휴할 수도 있다. [……] NATO와 독자적인 유럽의 방위력은 둘 다 번성할 수는 없다. 오직 한쪽만 가능하다. 그리고 우리는 그것이 전자이기를 원해야 한다. 그렇게 되면 우리가 중국을 상대할 때 유럽은 우리에게 군사적 유동성[동산]이 아니라 군사적 자산[부동산]이 된다.[21]

미국이 "권력 정치의 '냉소적' 게임에 더는 몰두하지 않을 것이라는" 생각은 그야말로 "환상이다." "우리는 중국을 배제하기 위해 세계의 여러 다양한 세력들과 계속해서 어울려야 한다. 바로 닉슨이 소련을 배제하기 위해 도덕적으로 결함이 있는 국가들과도 어울렸던 것처럼 말이다." 그 무대는 대서양이기보다는 태평양이 될 것이며, 주연은 NATO라기보다는 PACOM이 될 것이다. 그러나 게임의 목적은 매우 건전하다. 바로 "중국을 부지불식간에 설득하여 시간이 지남에 따라 이 부상하는 거인[즉 중국]을 어떤 대규모의 전란 없이 PACOM 동맹 체계 안으로 끌어들이는 것이다. 바로 NATO가 궁극적으로 소련을 무력화했던 방식이다." 캐플런은 "중국은 구 소련(혹은 이 문제에서는 오늘날의 러시아)과 달리 하드 파워[군사력]뿐 아니라 소프트 파워[연성 권력, 즉 경제력, 문화력]도 대단하기 때문에" 이런 방향을 추구하는 미국의 노력은 "특별한 주의가 필요하다"고 경고한다. 기업계와 외교 전초 기지를 공고히 하고 전 세계에 걸쳐 건설과 무역 협정을 교섭함으로써, "중국인들은 간접적 영향력의 대가가 되고 있다." 더구나,

사업가들은 중국의 사상을 사랑한다. [……] 전통적 권위주의와 시장 경제를 혼합한 중국의 방식은 아시아 전역과 세계 다른 지역에도 광범위한 문

---

21) *Ibid.*, p. 64.

화적 호소력을 지닌다. 그리고 중국은 수억 자국민의 물질적 복지를 향상시키고 있기 때문에, 반체제 인사의 곤경이 소련의 사하로프와 샤란스키의 곤경이 그랬던 것과 같은 시장적 매력이 없다.[22]

캐플런의 신냉전 전략은 의심할 여지 없이 부시 정부 내의 한 중요한 사상 흐름을 반영하고 있다. 예를 들어 한 아시아 안보 전문가와 전 국방부 관리의 말에 따르면, "펜타곤에서 들리는 전문 용어가 미국과 타이완 사이의 '시설 용역 상호 이용'(inter-operability)이다." 이러한 협력은 워싱턴이 타이완을 버리고 중국을 국가로 인정하기 전에 타이완과 미국 사이에 있었던 "동맹을 재확립하는 것에 사실상 기깝게 간" 것이다. 비록 일본이나 미국이나 인정하려 하지 않지만, 현재 헤리티지 재단(the Heritage Foundation)에 소속된 한 은퇴한 외교관은 "눈에 보이는 것보다 훨씬, 훨씬 더 많은" 정보가 PACOM을 경유하여 일본군과 타이완군 사이에 교환되었다고 주장했다.[23]

더 중요한 것은 캐플런 전략의 원리가 캐플런의 논문이 발표되기 석 달 전인 2005년 3월 8일 상원 군사위원회에서 PACOM 사령관인 윌리엄 팰런 제독(Admiral William Fallon)이 한 발언에서 감지된다는 점이다. 중국의 군사 현대화에 맞서기 위해, 팰런은 미국의 미사일 방어 및 대잠수함 전쟁 수행 능력을 향상시키고, 아울러 중국을 자국 영토 내에 봉쇄하기 위해 아시아의 신구 동맹국들과 군사적 연대를 심화할 것을 요청했다. 그는 이 지역에서 미국 동맹국들과의 군사 협력을 증진하기 위한 전역(戰域) 안보 협력 플랜(the Theater Security Cooperation Plan : TSCP)

---

22) *Ibid.*, p. 54.
23) "워싱턴은 중동에 대한 관심을 돌려 예전에 무시했던 위협에 대해 숙고하고 있다. 부시 정부는 이제는 이 문제를 심지어 북한의 핵무기 개발 프로그램보다도 더 걱정스럽게 본다"(M. Dickie, V. Mallet, and D. Sevastopulo, *Financial Times*, April 7, 2005).

을 "우리가 잠재적 연합 동반자들 사이에서 미국의 영향력을 확대하고 접근 권리를 발전시키고 권한을 증진하기 위한 일차적 수단 중 하나"로 표현하였다. 협력은 전형적으로 무기와 군사적 지원의 제공, 합동 군사 훈련, 군사 고위 관리 사이의 정기적인 협의 그리고 미군 기지의 확대 혹은 설치를 포함한다. 예를 들어 일본에서 PACOM은 지역 탄도 미사일 방어 체계의 공동 개발에 협력하고 있다. 필리핀에서는 필리핀 국군의 재조직과 현대화를 돕고 있다. 싱가포르는 이미 미국의 항공모함을 수용하여 정박 장소를 제공하고 있는데, "우리는 싱가포르의 각종 설비에 대한 접근 권리를 더욱 확대할 기회를 모색하고 있다"고 말한다. 팰런은 또한 인도를 연합에 끌어들이려는 노력을 설명하였다. "인도 통합 국방 참모부 및 인도 국군과 우리의 관계는 갈수록 긴밀해지고 있다." 그는 "미국과 인도의 안보 이해는 우리의 군사 협력이 더 강력한 전략적 동반자 관계가 됨에 따라 갈수록 일치하고 있다."[24)]

이 증언에서 캐플런의 신냉전 전략은 PACOM이 자체적으로 주창하는 정책을 정교화한 것에 지나지 않는 것처럼 보인다. 그렇지만 캐플런의 논문이 출판된 지 석 달 후, 팰런은 수년 혹은 수십 년을 끄는 신냉전 형태의 교착이 21세기를 규정할 군사적 충돌이 될 것이라는 발상을 명확히 거부했다. "중국의 부상 때문에 우리가 충돌을 할 것이라고? 나는 그렇게 생각하지 않는다." 그는 공언했다. "그들이 커질수록, 경제적 능력을 군사 역량을 향상시키는 데 이용하려는 추진력은 불가피해질 것이다." 그는 중국인에 대해 말했다. "우리는 그것을 현실로 인식해야만 한다. 이것은 제로섬 게임이 아니다." 럼즈펠드의 발언은 중국이 군사력을 현대화하려는 동기를 의심하고 있지만, 오히려 팰런은 워싱턴으로부터 중국 정부와 군부와 접촉할 수 있는 네트워크를 구축하라는 분명한 명령을 받았다고 주장했다. 이 네트워크를 통해 (양국의) 힘의 중첩은 서

---

24) Klare, "Revving Up the China Threat······."

로 다투기보다는 관리될 수 있으리라는 것이다.[25]

이 말이 무대 뒤에서 벌어지는 일을 은폐하기 위한 무대 전면의 수사에 불과한 것인지 어떤지는 알 수 없다. 하지만 캐플런의 노선이 닉슨, 포드, 아버지 부시와 같은 온건한 공화당 대통령의 현실주의로 돌아가는 유일한 노선은 결코 아니라는 점은 알 수 있다. 반대로, 바로 그 현실주의의 지적인 아버지[키신저]는 완전히 다른 노선을 주창하고 있었다.

조정과 조절로?

현재 중국과 과거 소련의 힘의 원천 사이에 근본적인 차이가 있다고 경고하기는 하지만, 캐플런의 전략은 중국의 도전이 소련과 마찬가지로 궁극적으로는 군사적인 것이고, 대서양보다는 태평양에 중심을 둔 군사 동맹 체계를 잘 조종함으로써 효과적으로 대적할 수 있다는 전제를 깔고 있다. 캐플런과 거의 동시에 출판된 글에서, 키신저는 이와는 근본적으로 다른 현실주의적 입장을 제출했다. "세계정세의 무게 중심이 대서양에서 […] 태평양으로 […] 이동하고 있다"는 점에는 동의하면서도, 키신저는 중국과의 전략적 대결이 불가피하다는 가정에 대해 의문을 던졌다.

> 그 가정은 잘못된 만큼 위험하기도 하다. 19세기 유럽 체계는 강대국은 결국에는 무력으로 자국의 이익을 옹호한다고 가정했다. 각국은 전쟁이 짧게 끝나고 궁극적으로는 전쟁으로 자국의 전략적 지위가 나아질 것이라고 생각했다.[26]

---

25) E. Cody, "Shifts in Pacific Force. U. S. Military to Adapt Thinking", *Washington Post*, September 17, 2005.

26) H. A. Kissinger, "China: Containment Won't Work", *Washington Post*, June 13, 2005.

하지만 핵무기가 세계화한 오늘날, 이런 예상은 이치에 맞지 않는다. "강대국 사이의 전쟁은 모든 참여자에게 대재앙이 될 것이다. 그곳에는 아무도 승자가 없을 것이다." 무엇보다도, 독일이 해군 증강으로 영국에 도전하고, 1908년 보스니아 문제로 러시아를 굴복시키고 1905년과 1911년 모로코를 둘러싼 두 차례의 위기로 프랑스를 굴복시키려 한, 그런 종류의 군사적 제국주의는 "중국의 방식이 아니다."

지도적인 서구 전략 이론가인 카를 폰 클라우제비츠는 주요 전투의 준비와 수행에 관해 역설한다. 중국의 클라우제비츠라고 할 수 있는 손자(孫子)는 적을 심리적으로 약화하는 데 초점을 맞춘다. 중국은 주의 깊은 연구, 인내 그리고 미묘한 어투의 축적으로 목적을 추구한다. 중국은 승자독식의 결판은 거의 감행하지 않는다.[27]

비슷한 이유로 중국은 소련이 아니다. 소련은 모스크바 주위의 소지역에서 중앙아시아와 블라디보스토크까지 뻗어 있는 영토 제국으로 팽창한 제국주의적 전통의 계승자였다. 이와 달리, "중국인의 국가는 현재의 규모로 사실상 2천 년간 존재해왔다." 보다 중요하게는, 중국이 협조적 지향과 군사적 도전의 거부를 확고한 방침으로 한다는 것을 보면, 다음과 같은 정세의 전략적 실체를 알 수 있다.

가장 높게 평가하더라도, 중국의 군사 예산은 미국의 20퍼센트도 되지 않는다. [……] 기껏해야 일본보다 겨우 앞서는 정도이고 [……] 중국과 국경을 이웃한 일본·인도·러시아의 군사 예산 합계보다는 훨씬 적으며, 2001년에 미국의 결정으로 지원을 받고 있는 타이완의 군사 현대화까지 더하면 말할 것도 없다. [……] 중단기적 미래에 중국이 해올 도전이란 십중

27) *Ibid*.

팔구 정치적이거나 경제적이지 군사적인 것은 아닐 것이다.[28]

그러므로 캐플런이 제안한 것처럼, 중국에 냉전 시대의 군사 봉쇄 정책을 적용하는 것은 "현명하지 못하다." 미국과의 냉전은 "중국 정부가 정통성을 찾고 있는 [국민—인용자] 생활 수준의 지속적인 향상에 [⋯⋯] 재앙적인 영향을" 줄 수 있다. 그렇지만 중국과의 냉전이 미국에 이익을 가져오지는 않는다. "우리는 아시아 어느 곳에서도 추종자들을 가질 수 없게 될 것이다. 아시아 국가들은 계속해서 중국과 무역을 할 것이다. 무슨 일이 있더라도, 중국은 사라지지 않을 것이다." 그러므로 미국의 이익은 중국과 협력하여 안정된 국제 체계를 추구하는 데 있다. 키신저는 다음과 같이 덧붙인다.

그러한 추구에서, 마음가짐이 심리적으로 중요하다. 중국은 미국을 아시아에서 배제하려는 것처럼 보이는 정책에 신경을 써야 하며, 우리가 인권 문제에 민감하다는 것에 대해서도 신경을 써야 한다. [⋯⋯] 미국은 허세 부리는 어조가 중국으로 하여금 제국주의가 생색을 내던 기억을 상기시킨다는 점을 알아야 하며, 이런 어조가 4천 년이나 중단 없이 자치를 해온 국가를 대하는 데 적절한 태도가 아님을 알아야 한다.[29]

키신저의 현실주의적 입장은 중국의 화평굴기(和平屈起)*에 매우 부합한다. 이 독트린은 2003년 보아오 아시아 포럼(博鰲亞洲論壇, the Boao Forum for Asia)에서 처음 소개되었다. 보아오 포럼은 중국이 다보스(Davos) 세계경제포럼과 같은 것을 아시아를 위해 만들려는 시도였다.

---

28) *Ibid*.
29) *Ibid*.
* 원문에는 문자 그대로 "평화로운 방식으로 가파르게 등장한다"고 풀어 쓰고 있다.

중국 공산당 정치국은 과거 강대국들의 부상과 그들이 유발한 반발의 경험에 대해 역사적으로 연구할 것을 지시하였고, 화평굴기 독트린은 이 연구에 기초하고 있다. 이 독트린은 "중국의 위협"이란 발상을 정면에서 반박하고 중국을 군사 기지와 안보 동맹 체계로 포위하려는 미국의 전략에 맞서려는 민심 잡기 공세로 나온 것이다. 그 중심 교의(教義)는 중국은 앞서 부상했던 강대국이 걸어간 공격과 팽창의 길을 피할 수 있고 피하겠다는 것이다. 이 독트린의 고안자이자 주요 제창자 중 한 사람인 정비젠(鄭必堅)의 말에 따르면, "중국은 제1차 세계대전의 독일이나 제2차 세계대전의 독일·일본이 걸었던 길, 폭력을 이용하여 자원을 약탈하고 세계 헤게모니[패권]를 추구하는 길을 취하지 않을 것이다."[30] 정부 출연 기관의 한 연구자가 말했듯이, 오히려 "중국은 기존 질서를 전복하는 일 없이 성장하고 진보하는 것을 목표로 한다. 우리는 우리의 이웃에게 혜택을 주는 방식으로 부상하려 하고 있다."[31]

화평굴기 독트린이 처음 선보였을 때, "평화로운 부상/등장"이란 표현은 공산당 안팎에서 반대파의 공격을 받았다. 한 축에는, 중국은 "자신의 총명함을 숨겨야 한다"[도광양회(韜光養晦)]는 덩샤오핑의 금언을 따르는 사람들이 있었다. 이들은 어쨌든 **부상**이라고 말하면 평화롭다고는 해도 중국의 위협이라는 발상에 기름을 끼얹을 것이라고 느낀다. 그 반대 축에 있는 사람들은, **평화로운** 부상이라고 말하면 미국과 타이완에 제멋대로 중국을 밀어붙일 수 있다는 인상을 줄 것이라고 느낀다. "두 축 사이에서 정치 지도자들은 양다리를 걸치고 있다."[32] 비록 "화평굴기"라는 표현은 조용히 사라지고 "화평발전"(和平發展) 혹은 "화평공

30) M. Leonard, "China's Long and Winding Road", *Financial Times*, July 9~10, 2005에서 재인용.
31) Y. Funabashi, "China Is Preparing a Peaceful Ascendancy", *International Herald Tribune*, December 30, 2003에서 재인용.
32) Leonard, "China's Long and Winding Road."

존"(和平共存)이란 표현을 선호하게 되었지만, 그 기초에 있는 원칙은 그럼에도 견고히 제자리를 유지하고 있는데, 후진타오 주석이 2004년 선언한 "네 가지 노"(헤게모니, 무력, 파당, 군비 경쟁에 대한 거부)와 "네 가지 예스"(신뢰 구축, 곤경 축소, 협력 발전, 대결 회피)에서도 볼 수 있다.[33] 중국의 관리들이 보기에 "화평발전"이란 독트린과, 더 뛰어난 무장력을 발전시키겠다는 확고한 결의 사이에는 아무런 모순이 없다. 그들에게 더 뛰어난 무장력의 발전은 19세기 중반 아편전쟁에서 잔인무도한 일본의 침략과 1931~45년의 점령까지 굴욕에 대한 자연스러운 대응이자, 중국의 발전을 위해 필수적인 것이다. 2005년 4월에 원자바오(溫家寶) 중국 총리는 주장했다. "중국의 국방 정책은 자기방어의 하나이다." "지난 백 년 동안 중국은 항상 다른 국가들에게 괴롭힘을 당했다. [그러나] 중국은 다른 나라 영토를 1인치라도 점령하려고 단 한 명의 군사조차 보낸 적이 결코 없다."[34]

후진타오는 2005년 9월 뉴욕의 유엔 방문 중에 "화평발전"에 대한 중국의 헌신을 되풀이하고, 인구 13억의 한 나라를 잘살도록 관리하고 부양하는 어려움을 강조했다. 미국 관리들에 따르면, 그 어려움과 장래 비전 모두 부시에게 감명을 주었다고 한다.[35] 그렇지만 중국의 입장에 대해 부시 정부가 이해를 표하는 발언이 나온 지 얼마 안 되어, 로버트 졸릭(Robert Zoellick) 국무부차관은 미국을 "걱정으로 들끓는 솥"으로 묘

---

33) M. Bulard, "China: Middle Kingdom, World Centre", *Le Monde Diplomatique*, August 2005에서 재인용.

34) Dickie, Mallet, and Sevastopulo, "Washington is turning its attention from the Middle East ……" 원자바오는 중국이 1960년대 초에 인도를, 1970년대 말에 베트남을 침공한 점을 편의에 따라 슬쩍 숨겼다. 하지만 제11장에서 볼 수 있듯이, 중국이 다른 국가들(특히 일본과 서구 열강)에 괴롭힘을 받아왔다는 이미지는 아편전쟁에서 중화인민공화국 성립까지의 역사 기록에 완벽하게 잘 맞는다.

35) P. Baker and P. P. Pan, "Bush's Asia Trip Meets Low Expectations", *Washington Post*, November 21, 2005.

사했다. "중국이 그 힘을 어떻게 사용할지가 불확실하다는 것은 미국이—다른 나라도 마찬가지로—중국과의 관계에 애매한 태도를 취하게 할 것이다. 〔……〕 많은 나라들이 중국이 '화평굴기'를 추구하기를 희망하지만, 아무도 그 말에 자국의 미래를 걸지는 않을 것이다.""중국이 미국과 대립하기를 원하지 않는다"는 사실을 받아들이면서도, 그는 나아가 중국의 행동을 평가할 표시 항목을 열거한다. 이 항목에는 다음이 포함되었다. 중국의 국방 지출, 지향, 독트린에 대한 해명, 통화시장을 포함하여 시장을 관리하기보다는 더 크게 개방할 것, "만연한 지적 소유권 침해와 모조품"에 대해 더 엄중히 처벌할 것, 북한이 핵무기 개발 프로그램을 중지하는 협상에 순순히 나오도록 설득하고 이란의 핵 프로그램을 중지시키는 노력을 지원하며 아프가니스탄과 이라크에 더 많은 자금 출연을 약속할 것, 개별 동맹을 구축하여 아시아에서 "우월한 힘을 확보하려는 책동"을 중단할 것, 현(縣)급과 성(省)급 선거 실시를 검토하여 정치 개혁의 속도를 높이고 "문제를 지적한 언론인들을 괴롭히는 짓을 중단할 것"[36] 등이다.

졸릭의 표시 항목 중 대부분은 입증할 수도 없고 실현될 것 같지도 않은데, 이 목록의 긴 길이 그 자체가 미국에게 일관된 어젠다보다는 걱정이 더 많다는 것을 보여준다. 일관된 어젠다의 부재는 미국 정부가 중국에 계속 보내고 있는 신호의 혼란을 보면 더 확실히 알 수 있다. 중국이 위안화 환율의 보다 자유로운 변동을 거부했다고 몇 번이고 비판했던 존 스노 재무장관은 2005년 10월의 중국 방문 동안 중국 공산당이 막 승인한 5개년 계획을 "중국뿐만 아니라 전 세계에도 좋을 것"이라고 찬양했다. 그는 특히 계획의 목표가 도시 주민과 수억의 대다수 농촌 주민 사이의 엄청난 격차를 줄이는 데 있다는 점에 갈채를 보냈다. 왜냐하면 중국

---

36) G. Kessler, "U. S. Says China Must Address its Intentions", *Washington Post*, September 22, 2005.

농촌의 생활이 아주 조금만 개선되어도, 이들은 미국 상품을 더 많이 구입할 것이고, 미국의 대중국 무역 적자는 줄어들 것이기 때문이다.[37]

스노가 떠난 후 곧, 이번에는 럼즈펠드가 직접 베이징을 방문했다. 중국의 국방 지출 증가는 여전히 비판하면서도, 그는 중국 측 협상 상대자와 "중미 군사 협력을 한 단계 높여 전반적인 양자 관계에 맞추기 위해 손을 잡기로" 합의하기에 이르렀다. 사실 이 방문에서 여전히 그는 공개적으로 중국 지도자들을 비판하고 있었는데도, 럼즈펠드가 미국의 무기를 중국에 팔려고 했다는 소문이 돌았다.[38]

이 착종된 신호의 근원에서, 이라크에서 미국 군사력에 대한 신뢰성의 상실로 인해 미국이 중국의 "화평굴기"를 원하는 방향으로 제어하거나 전환하는 데 어려움을 겪고 있음을 탐지할 수 있다. 이라크에서의 실패는 미국의 정책에서 현실주의가 더 커지는 결과를 가져왔다. 게다가 미국은 중국의 힘을 예를 들어 캐플런의 "신냉전" 전략처럼 군사력에 기초해서 봉쇄하는 데 동맹국들을 동원하기가 더욱 어려워졌다. 캐플런이 지지하는 PACOM 주도의 연합에서 미국 동맹국의 모델로 환호한 싱가포르의 사례만 언급해도 이 점은 충분하다. 영향력 있는 싱가포르의 리콴유(李光耀) 공공정책대학원의 원장인 키쇼어 마부바니(Kishore Mahbubani)는 PACOM에 대한 싱가포르의 협력이 중국을 동요시키려는 미국의 정책에 대한 지지를 의미하지는 않는다고 분명히 한다. 반대로 동아시아의 많은 다른 나라들처럼, 그는 중국에서 공산당 지배의 갑작스러운 종말이 위험한 민족주의 세력의 등장에 방아쇠를 당길 것이고, 그것은 결과적으로 이 지역의 어느 국가에도 이익이 되지 않는 대립으로 이끌 것이라고 보았다.[39]

---

37) T. Sakai, "Hu Jintao's Strategy for Handling Chinese Dissent and U. S. Pressure", *Japan Focus*, November 20, 2005.

38) *Ibid*.

39) M. Vatikiotis, "U. S. Sights Are Back on China", *International Herald*

그러므로 놀랄 것도 없이, 중국을 군사 동맹 체계를 통해 포위하려는 미국의 시도는 갈 곳이 없어졌다. 미국과 베트남 및 인도와의 정보 제휴와 군사 제휴는 개선되었다. 그러나 이 두 나라와 중국 간의 관계는 더 크게 개선되었다. 동시에 중국과 수년 동안 적대하고 미국과 오랜 동맹 관계에 있던 인도네시아는 베이징과 전략적 동반자 관계를 결정지었으며, 후진타오 주석은 양국 관계의 "신시대"가 열렸다고 환호했다. 유사한 변화가 남한에서도 일어났다. 2005년 11월 후진타오와 부시의 한국 방문 동안, 부시 대통령은 이라크에 파병한 한국군의 3분의 1을 철수하겠다는 서울의 발표에 굴욕을 참아야 했지만, 후진타오는 한국 국회에서 기립 박수를 받았으며, 한국과 중국 관계가 "역사상 가장 좋은 시대"[40]에 들어섰다고 선언하였다. 오로지 일본만이 미국과 더 밀접한 군사 제휴 쪽으로 확고하게 움직였다. 하지만 이러한 제휴 강화는 중국보다는 오히려 일본을 고립시키는 것으로 보였다. 고이즈미 준이치로(小泉純一郎) 총리의 분별없는 수차례의 야스쿠니 신사 참배로 인해, 일본은 1999년 이래 매년 열리는 동남아시아국가연합(ASEAN) 회의의 틀 안에서 해오던 한 · 중 · 일 3자 회담을 2005년 12월에는 취소당했을 뿐 아니라, 오랫동안 갈구해온 유엔 안전보장이사회의 상임이사국 진출에 실패했다. 이것이 아마도 고이즈미에서 아베 신조(安倍晉三)로 일본 총리 교체가 아시아 각국뿐 아니라 일본 내에서도 중국과 일본이 보다 협력하는 방향으로 옮겨 갈 기회로 환영받았던 이유일 것이다.[41]

Tribune, June 7, 2005.

40) Cody, "Shifts in Pacific Force……" ; E. Nakashima, "Vietnam, U. S. to Improve Intelligence, Military Ties", *Washington Post*, June 17, 2005; J. Burton, V. Mallet, and R. McGregor, "A New Sphere of Influence: How Trade Clout Is Winning China Allies yet Stocking Distrust", *Financial Times*, December 9, 2005.

41) B. Wallace, "Japan Looks at Ridding Military of its Shackles", *Los Angeles Times*, November 23, 2005; T. Shanker, "U. S. and Japan Agree to

캐플런과는 정반대쪽에 있는 현실주의적 시각에서, 키신저가 지지한 중국의 힘을 조절하는 것과 정치-경제적 봉쇄 메커니즘에 의존하는 것, 이 두 가지의 혼합이 현행의 그리고 잠재적인 중국의 동맹국들에 더욱 받아들여질 만하다는 것은 의심할 여지가 없었다. 그렇지만 이러한 정책은 미국의 유권자들에게 "팔기는" 더욱 힘들었다. 하원이 중국의 유노컬 입찰에 거의 만장일치로 반대한 것은 반중 정서가 부시 정부보다 의회에서 초당적으로 강하다는 것을 보여주는 많은 신호 중 하나일 뿐이다.[42] 중국 혐오는 미국의 대중문화에 오랜 전통이 있다. 그러나 이것이 21세기로 들어서는 길목에서 갑자기 부활한 것은, 미국이 1980년대와 1990년대에 발의한 세계화 프로젝트의 주요 수혜자로 미국이 아니라 중국이 등장하고 있다는 것을 깨달은 데서 촉발된 것이었다. 태평양을 가로질러 경제적 통합을 강화하여 미국에게 유리하게 정세를 바로잡겠다고 기대하려면, 미국 경제의 궁극적인 경쟁력에 대한 대단한 믿음이 필요하다. 하지만 미 의회의 대부분 인사가 고백했듯이, 그런 믿음에 따라 행동하는 사람은 거의 없었으며, 그러므로 중국의 "화평굴기"를 조절

Strengthen Military Ties", *New York Times*, October 30, 2005 ; Burton, Mallet, and McGregor, "A New Sphere of Influence……" ; V. Mallet, "Japan's Best Chance to Strike a Deal with China", *Financial Times*, September 28, 2006.

42) G. Dinmore, A. Fifield, and V. Mallet, "The Rivals", *Financial Times*, March 18, 2005. 다른 신호는 중국이 달러 대비 통화가치를 재평가하도록 압박하기 위해 중국산 수입품에 관세를 부과하는 문제를 둘러싸고, 의회와 정부 사이에 일어난 싸움이었다. 2005년 4월에 공화당이 지배하는 상원은 찰스 슈머(Charles Schumer) 민주당 상원위원과 린지 그레이엄(Lindsey Graham) 공화당 상원위원이 발의한 수정안을 67 대 33으로 결의했다. 이 수정안은 중국이 통화 정책을 바꾸지 않는다면 중국산 수입품에 27.5퍼센트의 관세를 부과하겠다는 것이다. 결국 정부는 가까스로 슈머와 그레이엄이 수정안을 철회하도록 설득했지만, 의회의 압력으로 미국에 대한 수출품을 억제하도록 하는 중국과의 교섭에 나서야 했다. E. Andrews, "Bush's Choice : Anger China or Congress over Currency", *New York Times*, May 17, 2005.

하겠다는 전략의 실현 가능성은 줄어들었다.

행복한 제3자?

이 주장은 미국의 대중국 정책에서 더 현실주의적인 또 다른 노선에 대한 지지를 깔고 있다. 『미국의 보수주의자』에 글을 쓴 핑커턴은, 캐플런의 PACOM 기반 전략과 같은 군사적 봉쇄 전략에 대해 키신저만큼이나 비판적이었다.

중국이 "태양의 위치에 서기를" 추구하는 떠오르는 강국이었던 황제 빌헬름 2세의 독일과 유사하다는 말은 이 시대의 상투적인 문구이다. 만약 그렇다면 이제 문제는 어떻게 중국을 억제할 것인가이다. 독일의 경우 베를린을 두 번 무릎 꿇리는 데 프랑스 · 영국 · 러시아 · 미국의 대연합이 필요했다. 미국이 중국을 억제하는 데 그 정도의 대규모 연합을 모을 수 있을지는 아직 미지수다.[43]

핑커턴은 이러한 가능성이 별로 없다고 생각했다. 더 나쁜 것은 이러한 연합을 모으려는 어떤 시도도 그의 시각에서는 중국과의 파멸적인 전쟁을 야기할 것이라는 점이다. 그렇지만 그는 대안으로서 조절(수용) 전략에는 더욱 비판적이다. 대놓고 키신저를 언급하지는 않았지만, 그는 이런 전략을 1910년에 전쟁은 폐물이 되었다던 노먼 에인절(Norman Angell)의 주장과 비슷하다면서 "신에인절주의"(neo-Angellism)라는 별명을 붙였다. 에인절은——오늘날의 "교조적 세계주의자"들처럼——전쟁이 폐물이 되었다는 주장의 근거로, 첫째 각국은 서로 경제적으로 연

---

43) James P. Pinkerton, "Superpower Showdown", *The American Conservative*, November 7, 2005, p. 5 available at http://www.amconmag.com.

계되어 정치적으로 협력할 수밖에 없게 되었다는 것, 둘째 군사적·정치적 힘이 더는 상업적 우위를 주지 않는다는 점을 들었다. 신에인절주의는 사업을 하는 사람들에게는 위안을 주겠지만, 핑커턴은 여기에 근본적인 결함이 있다는 것을 발견했다.

〔첫 번째〕 주요한 결함은 아웃소싱이다. 아웃소싱이 미국의 경쟁력에 필수적이라는 의견을 지지하면서, 핑커턴은 미국의 한 대규모 다국적 기업 중역의 말을 인용했다. 그는 핑커턴에게 말했다. "당신이 중국에서 제조를 하지 않는 회사를 보여주시오. 그러면 나는 경쟁에서 패배할 회사를 보여주겠소." 그렇지만 동시에 그는 어떻게 아웃소싱이 직장을 잃어버릴까 두려워하는 노동자들 같은 상당한 반발을 미국에 가져오는지, 특히 어떻게 미국의 국가 안보를 위태롭게 하는지를 강조하였다.

미국이 완전히 탈산업화된다면 필요할 때가 닥쳐도 미국은 전쟁에 필요한 수단을 생산할 수 없게 될 것이다. 사실 펜타곤은 미국을 위해 어느 정도 국내의 공업 기반을 유지하려고 고투하고 있다. 〔……〕 만약 지금과 같은 추세가 계속된다면, 중국인들은 곧 우리 경제의 플러그를 뽑을 수 있게 될 것이다. 그리고 그렇게 된다면 우리는 싸우고 싶거나 싸워야만 하더라도 중국과 싸울 수 없게 될 것이다. 그리고 그것이 그 무엇보다 더 중국인들에게 전쟁을 하고 싶도록 부추길 수도 있다.

그는 그런 다음에 나아가 "늘 에인절과 다른 교조적 세계주의자들을 비판하는" 영국의 보수주의 정치 논객 레오 에이머리(Leo Amery)를 인용하였다.

에이머리는 영국의 에인절 식 접근과 정반대인 독일식 중상주의적 근린궁핍화 경제 정책이 빌헬름 황제에게 전쟁을 일으킬 수 있는 위험한 이점을 주고 있다고 경고했다. 에이머리는 "성공적인 강국은 최대의 공업 기반을

가진 국가가 될 것"이라고 예언하면서, "공업적 힘과 발명과 과학의 힘"을 가진 국가가 "다른 국가들을 물리칠 수 있을 것"이라고 덧붙였다. 에이머리가 제2차 세계대전 시기 영국 내각에서 보좌한 윈스턴 처칠이 일찍이 말한 것처럼, 전쟁을 하고 있는 국가는 그 일을 끝낼 수 있는 도구를 필요로 한다.[44]

두 번째 결함은 에인절주의가 "매파처럼 베이징 때리기에 나선 미국인들에게는 정치적으로 받아들여지지 않을 것"이라는 점이다. 확실히 『포춘』의 글로벌 500대 회사들 대부분은 계속 동방에 무역로를 열 수 있도록 로비스트들을 고용할 것이다." 그렇지만 "K가*의 로비스트가 다 나선다 해도 CNOOC의 유노컬 매입 입찰 시도(실패는 했지만)로 터져 나온 반중 감정의 불길을 틀어막을 수 없을 것이다."

만약 지위와 우월성이 걸린 문제가 되면, 마치 도마뱀의 뇌를 이어받은 것처럼** 이성이 퇴화하는 사고가, 즉 민족주의나 외국인 혐오, 더 원시적인 반사 신경이 피비린내 나는 원시주의 속에서 등장한다. 그 결과는 예상할 수 있다. 90년 전에 에인절처럼, 신에인절주의자들도 다시 한 번 압도될 것이다.[45]

간단히 말하면, 군사적 봉쇄 전략은 중국과의 파멸적인 전쟁으로 이어질 것이다. 왜냐하면 "당신이 무언가가 일어날 것처럼 너무 오래 속이면, 당신은 정말 그것이 일어나게 만들 것이기" 때문이다. 신에인절주의는 "워싱턴 DC의 정책 투쟁에서 〔민족주의적-군국주의자들의-인용자〕

---

44) *Ibid.*, p. 8.
 * 워싱턴 DC의 K Street, 로비 회사가 밀집해 있음.
** 테리 버넘의 『비열한 시장과 도마뱀의 뇌』 책에서 나온 비유.
45) *Ibid.*, pp. 8~9.

진영에게 패배할 것이고, 그러면 이들 진영은 돌아가 중국과 파멸적인 전쟁을 할 것이다." 그러면 핑커턴에게 물어보자. 무엇을 할 것인가?* "미국의 유일한 선택은 호전적 애국주의(jingoism) 아니면 순진한 에인절주의인가?"[46] 더 나은 선택은 양다리 전략이라고 그는 주장한다. 그는 마이클 린드를 추종하여, 지정학적 전선에서 세력 균형 전략을 통해 중국을 봉쇄할 것을 지지했다.

> 몇 세기 동안, [영국은─인용자] 유럽의 경쟁자들이 서로 대항하도록 곡예를 하였고, 그것은 대영 제국에 유리하게 잘 작동했다. 영국이 [프랑스] 부르봉 가, [오스트리아] 합스부르크 가, [독일] 호엔촐레른 가, [러시아] 로마노프 가와 같은 경쟁자들을 서로 싸움 붙였다면, 어쩌면 미국도 피할 수 없는 경쟁 관계로 아시아 강국들을 서로 싸움 붙일 수 있을 것이다. 어쨌든 미국인에게 큰 행운은 서반구에서는 도전할 자가 없으며 앞으로 꽤 장기간 여전히 그럴 것 같다는 점이다. 그리고 우리에게 더 큰 행운은 과거에 스페인·프랑스·네덜란드·독일이 바로 그랬던 것처럼, 세 거대 강국인 중국·인도·일본이 모두 서로 이웃하고 있다는 점이다.[47]

부상하는 아시아 강국들과 직접 대결하는 대신에, 미국은 이들을 서로 싸움 붙여야 한다. 라틴어 표현인 테르티움 가우덴스(tertium gaudens), 즉 행복한 제3자란 말에서 생각나는 것처럼, 모든 싸움의 한복판에 들어가는 것보다 때로는 "싸우는 자들의 옷자락을 붙잡고 있는 것"[싸움을 말리는 척 하는 것]이 더 낫다. 미국의 국익을 위해 "더 나은 아시아란, 중국·인도·일본 혹은 또 다른 '호랑이'가 서로 힘을 겨루고, 그동안

---

* 레닌의『무엇을 할 것인가』를 빗대어 말함.
46) *Ibid.*, pp. 6~7, 9.
47) *Ibid.*, p. 9.

우리는 이를 방관하면서 행복한 제3자의 사치를 즐기는 세계이다."[48]

이러한 전략을 추구할 때 성공의 선행 조건은 타이완 문제의 현실주의적 해결이다. 남북전쟁 후에 북부가 남부를 재통일한 것 같은 전면전만 막을 수 있다면, 중국은 타이완을 재통일할 것이다. "워싱턴의 연방정부는 [······] 리치먼드의 탈퇴*를 확실하게 만들려는 어떤 외국 세력에 대해서도 친절하게 지켜보고만 있지는 않았을 것이다. [······] [그것처럼] 미국은 정직한 실리 정책을 구사하여 그들의 최선의 경로는 홍콩/마카오와 같이 평화적으로 모국에 돌아가는 것이라고 타이완에 말해야한다." 타이완 문제에서 자유로워지면, 미국은 아시아의 세 강대국 사이의 대립에서 비용보다는 이익을 거둘 수 있는 입장에 놓이게 될 것이다. "만약 예를 들어 일본이 핵무장의 길을 행진해 간다면 [······] 다른 아시아 강국들은 그런 일본의 재무장을 저지하려 할 것이다. 그러나 그것은 그들의 문제이지 우리의 문제가 아니다. 어떤 아시아의 투쟁에서도 불행한 주인공보다는 행복한 제3자가 되는 것이 낫다."[49]

그렇지만 지정학적 전선에서 "행복한 제3자"가 되기 위해서는, 국내 전선에서도 행동이 필요하다. "미국인들은 최근 호황이었던 국내 부동산 시장이 [······] 장기적으로 우리의 지정학적 우월성을 확실하게 할 것 [······] 이라고 스스로를 속이던 것을 자제해야 한다." 이러한 우월성은 "알렉산더 해밀턴(Alexander Hamilton)의 18세기 '제조업에 관한 보고서'의 21세기 버전"을 통해서만 얻을 수 있다. 즉 무슨 공업이 국가 안보에 필수적인지를 결정하는 것과 "이런 핵심 공업이 국내에 남아 있도록 확실히 보장하는 의식적인 기술-공업 정책"이다. 이러한 신(新)해밀턴 식 정책은 소비재 가격을 올리고, 이자율을 높이고, 아마도 주가를

---

48) *Ibid.*, p. 1.

* 미 남북전쟁의 발발 계기로 리치먼드 회의에서 남부 11주가 연방 탈퇴를 결의한 것.

49) *Ibid.*, p. 10.

낮추겠지만, 이런 것들은 "진정한 국가 안보를 위해서는 비싸지 않은 대가이다." 핑커턴은 이 양다리 전략이 최근의 미국 정치와 사회가 수용할수 있는 수준을 뛰어넘는 것임을 인정했다. 그럼에도 불구하고 그는 "긴박한 경보가 울릴 때에는 그래도 손해가 너무 크지 않게 수습할 수 있을것이다"고 희망했다. "나쁜 정책을 뒤엎을 수 있기 때문이다. 하지만 불행하게도 이런 경보는 평상시라면 정책 입안자와 대중들의 관심을 얻는데 실패한다."50)

이 행복한 제3자 전략은 핑커턴이 알고 있는 것보다 미국 역사에서 훨씬 더 중요한 선례가 있다. 그는 대체로 시어도어 루스벨트 대통령 재임시기에 해당하는 1901~09년에만 미국이 이런 정책을 실행했다고 본다.51) 하지만 실상은, 제8장에서 살펴보았듯이, 19세기 내내 특히 20세기 전반기에 미국은 유럽 강국들이 서로 대립하던 투쟁에서 엄청난 이익을 얻었다. 그리고 미국이 20세기 초 양차 세계대전을 자국에 유리하게 이용할 수 있었던 것은, 미국이 상대적으로 전장에서 떨어져 있는 대륙이었다는 것만큼이나, 군산 복합체로서의 자족 능력과 높은 기술 수준 덕분이었다.

스스로 공언을 했건 안 했건 간에 이라크에서 패배한 후, 미국은 아마도 이 전통에 의존하려 할 것이다. 그렇지만 핑커턴이 지지하는 세력 균형 방식의 아시아적 원리는 현재의 미국 정책에서도 이미 찾을 수 있다. 고이즈미는 60년 동안 유지한 일본의 공식적 평화주의를 거부하고 "아시아-태평양 지역에서 워싱턴의 '대리 보안관' 자리를 오스트레일리아를 밀어내고 차지하면", 향후 있을 수 있는 중국과의 충돌이라는 사태에서 일본을 보호하도록 보안관[즉 미국]의 궁극적 역할을 강화할 수 있으리라 정말로 믿었을지도 모른다.52) 그러나 마찬가지로 예전에 그리고

---

50) *Ibid*., p. 11.
51) *Ibid*.

앞으로 미국이 타이완 분쟁에서 일본의 개입을 조장했거나 하는 것은 캐플런형의 연합-구축 전략에서가 아니라, 핑커턴형의 세력 균형 전략에서 파악할 수도 있다. 말하자면 일본이 과거 평화주의자의 모습에서 이 지역의 상당한 군사 강국으로 재등장하도록 미국이 조장하는 것은 아마도 아시아 내에 중국에 대항할 군사적 평형추를 창출함으로써 동아시아에서 미국의 군사적 역할을 축소할 수 있도록 하려는 방편일 수 있다.

물론 이러한 가능성은 현재 미국 정책의 비공식적인 목표일 필요는 없으며 아마도 그렇지도 않을 것이다. 그렇지만 PACOM 주도 반중 연합이 현실화하지 못하거나 너무 위험성이 높을 때, 이 안은 미국이 유리하게 구사할 수 있는 만일의 대비책(혹은 "B플랜")이 될 수 있다. 실제 이라크에서의 실패가 동아시아 지역에서 미국의 군사적 역할 축소를 가져올 수 있다는 가능성은 타이완의 관찰자들의 눈을 피할 수 없었다. 그러므로 2005년 10월에 타이완의 톈훙마오(田弘戊) 전 외교부장은 현지 언론과의 인터뷰에서 다음과 같이 말했다.

만약 미국이 이라크에서 손을 뗀다면, 미국은 고립주의에 휩쓸릴 것이며 해외의 사태에 개입하려 하지 않을 것이고, 중국 헤게모니의 확산은 더욱 가속화할 것이다. 미국의 전투 의욕이 떨어짐에 따라, 타이완 해협에서 군사적 충돌 가능성은 줄어들 것이다. 타이완 정부는 이러한 시나리오를 직시해야 하며, 이런 사태를 어떻게 다룰지 현실적인 방안을 강구해야 한다.[53]

타이완 정부는 아마 이런 시나리오를 직시하는 것이 내키지 않을 것

---

52) S. Tisdall, "Japan Emerges as America's Deputy Sheriff in the Pacific", *Guardian*, April 19, 2005.
53) Sakai, "Hu Jintao's Strategy……"에서 재인용.

이다. 하지만 2005년 말 타이완은 그때까지 4년 넘게 해왔던 워싱턴이 제안한 무기 일괄 조달에 재정 지원을 할지 주저하였고, 미국 의회는 크게 분개하였다. 당시 하원 외교위원회의 중견 민주당 의원 톰 랜토스(Tom Lantos)는 타이완이 수백억 달러의 외환 보유고를 축적하고 있음을 지적한 후, 다음과 같이 불길하게 선언했다. "우리가 당신을 도와주러 올 거라고 기대하면서 18억 달러의 일괄 구매를 두고 핑계를 대는 것은 언어도단이다."[54]

언어도단이건 아니건, 타이완의 우유부단은 미국이 후원하는 반중 연합이 제공할 보호가 그렇게 믿을 만하지 않다는 미심쩍음을 드러낸다. 뿐만 아니라 행복한 제3자 전략의 기본적인 모순을 지적하기도 한다. 만약 미국이 이 지역에서 군사적 역할을 축소한다면, 아시아 강국들이 미국의 이익을 위해서 상호 대립을 강화할 리 있겠는가. 차라리 자국들의 이익을 위해 상호 조절(수용)을 추구하지 않겠는가. 미국이 20세기 초에 유럽 강국 간의 투쟁에서 테르티움 가우덴스로 있을 수 있었던 것은, 이런 투쟁들의 격렬함과 내부 동력에 결정적으로 의존했는데, 오늘날의 아시아에는 그만한 것이 없다. 또한 앞 장에서 언급한 것처럼, 동아시아야말로 20세기 말과 21세기 초에 진정한 "행복한 제3자"였다. 1980년대에 일본과 네 마리 "작은 호랑이들"은 미국과 소련 사이의 냉전 격화에 따른 주요 수혜자였으며, 최근에 중국은 미국의 테러와의 전쟁에서 진정한 승자로 등장하고 있다. 물론 계산 착오는 항상 있을 수 있다. 그러나 랜토스에게는 미안하지만, 아시아 국가들이 미국의 군수 산업체와 경제만 이롭게 할 뿐 그들 힘의 원천인 채권자라는 지위를 심각하게 침식할 군비 경쟁에 갑자기 몰두할지는 불분명하다.

---

54) Dickie, Mallet, and Sevastopulo, "Washington is turning its attention from the Middle East ……"에서 재인용. 또 Cody, "Shifts in Pacific Force ……" 참조.

게다가 2005년 12월에 콸라룸푸르에서 열린 첫 번째 동아시아 정상회담은 미국이 아시아 국가들을 서로 싸우게 만드는 것이 얼마나 어려운지 보여주었다. 워싱턴은 항상 이런 정상회담의 발상 자체를 반대했고, 미국이 가장 영향력 있는 참가국이고 훨씬 더 포괄적인 아시아태평양경제협력체(APEC)를 대안 포럼으로 밀었다. 하지만 근년에 APEC 내에서 미국의 영향력은 중국에 비해 쇠퇴했으며, 미국을 배제하고 중국을 포함한 ASEAN은 계속 확대되면서 동아시아에 영향력 있는 결정에서 그 중요성이 꾸준히 커져왔다.[55] "중국과 미국이 지정학적 우위를 두고 치고받는 동안, 나머지 동아시아 국가들은 단지 더 효율적인 통상 분야와 더 큰 시장에 대한 접근 권리를 원한다. 그리고 바로 지금 가장 큰 시장은 중국이다." 그 결과, 2007년 1월 필리핀에서 열린 ASEAN 정상회담에서 중국은 새로운 서비스 무역 협정에 조인하고 더 중요하게는 EU 형태의 헌장을 향해 연합을 이끌고 가려는 다양한 조약에 빠지지 않고 참가하면서 주인공이 되었다.[56]

---

55) 1997~98년 동아시아 금융위기 이후에 ASEAN은 처음에는 중국 · 일본 · 한국을 포함하여 이른바 ASEAN+3로 확대되었다. 이것은 명백히 미국의 영향력을 감소시키려는 목적의 움직임이었으며, 미국의 위기를 심각하게 하는 데 일조했다고 널리 인식되었다. 이와 대조적으로, ASEAN+3가 인도 · 오스트레일리아 · 뉴질랜드를 제1차 동아시아 정상회담에 정식 참가국으로 포함시켜 다시 ASEAN+3+3로 확대된 것은, 일차적으로 미국의 부재 상황에서 중국을 견제하려는 움직임으로 보였다. S. Mydans, "New Group for 'Asian Century' Shuns U. S", *International Herald Tribune*, December 12, 2005; Burton, Mallet, and McGregor, "A New Sphere of Influence ……" 참조.

56) M. Vatikiotis, "East Asia Club Leaves U. S. Feeling Left Out", *International Herald Tribune*, April 6, 2005; C. H. Conde, "China and Asean Sign Broad Trade Accord", *International Herald Tribune*, January 15, 2007.

알려지지 않은 것들의 커다란 벽

2004년 7월 『인터내셔널 헤럴드 트리뷴』의 한 평론은 미국의 대중국 전략의 부재를 한탄하였다.

우리의 행동은 일관성 있는 기준을 결여하고 있다. 우리는 중국을 전면적인 동반자로 취급하는가? 아주 드물게. 우리는 중국을 경쟁자로 취급하는가? 때때로. 우리는 우리가 어떻게 행동할지 확신하는가? 거의 절대로 아니다. 정책이 별로 없다. 미국이 이라크 문제에 사로잡힌 동안 더 많은 경제적 혹은 정치적 위기가 현실에 발생하지 않았다는 면에서, 미국은 시금까지 운이 좋았다.[57]

2년 반이 지났지만 미국은 여전히 이렇다 할 중국 전략이 없다. 이라크에서 미국의 곤경이 중국의 힘의 강화를 확고히 했다는 점을 깨닫게 되자, 반중적 공세가 강화되고 동시에 미국의 정책에서 현실주의가 커졌다. 그러나 그 결과 나타난 조합은 일관성 있는 범주화를 계속 어렵게 하였다.

우리는 이처럼 계속해서 일관성 있는 미국의 대중국 정책이 부재한 주된 이유로 적어도 세 가지를 찾을 수 있다. 하나는 부시 정부에게 중국의 부상하는 힘을 봉쇄할 결정적인 전투가 여전히 이라크에서의 싸움이라는 점이다. 이라크에서 쉽게 승리하면 미국은 힘 있는 위치에서 중국을 다룰 수 있을 것이라는 초기의 희망은, 미국 신뢰성의 상실을 최소 한도로 줄이면서 이라크에서 철수한다는 목표에 밀려버렸다. 이런 상황에서 반중의 수사와 동아시아에서 오스트레일리아와 특히 일본에게 "대

---

57) T. Manning, "America Needs a China Strategy", *International Herald Tribune*, July 22, 2004.

리 보안관" 자격을 주려는 시도가 진척되었다. 그러나 미국이 이라크의 수렁에서 빠져나올 때까지, 미국은 계속해서 중국을 적극 포용해야만 한다. 이러한 관점에서는 지금까지 미국의 대중국 정책에 아무런 비일관성도 없다. 즉 단지 중국과 전 세계에 대해 미국의 신뢰성 중에 구할 수 있는 부분은 구해야 한다는 필요에 전술적으로 적응할 뿐이라는 점에서 말이다. 심지어 의회 내의 정부 비판론자조차 이 점에 관해서는 마찬가지이다. 민주당 중에 이라크 침공에 대한 초기 비판론의 하나는 이라크가 미국이 중국에 맞서야 하는 과제에 집중하지 못하게 한다는 것이었다. 그러나 일단 이라크 투기가 난항을 겪자, 민주당은 손실을 줄이기 위해 무엇을 해야 하는가를 두고 심각하게 분열되었다. 그 논쟁은 따라서 이라크에서 철수를 할 것인가 말 것인가, 그리고 어떻게 철수할 것인가 하는 문제로 옮겨 갔으며, "중국의 위협"에 대한 걱정은 그늘에 가리게 되었다.

일관성 있는 중국 정책이 계속해서 부재한 두 번째 원인은 무엇이 국익인가에 대한 대립하는 관점들이다. 관찰자들 사이에 조정과 조절(수용) 전략이 미국 기업의 이익, 특히 대기업의 이해에 잘 맞는다는 점은 상당히 보편적인 동의가 형성되어 있다.[58] 미국의 대기업은 실제로 1980년대 일본의 경제 팽창을 포용했던 것보다 훨씬 더 열광적으로 중국의 경제 팽창을 포용해왔다. 그것이 중국이 미국의 우월성에 장기적으로 더 큰 도전이 될 것임에도 불구하고 그러했다.

많은 서구 기업의 경영자들은 10여 년 전에 폐쇄적인 일본에 대해서는 그렇게 비판적이었지만, 중국이 다국적 기업과 외국인 투자에 보인 환영은 이

---

58) 앞선 인용문에서도 알 수 있듯이, 캐플런과 핑커턴은 이 점에 동의한다. 비록 키신저는 대기업의 이해에 관해서는 아무런 명백한 발언을 하지 않지만, 그럼에도 앞서 인용한 논문에서 그의 자문 회사가 기업체들에게 중국과 사업을 하라고 조언했다는 것을 인정했다.

들이 중국과 중국의 저렴한 노동력, 그 방대한 시장을 열광적으로 수용하게 했다. 〔……〕 일본은 기술 특허로 서구를 따라잡았다. 〔……〕 그러나 중국은 기술에 특허를 주었으며 또한 외국 투자를 유인할 잠재적으로 방대한 시장이라는 매력을 이용했다. 그것은 더 많은 투자를 가져왔을 뿐 아니라 〔……〕 중국이 무역 마찰을 피할 수 있도록 도와주었다. 예를 들어 디트로이트의 자동차 기업처럼 한때 일본인들과 싸웠던 똑같은 다국적 기업들이, 이제는 중국 투자자 중에 대투자자로서 중국에 대한 무역 규제를 반대한다.[59]

하지만 동시에 제너럴 모터스에게 좋은 것이 미국에게 좋은 것이라는 오랜 구호는 이제 도전받게 되었다. 중국(상품)의 최대 고객인 월마트가 제너럴 모터스를 대신해 미국의 최대 기업이 되었다는 사실은 제쳐놓고서라도 그렇다. 테드 피시먼은 널리 공유된 시각을 표명하면서, "중국의 전망은 미국의 대기업과 억만장자들에게는 너무나 근사해 보여서, 미국의 국익과 미국 경제의 장기적 건전성은 거의 중요하게 치지 않는다"[60]고 주장했다. 이런 관점을 지지하는 것으로 자주 지적되는 것이, 미국 수출입의 거의 절반이 다국적 기업 내에서 거래되고, 이들 다국적 기업은 비용, 특히 임금 비용을 줄이기 위해 원료와 부품을 자신들의 널리 퍼진 공장들 사이에서 이리저리 옮기고, 국경을 가로질러 생산을 재배치한다는 점이다. 기업체와 투자자는 이러한 경영에서 큰 이익을 보지만, 미국을 포함한 (다국적 기업의) 모국 자체는 그렇지 않다는 주장이다.[61]

59) K. Bradsher, "Like Japan in the 1980's, China Poses Big Economic Challenge", *New York Times*, March 2, 2004.
60) Ted Fishman, "Betting on China", *USA Today*, February 16, 2005.
61) 여러 논문 중에서도 W. Greider, "Trade Truth that the Public Won't Hear", *International Herald Tribune*, July 19, 2005; J. Petras, "Statism or Free Markets: China Bashing and the Loss of US Competitiveness", *CounterPunch*, October 22, 2005 참조.

미국 기업체의 이익과 국익 사이의 충돌 가능성을 인정하더라도, 미국과 중국의 더욱 밀접한 경제적 통합이 국익을 증진할 것인가 아닌가에 관해서는 일치된 의견이 없다. 핑커턴과 같은 보수주의자들은 아웃소싱이 국가 안보에 가하는 위협을 강조한다. 그러나 심지어 대표적인 군산 복합체의 옹호자들조차도, 아웃소싱을 약간만 하거나—일단 하면 어쨌든 부분적으로 중국과 관련되게 된다—아니면 아예 하지 않고서, 미국의 군사적 우위가 유지될 수 있을지에 대해서는 회의적이다.[62] 민주당과 노동계는 무역과 아웃소싱으로 인해 중국에 일자리를 빼앗긴다고 강조하며, 보호주의적 조치를 요구하고, 정부가 중국이 자국 통화를 재평가하도록 압력을 가하라고 요구한다. 그러나 또 다른 사람들은 미 달러의 급격한 평가절하가 더 위험하다고 강조한다. 이러한 급격한 평가절하는 "미국에게 국제 정치적 타격을 가져올 위험이 있으며" 미국을 "라틴아메리카가 〔……〕 오랫동안 겪어온 채무의 덫 속으로"[63] 던질지도 모른다. 그리고 어떤 사람들은 저렴한 중국의 신용과 상품의 홍수가 억만장자들뿐 아니라 미국 사회의 하위 계층에게도 이익을 준 점을 지적한다.

---

62) 최근 펜타곤의 연구는 가장 중요한 미국 무기 시스템 중 12개에 부품을 공급하는 대부분 서유럽인인 외국 공급자 73명의 신원을 밝혔다. "우리의 일은 전사에게 최상의 물건을 구해 주는 것이다"라고 펜타곤의 수석 무기 바이어는 말했다. "혁신은 항상 국경으로 구분되는 것이 아니다. 우리는 가장 비용 대비 효과가 높은 가격으로 우리가 찾을 수 있는 최상의 공급자로부터 최고의 성능을 원한다." 미국 최대의 군수 도급업체인 록히드 마틴(Lockheed Martin)의 한 수석 부사장은 자신의 담당 부문에서는 "미국은 원한다고 해도 미국 내에서 모든 군수 물자를 만들어낼 수 없다. 항상 미국 업체에서 맨 먼저 파트너를 찾는다. 하지만 어떤 경우에는 해외에서 찾는 것 외에는 선택의 여지가 없다"고 단언했다. L. Wayne, "U. S. Weapons, Foreign Flavor", *New York Times*, September 27, 2005 참조.
63) Fishman, "Betting on China."

미국은 빚잔치를 하고 있다. [……] 이 빚의 상당수는 이 카드에서 저 카드로 대출금을 돌려막기 하거나 계속 부유해지는 상류 계층의 분별없는 생활 방식을 조금이라도 해볼 요량으로 미덥지 않은 주택 융자를 받는 바람에 노동자들이 지게 된 빚이다. [……] 빚의 확산은 오늘날 미국 사회에서 더욱 중요한 사회 현상 중 하나이다. 이로써 덜 잘사는 사람들은 가진 것보다 많이 소비하고, 그리하여 눈에 보이는 부자들에게 뒤졌다는 감정을 누그러뜨릴 수 있었다. 이자율이 가파르게 오르지 않는 이상, 이 사회적 과정은 계속 작동될 것이다. 이리하여 후[진타오—인용자]의 영향력이 미국 소시민 사회 한복판에 존재하게 되었다.[64]

간단히 말하자면, 크루그먼의 말처럼, 미국은 "중국의 달러 매입에 점점 중독되었다." 여기에 우리는 저렴한 중국산 상품에 중독되었다고도 덧붙일 수 있다. 그리하여 미국은 "이것이 끝장이 났을 때 고통스러운 금단 현상을 겪을 것이다." 중독을 끊는 것은 결국에는 미국의 공업을 더욱 경쟁력 있게 만들겠지만, 고통스러운 금단 현상이 먼저 찾아올 것이다.[65] 이라크에서 사정이 더욱 나빠질수록, 부시 정부는 국내의 경제적·사회적 전선도 사정이 나빠지지 않도록 이러한 중독에 더욱 의존하게 되었다. 그러므로 부시 정부는 위안화를 절상하라고 중국에 압력을 너무 강하게 넣기를 꺼리고, 중국 공산당의 2005년 5개년 계획을 칭찬했으며, 더 일반적으로 보면 미국 시장에 넘치는 중국 상품과 중국에 빼앗기고 있는 미국의 일자리에 대한 불평에서 의회보다 훨씬 자제하는 모습을 보였다.

지정학적 전선에서 반중 수사와 공세를 강화한 것(즉 부트가 말한 "좋

64) R. Cohen, "China and the Politics of a U. S. Awash in Debt", *International Herald Tribune*, May 21, 2005.

65) P. Krugman, "The Chinese Connection", *New York Times*, May 20, 2005.

은 중국 때리기")은 이러한 경제 문제에서 중국 때리기를 상대적으로 자제한 것(즉 부트가 말한 "나쁜 중국 때리기")을 단순히 덮기 위한 것만은 아니었다. 또한 이라크에서의 곤경이 미국의 지역적 · 세계적 · 군사적 우위를 보존하겠다는 미국의 결의를 축소하지 않았다고 동아시아와 기타 여러 지역의 고객 국가들을 다시 안심시키려는 (그리고 잠재적인 경쟁자들에게 경고하는) 호언장담만도 아니었다. 그것은 또한 신보수주의 헤게모니 아래서 공화당의 핵심 선거 지지 기반층이 생각하는 국익을 표현한 것이었다.

토머스 프랭크가 주장한 것처럼, 과거 20년간 미국의 정치 현상에서 가장 중요한 것 중 하나는 그가 "반격하는 보수주의자들"(backlash conservatives)이라고 부른 현상의 부상이었다. 이들은 대체로 백인 노동자 계층과 중산층 미국인들로, 지위와 상대적 소득 감소에 대해 자신들이 속한 계급 이익, 노동자 조직, 민주당에서 정체성을 찾기보다는 신(神), 군사력, 공화당에서 더욱 정체성을 찾는 방식으로 반응했다. 신보수주의자들은 노련하게 이러한 성향을 이용하여 대중 선거에서 이겼고 일단 권력을 잡은 후에는 부자들에게 유리한 정책을 수행했다. 반면 그들의 대중적 기반 계층이 자신의 정체성을 신, 군사력, 공화당에 일치시키게 만들었던 좌절을 간접적으로 재생산했다.[66]

이런 관점에서는—비록 공화당 안팎의 보다 전통적인 보수주의자의 관점은 아니지만—, 미국 정부와 소비자가 저렴한 중국의 신용과 상품에 더욱 중독되고 있다는 점은 중요하지 않았다. 가장 중요한 것은 미국 대통령이 "뿌리 있는 애국적이고 진정한 남자이며 어떤 사람들에게는 백악관에 있는 신의 대리인으로"[67] 보여야 한다는 점이었다. 이것은

---

66) Thomas Frank, *What's the Matter with Kansas? How Conservatives Won the Heart of America* (New York : Owl Books, 2005).

67) Cohen, "China and the Politics of a U. S. Awash in Debt." 코언의 말처럼, "사람들이 경제적 어려움에 직면해서 신, 애국주의 그리고 군사력에 의존하는 것

"나쁜" 중국 때리기를 자제하려면 반드시 "좋은" 중국 때리기를 강화해야 하고, 중국 공산당 지도자들에게 감히 미군의 패권에 도전하지 말고 대신 미국의 자유와 가치를 포용하라고 경고해야 한다는 것을 의미했다. 그리고 이라크에서 미군의 어려움이 더욱 커질수록, 그 경고는 더욱 소리가 높아져야 했다. 간단히 말하면 미국의 일관성 있는 중국 정책이 계속해서 부재한 두 번째 이유는 부시 정부가 한편으로는 대기업과 금전적 이해에 충실해야 하면서도 다른 한편에서 "반격하는 보수주의자들"에게도 충실해야 한다는 이중고였다. 이런 견지에서 보면, 미국의 중국 정책의 비일관성은, 부시 정부가 중국의 경제 팽창에서 이익을 얻는 미국 자본의 기호를 수용해야 하지만, 동시에 자신의 선거 기반이 지닌 애국주의적-군국주의적 성향에 영합해야 한다는 필요성의 표현이었다.

미국의 일관성 있는 중국 정책이 계속해서 부재한 세 번째 그리고 현재의 논점에서 마지막 이유는 중국 정치경제의 현재와 미래의 추세(trends)를 파악하기 어렵다는 점이다. 이 점에서 미국의 관찰자들과 정치가들은 "알려지지 않은 것들의 커다란 벽"*에 부딪혀왔다. "바로 중국 성장의 크기와 속도가 〔……〕 세계 〔정치〕 경제에서 중국을 예측할 수 없는 미지의 요인으로 만들었다. 좋은 놀라움과 나쁜 놀라움이 배로 많아질 것이다. 전례 없는 소득, 손실, 위협과 기회들." 그러나 이런 놀라

은 새로울 게 하나도 없다." 실제로 21세기 초 미국의 호전적 애국주의와 한 세기 전 영국의 호전적 애국주의 사이에는 어느 정도 유사점이 있다. 주요한 차이는 미국판 호전적 애국주의에서는 제국(Empire)보다 신(God)을 훨씬 더 강조한다는 점이다. 이러한 강조는 미국 팽창주의의 종교적 전통에 깊이 뿌리박고 있다. 미국 팽창주의의 종교적 전통에 관해서는 Clyde W. Barrow, "God, Money, and the State: The Spirits of American Empire", Forschungsgruppe Europäische Gemeinschaften(FEG), Arbeitspapier 22, Universität Marburg 참조.
 * A great wall of unknowns: 만리장성(the great wall)에 빗댐.

움들이 무엇이 될지는 거의 알지 못했다.

우리가 확실히 아는 것이란 우리가 정말 잘 모른다는 점뿐이다. 중국처럼 큰 나라가 "지령과 통제" 경제에서 시장 체계로 옮겨 가는 그처럼 극적인 변화를 경험했는데, 누군가가 무슨 일이 일어나고 있는지 완벽한 그림을 그려낼 가능성은 아주 희박하거나 아예 없다. 좀더 작은 나라에서라면 우리의 무지가 크게 문제가 되지는 않을 것이다. 그러나 중국에서라면 그건 좀 무섭다.[68]

물론 가장 무서운 것은 이러한 무지가 미국이라는 아마겟돈[세계의 종말 전쟁]을 폭발시킬 능력이 있는 국가의 정책에 영향을 미쳐왔다는 점이다. 게다가 반격하는 보수주의자들 중에 가장 광신적인 그룹은 이 아마겟돈을 기쁜 심정으로 기다리고 있다. 현재와 과거에 대한 지식을 이용해서 미래를 예측하는 것은 항상 어렵고 리스크가 많은 시도라는 것만이 문제는 아니다. 가장 큰 문제는 오히려 이 목적을 위해 동원되는 지식의 종류에 있다. 리릭 휴스 헤일은 "중국의 역사는 미국에서 거의 연구되지 않는다"고 지적한다. 중국에 대해 이야기하는 많은 사람들은 "다 낡은 어젠다 위에 몇 개의 사실들을 흩뿌리고", 편의적으로 어젠다에 맞지 않는 사실들은 무시한다.[69] 설상가상으로 이러한 다 낡은 어젠다 위에 몇 개의 사실들을 흩뿌리는 것은 미국의 대중국 정책을 뒷받침

68) R. J. Samuelson, "Great Wall of Unknowns", *Washington Post*, May 26, 2004.
69) 예를 들어 미국이 약 2백만의 일자리를 중국에 빼앗겼다고 불평하는 사람들은 "수백만이 넘는 중국인들이 대체로 국영 기업의 구조조정으로 같은 시기에 일자리를 잃었다는" 사실에 대해서는 침묵한다. 그리고 중국에서 지적 소유권의 침해를 불평하는 사람들은, 일본 회사들이 그러한 보호가 필요하게 되기 전까지 비슷한 법이 일본에서 비웃음을 당했던 사실은 잊어버린다. L. H. Hale, "It's a Juggernaut…… Not!: The China of our Imagination Bears No Resemblance to Reality", *Los Angeles Times*, May 22, 2005.

하는 가정들과 이 장에서 토론한 지금까지 제안된 대안적인 현실주의 전략들에서도 분명히 드러난다. 키신저를 예외로 하면, 그들 모두는 중국의 역사를 완전히 무시하고 서구 역사에 나오는 대단히 축소된 독서에 의존한다. 물론 과거에 대한 어느 정도 선택적인 독서는, 중국의 부상이라는 예상되는 결과를 둘러싼 "알려지지 않은 것들의 커다란 벽"을 뚫기 위해서 필요하다. 그러나 어느 특정한 선택적 독서가 기대할 수 있는 것과 기대할 수 없는 것을 예견하는 데 가장 유용할지는 쉽게 대답할 수 없다. 이것이 이제 우리가 살펴볼 질문이다.

제11장 국가, 시장 그리고 자본주의, 동양과 서양

최근 존 미어샤이머와의 논전에서, 즈비그뉴 브레진스키가 중국의 "화평굴기"에 대해 평가한 것은 헨리 키신저의 평가와 매우 흡사하다. "중국은 확실히 국제 체계 안으로 동화되고 있다. 중국의 지도자들은 미국을 구축하려는 시도는 무익할 뿐이고, 중국 영향력의 조심스러운 확산이 세계에서 우위를 확보하는 가장 확실한 길이라는 점을 인식한 것 같다." 이러한 평가에 반대하면서, 미어샤이머는 "중국은 평화롭게 부상할 수 없다"는 관점을 되풀이했다. 만약 중국의 극적인 경제 성장이 향후 수십 년 동안 이어진다면, "미국과 중국은 전쟁으로 갈 가능성이 상당히 높은 격렬한 안보 경쟁에 돌입할 것이다. 인도, 일본, 싱가포르, 한국, 러시아, 베트남을 포함하여 중국 이웃 나라의 대부분은 중국의 힘을 봉쇄하기 위해 미국과 연합할 것이다."[1]

미어샤이머와 브레진스키는 자신들의 대조적인 관점이 방법론의 차이에 연유한다고 본다. 미어샤이머는 정치적 현실보다 이론에 무게를 둔다. 왜냐하면 "우리는 2025년에 정치적 현실이 어떻게 변할지 알 수

---

1) Zbigniew Brzezinski and John L. Mearsheimer, "Clash of the Titans", *Foreign Policy* (January-February, 2005), p. 2.

없기 때문이다." 이와 달리, 강대국의 발흥에 관한 '이론'은 우리에게 "중국이 오늘날보다 GNP가 더 커지고, 더 위협적인 군사력을 가지게 될 때, 무슨 일이 일어날지 말해줄 수 있다." 그의 이론은 무슨 일이 일어날지에 대해 "직설적인 답변"을 해준다. 중국은 "미국을 아시아에서 밀어낼 것이다. 바로 미국이 유럽 강대국을 서반구에서 밀어낸 것처럼." 그리고 미국은 "중국을 봉쇄하려 할 것이고 궁극적으로는 중국이 더는 아시아를 지배할 수 없을 정도까지 약화하려 할 것이다. 〔……〕 바로 냉전 동안 소련을 대한 방식대로 중국을 〔대할 것이다〕."[2]

이와 대조적으로, 브레진스키는 이론보다 정치적 현실에 무게를 둔다. 왜냐하면 "본질적으로 이론이란 국제 관계에서 기껏해야 회고적인 것이다.* 이론에 맞지 않는 어떤 사태가 발생하면, 이론은 수정된다." 그는 바로 미국과 중국의 관계가 그런 경우가 될 것이라고 관측한다. 첫째로, 핵무기는 권력 정치를 바꾸어왔다. 미국과 소련의 교착 상태에서 직접 충돌을 피할 수 있었던 것은 "대체로, 전쟁이 격화할 경우 인류 사회 전체를 절멸할 수 있는 무기 덕분이었다. 그 사실은 중국인들이 미국을 상대할 군사 역량을 획득하려 노력하고 있지 않다는 사실을 말해준다." 게다가 강대국이 어떻게 행동할지는 미리 정해져 있지 않다. "만약 독일인과 일본인들이 그들이 한 방식처럼 행동하지 않았다면, 그들의 체제는 파괴되지 않았을 것이다." 이런 측면에서, "중국의 지도자들은 강대국의 지위를 열망했던 이전의 국가 지도자들보다 훨씬 더 융통성 있고 노회한 것 같다."[3]

두 방법론에 관해서는 할 말이 많다. 10년이나 20년이라는 "단기"에 무엇이 일어날지는 우발적이고 임의적인 사건들에 의해 결정되는데, 미

---

2) *Ibid.*, pp. 2~3.
* 현재 결론을 알고 소급해서 인과관계를 맞춘다는 뜻. 반대는 전망적 접근법이다.
3) *Ibid.*, p. 3.

어샤이머의 말에 따르면 이런 사건들은 장기적 관점에서 보면 보다 영속성 있는 근원의 추세에 의해 "등식에서 쓸려가버린다." 이런 보다 영속성 있는 근원의 추세를 알아내고 설명할 수 있는 이론이 없다면, 우리는 우발적이고 임의적인 사건이라는 "먼지"가 가라앉았을 때 무엇이 일어날지 알아내지 못하고 어찌할 바를 모를 것이다. 그러나 보다 영속성 있는 근원의 추세들은 불변의 것도 아니고 불가항력의 것도 아니다. 우발적이고 임의적인 사건이라고 단지 "먼지"인 것만도 아니다. 이상적으로, 세계 정치와 사회의 이론이라면 주요 행위자들의 행동과 상호작용에서 지속성뿐만 아니라 변화도 설명할 수 있어야만 한다. 이론 자체에서 배울 수 있는 것이 아니라면, 적어도 그 이론이 묘사하고 설명하려는 역사적 경험에서라도 배울 수 있도록 해주어야 한다. 그리고 어떤 조건 하에서 우발적이고 임의적인 사건이 "쓸려가버리지" 않고 기존의 추세를 동요시키고 새로운 추세의 출현을 조장하는지 확실히 밝혀야 한다. 그것은 쉬운 작업이 아니다. 그러나 조금이라도 쓸모가 있으려면, 기존의 강대국과 신흥 강대국 사이의 관계에 관한 이론은 반드시 적어도 두 가지 요구 조건을 충족해야만 한다. 이러한 이론은 반드시 목전의 문제와 가장 밀접한 역사적 경험에 근거하고 있어야만 한다. 그리고 이러한 이론은 반드시 근원의 추세가 끊어질 가능성을 열어두어야만 한다. 브레진스키 관점의 문제점이 이론적 토대가 없다는 것이라면, 미어샤이머 관점의 문제점은 예측 결과(예를 들어 군사적 대결이라든가)에서 어떤 일탈이 일어날 가능성도 배제한다는 점, 그리고 이 관점이 완전히 부적절한 역사적 토대 위에 구축되었다는 점이다.

　미어샤이머는 시장과 자본이 그 자체로 힘의 도구로서 역사적으로 기능해왔다는 사실을 경시한다. 그는 중국의 지속적인 경제 성장을 중국이 최종적으로 미국에 도전할 수 있는 강대국으로 변모하기 위한 조건으로 본다. 그러나 그의 사고 틀로 보면, 경제력이 미국의 손에 현재 집중되어 있는 일종의 군사력으로 전환되어야만 중국은 비로소 진정한 강

대국으로 변모할 수 있다.

　만약 중국인들이 총명하다면, 그들은 〔……〕 자신의 경제력을 미국 경제
보다 더 커지는 정도까지 구축하는 데 집중할 것이다. 그러면 그들은 경제
력을 군사력으로 바꿀 수 있고, 그 지역 국가들에 명령을 하고 미국에 온갖
골칫거리를 주는 위치에 있게 될 것이다. 〔……〕 미국이 목하 가지고 있는
큰 우위는 서구 세계에는 미국의 생존과 안보 이익을 위협할 수 있는 국가
가 없다는 것이다. 그러므로 미국은 다른 민족의 뒤뜰에서 문제를 일으키며
세계를 자유롭게 어슬렁거리고 다닐 수 있었다. 다른 국가들은, 물론 중국
도 포함해서, 미국의 뒤뜰에서 문세를 일으켜 미국이 그곳에서 자기 문제에
계속 집중하도록 붙잡아두어야만 한다.[4]

　중국인들 입장에서 급속히 팽창하는 국내 시장과 국부(國富)를 지역
적·세계적 강대국의 도구로 계속해서 사용하는 편이 더욱 "총명할 것"
이라는 가능성은 (만능이라고 하던 미국의 군사기구가 이라크라는 늪에 빠
져 있는 동안 중국인들이 벌써 그렇게 하고 있음에도) 피상적인 역사적 근
거로 배제되어 있다. 미어샤이머는 중국은 지속적인 경제 성장을 원하
기 때문에 미국과 충돌을 일으킬 가능성이 낮다는 브레진스키의 주장을
부정하면서, "그런 논리라면 제1차 세계대전 전의 독일과 제2차 세계대
전 전의 독일 및 일본에도 적용할 수 있다"면서, 하지만 독일과 일본의
"인상적인 경제 성장"에도 불구하고, 독일은 양차 대전을 시작했으며
일본은 아시아에서 전쟁을 시작했다고 반박했다.[5] 그런데 실상 제1차
세계대전 전의 독일과 제2차 세계대전 전의 독일 및 일본은 모두 **경제적
으로** 성공하고 있지 않았다. 독일과 일본은 **공업적으로** 매우 성공하고 있

---

4) *Ibid.*, p. 4.
5) *Ibid.*, p. 3.

었던 것으로, 국부라는 면에서 이들 국가는 영국과 1인당 소득 격차를 겨우 좁히고 있었으며 미국에는 훨씬 뒤져 있었다.[6] 독일과 일본이 전쟁에 호소한 것은 사실상 그들이 경제적 수단으로 얻을 수 없는 힘을 군사적 수단으로 얻으려고 한 시도였다고 해석할 수 있다.

이와 대조적으로, 미국은 자국의 커져가는 경제력을 공고히 하는 데 영국에 군사적으로 도전할 필요가 없었다. 제8장에서 살펴보았듯이, 미국이 해야 했던 것이라고는 첫째, 영국과 영국의 도전자들을 군사적 · 재정적으로 서로 고갈시키게 만드는 것, 둘째, 더 부유한 경쟁 선수에게 물자와 신용을 공급하여 스스로 부유해지는 것, 그리고 셋째, 강화 조건에 힘을 행사할 수 있도록 전쟁의 최종 단계에 개입하는 것이었다. 이렇게 함으로써 미국은 가능한 한 최대의 지정학적 범위에서 자국의 경제력 행사를 촉진했다. 오늘날 이 지배적인 강대국에 도전하려고 하거나 도전할 수 있는 신흥 군사 강국은 없다. 그럼에도 불구하고 그 지배적인 강대국은 자신이 확실히 보여줄 수 없는 것, 즉 미국은 군사력의 파괴적 힘에 기초하여 미국의 이익과 가치를 세계에 강요할 수 있음을 과시하는 것을 목표로 끝이 없는 전쟁에 열중하고 있다. 이런 환경에서라면, 중국이 미국을 상대할 최적의 강대국 전략은 초기의 미국이 영국을 상대한 전략의 한 변형이지 않을까? 다음 세 가지가 중국에 가장 이익이 되는 것이 아닐까? 첫째, 미국으로 하여금 테러와의 끝없는 전쟁에 군사적 · 재정적으로 스스로를 소진하게 만든다. 둘째, 갈수록 [정책에] 일관성을 잃어가는 미국이란 초강대국에 물자와 신용을 공급하여 스스로 부유해진다. 그리고 셋째로 팽창하는 자국 시장과 국부를 이용하여, 중국

---

6) David Landes, *The Unbound Prometheus: Technological Change and Industrial Development in Western Europe from 1750 to the Present*(Cambridge: Cambridge University Press, 1969), p. 239; Giovanni Arrighi, *The Long Twentieth Century: Money, Power and the Origins of our Times*(London: Verso, 1994), p. 334.

을 중심으로 하는, 그러나 반드시 중국에 군사적으로 지배되는 것은 아닌 새로운 세계 질서를 창출하는 데 동맹국(어느 정도 미국의 협조도 포함하여)을 자기편으로 끌어들인다.

미어샤이머가 이런 가능성을 생각조차 못한 것은, 일부 미국의 분석가들이 기존 강대국과 신흥 강대국 사이에서 협조 관계보다는 오로지 경쟁 관계에만 초점을 맞추는 보편적인 경향과 관련이 있다. 그러므로 현재의 미국과 중국 관계는 보통 19세기 말과 20세기 초의 독일과 영국의 관계나 전간기(戰間期)* 일본과 미국의 관계, 혹은 제2차 세계대전 이후 미소 관계에 비교된다. 놀랍게도 미국의 관찰자들 대부분은 가장 타당성이 있어 보이는 비교, 즉 오늘날 미국과 중국 관계를 19세기 말과 20세기 초의 기존 헤게모니 강국(영국)과 그 시대에 경제적으로 가장 성공적인 신흥 강국(미국) 사이의 관계와 비교하는 것은 도외시한다. 이 관계는 정확하게 미국이 영국의 헤게모니에 지역적으로나 세계적으로나 도전하기 시작했을 때, 심한 상호 적대에서 점차 긴밀한 협조로 전개되기 시작했다.[7] 만약 예전에도 이런 일이 일어났다면, 오늘날 왜 다시 일어나지 못하겠는가? 이 질문에 대해 아무런 답변을 주지 않고 미국과 중국이 반드시 20년이나 30년 내내 대립 노선을 따라 군사적 대결로 치달을 것이라고 예측하는 이론이라면, 아예 이론이 없는 것보다 더 나쁠 것이다.

이러한 평가는 특히 미어샤이머의 이론이(제10장에서 논한 로버트 캐

---

* 제1차 세계대전과 제2차 세계대전 사이.

7) 브래드 드롱이 현재 미국과 중국 관계의 향후 발전 가능성에 관해 구체적으로 언급했듯이, 1840년대에 이르러서도 미국과 영국은 북미 서해안 북부 지역의 영토 분쟁과 그곳의 이윤 높은 모피 무역을 둘러싸고 전쟁 직전까지 갔다. 그러나 그 후 수십 년간 영국은 미국을 억누르기보다는 조절하는 쪽을 선택했고, 점차 경제적·정치적 관계를 밀접하게 발전시켰다. G. Ip and N. King, "Is China's Rapid Economic Development Good for U. S.?" *Wall Street Journal*, June 27, 2005에서 재인용.

플런과 제임스 펑커턴의 입장도 마찬가지로) 동아시아의 고유한 국가 간 체계(interstate systm)의 역사적 경험을 도외시하고 있다는 사실로 입증된다. 이 장의 주요 목표는 (키신저의 말처럼) 중국뿐 아니라 동아시아의 국가 간 관계 체계 전체가 미어샤이머 이론이 기초한 서구적 동력과는 선명하게 대조되는 장기적 동력을 특징적으로 지녀왔다는 점을 보여주는 것이다. 이 상이한 동력은 18세기와 19세기 초까지 국가 만들기와 국민 경제 만들기에서 널리 인정된 중국의 우위를 낳았다. 그러나 이 동력은 또한 이후 세계화하는 유럽 체계의 구조 안에 동아시아 체계가 종속적으로 편입되는 조건 역시 창출했다. 이러한 종속적인 편입은 이전에 존재했던 이 지역의 국제 관계 체계를 변형했지만 파괴하지는 않았다. 더 중요한 것은, 이 동력이 동아시아를 편입시킨 서구 체계 자체의 변형에도 기여했다는 점이다(이러한 변형은 지금도 진행 중이다). 그 결과는 동아시아의 경제 부흥에 특히 유리한 환경을 제공한 정치-경제적 이종 교배 구조이며, 그 결과 나타난 세계의 변형이었다. 서구의 경험에 기초한 이론으로는 이러한 변형에서 무엇이 일어나고 있는지 이해할 수 없다.

5백년간의 평화

서구 사회과학의 가장 큰 신화 중의 하나는 국민국가와 이에 기초한 국가 간 체계의 조직이 유럽의 발명품이라는 것이다. 실제로는, 유럽 식민 세력의 창조물인 몇 개 국가(가장 대표적으로는 인도네시아, 말레이시아, 필리핀 등)를 제외하면, 동아시아의 가장 중요한 국가들은—일본, 한국, 중국에서 베트남, 라오스, 타이와 캄보디아까지—유럽 각국 중 어느 국가보다도 훨씬 오래전에 국민국가였다. 더 중요한 것은, 이 국가들은 중심인 중국에 직접 연결되거나 혹은 중국을 통하여 무역 및 외교 관계로 서로 연결되어 있었으며, 자신들의 상호작용을 규제하는 원칙, 규범 및 규칙을 이해하고 공유함으로써 다른 세계와 구별되는 하나의

세계로 묶였다. 중국 중심의 조공무역 체계를 전공하는 일본 학자들이 밝혔듯이, 이 체계와 유럽의 국가 간 체계는 상호 비교 연구가 논리적으로 충분히 의미있을 정도로 유사성이 많다.[8]

두 체계는 모두 다수의 정치적 권역(political jurisdictions)으로 구성되어 있고, 공통의 문화유산으로 정서를 공유하고 지역 내에서 광범위하게 교역이 이루어졌다. 국경을 넘는 교역은 유럽보다 동아시아에서 더욱 공적으로 규제되었지만, 송대(宋代, 960~1276) 이래로 민간 해상 교역이 번성하면서 조공무역의 성격을 변화시켰다. 그 결과 하마시타 다케시(濱下武志)의 표현을 빌리자면, 변모한 조공무역의 주요 목적은 "공식적 체계에 딸린 비공식적 무역을 통해 이윤을 추구하는 것이 되어버렸다." 유사성은 두 체계를 특징짓는 국가 간 경쟁에서도 간파할 수 있다. 중국을 중심으로 한 조공무역 체계에 의해 하나로 묶인 개별 국가들은 "서로 영향을 미치기에는 충분히 가까웠지만 [……] 상대를 동화시키거나 상대에 동화하기에는 너무 흩어져 있었다." 조공무역 체계는 이들 국가들이 정치-경제적으로 상호작용하는 상징적 틀을 제공했지만, 그럼에도 그 틀은 상당히 느슨하여 중심인 중국에 대해 주변을 구성하는 국가들에 상당한 자율성을 부여했다. 그러므로 일본과 베트남은 이 체계의 주변적 성원이기도 했지만, 제국의 봉작(封爵) 기능의 행사를 두고 중국과 경쟁하기도 했다. 일본은 류큐 왕국과, 베트남은 라오스와

---

8) 이들 학자들의 공헌에 관한 개관은 Satoshi Ikeda, "The History of the Capitalist World-System vs. The History of East-Southeast Asia", *Review* 19, 1(1996) 참조. 일본 학파는 일찍이 페어뱅크와 그의 제자들이 구축한 '중국 중심 체계'(the China-centered system)라는 개념에 기반하고 있으면서도 결정적으로 다르다 (John K. Fairbank, ed., *The Chinese World Order*, Cambridge, MA: Harvard University Press, 1968). 두 개념화 사이의 관계에 관해서는 Peter C. Perdue, "A Frontier View of Chineseness", in G. Arrighi, T. Hamashita, and M. Selden, eds., *The Resurgence of East Asia: 500, 150 and 50 Year Perspectives*(London and New York: Routledge, 2003) 참조.

조공 형태의 관계를 확립했던 것이다.[9] 스기하라 가오루는 동아시아 내에서 선진 기술과 조직적 노하우의 확산을 보면, "많은 점에서 유럽의 국가 간 체제와 유사한 〔……〕 다중심적 정치 체계가 동아시아에 존재했다고 생각할 수 있다"[10]고 분명히 주장한다.

이러한 유사성은 두 체계를 논리적으로 비교하는 것을 의미있게 한다. 그러나 일단 우리가 두 체계의 동학을 비교하면, 두 가지 근본적인 차이가 즉시 드러난다. 첫째, 앞의 각 장에서 주장했듯이, 유럽 체계의 동력이 가진 특징은, 그 구성 인자인 각 국가 사이의 끝없는 군사 경쟁, 그리고 체계 자체와 계속 바뀐 체계의 중심 모두 지리적으로 팽창하는 경향이었다. 유럽 강국들 사이에서 오랜 평화란 지배적인 현상이라기보다는 예외적인 현상이었다. 그러므로 나폴레옹 전쟁 이후 "백 년간의 평화"(1815~1914)는 "서구 문명의 연대기에서 전대미문의 현상"[11]이었다. 게다가, 심지어 이 백 년간의 평화 동안에도 유럽 각국은 비유럽 세계에서 셀 수 없는 정복 전쟁에 몰두했으며, 전쟁의 공업화에서 절정을

---

9) Takeshi Hamashita, "The Tribute Trade System of Modern Asia", *The Memoirs of the Toyo Bunko*, XLVI(1988), pp. 75~76; Takeshi Hamashita, "The Tribute Trade System and Modern Asia", in A. J. H. Latham and H. Kawakatsu, eds., *Japanese Industrialization and the Asian Economy* (London and New York: Routledge, 1994), p. 92; Takeshi Hamashita, "The Intra-Regional System in East Asia in Modern Times", in Peter J. Katzenstein and T. Shiraishi, eds., *Network Power: Japan and Asia*(Ithaca, NY: Cornell University Press, 1997), pp. 114~24.

10) Kaoru Sugihara, "The Economic Miracle and the East Asian Miracle: Towards a New Global Economic History", *Sangyo to Keizai* XL, 12(1996), p. 38.

11) 1815년과 1914년 사이에 유럽 강국 간의 전쟁이(크림 전쟁도 포함하여) 있었지만 겨우 3년 반 정도에 불과했다. 반면 1815년 이전의 두 세기는 유럽 강국이 평균 100년 중에 60년에서 70년 동안 서로 전쟁을 벌였다. Karl Polanyi, *The Great Transformation: The Political and Economic Origins of our Time* (Boston, MA: Beacon Press, 1957), p. 5 참조.

이룬 격화하는 군비 경쟁에 몰두하였다. 이러한 몰두가 가져온 최초의 결과는 지리적 팽창의 새로운 물결이었고, 이는 유럽 체계 내의 충돌을 약화했다. 그러나 그 최종적인 결과는 전례 없는 파괴를 가져온 유럽 강국 사이의 새로운 단계의 전쟁들[즉 양차 대전](1914~45)이었다.[12]

이러한 동력과 선명한 대조를 이루는 동아시아의 국민국가 간 체계의 두드러진 특징은 체계 내의 군사 경쟁과 체계 밖으로의 지리적 팽창이 거의 없다는 점이다. 그러므로 곧이어 토론할 중국의 변경 전쟁[frontier wars, 사실상의 국경 전쟁]을 제외하면, 동아시아가 유럽 체계에 종속적으로 편입되기 전에, 동아시아 체계 내의 국민국가들은 백 년이 아니라 3백 년 동안이나 서로 거의 중단 없는 평화 상태에 있었다. 이 3백 년 동안의 평화는 일본의 두 차례 조선 침략으로 시작과 끝을 맺는데, 둘 다 중국과의 전쟁으로 치달았다. 1592~98년의 중일전쟁과 1894~95년의 중일전쟁이다. 1598년과 1894년 사이에는 중국이 개입된 전쟁으로 1659~60년과 1767~71년 중국과 버마의 전쟁, 1788~89년 중국과 베트남의 전쟁 등 단지 세 차례의 짧은 전쟁만 있었고, 중국이 개입되지 않은 전쟁은 시암과 버마 간 1607~18년과 1660~62년의 두 차례 전쟁뿐이다. 뿐만 아니라 중국에 한해서 말하자면, 우리는 5백 년의 평화라고 말해야 한다. 왜냐하면 1592년 일본의 조선 침략에 앞선 2백 년간 중국은 쩐 왕조(Tran dynasty, 陳朝)를 복위시키기 위해 1406~28년에 베트남을 침략한 것을 빼고는 다른 동아시아 국가와 전쟁을 한 적이 없기 때문이다.[13]

---

12) 이 책의 제5장과 8장 참조.

13) Jaques Gernet, *A History of Chinese Civilization*(New York: Cambridge University Press, 1982); G. S. P. Freeman-Grenville, *History Atlas of Islam*(New York: Continuum, 2002); "Ancient Battles and Wars of Siam and Thailand", in *Siamese and Thai History and Culture*, available at http://www.usmta.com/Thai-History-Frame.htm(1999); "China, 1400~1900 A.

동아시아 국가 간 전쟁이 드물었던 것은 동아시아 체계와 유럽 체계 간의 두 번째 결정적인 차이점과 관계가 있었다. 바로 동아시아 국가들에게는, 서로 경쟁적으로 해외 제국을 건설하고 유럽에 비교할 만한 정도로 군비 경쟁에 힘쓰는 경향이 전혀 없다는 점이다. 동아시아 국가들도 서로 경쟁을 하기는 했다. 예를 들어 스기하라는 도쿠가와 막부 시대의 일본(1600~1868)에서 전형적으로 두 가지 상보적인 경향에서 경쟁 관계가 있었음을 탐지한다. 하나는 도쿠가와 일본이 중국 대신에 일본을 중심으로 한 조공무역 체계를 창출하려고 한 경향이며, 다른 하나는 조선과 중국으로부터 농업·광업·제조업 기술과 조직적 노하우를 광범위하게 흡수하는 경향이다. 이 두 가지 경향을 통해, 가와카쓰 헤이타(川勝平太)가 말한 것처럼, "일본은 이데올로기적으로나 물질적으로나 소중화(小中華)가 되려고 했다."[14] 하지만 이런 종류의 경쟁은 동아시아의 발전 경로를, 전쟁 만들기와 영토 만들기보다는 국가 만들기와 국민 경제 만들기로 유도했다. 즉 유럽식 경로와는 정반대의 방향이다.

이러한 주장은, 중국이 명(明)의 통치가 끝난 뒤 청(淸) 지배가 시작된 첫 150년 동안 변경 지대에서 일련의 오랜 전쟁들을 벌였다는 사실과는 맞지 않는 것처럼 보일 수 있다. 피터 퍼듀가 지적했듯이, 중국 중심 체계의 역사는 "변경의 시각"에서 보면 다르게 보인다. 국경 지대를

D.", in *Time-line of Art History*, the Metropolitan Museum of Art, New York, October 2004, at http:// www. metmuseum.org/toah/ht/10/eac/htl0eac.htm, and "Southeast Asia, 1400~1900 A. D.", in *Timeline of Art History*, the Metropolitan Museum of Art, New York, October 2001, at http://www.metmuseum.org/toah/ht/08/sse/ ht08sse.htm 등에 수록된 정보에 기초한 것이다.

14) Sugihara, "The Economic Miracle and the East Asian Miracle", pp. 37~38; Heita Kawakatsu, "Historical Background", in A. J. H. Latham and H. Kawakatsu, eds., *Japanese Industrialization and the Asian Economy*(London and New York: Routledge, 1994), pp. 6~7.

약탈하고 때로는 중국의 수도를 점령하기도 한 유목 기마병의 존재는 특히 중국의 북부와 서북부 변경사(邊境史)에서 군사 활동이 현저하게 만들었다. 군사 활동이 더욱 현저하게 된 것은, 북부의 정복자가 [명을 멸망시키고] 1644년 청 왕조를 확립하고 자기가 명에 대해 한 것처럼 다른 북부의 침략자들이 하지 못하도록 보장하려고 나섰을 때였다.

북부와 서북부에서 중국은 다른 어떤 변경 지역보다 더욱 강력하고 확실히 이질적인 민족들과 직면했다. 여기에서 무력의 위협이 조공 의례적 질서의 근저에 단단히 자리 잡고 있었던 것은 아주 분명하다. 청은 동몽골과 군사 동맹을 맺고 라이벌인 서몽골을 전면시키고 신장(新疆)을 정복하고 티베트에 대해 공식적 종주권을 확보한 다음에야, 비로소 논쟁의 여지 없이 베이징을 핵으로 한 조공 체계의 중심축임을 제대로 주장할 수 있었다.[15]

그 결과 나타난 영토 팽창과 이를 지탱한 군사 활동은 국경을 결정지었으며, 이후 청을 이은 모든 중국의 정권들은 이 국경을 보전하려고 투쟁하게 된다. 청조의 주요 목적은 방어하기 어려운 변경(frontier)을 반란을 진압하고 평화를 회복한 주변(periphery)으로, 그리고 내륙 아시아에서 오는 약탈자와 정복자 들에 대항할 완충 지대로 변형하려는 것이었다. 일단 이 목적이 1790년대 무렵까지 달성되자, 영토 팽창은 멈추었고 군사 활동은 경찰 활동으로 바뀌었다. 이 경찰 활동은 새롭게 확립된 국경 안에서 중화 제국의 폭력 사용에 대한 독점권을 확고히 하는 것을 목표로 삼았다. 이러한 영토 팽창도 꽤 상당한 규모이기는 하지만, 유럽 팽창의 잇따른 물결과 비교하면 빛이 바랜다. 초기의 아메리카 대륙과 동남아시아에서 이베리아 국가들의 팽창, 그와 동시에 진행된 북아시아에서 러시아의 팽창, 동남아시아에서 네덜란드의 팽창이 그러하고, 후

15) Peter Perdue, "A Frontier View of Chineseness", pp. 60, 65.

기의 남아시아와 아프리카에서 영국의 팽창 그리고 북아메리카와 오스트레일리아에서 영국 후예들의 팽창은 말할 필요도 없다. 이러한 잇따른 물결과 달리, 청의 팽창은 그 목적이 국경의 확정이었으므로 시간과 공간에서 극히 제한적이었으며, 연결된 팽창의 "끝없는" 연쇄의 한 고리 같은 것이 아니었다.

그 차이는 양적인 것이기도 했지만 질적인 것이기도 했다. 청 치하에서 중국의 영토 팽창은, 제9장에서 논한 유럽식의 "자체 강화적인 순환" (self-reinforcing cycle)과 같은 것에는 삽입되지 않았다. 유럽식 순환에서는 상호 경쟁하는 유럽 국가의 군사기구가 세계의 다른 민족과 국가를 희생해 팽창을 부양하고 또 팽창에 의해 부양받는다. 이런 자체 강화적인 순환은 동아시아에서는 전혀 볼 수 없었다. 청조의 영토 팽창은 해외 주변 지대의 자원을 수탈하기 위해 다른 국가들과 벌인 경쟁에 의해 견인된 것도 아니고, 팽창의 결과가 그러한 경쟁도 아니었다. 그러한 경쟁과 관련 있는 정치경제의 논리는 중국의 관행과 거의 공통된 점이 없었다. "중화 제국은 주변으로부터 자원을 수탈하기보다는 주변에 투자했던 것 같다. 새로운 변경을 편입하기 위한 정치적 팽창은 정부가 주변에서 자원을 수탈하는 것이 아니라 주변으로 자원을 이동하도록 했다."[16]

유럽과 동아시아 체계의 이러한 상이한 동학은 두 개의 다른 차이점, 즉 체계 구성 단위 사이에 힘의 분배에서 나타나는 차이점과, 힘의 일차적 근원이 얼마만큼 체계 내부에 있고 얼마만큼 체계 외부에 있는지에서 나타나는 차이점, 이 두 차이점에 깊이 연관되어 있었고, 이 두 차이점에 의해 기본적으로 결정되었다. 사실 유럽사에서 "확대된" 16세기 (1350~1650)와 아시아사에서 명대(明代, 1368~1643) 이전에조차도, 동아시아의 정치·경제·문화적 힘은 유럽보다 훨씬 그 중심(중국)에

---

16) R. Bin Wong, *China Transformed: Historical Change and the Limits of European Experience*(Ithaca, NY: Cornell University Press, 1997), p. 148.

집중되어 있었다. 유럽의 경우 이 시기 진정한 중심이 어디인지 확정 짓기가 훨씬 힘들다. 그런데 1592~98년 중국의 중심적 지위에 군사적으로 도전하려던 일본의 시도가 패배하고, 1648년 베스트팔렌 조약으로 유럽의 세력 균형이 제도화하자, 그 차이〔동아시아는 중심이 확실하고, 유럽은 덜 중앙 집중적이라는 차이〕는 더욱 뚜렷해졌다.

유럽 체계의 세력 균형 구조는 그 자체로 유럽 국가들이 서로 전쟁을 벌이는 경향의 한 원인이다. 칼 폴라니가 강조했듯이, 세력 균형 메커니즘은 즉 "힘을 행사할 수 있는 셋 혹은 그 이상의 구성 단위가 〔……〕 제일 강한 구성 단위의 힘이 조금이라도 증가하면 이에 대항해 더 약한 구성 단위들의 힘을 결합하는 식으로 행동하는" 메커니즘인데, 이것이 19세기 백 년간의 평화가 조직되는 데 핵심적인 요소였다. 하지만 역사적으로 세력 균형 메커니즘은 "오로지 파트너를 바꿔가면서 끊이지 않고 전쟁을 해야만"[17] 참가하는 각 구성 단위의 독립을 유지한다는 목적을 달성할 수 있다. 19세기에 이와 같은 메커니즘이 전쟁보다는 평화를 가져왔던 주요 원인은, 정치·경제적 힘이 영국의 손에 너무 집중되어서, 그 결과 영국이 세력 균형을, 일개 국가가 통제할 수 없고 전쟁으로 작동되는 메커니즘에서 평화를 진작하는 비공식적 영국 지배의 도구로 전환할 수 있었기 때문이다.[18]

19세기 유럽에서 세력 불균형이 증가하자 유럽 체계 내의 전쟁 빈도가 줄어들었다는 사실은 동아시아 체계에서 전형적인 세력 불균형이 동아시아 국가들 사이에 전쟁 빈도가 낮은 원인이었다는 것을 시사한다. 그렇지만 19세기에 영국의 손에 힘이 집중되었어도 동시에 어느 때보다

---

17) Polanyi, *Great Transformation*, pp. 5~7.
18) 영국이 세력 균형을 비공식적 지배 도구로 전환한 것에 대해서는 Giovanni Arrighi and Beverly J. Silver, *Chaos and Governance in the Modern World System*(Minneapolis, MN: University of Minnesota Press, 1999), pp. 59~64 참조.

파괴적인 전쟁 수단 생산과 이 수단을 사용한 체계 외부의 자원에 대한 접근 권리를 얻기 위해 국가 간 경쟁이 격렬해졌다는 사실을 생각하면, 세력 불균형이 더 컸다는 점이 그 자체로 동아시아 체계 내에 두 가지 경쟁이 없었던 이유를 설명할 수는 없다. 뭔가 유럽에는 있고 동아시아에는 없는 또 다른 요소가 〔세력 불균형성과〕"결합하여"이 국가 간 경쟁의 상이한 방식을 만들어냈을 것이다. 가장 가능성이 높은 것은 유럽의 발전 경로가 동아시아 경로에 비교해서, 또 동아시아 경로와의 관계에서 훨씬 더 외향적이었다는 점이다.

　비록 정치적 권역들 내부, 두 권역 사이, 그리고 여러 권역을 가로질러 일어난 교역은 두 체계의 작동에 모두 필수적이었지만, 근거리 무역에 비교한 원거리 무역의 경제적·정치적 비중은 동아시아 체계에서보다 유럽 체계에서 훨씬 컸다. 그중에서도 동서무역은 동아시아 국가들, 특히 중국보다 유럽에서 훨씬 중요한 부와 힘의 원천이었다. 베네치아의 부를 일궈내고, 이베리아 반도 국가들이 베네치아의 라이벌 제노바인들의 부추김과 원조를 받아 동양 시장과 직접적인 연결 고리를 모색하도록 유도한 것이 바로 이 근본적인 비대칭이었다.[19] 앞으로 살펴보겠지만, 15세기 정화(鄭和)의 인도양 원정이 비용에 비해 수익이 낮았던 근본 원인도 바로 똑같은 이러한 비대칭이었다. 이 비대칭이 아니었다면, 정화는 아마도 "아프리카를 돌아서 항해를 계속하여, 항해 왕자

19) Arrighi, *Long Twentieth Century*, ch. 2. 이 동서 비대칭은 "확대된" 16세기와 명대보다 앞서는 오랜 역사를 가지고 있다. Archibald Lewis, *The Islamic World and the West, A. D. 622~1492*(New York: Wiley, 1970), p. vii; Carlo Cipolla, *Before the Industrial Revolution: European Society and Economy, 1000~1700*(New York: Norton, 1976), p. 206; Janet Abu-Lughod, *Before European Hegemony: The World System A. D. 1250~1350*(New York: Oxford University Press, 1989), pp. 106~07 참조. 하지만 이 연구에서 우리는, "확대된" 16세기 시기의 유럽과 명대 시기의 동아시아 두 지역의 발전을 규정하고 또 그 발전에 의해 변환된 특정한 동서 비대칭에 대해서만 관심이 있다.

엔리케의 원정대가 세우타의 남쪽으로 열심히 밀고 들어가기 수십 년도 전에, 포르투갈을 '발견했을' 것이다."[20] 콜럼버스의 우연한 아메리카 대륙 "발견"은 아시아의 부에 이르는 단축 항로를 찾던 중에 이루어진 것이지만, 대서양에 있는 부와 힘의 새로운 원천과 아시아의 시장에 참여할 수 있는 새로운 수단을 유럽 국가들에 제공함으로써 이 비대칭의 조건을 바꾸어놓았다. 그러나 이 발견이 이루어진 지 2세기 후에도, 찰스 대버넌트(Charles Davenant)는 여전히 아시아 무역을 지배하는 자가 바로 "모든 상업 세계를 좌지우지하는"[21] 지위를 차지한다고 주장했다.

제8장에서 우리는 이러한 유럽 내 힘의 투쟁의 외향성이 자본주의·군사주의·영토주의의 특정 결합을 가져온 주요 결정 요소였고, 이 결합이 유럽 체계를 세계화한 추진력이었다고 주장했다. 동아시아 체계의 동력은 이와 정반대로, 힘의 투쟁의 내향성이 "끝없는" 영토 팽창을 향한 경향이 전혀 없는, 정치적 힘과 경제적 힘의 결합을 낳았다. 동아시아 체계 동력의 이러한 성격은 유럽에 대한 내 주장을 지지해주는 사실적 반증이 될 수 있다. 그러나 외향적인 유럽 경로의 출현은 이탈리아 도

---

20) Paul Kennedy, *The Rise and Fall of the Great Powers: Economic Change and Military Conflict from 1500 to 2000*(New York, Random House, 1987), p. 7. 혹은 그 대신에, 윌리엄 맥닐의 말처럼 "중국인들이 계속해서 탐험적인 항해 선단을 해외로 보내는 것을 선택했더라면, 콜럼버스가 카리브 제도에 어물어물하다가 들어가기 수십 년 전에 한 중국의 장군이 일본 해류를 타고 샌프란시스코 만에 배를 타고 들어갔을 수도 있다는 것은 쉽게 예측할 수 있다"(William McNeill, "World History and the Rise and Fall of the West", *Journal of World History* 9, 2, 1998, p. 229). 배수량 1,500톤가량으로 보이는 이 배들을 바스쿠 다 가마의 300톤 기함과 비교하면, 이 당시 중국의 해상 수송 능력은 대적할 자가 없었다. William McNeill, *The Pursuit of Power: Technology, Armed Force, and Society since A. D. 1000*(Chicago: University of Chicago Press, 1982), p. 44 참조.

21) Eric Wolf, *Europe and the People without History*(Berkeley, CA: University of California Press, 1982), p. 125에서 재인용.

시국가들이 개척한 힘의 전략의 확산이라는 견지에서만 이해할 수 있는 것처럼, 내향적인 동아시아 경로의 출현은 명과 청이 그들 시대에서 단연 제일 큰 시장 경제를 발전시키는 정책에서 거둔 성공이라는 견지에서만 이해할 수 있다.

시장 경제와 풍요로 가는 중국의 '자연스러운' 경로

국가 시장(national market)은 국민국가나 국가 간 체계와 마찬가지로 더는 서구의 발명품이 아니다. 우리가 제1부에서 보았듯이, 애덤 스미스는 서구 사회과학이 후에 잊어버린 것, 즉 18세기 내내 단연 최대의 국가 시장은 유럽이 아니라 중국에서 볼 수 있었다는 사실을 아주 잘 알고 있었다. 이 국가 시장은 오랜 기간에 걸쳐 형성되었지만, 그 18세기의 배치는 명과 청 초기의 국가 만들기 활동에서 생겨났다.

남송 시대(1127~1276) 동안, 중국 북부 변경의 몽골과 퉁구스 민족과의 전쟁으로 많은 군사비 지출과 배상금에 시달리고, 실크로드에 대한 통제권의 상실 및 이윤 높은 소금 · 철 · 술 생산의 국가 전매가 약화되면서, 송조(宋朝)는 세수의 한 원천으로 민간 해상무역을 장려하게 되었다. 특히 중요했던 것은 조선업자들에게 재정적 · 기술적 지원을 제공함으로써 항해 기술의 발전을 독려한 것이었다. 항해에서 나침반의 사용을 선도하면서, 앞은 뾰족하고 뒤는 평평하며 바닥은 뾰족한 형태의 중국식 정크는 세계 다른 어떤 배도 흉내 낼 수 없는 빠른 속도로 거친 바다를 항해할 수 있도록 해주었다. 군사적 압력과 화북 영토의 상실로 인해 강남 지역으로 거대한 인구 이동이 발생했는데, 이 지역은 특히 다수확의 벼농사에 적합했다. 이런 경작 조건하에서 추가적인 노동력 투입은 토지 생산성을 상당한 정도로 증가시킬 수 있었기 때문에, 이 지역의 인구는 급속히 늘어나, 유럽보다 훨씬 인구 밀도가 높아지게 되었다. 게다가 벼농사의 효율성으로 생존 수준 이상으로 식량의 잉여가 확보되자

농민들은 시장에 팔 농작물의 수량과 품종을 늘릴 수 있게 되었으며, 비농업 활동에 종사할 수 있게 되었다.[22)

해상 무역과 벼농사 발전에 함께 영향을 받아, 연안 지역은 장기적인 경제적 상승을 경험하였는데, 이는 항해 기술의 진보, "해상 실크로드"의 확립, 조공무역 중심지로서 동남 해안의 광저우, 취안저우(泉州) 및 항구 소도시의 번영에 기초하였다. 동시에, 동남아시아 도서 지역에 형성된 중국인 정착 거주지는 민간 해상무역을 활성화하여, 민간 해상교역이 중국과 해상 아시아 간 경제 교환의 주요 형태로서 공식적 조공무역을 능가하게 되었다.[23) 민간 해상무역에 대한 국가의 지원과 원(元, 1277~1368) 통치하에 동남아시아로 이주가 지속되면서, 남중국해와 인도양에 걸친 화교 교역 네트워크가 형성되었는데, 동시대 어떤 유럽의 네트워크에 못지않게 광범위했다. 송원(宋元) 시대에 훗날 유럽 발전 경로에서 전형적으로 나타난 경향들이 이미 동아시아에는 존재했던

22) Giovanni Arrighi et al., "Historical Capitalism, East and West", in Giovanni Arrighi, Po-keung Hui, Ho-fung Hung, and Mark Selden, eds., *The Resurgence of East Asia: 500, 150 and 50 Year Perspectives*(London and New York: Routledge, 2003), pp. 269~70; Jung-pang Lo, "Maritime Commerce and its Relation to the Sung Navy", *Journal of the Economic and Social History of the Orient* XII(1969), pp. 77~91; Francesca Bray, *The Rice Economies: Technology and Development in Asian Societies*(Berkeley, CA: University of California Press, 1986), p. 119; Mark Elvin, *The Pattern of the Chinese Past*(Stanford, CA: Stanford University Press, 1973), ch. 9; Ravi A. Palat, "Historical Transformations in Agrarian Systems Based on Wet-Rice Cultivation: Toward an Alternative Model of Social Change", in P. McMichael, ed., *Food and Agrarian Orders in the World-Economy*(Westport, CT: Praeger, 1995), p. 59.
23) Lo, "Maritime Commerce and its Relation to the Sung Navy", pp. 57~58; Pokeung Hui, "Overseas Chinese Business Networks: East Asian Economic Development in Historical Perspective", PhD Thesis, 1995, Department of Sociology, State University of New York at Binghamton, pp. 29~30.

것이다.[24]

하지만 동아시아에서는 이러한 경향들이, 유럽과 같이 해외 상업적 영토 제국의 건설을 둘러싼 국가 간 경쟁으로 나아가지 않았다. 반대로 명대에는 이런 경향들은 통제하에 들어갔고 국내 교역을 우선시하고 때로는 외국무역을 금지하는 정책이 실시되었다. 몽골의 침입으로부터 화북 변경을 더 효과적으로 보호하기 위해 수도를 난징에서 베이징으로 옮기자, 강남에 형성되었던 시장 교환의 범위가 화북으로 확대되었다. 또한 수도와 주위 지역에 식량 공급을 보장하기 위해, 명은 미작 지대인 강남 지역을 화북의 정치 중심에 연결하는 운하 체계를 수리하고 확대하였다. 이로써 시장 경제와 양쯔 강 하류 지역의 "운하 도시들"의 발전이 더욱 촉진되었다. 또 하나 중요한 것은 명 초기 화북에서 면화 재배의 장려였다. 이에 따라 화북이 원면 생산으로 양쯔 강 하류 지역이 면직 매뉴팩처로 특화하게 되고, 이러한 특화는 대운하를 통한 남북 무역을 촉진함으로써 국가 시장을 더욱 확대했다.[25]

명은 국가 시장의 형성과 확대를 고무하기도 했지만, 해상무역과 동남아시아로의 중국인 이주에 행정적 제한을 가함으로써 세수에 대한 통제력을 중앙 집권화하려고 하였다. 1405년에서 1433년 사이 일곱 차례에 걸쳐 동남아시아와 인도양을 횡단한 정화 장군의 대항해 역시 외국

---

24) Lien-Shen Yang, *Money and Credit in China: A Short History*(Cambridge, MA: Harvard University Press, 1952); Elvin, *The Pattern of the Chinese Past*, ch. 14; Yoshinobu Shiba, "Sung Foreign Trade: Its Scope and Organization", in M. Rossabi, ed., *China among Equals: The Middle Kingdom and its Neighbors, 10th-14th Centuries*(Berkeley, CA: University of California Press, 1983), pp. 106~07; Luquan Guan, *Songdai Guangzhou de haiwai maoyi*(The Guangzhou Sea Trade in the Song Dynasty) (Guangzhou: Guangdong renmin chubanshe, 1994), pp. 57~60.

25) Arrighi et al., "Historical Capitalism, East and West", p. 271; Ho-fung Hung, "Imperial China and Capitalist Europe in the Eighteenth-Century Global Economy", *Review*(Fernand Braudel Center) 24, 4(2001), pp. 491~97.

무역에 대한 국가의 통제력을 확대하려는 의도였다. 그러나 이 원정은 돈이 너무 많이 든다는 것이 드러났다. 그리고 명이 화북 변경에 대한 당면한 군사적 위협에 더욱 신경을 빼앗기면서, 이 항해는 중단되었다. 명 정권이 내향성으로 돌아선 후 한 세기도 넘는 동안, 명조는 국내 교역을 계속해서 장려했지만 민간의 해상 통상은 제한했고 해양 아시아와의 공인되지 않은 대외교역은 엄격히 단속했으며 조공 사절의 숫자를 제한하고 심지어 원양 선박의 건조를 아예 금지했다.[26)]

재닛 아부루고드에 따르면, 명이 인도양에서 물러난 것은 "적어도 과거 백 년 동안 진지한 학자들을 당황스럽게 만들었고 절망하게 만들었다." 더 구체적으로,

지구의 상당 부분에 대해 지배력을 행사하는 것이나 마찬가지였고 민수(民需) 생산뿐 아니라 해군력과 군사력에서도 기술적 우위를 누리고 있었으면서 〔중국은—인용자〕 왜 등을 돌려 함대를 철수시키고 따라서 거대한 힘의 공백을 남겨두었을까. 무슬림 상인들은 국가의 해군력이 받쳐주지 못했기 때문에 이 공백을 메울 준비가 전혀 되어 있지 않았다. 그러나 유럽인들은 약 70년의 틈 이후에 기꺼이 이 공백을 메우려 했으며 메울 수 있었다.[27)]

---

26) Gungwu Wang, "Ming Foreign Relations: Southeast Asia", in Denis Twitchett and Frederick Mote, eds., *The Cambridge History of China, Vol. 8(2): The Ming Dynasty*(Cambridge: Cambridge University Press, 1998), pp. 316~23; William McNeill, *The Pursuit of Power: Technology, Armed Force, and Society since A. D. 1000*(Chicago: University of Chicago Press, 1982), p. 47; Binchuan Zhang, "Mingqing haishang maoyi zhengce: biguanzishou?"(The Sea Trade Policy of Ming and Qing: Closed Door and Conservative?), *Selected Essays in Chinese Maritime History* IV(Taipei: Academia Sinica, 1991), pp. 49~51; Hui, "Overseas Chinese Business Net-works", pp. 34~38, 53.

27) Janet Abu-Lughod, *Before European Hegemony*, pp. 321~22.

동아시아의 맥락과 유럽의 맥락에서 부와 힘의 추구 사이에 존재하는 비대칭은 이 질문에 단순한 대답을 제공한다. 유럽 국가들은 서와 동을 연결하는 해로에 대해 배타적인 통제권을 확립하기 위해 끝없는 전쟁을 벌였다. 왜냐하면 동양과의 무역에 대한 통제력이야말로 부와 힘의 추구에서 결정적인 자원이었기 때문이다. 반대로 중국의 지배자들에게는 이러한 무역로에 대한 통제력이 이웃 국가들과의 평화로운 관계나 인구가 많은 자국 통치 영역을 농경에 기초한 국가 경제로 통합하는 것보다 훨씬 덜 중요했다. 그러므로 명이 동서의 해로를 지배하려는 데 자원을 낭비하지 않고 대신 국가 시장의 발전에 집중한 것은 매우 합리적이었으며, 명은 훗날 스미스가 풍요로 가는 "자연스러운" 경로의 본보기라고 말한 발전을 열어젖히게 된다.

정화의 원정이 확대하려 한 "조공무역"의 범위를 그 이후 명조는 오히려 줄여버렸는데, 중국의 "조공무역"은 사실 경제적 이익보다 경제적 비용이 더 컸다. 통일된 조세 체계가 천 년도 더 전인 진한(秦漢) 시대에 벌써 확립되었지만, 중화 제국 조정과 봉신국(封臣國) 사이의 조공 관계는 과세가 되지 않았다. 반대로 특히 당대(唐代) 이후 유일한 예외인 원조(元朝)를 빼고 제후국은 중화 제국의 조정에 다만 상징적인 선물을 제공하고 보답으로 훨씬 더 많은 귀중한 선물을 받았다. 그러므로 명목상 "조공"이라는 것은 사실상 중국(中國, the Middle Kingdom)으로 하여금 제후국의 충성을 "사고" 동시에 제국의 넓게 퍼진 변경 전역에 사람과 상품의 흐름을 통제할 수 있도록 하는 쌍방향 거래였다.[28]

이러한 관행은 세계사에서 "관대함을 갖춘 부는 힘이다. 왜냐하면 관대한 부는 친구와 하인을 조달하기 때문이다"는 홉스의 금언의 타당성

---

28) Cf. Weinong Gao, *Zou xiang jinshi de Zhongquo yu "chaogong" guo guanxi* (The Relation between China and its Tributary States in Modern Times), Guangdong: Guangdong gaodeng jiaoyu chubanshe, 1993, pp. 1~78.

을 보여주는 가장 중요한 사례를 제공하는데, 이 관행의 유지 가능성과 효력은 몇 가지 조건에 의존했다. 즉 중국 경제는 제후국의 충성을 사는 데 필요한 자원을 산출해야만 했으며, 중화 제국은 이들 자원을 지배하는 위치에 있어야만 했으며, 중국을 에워싼 주변 국가들은 중국 통치의 권위에 도전하는 수단(예를 들어 약탈, 정복, 전쟁 혹은 단순한 불법 무역)으로 중화 제국과 경제에서 자원을 장악하려는 노력이 남는 장사가 아니라고 설득되어야 했다. 국가 경제를 공고화하고 확대하는 데 성공했음에도 불구하고, 혹은 아마도 바로 그렇기 때문에, 명의 내부 지향적인 정책들은 16세기 초에 이르면 이런 조건을 재생산하는 데 점점 더 어려움에 직면하게 되었다. 국내에서는 만연한 부패, 치솟는 인플레이션, 늘어가는 재정 적자에 직면했고, 북부에서는 여진족의 팽창, 동남 연안에는 명의 세금 징수관을 피한 불법 무역의 팽창으로 외부적 압력도 커져갔다. 무장한 중국 상인과 일본 상인들이 수행하는 불법 무역은 일본의 군벌*들이 적극적으로 후원했는데, 이들은 이윤 높은 중국 상품의 교역을 이용해 상호 투쟁에 필요한 재원을 조달하려고 했다. 재정적으로 궁한 명이 값비싼 조공무역을 줄이고 남부 연안 지역에 대한 효과적인 군사적 통제를 할 수 없게 되자, 민간 무역이 다시 한 번 이 지역의 경제적 교환의 주요 형식이 되었다.[29]

---

 * 일본의 센코쿠다이묘(戰國大名)를 지칭함.

29) W. James Tong, *Disorder under Heaven: Collective Violence in the Ming Dynasty*(Stanford, CA: Stanford University Press, 1991), pp. 115~29; Frederic Wakeman, *The Great Enterprise: The Manchu Reconstruction of Imperial Order in Seventeenth-Century China*(Berkeley, CA: University of California Press, 1985), ch. 1; Ray Huang, "Fiscal Administration during the Ming Dynasty", in Charles O. Hucker, ed., *Chinese Government in Ming Times*(New York: Columbia University Press, 1969), pp. 105~23; Ho-fung Hung, "Maritime Capitalism in Seventeenth-Century China: The Rise and Fall of Koxinga in Comparative Perspective", unpublished manuscript, Department of Sociology, Johns Hopkins University, pp. 12~18; John E.

내부 타락과 외부 압력은 서로를 증폭하였고, 폭발적인 사회 혼란을 가져왔다. 제국을 갈수록 통치할 수 없게 되자, 명은 이런 사태에 직면하여 세제 개혁과 번영하는 민간 무역의 활용을 통해 농민의 불평을 완화하고 위기를 해결하려 했다. 농민의 고난과 소요의 두 가지 주요 원인이었던 요역과 공납이 은으로 납부할 수 있는 한 가지 세금으로 대부분 대체되었다.* 지폐는 금지되고 은화가 본위로 선호되었으며, 해외로부터 들어오는 은을 확대하기 위해 1560년대에는 동남아시아와의 교역 제한이 완화되었고 원양 상인들에게는 면허제가 도입되는 대신 과세가 시행되었다.[30]

재정 · 통화 · 무역 정책에서 일어난 이러한 변화는, 처음에는 일본(이 지역의 주요 은 공급자), 이후는 유럽 · 아메리카 대륙과의 대외무역으로 방대한 은이 유입되었기 때문에 가능했고 고무되었다.[31] 비록 스페인이

Wills, Jr, "Maritime China from Wang Chih to Shih Lang: Themes in Peripheral History", in Jonathan D. Spence and John E. Wills, Jr, eds., *Conquest, Region, and Continuity in Seventeenth-Century China*(New Haven, CT, and London: Yale University Press, 1979), pp. 210~11.

* 명대의 일조편법(一條鞭法)을 지칭함.

30) Tong, *Disorder under Heaven*; William S. Atwell, "Some Observations on the 'Seventeenth-Century Crisis' in China and Japan", *Journal of Asian Studies* XLV(1986); Dennis O. Flynn and Arturo Giraldez, "Born with 'Silver Spoon': The Origin of World Trade in 1571", *Journal of World History* 6, 2(1995); Wills, "Maritime China from Wang Chih to Shih Lang", p. 211; Jurgis Elisonas, "The Inseparable Trinity: Japan's Relations with China and Korea", in John Hall, ed., *The Cambridge History of Japan, Vol. 4, Early Modern Japan*(Cambridge: Cambridge University Press, 1991), pp. 261~62; Hung, "Imperial China and Capitalist Europe", pp. 498~500.

31) William S. Atwell, "Ming China and the Emerging World Economy, c. 1470~1650", in Denis Twitchett and Frederick Mote, eds., *The Cambridge History of China, Vol. 8(2), The Ming Dynasty*(Cambridge: Cambridge University Press, 1998), pp. 403~16; Timothy Brooks, *The Confusions of*

마닐라를 통해 아메리카 은의 상당량을 중국으로 수송하여 재정적 사회적 위기를 완화하기는 했지만, 명의 재정적 곤란은 1590년대 일본과의 값비싼 전쟁과 1610년대 만주족과의 전면전 발발, 조정과 행정 체계에 만연한 부패로 인해 가파르게 고조되었다. 1630년대에 일본이 무역을 제한하는 정책을 실시하고, 1630년대와 1640년대 유럽의 은 공급이 급격히 감소한 것은 겨우 견디고 있던 명에 최후의 일격이 되었다. 〔은 유입의 감소로〕 은의 가치가 급등하자, 농민의 세금 부담이 가중되었고, 제국 전역에 소요가 발생하게 되었으며, 이러한 소요가 극한에 이르러 결국 1644년 명은 붕괴하였다.[32]

청의 지배가 확립되자, 대외무역보다 국내무역을 우선하는 명 초의 정책이 맹렬한 기세로 재개되었다. 1661년과 1683년 사이에 청은 민간 해상 교통을 다시 금지하였고, 중국과 세계 시장을 연결하던 핵심 고리였던 중국 동남 해안을 양자를 분리하는 무인 지대로 바꾸는 초토화 정책을 추진하였다.* 해금(海禁)은 1683년에 해제되었지만, 조선업은 엄격히 규제하여 모든 무역 정크의 크기와 무게를 제한하였으며, 배에 화기를 선적하는 것은 불법이 되었다. 이후 무역이 합법이 되면서 새로운 시대가 열렸지만, 해양 중국은 그 허약한 자치마저 상실했다. 또한 1717년에는 중국의 신민들이 사적으로 해외에 도항하는 것이 다시 금지되었으며, 1757년에는 광저우가 유일한 합법적 대외무역항으로 지정됨에 따라 모든 동남 연안 지역의 운명이 거의 한 세기 동안 결정되어버렸다.[33]

Pleasure: Commerce and Culture in Ming China(Berkeley, CA: University of California Press, 1998), p. 205.

32) Atwell, "Some Observations on the 'Seventeenth-Century Crisis'" and "Ming China and the Emerging World Economy", pp. 408~15.

* 천계령(遷界令)을 지칭함.

33) W. G. Skinner, "The Structure of Chinese History", *Journal of Asian Studies*

대외무역이 억제되기는 했지만, 사방에 국경 지대를 내지로 편입함에 따라 국가 시장의 규모가 커졌을 뿐 아니라 제국 전체적으로 방위비가 절감되는 효과를 가져왔다. 청의 지배자들은 이 절감분을 신민들에게 낮고 안정된 조세란 형태로 돌려주었다. 낮고 안정된 조세와 더불어, 관료의 부패와 탈세를 근절하려는 단호한 국가적 조치를 취했는데, 제국 전역에 걸친 토지 조사, 재정 개혁, 더 효과적인 정보 수집 제도가 동원되었다. 마찬가지로 중요했던 것이 토지의 재분배와 개간의 장려였다. 한족 지주에 맞서 권력을 공고히 하기 위해, 초기의 청조는 대토지를 작은 구획으로 계속해서 분할하였고, 계약 노동을 소작으로 전환하도록 장려하였다. 동시에 다양한 종류의 개간 사업이 시작되었는데, 그 목적은 세금을 올리지 않고 재정 기반을 다시 확립하는 데 있었다.[34]

대토지의 분할과 토지 개간을 통한 토지권의 이중 "민주화"는 수리

44, 2(1985), pp. 278~79; Wills, "Maritime China from Wang Chih to Shih Lang."

34) Yeh-chien Wang, *Land Taxation in Imperial China*, 1750~1911(Cambridge, MA: Harvard University Press, 1973); Peter C. Perdue, *Exhausting the Earth: State and Peasant in Hunan, 1500~1850* (Cambridge, MA: Harvard University Press, 1987), pp. 78~79; Ho-fung Hung, "Early Modernities and Contentious Politics in Mid-Qing China, c. 1740~1839", *International Sociology* 19, 4(2004), pp. 482~83; Beatrice S. Bartlett, *Monarchs and Ministers: The Grand Council in Mid-Ch'ing China, 1723~1820*(Berkeley, CA: University of California Press, 1991); Philip C. C. Huang, *The Peasant Economy and Social Change in North China*(Stanford, CA: Stanford University Press, 1985), pp. 97~105; Junjian Jing, "Hierarchy in the Qing Dynasty", *Social Science in China: A Quarterly Journal* 3, 1(1982), pp. 169~81. 청의 정책으로 인구가 폭발적으로 증가함에 따라, 토지 개간의 목적은 중앙 정부의 재정 기반의 재확립에서 빠르게 늘어나는 인구를 부양할 새로운 식량원을 찾는 것으로 바뀌었다. William Rowe, *Saving the World: Chen Hongmou and Elite Consciousness in Eigteenth-Century China*(Stanford, CA: Stanford University Press, 2001), pp. 56~57 참조.

시설을 유지하고 확대하는 대대적인 정부 조치를 불러왔다. 대단히 영향력 있었던 관료 진굉모[陳宏謀, 1696~1771]는 말한다.

빈민들이 새로 토지를 경작할 때, [그 성공은] 관에서 지역 관개 체계의 발전에 적시의 도움을 제공하는가에 달려 있다. 만약 그 비용이 지역 사회가 감당하기에 너무 비싸다면, 국고에서 자금이 제공되어야만 한다. 어떤 급수 시설을 지을지를 오로지 백성들이 비용을 감당할 수 있는가에 따라 결정한다면, 정말 이룰 수 있는 것이 거의 없을 것이다.[35]

농업 개량, 관개와 수로 운송에서 정부의 개입은 경제 발전의 공간적·시간적 불균형에 대처하는 청의 조치에 필수적이었다. 앞에서도 언급했듯이, 공간적 불평등에 대처하기 위해서, 내지 주변부를 경제적으로 향상시키는 방향으로 시장 경향을 독려하는 정책이 쓰였다. 이런 정책들에는 정보, 인프라, 대부를 제공함으로써 인구가 적은 지역으로 이주를 장려하는 정책, 신품종과 새로운 수공업 기술의 보급 노력, 생태적으로 한계에 달한 지역들에 생존을 보장해줄 수 있는 풍부한 인프라 투자, 그리고 더 빈곤한 지역에 유리한 토지세 정책 등이 포함되었다.[36]
시간적 불평등의 대처에서 청 조치의 주축은 "상평창"(常平倉)의 대폭 확대와 전례 없는 유기적 집행이었다. 청 정부는 시장 메커니즘에 의존하여 어떤 선임자들 못지않게 그리고 아마도 더 잘, 중국의 거대하고

35) Rowe, *Saving the World*, p. 223에서 재인용.
36) Kenneth Pomeranz, *The Great Divergence: Europe, China, and the Making of the Modern World Economy*(Princeton, NJ: Princeton University Press, 2000), p. 250; Susan Mann, "Household Handicrafts and State Policy in Qing Times", in J. K. Leonard and J. Watt, eds., *To Achieve Security and Wealth: The Qing State and the Economy*(Ithaca, NY: Cornell University Press, 1992), p. 86; Wong, *China Transformed*, p. 148.

팽창하는 인구를 먹여 살릴 수 있었다. 하지만 곡물 시장의 변동으로부터 백성들을 보호하는 데는 상평창이 모든 시장 메커니즘을 능가했다. 이 곡창 제도로 청 정부는 곡물이 풍부하고 가격이 낮을 때 곡식을 사서 저장하고, 곡물이 부족하고 비정상적으로 가격이 높을 때 시장 가격보다 낮은 가격으로 곡식을 되팔 수 있었다. 또한 고위 관리들은 지방 곡창 사이의 곡물의 흐름을 유기적으로 조절하여 그들 각자 그리고 모두가 가격의 과도한 주기적 변동에 신속하고 효과적으로 대처할 수 있게 되었다.[37]

이러한 정책들이 결합된 결과는 주목할 만한 평화, 번영 그리고 인구 증가였고, 이것이 18세기 중국을 스미스의 풍요로 가는 "자연스러운" 경로의 본보기로 만들었으며, 유럽의 자비로운 전제 정치, 엘리트주의, 농업에 기초한 자연 경제의 지지자들에게 영감의 원천이 되게 하였다. 비록 18세기 중국의 어떤 사상가도 사리를 도모하는 기업의 국가 경제에 대한 기여를 이론화하지는 않았지만, 윌리엄 로는 앞에서 인용한 진굉모가 스미스, 홉스, 로크나 몽테스키외 못지않게 시장을 통치 도구로 높이 평가했다고 말한다.

진굉모는, 지역 주민들이 새로운 도로 건설, 지역 수출품을 위한 신상품의 도입, 공동 곡창의 설립 등과 같은 다양한 발전 사업에 동조하게 하기 위해, 조금도 주저하지 않고 다른 무엇보다 이윤이란 동기에 호소한다. 애덤 스미스의 "보이지 않는 손"에서 그다지 멀지 않은 공식으로, 진굉모는 이러한 사업이 모두에게 이익을 줄 것이고 [……] 바로 그만큼 각자에게도 이익을 줄 것이라고 주장한다.[38]

37) Pierre-Etienne Will and R. Bin Wong, *Nourish the People: The State Civilian Granary System in China, 1650~1850*(Ann Arbor: University of Michigan Press, 1991); Rowe, *Saving the World*, pp. 155~85.
38) Rowe, *Saving the World*, pp. 201~02.

하지만 진굉모나 다른 어떤 중국의 동시대인들도 "사회적 조화라는 공자의 사상을 거부하고, 시장에서의 고삐 풀린 투쟁이란 관점과 〔……〕 전면적인 자유방임주의 정책을 선호하지는"[39] 않았다. 스미스는 유학자는 전혀 아니지만, 제2장에서 살펴본 것처럼, 사회 평화와 국가 안보를 전면적인 자유방임주의 정책으로 위태롭게 하는 발상은 진굉모에게 그런 것만큼이나 스미스에게도 낯선 것이었다. 스미스가 진굉모의 입장에 있었다면, 어떻게 다르게 행동했을까 알기는 어렵다. 사실 스미스는 외국무역에 더 많이 개입하는 것이, 특히 중국 배로 수송한다면, 중국의 국부를 더욱 증가시킬 수도 있다고 생각했다. 그러나 청 정부가 농업 개량, 토지 재분배와 개간, 국내 시장의 확립과 확대를 최우선한 것은 정확하게 스미스가 『국부론』에서 주창한 것이다.

진굉모의 주장과 청의 발전 개념이 가진 문제점은 전면적인 자유방임주의적 정책을 거부했다는 것이 아니라, 중국의 해안을 강타하려고 모여드는 폭풍의 존재를 까맣게 몰랐다는 것이다. 스미스와 마찬가지로, 그들은 보기에 "부자연스러운" 풍요로 가는 유럽의 경로가 세계 사상 전례 없는 창조적 파괴의 과정을 통해 세계를 다시 만들고 있다는 것을 보지 못했다. 맥닐의 표현을 빌리면, "유럽의 배들은 사실상 유라시아를 완전히 뒤집어버렸다. 해양 변경은 스텝〔대초원 지대〕 변경을 대신하여 이방인과 조우하는 가장 중요한 지점이 되었으며, 아시아 국가들과 민족들의 자립은 무너지기 시작했다."[40] 만약 스미스가 폭풍의 한복판에 앉아 있었기 때문에 다가올 태풍을 볼 수 없었다면, 우리는 진굉모와 청조가 마찬가지로 이를 보지 못한 것도 너그럽게 이해할 수 있다. 그들 모두가 놓친 것은, 오늘날 우리의 동시대인들 다수가 여전히 놓치고 있는 것처럼, 자본주의적 시장 기반 발전과 비자본주의적 시장 기반 발전

---

39) *Ibid.*, p. 204.
40) McNeill, "World History and the Rise and Fall of the West", p. 231.

사이의 근본적인 차이이다.

비자본주의적 시장 경제 안의 자본가들

마크 엘빈은, 그의 "세계 최대의 장기 지속 국가"를 정식화한 고전적 연구의 결론에서, 중국이 고도 균형의 함정에 빠진 것은 바로 거대한 국가 시장을 발전시키는 데 성공한 결과였다고 말한다. 생산과 인구의 급속한 증가가 **노동력을 제외한** 모든 자원을 희소하게 만들어버렸고, 이것이 이번에는 이윤 높은 혁신을 갈수록 어렵게 만들었던 것이다.

> 농업에서 잉여가 하락하고, 이에 따라 1인당 소득과 1인당 수요가 하락하며, 임금은 싸지지만 자원과 자본은 계속 비싸지고, 농경과 수송 기술은 충분히 완비되어 작은 개량도 할 게 없는 상태였으므로, 농민과 상인에게 합리적인 전략이란 노동 절약의 기계화라기보다는 자원과 고정 자본을 절약하는 방향이 되기 쉬웠다. 시장은 방대하지만 거의 정체하고 있었기 때문에, 창조성을 유발할 수도 있는 생산 체계 내의 병목을 전혀 형성하지 않았다. 일시적 부족이 발생해도, 수송비가 저렴했으므로 상인들의 변통이 기계의 고안보다 더 빠르고 확실하게 해결할 수 있었다. 이러한 상황을 "고도 균형의 함정"이라고 묘사할 수 있을 것이다.[41]

이 설명은 정확하게 언제 중국이 고도 균형의 함정에 빠지게 되었는지에 대해서는 약간 모호하다. 그럼에도 불구하고 엘빈은 이 모호함을 해결하고 또 명과 청 초의 시장 기반 발전의 성격을 밝히는 데 도움을 줄 수 있는 두 가지 주장을 한다. 첫째는 농노제와 농노와 유사한 소작제가 청대에 사라진 것이 "본질적으로 새로운 형태의 농촌 사회 등장"을

---

41) Elvin, *The Pattern of the Chinese Past*, p. 314.

가져왔다는 것이다. 그리고 둘째는 "800년에서 1300년까지의 기술적 혁신과 발명이 너무나 커다란 변화를 가져왔고, 그 결과는 '혁명'이라고 표현할 수밖에 없는 정도였다는 것, 그리고 그 이후 중국의 발전은 가속화하는 유럽의 발전에 비교해서도 또한 중국이 앞선 시기에 보여준 발전에 비해서도 둔화되었다"[42)]는 것이다.

1300년 이전 중국의 발전은 우리의 연구 범위를 크게 벗어난다. 우리의 목적을 위해서는, 엘빈의 주장을 포함하여 입수할 수 있는 증거들을 보면, 자본주의가 송대 중국에서 "최초로 발생할 뻔했다"는 크리스토퍼 체이스던(Christopher Chase-Dunn)과 토머스 홀(Thomas Hall)의 주장은 신빙성이 있다는 점을 말하는 것으로 족하다.[43)] 이 장 앞부분에서 우리도 "확대된" 16세기에 유럽 자본주의적 경로에 전형적인 경향들이 송원대 중국에 이미 존재했다고 말했다. 그렇다고 한다면, 1300년 이후 중국 성장의 둔화는 첫 번째 고도 균형의 함정에 빠진 것으로 해석할 수 있다. 스미스 역시 그렇게 해석한 것으로 보이는데, 그는 중국이 "아마도 [마르코 폴로—인용자] 시대 훨씬 이전에 자국의 법률과 제도의 성격이 용인하는 한의 부는 전량 획득한 것 같다"[44)]고 주장한 바 있다.

하지만 이러한 해석은 스기하라가 "중국의 기적"이라고 부른 18세기의 주목할 만한 경제 성장과, 그 덕택에 그래프 1-1이 보여주듯이 세계 GDP에서 동아시아의 비중이 영국의 산업혁명 개시 이후에도 거의 반세

---

42) *Ibid.*, p. 318.

43) Christopher Chase-Dunn and Thomas Hall, *Rise and Demise: Comparing World-Systems*(Boulder, CO: Westview Press, 1997), p. 47.

44) 하지만 스미스는 곧바로 이 진술에 [아래의] 다른 진술로 조건을 다는데, 이는 엘빈이 중국이 정체 상태의 함정에 빠진 시점을 잡을 때 보이는 것과 비슷한 모호함을 무심코 드러내고 만다. "하지만 중국은 그 자리에 계속 머물러 있었을지는 몰라도, 뒤로 후퇴한 것 같지는 않다"(Adam Smith, *An Inquiry into the Nature and Causes of the Wealth of Nations*, 2 vols, London: Methuen, 1961, vol. 1, pp. 80~81).

456 | 제4부 신(新)아시아 시대의 계보

기 동안이나 더 증가했다는 사실과는 충돌한다. 만약 중국이 1300년경 혹은 더 일찍이 정체 상태에 들어섰다면, 이와 같은 경제 성장의 상승은 무엇으로 설명하겠는가? 명과 청 초의 국가 만들기 및 국가 경제 만들기 활동, 그리고 청대 "본질적으로 새로운 형태의 농촌 사회" 등장이 중국을 고도 균형의 함정에서 해방하는 데 조금도 도움을 주지 않았을까? 제3장에서 자본주의적 시장 기반 발전과 비자본주의적 시장 기반 발전 사이에 그은 구분을 명심하면서, 우리는 다음과 같이 대답할 것이다.

첫째, 스미스적 성장의 경향은 고도 균형의 함정에 빠지게 되어 있지만, 그렇다고 더 높은 수준의 균형이 있을 수 있다는 가능성을 배제하지는 않는다. 더 높은 수준의 균형은 그 경제가 삽입된 지리적 · 제도적 환경에 적절한 변화를 줌으로써 얻을 수 있다. 둘째, 18세기 중국의 경제적 "기적"은 고도 균형에서 더 고도의 균형으로의 이동으로 가장 잘 해석될 수 있다. 이러한 더 고도의 균형은 일차적으로 명과 청의 정책이 제도적 · 지리적 환경에 가져온 변화 덕분이었다. 셋째, 이러한 상향 이동에도 불구하고, 중국에서 시장 기반 발전은 유럽과는 다른 방향으로 움직였는데, 그 원인은 이 발전의 지향성이 더 자본주의적으로 되기보다는 덜 자본주의적으로 되어갔기 때문이다.[45]

제3장과 8장에서 주장했듯이, 시장 기반 발전의 자본주의적 성격은 자본주의적 제도와 성향에 의해 결정되는 것이 아니라 국가 권력과 자본의 관계에 의해 결정된다. 시장 경제에 원하는 만큼 많은 자본가를 더 투입한다고 해도, 국가가 그들의 계급 이익에 종속되지 않는다면, 시장

---

45) 그래프 3-1에서 나타난 것으로 말하자면, 두 번째 명제는 18세기 중국의 경제적 "기적"이 곡선 dy/y의 우상향 이동으로 가장 잘 표현된다는 것을 보여준다. 세 번째 명제는 이러한 상향 이동에도 불구하고 중국이 겪은 시장 기반 발전은 제8장에서 토론한 것 같은 반복되는 금융 팽창과 점점 규모가 커지는 "공간적 조정"으로 나아가는 경향이 전혀 나타나지 않았음을 보여준다.

경제는 여전히 비자본주의적이다. 페르낭 브로델 역시 중화 제국을 "시장 경제와 자본주의는 구분해야 한다는 [그의—인용자] 주장을 가장 적절히 뒷받침하는" 사례로 들고 있다. 중국에는 "사슬처럼 계통적으로 연계된 지방 시장이 있는 [······] 견고하게 확립된 시장 경제, 엄청난 수의 소규모 숙련공들과 행상인들, 번화한 상점가와 도시 중심지들이 있었다." 그에 더해서, 산시성(山西省)의 상인, 은행가와 푸젠(福建) 및 다른 남부 연안 성에서 발생한 화교들은 16세기 유럽에서 걸출한 자본주의적 조직을 구성한 비즈니스 공동체와 매우 닮았다. 그렇지만 국가가 "'보통 이상으로' 부자가 된 그 누구에 대해서도 틀림없이 적의를 불태운다는 것은" "국가가 지원하고 감독하며 항상 얼마간 국가에 의해 좌우되는 어떤 뚜렷이 구분되는 집단 안에서가 아니면, 자본주의란 있을 수 없다"[46]는 것을 의미한다.

브로델은 더 초기의 왕조는 말할 것도 없고 명과 청 치하의 자본가들이 적대적인 국가에 의해 좌지우지되는 정도를 과장했다. 그럼에도 불구하고 유럽에서는 자본주의와 자신을 동일시하는 점점 더 강력한 국가들의 연쇄가 전 세계적 해양과 영토 제국의 중심이 되는 과정에서, 이탈리아 도시국가에서부터 네덜란드의 원(原)국민국가를 거쳐 국민국가인 영국으로 나타났는데, 동아시아에는 이와 비견할 만한 것이 없다는 것도 여전히 사실이다. 이전 장에서 주장했듯이, 이러한 연쇄는 다른 무엇보다도 유럽의 발전 경로를 자본주의적으로 표지한다. 그리고 거꾸로 이러한 연쇄에 비교할 만한 어떤 것도 없다는 점은 동아시아에서 명과 청 초의 시장 기반 발전이 여전히 비자본주의적이라는 점에 대한 가장 분명한 신호이다. 이와 밀접하게 관련된 것이 동아시아에는 유럽 국가

---

46) Fernand Braudel, *Civilization and Capitalism, 15th~18th Century, Volume II: The Wheels of Commerce*(New York: Harper & Row, 1982), pp. 153, 588~89, 강조는 원문.

에 전형적인 끝없는 군비 경쟁 및 해외 영토 확장은 물론 그 비슷한 것도 전혀 없었다는 점이다. 로이 빈 웡이 지적하듯이,

많은 유럽의 상업적 부는, 줄곧 증가하는 전쟁 비용을 맞추기 위해 세수 기반을 확대하기를 갈망하는 궁한 정부에 의해 개발되었다. 〔……〕 유럽 상인들과 그들의 정부들은 모두 양자의 복합적 관계에서 이익을 얻었는데, 전자는 터무니없이 큰 이윤을 얻었고, 후자는 너무나 원하던 세수를 확보할 수 있었다. 후기 중화 제국*은 이와 같이 부유한 상인들과 서로 의존하는 관계는 발전시키지 않았다. 16세기와 18세기 사이에 유럽이 직면했던 것같이 큰 규모의 재정 곤란은 없었기 때문에, 중국 관리들은 새로운 형태의 금융, 막대한 상인 대출 그리고 민간 대출 및 공공 대출의 개념을 고안해야 할 이유가 별로 없었다.[47]

동아시아의 자본주의는 이 때문에 시들어버린 것은 아니었다. 중국 내에서 상업 중개인들과 하위 도급업자의 광범위한 네트워크를 통제하는 대규모 비즈니스 조직은 국가 경제의 필수적인 구성 요소로 발전하였다. 그러나 원거리 교역에서조차도 진입은 유럽보다 훨씬 개방되어 있었고 전국 각지에서 온 사람들도 접근할 수 있었다.[48] 그 결과 자본가들은 일반적 이익을 자기 자신의 계급 이익에 종속시킬 수 있는 능력을

---

* 미국 학계에서 명·청 시대를 지칭하는 용어.

47) Wong, *China Transformed*, p. 146.

48) Gary G. Hamilton and Wei-an Chang, "The Importance of Commerce in the Organization of China's Late Imperial Economy", in Giovanni Arrighi, T. Hamashita, and M. Selden, eds., *The Resurgence of East Asia: 500, 150 and 50 Year Perspectives*(London and New York: Routledge, 2003); R. Bin Wong, "The Role of the Chinese State in Long-Distance Commerce", Working Paper no. 05/04, Global Economic History Network, Department of Economic History, London School of Economics.

가지지 못한 하위 사회 집단으로 남았다. 사실 동아시아에서 자본주의
가 발전할 최고의 기회는 중심에 가깝게 있지 않고, 오히려 틈새에 즉
체계 내 각국의 외곽 가장자리에 있었다. 이러한 발전의 가장 현저한 체
현자가 화교 공동체이다. 이들의 탄력성과 지속적인 경제적 중요성은
세계사에서 거의 유례를 찾기 어렵다. 명의 해금, 무슬림과 주기적인 불
운,* 다른 경쟁자들로부터의 도전에도 불구하고, 화교 공동체는 대단한
이윤을 남겼으며, 현지 정부에게는 꾸준한 세수를 중국 연안 지대에는
송금을 제공했다.49)

17세기 명·청 교체기는 유럽에서 진행된 것과 비슷한 발전이 나타날
수 있는 조건들까지 창출했다. 바로 네덜란드에 필적할 만한 상업 제국
인 정씨(鄭氏) 가문의 등장이다. 유럽식 전함과 화기를 채용하여, 정씨
가문은 경쟁자인 포르투갈인들을 제거하였고, 성공적으로 명의 세금 징
수관과 해군력을 무력화하고, 비단과 도자기 무역을 독점하여, 광둥과
푸젠에서 일본, 타이완, 동남아시아에까지 뻗은 영향권을 형성하였다.
1650년까지 그들은 또한 중국의 동남 연안에 반란 정권을 수립했다. 만
주족을 본토에서 몰아내는 데 실패하자, 1662년에 그들은 타이완으로
물러나 네덜란드인을 내쫓고 자신들의 왕국을 건설하였다. 아주 인상적
인 것은 타이완의 전 네덜란드 총독이 이러한 성취를 근거로 1675년에
해양 세력으로서 정씨 가문의 발흥을 한 세기 앞선 유럽에서 네덜란드
의 발흥에 비유한 것이다. 이 비유는 다소 억지스럽지만 호추메이(何翠
媚)는 더 확실한 근거를 가지고 "정씨 가문의 상업적·정치적 정보망은
적어도 이들의 주적(主敵)인 만주족과 네덜란드 어느 쪽과 비교해도 못

---

* 동남아 무슬림 원주민에 의한 주기적인 화교 학살과 파괴를 지칭함.

49) Hui, "Overseas Chinese Business Networks", pp. 35~36; Wills, "Relations
    With Maritime Europeans", p. 333; Gungwu Wang, *China and the Chinese
    Overseas*(Singapore: Times Academic Press, 1991), pp. 85~86, and "Ming
    Foreign Relations", pp. 320~23.

지않게 효과적이었다. [……] 이론의 여지는 있지만 정씨 가문의 조직은 네덜란드 통합 동인도회사와 같은 특성이 있었다."[50]

마찬가지로 중요한 것은, 정씨 가문이 왕조 교체에서도 결코 적지 않은 역할을 했다는 점이다. 정지룡(鄭芝龍)은 투쟁의 초기 단계에는 명조의 존경받는 동맹자였으며 이때 많은 정씨 가문의 성원들이 명의 군대에서 장교와 장관이 되었으나, 1647년 청의 군대가 푸젠에 들어온 후에, 정지룡은 편을 갈아타려고 시도했다. 그 시도는 실패하여 청은 정지룡의 제안에 그를 투옥하고 결국 처형하는 것으로 답했다. 그렇지만 [그의 아들] 정성공(鄭成功)의 지도 아래 정씨 가문의 세력은 새로운 절정에 달했다. 1660년대와 1670년대를 통해, 타이완에서 정씨 정권은 사실상 독립 왕국이었으며, 스페인 통치하의 필리핀과 류큐 왕국과 동남아시아의 여러 왕국들에 조공을 강요하고 교역을 행했다. 정성공의 후계자 정경(鄭經)은 반자치적인 지위를 주겠다는 청의 제안을 계속 거부하고, 대신 조선이나 류큐의 전례를 따라 청의 조공국으로 인정해달라고 제안했다. 그러나 강희제(康熙帝)는 "타이완의 도둑들은 푸젠인들이고, 타이완은 조선과 류큐와 비교할 수 없다"고 고집하였다. 너무 많은 것을 요구했기 때문에 정씨 가문은 결국 아무것도 얻지 못했고, 정씨 정권은 1683년의 군사적 패배로 종결되었다.[51]

---

50) Wills, "Maritime China from Wang Chih to Shih Lang" and "Relations with Maritime Europeans"; Young-tsu Wong, "Security and Warfare on the China Coast: The Taiwan Question in the Seventeenth Century", *Monumenta Serica* XXXV(1983); Frederick Coyett, *Verwaerloosde Formosa*(1675), in William Campbell, ed., *Formosa under the Dutch: Described from Contemporary Records*(London: Kegan Paul, Trench & Trubner, 1903); Chumei Ho, "The Ceramic Trade in Asia, 1602~82", in A. J. H. Latham and H. Kawakatsu, eds., *Japanese Industrialization and the Asian Economy* (London and New York: Routledge, 1994).

51) Hung, "Maritime Capitalism in Seventeenth-Century China", pp. 33~37.

정씨 가문과 네덜란드 상업 제국이 여러 면에서 비교할 만하게 비슷하지만, 바로 그런 점이 정반대의 운명을 특히나 교훈적으로 만든다. 유럽의 상황에서 네덜란드는 유럽 국가들 사이의 세력 균형을 제도화하고, 이들 국가들 내에 자본주의적 계급 구분을 하고, 해외 제국을 건설하는 국가 간 경쟁을 강화한 주도자가 되었다. 동아시아에서는 이와 대조적으로 정씨 제국의 몰락은 중국 상인들의 탈군사화, 청조와 도쿠가와 일본 양쪽에서 국민 경제 만들기의 공고화, 이 지역 영토 국가에 대한 화교 세력의 가파른 추락이 이루어지는 길을 닦았다. 케네스 포머런츠가 지적하듯이, 정씨 제국은 "유럽식 무장 교역과 식민지화에 성공적으로 비견할 만한 활동을 보여주는 사례이지만, 중국 국가 체계의 통상적인 부분은 아니었다."[52]

동아시아의 근면혁명을 촉진하는 데 성공하고, 세계 생산에서 동아시아의 비중은 더 늘어났지만, 청과 도쿠가와 일본의 내향적인 정책은 스기하라가 인정하듯이 18세기 초부터 아시아 국가 간 무역의 급격한 수축을 가져왔다.[53] 설상가상으로 양국의 내향적인 정책으로 해양 동아시아에 정치적 공백이 생겨났고, 탈군사화한 중국 상인들은 이 공백을 채울 수 있는 준비가 되어 있지 않았다. 점차 이 공백은 유럽 각국, 회사, 상인 들에 의해 채워졌는데, 이들이 해양 동아시아를 지배하는 역량은 18세기에서 19세기로 넘어가는 시점에 급격히 증가하였다. 이러한 측면에서 결정적인 것은 중국 조선업과 항해 기술의 계속적인 쇠퇴였으며, 같은 시기에 유럽은 두 분야 모두 급격한 진보를 이루었다.[54]

---

52) Pomeranz, *The Great Divergence*, p. 204.

53) Sugihara, "The European Miracle and the East Asian Miracle", pp. 38~39.

54) Jennifer Wayne Cushman, *Fields from the Sea: Chinese Junk Trade with Siam during the Late Eighteenth and Early Nineteenth Centuries*, Studies on Southeast Asia, Southeast Asia Program, Cornell University, p. 136; Hui, "Overseas Chinese Business Networks", pp. 79~80.

이러한 측면에서, 앞에서 인용한("특히 〔그〕 상당 부분이 중국 선박으로 이루어진다면") 더 광범위한 외국무역은 중국의 국익이 될 수 있다는 스미스의 평가는, 엄격히 경제적인 근거보다는 국가 안보적 근거에서——즉 유럽의 늘어나는 해군력 도전을 감독하고 대처하는 중국의 능력이란 근거에서——어느 정도 타당성이 있다. 그러나 적어도 1세기 동안 청에 가장 중요한 안보 문제는 서북 변경 지대와 외국 정복자로서 지배의 정당성이 여전히 위태로운 한족(漢族) 중국* 안에 있었다. 이러한 환경 아래에서 자원을 조선, 항해, 교역 수행에 퍼붓는 것은 기껏해야 사치로 보였고, 심하면 제국이 과잉 산개되는 가장 확실한 길로 보였다. 게다가 유럽인들이 중국 상품과 교환하기 위해 은을 서로 치열하게 경쟁하면서 앞다투어 중국에 퍼붓는데, 왜 그런 과잉 산개의 위험을 감수하겠는가? 중국이 비단, 도자기, 차 등 매우 경쟁력 높은 수출품이 있고, 16세기에서 18세기에 들어서서도 중국의 은값이 세계 다른 지역의 일반적인 가격보다 두 배나 더 높을 정도로 중국의 은 수요가 컸기 때문에, "신세계" 은의 4분의 3은 족히 중국으로 흘러들어갔다.[55] 중국의——유럽인들에게도 깊은 인상을 주었던——자국 중심적인 발전의 성공이 청으로 하여금 공격적인 해양 "오랑캐들"〔洋夷〕이 이 지역에 가져오고 있던 새로운 힘을 보지 못하게 한 것은 정말 당연하다.

간단히 말하면 유럽의 발전 경로에 전형적인 군사주의, 산업주의, 자본주의의 시너지는 끊임없는 해외 영토 팽창을 촉진했고 거꾸로 이로써

---

* Han China: 청은 이민족인 만주족이 세운 국가로 중화 제국이자 한족 국가였던 명을 멸망시키면서 자신이 중화 제국이 되었는데, Han China는 옛 명의 강역이다.
55) Dennis O. Flynn and Arturo Giraldez, "Spanish Profitability in the Pacific: The Philippines in the Sixteenth and Seventeenth Centuries", in Dennis O. Flynn, Lionel Frost, and A. J. H. Latham, eds., *Pacific Centuries: Pacific and Pacific Rim History since the Sixteenth Century*(London: Routledge, 1999), pp. 23~24.

지탱되었는데, 이런 시너지가 동아시아에는 없었다. 그 결과 동아시아 국가들은 유럽 국가들보다 훨씬 오랜 기간 평화를 누렸으며, 중국은 세계 최대의 시장 경제라는 지위를 확고히 할 수 있었다. 그러나 유럽식의 해외 팽창과 군비 경쟁에 별로 개입하지 않았기 때문에, 중국과 동아시아 체계 전체가 팽창하는 유럽 열강의 군사적 맹공에 취약하게 되었다. 맹공이 왔을 때, 동아시아가 세계화하는 유럽 체계 속에 종속적으로 편입된 것은 다 아는 결과이다.

편입과 이종 교배

유럽 체계 속에 동아시아가 종속적으로 편입되고 그래프 1-1에 나타나듯이 세계 생산에서 이 지역이 퇴조한 것은 본질적으로 서구 경제 기업이 동아시아, 특히 중국의 경제 기업에 대해 경쟁 우위에 있었기 때문이 아니다. 제3장에서 예고한 대로, 마르크스와 엥겔스가 저렴한 상품이야말로 유럽 부르주아가 "중국의 모든 성벽을 포격하여 허물어버린" "중포"라고 주장했던 것과는 반대로, 영국의 포함이 중국 국내 시장을 둘러싸고 있던 정부 규제의 벽을 무너뜨린 후에도, 영국 상인과 생산자는 중국인 경쟁자를 압도하는 데 어려움을 겪었다. 1830년대부터 영국 면포의 수입은 중국 경제의 일부 부문과 지역을 황폐하게 하였다. 그러나 영국 면포는 농촌 시장에서는 더 질긴 중국 면포*와 결코 경쟁이 되지 않았다. 게다가 대외 수입이 수방적사(手紡績絲)를 시장에서 몰아냄에 따라, 더 저렴한 기계사를 사용한 것이 국내 면방직 산업에 새로운 추진력을 제공하였고, 국내 면방직 산업은 자신의 시장을 지켜냈을 뿐아니라 오히려 확대하였다.[56] 중국에 생산 시설을 세운 서구 회사들은

---

* 중국산 수직 면포를 토포(土布)라고 함.
56) Linda Cooke Johnson, "Shanghai: An Emerging Jiangnan Port, 1638~1840",

이 나라의 방대한 내지에는 결코 효과적으로 침투할 수 없었으며, 원료 조달과 상품 마케팅에서 중국 상인*에 의존해야만 했다. 서구 상품과 비즈니스는 몇 개 산업에서는 확실히 승리했다. 그러나 철도와 광산을 제외하면, 중국 시장은 대체로 외국 상인들에게는 좌절을 의미했다.[57]

중국이 영국 중심의 자본주의 경제 구조 안으로 편입된 것은 (중국의) 토착적 자본주의 형태를 파괴하기는커녕, 중국 중심의 조공무역 체계의 틈새에서 발전해온 화상(華商) 공동체가 다시 한 번 팽창할 수 있게 하였다. 아편전쟁과 국내의 반란들이 중국 국경을 넘나드는 상품과 사람의 흐름을 규제했던 청조의 능력을 파괴해버렸기 때문에, 이들 공동체를 위한 이윤 높은 기회들이 급격히 늘어났다. 아편 무역은 이런 기회의 주요한 원천이었다. 그렇지만 최대의 기회는 "쿨리 무역"에서 등장하였다. 해외에 계약 노동자를 조달하고 송출하는 사업과 본국인 중국으로의 송금과 관련된 금융 업무를 통해서이다. 쿨리 무역은 개별 상인들에게 큰 부를 일구게 해주었을 뿐 아니라, 싱가포르·홍콩·페낭·마카오 등 항구도시들이 부를 축적하게 해주었고, 이 항구도시들은 화상 공동

in Linda Cooke Johnson, ed., *Cities of Jiangnan in Late Imperial China* (Albany: State University of New York Press, 1993), pp. 171~74; Albert Feuerwerker, "Handicraft and Manufactured Cotton Textiles 1871~ 1910", *Journal of Economic History* 30, 2(1970), pp. 371~75; Hamilton and Chang, "The Importance of Commerce."

* 매판(買辦)이라고 함.

57) Resat Kasaba, "Treaties and Friendships: British Imperialism, the Ottoman Empire, and China in the Nineteenth Century", *Journal of World History* 4, 2(1993); Ciyu Chen, "On the Foreign Trade of China in the 19th Century and the China-India-Britain Triangular Trade", in *Essays in Chinese Maritime History*(Taipei: Sun Yat-sen Institute for Social Sciences and Philosophy, Academia Sinica, 1984), pp. 58~61; Alvin Y. So, *The South China Silk District*(Albany: State University of New York Press, 1986), pp. 103~16; Andrew J. Nathan, "Imperialism's Effects on China", *Bulletin of Concerned Asian Scholars* 4, 4(1972), p. 5.

체의 부를 담는 특권적인 "용기"가 되었다. 또한 쿨리 무역으로 동남아시아 전역에 중국인 정착 거주지가 증가하여, 화교 자본은 그 지역의 사법 권역〔국가들〕 내부와 사법 권역〔국가들〕 간의 상업적 · 금융적 매개를 통해 더욱 이윤을 수취할 수 있게 되었다.[58]

전쟁, 반란, 악화된 교역 조건, 자연재해로 야기된 재정적 · 금융적 압박 때문에, 청조는 화교 활동에 대한 통제를 완화하고, 오히려 그들에게 재정적 도움을 구하게끔 되었다. 이러한 도움에 대한 반대급부로, 청조는 화교들에게 관직, 작위, 중국 내 자산과 연고에 대한 보호와 함께 수익성이 매우 높았던 무기 무역과 정부 대부 사업에 대한 접근 권리도 주었다. 이 "정치적 교환"은 청을 구하지는 못했지만, 1911년 마지막 붕괴 때까지 해외 화교 자본가들을 살찌우는 주요 원전의 하나였다.[59]

제3장에서 언급했듯이, 마르크스는 그가 중포에 비유한 저렴한 상품이 유럽 부르주아들의 이익에 맞게 세상을 다시 만드는 데 실제로 어떤 역할을 할지 잘 알지 못했다. 그리고 마르크스는 분명히 아편전쟁을 군사력이 이러한 변형의 "산파"로서 계속 중요했다는 증거로 언급했다. 군사력은 실로 동아시아를 서구에 종속시키는 관건이었다. 하지만 더 중요한 것은 무력의 사용이 영국 상인들이 중국 시장에 합법적으로 침투할 수 없었기 때문에 직접적으로 나타난 결과였다는 점이다.

조지프 에셔릭은 19세기 전반기를 통틀어 아편이 "서구가 중국 시장에 들어갈 수 있는 유일한 입장권"[60]이었다고 말한다. 인도 아편의 중국 판

58) Hui, "Overseas Business Networks", ch. 3 ; David Northup, *Indentured Labor in the Age of Imperialism, 1834~1922*(Cambridge : Cambridge University Press, 1995) ; Daniel R. Headrick, *The Tentacles of Progress : Technology Transfer in the Age of Imperialism, 1850~1940*(London : Oxford University Press, 1988), pp. 259~303.
59) Jung-fang Tsai, *Hong Kong in Chinese History : Community and Social Unrest in the British Colony, 1842~1913*(New York : Columbia University Press, 1993), p. 63 ; Hui, "Overseas Business Networks", ch. 3.

매는 인도에서 런던으로의 공물* 전송에 결정적이었다. 동인도하우스**
의 통계국 최고 책임자의 설명에 따르면,

　　인도는 아편을 수출함으로써 영국에 차를 공급하는 것을 돕는다. 중국은
　　아편을 소비함으로써 인도와 영국 사이의 세수 운영을 편리하게 한다. 영국
　　은 차를 소비함으로써 인도 아편의 수요 증가에 공헌한다.[61]

　　인도와 영국 사이의 "세수 운영"을 편리하게 하기 위해 인도-중국 무
역을 확대할 필요성은 처음부터 아편 무역의 확대 배후의 주요 자극제
였다. 이미 1786년에, 당시 인도 총독 콘월리스 경(Lord Cornwallis)은
인도-중국 무역의 확대가 영국과 여타 유럽 국가에 수입되는 중국 차와
비단 대금을 적어도 부분적으로 지불하는 데 필수적이며, 무엇보다도 큰
환차손 없이 벵골에서 영국으로 방대한 공물을 보내는 데 필수적이라고
지적했다.[62] 동인도회사의 인도 무역 독점이 1813년에 폐지된 후, 회사
는 중국으로 아편 밀수를 독려하는 노력을 배가하였다. 선적량이 급격
히 확대되어 1803~13년과 1823~33년 사이에 3배나 더 늘었고 콘월리
스 경의 주장은 타당성이 입증되었다. 그 당시의 설명으로 표현하자면,
아편 무역으로 인해

---

60) Joseph Esherick, "Harvard on China: The Apologetics of Imperialism",
　　Bulletin of Concerned Asian Scholars IV, 4(1972), p. 10.
　* 지은이는 식민지 인도의 잉여 자본이 본국 영국에 송금되는 것을 조공 혹은 공물
　　로, 영국 제국을 조공 제국으로 표현한다.
　** 런던 소재의 영국동인도회사의 본사.
61) Edward Thornton, *India, its State and Prospects*(London: Parbury, Allen &
　　Co., 1835), p. 89.
62) Amiya K. Bagchi, *The Political Economy of Underdevelopment*(Cambridge:
　　Cambridge University Press, 1982), p. 96; Michael Greenberg, *British Trade
　　and the Opening of China, 1800~1842*(Cambridge: Cambridge University
　　Press, 1951), ch. 2.

이 존경할 만한 회사는 수년 동안 엄청난 수익을 올렸고, 그 수익으로 영국 정부와 국가 역시 헤아릴 수 없을 정도의 정치적·재정적 이득을 쌓아 올렸다. 대영 제국과 중국 사이의 무역 수지가 전자에 유리하게 바뀌자, 인도는 영국산 제조품의 수입을 10배나 늘릴 수 있게 되었다. 또 그 직접적인 기여로 동양에 있는 영국 지배의 방대한 조직을 유지하고, 인도에서 영국 지배기구의 비용을 부담하고, 차 무역에서의 환(換)과 송금 업무를 통해 영국 재무부에 풍부한 세수를 채워주었으며 매년 6백만 파운드 정도의 이익을 영국에 가져다주었다.[63]

1833년 동인도회사의 중국 무역 독점의 폐지는 이 영국 상업의 수익성 높은 분야에 경쟁을 강화했고, 영국 상인들이 대담무쌍하게 "영국의 강한 팔[무력]"로 중국 정부가 아편 무역에 가하는 제한을 꺾으라고 선동하게 했다. 영국의 압력에 물러서기는커녕, 중국 정부는 영국에 이로운 만큼 중국에 유해한 이 무역을 억압하기 위해 신속하게 움직였다. 점점 늘어나는 중독자가 사회 조직에 끼치는 해로운 영향 이상으로, 아편 무역은 중국의 정치경제에 대단히 파괴적인 영향을 끼쳤다. 아편 밀수가 진전되어 중국 관리들에게까지 스며들자, 관료들의 부패가 모든 영역에서 정부 정책의 집행 능력을 침식했으며, 직간접적으로 사회 불안을 부추겼다. 동시에 아편 무역은 중국에서 인도로 방대한 은의 유출을 야기하여, 1814~24년에는 매년 160만 냥이 유출되던 것이 제1차 아편전쟁 직전 2년간은 매년 560만 냥이 빠져나갔다.[64] 1838년의 조칙(詔

---

63) Greenberg, *British Trade and the Opening of China*, pp. 106~07에서 재인용.
64) Zhongping Yen et al., *Zhongguo jindai jingjishi tongji*(Collections of Statistical Data of Modern Chinese Economic History), Beijing: Scientific Publishers, 1957, p. 34; Manhong Lin, "The Silver Drain of China and the Reduction in World Silver and Gold Production(1814~1850)", in *Essays in Chinese Maritime History IV*(Taipei: Sun Yat-sen Institute for Social Sciences and Philosophy, Academia Sinica, 1991), p. 11.

勅)이 아편 무역 금지 결정을 선포하면서 강조했듯이, 은 유출이 중국 국가의 금융적 · 재정적 건전성에 끼친 영향은 파멸적이었다. 그 조칙은 "우리를 방어하기 위해 조치를 취하지 않는다면 [……] 중국의 유용한 부는 바다 건너 지역들의 깊이를 알 수 없는 심연으로 다 퍼부어질 것이다"[65]고 선언했다.

강직하고 청렴한 임칙서(林則徐)를 아편 밀수 근절의 책임자로 투입했지만, 중국 정부는 계속 촉진해왔던 비단, 차 및 면제품과 같은 다른 대외무역 분야의 상업적 기회를 망칠 의도는 없었다. 임칙서 역시 불법적인 아편 무역과 합법적 무역을 주의 깊게 구분하였다. 불법적 아편 무역은 영국 정부의 협조를 얻어서 혹은 협조가 없더라도 근절하리라 확고히 결심하고 있었지만, 합법적 무역은 불법적 무역을 대체하여 장려할 것을 영국 정부에 요구했다.[66] 국제법과 보편적 도덕의 이름으로 아편 무역을 근절하는 데 협조하도록 영국을 설득하는 데 실패하자, 임칙서는 밀수 아편을 몰수하여 파기하고 일부 밀수 상인들을 투옥하였다. 이 중국 영토 내에서의 경찰 행위는 영국 의회에서 "통탄할 만한 죄이며 사악한 도발이며 정의에 대한 흉악무도한 파괴"로 매도되었으며, "영국은 이에 대해" "신과 인간의 법에 의해" "중국이 평화로운 요구를 거부한다면 무력으로 배상을 요구할" "정당하고 완전한 부인할 수 없는 권리가 있다"고 주장했다.[67]

65) Greenberg, *British Trade and the Opening of China*, p. 143에서 재인용.
66) Arthur Waley, *The Opium War through Chinese Eyes*(London: Allen & Unwin, 1958), pp. 18, 28~31, 46, 123; Yen-p'ing Hao, *The Commercial Revolution in Nineteenth-Century China*(Berkeley, CA: California University Press, 1986), pp. 113~15.
67) Bernard Semmel, *The Rise of Free Trade Imperialism*(Cambridge: Cambridge University Press, 1970), p. 153에서 재인용. 또한 D. E. Owen, *British Opium Policy in China and India*(New Haven, CT: Yale University Press, 1934)도 참조.

확실히 영국과 중국에서 국제법과 보편적 도덕에 대한 지배적인 관점은 완전히 달랐다. 그러나 중국의 관점은 오로지 국내에서만 그 법〔자국의 법〕을 정하고 강제할 수 있는 권리를 주장했지만, 영국의 관점은 그 법을 정하고 강제할 수 있는 권리를 국내뿐 아니라 중국에서도 역시 주장했던 것이다. 마르크스의 말을 빌리자면, 권리가 똑같을 때에는 무력이 결정한다. 영국은 자신의 옳고 그름에 대한 관점을 중국인들에게 설득하는 데 필요한 화력을 다 가지고 있었다. 중국은 1841년 2월의 단 하루 동안에 전투선 9척, 보루 5개, 군부대 2개, 연안 포대 1개소를 파괴한 증기 전함에 속수무책이었다.[68] 비참한 전쟁에 이어 대규모 반란의 발발, 마찬가지로 비참했던 영국과의 두 번째 전쟁(이번에는 프랑스까지 연합했다)을 겪은 후에, 중국은 사실상 상대적으로 자립적인 동아시아 국가 간 체계의 중심이 아니게 되었다. 대신에 약 1세기 동안 중국은 세계 자본주의 체계에서 종속적이고 갈수록 주변화하는 성원이 되었다. 이러한 주변성의 심화는 동아시아가 유럽 체계 내에 종속적으로 편입된 결과만은 아니었다. 마찬가지로 중요한 것이 유럽의 발전 경로의 걸음을 따라가려는 중국과 일본의 시도로 동아시아 내에 촉발된 국가 간 관계의 급격한 변화였다.

가와카쓰와 하마시타가 강조했듯이, 19세기 말과 20세기 초 일본의 근대화와 영토 팽창은 동아시아 조공무역 체계에서 중심이 되고자 했던 몇 세기 동안의 노력을 새로운 방식으로 계속한 것이었다.[69] 그럼에도

---

68) Geoffrey Parker, "Taking Up the Gun", *MHQ: The Quarterly Journal of Military History* 1, 4(1989), p. 96. 차우드후리가 말하듯이, "비참한 전쟁(1839~42) 후에 중국 정부가 항구들을 영국의 아편 무역업자들에게 개방하는 데 동의했을 때, 중국은 옳고 그름 사이에서 선택을 한 것이 아니었다. 그것은 생존과 파멸 사이의 선택이었다"(*Asia before Europe: Economy and Civilization of the Indian Ocean from the Rise of Islam to 1750*, Cambridge: Cambridge University Press, 1990, p. 99).

불구하고 체계적인 형세에서 일어난 변화는 도쿠가와 정권과 청 왕조가 확립된 후 동아시아 체계를 특징지은 국가 간 경쟁의 성격을 급격히 변모시켰다. 이 새로운 형세에서, 동아시아 내 국가 간 경쟁은 자본재 산업에서 서구의 숙련 기술을 따라잡으려는 시도와 뗄 수 없게 되었으며, (유럽 못지않게 동아시아에서도) 근대화는 군사력의 증강과 밀접한 관계를 맺게 되었다. 오랫동안 유럽 체계의 특징이었던 군비 경쟁은 이렇게 하여 동아시아 체계에 "내부화"한 것이다.[70]

공업화 노력은 시작된 지 약 25년 동안 중국과 일본에 유사한 경제적 결과를 낳았다. 1894년 청일전쟁 직전에, "두 나라 사이에 근대적 경제 발전의 정도 차는 아직 엄청난 것은 아니었다."[71] 그럼에도 불구하고 전쟁에서 일본의 승리는 두 국가의 공업화 추진 사이에 근본적인 차이를 상징했다. 중국에서 주요 추진 행위자는 지방 당국이었다. 중앙 정부에 대한 이들의 힘은 1850년대의 반란 진압 과정에서 크게 신장하여, 자

---

69) Kawakatsu, "Historical Background", pp. 6~7; Hamashita, "The Tribute Trade System", p. 20.

70) 서구의 군사적 우위가 가지는 전면적 의미를 야만적으로 드러낸 아편전쟁은 중국과 일본의 통치 집단에게 군사적 근대화의 가속화라는 지상 과제를 일깨워주었다. 이러한 자각으로 중국의 문관 위원(魏源)이 오랑캐로써 오랑캐를 제압한다는(以夷制夷) 옛 사상을 오랑캐의 군비(그리고 그것을 생산한다는 의미)로 오랑캐를 제압한다는 새 사상으로 발전시켰다. 중국에서 이 사상은 제2차 아편전쟁 이후에 시작된 자강운동(自强運動)에 중심이 되었다. 몇 년 후 메이지 유신 역시 이 사상을 수용하여 신속한 근대화라는 같은 길로 일본을 추동했다. Ting-fu Tsiang, "The English and the Opium Trade", in F. Schurmann and O. Schell, eds., *Imperial China*(New York: Vintage, 1967), p. 144; John K. Fairbank, *The United States and China*(Cambridge, MA: Harvard University Press, 1983), pp. 197~98; Alvin Y. So and Stephen W. K. Chiu, *East Asia and the World-Economy*(Newbury Park, CA: Sage, 1995), pp. 49~50 참조.

71) Albert Feuerwerker, *China's Early Industrialization: Sheng Hsuan-Huai 1844~1916 and Mandarin Enterprise*(Cambridge, MA: Harvard University Press, 1958), p. 53.

치를 공고히 하기 위해 공업화를 이용하였다. 이와 대조적으로 일본에서 공업화 추진은 메이지 유신의 핵심적인 부분으로, 메이지 유신은 지방을 희생하여 중앙 정부의 손에 힘을 집중시켰다.[72]

청일전쟁의 결과는 이번에는 일본과 중국의 공업화 궤도의 기초에 있던 차이를 심화했다. 중국의 패배는 국가 통합을 약화하여 반세기에 이르는 정치적 대혼란에 방아쇠를 당겼다. 주권은 더욱 침해당했고, 전쟁 배상금에 짓눌렸으며, 결국에는 청 왕조가 붕괴하고 반(半)독립국과 같은 군벌들의 자치가 강화되었으며, 일본의 침략 및 민족주의〔중국 국민당〕세력과 공산주의 세력〔중국 공산당〕사이의 반복되는 내전이 뒤를 이었다. 이러한 파국적 국가 붕괴는 아마도 제1장에서 인용한 패트릭 오브라이언의 질문——중국이 18세기 중반 세계 경제에서 누린 경제적 지위와 신분을 다시 얻는 데 왜 그렇게 오랜 시간이 걸렸을까——에 대한 가장 중요한 하나의 대답일 것이다.

1894년 중국에 대한 승리와 뒤이은 1904~05년 전쟁에서 러시아에 대한 승리로, 일본은 이리에 아키라(入江昭)의 말을 빌리자면 "제국주의 정치 게임에서 존중받는 참여자"로서 지위를 확고히 하게 되었다.[73] 중국의 영토, 가장 대표적으로 1895년 타이완, 뒤이어 랴오닝 반도(遼寧半島)를 획득하고, 1905년 남만주에 대한 러시아의 모든 권리와 특권을 양도받았다. 그 절정은 조선에 대한 일본의 종주권을 중국이 승인하도록 하여 1910년 조선을 식민지로 병합한 것인데, 이로써 일본은 저렴한 식량 · 원료 · 시장의 해외 공급을 확보했을 뿐 아니라, 향후 중국에 대한 공격을 개시할 귀중한 전초 기지를 얻게 되었다. 동시에 일본 국민소득의 3분의 1을 넘는 중국의 배상금은 일본 중공업이 팽창할 수 있는 자

72) So and Chiu, *East Asia and the World-Economy*, pp. 53, 68~72.
73) Akira Iriye, "Imperialism in East Asia", in J. Crowley, ed., *Modern East Asia* (New York: Harcourt, 1970), p. 552.

금이 되었고, 엔화를 금본위제로 이행할 수 있게 해주었다. 이번에는 이것이 런던에서 일본의 신용 평가를 올려, 국내의 공업 팽창과 해외의 제국주의적 팽창에 필요한 추가 자금을 조달할 수 있도록 해주었다.[74]

이러한 일본과 중국의 발전 경로상 분기는 1930년대에 일본이 영국을 누르고 이 지역의 지배 세력으로 등장하면서 절정에 달했다. 1931년 일본의 만주 장악과, 뒤이은 1935년의 화북 점령, 1937년 전면적인 중국 침략, 그 후의 내륙 아시아 일부와 동남아시아 다수 지역의 정복으로, 일본은 마침내 동아시아 지역에서 〔중국을 대신해〕 중심이 되는 데 성공한 것처럼 보였다. 그러나 지역 패권을 얻기 위한 일본의 시도는 지속될 수 없었다. 전쟁 마지막 수개월 동안 미국의 전략적 폭격 작전이 일본에 가한 대규모 파괴는 히로시마와 나가사키 이전에도 일본이 서양적 군사 기술에서 이룬 진보가 미국의 진보를 따라갈 수 없었음을 보여주었다. 그러나 일본의 시도는 또한 일본에 단호히 대항한 만큼이나 서구의 지배에 단호히 대항하는 상쇄적인 힘을 중국에 불러일으켰기 때문에 와해된 것이다. 이제 일본이 패배하자, 중화인민공화국의 성립이 동아시아에서 중심적 지위를 둘러싼 투쟁에서 서구의 헤게모니적 공세와 경합하게 되었으며, 그 후 지금까지도 이것이 이 지역의 추세와 사건을 규정해 오고 있다.

---

74) Mark Peattie, "Introduction", to Ramon Myers and Mark Peattie, eds., *The Japanese Colonial Empire, 1895~1945*(Princeton, NJ: Princeton University Press, 1984), pp. 16~18; Peter Duus, "Economic Dimensions of Meiji Imperialism: The Case of Korea, 1895~1910", in R. H. Myers and M. R. Peattie, eds., *The Japanese Colonial Empire, 1895~1945*(Princeton, NJ: Princeton University Press, 1984), pp. 143, 161~62; Herbert Feis, *Europe: The World's Banker, 1870~1914*(New York: Norton, 1965), pp. 422~23.

미국 헤게모니와 일본의 부상

서구의 발전 경로와 동아시아 발전 경로의 이종 교배는 두 가지 방향의 과정이었다. 19세기 말과 20세기 초에 수렴은 주로 동아시아에서 서구 경로 쪽으로 일어났다. 이 과정은 동아시아의 모든 국가들에게 파괴적인 결과를 가져왔는데, 일본도 예외는 아니었다. 일본은 제국주의 정치 게임에서 처음에는 성공을 거두었지만 결국 히로시마와 나가사키의 핵폭탄에 의한 대학살로 끝이 났다. 20세기 후반에는 방향을 바꾸어 서구 경로가 동아시아 쪽으로 수렴되었다. 누구도 거의 알아차리지 못한 이 수렴은 미국의 냉전 체제의 확립으로 시작되었다.

1945년 미국이 일본을 점령하고, 한국전쟁의 여파로 동아시아 지역이 적대적인 두 진영으로 나뉘자, 브루스 커밍스의 말대로 "쌍무적 방위조약(일본, 한국, 타이완, 필리핀과)을 통해 뭉쳐지고 이들 네 나라 외무장관 위에 군림하는 미 국무부가 지휘하는" 미국의 "수직적 체제"가 탄생하였다.

> 모든 나라가 반(半)주권 국가가 되었다. (한국군을 작전상 지배하고, 미 제7함대가 타이완 해협을 순찰하며, 네 나라 모두의 방위를 미국에 종속시키고, 이들 국가의 영토 내에 군사 기지를 설치하는 등) 미국의 군사 조직이 깊숙이 침투하여, 독자적인 외교 정책이나 방위의 주도권을 행사할 수 없다. 〔……〕 1950년대 중반부터 군사 장막을 뚫고 약간의 정책 전환이 있기는 했다. 〔……〕 그러나 지배적인 경향은 1970년대까지 군사적 형태의 의사소통에 심하게 경도된 일방적 미국 체제였다.[75]

75) Bruce Cumings, "Japan and Northeast Asia into the Twenty-First Century", in P. J. Katzenstein and T. Shiraishi, eds., *Network Power: Japan and Asia* (Ithaca, NY: Cornell University Press, 1997), p. 155.

이러한 일방적 미국 체제의 군사적 성격은 동아시아에는 전례가 없는 것이었다. 부분적인 예외라면 13세기 말 14세기 초의 원(元) 체제와 20세기 초에 실패한 일본 중심 체제(regime) 정도일 것이다. 그럼에도 불구하고 미국 체제는 중국 중심의 조공무역 체계와 세 가지 면에서 중요한 유사성을 띠고 있다. 첫째, 중심 국가의 국내 시장이 봉신(封臣) 국가의 시장보다 비교할 수 없을 정도로 컸다는 점이다. 둘째, 정권의 정당성을 인정받고 중심 국가의 국내 시장에 대한 접근권을 획득하기 위해, 봉신 국가들은 중심 국가에 대해 정치적 종속 관계를 받아들여야만 했다. 그리고 셋째로, 정치적 종속과 맞바꿔서 봉신 국가들은 "선물"과 중심 국가와의 매우 유리한 무역 관계를 인정받았다는 점이었다. 이것이 팍스 아메리카나의 "관대한" 전후 초기 무역과 원조 체제였으며, 오자와 데루토모와 스기하라는 모두 바로 이것을 동아시아 부흥의 기원으로 추적한다.[76]

이러한 유사성에 비추어 보면, 제2차 세계대전 이후 동아시아에서 미국의 패권이, 앞선 중국 중심 조공무역 체계의 주변부를 미국 중심 조공무역 체계의 주변부로 변형시킴으로써 실현되었다고 말할 수도 있을 것이다. 그렇지만 양 체계 사이에는 두 가지 중요한 차이가 있었다. 첫째, 미국 중심 체계는 선행한 중국 중심 체계보다 훨씬 더 구조와 지향에서 군사적이었다. 뿐만 아니라 이 체계는 제국과 봉신 국가 사이에 기능적 특화를 육성했는데, 이런 기능적 특화는 옛 중국 중심 체계에서는 전례가 없었다. 제8장에서 언급한 16세기 유럽의 정치적 교환에 입각한 이베리아인들과 제노바인들의 관계에서 나타나는 것처럼, 미국은 지역적으로도 세계적으로도 보호의 제공과 정치적 힘의 추구로 특화한 반면,

---

76) Terutomo Ozawa, "Foreign Direct Investment and Structural Transformation: Japan as a Recycler of Market and Industry", *Business and the Contemporary World* 5, 2(1993), p. 130; Sugihara, "The East Asian Path of Economic Development", p. 81.

미국의 동아시아 봉신 국가들은 무역과 이윤의 추구로 특화하였다. 이 정치적 교환 관계는, 동아시아 지역의 부흥을 주도한 일본의 화려한 경제 팽창을 촉진하는 데 결정적인 역할을 했다. 프란츠 셔먼이 이 팽창의 초기 단계에서 썼던 것처럼, "방위비 부담에서 자유로워진 일본 정부는 〔……〕 모든 자원과 에너지를 경제 팽창에 집중하였고, 그것이 일본에 풍요를 가져다주고 일본의 비즈니스를 지구의 가장 먼 곳까지 확장시켰다."[77]

둘째로, 이 지역에서 미국 중심 냉전 체제는 앞선 중국 중심 체제와는 달리 매우 불안정했다. 이 체제는 성립한 지 얼마 되지 않아 무너지기 시작했다. 한국전쟁은 중화인민공화국을 이 지역의 비공산주의권과 정상적인 통상과 외교를 할 수 없도록 배제함으로써 미국 중심의 동아시아 체제를 제도화하였다. 그 수단은 "미 군사 시설 군도(群島)"에 의해 뒷받침되는 봉쇄와 전쟁 위협이었다.[78] 이와 대조적으로 베트남 전쟁의 패배는 미국으로 하여금 중국이 여타 동아시아와 정상적인 통상과 외교를 할 수 있도록 다시 받아들이게 했다. 이로써 이 지역의 경제 통합과 팽창의 범위는 상당히 넓어졌지만, 그 과정을 통제하는 미국의 역량은 그만큼 줄어들었다.[79]

이 지역에서 미국 군사 체제의 위기와 동시에 일어난 일본 국가 시장과 일본 비즈니스 네트워크의 팽창은, 이식된 (서구) 형태보다는 토착의

---

77) Franz Schurmann, *The Logic of World Power: An Inquiry into the Origins, Currents, and Contradictions of World Politics*(New York : Pantheon, 1974), p. 143.

78) Cumings, "Japan and Northeast Asia", pp. 154~55.

79) Giovanni Arrighi, "The Rise of East Asia : World-Systemic and Regional Aspects", *International Journal of Sociology and Social Policy* 16, 7(1996); Mark Selden, "China, Japan and the Regional Political Economy of East Asia 1945~1995", in P. Katzenstein and T. Shiraishi, eds., *Network Power: Japan and Asia*(Ithaca, NY: Cornell University Press, 1997).

(동아시아) 형태와 더욱 유사한 국가 간 관계 형태가 재현했음을 표지한다. 토착의 (동아시아) 형태에서는 중심적 지위가 일차적으로 체계 내 국민 경제의 상대적인 크기와 고도화 수준에 의해 결정된다. 반면 이식된 (서구) 형태에서는 중심적 지위가 일차적으로 체계 내 군산 복합체의 상대적인 힘에 의해 결정된다. 베트남에서 미국의 패배는 힘의 원천으로서 공업 군사주의의 한계를 폭로했지만, 반면 1980년대 세계 정치에서 일본의 커가는 영향력은 힘의 군사적 원천에 비해 경제의 유효성이 갈수록 증가하고 있음을 보여주었다. 미국이 1970년대에 급전직하로 쇠퇴한 힘을 1980년대에 되찾게 해준 것은 미국의 강력한 군사기구가 아니라 저렴한 일본의 신용과 상품이었다. 이리하여 예전에 일본이 정치적·경제적으로 미국에 의존하던 관계는 이제 상호 의존 관계로 변모하였다. 일본은 여전히 미국의 군사적 보호에 의존했지만, 미국의 보호-생산기구는 일본의 재정과 공업에 결정적으로 의존하게 되었다.

1980년대에 일본의 경제력이 성장한 것은 어떤 주요한 기술적 돌파에 기초한 것이 아니었다. 그 주요 기반은 조직적인 것이었다. 제6장에서 주장했듯이, 수직 통합형 다국적 기업의 전 세계적 확산은 이들 상호 간의 경쟁을 강화했고, 예전에 자체 조직 내에서 실행하던 업무를 중소기업에 하청을 주어야만 했다. 수직적 통합과 사업의 관료화 경향은 1870년대 이래로 미국 자본을 부유하게 해주었지만, 이제 비공식적 네트워킹과 중소기업의 종속적 재활성화라는 경향으로 대체되기 시작했다. 이 새로운 경향은 세계 어디서나 분명히 나타났지만, 동아시아보다 더 성공적으로 추구된 곳은 아무 데도 없었다. 일본무역진흥기구(JETRO)에 따르면, 형식상 독립된 다층적 하청업자들의 도움이 없다면, "일본의 대기업은 버둥거리다가 가라앉을 것이다." 1970년대 초부터 시작하여, 이러한 다층적 하청 체계의 규모와 범위는 더 많은 동아시아 국가로의 일출 효과(溢出效果)*를 통해 급속히 늘어났다.[80]

비록 일본 자본이 그 주도적 주체였지만, 일출 효과는 화상 네트워크

에 크게 의존했다. 이들은 시작부터 일본과 현지 비즈니스 사이의 주요 중개자였다. 이는 싱가포르, 홍콩, 타이완뿐 아니라 대부분의 동남아시아 국가들에서도 그러했는데, 동남아시아 국가에서 화교는 종족적으로 소수자였지만 현지 비즈니스 네트워크에서는 지배적인 지위를 차지했다. 일본식 다층적 하청 체계가 동아시아 전역에 확대된 것은 그러므로 위로부터 미국의 정치적 후원뿐 아니라 아래로부터 화교들의 상업적·재정적 후원에 힘입은 것이었다.[81]

하지만 시간이 지남에 따라 위아래의 후원은 일본 비즈니스가 동아시아 지역의 경제 통합과 확대 과정을 주도할 수 있는 역량을 속박하기 시작했다. 한 일본 대기업의 대표자가 1990년대 초에 한탄한 것처럼,

우리는 군사력을 가지고 있지 않다. 일본의 사업가가 다른 국가의 정책 결정에 영향력을 행사할 방도가 없다. 〔……〕 이것이 미국 비즈니스와의 차이이며, 일본의 사업가가 한번 곰곰이 생각해보아야 할 점이다.[82]

---

* 한 요소의 생산 활동이 그 요소의 생산성이나 다른 요소의 생산성을 증가시켜 경제 전체의 생산성을 올리는 현상. 여기에서는 일본 대기업의 활성화로 하청업체가 일본을 넘어 동아시아 각국으로 확대되는 현상.

80) Daniel I. Okimoto and Thomas P. Rohlen, *Inside the Japanese System: Readings on Contemporary Society and Political Economy*(Stanford, CA: Stanford University Press, 1988), pp. 83~88; Giovanni Arrighi, Satoshi Ikeda, and Alex Irwan, "The Rise of East Asia: One Miracle or Many?" in R. Palat, ed., *Pacific Asia and the Future of the World-Economy*(Westport, CT: Greenwood Press, 1993), pp. 55ff.

81) Hui, "Overseas Business Networks"; Alex Irwan, "Japanese and Ethnic Chinese Business Networks in Indonesia and Malaysia", PhD diss.(1995), Department of Sociology, State University of New York at Binghamton.

82) J. Friedland, "The Regional Challenge", *Far Eastern Economic Review*, June 9, 1994.

이 차이는 일본이 제3국의 정책에 영향력을 행사하는 미국의 역량에 대적할 수 없음을 의미할 뿐 아니라, 또한 일본의 정책이 미국의 이해에 따라 결정되는 면이 그 반대의 경우보다 훨씬 강하다는 것을 의미한다. 이러한 비대칭은 "관대한" 전후 미국 무역과 원조 체제가 제대로 돌아가는 한에서는 문제가 아니었다. 그러나 제9장에서 주장했듯이, 1980년대와 1990년대 초까지 그 체제는 사실상 보호 공갈로 바뀌고 있었다. 걸프 전쟁으로 수탈한 것 같은 노골적인 보호비 지불은 물론이거니와, 일본으로부터 엔화 가치의 대폭 절상과 수출 자율 규제 같은 무역상의 양보를 억지로 받아냈다. 이런 환경에서, 일본이 미국과의 정치적 교환 관계에서 얻는 수익성은 떨어지기 시작했다.

설상가상으로 미국의 비즈니스는 일본 비즈니스와 더욱 효과적으로 경쟁하기 위해 구조조정을 시작했는데, 직접 투자뿐 아니라 느슨히 통합된 조직 구조 내의 모든 종류의 하청 체계를 통하여 동아시아가 보유한 풍부한 노동력과 기업적 자원을 이용하였다. 제10장에서 언급한 것처럼, 이러한 경향은 제너럴 모터스와 같은 수직 통합형 기업을 대신하여 월마트와 같은 하청형 기업이 미국 비즈니스의 주도적 조직으로 등장하게 했다. 게리 해밀턴과 창웨이안이 보여주었듯이, 월마트와 같은 "바이어가 이끄는" 하청 체계는 후기 중화 제국〔명·청대〕 대기업의 눈에 띄는 특징이었으며, 오늘날까지 타이완과 홍콩에서 지배적인 비즈니스 조직 형태로 남아 있다.[83] 따라서 우리는 미국 하청 네트워크의 형성과 확대를 서구가 동아시아 패턴으로 수렴하는 또 다른 실례로 해석할 수 있을 것이다. 이러한 수렴에도 불구하고, 세계의 주도적 자본주의 조직 간의 경쟁 투쟁의 격화에 동아시아 하청 네트워크가 동원되면서 가장 혜택을 받은 것은 중국 자본도 미국 자본도 아니었다. 오히려 그것은 동아시아 발전 경로의 또 하나의 유산인, 화교 자본 공동체였다.

83) Hamilton and Chang, "The Importance of Commerce."

앞에서 언급했듯이, 화교 공동체는 몇 세기 동안 중국 중심의 조공무역 체계의 틈새에서 싹튼 자본주의 맹아의 가장 중요한 소재지였으나, 그 성장에 최대의 기회는 세계화하는 영국 중심의 체계 구조 안에 동아시아가 종속적으로 편입되면서 찾아왔다. 20세기 초에 이 공동체의 구성 분자들은 1911년 신해혁명과 군벌 시대의 국민당을 지원함으로써, 자신의 증대하는 경제력을 중국 본토에 대한 정치적 영향력으로 전환하려고 시도하였다. 그러나 그 시도는 정치적 대혼란의 격화, 일본의 중국 연해 지역 접수 및 공산당에 의한 국민당의 최종적인 패퇴로 인해 실패하였다.[84]

동남아시아, 특히 홍콩과 타이완과 미국으로의 중국인 이주에 새로운 박차가 가해짐에 따라, 공산당의 승리는 이 화교 공동체의 기업인 대열을 충원해주었다. 그 직후에 한국전쟁은 지역 간 무역 흐름을 부활시켰고, 화교를 위한 새로운 비즈니스 기회를 창출했다. 그리고 유럽과 미국 식민지 시대의 대규모 기업이 철수하고 가능한 합작 동반자를 모색하는 새로운 다국적 기업이 도래했다.[85] 하지만 한국전쟁 후에 등장한 미국 일방적 체제 아래에서, 중국 본토와 주변 해양 지역 사이의 통상 매개자로서 화교의 역할은 미국의 중화인민공화국에 대한 무역 엠바고[수출입 금지]와, 중화인민공화국의 무역 제한에 의해 질식당했다. 게다가 1950

84) 화교 공동체와 중국 민족주의의 관계에 대해서는 Prasenjit Duara, "Nationalists Among Transnationals: Overseas Chinese and the Idea of China, 1900~1911", in A. Ong and D. M. Nonini, eds., *Ungrounded Empires: The Cultural Politics of Modern Chinese Transnationalism*(New York: Routledge, 1997) 참조.

85) Siu-lun Wong, *Emigrant Entrepreneurs*(Hong Kong: Oxford University Press, 1988); Jamie Mackie, "Business Success among Southeast Asian Chinese—The Role of Culture, Values, and Social Structures", in R. W. Hefner, ed., *Market Cultures: Society and Morality in New Asian Capitalism* (Boulder, CO: Westview Press, 1998), p. 142.

년대와 1960년대에 화교 자본의 확대는 내셔널리즘의 확산과 동남아시아에서 국가 발전 이데올로기와 관행에 의해 저지당했다. 이러한 불리한 환경에도 불구하고, 화교 기업 네트워크는 마침내 동남아시아 경제 대부분의 감제 고지에 대한 지배를 확고히 장악하였다.[86]

화교 자본은 따라서 일본의 다층적 하청 체계의 국경을 넘는 팽창과 이 지역에서 비즈니스 동업자를 찾는 미국 기업의 수요 증가에서 특히나 수익을 얻기 쉬운 위치에 있었다. 동아시아의 싸고 양질의 인적 자원을 둘러싼 경쟁이 더 치열해질수록, 화교는 더욱 이 지역에서 가장 강력한 자본가 중 하나로 많은 면에서 미국과 일본 다국적 기업 네트워크를 압도하면서 등장하게 되었다.[87] 그러나 이들의 부와 힘에서 최대의 기회는 1980년대 지역 시장과 세계 시장에 중국 본토가 재통합되면서 찾아왔다. 이러한 측면에서 결정적인 것은 중화인민공화국이 대외무역과 투자에 문호를 연 것이다. 그 성공으로 동아시아 부흥의 완전히 새로운 단계가 시작되었으니, 바로 중국이 다시 〔동아시아〕 지역 경제의 중심이 되는 단계이다. 우리는 이제 이 새로운 단계를 검토하겠다.

86) Christopher Baker, "Economic Reorganization and the Slump in Southeast Asia", *Comparative Studies in Society and History* 23, 3(1981), pp. 344~45; Yuan-li Wu and Chun-hsi Wu, *Economic Development in Southeast Asia: The Chinese Dimension*(Stanford, CA: Hoover Institution Press, 1980), pp. 30~34; Jamie Mackie, "Changing Patterns of Chinese Big Business", in R. McVey, ed., *Southeast Asian Capitalists*(Southeast Asian Program, Cornell University, 1992), p. 165; Hui, "Overseas Business Networks", pp. 184~85.

87) Arrighi et al., "Historical Capitalism, East and West", p. 316; Aihwa Ong and Donald M. Nonini, eds., *Ungrounded Empires: The Cultural Politics of Modern Chinese Transnationalism*(New York: Routledge, 1997).

제12장 중국 부상의 기원과 동력

널리 퍼진 인식과 달리, 중화인민공화국이 외국 자본을 끌어들이는 주요한 흡인력은 중국의 거대하고 저렴한 〔노동〕예비군 같은 것이 아니었다. 세계에 이런 예비군은 많이 있지만, 중국처럼 자본을 끌어들인 곳은 아무 데도 없다. 우리는 그 주요한 흡인력이 이 예비군의 높은 질에 있다고 주장하려 한다. 보건, 교육과 자기관리 능력이라는 면에서 그러하며, 중국 자체 내에 이러한 예비군의 생산적 동원을 위한 수요 조건과 공급 조건의 급속한 팽창이 결합된 결과이다. 게다가 이 결합은 외국 자본에 의해 창출된 것이 아니라, 중화인민공화국을 탄생시킨 혁명 전통을 포함하여 토착적 전통에 기반한 발전 과정에 의해 창출되었다. 외국 자본은 그 과정에 늦게 끼어든 것이며, 어떤 방면에서는 이 과정을 떠받치고 있지만 다른 방면에서는 침식하고 있다.

외국 자본, 중국 노동자, 기업가, 정부 관료의 만남을 주선한 "중매쟁이"는 화교 자본이었다.[1] 이 중매쟁이 역할은 덩샤오핑 치하의 중화인

---

1) "중매쟁이"로서 화교 자본에 대해서는, 여러 저작이 있지만 특히 Nicholas R. Lardy, *Foreign Trade and Economic Reform in China, 1978~1990* (Cambridge: Cambridge University Press, 1992), pp. 37~82; Kichiro Fukasuku and David Wall, *China's Long March to an Open Economy*(Paris:

민공화국이 중국을 대외무역과 투자에 개방하고, 홍콩 · 마카오, 궁극적으로 타이완을 "일국가 이체제"[一國兩制]* 모델에 맞추어 회복하려는 노력에서 화교들의 조력을 구한다는 결정으로 가능하게 되었다. 이 동맹은 중국 정부에게 미국 · 유럽 · 일본 기업들에 대한 문호 개방 정책보다 훨씬 믿을 만하다는 것이 증명되었다. 노동자의 고용과 해고, 상품의 구매와 판매, 이윤의 해외 송금에 대한 자유를 제한하는 규제들에 시달리자, 이들 외국 기업들은 투자를 중화인민공화국에 발판을 유지할 만큼 최소한의 수준으로 묶어두는 경향이 있었다. 이와 반대로 화교들은 대부분의 규제를 회피할 수 있었다. 현지 관습 · 습관 · 언어에 대한 친숙성, 지역 기관들에 후한 기부를 함으로써 강화한 친족 관계와 공동체 연대의 이용, 중국 공산당 관료들로부터 받는 특혜적 대우 덕분이었다. 그러므로 외국 기업들이 계속해서 "투자 환경"에 대해 불평을 하는 동안에, 화교 기업들은 거의 40년 전에 상하이에서 홍콩으로 옮겨 간 것만큼이나 빨리 (그리고 그보다 더 대규모로) 홍콩에서 광둥으로 옮기기 시작했다. 이러한 성공에 고무되어, 1988년에 중국 정부는 종전에 홍콩 주민에게 주었던 특권의 상당수를 타이완 주민에게도 확대함으로써 화교 자본의 신뢰와 지원을 획득하는 노력을 배가하였다.[2]

톈안먼 사건 훨씬 이전에 중국 공산당과 화교 기업 사이에는 이렇게 정치적 동맹이 확립되어 있었다. 톈안먼 사건 이후 중미 관계가 냉각되자, 유럽의 중국에 대한 투자 열기는 더욱 시들해졌다. 비록 일본의 동

OECD, 1994), pp. 26~42; Louis Kraar, "The New Power in Asia", *Fortune*, October 31, 1993, p. 40 참조. 화교 공동체 자본의 기원에 관해서는 이 책 제11장 참조.

* 홍콩 등에 대해 중국의 일부로 국가는 하나이지만 시한부로 자본주의 체제를 유지하도록 하는 것.

2) Alvin Y. So and Stephen W. K. Chiu, *East Asia and the World Economy* (Newbury Park, CA: Sage, 1995), ch. 11.

아시아 직접 투자 총액에서 중국이 차지하는 비중은 1990년의 5퍼센트에서 1993년의 24퍼센트로 급격히 증가했지만, 그러한 증가가 일본이 1970년대와 1980년대에 보유했던 〔동아시아〕 지역의 경제적 통합과 팽창 과정에서의 주도적 지위를 재확립해주지는 못했다(제11장을 보라). 오히려 이러한 대중국 투자 증가는 중화인민공화국의 경제 개혁으로 열린 이윤 획득의 기회를 수확하는 데서 화교를 따라잡으려는 일본 경제계의 노력을 반영한다. 일본의 투자가 상승하기 시작한 1990년까지, 홍콩과 타이완의 대중국 투자액은 120억 미국 달러로 이는 중국 내 총외국인 투자의 75퍼센트에 상당하며 일본 점유율의 거의 35배에 해당했다. 일본 투자가 그 이후 아무리 빨리 늘었다고 해도, 그것은 중국에서 외국인 투자 붐을 주도했다기보다는 따라간 것이다.[3] 중국의 부상이 1990년대 자력으로 성장할 수 있는 추동력을 얻게 되자, 일본과 미국, 유럽 자본은 어느 때보다 대규모로 중국으로 모여들었다. 외국인 직접 투자는 1980년대를 통틀어 200억 달러에 불과했는데, 2000년까지 2,000억 달러로 치솟았고, 이후 3년 만에 4,500억 달러로 2배가 넘게 늘었다. 클라이드 프레스토위츠는 "그러나 만약 외국인들이 투자하고 있다면 〔……〕 그것은 오로지 화교들이 더 많이 투자하고 있기 때문이다"[4]라고 평했다.

다른 말로 하면 외국 자본은 〔중국의〕 경제 팽창이라는 시류에 올라탄

---

3) Giovanni Arrighi et al., "Historical Capitalism, East and West", in G. Arrighi, T. Hamashita, and M. Selden, eds., *The Resurgence of East Asia: 500, 150 and 50 Year Perspectives*(London and New York: Routledge, 2003), pp. 316~17. 1990년대와 2000년대 초 외국인 직접 투자 붐에도 불구하고, 화교는 여전히 중국 내 비즈니스에 투자된 외화의 절반 이상을 공급한다. Ted C. Fishman, *China, INC: How the Rise of the Next Superpower Challenges America and the World*(New York: Scribner, 2005), p. 27 참조.

4) Clyde Prestowitz, *Three Billion New Capitalists: The Great Shift of Wealth and Power to the East*(New York: Basic Books, 2005), p. 61.

것이지, 경제 팽창을 시작하거나 주도한 것이 아니었다. 외국인 직접 투자는 중국 수출을 증대하는 데 주요한 역할을 하기는 했다. 하지만 그래프 5-1에서 나타나듯이 중국의 수출 붐은 중국 부상에서 후반의 한 일화였다. 여하튼 그때에도 외국(특히 미국) 자본은 중국이 외국 자본을 필요로 하는 것보다 훨씬 더 중국을 필요로 했다. 인텔에서 제너럴 모터스까지 미국의 회사들은 "단순한 지상 명령에 직면했다. 중국에 투자해서 그 나라의 저렴한 노동력과 빠르게 성장하는 경제를 이용하느냐, 아니면 라이벌에게 지느냐." 예전에는 그저 제조업 중심이었던 중국은 하이테크 상품을 개발하고 파는 곳이 되었다. "모든 사람과 그들의 형제들이 중국에 가고 싶어 한다. 거기에는 12억의 소비자가 있다." 미국 하이테크 무역 그룹인 AEA의 총수의 말이다. 하이테크 부품 제조회사인 코닝(Corning)의 부회장은 "이만큼 중요해질 것 같은 나라는 거의 없다"[5]는 데 동의한다.

그러나 중국은 어떻게 이렇게 중요해졌는가? 조지프 스티글리츠에 따르면 "역사상 〔……〕 아마도 가장 놀랄 만한" 그 비상한 경제적 전환의 근원을 어떤 조치와 환경의 조합에서 찾을 수 있을까?[6] 그리고 오늘날의 경제 부흥은 비자본주의적 시장 기반 발전이라는 초기 전통, 아편전쟁 후 백 년의 쇠퇴, 중화인민공화국을 탄생시킨 혁명 전통과 어떤 관련이 있는가? 이 질문에 대한 답을 찾으면서, 먼저 중국의 부상이 신자유주의적 신조를 고수했기 때문이라는 신화를 깨는 것에서부터 시작하자.

---

5) "Is the Job Drain China's Fault?" *Business Week Online*, October 13, 2003; M. Kessler, "U. S. Firms: Doing Business in China Tough, but Critical", *USA Today*, August 17, 2004, pp. 1~2.

6) J. Stiglitz, "Development in Defiance of the Washington Consensus", *Guardian*, April 13, 2006.

중국의 개방: 스미스 대(對) 프리드먼

　중국의 경제 팽창이 외국무역과 투자에 더욱 개방적이라는 면에서 초기 일본의 팽창과는 다르다고 자주 말한다. 이러한 관찰은 옳다. 그러나 중국이 그러므로 워싱턴 컨센서스의 신자유주의적 처방을 고수했다는 추리는 옳지 않다. 이런 추리는 워싱턴 컨센서스의 주창자들 사이에서 만큼이나 좌파 지식인들 사이에서도 일반적이었다. 예를 들어 덩샤오핑은 데이비드 하비의 『간추린 신자유주의 역사』의 앞표지에 레이건, 피노체트, 대처와 나란히 자리하고 있으며, 이 책의 한 장(章) 전체가 "'중국적 특색을 지닌' 신자유주의"[7]에 바쳐졌다. 마찬가지로, 피터 퀑은 레이건과 덩샤오핑 둘 다 "신자유주의의 전도사 밀턴 프리드먼(Milton Friedman)의 열렬한 팬이었다"고 주장한다.

　중국인들이 프리드먼을 안내자로 얼마나 일찍 찾아냈는지는 흥미롭다. 대처가 그녀의 가차 없는 "대안은 없다" 개혁을 시작한 지 단 1년 후이다. 그리고 바로 미국에서 로널드 레이건이 루스벨트 대통령 시대 이래 적절히 작동해온 사회와 복지 안전망을 다 걷어버리면서 그의 "혁명"을 시작했을 때, 덩샤오핑과 그의 지지자들은 "정부는 민간의 일에 참견을 말라"*는 프리드먼의 처방전을 따라서, 중국을 신자유주의의 세계로 인도했다.[8]

　이데올로기의 스펙트럼에서는 정반대에서, 워싱턴 컨센서스의 제도적 주창자, 즉 세계은행, IMF, 미국과 영국의 재무부 등은, 여론을 조성

---

7) David Harvey, *A Brief History of Neoliberalism*(New York: Oxford University Press, 2005).

* 레이건 시대 대기업의 대표 구호가 됨.

8) Peter Kwong, "China and the US Are Joined at the Hip: The Chinese Face of Neoliberalism", *CounterPunch*, October 7~8, 2006, pp. 1~2.

하는 『파이낸셜 타임스』와 『이코노미스트』 같은 매체의 지지를 받아, 1980년대 이래 중국이 자신들의 정책 처방을 고수한 덕택에 중국 경제가 성장했으며, 이에 수반해 세계적으로 소득 불평등과 빈곤이 감소했다고 떠벌렸다.[9] 그 주장은 그들의 처방을 실제 고수했다가 아프리카 사하라 사막 이남 지역과 라틴아메리카, 구 소련에서 야기된 경제적 재난의 무수한 사례와 모순된다. 이런 경험으로 비추어 보아, 제임스 갤브레이스는 우리가 계속 "자본주의의 황금시대"라고 생각했던 1990년대가 "두 지역(중국과 인도)의 개혁 사회주의(reformed socialism, 개량한 사회주의)의 황금시대에 가까운 무엇"이 아닌가 의문이 든다고 말한다. 1990년대는 『이코노미스트』가 선호하는 처방을 따른 국가들에게는 재난의 시대이기도 했다.

중국과 인도 모두 1970년대에 서구 은행들로부터 자유로워지는 방향으로 움직였기 때문에 부채 위기를 겪지 않았다. 두 나라 모두 오늘날까지 자본 통제를 계속해서 유지하고 있으며, 따라서 핫머니*는 자유롭게 출입할 수 없었다. 두 나라 모두 오늘날까지 중공업에서 국영 부문이 여전히 크다. 〔……〕 그렇다. 중국과 인도는 전반적으로 잘해왔다. 그러나 이것이 그들의 개혁 때문인가, 아니면 그들이 계속해서 부과하는 규제 때문인가? 의심할 여지 없이 정답은 부분적으로 둘 다이다.[10]

〔인도는 놔두고〕 중국에만 초점을 맞추고, 중국이 자본주의의 어떤 변형이라기보다 "개혁 사회주의"를 실행하고 있느냐는 질문은 여기에서

---

9) 이러한 주장에 대한 비판적 개관은 Robert Wade, "Is Globalization Reducing Poverty and Inequality?" *World Development* 32, 4(2004) 참조.

* 유동성 높은 투기성 단기 자금.

10) J. K. Galbraith, "Debunking The Economist Again", http://www.salon.com/opinion/feature/2004/03/22/economist/print.html에서 볼 수 있다.

는 차치하자. 중국의 개혁이 신자유주의적 처방을 따르지 않았다는 갤브레이스의 주장은 제1장에서 인용한 스티글리츠의 주장에서 지지를 얻는다. 스티글리츠는 중국 개혁의 성공은 워싱턴 컨센서스가 옹호하는 충격 요법을 지지하여 점진주의를 포기하는 일을 하지 않은 덕분이며, 일자리 창출이 구조조정과 나란히 진행되어야만 사회 안정이 유지될 수 있다는 점을 인식한 덕분이며, 경쟁 강화로 밀려난 자원을 효과적으로 재배치할 수 있도록 노력한 덕분이라고 보았다. 중국은 비록 개혁을 시작할 때부터 세계은행의 충고와 도움을 환영했지만, 항상 미국 재무부와 서구 자본의 이익이 아니라 중국의 "국익"에 도움이 된다는 조건하에서만 그렇게 했다. 람고팔 아가르왈라는 세계은행의 고위급 관료로 베이징에서 지낸 경험을 회고하면서 다음과 같이 말한다.

중국은 아마도 외국의 조언에 귀를 기울이면서도 자국의 사회적 · 정치적 · 경제적 환경에 비추어 결정을 하는 국가의 가장 좋은 사례일 것이다. 〔……〕 중국의 성공 기반이 무엇이든지 간에, 그것은 워싱턴 〔컨센서스—인용자〕 정책의 무조건적인 채택은 결코 아니었다. "중국적 특색"을 지닌 개혁은 중국의 개혁 과정 전체를 규정하는 특징이다.[11]

중국 정부는 외국인 직접 투자 역시 환영하지만, 오로지 중국의 국익에 도움이 된다고 보았을 때에만 그러했다. 그러므로 1990년대 초 도시바와 그 외 일본의 대기업은 부품 회사들을 데려오지 않는다면 수고스럽게 중국까지 올 필요가 전혀 없다는 다소 무례한 말을 중국으로부터 들었던 것이다.[12] 보다 최근에 중국의 자동차 회사들은 라이벌인 외국

11) Ramgopal Agarwala, *The Rise of China: Threat or Opportunity?*(New Delhi: Bookwell, 2002), pp. 86~89.
12) *Far Eastern Economic Review*, September 6, 1994, p. 45.

경쟁 회사들과 동시에 합작 협정을 체결하는 부러운 위치에 서게 되었다. 광저우(廣州) 자동차가 혼다, 도요타와 맺은 협정이 일례인데, 이런 협정은 도요타가 다른 지역에서는 결코 동의하지 않았던 것이다. 이 협정으로 중국 합작 파트너는 두 경쟁 회사로부터 최고의 숙련 기술을 배울 수 있게 되었으며, 3자 간 네트워크에서 유일하게 나머지 모두에게 접근할 수 있는 참여자가 될 수 있었다.[13]

더 전반적으로 보자면, 탈규제(deregulation)와 사유화(privatization)는 신자유주의적 처방을 따랐던 나라들보다 훨씬 느린 속도로 진전되었다. 핵심적인 개혁은 사유화가 아니라, 국유 기업(SOEs)을 상호 간의 경쟁, 외국 기업과의 경쟁, 무엇보다 새로 탄생한 수많은 여러 송류의 사영 기업, 반관반민 기업, 집체소유 기업과의 경쟁에 노출시키는 것이었다. 경쟁의 결과 1949~79년 시기에 비해서 고용과 생산에서 국유 기업이 차지하는 비중은 크게 하락했다. 그러나 우리가 곧 보게 되듯이, 발전을 촉진하는 중국 정부의 역할은 줄어들지 않았다. 반대로 중국 정부는 엄청난 규모의 자금을 신공업의 발전, 새로운 수출가공지역(EPZs)의 설립, 고등교육의 확대와 근대화, 대규모 인프라스트럭처 프로젝트에 퍼부었다. 그 수준은 1인당 소득이 중국과 비슷한 국가에서는 전례가 없는 것이다.

대륙만 한 크기와 거대한 인구 덕분에, 중국 정부는 이러한 정책을 통하여 [대체로 외국인 투자로 견인되는] 수출 지향 공업화의 장점과,(외부인은 현지 중개자를 통해서만 접근할 수 있는 언어 · 관습 · 제도 · 네트워크로 비공식적으로 보호되는) 자국 중심적인(self-centered) 국민 경제의 장점을 결합할 수 있었다. 이 같은 결합을 잘 보여주는 사례가 거대한 수출가공지역이다. 중국 정부가 건설을 시작할 때 중국에 수출가공지역은

---

13) Oded Shenkar, *The Chinese Century*(Upper Saddle River, NJ: Wharton School Publishing, 2006), p. 66; Fishman, *China, INC*, pp. 208~10.

하나도 없었지만 오늘날에는 세계 수출가공지역 노동자 총수의 3분의 2를 수용하고 있다. 순전히 크기 때문에 중국은 세 개의 기본 제조업 클러스터를 건설할 수 있었는데, 각 클러스터는 그만의 특화를 이룩하였다. 주장(珠江) 삼각주는 노동 집약적인 제조업, 예비 부품 생산과 조립으로 특화하였으며, 양쯔 강 삼각주는 자본 집약적인 공업과 자동차·반도체·휴대폰·컴퓨터 생산을 특화하였고, 베이징 중관춘(中關村)은 중국의 실리콘밸리이다. 다른 어느 곳보다 중관춘은 정부가 직접 개입하여 정보 기술의 발전에서 대학과 기업, 국가은행 간의 제휴를 육성하고 있다.[14)]

수출가공지역 사이의 노동 분업은 역시 노동 집약적 공업을 버리지 않으면서도 지식 집약적 공업으로 발전을 장려하는 중국 정부의 전략을 보여준다. 이 전략을 추구하기 위해 중국 정부는 몇 개의 중국 도시를 하이테크 연구의 온실로 바꾸고, 동아시아에 전례가 없는 속도와 규모로 교육 체계를 현대화하고 확대해왔다. 중국은 마오쩌둥 시대에 초등교육 분야에서 일군 뛰어난 성취를 바탕으로, 평균 수학 기간을 약 8년

---

14) Loong-yu Au, "The Post MFA Era and the Rise of China", *Asian Labour Update* 56(Fall 2005), pp. 10~13. 이곳들과 다른 수출가공지역에 더해서, 모든 종류의 공업 클러스터들은 중국 전역에서 번성하고 있다. "비록 제조업 클러스터는 이탈리아의 유명한 사례처럼 새로운 것이 아니지만, 중국인들은 이를 새로운 규모로 가져가", "오로지 한 가지만을 만드는 데 특화하여 세워진" 거대한 공업 지구를 창출했는데, "그중에는 담배, 라이터, 배지, 넥타이, 지퍼와 같은 가장 흔한 상품도 있다." 다탕(大唐, 浙江省) 지역에는 120개 마을의 1만이 넘는 가구가 양말로 생계를 잇는다. 2004년에 그들은 양말 90억 족을 만들었는데, 한때 스스로를 "세계 양말 자본"이라고 선언했던 포트 페인(Fort Payne)의 애팔래치아 마을은 10억 족이 채 안 되는 양말을 만들었다. 다탕의 양말 관련 비즈니스에는, 약 천 명의 직물처리업자, 400명의 실 상인, 300개의 재봉 회사, 100개의 압착 회사, 300명의 포장업자와 100명의 발송업자와 함께, 평균 8대의 편물 기계를 보유한 수천 개의 봉제 공장이 있다. D. Lee, "China's Strategy Gives it the Edge in the Battle of Two Sock Capitals", *Los Angeles Times*, April 10, 2005.

간으로 늘리고 학생 수를 3억 4천만 명으로 증가시켰다. 그 결과 중국의 국립 대학은 절대적인 숫자에서 더 잘사는 국가들에 필적할 만한 졸업생을 배출한다. 예를 들어 2002년에 중국은 과학과 기술 전공의 대학 졸업생을 59만 명 배출했는데, 1~2년 앞선 시기 일본의 69만 명과 비교해서 큰 차이가 없다. 게다가 중국의 고등교육 기관은 일본이나 한국의 고등교육 기관보다 외부의 영향에 훨씬 개방성을 보여주고 있다. 중국의 중점 대학들은 인프라스트럭처와 대학 교원의 질을 높이고 있을 뿐만 아니라, 이에 더해 중국은 미국 내 외국 유학생 중에 최대의 비중을 차지하고 있으며, 유럽 · 오스트레일리아 · 일본 그리고 다른 곳에서도 그 비중을 급격히 높여가고 있다. 중국 정부는 해외의 중국 학생들이 학위를 마친 뒤 귀국하도록 각종 유인책을 제공하고 있는데, 현역 과학자와 경영인을 포함하여 이들 다수가 중국으로 돌아가고 있는 것은 빠르게 성장하는 경제가 제공하는 기회의 매력 때문이다.[15]

간단히 말하면, 경제 개혁이 상대적으로 점진주의로 실행되고 있다는 것, 그리고 정부가 국익의 확대와 새로운 사회적 분업 사이에 시너지 효과를 촉진하기 위해 상호 보완적인 조치를 추구해왔다는 점은, 충격 요법, 최소 정부, 자기조정적 시장의 이점에 대한 신자유주의적 신조의 유

---

15) Yugui Guo, *Asia's Educational Edge: Current Achievements in Japan, Korea, Taiwan, China, and India*(Oxford: Lexington, 2005), pp. 154~55; Au, "The Post MFA Era"; Shenkar, *The Chinese Century*, pp. 4~5; P. Aiyar, "Excellence in Education: The Chinese Way", *The Hindu*, February 17, 2006; H. W. French, "China Luring Scholars to Make Universities Great", *New York Times*, October 24, 2005; C. Buckley, "Let a Thousand Ideas Flower: China Is a New Hotbed of Research", *New York Times*, September 13, 2004. 『인민일보』(2003년 11월 17일)와 교육부 통계에 따르면, 1978년 개혁 시작 이래 58만 명이 넘는 중국 학생들이 진학을 위해 해외로 나갔으며, 이 중 15만 명이 중국으로 돌아왔다. 무엇보다도 돌아온 학생들은 전국적으로 5천 개에 달하는 사업을 시작하여, 100억 위안이 넘는 수익을 창출하였다.

토피아적 믿음이 애덤 스미스에게만큼이나 중국 개혁자들에게 생소한 것임을 보여준다. 제2장에서 기술한 시장 기반 발전이라는 스미스의 개념에서, 정부는 시장을 통치의 도구로 사용하고, 무역의 자유화는 "공적 평온"을 뒤엎지 않도록 점진적으로 해야 한다. 정부는 노동자보다는 자본가들을 서로 경쟁시키고, 이윤은 최소한의 참을 만한 수준까지 떨어뜨린다. 정부는 생산 단위나 공동체 내부에서보다는 그것들 서로 간에 분업을 장려하고, 분업이 사람들의 지적 수준에 끼치는 부정적인 영향을 막기 위해 교육에 투자한다. 정부는 국내 시장의 형성과 농업 발전을 우선하여 공업화의 주요 기반으로 삼고, 이는 시간이 흐르면서 외국무역과 투자에서도 주요 기반이 된다. 그렇지만 이러한 우선순위가 "그 사회를 다른 독립 사회의 폭력과 침입으로부터 보호하는" "주권국가〔원문은 국왕, sovereign〕의 첫 번째 의무"와 충돌한다면 공업과 외국무역에 우선권이 주어져야 한다는 것을 스미스는 받아들인다.

중국의 시장 경제로의 복귀에서 대부분의 특징들은 마르크스의 자본주의 발전 개념보다는 시장 기반 발전 개념에 더 잘 들어맞는다. 마르크스의 개념에 따르면, 정부는 부르주아지의 용무를 처리하는 위원회 역할을 하여, 예를 들어 직접 생산자에게서 생산 수단을 분리시키고 자본주의적 축적자들이 경쟁 압력을 자신들 내부에서 노동자들에게 전가할 수 있도록 도와준다. 확실히 수출과 기술적 노하우의 수입 촉진에서, 중국 정부는 마오쩌둥 시대의 중화인민공화국은 말할 것도 없고 명조, 아편전쟁 전의 청조보다 훨씬 더 많이 외국 자본과 화교 자본가의 도움을 구해왔다. 게다가 중국과 화교 자본의 관계는 16세기 스페인과 포르투갈이 제노바의 디아스포라 자본가들과 맺은 정치적 교환 관계와 꼭 닮았다. 그렇지만 앞에서 썼듯이, 이러한 관계에서 중국 정부는 우월한 위치를 보유하였고, 스스로 지배적인 자본주의 국가(미국)의 주요 채권자가 되었으며 중국의 국익에 맞을 때와 그런 조건에서 도움을 받아들인다. 아무리 상상력을 발휘해도 중국이 외국 자본과 화교 자본가들의 하

인으로 보이지는 않는다.[16)

　더욱 평가하기 어려운 것은, 중국 정부가 중국 본토 내에서 등장하고 있는 민족 부르주아지의 용무를 처리하는 위원회가 되는 과정에 있는 것인지 여부이다. 이 문제는 후에 다시 살펴보기로 하고, 여기에서는 중국의 시장 경제로의 이행에 나타나는 또 다른 스미스적 특징에 주목하겠는데, 이 특징을 보면 중국이 자본주의로 이행하고 있다고 보는 것에 신중하게 된다. 이 또 하나의 특징은 정부가 외국 자본 사이에서뿐 아니라 외국 자본이든 국내 자본이든 민간 자본이든 공공 자본이든 모든 자본 사이에 경쟁을 적극 장려하고 있다는 점이다. 게다가 개혁은 사유화보다는 국가 독점과 장벽 제거를 통한 경쟁 강화에 더 큰 강조점을 두고 있다.[17) 그 결과는 부단한 자본의 과잉축적과 이윤율의 하락 압력으로, 그런 특징을 "중국의 정글 자본주의"로 규정하기도 하지만, 오히려 가차 없는 경쟁에 의해 움직이고 그 결과 국익에 복무하게 되는 스미스적 자본가의 세계와 더 비슷하다.

　새로운 상품은 흔히 한 외국 회사에 의해 도입되고 몇 달 안에 수많은 제조업자들(그중 다수는 중국 민간 회사)이 똑같이 찍어내기 시작한다. 맹렬한

---

16) 이를 보여주는 가장 최근의 증거는 2006년도에 중국 정부가 외국 투자자들을 대상으로 대거 새로운 장애물을 만들어낸 것인데, 그중에는 외국이 지원하는 합병에 대한 조사 강화, 은행에서 소매와 제조업까지 각 지역들의 제한 신청이 포함된다. 외국 회사들은 이 조치에 특히 경계심을 높이고 있는데, 왜냐하면 중국 정부가 국내 회사의 판도를 확대하고 빈곤과 소득 불균형 같은 사회적 문제를 억누르는 데 점점 더 일차적인 관심을 두게 된 데서 비롯된 조치이기 때문이다. A. Batson and M. Fong, "In Strategic Shift, China Hits Foreign Investors with New Hurdles", *Wall Street Journal*, August 30, 2006, A1.

17) Thomas G. Rawski, "Reforming China's Economy: What Have We Learned?" *The China Journal* 41(1999), pp. 142, 145; Agarwala, *The Rise of China*, pp. 103~06.

경쟁이 시작되고, 가격은 곤두박질친다. 그리고 얼마 후 생산자들은 새로운 시장을 기대하고, 점점 더 해외 시장을 기대하게 된다. 뒤죽박죽된 여러 힘들이 이 모든 과정을 몰아세우고, 세계에서 가장 경쟁적인 시장 중 하나를 낳았다. 외국 투자의 조류는 〔……〕 가장 현대적인 제조업 기술 중 일부를 이 나라에 가르쳐주었다. 외국 기술에 대한 굉장한 식욕은 경제 전체 생산성 향상을 촉진하였고, 과거 중앙 계획 체계가 파괴된 난장판에서 전국적으로 기업가적 열기가 싹텄다.[18]

물론 공기업과 민간 기업 사이의 출혈 경쟁 결과, 마오쩌둥 시대에 도시 노동자들이 누리던 고용 안정은 크게 와해되었고, 특히 이주 노동자의 과도한 착취에 대한 일화는 수도 없이 많아졌다.[19] 앞으로 이 장의 결론 부분에서 살펴보겠지만, 일시 해고된〔하강下崗〕 도시 노동자들이 겪는 곤경과 이주노동자의 과도한 착취는 1990년대 말과 2000년대 초 노동 불안과 사회적 대립 격화의 주요 원인 중 하나였다. 그럼에도 불구하고, 노동자의 곤경과 반란은 정부 정책이란 맥락에서 파악해야 하며, 이러한 면에서 중국 정부 정책은 수익성을 끌어올리기 위해 노동자의 복지를 희생하는 신자유주의적 핵심 처방은 받아들이지 않았다. 1인당

---

18) K. Leggett and P. Wonacott, "Burying the Competition", *Far Eastern Economic Review*, October 17, 2002. 유사한 주장에 대해서는 James Kynge, *China Shakes the World*(Boston, MA: Houghton Mifflin, 2006), and S. Kotkin, "Living in China's World", *New York Times*, November 5, 2006 참조.

19) Anita Chan, "Globalization, China's Free (Read Bounded) Labor Market, and the Trade Union", *Asia Pacific Business Review* 6, 3~4(2000); Jun Tang, "Selection from Report on Poverty and Anti-Poverty in Urban China", *Chinese Sociology and Anthropology* 36, 2~3(2003~04); Ching Kwan Lee and Mark Selden, "Durable Inequality: The Legacies of China's Revolutions and the Pitfalls of Reforms", in J. Foran, D. Lane, and A. Zivkovic, eds., *Revolution in the Making of the Modern World: Social Identities, Globalization, and Modernity*(London: Routledge, 2007) 참조.

소득이 비슷하거나 심지어 더 높은 국가와 비교해 보아도, 합자 회사에서 노동자들의 의료, 연금, 기타 "의무적 혜택"은 여전히 관대했으며, 중국의 공공 부문의 경우 노동자의 해고는 어려웠다. 더 중요한 것은 고등교육의 확대, 새로운 산업에서 대안적 고용 기회의 신속한 증가, 그리고 농촌 주민들이 더 많은 노동력을 농촌 경제에 투입하도록 한 농촌의 세금 감면과 여타의 개혁들이 서로 결합하여 노동력 부족을 만들어내고, 그 결과 이주노동자를 과도하게 착취할 수 있는 기반이 줄어들고 있다는 점이다. 골드만삭스의 한 경제 전문가는 "우리는 중국에서 극히 낮은 임금 노동이라는 황금시대의 끝을 보고 있다"고 선언한다. "많은 노동자들이 있지만, 교육받지 못한 노동자의 공급은 줄어들고 있다. 〔……〕 중국의 노동자들은 〔……〕 사람들이 기대한 것보다 더 빨리 가치를 올리고 있다."[20]

지금까지 검토한 중국 개혁의 스미스적 특징들, 즉 개혁의 점진주의와 노동의 사회적 분업을 확대하고 향상시키려는 국가적 조치, 교육의 거대한 확대, 자본가의 이익을 국익에 종속시키는 것, 자본가 간 경쟁의 적극적 장려 등은 모두 지금 나타나는 노동력 부족의 원인이 되었다. 그러나 가장 결정적인 요소는 아마도 중국 개혁의 또 다른 스미스적 특징, 바로 중국 개혁이 국내 시장의 형성과 농촌 지역의 생활 수준 향상에 주도적인 역할을 부여했다는 점일 것이다. 이제 가장 결정적인 이러한 요소에 대해 살펴보자.

---

20) D. Barboza, "Labor Shortage in China May Lead to Trade Shift", *New York Times*, April 3, 2006; T. Fuller, "Worker Shortage in China: Are Higher Prices Ahead?" *Herald Tribune Online*, April 20, 2005; S. Montlake, "China's Factories Hit an Unlikely Shortage: Labor", *Christian Science Monitor*, May 1, 2006; "China's People Problem", *The Economist*, April 14, 2005.

강탈 없는 축적

스미스가 충고한 대로, 덩샤오핑의 개혁은 국내 경제와 농업을 첫 번째 목표로 삼았다. 핵심 개혁은 1978~83년 농가생산책임제의 도입이었다. 이 제도는 작물의 결정권과 농업 잉여에 대한 지배를 인민공사에서 농가로 돌려준 조치이다. 이에 추가하여, 1979년과 다시 1983년에 농작물 수매 가격이 대폭 인상되었다. 그 결과, 농가 생산성과 농가 활동의 수익이 극적으로 늘어났고, 인민공사와 생산 대대의 기업들이 비농업 상품을 생산하는 초기의 경향을 강화했다. 공간 이동에 대한 다양한 제도적 장벽을 통해, 정부는 농업노동자들이 "촌락을 떠나지 않은 채 토지에서 떠나도록" 장려했다. 그러면서도 1983년에 정부는 농촌 주민들에게 생산물의 판로를 찾기 위해 원거리 수송과 마케팅을 할 수 있도록 허가해주었다. 중국 농민들이 자신의 촌락 밖에서 비즈니스를 할 수 있는 권리를 부여받은 것은 30년 만에 처음이었다. 1984년에 규제는 더욱 완화되어, 농민들은 인근 소도시의 새로 등장한 집체 소유의 향진 기업(TVEs)에서 일할 수 있게 되었다.[21]

향진 기업의 등장은 두 가지 다른 개혁으로 촉진되었다. 하나는 재정의 분권화로, 지방 정부에게 경제 성장의 장려와 재정 잉여의 상여금 사용에서 자율성을 보장한 것이다. 다른 하나는 간부의 평가 기준을 관할 지역의 경제적 성과로 바꾼 것으로, 지방 정부에게 경제 성장을 지원할 강력한 동기를 부여했다. 이리하여 향진 기업은 당 간부와 정부 관리들의 기업가적 에너지가 발전적 목표로 향해 간 일차적인 장소가 되었다.

---

21) Fang Cai, Albert Park, and Yaohui Zhao, "The Chinese Labor Market", paper presented at the Second Conference on China's Economic Transition: Origins, Mechanisms, and Consequences, University of Pittsburgh, November 5~7, 2004; Jonathan Unger, *The Transformation of Rural China* (Armonk, NY: M. E. Sharpe, 2002).

대부분이 재정적으로 자립한 향진 기업들은 또한 농촌의 잉여 노동을 생산적으로 흡수할 수 있는 노동 집약적 공업 활동의 착수에 농업 잉여를 재배치하는 주요 주체가 되었다.[22]

그 결과는 비농업 활동에 종사하는 농촌 인력의 폭발적인 증가였다. 1978년의 2,800만 명에서 2003년에는 1억 7,600만 명으로 늘어났으며, 대부분의 증가는 향진 기업에서 일어났다. 1980년과 2004년 사이에, 향진 기업은 도시의 국가 고용과 집체 고용에서 없어진 것보다 거의 4배나 많은 일자리를 추가로 만들어냈다. 1995년과 2004년 사이에는 향진 기업의 일자리 증가가 도시의 국가 고용과 집체 고용의 감소분에 훨씬 못 미쳤지만, 이 시기 말까지도 향진 기업은 도시의 모든 외국 기업, 민간 기업, 합자 기업의 노동자 수를 합친 것보다 2배가 넘는 노동자들을 여전히 고용했다.

농촌 기업의 활력은 중국 지도자들을 깜짝 놀라게 했다. 향진 기업의 발전은 1993년에 덩샤오핑도 인정했듯이 "완전히 예상하지 못한 것이었다." 그 무렵 정부는 향진 기업을 법제화하고 규제하는 개입 조치를 취

---

22) Jean Oi, *Rural China Takes Off Institutional Foundations of Economic Reform*(Berkeley, CA: University of California Press, 1999); Nan Lin, "Local Market Socialism: Local Corporatism in Action in Rural China", *Theory and Society* 24(1995); Andrew Walder, "Local Governments as Industrial Firms: An Organizational Analysis of China's Transitional Economy", *American Journal of Sociology* 10, 2(1995); Susan H. Whiting, *Power and Wealth in Rural China: The Political Economy of Institutional Change*(Cambridge: Cambridge University Press, 2001); Juan Wang, "Going Beyond Township and Village Enterprises in Rural China", *Journal of Contemporary China* 14, 42(2005), p. 179; Kellee S. Tsai, "Off Balance: The Unintended Consequences of Fiscal Federalism in China", *Journal of Chinese Political Science* 9 2(2004); Justin Yifu Lin and Yang Yao, "Chinese Rural Industrialization in the Context of the East Asian Miracle", *China Center for Economic Research*, Beijing University(n. d.).

하기 시작했다. 1990년에 향진 기업의 집체 소유는 향이나 진의 모든 거주민들에게 돌아갔다. 그렇지만 지방 정부는 경영 책임자를 임명하고 해임할 권리, 그리고 이 권한을 특정 정부기관에 위임할 권리가 있었다. 향진 기업 이윤의 배당 역시 규제했는데, 이윤의 절반 이상을 의무적으로 기업 내에 재투자하게 하여 생산을 현대화하고 확대하며 복지와 상여금 재원을 늘리는 데 쓰도록 했으며, 나머지 대부분은 정부에 보내도록 하여 농업 인프라 건설, 기술 서비스, 공공 복지, 새 기업 투자에 썼다. 1990년대 말에, 애매하게 정의된 재산권을 일종의 주주 소유권이나 완전한 사적 소유권으로 바꾸려는 시도가 있었다. 모든 규제는 이런 이익 배당의 의무 규정도 포함해서 시행하기가 어려워졌기 때문에 향진 기업은 지역적 합의나 관습에 따라 매우 다양한 성격을 띠게 되었다. 따라서 향진 기업을 하나의 범주로 묶기는 극히 어렵다.[23]

그렇지만 이러한 조직적 다양성에도 불구하고, 혹은 아마도 그 때문에, 지금 되돌아보면 향진 기업은 중국의 경제적 부상에서 결정적인 역할을 담당했음이 드러난다. 마치 한 세기 전에 미국의 부상에서 수직 통합형의 관료적 경영 기업이 그랬던 것처럼. 향진 기업이 개혁의 성공에 기여한 점은 여러 가지이다. 첫째로 향진 기업의 노동 집약적 방침은 도시 지역으로 대규모 이주 증가 없이 농촌의 잉여 노동을 흡수하고 농촌 소득을 올릴 수 있게 하였다. 게다가 1980년대 노동 이동은 대부분 농민들이 농경에서 벗어나 농촌 집체 기업에 일하러 가는 이동이었다. 둘째

---

23) Wing Thye Woo, "The Real Reasons for China's Growth", *The China Journal* 41(1999), pp. 129~37; Boudewijn R. A. Bouckaert, "Bureaupreneurs in China: We Did it our Way—A Comparative Study of the Explanation of the Economic Successes of Town-Village Enterprises in China", paper presented at the EALE Conference, Ljubljana, September 2005; Martin Hart-Landsberg and Paul Burkett, "China and Socialism: Market Reform and Class Struggle", *Monthly Review* 56, 3(2004), p. 35; Lin and Yao, "Chinese Rural Industrialization."

로 향진 기업은 상대적으로 규제되지 않았기 때문에, 이들이 수많은 시장으로 진입하자 경쟁 압력이 전면적으로 증가하여, 국영 기업뿐 아니라 모든 도시의 기업들이 업무를 향상시켜야만 했다.[24] 셋째로 향진 기업은 농촌 조세 수입의 주요 원천이 되어, 농민들의 재정 부담을 줄여주었다. 세금과 각종 부과금이 농민 불만의 최대 원천이었으므로, 향진 기업은 이렇게 해서 사회 안정에도 기여했다. 게다가 예전에 농민에게 부과되었던 세금과 각종 비용을 향진 기업이 떠맡으면서, 농민들을 약탈적인 지방 정부로부터 보호해주었다.[25] 넷째로 가장 중요한 핵심적 측면에서 이윤과 임대 수익을 현지에 재투자함으로써 향진 기업은 국내 시장의 크기를 확대했고, 새로운 단계의 투자, 일자리 창출, 분업의 순환을 위한 조건을 창출했다.[26]

질리언 하트는 임금 고용으로 흡수하는 데 필요한 조건들을 창출하지 않은 채 농민들에게서 생산 수단을 오랫동안 강탈해온 남아프리카와 비교하여, 중국의 발전적 이점을 총정리하면서, 중국 경제 발전의 상당 부분은 향진 기업이 공업 이윤을 그 지역 내에 재투자하고 재분배했으며, 그 이윤을 학교, 보건소, 다른 형태의 집체적 소비에 사용한 덕분이라고 썼다. 게다가 향진 기업에서는 그녀가 1992년 방문한 �촨 성(四川省)과 후난 성(湖南省)의 사례처럼 가구 내의 토지 분배가 상대적으로 평등했는데, 주민들은 소토지의 집약적 경작과 공업 및 다른 비농업 노동을 함께 결합하여 생계비를 조달할 수 있었다. 실제로 〔향진 기업의─인용자〕 성장을 추동하는 핵심적인 힘은 그들의 도시 경쟁자와 달리 노동자들에게 주거 · 건강 · 퇴직 관련 및 그 밖의 혜택을 제공하지 않아도 된

---

24) Cai, Park, and Zhao, "The Chinese Labor Market."
25) Wang, "Going Beyond Township and Village Enterprises", pp. 177~78;
   Thomas P. Bernstein and Xiaobo Lu, *Taxation without Representation in Contemporary Rural China*(New York: Cambridge University Press, 2003).
26) Lin and Yao, "Chinese Rural Industrialization."

다는 점이다. 사실상 노동의 재생산 비용의 상당 부분이 기업에서 비켜 나갔다. 그러나 적어도 어떤 사례들에서는 재생산 메커니즘을 통해 지원받고 있다." 하트는 나아가 이러한 형태가 중국뿐 아니라 타이완에서 도 관찰된다고 말한다.

중국과 타이완의 특징, 남아프리카와는 완전히 구별되는 그 특징은 바로 1940년대 말에 토지 재분배 개혁이 실시되어 효과적으로 지주 계급의 힘을 파괴했다는 것이다. 중국과 타이완에서 농업 개혁[토지 개혁]을 추진한 정치 세력은 긴밀히 연결되어 있었으면서 동시에 정반대였다. 그러나 사회주의 중국 및 사회주의 이후 중국이나 "자본주의적" 타이완 모두, 농업을 결정적으로 변모시켰던 재분배 개혁은 토지 강탈 없이 신속하고 분권화한 공업 축적이라는 특징이 있다. 〔……〕 20세기 후반기에 가장 화려한 공업 생산의 사례 중 일부가 농업노동자에게서 토지를 강탈하지 않고 발생했다는 사실은, 세계적 경쟁을 지탱해주는 특이한 "비서구적" 축적 형태를 해명하는 데 도움을 준다. 〔……〕 그뿐 아니라 [이 사례는 우리가―인용자] "본원적 축적"에서 강탈을 자본주의 발전에 자연히 부수하는 것으로 보았던 목적론적 가정을 수정하도록 할 것이다.[27]

이 책에서 발전시킨 관점에서, 하트가 본원적 축적에 대한 가정을 수정하자는 호소는 다음과 같이 다시 정식화할 수 있다. 농업 생산에서 생산 수단을 분리하는 것은 자본주의의 창조적 파괴의 전제 조건이라기보다는 오히려 결과였다. 본원적 축적(혹은 하비가 다시 이름 붙인 강탈에 의한 축적 과정)의 가장 오래 지속되고 결정적인 형태는 서구 국가들이 힘

27) Gillian Hart, *Disabling Globalization: Places of Power in Post-Apartheid South Africa* (Berkeley, CA: University of California Press, 2002), pp. 199~ 201.

과 자본의 끝없는 축적에 점점 더 큰 규모와 범위의 공간적 조정을 제공하기 위해 군사력을 사용한 것이었다. 그렇지만 자국을 세계국가로 바꿈으로써 궁극적인 공간적 조정을 가져오려던 미국의 시도는 역풍을 맞았다. 세계국가를 창출하는 대신에, 이 시도는 전례 없는 거래량과 밀도를 가진 세계 시장을 창출했고, 이런 시장에서는 저렴하고 질 높은 노동을 가장 많이 공급할 수 있는 지역이 결정적으로 경쟁 우위를 차지한다. 이 지역이 동아시아인 것은 결코 역사적 우연이 아니다. 동아시아는 시장 경제 전통의 계승자이며, 다른 어느 지역보다도 비인적 자원보다는 인적 자원을 동원하고, 경제적 독립과 농업 생산자의 복지를 파괴하기보다는 보호했다.

이것은 동아시아 근면혁명이 계속 중요하다는 스기하라 가오루의 테제를 다른 형태로 다시 정식화한 것이다. 향진 기업에서 소토지의 집약적 경작이 농업 및 다른 비농업 노동 형태와 결합하고, 노동의 질적 향상에 대한 투자와 결합하고 있다는 하트의 관찰은 이 테제의 타당성을 확인해준다. 여러 번 관찰해보면 심지어 도시 지역에서도 중국인 생산자들의 주요한 경쟁 우위는 낮은 임금 따위가 아니라 비싼 기계와 관리자 대신에 교육받은 저렴한 노동력을 사용하는 테크닉의 이용이라는 것을 알 수 있는데, 역시 스기하라 테제의 타당성을 확인해준다. 한 좋은 사례가 상하이 근교의 원평 자동차 공장이다. 이곳에는 "한 대의 로봇도 눈에 띄지 않는다." 많은 다른 중국 공장처럼, 조립 라인은 다수의 젊은이들로 채워지는데, 이들은 중국에서 늘어나고 있는 기술학교에서 새로 도착하여 기껏해야 큰 전기 드릴, 렌치와 고무망치를 가지고 일하고 있다.

엔진과 차체 판형은 서구, 한국이나 일본 공장들에서는 자동 컨베이어에 실려 이 작업 구간에서 저 작업 구간으로 옮겨 다니지만, 이곳에서는 손과 손수레로 끌어서 옮긴다. 이것이 원평이 수제 호화 지프 트리뷰츠(Jeep

Tributes)를 중동에서 8만 달러에서 10만 달러에 팔 수 있는 이유이다. 이 회사는 차를 만드는 데 수백만 달러의 기계에 돈을 쓰지 않는다. 대신 매우 유능한 노동자들을 쓰고 있다. 이들의 연봉은 〔……〕 디트로이트의 신입 사원 한 달 봉급보다 더 적다.[28]

일반적으로 말하자면, 『월스트리트 저널』의 기사가 지적한 것처럼, 회계 보고서에서 완제품의 임금 총액이 원가의 10퍼센트밖에 안 된다고 나타난 것은 틀렸다. 왜냐하면 회계 보고서에는 구입한 부품의 임금 총액과 회사의 간접비 중의 임금 총액이 빠져 있기 때문이다. 이 비용이 더해진다면, 총 노동 비용은 최종 제품 원가의 대략 40~60퍼센트 이상이 될 것이다. 중국에서 이 정도 노동 비용은 전체적으로 볼 때 적은 편이다. 실제로 대부분 중국의 주요 경쟁 우위는 생산 노동자 임금이 일반적으로 미국 노동자 임금의 5퍼센트밖에 들지 않는다는 것이 아니라, 중국의 기술자와 공장 관리자들의 임금이 미국보다 35퍼센트나 더 적다는 것이다. 마찬가지로, 자본 집약적 공장에서 미국 노동자들이 중국 노동자보다 수배나 더 생산성이 높다는 통계는, 미국 노동자의 높은 생산성이 다수의 공장 노동자 대신에 복합 유연 자동화 시스템과 물류 취급 시스템을 도입한 덕택이고, 이렇게 하면 노동 비용은 줄어들어도 자본 비용과 지원 시스템 비용은 늘어난다는 점을 무시한다. 자본을 절약하고 노동에 더 많은 역할을 다시 맡김으로써 중국의 공장들은 이 과정을 역전시킨다. 예를 들어 매뉴얼대로 부품을 만들고 취급하여 조립하는 방식은 요구되는 총자본이 3분의 1씩이나 감소한다.[29]

---

28) Fishman, *China, INC*, pp. 205~06. 저렴한 노동력으로 비싼 설비를 대체하는 또 다른 사례에 대해서는 George Stalk and David Young, "Globalization Cost Advantage", *Washington Times*, August 24, 2004 참조.
29) T. Hout and J. Lebretton, "The Real Contest Between America and China", *Wall Street Journal Online*, September 16, 2003.

게다가 스기하라의 테제에서 예상할 수 있듯이 중국 비즈니스는 비싼 기계뿐 아니라 비싼 관리자 역시도 교육받은 저렴한 노동이 대체한다. 스미스가 기업의 관료 경영에 대해 낮게 평가한 것을 입증하듯이, 자율적인 노동력은 "관리 비용 역시 낮춘다."

중국 공장의 엄청난 노동자 수에도 불구하고, 그들을 감독하는 관리자 계층은 서구의 기준으로 보면 현저히 얇다. 일에 따라서 다르지만(이 작업에서 보자면) 5천 명의 노동자에 15명의 관리자로 볼 수 있다. 중국 노동자들이 얼마나 믿을 수 없으리만큼 자율적인가를 보여주는 증거이다.[30]

앞에서 썼듯이, 정부의 교육 정책 덕분에 중국은 〔풍부한〕인적 자원 보유고를 가질 수 있었다. 이 안에는 글을 읽을 수 있고 근면한 노동자들의 방대한 공급과 함께 대량으로 그리고 신속히 확대되는 기술자·과학자·전문의 공급이 포함된다. 이러한 지식노동자의 공급 확대는 비싼 기계와 관리자를 저렴하고 교육받은 노동으로 대체하는 것뿐 아니라, 스미스가 주장했듯이 사회적 분업을 지식 집약적 생산과 혁신으로 향상하는 것 역시 촉진한다. 2003년에 미국은 중국이 연구개발(R&D)에 쓴 돈의 거의 5배를 지출했으면서도, 연구자 수에서는 2배가 채 넘지 못했다(중국은 74만 3천 명이지만 미국은 130만 명이다). 게다가 과거 12년 동안, 중국의 연구개발 지출은 매년 17퍼센트씩 증가하였는데, 이에 반해 미국, 일본과 유럽연합은 4~5퍼센트로 보고되었다.[31]

---

30) Ted C. Fishman, "The Chinese Century", *New York Times Magazine*, July 4, 2004.

31) *Ibid.*; G. Naik, "China's Spending for Research Outpaces the U. S.", *Wall Street Journal Online*, September 29, 2006.

중국 부상의 사회적 기원

현재 진행되고 있는 중국 정치경제의 변모와 스미스의 시장 기반 발전 개념이 딱 맞아떨어진다고 해서, 덩샤오핑의 개혁이 어떤 식으로든지 스미스의 저서에서 영감을 얻었다고 하는 것은 아니다. 앞에서 썼듯이, 18세기의 관료 진굉모는 스미스가 후에 『국부론』에서 이론화한 것을 앞서서 실천하였다. 이러한 실천은 이론에서 나온 것이 아니라 중국의 전통에서 영감을 얻은 청 중기 중국의 통치 문제에 대한 실용주의적 접근에서 나온 것이다. 덩샤오핑이 스미스의 저작을 읽었든 읽지 않았든, 그의 개혁은 마찬가지로 마오쩌둥 이후 중국 통치 문제에 대한 실용적 접근에서 나왔다.

그러므로 칭화 대학(淸華大學)의 왕후이(汪暉)는 최근 개혁의 기원을 "문화혁명 후반기의 당파 투쟁과 정치적 대혼란"에 대한 반발이 공산당 안팎에 널리 공인되었던 것에서 찾았다. 중국 공산당은 문화혁명은 전면 부정하면서도, "중국 혁명과 사회주의적 가치 그리고 총체적인 마오쩌둥 사상은 둘 다 부인하지 않았다." 두 가지 효과가 나타났다.

첫째, 사회주의 전통은 국가 개혁에 대한 내부 억제력으로 어느 정도 기능했다. 국가-당 체계〔國黨體制〕*가 주요 정책을 변경할 때마다 이 전통과 대화하면서 실행해야만 했다. 〔……〕 둘째, 사회주의 전통은 노동자, 농민과 다른 사회 집단들에게 국가의 부패나 불평등한 시장화 조치에 항의하거나 타협할 수 있는 어느 정도의 정당성 있는 수단을 주었다. 이리하여 문화혁명의 부정이라는 역사적 과정 속에서, 중국의 유산을 다시 활성화한 것은

---

* 일반적으로 중국 공산당은 당을 국가에 우선하여 당-국가 체계〔黨國體制〕라고 하는데 왕후이가 의도적으로 바꾸어 쓴 것이다. 이 책에서는 왕후이를 지지하여 국가-당(state-party)이라고 쓰고, 당 관료의 전횡이라는 현실 문제를 논할 때 당-국가(party-state)라고 쓰고 있다.

미래의 정치 발전을 위한 통로를 열어주었다.[32]

개혁과 중국 사회주의 전통 사이의 관계에 관련된 것으로서, 덩샤오핑 치하의 중국 공산당이 문화혁명을 부인하면서도 중국 혁명이 확립한 전통은 부인하지 않은 이유는 적어도 두 가지가 있다. 첫째로 문화혁명 후반기의 당파 투쟁과 정치적 대혼란은 중국 혁명의 성과를 완성하기도 했지만 동시에 거의 파괴할 뻔하였다. 둘째로 문화혁명의 맹공격은 공산당도 모면할 수 없었고, 당원과 당 관료들의 힘과 특권의 관료적 기반을 심각하게 침식했다. 덩샤오핑의 개혁은 그러므로 이중의 호소력을 지니고 있었다. 당원과 당 관료들에게는 그들의 힘과 특권을 새로운 기반 위에 재구축할 수단으로서, 대다수 중국 인민들에게는 문화혁명이 위태롭게 한 중국 혁명의 성과를 공고히 하는 수단으로서 그러했다.

첫 번째 호소에서, 개혁은 기업가적 에너지를 정치 영역에서 경제 영역으로 향해 가도록 다채로운 기회를 창출했고, 당원과 당 관료들은 정부 관료 및 국유 기업의 관리자들(대체로 이들 자신도 영향력 있는 당원이다)과 동맹하여 부와 힘을 가질 수 있는 기회를 열심히 부여잡았다. 그 과정에서 다양한 형태의 강탈에 의한 축적이 거대한 부의 기반이 되었는데, 공공 자산의 전유(專有), 국가 기금의 횡령, 토지 이용권의 매각 등이 그러하다.[33] 그럼에도 불구하고, 이러한 부와 힘의 획득이 결과적

---

32) Hui Wang, "Depoliticized Politics, From East to West", *New Left Review*, II/ 41(2006), pp. 34, 44~45.

33) Yingyi Qian, "Enterprise Reforms in China : Agency Problems and Political Control", *Economics of Transition* 4, 2(1996) ; X. L. Ding, "The Illicit Asset Stripping of Chinese State Firms", *The China Journal* 43(2000) ; Lee and Selden, "Durable Inequality." 이런 사례와 강탈에 의한 축적의 다른 형태들은 하트가 강조한 강탈 없는 축적과 결합되어 일어났다. 물론 중국처럼 크고 복잡한 국가에서 각각 다른 시기에 어느 경향이 지배적이었는지를 말하기는 매우 어려우며, 어느 경향이 미래에 더 지배적으로 될 것인지를 말하는 것은 더더욱 어렵다.

으로 자본가 계급을 형성했는지, 그리고 더 중요하게 만약 이런 계급이 존재하게 되었다면 중국 경제와 사회의 감제 고지를 장악하는 데 성공했는지는 여전히 불분명하다. 장쩌민(江澤民) 통치하(1989~2002)에서는, 이 두 가지 질문에 대한 대답은 꽤 긍정에 가까워 보였다. 그러나 후진타오와 원자바오 치하에서는, 비록 그들의 지향을 평가하기에는 기간이 짧기는 하지만, 일종의 역전이 일어나고 있는 것으로 보이고, 위의 대답, 특히 두 번째 질문에 긍정적인 답변을 하기 어렵게 만든다.[34]

대다수 인민들에 대한 덩샤오핑 개혁의 호소를 살펴볼 때, 우리는 먼저 개혁의 성공이 상당한 정도로 중국 혁명의 이전 성과에 기초하고 있다는 점을 인식해야 한다. 아우룽위(區龍宇)는 서구와 일본의 관찰자들이 인도와 비교해서 중국의 교육, 배움의 열의, 노동자의 규율을 칭찬할 때, "이러한 성과에 기여한 요소들 중 하나가 훗날의 시장 개혁과 아무런 상관 없는 초기 토지 개혁에서의 거대한 변환이며 이에 따라 나타난

이하 본문에서 보여주는 입장은 장쩌민 치하에서는 강탈에 의한 축적이 상승했고, 사회 불안의 격화로 후진타오 치하에서 추진된 정책상의 변화가 없었더라면, 궁극적으로 강탈에 의한 축적이 지배적으로 되었을 것이라고 본다.

34) 역전의 신호는, 정책 변화와 사회적 문제에 새로운 지도자들이 더 열중하고 있다는 점과 함께, 현재 진행되는 반부패 캠페인을 이용해 당 기구에서 장쩌민 추종자들을 숙청하고 정책 변화를 효과적으로 이행할 공산당과 중앙 정부의 역량을 보강하고 있다는 것에서도 감지할 수 있다. J. Kahn, "China's Anti-Graft Bid Bolsters Top Leaders", *International Herald Tribune*, October 4, 2006; R. McGregor, "Push to Bring the Provinces into Line", *Financial Times*, December 12, 2006 참조. 개혁이 공산당 최고 지도자들과 중앙 정부가 성(省)과 지방 수준에서 정책을 효과적으로 강제할 역량을 강화했는지 약화했는지는 논란이 있는 사안으로 남아 있다. 이 문제에 반대하는 입장에 대해서는 Maria Edin, "State Capacity and Local Agent Control in China: CCP Cadre Management from a Township Perspective", *The China Quarterly* 173 (2003) and Ho-fung Hung, "Rise of China and the Global Overaccumulation Crisis", paper presented at the Society for the Study of Social Problems Annual Meeting, Montreal, August 2006 참조.

농촌 인프라와 교육의 집단적 제공이라는 점을 그들은 전혀 생각하지 못한다"[35]고 말한다. 1978~84년 농업 생산의 폭발적 증가는 개혁과 관계가 깊지만, 그것은 오로지 1952~78년 마오쩌둥 시대의 유산에 기반을 두고 건설되었기 때문에 가능했다. 이 시기 인민공사는 중국의 관개 토지를 2배 넘게 늘렸으며, 개량된 기술을 보급했는데, 예를 들어 비료와 다수확 반왜성(半矮性) 품종 벼를 더 많이 활용했다. 이 품종은 1977년까지 중국 논의 80퍼센트를 차지하게 되었다. "농업 생산의 폭발적 증가를 창출한 것은 바로 마오쩌둥 시대에 이루어진 생산 기반과 농가생산책임제의 동기 부여의 결합이었다."[36]

그래프 12-1과 그래프 12-2가 보여주듯이, 중국의 1인당 소득에서 최대의 향상은(곡선에서 상향으로의 움직임으로 표시된다) 1980년대 이래로 발생하였다. 그러나 성인 평균수명과 정도는 덜하지만 성인 문자해득률에서 최대의 향상은(이 두 가지가 바로 기초 복지로 곡선에서는 오른쪽으로의 움직임으로 표시된다) 1980년 전에 일어났다. 이러한 패턴은 중국의 경제적 성공이 마오쩌둥 시대의 비범한 사회적 성과를 바탕으로 한다는 주장을 강하게 지지해준다. 1981년에 발간된 보고서에서 세계은행조차 이러한 성과의 중요성을 인정했다.

지난 30년간 중국의 가장 주목할 만한 성과는 저소득층을 기본 욕구의

35) Au Loong-yu, "The Post MFA Era", pp. 10~13. 덩샤오핑의 개혁이 시작될 때까지, 중국은 이미 모든 인적 발전 지표, 즉 문자해득률, 1일 칼로리 섭취량, 사망률, 유아 사망률, 평균수명 등등에서 인도를 훨씬 앞섰다. Peter Nolan, *Transforming China: Globalization, Transition and Development*(London: Anthem Press, 2004) p. 118 참조.

36) Agarwala, *The Rise of China*, pp. 95~96. 개혁 시대의 성장에 기초가 된 마오쩌둥 시대의 관개 프로젝트와 도로·철도의 확대, 잡종 벼의 경작에 관해서는 Chris Bramall, *Sources of Chinese Economic Growth, 1978~1996*(New York: Oxford University Press, 2000), pp. 95~96, 137~38, 153, 248 참조.

측면에서 대부분의 다른 빈국보다 훨씬 더 잘살게 만들었다는 것이다. 중국의 저소득층은 모두 일을 가지고 있고, 식량 공급은 국가의 배급제와 집체 내부의 자체 보험을 조합함으로써 보장받으며, 아이들은 대부분 학교에 다니고 상대적으로 잘 교육받는다. 그리고 저소득층 중의 대다수가 기초 의료 보장과 가족 계획 서비스에 접근할 수 있다. 평균수명은 많은 다른 경제적·사회적 변수에 의존하기 때문에 한 나라의 실제 빈곤 정도를 보여주는 최고의 단일 지표라고 할 수 있는데, [중국의 평균수명은] 중국과 같은 1인당 소득을 가진 나라 수준으로는 탁월하게 높다.[37]

덩샤오핑의 개혁이 이러한 성과를 공고히 했는지 아니면 침식했는지는 논란의 여지가 있는 문제이다. 여기에서 이 문제를 다루지는 않겠지만 두 가지 점만 지적하겠다. 첫째, 중국 인민의 기초 복지 지표들(성인 평균수명과 문자해득률)은 개혁 이전에 아주 많이 향상되어 더 크게 개선이 이루어질 여지가 별로 없었다는 점이다. 그렇지만 그래프 12-1과 12-2에서 지표들이 보여주듯이, 개혁 시대에 특히 성인 문자해득률에서는 진전된 개선이 있었다. 그러므로 이러한 관점에서 보자면 개혁은 중국 혁명의 앞선 성과를 침식하기보다는 공고히 한 것으로 보인다.

둘째로 개혁 시대에 중국의 1인당 소득의 향상이 기초 복지에서는 그에 비례한 개선을 수반하지는 못했지만, 1인당 소득 향상의 중요성을 경시해서는 안 된다는 점이다. 우리가 반복해서 강조해왔듯이, 자본주의 세계에서 1인당 소득으로 계산되는 국부는 국력의 일차적 원천이다. 국부를 추구하는 목적이 사회주의적 방향으로 세계를 변환하는 것이라고 할지라도, 중국 공산당은 현존하는 자본주의적 규칙을 가지고 세계 정

---

37) Yuyu Li, "The Impact of Rural Migration on Village Development: A Comparative Study in Three Chinese Villages", PhD diss., Department of Sociology, The Johns Hopkins University에서 재인용. 또한 Agarwala, *The Rise of China*, p. 55 참조.

그래프 12-1 1인당 소득과 성인 평균수명(1960~2000)

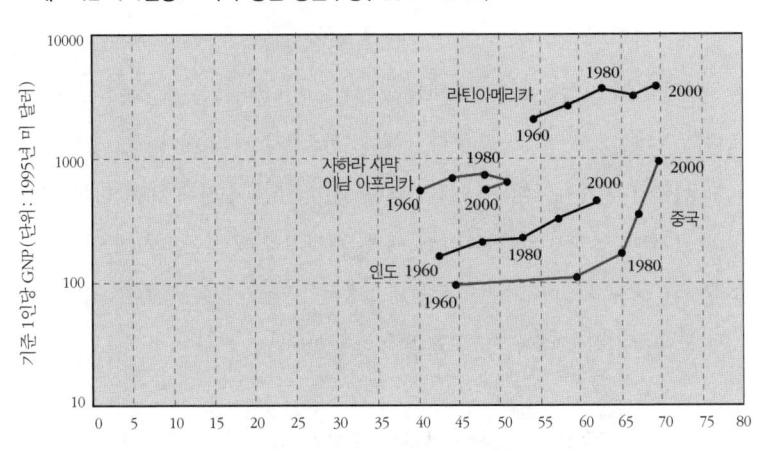

성인 평균수명(단위: 세)

출전: 2004년 및 2001년 세계은행 세계발전지표(World Bank-World Development Indicators)에서 GNP, 성인 평균수명과 인구를 계산함.

표 12-2 1인당 소득과 성인 문자해득률(1970~2000)

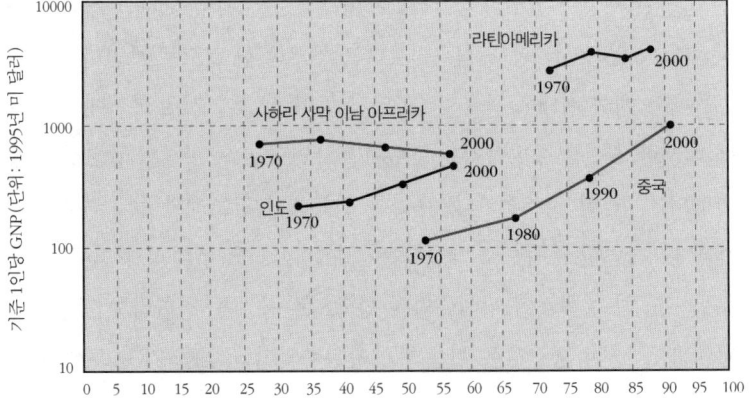

성인 문자해득률(퍼센트)

출전: 2004년 및 2001년 세계은행 세계발전지표(World Bank-World Development Indicators)에서 GNP와 인구를 계산. 성인 문자해득률은 2005년 유엔 인구국(United Nations Population Division) 자료에서 가져옴.

치의 게임에 참가하는 수밖에 없다. 마오쩌둥 자신도 항상 이 점을 잘 이해했다. 베트남에서 임박한 패배로 미국이 여타 동아시아 및 전 세계와 정상적인 통상과 외교를 할 수 있도록 중국을 다시 받아들여야만 하게 되자, 공산 중국이 국부와 국력을 증진하기 위해 그 통상 외교로 주어진 기회를 잡는 것은 너무나 당연했다. 심지어 미국의 이라크 침공이 중국의 부상에 새로운 추진력을 추가하기 전에도, 리처드 번스타인과 로스 먼로는 중국의 시장 경제로의 전환이 지닌 진정한 정치적 중요성을 거칠지만 통찰력 있게 확인하였다.

중국과 미국 관계에서 역설적인 것은 중국이 이데올로기적 마오주의에 사로잡혀 그런 이데올로기적 광포함을 보여줄 때는 미국인들이 중국을 위험하고 위협적이라고 생각했지만, 실제로는 약하고 사실상 세계적 영향력이 없는 종이호랑이에 불과했다는 것이다. 이제 마오주의의 속박을 벗어던지고 경제 발전과 세계 무역의 실용주의적 진로로 들어간 중국은 덜 위협적으로 보이지만, 사실은 진정한 힘으로써 자신의 세계적 야심과 이익을 뒷받침할 수 있는 수단을 획득하고 있다.[38]

이 평가를 더욱 정확하게 바꿔서 정리하면, 중국이 미국의 냉전 전략으로 세계 무역에서 배제되고 소련에 의해 군사적으로 위협받는다고 느끼는 한, 중국 공산당은 국가적 · 국제적으로 자신의 힘을 공고히 하기 위한 투쟁에서 이데올로기를 주요 무기로 이용할 수밖에 없었다. 그러나 문화혁명의 후반기에 이데올로기적 무기가 역작용을 일으키기 시작하고, 거의 동시에 미국이 소련과의 냉전에서 중국과의 동맹을 모색하자, 국가적으로는 중국 공산당이 국제적으로는 중화인민공화국이 힘을

---

38) Richard Bernstein and Ross H. Munro, "The Coming Conflict with America", *Foreign Affairs* 76, 2(1997), p. 22.

얼을 도구로서 시장을 실용적으로 이용할 수 있는 무대가 마련되었다. 중국 공산당이 힘을 얻을 것인가에 대해서는 배심원이 아직 법정에 들어오지 않았지만,──왜냐하면 중국 공산당의 국가와 사회에 대한 장악력이 강화되어왔는지 아니면 약화되어왔는지 명확하지 않기 때문에── 중화인민공화국이 힘을 얻을 것인가에 대해서는 평결이 났으니, 경제 개혁은 대성공이었다는 것이다.

그렇다면 이제 와서 중국 공산당 새 지도부의 진로 변경*은 무엇 때문일까? 무엇이 그런 변경을 촉진했고, 이로 인해 앞으로 중국의 경제와 사회는 어떤 방향으로 이끌려갈 것이라고 예측할 수 있을까? 덩샤오핑의 개혁과 중국 혁명 전통 사이의 관계에 대한 왕후이의 관찰은 우리에게 이러한 질문에 답할 실마리를 제공한다. 그 전통의 기반은 마르크스-레닌주의와 구분되는 중국적 브랜드였다. 이는 1920년대 말 홍군의 조직과 함께 처음 등장했으나 1930년대 말 일본이 중국 연안 지역을 접수한 후에야 전면적으로 발전하였다. 이러한 이데올로기적 혁신에는 두 가지 주요 구성 요소가 있다.

첫째, 레닌의 전위당 원칙은 계속 유지되었지만, 레닌 이론의 봉기 전략은 폐기되었다. 군벌과 국민당 치하 중국은 구조적으로 심각하게 파편화한 상태였으므로, 성난 군중이 몰려갈 "겨울 궁전"은 없었으며, 혹은 오히려 그런 장소가 너무 많아서 봉기 전략이 성공할 가능성은 조금도 없었다. 레닌 이론의 봉기적 측면은 그러므로 마오쩌둥이 후에 "대중 노선"으로 이론화한 것으로 대체되었다. 대중 노선이란 전위당은 대중의 교사일 뿐 아니라 학생이어야 한다는 사상이다. 존 페어뱅크는 "대중에서 대중으로라는 이 개념은 정말 중국 전통에 잘 맞는 일종의 민주주의였다. 중국 전통에서 고위 관료 계층은 현지 인민들에게 마음으로부터 진정한 관심을 가지고 그래서 인민의 이익을 위해 통치할 때 가장 잘

* 후진타오의 농촌 경제 중시와 균형 발전 전략.

다스렸다"[39]고 말한다.

　둘째로, 사회적 기반을 찾을 때, 중국 공산당은 마르크스와 레닌이 말한 혁명 계급인 도시 프롤레타리아트가 아니라 농민을 우선했다. 1927년 공산당이 이끄는 상하이 노동자들을 국민당이 학살한 사건이 보여주었듯이, 도시 프롤레타리아트가 집중해 있는 연안 지역은 깨지기 쉬운 위험한 기반이어서, 그곳을 기반으로 외국의 지배와 중국 부르주아에 대한 국민당의 헤게모니에 도전할 수는 없었다. 서구식으로 훈련받고 장비를 갖춘 국민당 군대에 의해 자본주의적 확대의 중심지로부터는 더더욱 거리가 먼 곳으로 쫓겨 간 중국 공산당과 홍군은 가난하고 외진 지역의 농민들 사이에 뿌리를 내리는 것 말고는 선택의 여지가 없었다. 그 결과는 마크 셀던의 표현으로 말하면 "양 방향의 사회주의화 과정" 이었다. 당군(黨軍)은 중국 농촌 사회의 서발턴(하위 주체)* 계층을 강력한 혁명 세력으로 빚어냈고, 이번에는 이 계층의 열망과 가치에 의해 조형되었다.[40]

　이 두 가지 특성과 마르크스-레닌주의의 근대주의적 취지의 결합은 중국 혁명 전통의 기본 원리였으며, 개혁 전후 중국 발전 경로의 주요 측면들과 최근 후진타오 치하의 정책 변화를 설명하는 데 도움이 된다. 이러한 성격은 다음 네 가지를 설명하는 데도 도움이 된다. 우선 마오쩌둥의 중국이 왜 스탈린의 소련과는 아주 대조적으로 농민의 파괴가 아닌 농민의 경제적·교육적 향상을 통해 근대화를 추구했을까. 둘째, 개혁 전후 중국의 근대화는 서구 산업혁명의 내부화뿐만 아니라 농촌에

39) John K. Fairbank, *China: A New History*(Cambridge, MA: The Belknap Press, 1992), p. 319.
　* subaltern: 계급적인 면에서의 농민 등 종속 집단을 가리키는 안토니오 그람시의 용어.
40) Mark Selden, "Yan'an Communism Reconsidered", *Modern China* 2, 1(1995), pp. 37~38.

기반을 둔 토착의 근면혁명의 여러 특징을 부활시키는 것에 기초하였는데 그 이유는 무엇일까. 셋째, 마오쩌둥 치하에서 국가-당 관료와 지식인들이 도시 부르주아지로 등장하는 경향과의 투쟁이 왜 농촌에서 그들을 "재교육"하는 방식으로 이루어졌을까. 마지막으로 덩샤오핑의 개혁은 왜 처음에 농업에서 시작했을까, 그리고 왜 후진타오의 새로운 노선은 "신사회주의 농촌"(新社會主義農村)이라는 슬로건 아래 농촌 지역에 의료 · 교육 · 복지 혜택을 확대하는 것에 초점을 두고 있을까.

이 전통의 뿌리에는 **농촌** 인구가 아프리카, 라틴아메리카나 유럽의 전체 인구보다 더 많은 한 나라를 어떻게 통치하고 발전시켜야 하는가에 대한 근본적인 문제가 놓여 있다. 인도를 제외하고는 어떤 나라도 중국과 비교할 만한 문제를 가진 적이 없다.[41] 이러한 관점에서 본다면, 도시 관료와 지식인에게 문화혁명이 아무리 고통스러운 경험이었더라도, 문화혁명은 중국 혁명의 농촌 기반을 공고히 하였고, 경제 개혁의 성공을 위한 토대를 놓았다. 이에 관해서는 다음을 언급하는 것으로 충분한데, 한편으로는 정책의 결과로 또 한편으로는 당파 싸움에 의해 도시 공업이 파괴된 결과, 농촌 기업체의 생산물에 대한 수요가 대단히 커졌으며, 그 결과 〔농촌의〕 인민공사 기업과 생산 대대 기업의 대규모 확대를 가져와, 그중에서 후에 다수의 향진 기업이 등장하였다는 것이다.[42]

동시에 문화혁명은 앞서 언급했듯이 국가-당 관료의 힘과 중국 혁명의 사회적 · 정치적 성과뿐 아니라, 혁명 전통의 근대주의적 구성 요소

---

41) 중국인 학자 페이민신(裵敏欣)의 말에 따르면 중앙 정부가 광대한 영토에 대한 지배력을 상실한 기간을 총 합산해보면, 중국은 약 1천 년의 내부적 대혼란을 경험해왔다. M. Naim, "Only a Miracle Can Save China from Itself", *Financial Times*, September 15, 2003에서 재인용.

42) Lin and Yao, "Chinese Rural Industrialization"; Louis Putterman, "On the Past and Future of China's Township and Village-Owned Enterprises", *World Development* 25, 10(1997).

전체까지도 위태롭게 만들었다. 그러므로 경제 개혁을 위하여 문화혁명을 부인한 것이 그러한 구성 요소의 부활에 필수적이었다고 주장되었고 인식되었다. 하지만 시간이 지남에 따라, 부활의 성공 바로 그것이 추를 반대 방향으로 밀어 올렸고, 1990년대 중반부터 후반에 이르면 혁명 전통을 심각하게 침식하였다. 두 가지 현상의 심화가 특히 이러한 경향을 신호했다. 소득 불평등의 엄청난 확대, 그리고 개혁 진행 과정과 결과에 대한 대중적 불만의 증대이다.

경제적 성공이 낳은 사회적 모순

도시 지역과 농촌 지역의 내부와 두 지역 사이, 또한 상이한 계급들과 사회 계층 그리고 성(省) 사이의 소득 불평등의 엄청난 확대는 중국이 시장 경제로 전환했다는 가장 확실한 사실 중 하나이다.[43] 이러한 추세가 사회 대부분이 향상하는 기회를 창출하기 위한 불균형 발전 전략의 결과라는 주장이 신뢰할 만하다면, 확대되는 불평등에 대한 저항은 제한적인 것이고 쉽게 무력화하거나 진압할 수 있다. 하지만 시간이 지남

---

43) 여러 저작 중에서 특히 Yehua D. Wei, *Regional Development in China: States, Globalization and Inequality*(New York: Routledge, 2000); Carl Riskin, Renwei Zhao, and Shih Li, eds., *Retreat from Equality: Essays on the Changing Distribution of Income in China, 1988~1995*(Armonk, NY: M. E. Sharpe, 2001); Andrew Walder, "Markets and Income Inequality in Rural China: Political Advantage in an Expanding Economy", *American Sociological Review* 67, 2(2002); Hui Wang, *China's New Order: Society, Politics and Economy in Transition*(Cambridge, MA: Harvard University Press, 2003); Ximing Wu and Jeffrey M. Perloff, "China's Income Distribution over Time: Reasons for Rising Inequality", KUDARE Working Paper 977, University of California at Berkeley; Yi Li, *The Structure and Evolution of Chinese Social Stratification*(Lanham, MD: University Press of America, 2005) 참조.

에 따라 확대되는 불평등은 혁명 전통과 충돌하였고 사회의 안정을 심각하게 갉아먹었다.[44]

　"대중 노선"과 "양 방향 사회주의화 과정"의 전통은 개혁에서도 명백히 자기 역할을 하였다.[45] 그럼에도 불구하고 지방과 성(省)의 당 간부와 관료가 기업가적 에너지를 더 많이 경제 분야로 돌리고, 강탈에 의한 축적 행위에 몰두할수록, "대중 노선"의 전통은 더욱 허구가 되어갔으며, 당-국가(the party-state)와 중국 사회의 서발턴 계층 사이의 "양 방향 사회주의화 과정" 대신 당-국가와 신흥 부르주아지 사이의 유사한 과정이 자리를 차지하게 되었다. 그렇지만 사미르 아민이 제1장에서 인

---

44) 소득 불평등의 임청난 확대가 최근까지도 사회적인 불안정 요소가 되지 않은 이유를 설명할 때에, 세 가지 점을 유념해야 한다. 첫째, 앞서 언급했듯이 기초 복지는 개혁 기간 내내 계속해서 개선되었다. 불평등 확대에 수반한 상대적 박탈감은 컸지만, 절대적 박탈은 사실 이보다 적었다. 둘째, 중국에서 불평등의 확대는 지니 계수와 같은 종합 지수로 계측하면 대체로 중간 소득 계층의 지위가 (하락하기보다는) 개선된 것에 원인이 있다. 특히 Wu and Perloff, "China's Income Distribution over Time", 표 2와 표 3 참조. 마지막으로 Research Group for Social Structure in Contemporary China, *Social Mobility in Contemporary China*(Montreal: America Quantum Media, 2005) 제4장에 따르면, 개혁 기간 동안 불평등은 확대되었지만, 동시에 세대 간 이동(부모 직업과 자녀 직업) 및 세대 내 이동(첫 직업과 현재 직업)도 확대되었다. 저소득 직업을 가진 개인들은 그러므로 개혁 이전 시기보다 고소득 직업으로 이동함으로써 직업 간의 소득 격차를 개인적인 소득 향상으로 전환할 수 있는 기회가 더 많이 있었다. 그러므로 격차가 커질수록 소득 증가분도 더 커진다.

45) 예를 들어 아가르왈라는 중국의 정책 결정자들과 교류하면서 "상층(senior) 지도자들이 인도처럼 더 민주적으로 조직된 사회보다 다양한 사회 계층과의 접촉에 더 큰 관심을 보이고 있음을 발견했다"(*The Rise of China*, p. 90). 비슷한 맥락에서 스티글리츠는 "조지 부시는 과도한 비밀주의와 한 줌도 안 되는 아첨꾼들에게 정책 결정이 제한되었을 때의 위험성을 보여주었다. 중국 밖의 사람들 대부분은 중국 지도자들이 이와 반대로 자신들이 직면한 엄청난 문제들을 해결하기 위해 분투할 때 얼마나 광범위한 협의와 상의에 몰두하는지 제대로 평가하지 않는다"("Development in Defiance of the Washington Consensus"). 또한 Rawski, "Reforming China's Economy", p. 142 참조.

용한 구절에서 주장했듯이, 혁명 전통은 중국의 서발턴 계층에게 자신 감과 전투적 기질을 부여했는데, 이 정도의 자신감과 전투적 기질은 세계 남측 어느 곳에서도 거의 필적할 만한 사례를 찾아보기 힘들며, 또한 세계 북측에서도 마찬가지라고 할 수 있을 것이다. 그리고 왕후이가 지적했듯이, 공식적으로 당-국가가 이 전통을 계속 고수하고 있다는 점도 이러한 자신감과 전투적 기질을 어느 정도 정당화한다.

그 결과는 도시와 농촌 지역에서 사회적 투쟁의 만연이었다. 시위와 폭동 및 다른 형태의 사회 불안을 지칭하는 "공공 질서의 파괴"는 공식적으로 보고된 사례만 보면, 1993년에 약 1만 건에서 2002년에 5만 건, 2003년에 5만 8천 건, 2004년에 7만 4천 건, 2005년에 8만 7천 건으로 급증했으며, 2006년의 상반기 여섯 달 동안에 약간 감소했을 뿐이다. 농촌 지역에서 대중 행동을 촉발한 주요 불만이 2000년까지는 대체로 세금, 부과금, 요금 및 다양한 여러 "부담"이었다. 최근에는 경작에서 공업, 부동산, 인프라 개발로 토지 용도의 변경, 생태적 환경의 악화, 지방 당 관료와 정부 관료의 부패 등이 가장 선동적인 이슈가 되었다. 2005년에 농약 공장의 오염물질 배출 때문에 일어난 둥양(東陽) 폭동에서는 1만 명이 넘는 주민들이 들고일어나 경찰이 공장 가동을 중단시키게 했는데, 이러한 일화는 "결의를 굳힌 시민들이 하나의 군중으로 행동하면 정부 당국이 진로를 바꾸고 그들의 필요에 귀 기울이게 만들 수 있다는 증거로 중국 민간에 입력되었다."[46]

46) H. W. French, "Protesters in China Get Angrier and Bolder", *International Herald Tribune*, July 20, 2005; T. Friedman, "How to Look at China", *International Herald Tribune*, November 10, 2005; H. W. French, "20 Reported Killed as Chinese Unrest Escalates", *New York Times*, December 9, 2005; J. Muldavin, "In Rural China, a Time Bomb Is Ticking", *International Herald Tribune*, January 1, 2006; C. Ni, "Wave of Social Unrest Continues across China", *Los Angeles Times*, August 10, 2006; M. Magnier, "As China's Spews Pollution, Villagers Rise Up", *Los Angeles Times*, September 3, 2006;

도시 지역에서는 국영 기업의 "오랜" 노동자 계층[老工人]이 1990년대 말 이래 대량 하강(下崗)에 항의의 물결로 대응했는데, 이러한 항의는 사회주의적 전통의 정의라는 기준과 중화인민공화국 초기 40년간 내내 지배적이었던 노동자 계급과 국가 간의 "철밥통"[鐵飯碗]이라는 사회적 계약에 호소할 때가 많았다. 대부분 억압과 양보를 결합하면서 이러한 항의의 물결은 쉽게 억제할 수 있었다. 그러나 최근에는 전례 없는 동맹 파업이 일어나, 사회 불안이 대부분 젊은 이주자들로 이루어진 "새로운" 노동자 계층[新工人]까지 확산되었음을 알려주는데, 이들은 중국 수출 산업의 주력이다. 서비스 분야의 도시 노동자들 사이에도 사회 불안이 늘어나면서, 이러한 두 물결은 "중국에는 노동운동이 없다"는 서구 사회의 상식을 뒤엎고 있다. 『중국노동회보』(*China Labour Bulletin*)의 로빈 먼로(Robin Munro)는 말한다. "지금 이 나라 어느 도시에 가더라도 대규모의 집단적 노동자 시위가 대부분 몇 건씩 있을 것이다." 이러한 노동운동은 자연발생적이고 비교적 조직적으로 미숙하다. 그러나 1930년대 황금시대 동안 미국의 노동운동도 그러했다.[47]

제1장에서 썼듯이, 농촌 지역과 도시 지역에서 이러한 사회 불안의 엄청난 고조는 중국 공산당의 지도력에 완전히 새로운 도전이 되고 있으

M. Magnier, "China Says It's Calmed Down", *Los Angeles Times*, November 8, 2006 ; Lee and Selden, "Durable Inequality."

47) B. Smith, J. Brecher, and T. Costello, "China's Emerging Labor Movement", *ZNet* http://www.zmag.org, October 9, 2006. 사회 불안의 초기 풍조에 관해서는 Ching Kwan Lee, "From the Specter of Mao to the Spirit of the Law : Labor Insurgency in China", *Theory and Society* 31, 2(2002) ; Lee and Selden, "Durable Inequality" 참조. 두 물결의 차이에 대해서는 Beverly J. Silver, "Labor Upsurges : From Detroit to Ulsan and Beyond", *Critical Sociology* 31, 3(2005), pp. 445~47 ; *Forces of Labor : Workers' Movements and Globalization since 1870*(Cambridge : Cambridge University Press, 2003), pp. 64~66 참조.

며, 중국 공산당이 도시와 농촌 간, 지역 간, 경제와 사회 간에 보다 균형 잡힌 발전을 추구하도록 정치적 수사와 정책을 바꾸고, 또한 최근에는 노동자의 권리를 확대할 새로운 노동 법규를 도입하도록 촉구하고 있다. 그 변화가 실제로 사회주의적 전통을 구해내고, 발전을 보다 평등한 방향으로 돌릴 수 있을지는 여전히 미지수이다. 하지만 여기에서 우리의 관심사는 중국에서 사회주의적 전통의 운명이라기보다는, 보다 넓은 맥락에서 중국의 부상이 전 세계 문명 간 관계에 어떤 의미가 있는가이다. 이제 그 의미에 대해 다루기로 하겠다.

에필로그

처음 우리가 시작할 때 제기했던 중심적 문제는, 중국의 부상이, 결점도 많고 미래에 퇴조할 가능성이 있긴 하지만, 애덤 스미스가 230년 전에 예견하고 주창했던 유럽과 비유럽 계통 민족들 사이에 더 큰 평등과 상호 존중이 이루어질 것이라고 알리는 전조(前兆)인가였다. 이 책에서 전개한 분석은 긍정적인 답변 쪽에 힘을 싣고 있으나 거기에는 몇 가지 중요한 조건이 있다.

제7장과 제9장에서 보았듯이, 미국의 테러와의 전쟁에서 진정한 승자로 중국이 등장하면서 동아시아와 세계 전역에서 두 국가의 영향력은 역전되었다. 이러한 역전의 한 표현이 조슈아 쿠퍼 라모가 베이징 컨센서스(the Beijing Consensus)라고 부른 것이다. "전 세계의 다른 국가들을 위해서" "진정으로 독립적이고 자국의 생활 방식과 정치적 선택을 보호할 수 있는 방향으로 국제 질서를" 발전시켜갈 뿐 아니라 "그 국제 질서에 조화롭게 어울리는" 경로가 중국의 주도로 등장했다. 라모는 이 새로운 컨센서스의 두 가지 특징을 지적하면서, 특히 세계 남측의 국가들에 호소하고 있다. 하나는 "지방화"(localization)이다. 지방의 필요는 반드시 이곳저곳에 따라 다를 수밖에 없는데, 이러한 지방의 필요에 적합한 발전의 중요성을 인식한다. 갈수록 신용을 잃어가는 워싱턴 컨센서

스가 한 치수의 옷을 모두에게 입히려는 것 같은 일률적인 처방을 하는 것과는 아주 대조적이다. 또 하나는 "다자주의"(multilateralism)이다. 새로운 세계 질서를 구축하는 데 정치적·문화적 차이를 존중하고 경제적 상호 의존에 기초한 국가 간 협력의 중요성을 인식한다. 미국 정책의 일방주의(unilateralism)와는 아주 대조적이다. 아리프 덜릭이 지적하듯이, 베이징 컨센서스의 이러한 특징은 결과적으로 세계를 크게 다른 방향으로 이끌지도 모른다. 새로운 반둥, 예를 들면 1950년대와 1960년대 제3세계 동맹의 새로운 버전이 형성될 수도 있다. 이 경우의 목표는 옛 버전과 마찬가지로 경제적·정치적 종속에 맞서는 것이면서도, 전례 없는 세계의 경제적 통합이란 시대에 적응하는 것이다. 혹은 중국이 주도하는 세계적 부의 위계질서 전복을 봉쇄하려는 목표로 남-북 동맹이 결성되고, 남측 국가를 이에 끌어들이는 방향으로 갈 수도 있다.[1]

　제10장에서 살펴보았듯이 중국 봉쇄에 실패한 신보수주의적 전략을 대체할 더욱 "현실성 있는" 대안에는 세 가지 다른 종류의 남-북 동맹이 있다. 우리는 각 대안 전략에는 모두 나름의 문제점이 있고, 그 결과 미국의 대중국 정책에는 일관성이 없게 되었다고 주장했다. 미국이 서아시아에서 군사적으로 수렁에 빠져 있는 한, 워싱턴을 누가 지배하든지 간에 이러한 비일관성은 아마도 지속될 것이다. 그러나 일관성 있게 추진되든 그렇지 않든 간에, 이 세 가지 전략은 모두 북측의 지배에 맞설 수 있는 새로운 남측 동맹의 형성을 탈선시킬 가능성이 있다.

---

1) Joshua Cooper Ramo, *The Beijing Consensus: Notes on the New Physics of Chinese Power*(London: Foreign Affairs Policy Centre, 2004), pp. 3~4; Arif Dirlik, "Beijing Consensus: Beijing 'Gongshi': Who Recognizes Whom and to What End?" *Globalization and Autonomy Online Compendium*, http://www.globalautonomy.ca/global1/position.jsp?index=PP_Dirlik_Beijing Consensus.xml에서 볼 수 있음.

가장 파괴적인 탈선은 제임스 핑커턴의 "행복한 제3자" 전략에서 암시하는 것이다. 유럽 국가들끼리 서로 전쟁에서 싸우도록 자금을 대고 군수품을 공급하면서 미국이 부유해지고 강력해진 20세기 상반기를 재연하자는 주장이다. 다만 이번에는 전쟁을 하는 국가들이 유럽 국가가 아니라 아시아 국가일 것이다. 가장 파괴가 적은 탈선은 헨리 키신저의 전략에서 암시하는 것이다. 이 주장은 개량한 미국 중심의 세계 질서에 중국을 끌어들이는 것(o-optation)을 구상한다. 왜 파괴가 가장 적은가 하면, 만약 성공한다면 이 전략은 북측 지배를 보전하겠지만 적어도 아시아와 세계 남측을 행복한 제3자 전략이 성공할 때와 같은 대혼란과 전쟁으로 내던지지는 않을 것이기 때문이다. 로버트 캐플런의 전략은 중국을 미국 주도의 군사 동맹으로 포위하자며, 유럽이 아닌 아시아를 중심으로 한 냉전을 재연하자는 주장이다. 이 전략이 세계 남측에 던져주는 비용과 위험성은 아마 이 양자의 중간쯤일 것이다. 그것은 아시아와 남측 국가들 사이에 깊은 분열을 야기하고 지난 냉전에서 겨우 피한 핵무기에 의한 대학살을 가져올 위험이 있지만, 미국이 남측 동맹국들을 약간은 존중하면서 대우하고 양보를 하도록 만들 것이고, 미국도 직접적으로 연루될 수 있는 전쟁을 야기하는 것에는 신중하게 만들 것이다. 물론 다른 가능성도 있으며, 그중 일부는 이미 지금 실행되고도 있지만, 이런 것들은 모두 "행복한 제3자", "끌어들이기(포섭) 전략", "냉전 전략"의 변형이거나 결합형이다.[2]

---

2) 물론 이런 전략들의 대항 대상은 중국뿐만 아니라, 다른 국가나 혹은 남-남 연합이 될 수도 있다. 그러므로 미국이 인도에 핵과 우주 개발에 다 쓸 수 있는 기술을 제공한 것은 명백히 이란-파키스탄-인도 석유 파이프라인을 차단하여, 이란을 고립시키고 동시에 상징적·물질적 가치가 큰 남-남 커넥션 하나를 파괴하려는 당면 목적 때문이다. R. Palat, "India Suborned: The Global South and the Geopolitics of India's Vote against Iran", *Japan Focus*, October 24, 2005. 마찬가지로 미국과 EU가 브라질과 인도를 끌어들여 오스트레일리아와 함께 FIPS(5대 이해당사국 Five Interested Parties)로 알려진 비공식 그룹을 만든 것은, 다가오는

우리는 중국이 미국 혹은 북측이 지배하는 세계 질서에 불만스럽지만 편승하거나, 다른 남측 국가들이 상호 질시 때문에 미국의 지원을 구하거나 받아들이려는 유혹을 과소평가해서는 안 된다. 그러나 우리는 이러한 전략을 성공시킬 것이라고 미국의 힘을 과대평가해서도 안 된다. 심지어 유럽과 공모한다고 해도 마찬가지다. 이라크의 패주는 남측의 저항을 무릅쓰고 북측의 의지를 관철하는 데 강제적 수단이 한계가 있음을 확인시켜주었다. 뿐만 아니라 자본주의 세계에서 미국과 북측 지배가 의존하고 있는 금융적 버팀목이 갈수록 기반이 흔들리고 있다.

이러한 측면에서 결정적인 전환점이 1997~98년의 아시아 금융위기였다. 로버트 웨이드와 프랭크 베네로소는 이 위기가 앤드루 멜런(Andrew Mellon)의 "공황기에 자산은 그들의 진정한 주인에게로 돌아간다"는 유명한 금언의 타당성을 확인시켜주었다고 주장했다.

대폭적인 평가절하, IMF가 추진하는 금융 자유화, IMF가 촉진한 회복이 결합하여, 세계 도처에서 지난 50년래 평화 시 최대 규모의 자산이 내국인 소유자로부터 외국인 소유자에게 양도되는 것을 촉진했다. 이에 비하면 1980년대 라틴아메리카나 1994년 이후 멕시코에서 내국인 소유자로부터 미국인 소유자에게 양도된 규모는 왜소해 보일 지경이다.[3]

이러한 진단은 위기의 즉각적인 효과를 규명한 것은 옳았지만, 그것

2005년 WTO 홍콩 회의를 앞두고 브라질과 인도 두 나라를 떠오르는 남측 동맹의 지도자에서 남-북 동맹의 동반자로 만들려는 목적이었다. 남측에 초점을 맞춘 것으로, "The End of an Illusion. WTO Reform, Global Civil Society and the Road to Hong Kong", *Focus on Trade*, no. 108, April 2005.

3) Robert Wade and Frank Veneroso, "The Asian Crisis: The High Debt Model versus the Wall Street-Treasury-IMF Complex", *New Left Review*, I/228 (1998).

이 남-북 관계와 남측 자산의 북측 소유자로의 양도를 더욱 촉진한 IMF의 역량에 미친 장기적 효과는 완전히 빗맞혔다. 그래프 7-1에서 나타나듯이, 1997~98년 위기는 북측은 경상수지 적자로 세계 여타 국가는 흑자로 갈라서는 대분기의 시작을 신호한다. 이러한 분기는 세계 북측 특히 미국이 세계 여타 국가보다 더 싼 값으로 생산할 수 있는 상품과 서비스가 점점 더 줄어들고 있다는 사실을 반영한다. 세계 여타 국가의 잉여 중 대부분은 여전히 금융 중계항 미국으로 흘러들어가, 격증하는 미국의 적자에 자금을 조달하고 동시에 세계 남측도 포함하여 전 세계에 재투자된다. 그러나 이러한 잉여 중에 상당량 그리고 점점 더 많은 부분이 금융 중계항 미국을 우회하여, 통화 보유고를 쌓아 올리고 동시에 다른 남측 행선지로 곧바로 흘러들어가, IMF와 다른 북측이 통제하는 금융기관들의 남쪽 국가들에 대한 지배력을 느슨하게 하고 있다.[4]

남측 국가들은 현금이 넘쳐나자 경제 정책에 대한 통제권을 되찾기 위해 부채를 되갚게 되었으며, 이에 따라 IMF의 대부 명세서의 길이는 1980년대 이래 가장 짧은 수준으로 줄어들었다. 『월스트리트 저널』은 대부 명세서가 대폭 줄어들자 "세계 경제 정책에 대한 IMF의 영향력은 대폭 줄어들어", "팔 비틀기"[강요]에서 "설득"으로 방식을 바꿀 수밖에

---

4) 과거 금융위기가 준 참담한 피해는 저소득·중소득 국가가 통화 보유고를 쌓아 올리게 된 결정적인 이유이다. 이들 국가 대부분은, "이러한 보유만이 금융재난에 대비할 유일한 보험이다. 지난 15년간 파괴적인 위기를 경험한 개발도상국의 긴 목록을 보라. 1994년 멕시코, 1997년 태국, 인도네시아와 다른 아시아 국가, 1998년 러시아, 1999년 브라질, 2000년 아르헨티나 [……] 한때 '부상하는' 국가 경제들의 수많은 폐허 위에 먼지가 내려앉았을 때, 새로운 신조가 개발도상국 세계의 정책 결정자들 사이에 확고히 자리 잡았다. 가능한 한 많이 외환을 쌓아놓아라"(E. Porter, "Are Poor Nations Wasting their Money on Dollars?" *New York Times*, April 30, 2006); "Another Drink? Sure. China Is Paying", *New York Times*, June 5, 2005; F. Kempe, "Why Economists Worry about Who Holds Foreign Currency Reserves", *Wall Street Journal*, May 9, 2006.

없게 되었고, IMF의 이자 수입과 현금 보유고도 줄어들었다고 보도했다. "많은 [남측—인용자] 재무장관들이 소리 죽여 키득키득 웃게 만들고 있는 이 역설로, 오랫동안 허리띠를 졸라매라고 일장 훈계를 해왔던 당사자가 이제는 스스로 그렇게 해야만 하게 생겼다."[5]

중국은 미국 국채를 대량으로 매입하면서도, 남측의 잉여를 남측으로 다시 돌아가게 하고, 이웃 나라든 멀리 떨어진 국가든 남측 국가들에게는 북측 국가들과 금융기관들의 무역·투자·원조를 대신할 수 있는 매력적인 선택지를 제공하는 데 주도적인 역할을 해왔다. "여기에 해외 개발 원조의 판도를 바꾸어놓을 잠재력을 가진 대단히 큰 신참 선수가 왔다." 아시아개발은행(ADB)의 필리핀 담당 국장이 중국이 필리핀에 3년간 매년 20억 달러라는 놀라운 액수의 차관 공여를 발표한 직후에 한 말이다. 이 금액은 세계은행과 ADB가 제공한 2억 달러를 보잘것없어 보이게 만들었으며, 일본과 협상 중이었던 10억 달러를 쉽게 초과했고, 글로리아 아로요 대통령이 이라크에서 파견군을 철수시킨 후 워싱턴의 냉대를 받던 필리핀에 대피처를 제공했다. 이것은 중국이 북측 기관을 경쟁에서 누른 유사한 협정 중 한 사례에 불과하고, 이러한 협정은 규모도 크고 점점 늘어나고 있다. 중국은 북쪽 경쟁자들과 비교하여 정치적 단서는 더 적게 붙이고 비싼 상담료도 없으면서 더 많은 차관을 남측 국가들에 제공하고, 비용은 북측의 절반밖에 안 드는 벽지의 대규모 복합 인프라 프로젝트를 제공하여, 남측 국가들이 보다 여유 있는 조건으로 천연자원을 개발할 수 있도록 해주었다.[6]

산유국 역시 자국의 잉여를 남측으로 가도록 방향을 재조정하면서,

---

5) M. Moffett and B. Davis, "Booming Economy Leaves the IMF Groping for Mission", *Wall Street Journal*, April 21, 2006.

6) J. Perlez, "China Competes with West in Aid to its Neighbors", *New York Times*, September 18, 2006; V. Mallet, "Hunt for Resources in the Developing World", *Financial Times*, December 12, 2006.

중국이 시작한 일을 보충하고 보완하고 있다. 베네수엘라가 고유가로 뜻밖에 횡재한 수입을 북측 대기업에 종속된 라틴아메리카 각국을 해방시키는 데 사용한 것은 정치적 · 상징적으로 큰 의미가 있다.

아르헨티나가 IMF에 안녕을 고하기 위해 차관이 필요했을 때, 베네수엘라는 24억 달러를 투입했다. 베네수엘라는 에콰도르 국채를 3억 달러를 주고 샀다. 워싱턴은 역사적으로 IMF, 세계은행, 미주개발은행(Inter-American Development Bank)을 비롯한 주요 신용 공급원을 지배함으로써 라틴아메리카의 경제 정책에 엄청난 영향력을 행사해왔다. 새로운 "마지막 의지처가 될 대부자"로서 베네수엘라의 역할은 그러한 영향력을 감소시켰다.[7]

마찬가지로 중요하고 잠재적으로는 북측 금융 지배를 더욱 파괴할 수 있는 것이 사우디아라비아와 다른 서아시아 국가들이 최근 자국의 잉여 가운데 적어도 일부분을 미국과 유럽에서 동아시아와 남아시아로 돌리는 데 관심을 보이고 있다는 점이다. 서구 은행가들에 따르면, "우리는 중동과 아시아, 그리고 동남아시아와 중국 사이에서 거래량의 대폭적인 신장을 똑똑히 보고 있다"고 한다. 비록 당분간 서아시아의 투자가들은 미국에서 자금을 철수하지는 않겠지만, "고유가로 인한 새로운 자금의 상당수는 북아메리카로 가고 있지 않다." 그 이유는 부분적으로는 정치적이다. 이라크 전쟁은 서아시아에서 평판이 나쁘고, 또 미국 내의 이에 대한 반작용과 같은 사태로 두바이의 항만 회사는 영국 항만 운영 회사인 P&O를 매입한 후에 압력을 받아 미국 주식 보유분을 매각해야만 했다. 그러나 가장 강력한 원인은 엄밀히 경제적이다. 중국과 빠르게 신장

---

7) M. Weisbrot, "The Failure of Hugo-Bashing", *Los Angeles Times*, March 9, 2006. N. Chomsky, "Latin America and Asia Are Breaking Free of Washington's Grip", *Japan Focus*, March 15, 2006도 참조.

하는 모든 아시아 국가 경제들은 서아시아의 석유를 원하고, 이 석유로 창출된 서아시아의 자본과 유동성은 미 재무부 증권보다 더 수익이 높은 투자처를 찾고 있다.[8]

2006년 5월에 만모한 싱 인도 총리가 ADB의 연례회의에서 아시아의 잉여를 아시아 발전 프로젝트에 돌리자고 촉구했을 때, 미국의 한 관측통은 그 연설이 "기절할 정도로 충격적"이었다고 하고, "달러와 미국 헤게모니의 종말을 알리는 전조(前兆)"[9]로 보았다. 제7장에서 내가 펼친 주장은 약간 다른 측면을 지적한다. 미국 헤게모니는 단순한 지배와 반대되는 의미로는 십중팔구 이미 예전에 끝장났다. 그러나 파운드스털링화가 영국 헤게모니가 끝난 후에도 30~40년간이나 국제통화로 계속 사용되었던 것처럼, 달러도 마찬가지일 것이다. 하지만 여기에서 정말 중요한 문제는 아시아와 다른 남측 국가들이 교환 수단으로 계속 미 달러를 사용할 것인가가 아니다. 미지수이기는 하지만 아마도 상당 기간 계속 쓰일 것이다. 오히려 중요한 것은 남측 국가들이 국제수지 잉여를 미국이 지배하는 기관들의 처분에 계속 맡겨서 북측 지배의 도구가 되게 할 것인가, 아니면 대신 이 잉여를 남측 해방의 도구로 사용할 것인가이다. 이러한 관점에서 본다면, 싱의 발언에는 기절할 정도로 충격적인 것이라곤 없다. 이 전개는 단지 이미 실행되고 있는 것에 지지를 보낸 것에 불과하다. 진정 기절할 정도로 충격적인 것은, 북측도 그렇지만 남측도 못지않게, 1980년대 초 통화주의 반동이 얼마나 큰 반작용을 가져와, 새로운 반등이 그 어느 때보다도 스미스가 오래전에 구상한 문명연방(commonwealth of civilization)을 실현할 수 있는 유리한 조건을 창출했는지 모르고 있다는 점이다.

---

8) H. Timmons, "Asia Finding Rich Partner in Mideast", *New York Times*, December 1, 2006.

9) A. Giridharadas, "Singh Urges Asian Self-Reliance", *International Herald Tribune*, May 5, 2006.

옛 반둥이 할 수 없었던 것을 새로운 반둥이 해낼 수 있는 이유는, 새 반둥이 남-북 세력 관계를 평등하게 만들 수단으로 세계 시장을 동원하고 사용할 수 있다는 점이다. 옛 반둥의 형성은 엄밀히 말해 정치적이고 이데올로기적인 것이었고, 그런 만큼 통화주의 반동에 쉽게 파괴되었다. 지금 등장하려는 반둥의 형성은 반대로 일차적으로 경제적이며, 그런 만큼 훨씬 더 견고하다. 아시완트 신하 전 인도 외무장관은 2003년 연설에서 다음과 같이 말했다. "과거에 인도가 동남아시아와 동아시아를 포함한 많은 아시아 국가와 연대를 맺은 것은 아시아 형제애라는 이상적 개념과, 식민지 경험과 문화적 유대의 공유를 기반으로 한 것이었다. [……] 하지만 오늘날 이 지역의 리듬은 역사와 문화만큼이나 무역, 투자와 생산에 의해 결정된다."[10]

이러한 환경에서 부와 힘의 세계적 위계질서가 전복되는 것을 막으려는 북측의 저항은 오로지 광범위하게 남측과 제휴해야만 성공할 수 있다. 이러한 면에서 결정적인 것은 중국과 인도, 양국을 합하면 세계 인구의 3분의 1이 넘는 이 두 나라가 무엇을 선택할 것인가이다. 하워드 프렌치는 『인터내셔널 헤럴드 트리뷴』에서 중국과 인도에 의한 거대한 투자라는 뉴스에 논평을 달면서 적절한 질문을 던졌다. "만약 누군가 창조적 파괴라는 생각에 차꼬를 채운다면, 무엇이 세계의 현상 유지에 더 파괴적일까?"

합해서 23억이 넘는 인구를 보유한 인도와 중국이 어떤 표준에라도 합의한다면 그 항목은 즉시 세계 표준의 지위를 주장하고 나설 것이다. 이것이 실용적인 면에서 무엇을 의미할까. 마이크로소프트 오피스 같은 유비쿼터스 상품을 계승할 상품은 중국제일 가능성이 높다는 것이다. [……] 이것은

---

10) A. Giridharadas, "India Starts Flexing Economic Muscle", *International Herald Tribune*, May 12, 2005에서 재인용.

미래의 휴대폰 표준이 유럽이나 미국이 아니라 아시아에서 공동으로 결정될 것이라는 것을 의미한다. 〔……〕 벌써 확실해진 의미는 미국, 유럽의 경제 강국과 일본 등 아늑한 부국 클럽이 세계 여타 국가의 선두를 달리며 교시를 전달하고 등급을 매기던 시절은 이미 빠른 속도로 종말에 가까워지고 있다는 것이다.[11]

옳다. 하지만 정말 그렇게 되려면〔부국 클럽의 지배를 종식시키려면〕, 크게는 세계 남측의 지배 집단 전체, 그중에서도 중국과 인도의 지배 집단이 자국뿐 아니라 세계 전체를 서구 자본주의적 발전에 따라 생겨난 사회적·생태적 황폐화에서 해방할 수 있는 길을 열어야 한다. 이렇게 세계사적으로 중요한 혁신에는, 만약 스기하라 가오루의 표현 방식으로 서구적 발전 경로가 동아시아 발전 경로로 수렴되지 않는다면——동아시아 경로가 서구로 수렴되는 것이 아니라——, 근대화의 혜택을 세계 인구 대다수에게 가져다주는 것은 불가능하다는 점을 어느 정도 자각하는 것이 필요하다. 이것은 전혀 새로운 발견이 아니다. 거의 80년 전인 1928년 12월 마하트마 간디는 다음과 같이 썼다.

신께서는 인도가 서구 방식을 따라서 공업화에 몰두하는 것을 금지하셨다. 한 조그만 섬나라 왕국〔영국—인용자〕의 경제적 제국주의로도 오늘날 세계를 사슬로 묶고 있다. 만약 3억 명〔당시 인도의 인구—인용자〕이나 되는 한 나라 전체가 비슷한 경제적 착취에 몰두한다면, 세계를 메뚜기 떼처럼 초토화할 것이다.[12]

---

11) H. W. French, "The Cross-Pollination of India and China", *International Herald Tribune*, November 10, 2005.
12) Ramachandra Guha, *Environmentalism: A Global History*(New York: Longman, 2000), p. 22에서 재인용.

간디는 이미 그때 많은 남측 해방의 지도자들이 아직 배워야만 하거나 잊어버린 것을 알고 있었다. 외향적인 산업혁명 경로를 따라간 서구의 성공은 세계 인구 중 방대한 다수를 세계적 공업화의 혜택을 받는 데 필요한 천연자원과 인적 자원에 접근하지 못하도록 배제하고, 그 공업화의 비용만을 부담하게 함으로써 이루어졌다는 점이다. 그러한 것이 그 대다수의 선택이 될 수는 없었다. 18세기 중국의 거대한 국내 시장이 지닌 발전적 장점과 단점에 대한 마크 엘빈의 고찰은, 이데올로기의 스펙트럼과 상관없이 역사가들과 사회과학자들 사이에 여전히 지배적인 반대 의견이 터무니없음을 보여준다. 중국 시장의 거대한 규모는 더 작은 시장이라면 불가능한 노동의 사회적 분업을 위한 기회를 창출했다. 그러나 그것은 더 작은 경제라면 가능할 수도 있었던 혁신 역시 배제했다. 예를 들어, 1741년과 1770년대 초 사이에 방적기의 도입으로 영국의 원면 생산은 3배로 늘어났다.

비슷하게 30여 년의 시간 안에 중국이 이러한 3배의 증산을 이루려면, 18세기 세계 전체의 면화 생산 자원을 넘어서게 될 것이다. 1785년과 1833년 사이에, 1개 성에 불과한 광둥 성의 인도 면화 수입량은 리처드 아크라이트*의 첫 번째 수력방적기 시대에 영국 전체의 연간 면화 소비량보다 6배나 많았다. 또한 18세기 영국이 경험한 면직물 생산 증가 속도와 국내 시장에 대한 상대적 규모 확대에 상당한 정도로 중국의 면포 수출을 확대한다면, 그 당시 전 세계의 구매력을 다 동원해도 해소가 안 될 것이다.[13]

영국 산업혁명의 경제적 성공은 다른 말로 하면 영국 경제의 크기가

---

* 영국의 수력방적기 발명자.

13) Mark Elvin, *The Pattern of the Chinese Past*(Stanford, CA: Stanford University Press, 1973), pp. 313~14.

상대적으로도 절대적으로도 작다는 점에 의존하고 있었다. 절대적 크기가 작다는 것은 원면 수입과 면직물 수출에서 일정한 증가가 일어나면 중국과 같은 크기의 경제에서 가능한 것보다 훨씬 높은 경제 성장률로 이어진다는 것을 의미했다. 그리고 세계경제에 대한 상대적 크기가 작다는 것은 세계 여타 지역이 〔영국을 위해〕 중국이라면 상상조차 할 수 없을 정도로 높은 경제 성장률을 유지하는 데 필요한 천연자원을 공급하고 생산물을 구매할 수 있다는 것을 의미했다. 만약 청조의 지배자들이 제정신이 아니어서 영국의 외향적 산업혁명을 뒤따라갔다고 해도, 아마 그들이 "세계를 메뚜기 떼처럼 초토화"하기 훨씬 전에, 수입 가격의 폭등, 수출 가격의 폭락, 극심한 국내의 사회적 긴장 때문에 제정신으로 돌아왔을 것이다.

2백 년 후에 중국과 인도는 같은 문제에 극단적으로 직면한다. 산업혁명 경로의 지도자는 조그만 영국 섬에서 대륙급의 미국 섬으로 바뀌었고, 그 결과 천연자원의 집약도*는 생산뿐 아니라 소비에서도 대폭 증가했다. 이러한 증가는 세계 인구의 방대한 다수가 미국이 정한 생산과 소비 표준에서 배제되었기 때문에 가능했다. 그러나 중국 인구 중 소수(그리고 인도 인구 중 더 작은 일부)가 이러한 표준에 부분적으로 접근할 수 있게 되자, 간디 주장의 타당성이 미국식 생활 방식의 가장 우둔한 옹호자들만 빼고는 모든 이들에게 명백하게 되었다. "드러나고 있듯이, 세계는 〔거대 인구를 가진—인용자〕 두 나라가 미국처럼 행동하는 것을 수용할 여유가 없다. 세계는 대기가 부족하다.** 〔……〕 그리고 자원 역시 부족할 것이다." 빌 매키벤은 이것을 "비극"이라고 부르는데, 다음과 같은 이유 때문이다.

---

*단위 생산과 소비에 필요한 천연자원의 양.
**오존층의 파괴를 말함.

중국은 실제로 〔경제〕 성장과 함께 어느 정도 상당한 행복을 누리고 있다. 사람들은 육식도 약간 즐기고 있고, 아이들을 학교로 보내고, 오두막에 난방도 하고 있다. 반면 우리는 9배나 더 많은 1인당 에너지를 소모하고 있다. 그래서 우리는 오락실에 에어컨 냉난방을 하고 2분의 1에이커〔약 600평〕의 부지에 풀을 깎고, 볼일을 볼 때마다 SUV 차량을 운전하고, 칠레에서 날아 들어온 토마토를 먹을 수 있다. 〔……〕 이것이 바로 우리가 중국에 있으면, 직감적으로 21세기의 목표가 어쩐지 세계 최빈국의 경제를 발전시키면서 동시에 부국의 경제를 퇴행시키는 것임이 틀림없다고 느끼게 되는 이유이다. 〔……〕 우리가 에너지를 덜 쓰면 그들은 더 쓸 수 있게 되고, 우리가 고기를 덜 먹으면 그들은 더 먹을 수 있게 된다. 〔……〕 그러나 상상을 해보라. 우리가 이런 식으로 행동할 여유가 이제 없고 또 우리가 먼저 누렸다는 이유만으로 우리의 생활 방식을 누릴 권리를 가진 것은 아니라고 인정할 만한 〔……〕 정치적 가능성이 미국에 있는가? 현재 대통령의 아버지〔조지 부시 시니어 — 인용자〕는 훗날 교토 의정서를 나오게 한 리오 회담에 가는 길에서, "미국인의 생활 방식은 협상의 대상이 아니다"라고 선언했다. 정확하게 비극이란 바로 그것이다.[14]

드러나고 있듯이, 그 비극 중에 가장 최근의 행동은, 이라크에서 실컷 연출되었지만, 미국이 자국의 낭비적인 생활 방식의 권리를 고집할 수 있는 힘을 가지고 있지 않고, 따라서 그 권리를 계속 보존하려면 더 많은 값을 치러야 한다는 것을 보여주었다.[15] 그러나 중국과 인도 인구의

---

14) Bill McKibben, "The Great Leap: Scenes from China's Industrial Revolution", *Harper's Magazine*(December 2005), p. 52.
15) 이라크 전쟁을 열렬히 지지했던 신문왕 루퍼트 머독은 유가가 1배럴에 30달러에서 20달러로 떨어진 것이 미국 경제를 위해서는 잘된 일이라고 관측했다. D. Kirkpatrick, "Mr. Murdoch's War", *New York Times*, April 7, 2003. 전쟁에 돌입한 지 4년 동안 유가가 대신 2배로 뛴 것은 미국이 에너지를 낭비할 권리를 강

4분의 1이라도 미국의 생산·소비 방식을 취한다면 그들뿐 아니라 모든 사람들이 질식사하고 말 것이라는 [엄연한] 사실이 남아 있다. 이러한 면에서 중화인민공화국의 새 지도자들은 에너지 집약적 경제 발전의 생태학적 문제점에 대해 선임자들보다 훨씬 더 큰 주의를 나타내고 있다. 특별히 생태학적 보호에 초점을 둔 "모범 도시"가 세워지고, 숲이 다시 조성되고, 2006~10년 5개년 계획은 경제의 에너지 집약도를 20퍼센트 감축한다는 야심 찬 목표를 세웠다. 그리고 이 목표를 위해 399개 산업 하위 부문을 금지하고 다른 190개 하위 부문을 제한한다는 폭넓은 공업 정책을 발표했다. 그럼에도 불구하고 이런저런 수단들이 심각히 손상된 생태 균형을 회복시킬 수 있을지는 여전히 불확실하다. 만약 예측대로 향후 15년간에 걸쳐 3억 명 혹은 그 이상의 농촌 주민이 늘어나는 오토바이 대열이 복작거리던 자전거를 밀어내고 있는 도시로 이주한다면 말이다.[16)]

간단히 말하면 에너지 소모적인 서구 경로에 너무 과도하게 의지함으로써, 중국의 신속한 경제 성장은 자국과 세계를 위해 생태적으로 지속 가능한 발전 경로를 아직 개척하지 못했다. 이러한 의존은 부족한 자원(맑은 공기와 물도 포함해서)의 압박 때문에 "경제 기적"을 피지도 못한 채 끝나게 만들려고 하고 있다. 뿐만 아니라 더 중요한 것은, 이러한 의존이 바로 신속한 경제 성장의 혜택을 전유(專有)하는 지위에 있는 사람들과 그 비용을 감당해야만 하는 사람들 사이에 벌어지고 있는 격차의

제로 관철하려는 시도를 좌절시키는 데 좋은 수단이 되었다.

16) Lester R. Brown, "A New World Order", *Guardian*, January 25, 2006; *Quarterly Update*, World Bank Office, Beijing, February 2006, pp. 13~16; K. Bradsher, "China Set to Act on Fuel Economy", *New York Times*, November 18, 2003; J. Kynge, "New Agenda for a New Generation", *Financial Times*, December 16, 2003; A. Lorenz, "China's Environmental Suicide: A Government Minister Speaks", *openDemocracy*, April 5, 2005.

결과이자 원인이라는 점이다. 제12장에서 본 것처럼, 이 격차의 결과 대중 소요의 큰 물결이 발생했고, 여기에는 생태에 대한 불만이 크게 그림자를 드리우고 있다. 이것이 중국의 정책을 도농 간, 지역 간, 경제와 사회 간에 보다 균형 잡힌 발전을 지향하는 쪽으로 커다란 방향 전환을 하도록 촉진해왔다. 우리의 연구를 접으면서 딱 하나 부언해야 할 것은 이러한 방향 전환의 최종적 결과가 중국 사회뿐 아니라 세계 사회 전체의 미래에도 결정적으로 중요하다는 점이다.

만약 이 방향 전환이 중국의 자국 중심적(self-centered) 시장 기반 발전, 강탈 없는 축적, 비인적 자원보다 인적 자원을 동원하고, 대중의 참여를 통해 정책을 만들어가는 정부 등과 같은 중국의 전통을 부활시키고 공고히 하는 데 성공한다면, 중국은 문화적 차이를 진정으로 존중하는 문명연방을 출현시키는 데 결정적으로 기여하는 지위에 오를 수 있을 것이다. 그러나 만약 방향 전환이 실패로 돌아간다면, 중국은 아마도 사회적·정치적 대혼란의 새로운 진원지로 변모하여, 흔들리는 세계 지배를 재확립하려는 북측의 시도를 촉진할 것이다. 혹은 조지프 슘페터의 말을 다시 한 번 빌리면, 냉전 세계 질서의 청산에 수반하여 나타난 폭력의 격화라는 공포(혹은 영광) 속에서 인류가 불타버리는 것에 일조할 것이다.

21세기는 '중국의 세기'가 될 것인가

해제에서 쓸 내용은 어떤 책을 번역하느냐에 따라 다르기 때문에 무엇을 할 것인가 고민을 해보았다. 이 책을 위해서는 크게 두 가지, 책의 전반적인 내용을 좀 길더라도 정리해서 제공하는 것, 그리고 이 책의 학술적 위치를 자리 매기는 것으로 정했다.

이 책은 서문에서도 밝혔듯이 애덤 스미스의 이론을 오늘날에 창조적으로 해석하는 작업, 그리고 중국과 동아시아 부상의 역사적·현재적 의미를 묻는 작업, 이 두 가지 과제를 동시에 추구하고 있다. 그런 만큼 매우 이론적인 서술과 구체적인 서술이 착종되어 있고, 양자가 어떻게 연관되어 있는지는 이따금 정신을 다시 가다듬지 않으면 놓치기 일쑤이다. 이미 발표한 논문을 기초로 집필하다 보니 중언부언도 적지 않다. 장과 장 사이의 연관관계는 통독 후에 곱씹어야 겨우 소화할 수 있다. 나의 전공이 중국 근현대 경제사이므로, 굳이 따지자면 후자의 과제와 관련이 깊다고 하겠다. 따라서 책을 읽으면서 이론적 부분에서 헤맨 것은 여느 독자와 다를 바 없었을 것이다. 조반니 아리기의 치밀하지만 복잡한 논리 전개 방식도 한 원인이다. 옮긴이로서, 아니 먼저 읽은 독자의 한 사람으로서 이 책 각 장의 핵심 주장을 정리하여, 섬세하고 복잡하게 얽혀 있는 논리적 조직(組織)을 본격적으로 탐험하는 대략의 지도

를 제공하고자 한다. 이론적 부분은 좀더 자세하게, 구체적 서술 부분은 좀더 간단히 정리하였다. 그가 짠 논지의 결 하나하나를 음미하는 데 이 소개가 독자들에게 도움이 되기를 바란다.

1. 이 책의 구성과 개요

서론

제2차 세계대전이 끝난 뒤 1960년대 아리기가 세계 남측으로 부르는 제3세계에서는 민족주의와 사회주의 혁명이 달아올랐다. 한 학자는 20세기 전반기 가장 중요한 특징이 "비서구 세계 민족들의 서구에 대한 반란"이라고 주장할 정도였지만, 이후 세계 북측(미국과 유럽, 일본)은 정치경제적으로 다시 압도적인 힘을 회복했고 이 반란을 진압한 것처럼 보였다. 저자는 그러나 20세기 후반기 최대 특징은 동아시아의 경제 부흥이 될 것이라 주장하고, 이는 일시적으로 회복한 듯한 세계 북측의 세계 남측에 대한 압제를 끝장낼 것이라고 암시한다. 즉 스미스가 『국부론』(國富論)에서 예언한 유럽과 비유럽 사이에 "용기와 무력에서 평등해지고 상호 존중하는" 세계가 21세기에 실현될지도 모른다는 것이다. 20세기 헤게모니 국가 미국은 진정한 세계 제국으로 군림하여 지위를 유지하려 시도했으나, 중국과 동아시아가 경제 팽창을 거듭하며 미국을 대체하는 힘으로 등장하면서, "신(新)아시아 시대"를 열고 있다. 그 내용은 자본주의-서구적 국가 체계의 역사적 유산과 동아시아적 유산이 결합한 새로운 문명이며 기존의 자본주의와는 다른 길이다.

제1부 애덤 스미스와 신아시아 시대

제1장 디트로이트의 마르크스, 베이징의 스미스

미국과 신자유주의 경제학자들은 동아시아와 비서구 국가들이 신자

유주의 처방을 따라야 경제가 회복될 수 있다고 선전했지만, 오늘날 중국 경제의 맹렬한 성장은 워싱턴이 권한 신자유주의의 충격 요법을 따르지 않은 덕분이었다. 이 점은 중국의 경제 발전이 서구식 모델을 따른 것이 아님을 간접적으로 말해준다. 그럼에도 중국에서 발전이 남긴 부패와 빈부 격차 등은 심각한 문제가 되고 있고, 서구 마르크스주의자들은 중국에 사회주의는 없다고 단언한다. 중국 경제가 서구식 자본주의도 아니고 사회주의도 아니라면 무엇인가. 저자는 이러한 논란이 시장 경제, 자본주의, 경제 발전 사이의 관계에 대한 이론적 오해 때문이라고 말하고, 이 책의 목표는 현 단계 중국 경제에 대한 이론적 오해를 해소하는 것이라고 천명한다.

시장 경제와 자본주의 사이의 이론적 혼란은 로버트 브레너의 신(新)스미스적 마르크스주의 비판에서 뚜렷이 나타난다. 우선 그 전에 이 책 제목이 '베이징의 애덤 스미스'가 된 까닭을 디트로이트의 마르크스와 연관 지어 살펴보자. 마리오 트론티는 1960년대 말 유럽에서 마르크스주의가 맹위를 떨칠 때, 혁명 정서가 고양된 곳은 유럽인지 몰라도, 그런 사상적 영향력이 없는 미국이야말로 노자 관계가 마르크스적인 곳이라고 주장했다. 즉 자본과 노동이 치열한 계급투쟁을 벌이고 있었던 곳은 유럽이 아니라 미국 디트로이트 포드 공장 작업장이었다. 저자는 트론티를 이용해 마르크스와 관계없어 보이는 현대 미국을 가장 잘 설명해줄 수 있는 것이 바로 마르크스 이론이었음을 들어, 스미스의 시장 경제 이론이야말로 스미스와 관계없어 보이는 중국을 가장 잘 설명할 수 있다고 말한다.

다시 마르크스 이론으로 돌아가자. 마르크스 이론은 이처럼 계급투쟁에서는 통찰력이 있었지만, 세계적 규모로 확대된 자본주의 체제를 분석하는 데는 안이했다. 예를 들어 마르크스와 밀턴 프리드먼은 모두 자본주의는 시장 확대를 위해 세계적으로 확대되면서 보편적 자본주의 발전을 가져올 것이라고 예상했다. 하지만 지난 백 년간 세계 각국은 더욱

자본주의적으로 서로 긴밀하게 연결되고 의존하게 되었지만, 부의 격차는 심해지기만 했다.

안드레 군더 프랑크는 "저발전의 발전론"을 주장하여 이렇게 자본주의 발전에 동반한 격차의 확대(분기)를 설명했다. 하지만 브레너는 프랑크의 이론을 신스미스적 마르크스주의라고 비판했다. 브레너는 무산 노동자 계층의 창출(생산자의 생산 수단에 대한 지배력의 완전한 상실)이 자본주의 발전의 전제 조건이라고 보았으므로, 시장의 확대가 경제 발전을 견인한다고 보는 프랑크를 역시 시장을 중시한 스미스를 본떠 신스미스적 마르크스주의라고 비판한 것이다. 그런데 브레너가 말한 대로라면 중국은 토지 평등 원칙을 견지하고 있으므로 직접 생산자가 생산 수단(즉 토지)에 대한 지배력을 완전히 상실하지 않았기 때문에 시장 교환이 확대되어도 자본주의가 될 수 없다. 즉 중국은 사회주의가 아닐지는 몰라도, 자본주의 또한 아닌 것이다.

이상을 통해 마르크스의 자본주의 개념으로는 중국을 잘 설명할 수 없음이 드러났다. 중국에서 보듯이, 시장 형성과 자본주의 발전 과정은 근본적 차이가 있는 것이다. 시장과 자본주의의 관계에 대해 로이 빈 웡, 케네스 포머런츠, 프랑크는 최근 새로운 학설을 전개했다. 서양과 동아시아는 19세기에 와서야 역전이 발생했으며, 두 지역은 모두 시장 경제의 발전이 이루어진 지역으로 이 대분기의 이유가 시장 경제는 아니라는 것이다. 그 이유에 대해서는 여러 다른 설명이 있다. 첫째, 포머런츠는 영국에 풍부한 화석 연료가 매장되어 있었던 것을 든다. 하지만 중국은 더 많은 석탄 매장량이 있었으나 영국 경제와 같은 돌파가 없었다. 포머런츠는 영국이 아메리카의 1차 산품을 독점적으로 이용할 수 있었던 점을 지적했다. 하지만 저자의 생각에 영국의 돌파는 아메리카 1차 산품의 이용과 산업혁명이 나타난 19세기 초반이 아니라 19세기 후반이었고, 그 돌파에는 광업·운송·석탄의 결합이 중요했다. 둘째, 프랑크는 유럽이 임금과 노동 수요가 더 높고 자본이 더 풍부했다고 지적했는

데 왜 서구만 그랬는가에 대해서는 아무 설명이 없다. 또 프랑크는 중국이 세계의 은이 빠져들어가는 배수구였다고 했는데, 그렇다면 왜 중국은 자본이 부족했고 유럽은 자본 과잉이었는지 설명할 수 없다. 저자는 유럽의 돌파와 산업혁명의 전 지구적 확산은, 동아시아의 백 년간 쇠퇴 및 그 후 신속한 부흥과 결합해서 설명해야 한다고 주장한다.

저자는 스기하라 가오루의 테제를 저술의 중요한 토대로 삼고 있다. 스기하라는 아시아가 근면혁명을 겪으며 인적 자본을 활용하는 발전 경로를 개척했으며, 이는 서구의 산업혁명과 비인적 자본 활용의 경로와는 다르다고 양자를 대비했다. 아시아는 이후 서구화 과정에서도 인적 자본 활용의 전통을 결합하여 "노동 집약적 산업화"를 탄생시켜 경쟁 우위를 확보했다. 20세기 후반 동아시아 경제의 부활은 바로 서구 경로와 노동 집약적 에너지 절약형의 동아시아 경로를 결합한 덕분이다. 산업혁명은 "생산의 기적"이지만 동아시아 경로는 자본과 자원을 절약하고 많은 이들에게 생산 증가의 혜택을 나눠 주는 "분배의 기적"을 이룬다는 것이다. 저자는 이 책이 스기하라의 테제를 수정하고 확대한 버전임을 밝힌다.

제2장 애덤 스미스의 역사사회학

이어서 저자는 스미스적 성장을 스미스의 이론으로 명료하게 설명하려 시도한다. 경제학은 역사사회학에 기초해야 한다. 경제학은 평형으로 가는 움직임을 연구하지만, 사실은 평형을 교란하는 움직임도 항상 존재한다. 전자는 정역학, 후자는 동역학이라고 볼 수 있고 후자야말로 역사사회학이 필요한 분야이다. 조지프 슘페터는 동역학, 즉 파괴와 창조의 경제 발전에 관심을 가졌다.

저자는 이 정역학과 동역학에 상응하는, 두 가지 종류의 상이한 "시장 기반 경제 발전"을 분류했는데 간단히 정리하자면 다음과 같다. 첫째, 내재적으로 사회적 틀을 근본적으로 바꾸는 요소가 없는 "시장 기반 경

제 발전"＝스미스적 성장＝근면혁명＝시장 기반 비자본주의적 발전으로, 대체로 동아시아의 경제 발전 경로이다. 둘째, 경향적으로 발전이 일어나는 사회적 틀을 파괴하고 새로운 사회적 틀을 출현시키는 "시장 기반 경제 발전"＝슘페터 및 마르크스적 발전＝시장 기반 자본주의적 발전으로, 대체로 서양의 경제 발전 경로이다.   •

제2장에서는 스미스적 성장을 먼저 다룬다. 저자는 스미스에 대한 세 가지 신화를 깨면서, 스미스 이론을 나름대로 재조명하고 있다. 첫째, 스미스는 자기조정적 시장의 이론가가 아니다. 스미스는 국가와 입법자가 잘 통치하기 위해 시장을 사용하라고 했으며, 시장을 통치 도구로 파악하고, 완전한 자유무역은 오히려 국익에 위배된다고 보았다.

둘째, 스미스는 자본주의의 이론가와 옹호자가 아니다. 경쟁이 치열해지면 이윤율이 하락한다는 이윤율 저하 경향의 법칙은 마르크스가 아닌 스미스가 먼저 이야기한 것인데, 스미스는 이를 국익을 위해 환영했다. 자본가는 이윤을 더 확보하기 위해 경쟁을 막으려는 경향이 있으나, 사회 보편적 이익을 위해 국가는 최저한의 수준까지 이윤을 하락시키도록 확실하게 상호 경쟁시켜야 한다. 이처럼 스미스는 높은 이윤율은 자본가에게만 좋은 것으로 본 반면, 높은 임금은 국부를 증가시키고 인구를 늘리고 사람들을 더욱 근면하게 하기 때문에 긍정적인 것이라고 보았다. 토지와 자본에 비해 인구가 꽉 차 있으면 임금이 떨어져 경제 성장이 느려지고, 토지와 자본에 비해 인구가 적으면 임금이 높아지고 경제 성장이 빨라진다. 임금 상승과 경제 성장이 이루어지면 인구도 증가하게 된다. 전자, 즉 인구가 꽉 찬 경제는 경제적 성숙＝정태적 상태이며, 중국과 네덜란드가 이에 해당한다. 후자는 경제적 미숙＝역동적 상태로 북아메리카 식민지가 대표적이다. 전자의 단계에 도달해도, 경제 내부에 자체적으로 성장 제약을 돌파할 내재적 메커니즘은 없다. 스미스는 법과 제도의 변화를 통한 정부의 보이는 손만이 이 정체를 돌파할 수 있다고 보았다.

셋째, 스미스는 노동 분업의 이론가와 옹호자가 아니다. 마르크스는 분업을 한 사회 내에 생산 단위들 사이의 분업인 "사회적 분업", 한 생산 단위 내에 생산 공정의 분업인 "기술적 분업"으로 나누었다. 스미스는 사회적 분업은 지지했지만, 기술적 분업은 반대했다. 스미스의 생각에, 기술적 분업을 하다 보면 노동자는 단순 작업만 하게 되어 지적·창조적 능력은 퇴보하고, 국익에 대한 판단 능력도 무뎌진다. 스미스는 자본재 생산으로 특화한 부문, 과학적 지식 생산으로 특화한 개인 및 조직[1]의 출현은 생산력을 향상시킨다고 긍정적으로 보았지만, 기술적 분업을 극대화한 대규모 생산 단위, 즉 대기업(예를 들어 주식회사)에 대해서는 비판적이었다.

넷째, 스미스는 서구적 발전 경로를 찬양하지 않았다. 스미스는 풍요나 경제적 성숙으로 가는 두 가지 길을 제시했는데, 즉 "자연스러운" 중국식 경로와 "부자연스럽고 퇴보적인" 서구(네덜란드) 경로로 나누었다. 이 중 서구 경로는 외국무역〉제조업〉농업 순으로 중시하고, 중국은 거꾸로 농업과 제조업 및 국내무역을 외국무역보다 중시한다. 스미스는 농업 발전을 중시했으며 자본가들을 경계했다. 도시의 자본가들(이윤 생활자)이 노동자(임금 생활자), 지주(지대 생활자)보다 잘 단결하고 궤변이 뛰어나 자신들을 위해 경쟁을 억제하고, 자신의 계급적 이익을 사회 전체의 일반 이익인 양 호도하여 여론을 이끌어내는 탁월한 능력이 있다고 경고한다. 스미스는 국가와 입법자들이 이들에게 설득되어 사회가 "부자연스럽고 퇴보적인" 경로로 가지 않도록, "자연스러운" 경로 즉 친노동·친농업의 경로로 가도록 촉구했다.

스미스는 부와 힘의 관계에서 마르크스보다 심화된 인식을 보여준다. 스미스는 농업과 노동에 친근감을 느꼈지만 자본의 역할이 국익에 부응한 측면도 있다고 보았다. 봉건 영주의 세계는 폭력 수단이 분산되어 끊

---

1) 스미스는 이를 철학자라 하고, 오늘날 우리는 과학자라고 부른다.

임없이 약탈과 무질서를 양산했다. 스미스는 외국무역과 제조업이 화폐 경제를 확산시켜 중앙 권력도 할 수 없었던 영주와 군벌, 봉건 세력의 무력화를 해낸 점에서 그 긍정적 역할을 인정했다. 그러나 폭력의 합법적 사용이 일단 성공적으로 중앙 집권화하고, 전국적 시장 경제가 확립된 후에는 외국무역과 제조업의 "부자연스러운" 과잉발전이 중앙 정부가 국익을 추구하는 데 장애가 된다고 생각했다. 따라서 입법자에게 자본가들을 상호 경쟁시켜 이들의 힘을 누르라고 충고했던 것이다.

스미스에게는 국익 추구와 외침(外侵)으로부터의 보호가 풍요보다 훨씬 중요했다. 그런데 부유해지면 이웃 나라에 더욱 매력적인 침략 대상이 되며, 한편 경제 성장으로 직업이 특화하면 군사 훈련을 받을 여유가 없어져서 국방력이 약해진다. 이에 대한 대책으로 스미스는 전쟁을 분업화·특화하여 근대적 상비군을 발전시키면 된다고 주장했다. 그런데 근대적 상비군의 유지와 무장에는 막대한 경비가 들기 때문에 궁극적으로 부유한 문명국은 가난한 미개국보다 무력에서도 훨씬 유리해진다. 스미스는 부와 힘의 관계를 심도 있게 분석했는데, 저자는 스미스의 부와 힘의 논지를 따라가면 그의 논리가 예전의 자기 주장과 어긋나는 자가당착에 부딪힌다고 지적한다. 즉 스미스의 국방론에 따르면, 제조업·외국무역·항해를 중시하는 "부자연스러운" 경제 발전 경로는 근대적 국방과 무장에 더욱 유리해진다. 그러므로 국방에는 스미스가 선호한 "자연스러운" 경로보다 "부자연스러운" 경로가 더욱 유리하고, 결국 전자는 후자의 침략에 노출될 것이라는 이야기가 된다. 풍요에서 스미스가 더욱 선호한 "자연스러운" 중국식 경로가, 스미스가 풍요보다 더 중요하다고 한 국방에서는 불리해지는 것이다. 실제 역사에서도 더 풍부한 동아시아가 덜 풍부하지만 무력 우위의 서양의 침략에 노출되게 되었다.

제3장 마르크스, 슘페터 그리고 자본과 권력의 '끝없는' 축적

이 장에서 저자는 제2장에서 정리한 스미스의 경제 발전 개념, 즉 시장 기반 비자본주의적 경제 성장(스미스적 시장 경제)을 마르크스와 슘페터로 비판한다. 스미스가 그려낸 경제 발전 개념에서는 경제 경로 자체에 한계를 극복하거나 구조를 바꿀 내재적 동력이 없지만, 슘페터와 마르크스가 그린 자본주의적 경제 성장(마르크스적 시장 경제)은 창조적 파괴를 거쳐 한계를 뛰어넘어 새로운 구조를 창출하는 동력이 있다.

저자는 먼저 스미스와 마르크스의 차이를 분명히 한다. 스미스는 어떻게 국가가 부유해지고 강해질 수 있는가에 관심을 가졌으나, 마르크스는 작업장 내에서 자본가가 어떻게 노동자에 대해 더 부와 힘을 가지는가에 관심을 가졌다. 따라서 마르크스에게는 명시적인 국가 발전 이론이 없다. 하지만 자세히 살펴보면 이를 추출해낼 수 있으며, 스미스와 다른 점도 알 수 있다. 첫째, 마르크스는 부=힘(권력)이라고 본다. 시장에 참여하는 자본주의적 행위자들은 더 큰 효용성으로의 교환을 위해, 나아가 화폐 자체를 축적하기 위해 시장에 참여하는데, 그것은 화폐가 곧 힘이기 때문이다. 그러나 스미스는 돈 자체로는 쓸모가 없고, 구매력 즉 상품과 바꿀 수 있다는 전제에서만 화폐가 의미있다고 보았다. 마르크스는 스미스와 달리 축적 자체가 자본주의 경제의 목적이자 본성이며, 자본주의 사회에서 힘의 근본적 원천은 화폐의 "끊임없는 축적"이라고 생각했다. 둘째, 스미스는 입법자/국가에 자본가를 제어하라고 반복해서 권고하지만, 마르크스에게서 정부란 부르주아지의 용무를 처리하는 위원회, 즉 자본가의 대변인 바로 그것이다. 따라서 마르크스는 계급 권력에만 집중할 뿐, 부르주아지의 부가 일국 내의 국가 권력으로 또 국제적인 권력으로 옮겨지는 것에 대해 자세히 고찰하지 않는다. 셋째, 스미스는 기술적 분업과 대기업에 비판적이었으나, 마르크스는 생산 단위의 대형화와 기술적 분업의 심화가 생산성을 향상시키고 자본가의 부와 힘을 확고히 하는 데 핵심적이라고 보았다. 그렇기는 해도 마르크스

도 스미스처럼 기술적 분업이 노동자를 단순 작업만 하는 "기형적인 불구"로 만들어 경제 발전에 장애를 초래할 것이라고도 지적하고 있다. 따라서 마르크스가 말한 (스미스적 성장과 다른) 자본주의적 성장의 특징은 생산 단위의 대형화나 임노동 사용은 아닐 것이다. 그렇다면 자본주의적 특징은 무엇인가? 바로 특정 시점에 생산 분야들 사이에 존재하는 균형을 전복하는 자본의 자기 팽창(마르크스), 슘페터 용어로는 자본주의의 "창조적 파괴"가 스미스적 성장과의 결정적 차이이자 자본주의적 성장의 핵심이다.

축적이 계속되면 경제 팽창을 종결시키는 경향이 있다는 것(이윤율 저하 법칙)은 마르크스가 아니라 스미스의 생각이었는데, 스미스는 정부의 개입 등 외재적인 요인에 의해서만 그것을 극복할 수 있으며 내재적 극복은 없다고 보고, 팽창의 종결과 체계의 붕괴를 자연스러운 과정으로 간주했다. 그러나 마르크스는 비록 이런 경향이 있어도, 화폐 축적은 모든 것을 극복하고, 이 장애도 극복할 수 있다고 보았다. 그러면 어떻게 극복하는가. 과잉축적과 이윤율 저하 위기가 발생하면 초기에는 자본가들 사이의 경쟁으로 임금이 높아져서 노동자는 구매력이 높아지지만 자본가는 이윤율이 낮아서 고전한다. 그러나 곧 자본가는 자신의 이윤율 저하의 부담을 노동자에게 전가하기 위해 임금을 억제하게 되고, 그러면 구매력이 줄어들어 수요보다 많은 생산이 사회적으로 이루어지는 과잉생산 위기로 나아간다. 이때가 새로운 자본주의 재편의 계기이다. 이즈음 자본은 팽창을 계속하기 위해, 자본의 집적(자본 크기가 커짐)과 집중(다수의 소형 자본이 소수 대형 자본으로 재편됨), 국제적 분업을 발생시킨다. 이러한 과정은 일국 내가 아니라 여러 국가들에 걸친 국제적 영역에서 심화된다.

즉 마르크스는 스미스의 말처럼 일정 시기에 일국이 자본 과잉 단계에 진입하고 이윤율의 하락과 침체를 경험한다는 데 동의한다. 그러나 여기에서 자체적인 극복 경향을 부정하는 스미스와 달리, 마르크스는

국제적 신용 체계가 자본을 공급하여 자본 과잉에 달하지 않은 더 널찍하고 큰 용기[2](즉 다른 국가)로 옮겨 감으로써 침체에서 탈출하고 자본의 자기 팽창은 더 큰 규모로 재개될 수 있다고 보았다. 슘페터의 표현으로라면 "자본주의 체계의 총사령부"가 새로운 중심에 재배치되는 것이다. 마르크스를 보더라도 끝없는 팽창을 향한 경향은 세계적 규모의 자본주의 발전에 대한 것이었지, 특정 국가 내의 자본주의 발전을 말한 것은 아니었다. 이것이 자본주의의 위기와 창조적 파괴의 과정이다.

이 과정을 저자인 아리기 식으로 표현하면, 세계 자본주의 중심은 베네치아/제네바-네덜란드-영국-미국으로 연쇄적으로 옮겨졌다. 각각의 시기는 장기 16세기, 장기 17세기, 장기 19세기, 장기 20세기에 해당한다. 마르크스가 말한 대로, 끝없는 자본 축적이라는 추진력으로 결국 특정 용기(자본이 투자되는 국가)의 수용 크기에 비해서 자본이 과잉되면, 경쟁도 과열되고 이윤율도 떨어진다. 그러면 경기는 침체한다. 그러나 스미스와 달리 마르크스는 이 끝없는 자본 축적의 동력은 결국 국제적 신용 체계를 통해 자본을 더욱 유리한 투자처, 즉 새로운 더 큰 용기로 옮겨 갈 수 있으므로 축적은 '끝없는' 확대를 계속할 수 있고, 자본주의의 확대 발전에 따라 세계 자본주의의 중심도 더 큰 용기(국가)로 재배치된다는 것이다.

저자는 여기에서 더 나아가 이러한 부는 힘, 곧 헤게모니로 연결된다고 주장한다. 그러므로 세계 자본주의 중심의 연쇄는 세계 헤게모니의 연쇄이기도 하다. 저자는 제2부에서 1980년대와 1990년대 미국의 금융 팽창이 바로 이러한 "새로운 재배치" 과정에 해당하는지 여부를 검토한다. 그리고 제3부에서는 자본주의적 축적의 경로와 권력 즉 헤게모니

---

2) 스미스와 마르크스는 자본이 생산에 삽입되는 공간, 혹은 사법적 권역을 용기(container)라고 부르는데, 구체적으로 말하면 한 국가라고 볼 수 있다. 이 용기에 자본이 과잉되면 경쟁은 심화되고 이윤율도 떨어지고 경기도 침체된다.

의 관련성을 분석하고, 나아가 현재의 세계 자본주의의 중심이자 헤게
모니인 미국의 장기 20세기가 어떻게 위기를 맞고 있는지, 이후는 어떻
게 될 것인지를 다루고 있다. 제4부에서는 왜 중국이 새로운 헤게모니
로 등장하고 있다고 볼 수 있는지, 그 세계사적 의미는 무엇인지를 말
한다.

제2부 전 지구적 혼돈을 쫓아서

제4장 전 지구적 혼돈의 경제학 [3]

제4장에서는 20세기 말 미국의 경기변동[4]을 19세기 말과 20세기 초
의 경기변동[5]과 비교하여, 두 세기말의 영국 헤게모니의 종언과 미국
헤게모니의 종언 현상을 대조하고 있다. 이를 통해 20세기 후반 미국의
금융 팽창이 다가올 21세기 미국 헤게모니 종언을 알리고 있음을 주장
한다. 방법론적으로 20세기 말 미국의 경기변동을 자세히 분석한 브레
너의 "불균등 발전" 이론을 재검토하여 취할 것은 취하고 버릴 것은 비
판하여 자신의 입론을 강화하고, 그 활용과 비판에 19세기 말과의 비교
방식을 쓰고 있다.

브레너는 1950년대와 1960년대 미국의 호황과 연이은 1960년대 말과
1970년대 초의 수익성 위기를 분석하여, 위기의 원인이 자본주의 후발
주자가 선도 주자를 따라잡는 과정인 불균등 발전 때문이라고 보았다.
즉 대표적 후발 주자인 독일과 일본이 미국을 따라잡았기 때문이라는
것이다. 따라잡기가 진행되는 초기 단계에서는 세계적으로 고이윤, 고
투자, 생산성 증가의 선순환이 일어나지만 그러나 일단 진짜 따라잡게

---

3) 로버트 브레너가 이와 같은 제목의 책을 출간한 바 있다. Robert Brenner, *The
   Economics Of Global Turbulence*, W. W. Norton & Co Inc., 2007.
4) 1970~90년대 경기하강과 1990년대 중반 이후 호황.
5) 1870~90년대 경기하강과 이후 "라 벨 에포크"(좋은 시절)로 불린 호황.

되자, 세계적 과잉생산능력, 이윤율 하강, 미국 제조업의 경쟁력 약화, 무역수지 악화가 발생했다. 여기에 제조업의 경쟁력을 회복하기 위해 미국은 달러를 대폭 평가절하하고, 인위적 인플레이션 정책/거시적 경제 팽창 정책을 쓰게 되었다. 이 때문에 금-달러본위제가 흔들리자 결국 인플레이션 정책을 유지하기 위해 금-달러본위제를 포기한다. 그 결과 독일과 일본 제조업은 불황을 맞지만 대신 미국 경제는 다시 회복하게 되었다는 것이다.

브레너는 수익성 위기가 과잉생산능력, 즉 시장에 진입은 너무 많고 퇴출은 너무 적은 탓에 과잉경쟁이 일어나 이윤율이 하락하여 경기가 침체했다고 보았다. 브레너는 여기에서 달러 평가절상과 절하가 중요한 정책 전환 도구였음을 증명했는데, 미국 달러는 1970년대 평가절하, 1978~80년 레이건-대처 통화주의 "혁명"으로 평가절상과 호황, 1985년 플라자 협약 계기로 평가절하, 1995년 역 플라자 협약으로 다시 평가절상되는 과정을 거친다.

앞서 정리했듯이 1970년대 달러의 파괴적 하락은 세계 기축통화로서 달러의 지위를 위협하고, 인플레이션 압력을 높였다. 이에 레이건 정권은 미국의 실질 이자율을 높이고, 일본 대장성이 달러를 대량 매입하도록 함으로써 달러를 절상시켰고, 외국 자본이 미국으로 유입되기 시작했다. 그러나 인플레이션 압력이 감소한 대신에 무역 적자가 심각해지자 레이건은 1985년 플라자 협약으로 미국 시장을 보호하고, 달러 가치를 인위적으로 절하했다. 이 협약에 동의한 경쟁자이자 동맹자인 독일과 일본의 희생 덕분에 미국 제조업은 다시 수출이 증가했다. 그러나 달러에 대해 마르크화와 엔화가 과잉평가된 독일과 일본 산업은 위기에 처한다. 미국 경제는 회복했지만, 1994~95년 멕시코 페소 위기를 거쳐 1995년 달러 대비 엔화의 지나친 강세로 일본 제조업이 위기에 처하게 되었다. 미국은 동맹자이자 경쟁자인 일본 구제를 위해,[6] 다시 역 플라자 협약을 맺어 달러를 평가절상하게 된다.

그 결과 미국의 회복은 유지할 수 없게 되었다. 1995년 이전에도 미국 제조업의 수익성 회복은 주가 상승으로 나타났는데, 1995년 이후 달러 가치가 상승하자 주가 상승을 더욱 부채질했다. 일본의 대미 투자 확대도 한 원인이었다. 이렇게 미국으로 외자가 대거 유입되고 달러 가치가 절상되었다. 미국 연방준비제도이사회가 방만한 신용 정책을 쓰면서 호황만큼이나 거품은 커졌다. 그 결과 1990년대 말 거품이 꺼지면서, 팽창기에 얻은 수익성 상승분의 전부가 소진되어버리고 극심한 경기후퇴가 나타났다.

브레너는 이 위기의 원인을 자본의 진입은 너무 많고 퇴출은 너무 적은 과잉생산 위기로 보았다. 이 구조적 위기의 바람직한 해결은 강제로 퇴출시키고 균형을 회복하는 구조 전체의 조정 즉 대규모 불황, 마르크스가 말한 "자본 가치의 도살"인데, 브레너는 이 불황이 정부 정책(주로 통화 정책)으로 이루어지지 않고 지연되었기 때문에 과잉생산은 근본적으로 해결되지 못하고 경기침체는 지속되게 되었다고 주장한다. 브레너가 말한 그런 구조조정의 불황은 1920년대 대공황 수준의 것이다. 이렇듯 과격하지만 자본주의에서는 "자연스러운" 과정인 조정이 없었기 때문에 미국은 장기 하락, 지속적 침체를 겪었다는 것이다. 브레너는 1973~93년까지를 바로 이런 장기 하락, 지속적 침체로 보고, 1990년대 중반 미국 경제 회복은 구조적으로 일시적일 수밖에 없었다고 주장했다.

저자는 이렇게 브레너 이론을 정리한 뒤에, 19세기 말 대공황(1873~96)과 브레너의 장기 하락 혹은 지속적 침체(1973~93)를 비교한다. 둘 다 이윤율이 하락하고 경쟁 압력이 강화되었다는 점은 유사하다. 또 체계 전반에 걸쳐 자본 축적 과정이 금융화하는 경향이 나타났고(금융 자본의 팽창), 이에 따라 자본주의 패권 중심(19세기는 영국, 20세기는 미국)

---

6) 미국 국채의 최대 구매국이 일본이므로 일본의 파산은 미국 재정에도 결정타가 될 수 있었다.

은 수익성을 회복하게 된 점 역시 유사하다.

  그런데 차이 또한 뚜렷하다. 전자는 기업 간 경쟁이 거세지고 치열한 가격 경쟁이 일어난 결과 격렬한 디플레이션이 발생했다. 국가는 통화를 금속본위제의 자율적 메커니즘에 맡기고, 경쟁 수단으로 평가절상과 절하를 포기한 뒤 결국 보호주의적 정책에 나섰다. 자국 산업을 지원하고, 식민지를 건설하여 블록화한 결과 세계 시장의 통일성은 흔들렸고, 식민지를 둘러싼 국가 간 경쟁은 자본주의 국가 간 군비 경쟁을 강화하였다. 결말은 양차 세계대전이었다. 이 시기 패권국인 영국은 세계 경제에서 최대의 자본 공급자 역할을 했으며, 차기 패권국이 될 미국에도 상당한 자금을 투자하였다. 그러면 후자, 20세기 말은 어떠한가. 이때는 경쟁이 거세었던 점은 같지만 오히려 상품 가격은 상승하여 평화 시기 최대의 인플레이션이 발생했다. 금속본위제를 고수하지 않고 그것과 결별했으며, 통화의 평가절상과 절하가 주요한 경제 정책 수단이 되었다. 세계 시장은 세계무역기구(WTO)의 결성 등으로 더욱 공고해졌다. 자본주의 국가 간 군비 경쟁은 없었고 군사력은 미국으로 더욱 집중되었다. 미국은 영국과는 정반대로 전례 없을 정도로 세계 자본을 흡수했고 세계 최대의 채무국이 되었으며, 차기 패권국이 될 중국이 미국 채권의 주요 구매자이다. 이러한 차이는 무엇을 의미하는가?

제5장 전 지구적 혼돈의 사회적 동학(動學)

  아리기는 이 차이를 낳은 원인으로 브레너가 경시한 노동계급의 역할, 미국 헤게모니의 약화라는 정치적 요소를 가장 중요하게 꼽는다.

  브레너는 자본주의 위기의 "공급측" 이론을 강도 높게 비판하였는데, 이 공급측 이론이란 부유한 자본주의 국가에서 노동이 자본가의 이윤을 압박하고 체제의 축적 메커니즘을 침식할 정도로 강력한 영향력이 있다는 이론이다. 브레너는 노동은 그런 힘이 없다고 주장한다. 노동이 자본에 가하는 "수직적" 압력은 장기 하락을 가지고 올 정도의 이윤 압박을

만들어낼 수 없다. 오로지 자본가 간 경쟁에서 오는 "수평적" 압력만 그런 능력이 있다. 왜냐하면 노동 저항이 거세지면 자본은 해외 노동자를 유입하거나 다른 곳으로 자본을 옮겨서 효과적으로 노동을 억압할 수 있다는 것이다. 저자는 제4장에서 분석한 두 시기의 장기 하락을 사례로 브레너의 이 주장을 실증적으로 비판한다. 자본과 노동 등 생산 요소의 국제적 이동이 그렇게 손쉬울 수 없다는 점, 노동계급이 생활 수준 유지를 위한 인플레이션 정책을 요구함으로써 미국과 유럽 각국이 금본위제를 포기하게 만들었다는 점 등을 들어 경기에서 계급투쟁의 주도적 측면을 부각했다. 자본가 간 경쟁뿐만 아니라 계급투쟁 역시 경기변동에서 중요한 역할을 했고, 노동계급을 무마하는 인플레이션 정책을 포기하지 못하고 금환본위제를 포기하고 통화 정책을 주요 경제 정책 수단으로 삼게 만들었다.

이어 저자는 세계 남측의 동향과 헤게모니적 측면의 중요성을 부각한다. 브레너는 자본주의 국가 간의 따라잡기 발전과 경쟁, 즉 그가 말한 "불균등 발전"에만 착목했기 때문에 미국 · 일본 · 독일 세 나라 상호 관계의 분석에만 초점을 맞추고, 중국 및 세계 남측 국가는 거의 다루지 않았다. 그러나 실제로 1990년대 이후 전 세계 수출에서 중국과 세계 남측의 비중은 급격히 늘어났다. 또 1950~60년대 호황은 동서 냉전, 1970년대의 경기후퇴는 베트남 전쟁과 미국 헤게모니의 위기라는 정치적 맥락에 삽입되어 진행되었다. 결론적으로 세계 경기의 동향은 자본주의 국가 간의 경쟁보다는 세계 남측에서의 전쟁과 혁명이 중요한 변수였던 것이다. 19세기 말의 장기 하락(1873~96)은 세계사에서 북측 영토 정복과 남측의 식민지화가 최대이자 최후로 고조되던 와중에 발생했고, 두 번째 20세기 말 장기 하락은 탈식민지화가 최대로 고조된 말미에 발생했다. 두 장기 하락 사이에 20세기 전반기의 거대한 "서구에 대한 반란"이 발생했다. 즉 후자인 두 번째 장기 하락은 이 서구에 대한 반란에 대한 반동이라고 볼 수 있다. 그런데 이 장기 하락이 첫 번째와 달

리 인플레이션 특징을 갖는 것은 왜일까. 이 점은 앞에서 설명한 대로 노자 관계에서 볼 때, 노동계급이 19세기 말처럼 금속본위제의 규율에 종속되도록 정치적으로 가만있지 않았기 때문에, 국가는 노동계급을 무마하기 위해 인플레이션 정책을 쓸 수밖에 없었던 측면이 있다. 하지만 또 다른 그리고 저자가 더 중요하게 보는 이유는 미국 헤게모니가 갖는 한계이다. 영국은 식민지 인도라는 전쟁 수행의 힘(군사와 군비)과 무역 균형을 맞출 부(本國費 및 인도 외환 보유고)를 장악하고 있었기 때문에 금본위제를 유지할 수 있었다. 그러나 탈식민지 시대의 미국은 군대를 동원하려면 국내 반전 여론을 무마하기 위해 노동계급에 양보해야 했고, 무역 적자를 맞추려면 국채를 외국인에게 팔아야 했다. 결국 무한정 빚을 질 수도 없었던 미국은 노동계급도 무마할 수 있고 통화 추가 발행으로 군비를 마련하는 인플레이션 전략을 구사하게 되었다는 것이다.

그런데 이러한 장기 하락과 인플레이션 전략 뒤에 1990년대 후반 미국 경제는 어떻게 회복했을까? 또 동시에 미국의 금융 팽창이 발생한 것은 무엇 때문일까? 브레너는 불균등 발전론에서 제조업 간의 경쟁에 초점을 맞추고, 1980년대 미국 비제조업의 거대한 팽창을 제조업 위기를 동반한 "탈산업화"로 보고 경제적 쇠퇴 증상이라고 진단했다. 그러나 실증적으로 검토해보면 호황/불황과 제조업의 과잉생산능력 사이에는 유기적 관계가 보이지 않으며, 오히려 수익이 하락하자 제조업 회사들은 경쟁에서 이기기 위해 투자를 늘리기보다는 금융의 유동성과 축적으로 자금을 전환하였다. 즉 장기 하락의 이윤율 저하 경향이 금융화를 촉진했던 것이다. 금융, 화폐시장은 자본이 퇴각할 수 있고 경쟁 압력을 타자에게 전가할 수 있는 마지막 피난처이며, 슘페터가 말한 "자본주의 체계의 총사령부"이다. 따라서 수익성 위기와 장기 하락은 주도 국가의 금융화를 강화하는데, 19세기 말 영국과 20세기 말 미국에서 모두 그러했다. 1990년대 말, 이렇게 발생한 금융 투자가 거품을 키우고 미국을 호황으로 소생시켰다. 이와 더불어 1950~60년대 세계 유동성의 원천이자

해외 직접 투자의 주요 원천이었던 미국은, 1980년대 이후 세계의 주요
채무국이자 유동성 흡수 국가가 되었다.

제6장 헤게모니의 위기

이 장에서는 미국 헤게모니의 위기를 분석하는데 헤게모니의 정의를
명확히 하고, 헤게모니 위기를 단계적으로 구분하여 미국 헤게모니의
역사를 시기적으로 정리하였다.

아리기는 미국 헤게모니의 성쇠를 표현하면서 안토니오 그람시의 헤
게모니 이론을 빌려온다. 그람시는 위협이 아니고는 지배할 수 없는 "파
워 디플레이션" = 단순한 지배(sheer domination)와, 지배 집단이 자신
의 지배가 종속 집단도 포함해 모두의 일반적 이익이라고 설득할 수 있
는 지배, "파워 인플레이션" = 헤게모니(hegemony)를 구분하였다. 보
편적 이익에 대한 신뢰가 사라지면 "헤게모니 없는 지배"가 된다. 미국
헤게모니는 바로 위기를 겪으며 "헤게모니 없는 지배"가 되었다.

헤게모니 위기에는 두 가지가 있는데, 문제를 신호하지만 결국 해소
되는 위기 즉 "신호적 위기"(signal crises)와, 끝끝내 해소되지 못하고 헤
게모니의 종말을 예고하는 "최종적 위기"(terminal crises)가 그것이다.
미국 헤게모니의 신호적 위기는 루스벨트가 구상하고 트루먼이 현실에
맞게 구체화한 "전쟁-복지국가"(warfare-welfare state) 구상이 정치적으
로 실패하자 찾아왔다. 이 구상은 마셜 플랜과 같은 막대한 해외 투자로
독일과 일본을 부흥시키고 세계 남측을 발전시킴으로써 냉전과 소련과
의 대립에서 미국 헤게모니를 확고히 하려 한 것이다. 그러나 브레너의
불균등 발전처럼 후발 주자에 의한 경쟁 압박이 거세지고 세계 남측이
GNP의 성장에도 복지 향상을 가져오지 못하고 내부 모순이 폭발하자
좌절되고 말았다. 그 진원지는 베트남 전쟁이었다. 베트남 전쟁의 실패,
세계 경찰로서 미국의 정치적 신뢰 상실, 민족주의자와 사회 혁명 세력
의 득세, 미국의 세계 통화 체제에 대한 통제력 상실(브레턴우즈 체제의

붕괴) 등이 신호적 위기의 내용이다.

1979~82년 레이건-대처의 통화주의 반동은 이러한 위기를 극복하려는 미국 헤게모니 회복 과정에서 결정적 전환점이었다. 이 전환 이전 미국의 통화 정책은 미국에서 해외로 자본을 내보내는 방향이었는데, 이후는 미국으로 해외 자본을 끌어들이는 방향으로 바뀌었다. 전환의 과정을 보자. 같은 시기 세계 금융시장에는 유로달러와 치외법권적 금융시장이 폭발적으로 성장하면서, 미국 통제 밖의 금융, 그리고 국가 통제 밖의 민간 금융이 크게 성장하였다. 이런 상황에서 미국 제조업의 경쟁력 약화, 미국의 방만한 통화 정책으로 미 달러의 가치는 하락하기만 했다. 그렇다면 외국 자본이 달러를 구매할 매력도 없어지게 된다. 레이건 정부는 해외 자본 유출에서 유입으로라는 이 전환을 달성하기 위해, 늘어나는 민간 유동성 공급과 경쟁하기를 멈추고 더욱 많은 달러 수요를 창출하여 유동성이 미국으로 흘러오도록 금융 경로를 바꾸게 되었다. 달러를 평가절상하고 일본 정부가 미국 국채를 대거 구입하도록 한 것이 그것이다.

그 결과 찾아온 1990년대 후반기 미국의 경제 회복은 바로 헤게모니를 유지하기 위한 미국의 정책 그리고 자본의 금융화 덕택이었다. 그러나 이 경제 회복은 9·11사태로 미국 헤게모니의 최종적 위기를 재촉하였고 이러한 짧은 회복, 즉 벨 에포크도 끝나고 만다. 1990년대 미국의 경제 회복 후에는 미국이 세계 경제에 더욱 의존하게 되고, 세계 사상 유례없는 대외 채무의 증가가 버팀목이 되었다. 제조업 경쟁력의 회복 없는 이러한 부흥은 오래 지속될 수 없는 법이다. 그러나 미국은 헤게모니 말기의 네덜란드 및 영국과 달리 군사력만은 더욱 집중적으로 보유하고 있었으므로 그냥 무너지지 않고 "새로운 미국의 세기 프로젝트"라는 극단적인 형태로 헤게모니와 부를 유지하려고 했다. 그 하이라이트가 세계 석유를 장악하려던 이라크 침공(이라크 투기)이었다. 그러나 이 이라크 투기는 파탄이 나고 만다.

제3부 헤게모니의 해체

앞 장에서는 경기변동에서 헤게모니의 작용을 언급했는데, 제3부에서는 헤게모니가 주인공이다. 경기변동을 기초로 미국 헤게모니의 성쇠를 본격적으로 다루면서 동아시아의 경제적 부상과 중국 헤게모니의 등장까지를 분석하였다. 저자는 20세기 후반 세계적 규모로 발생한 자본 축적의 메커니즘 속에 1970년대와 1980년대 동아시아의 경제 팽창 및 미국 세계 헤게모니의 확립과 위기를 해명할 열쇠가 있다고 말한다.

제7장 헤게모니 없는 지배

미국 헤게모니는 어떤 경과를 거쳐서 제2부 제6장에서 소개한 "헤게모니 없는 지배"로 수축되었을까. 베트남 전쟁 후에 미국 헤게모니의 위기는 1980년대와 1990년대 미국의 부와 힘의 재기로 극복한 것처럼 보였다. 미국 경제는 다시 회복했으며, 냉전에서 미국은 승리했던 것이다. 그럼에도 베트남 전쟁의 평결, 즉 미국 군사력의 신뢰 하락은 완전히 회복되지 않았다. 제1차 이라크 전쟁에서 소말리아 사태, 코소보 전쟁에 이르기까지 미국은 대외 전쟁에서 또 다른 대대적 실패를 두려워하며 소극적 태도로 일관했다. 작심하고 베트남의 평결을 뒤집어보려고 나선 이라크 전쟁에서 미국이 처한 총체적 난국은 결국 미국 헤게모니의 신뢰에 결정적 타격을 주었다. 베트남 평결은 반복되었고 신뢰는 더욱 철저하게 깨졌다. 제1차 이라크 전쟁과 제2차 이라크 전쟁을 비교해 보면, 서아시아에서 미국 영향력은 감퇴했으며, 미국의 경찰 행위에 대한 동맹국들의 기부와 동원은 줄어들었다. 결국 모험적인 미국 정부의 "이라크 투기"는 실패했다. 이 실패는 원래 구상한 미국 헤게모니의 서막("새로운 미국의 세기 프로젝트"의 목표)이 아니라 미국 헤게모니의 종막이 될 것이다.

그런데 세계화 프로젝트의 결과 미국을 위협한 것이 무엇이었기에,

신보수주의자들이 이처럼 리스크 높은 "이라크 투기"를 하지 않으면 안 되었을까. 미국은 냉전 후에도 초강국의 힘을 과시하며 아프가니스탄과 이라크의 불량 정권을 타도했지만, 여전히 세계 최대의 채무국이었다. 경상수지 적자의 주된 채권자는 동아시아 국가들이었다. 20세기 초에 이르면 일찍이 당대의 헤게모니 국가였던 영국 역시 세계의 주도적 채권국이라는 지위를 상실했는데, 두 차례의 세계대전을 겪으면서 군사적으로 승리했어도 재정적으로 패배하면서 헤게모니를 미국에게 넘겨주었다. 한편 미국은 그때의 영국보다 훨씬 일찍감치 심각한 채무국이 되어버렸다. 영국에 있었던 군대와 재정의 보고인 인도가 미국에는 없었기 때문이었다.

이처럼 심각한 채무 상태에서 어떻게 앞으로도 헤게모니를 유지할 전쟁에 자금을 댈까. 부시 정권에게는 선택이 별로 없었다. 세금 인상은 정치적 자살이었다. 외국에게 더 돈을 빌리는 것은 외국의 영향력을 강화할 수 있기 때문에 상책이 아니다. 전쟁 자체로 수지를 맞추는 방법도 가능하지만 쉽지 않은 일이며, 이라크 경우처럼 실패하고 만다. 결국 국제통화인 달러의 지위를 이용해서 통화 추가 발행이 재원 마련의 주된 수단이 되었다. 단기간에 달러는 30퍼센트나 하락하면서 미국은 합법적으로 "역사상 최대의 채무 불이행"을 했다. 그렇지만 통화 정책도 임시변통일 뿐이었다. 미국의 정책은 미국 경제의 경쟁력을 약화하고 경제의 구조조정을 지연했을 뿐 아니라, 달러 대신 국제통화로 유로화·엔화·위안화 등 대안이 등장하게 되었다. 신보수주의 제국주의 프로젝트가 전반적으로 실패한 것이다. 그중 하이라이트는 이라크 투기의 실패이며, 이 프로젝트의 최대 실패는 중국이 새로운 세계 정치경제의 중심으로 떠오르는 것을 막지 못한 것이다.

이라크 점령은 미국의 세기를 창출한 것이 아니라 미국 군사력의 신뢰성을 위험에 빠뜨리면서 미국의 중심적 지위(centrality)를 훼손하고, 동아시아와 세계에서 중국이 대안으로 등장하는 경향을 강화하였다.

제8장 역사적 자본주의의 영토적 논리

이 장에서는 데이비드 하비의 자본주의 이론을 이용하여 저자의 헤게모니 연쇄 이론을 강화하고 있다. 하비는 자본주의적 유형의 제국주의를 구성하는 두 가지 요소를 주장하였다. 하나는 "국가와 제국의 정치", 즉 자국의 이해를 관철하기 위해 세계 전반에서 동원하는 정치·외교·군사 전략 일반으로, 이 전략은 "힘의 영토적 논리"에 따라 추진되고, 영토 즉 그 국가의 국토 내의 사람과 자원에 대한 지배력이 이런 힘의 원천이 된다. 다른 하나는 "공간과 시간에서 분자적 자본 축적 과정"으로, 쉽게 말하자면 영토 즉 국토를 넘어서 국제적으로 공간을 횡단하는 경제, 문화 활동과 정보, 노동 흐름이 지배하는 경제적 전략으로, 이 전략은 "힘의 자본주의적 논리"에 따라 추진된다. 이런 힘의 원천은 경제적 자본에 대한 지배력이다.

하비는 전자, 즉 국토 내에 갇히는 영토적 논리와, 국토를 넘어서 세계를 주유하는 자본주의적 논리 사이에는 모순이 있다고 본다. 그의 방식으로 설명하자면 자본도 결국 특정 공간 및 영역 내에 기계나 공장의 형태로 긴박되어야만 생산 활동에 들어갈 수 있는데, 그러다 보면 특정 공간 및 영역 내에 자본이 과잉투자되었을 때, 더 큰 이윤을 실현하기 위해서 이 특정 공간 및 영역을 벗어나거나 다른 말로 하면 자본이 활동할 수 있는 영역 및 공간을 더 넓게 확대할 필요성이 등장한다. 이 과잉 축적과 "공간의 생산"의 관계가 하비 용어로는 "공간적 조정"(spatial fix)이다. 그러면 과잉상태가 해소되어 위기는 유예된다. 이 과정은 앞에서 슘페터의 "창조적 파괴" 과정을 지리학적으로 변형한 것이나 다름없다. 또 아리기 식으로 말하면 이러한 "공간적 조정"이 헤게모니와 결합된 대규모적 형태가, 더 큰 용기로 세계 자본주의의 중심이 옮겨 가는 세계 헤게모니 이행의 연쇄이다.

그런데 잉여 자본이 새로운 공간으로 옮겨 가려면 반드시 신용, 금융의 형태로 전환해야 하는데, 이렇게 투입된 잉여 자본이 새로운 공간의

생산을 장악하고 이윤을 흡수하는 것을 "강탈에 의한 축적"이라고 하비는 명명했다. 아리기 식으로 이야기하면 자본주의 헤게모니 중심국이 자본 과잉 상태에서 이윤율이 낮아지고 제조업 경쟁력이 떨어질 때, 대규모로 경제가 금융화하여 새로운 용기(대체로 다음 헤게모니 중심국)로 자본이 유출되는(해외 투자) 현상을 가리킨다. 이렇게 하여 아리기는 자본주의와 제국주의를 결합한다. 이 이론적 기초로 아리기는 베네치아-네덜란드-영국-미국의 헤게모니 연쇄의 각 이행 과정을 역사적으로 검토하는데, 이를 통해 각 연쇄마다 세계 자본주의가 몸을 불려가면서 원래의 헤게모니 국가의 용기는 너무 좁아지고, 세계 자본주의의 중심으로 감당할 수 있을 정도로 더 큰 중심으로 옮겨 가는 경향을 지적한다. 이러한 자본주의 경제 중심의 규모 확대는 그 중심 즉 그 국가의 국토 크기의 확대와도 대체로 일치한다. 마지막 영국의 바통을 이어받은 미국은 대륙급의 국가이니 말이다. 그리고 현재의 헤게모니 국가인 미국은 중심적 지위를 계속 유지하기 위해 세계국가를 창출하려는 야심 찬 프로젝트를 구상했다.

제9장 미증유의 세계국가

제9장에서는 그러한 미국 구상의 등장 과정과 실패를 다룬다. 저자는 찰스 틸리의 정당한 보호와 보호를 명목으로 돈을 뜯어내는 공갈의 구별을 빌려, 미국의 세계 각국에 대한 보호가 정당한 보호에서 공갈로 변화했다고 주장한다. 정당한 보호와 공갈의 차이는 어디에 있는가. 첫째, 막아주겠다는 악이 보호자가 만들어낸 것이 아니어야 한다. 둘째, 효과적인 보호에 대해 지불하는 비용이 없거나 저렴해야 한다. 1950~60년대 미국은 관대한 원조 정책을 펴고 각국의 경제 부흥을 도우면서 세계의 정당한 보호자로 등장했다. 공산주의의 위협은 미국이 만들어낸 것이 아니었고, 미국은 보호를 요구하는 국가들에게 주로 원조를 퍼주는 입장이었다. 그러나 현재는 어떤가. 이라크 전쟁과 테러의 만연은 미국

이 자초하여 세계에 뿌린 것이었다. 또 이라크 전쟁 수행을 위해 각국으로부터 뜯어내는 재원과 군대는 결코 저렴하지 않았다. 이제 미국은 반드시 필요한 보호자가 아니라 "없어도 되는 나라"가 된 것이다.

제4부 신(新)아시아 시대의 계보

제10장 '화평굴기'의 도전

마지막 제4부는 중국의 부상과 그 역사적 의미를 묻는다. 제10장은 중국해양석유총공사가 미국의 에너지 산업체인 유노컬 입찰에 나섰을 때 미국 사회가 보인 패닉 현상을 묘사하는 것에서 시작한다. 저렴한 중국 물품이 미국 시장을 접수했을 뿐 아니라 경제력을 바탕으로 강력해진 중국이 에너지 자원마저 다 장악할 것이라는 두려움이었다. 반중 정서는 미국 일반 사회와 의회에 일반적이다. 중국을 잠재적인 헤게모니 위협국으로 인식하고 있는 것이다.

중국의 부상은 이미 현실이 되었는데, 현재 미국에는 크게 세 가지 대응 전략이 대두하고 있다. 대표 논자로 보자면 로버트 캐플런(신냉전 전략), 헨리 키신저(현실적 수용과 견제 전략), 제임스 핑커턴(행복한 제3자 전략)을 들 수 있다. 캐플런은 북대서양조약기구(NATO)를 대신해 PACOM 즉 미 태평양사령부를 중심으로 동아시아 각국과 군사 동맹 체제를 강화하여 중국을 군사적으로 고립, 봉쇄할 것을 제안한다. 키신저는 화평굴기, 즉 평화롭게 대국으로 등장하겠다는 중국 관방의 수사대로, 중국의 부상을 수용하면서 정치-경제적 메커니즘으로 조절하고 견제해간다는 현실주의적 전략을 제안한다. 핑커턴의 전략은 일본 등 다른 아시아 강국이 중국과 대립하도록 하여 세력 균형을 동아시아에 실현하고, 미국은 제3자로서 조정자 역할을 하면서 사실상 중국을 견제할 수 있다는 구상이다.

그러나 첫째 캐플런형은 동아시아 각국이 미국과 군사 동맹을 강화하

여 지역의 긴장을 높이는 것을 바라지 않는다는 것, 중국과 평화로운 공존을 바란다는 면에서 현실성이 없다. 셋째 핑커턴형은 동아시아 강국들이 비용만 드는 군비 경쟁에 과연 뛰어들 것인가를 들어 저자는 회의적이라고 평가한다. 그러면서도 가장 현실적인 둘째 키신저형은 의회와 미국 사회의 강력한 반중 정서를 감안하면 대세가 되기 힘들 것이다. 미국은 이라크 문제에 발목이 잡혀 중국을 적극적으로 견제할 수 없고, 또 국채와 싼 수입품을 중국에 의존하고 있어 지금까지도 일관성 있는 대중(對中) 정책을 만들지 못했다. 저자는 미국인과 미국 사회가 중국을 잘 알지 못하기 때문에, 앞으로도 그릇된 판단을 할 수 있다고 염려한다.

제11장 국가, 시장 그리고 자본주의, 동양과 서양

유럽의 국가 간 체계와 동아시아의 국가 간 체계를 비교해 보면, 모두 다수의 정치적 권역으로 구성되어 있고 공통의 문화유산과 정서를 공유하고 활발한 지역 교역을 벌인 것은 같다. 그러나 유럽 체계는 끝없는 군사 경쟁, 체계 밖으로 지리적 팽창을 겪은 반면 동아시아 체계는 체계 내의 군사 경쟁과 체계 밖으로 지리적 팽창이 거의 없었다. 후자는 송대(宋代)부터 근대까지 거의 5백 년간 평화를 유지했다. 유럽 체계는 세력 균형 구조였던 반면, 동아시아 체계는 중국의 중심적 지위가 강건하고 힘이 불균형했기 때문이다. 또 그렇기 때문에 유럽은 이러한 경쟁성이 투쟁의 외향성, 즉 체계 밖으로의 팽창도 가져오고, 자본주의·군사주의·영토주의의 결합을 가져왔으며, 유럽 체계를 세계화할 수 있었다. 반면 동아시아 체계는 힘의 투쟁이 내향적이었으므로 팽창적인 경향은 없었으며, 평화 속에서 세계 최대의 시장 경제를 발전시킬 수 있었다. 즉 동아시아 경로는 시장 경제와 풍요로 가는 "자연스러운" 경로를 따라갔으며, 부를 추구했지만 힘을 추구하지는 않은 것이다.

이와 달리 유럽의 "부자연스러운" 경로는 자본주의적 경로로서 세계를 자신의 이미지대로 창조적으로 파괴했으며 힘을 추구함으로써 부도

함께 획득할 수 있었다. 양자가 충돌했을 때 부유하기만 하고 오랜 평화로 군사적으로는 취약했던 전자의 종속은 예견된 것이었다. 그리고 근대를 거치면서 일본의 근대화와 팽창, 중국과의 전쟁은 바로 유럽 체계의 특징이었던 군비 경쟁이 동아시아 체계에 내재화된 결과로 볼 수 있다.

이처럼 처음에는 동아시아에서 서구 경로 쪽으로 수렴되면서 접근이 이루어졌는데, 20세기 후반에는 거꾸로 서구가 동아시아 경로 쪽으로 수렴되는 현상이 나타났다. 냉전과 미국의 압도적인 군사적 중심성 아래에서 동아시아는 경제 면에 역량을 집중하였다. 일본 기업의 성장과 국제적 하청 체제의 확대, 이에 따른 동아시아·동남아시아의 공업화, 화교 경제 네트워크의 성장 등은 동아시아의 경제 전통과 서구 근대 경제를 이종 교배한 결과였으며, 성공적으로 경제력에서 미국의 역량을 잠식해갔다. 경제 분야에서 동아시아 경로의 재등장과 동아시아의 부흥은 1980년대 중국이 개혁개방 정책으로 세계 경제에 전면적으로 등장하면서 새로운 단계에 진입하게 되었다.

제12장 중국 부상의 기원과 동력

개혁개방 이후의 중국은 마르크스가 말한 자본주의 발전 개념보다는 스미스가 말한 시장 경제로의 복귀에 더욱 잘 들어맞는다. 향진 기업(鄕鎭企業) 등 농업 지역의 발전과 경제 성장에서 맡은 견인차 역할, 사회주의적 의료 복지의 유지, 토지 사유권의 불인정, 자본과 기계보다는 저렴한 노동력을 적극 활용한 작업장은 스미스의 "자연스러운" 경로, 스미스적 성장과 맥이 닿는 부분이다. 이렇게 인적 자원을 중시하고 그것에 의존한 중국의 경제 발전은 근면하고 교육받은 노동자의 대량 공급, 기술자·과학자·전문가의 저렴한 공급이 한몫을 했다는 점에서도 알 수 있다. 저렴한 고급 인력의 공급이 가능했던 것은 개혁개방 이전 마오쩌둥 시대 대중 교육의 보편화가 있었기 때문이다. 개혁개방 이후 중국

성장의 견인차가 되었던 농업 발전 역시 마오쩌둥 시대의 종자 개량, 수리시설 확충, 농촌 개발의 토대 덕분에 가능했다. 중국 성장을 자본주의적으로 볼 수 없는 또 다른 이유이다. 물론 경제적 성공이 낳은 사회적 모순은 많다. 최근 사회 풍조가 된 국유 기업 노동자와 농민의 대중 파업과 시위를 예로 들 수 있다. 그렇지만 바로 이러한 중국 노동 대중의 강력한 영향력이 중국 공산당으로 하여금 자본주의적 방향으로 질주하지 않고 보다 평등주의적 정책을 펴도록 견제하는 힘이 되고 있는 것이다.

에필로그

저자는 에필로그에서 이 책의 집필 동기와 사상을 명확하게 서술하고 있다. 아리기는 중국과 동아시아의 부상이, 경제적으로 불평등하고(富) 전쟁으로 점철된(힘) 자본주의적 발전 경로("부자연스러운" 서구 경로)를 수정하고 동아시아 경로의 장점인 경제적으로 보다 평등하고(富) 평화(힘)를 구현할 수 있는 계기가 되기를 바란다. 스기하라의 테제처럼 동아시아의 경제는 두 경로의 이종 교배형으로 부상하여 서구를 압도하고 있다. 이러한 경제적 부상에 이어 중국은 경제뿐 아니라 정치적으로도 부상함으로써 부와 힘의 헤게모니 이행의 새로운 계승자로 나타나게 되었다. 그러나 미국은 이전 헤게모니 국가와 달리, 부가 아닌 힘, 즉 군사력만은 더욱 집중되어 강력하게 소유하고 있으므로 헤게모니 자리를 쉽게 내놓으려고 하지 않을 것이다. 미국이 평화롭게 중국의 부상을 받아들이고 헤게모니를 넘겨줄 것인가, 아니면 인류가 전화(戰火)에 불타도록 이끌 것인가는 아직 알 수 없다. 아울러 새로운 발전 경로를 알리는 역할을 하리라 기대되는 중국과 인도가 세계 남측의 대변자 역할을 잘할지도 지켜봐야 할 문제라고 하면서 끝맺는다.

2. 캘리포니아학파 비판에서 합류로

이 책에서 핵심적인 19세기 동서양의 분기와 역전은 사실 수년 전부터 진척된 이른바 캘리포니아학파의 주장과 크게 다른 것이 없다. 제1장에서 소개한 웡, 포머런츠, 프랑크가 모두 캘리포니아학파의 일원이다. 동아시아로부터 세계사를 다시 쓰는 이 그룹은 동양과 서양의 역전이 19세기 초반에야 뚜렷해졌으며, 그 이전까지 세계 경제의 중심은 오히려 동양이었음을 강조하고 있다. 이 역사 연구 그룹이 등장하고 세계 역사학계에서 상당한 반향을 불러일으킨 것도 사실 20세기 말 동아시아의 경제적 부상과 세기 교체기 중국의 맹진이라는 현실적 배경이 있었다.

흥미로운 것은 아리기와 마찬가지로 종속 이론과 뉴 레프트의 이론적 중진으로 오랫동안 활약해온 프랑크가 저서 『리오리엔트』로 캘리포니아학파에 합류했을 때, 좀더 정통 마르크스주의적 입장에서 프랑크를 비판하던 아리기가 그의 마지막 저작이 된 이 책으로 프랑크와 함께 캘리포니아학파의 일원이 되었다는 점이다. 물론 그 스스로가 캘리포니아학파의 일원이 되었다고 말하지는 않았지만, 글을 읽어보면 예전의 비판적 입장에서 대폭 수정하여 수용적 입장으로 선회하였음을 알 수 있다. 따라서 예전 아리기가 프랑크의 '변신'을 보고 당황했던 것처럼, 『장기 20세기』로 그를 알고 있는 좀더 정통적인 마르크스주의 학자들은 아리기의 이 책에 무척이나 당황스러웠을 것이다.

그렇지만 아리기는 역시 달랐다. 캘리포니아학파가 역사학자 위주로 근대 이전 동서양이 걸어온 경제 발전 경로가 유사했고 그 수준이 동등했음을 강조한 것에서 그쳤다면, 사회학자인 아리기는 스미스를 베이징에서 발견하여 미국 헤게모니의 역사적 종말과 21세기 자본주의도 사회주의도 아닌 새로운 문명의 가능성까지 끌어냈으니 놀랍지 않은가. 이 책의 가장 큰 장점이라면 기존 경제사 연구에 머물렀던 캘리포니아학파의 연구, 그리고 하부 구조의 연구에 몰두하여 상부 구조의 역동성에 소

홀한 마르크스주의 학파의 연구를 뛰어넘어, 스미스의 표현대로 부와 힘의 역동적 구조를 파헤친 것이다. 저자가 반복해서 비판하는 브레너처럼 자본가 간 경쟁이나 계급 관계가 세계 정치경제를 모두 규정하는 단순한 그림이 아니라, 자본주의 체계의 발전 구조와 헤게모니 체계의 발전 구조를 결합하여 어느 하나도 종속적이지 않은 대등한 체계로서 취급하는 학문적 분석 방법은 역사학자로서 깊이 공감할 만한 것이었다.

그럼에도 이 책을 읽은 많은 학자들과 일반 독자들이 품는 의구심은 과연 아리기가 차세대 헤게모니로 지목한 중국이 새로운 문명을 구현할 그러한 존재인가 하는 것이다. 서구적 가치, 자원을 소모하고 비인적 자원에 의존하는 "부자연스러운" 경제 발전 경로를 극복하고, 친환경적으로 인적 자원에 의존하여 보다 평등한 분배를 실현할 세력인가. 아리기의 원래 관심인 종속 이론의 용어로 표현하자면 세계 북측과 세계 남측의 구조적 불평등을 전복하고 세계를 진정으로 "평평하게" 만들 세력인가?

중국의 경제 성장이 자본주의나 사회주의의 고전적 정의로는 잘 들어맞지 않고 새로운 이론적 접근이 필요하다는 것은 누구나 인정하는 바이다. 그렇지만 거꾸로 이야기하자면 그러한 착상 자체가 자본주의, 사회주의라는 이론 개념이 어느 곳에나 보편적으로 적용될 수 있다는 선험적 전제가 깔려 있기 때문에 생길 수 있는 것이다. 원래 현실을 완벽하게 설명할 수 있는 이론이나 개념은 없다. 그게 당연하다. 또 그것이 역사학자의 입장이다. 그러므로 중국 사회만 두 개념으로 잘 설명되지 않는 것이 아니라, 알고 보면 한국 경제나 일본 경제, 대만 경제도 자본주의나 사회주의와는 상관없는 가족 경영, 도덕 경제가 보완되어야만 더 잘 설명될 수 있다.

따라서 중국 경제가 자본주의와 사회주의로 잘 설명되지 않는다는 것이, 중국 경제가 두 가지 모두 아니라는 결론을 내리는 이유가 될 수는 없다. 오히려 중국 경제는 자본주의적 경향성과 사회주의적 경향성, 그

외에 다른 여러 경향성이 경쟁하는 과정이며, 어느 경향이 갈수록 강해지고 있는가에 핵심을 맞추어야 한다. 문제는 그러한 대세가 아리기가 말한 서구 경로와 동아시아 경로의 이종 교배형으로서 더욱 평등하고 분배적인 경로인가 하는 것이다.

이 문제는 현재 중국 사회를 진단하는 여러 학자들 사이에 이견이 있다. 중국의 농민과 도시민이 받는 구조적 차별은 심각하다. 호구가 따로 관리되고 있는 형편이고 이주마저 자유롭지 않다. 당원의 특권 계급화는 예전부터 알려진 문제이고, 민족 간 갈등은 최근 위구르 사태에서도 나타나듯이 절대 가벼운 문제가 아니다. 아리기가 사미르 아민에게서 빌려 논리의 보루로 삼았던 토지 평등 원칙마저도 올해 사실상 토지 사유화가 법제화되면서 무너졌다. 물론 그렇다고 중국에 이와 반대되는 평등주의적 지향이 없는 것은 아니다. 그렇지만 전체적 경향이 어떠한가는 저자의 주장에 많은 사람들이 쉽게 동의할 만큼 명료하지 않다는 점만 적어둔다.

또 다른 서술상의 문제는 은연중에 중국과 동아시아는 동아시아 경로라는 이름으로 일체화되고, 중국이 그 대표 주자이자 최종 결실자인 것처럼 나타난다는 점인데, 그럴 경우 20세기 후반 후발 자본주의 국가로 급성장한 일본이나 한국 경제가 사회주의 30년과 개혁개방 20년을 거친 중국 경제와 같은 범주로 묶여버리는 이상한 현상이 나타나게 된다. 이러한 서술이 서구 학자들 사이에 적지 않게 나타나는 것은, 동아시아 속에 몸담고 있는 우리에게는 서로의 차이가 잘 보이고 같은 범주로 생각하기 어려운 데 반해, 바깥의 서구 학자들은 아시아 국가와 경제들이 자본주의건 사회주의건 모두 고만고만한 개성들로 보이고 함께 동아시아라는 이름으로 묶기가 쉽기 때문이다.

이러한 서로의 사회 분위기와 학계 어젠다에 입각하여 자신의 프리즘을 통해 상대를 보는 것은 다른 면에서도 나타난다. 이 글에서 가장 중요하게 인용하는 스기하라는 일본 제국주의 경제가 동남아시아 경제와

동아시아 경제에 미친 긍정적 영향을 재평가하여 마르크스주의적 일본 제국주의 비판 그룹과는 견해가 상당히 다른 학자이다. 스기하라, 가와카쓰 헤이타, 하마시타 다케시 등의 학자들은 모두 동아시아가 일본에 미친 영향, 일본이 동아시아에 미친 영향을 쌍방향으로 적극 평가하여 전후 아시아와 단절된 일본 학계의 분위기를 일신한 그룹으로 알려져 있다. 이러한 학문적 흐름은 중국의 부상과 강화되어가는 동아시아 지역 사회의 등장에 따라 더욱 힘을 얻게 되었는데, 국내에서는 전전(戰前) 일본의 아시아주의처럼 진보성과 보수성이 모두 포함된 복잡한 성격으로 받아들여지고 있다. 캘리포니아학파 역시 입론에서 일본 학계의 이 그룹의 영향을 많이 받았다.

나는 예전에 쓴 글에서 그 결과 전통 시대 동아시아 질서에서 일본은 중국에 대등한 정도의 역량으로 구미권에서도 그려지게 된 반면 조선이나 동남아시아 등 다른 아시아 국가는 사실상 보이지도 않으면서 "동아시아" 내지 "아시아"란 이름으로 뭉뚱그려지고 있다고 지적한 바 있다. 17~19세기까지 일본 경제의 성장은 학술적으로도 실증되고 있는 부분이지만, 과연 근대 이전 동아시아 질서를 중국과 일본 양극 체계(bipolar system)로 볼 수 있는지는 지극히 의문이다. 일본 학계의 논지에 따르면, 정치적으로까지 양극 체계를 주장할 만한 것은 없기 때문에 대놓고 이야기하지는 않지만, 경제적으로는 중국에 필적하는 아니 그 이상의 발전이 일본 경제에서 이루어졌고, 근대 이후 경제적으로 비상하고 실제로 정치적 양극 체계로 등극하게 된 것도 다 전통 시대의 바탕이 있었다는 주장이 된다.

사실 관계가 어떠한지는 역사학자들이 앞으로 밝혀야 할 문제이지만 (이 점에서 한국 역사학자들의 분발이 아쉽다), 여기서 지적하고자 하는 것은 뉴 레프트의 일원인 아리기가 뉴 라이트(라고 확정되지는 않더라도 그러한 경향을 띤) 계통의 일본 학계 입론을 도입하여 둘 다 "탈서구"를 주장한다는 점이다. 학술이 실증 연구에만 입각해서 이루어진다면 이념적

성향이야 어찌 되었건 의견이 같으면 그만이라고 명쾌히 정리하고 넘어갈 수 있겠지만, 그렇지 않은 것이 아리기와 이 책 역시 강한 이념적 성향을 배경에 깔고 서술하고 있기 때문이다.

이러한 불균형이 나타나는 것은 어째서일까. 앞서 동아시아 내부가 보는 동아시아와 서구가 보는 동아시아가 다르다고 할 때 지적했듯이, 역시 연구자가 처한 사회적 환경의 차이 때문이다. 거의 모든 사회에서 보수적인 논자들은 전통을 좋아한다. 따라서 서구에서는 서구 중심주의적인 논자와 서구 전통을 옹호하는 논자들이 보수적 성향을 띠지만, 동아시아에서는 동아시아적·자국적(일본이든 중국이든 한국이든) 전통을 옹호하는 논자들이 보수적 성향을 띤다. 따라서 탈서구를 추구하는 미국의 진보 진영은, 동아시아적 전통을 옹호하는 동아시아의 보수 진영에서 공감대를 찾을 수 있었다.

문제는 그 다음인데, 공감대는 같아도 성향은 전혀 다른데 과연 결론이 같을 수 있을까 하는 것이다. 아리기는 더욱 평등한 사회를 논하면서 중국을 꼽았고, 그 근저에는 자본주의가 성숙하면 세계가 보편적으로 발전할 것이라는 마르크스와 프리드먼의 순진한 추측이 틀렸더라도 '동아시아적' 가치와의 이종 교배로 결국 세계가 평등해질 것이라는 희망이 깔려 있다. 마르크스적 평등성에 대한 기대가 근본이고, '동아시아'와 '중국'은 매개이다. 그렇지만 스기하라의 테제는 동아시아 경로는 무기 에너지에 의존한 산업혁명과 서구적 근대의 대안이고, 유기 에너지와 인적 에너지에 바탕을 둔 친환경의 대안 경제라는 데 무게가 실린다. 서구가 아닌 동아시아가 미래의 대안이라는 점이 핵심이다. 그리고 그 미래를 여는 경로, 근면혁명의 핵심적 체현자는 중국이 아니라 일본이다. 전통 시대에는 중국과 일본이 다 근면혁명을 체현했지만 그 전통 시대조차도 스기하라 이론의 바탕은 일본 경제사에 뿌리를 두고 있으며, 현대에 이르러 서구와의 이종 교배로 화려하게 꽃을 피운 것은 일본식 자본주의, 일본 경제이다. 스기하라는 미국 헤게모니의 대체자가 중국 헤

게모니이고, 중국이 새로운 문명을 가져올 것이라는 주장에 대해서, 내가 아는 한 그 비슷한 이야기도 한 적이 없다.

미국과 서구는 당황스러워하고 있다. 중국의 부상, 예견되는 국제 역관계의 재편, 근대 문명이 맞닥뜨린 생태적 위기에 적절한 해답을 학문적으로 열심히 구하려 한다. 그런 상황에서 아리기의 주장은 과격하지만 개연성 있는 돌파구를 제시한 듯하다. 더구나 2008년 미국발 금융위기가 일파만파로 번져나가면서, 미국 헤게모니의 최종적 신호가 바로 과도한 금융화로 인한 금융위기라는 아리기의 말은 마치 예언처럼 미국 출판시장을 폭격했다. 아리기가 위기를 단언하며 이 책을 출간한 것은 금융위기가 터지기 몇 달 전 아직은 미국 경제가 거품으로 호황을 구가하던 무렵이기 때문이다. 이후 우후죽순처럼 유사한 주장들이 베스트셀러 목록에 이름을 올리고 있다. 2009년 6월 출간되어 영어권 출판계를 강타한 마틴 자크의 『중국이 세계를 지배하는 날』[7]은 마치 이 책의 읽기 쉬운 보급판 같다. 이 책은 21세기 세계를 지배할 중국 헤게모니의 지배는 앞선 영국과 미국과 달리 평화주의적이고 문화적일 것이라고 주장한다. 모두가 중국의 패권은 이루어져도 세계 평화를 어지럽힐 것이라고 생각했을 때, 새롭고 평등하고 평화로운 문명을 가져올지 모른다고 당당히 주장했던 아리기. 너무 어렵게 썼기 때문에 이 책은 지식인들 위주로 읽혔지만 결국 출판계의 흐름마저 바꾸었다. 그 주장이 맞는지 여부는 차치하고, 정말 대단하다. 역사는 이렇게 만들어지기 때문이다. 세계는 중국 헤게모니를 받아들일 심리적 준비를 이제 시작했는지도 모른다.

이 책과 관련하여 아리기의 책, 캘리포니아학파의 주장에 관해서는 참고할 만한 국역본 및 논문이 적지 않다. 우선 국내에 번역된 아리기의

---

7) Martin Jacques, *When China Rules the World: The Rise of the Middle Kingdom and the End of the Western World*, Allen Lane, 2009.

책으로는『장기 20세기: 화폐, 권력, 그리고 우리 시대의 기원』,『체계론으로 보는 세계사』,『제국이라는 유령: 네그리와 하트의 제국론 비판』,『발전주의 비판에서 신자유주의 비판으로: 세계체제론의 시각』이 있다.[8] 특히『장기 20세기』의 옮긴이 해제와『자본주의 역사 강의』[9]에서 아리기 학설을 정리한 부분은 이 책 이전 아리기의 연구 배경을 이해하는 데 유용하다. 아리기가 중요하게 인용한 하비와 스기하라의 책 역시 국내에 번역되어 있는 것들이 많이 있다. 먼저 하비의 책으로는『신제국주의』,『신자유주의』,『자본의 한계』외에 다수가 번역되었으며, 스기하라의 대표작『아시아 간 무역의 형성과 구조』가 번역 출간되었다.[10] 그 밖에 주요 관련 논자와 학술 논쟁을 소개한 논문들도 많이 나와 있다.[11]

역사학자인 내가 사회과학 저서를 게다가 문체나 내용이 만만하지도 않은 아리기의 책을 번역하기에는 매우 큰 용기가 필요했다. 도서출판

---

8)『장기 20세기: 화폐, 권력, 그리고 우리 시대의 기원』, 백승욱 옮김, 그린비, 2008;『체계론으로 보는 세계사』, 최홍주 옮김, 모티브북, 2008;『제국이라는 유령: 네그리와 하트의 제국론 비판』, 김정한·안중철 공역, 이매진, 2007;『발전주의 비판에서 신자유주의 비판으로: 세계체제론의 시각』, 아리기 외 공저, 권현정 외 공역, 공감, 1998.
9) 백승욱,『자본주의 역사 강의』, 그린비, 2006.
10)『신제국주의』, 최병두 옮김, 한울아카데미, 2005;『신자유주의』, 최병두 옮김, 한울아카데미, 2008;『자본의 한계』, 최병두 옮김, 한울, 1997;『아시아 간 무역의 형성과 구조』(アジア間貿易の形成と構造), 박기주·안병직 공역, 전통과현대, 2002.
11) 주요 논문들을 앞선 시기 순서대로 열거하면 다음과 같다. 강성호,「'전 지구적' 세계체제로 본 세계사와 동아시아사: 안드레 군더 프랑크」,『역사비평』82, 2008; 강진아,「동아시아로 다시 쓴 세계사: 포머런츠와 캘리포니아학파」,『역사비평』82, 2008; 배영수,「미국은 제국인가」,『미국학』29, 2006; 차용구,「프랑크-랜디스 논쟁에 대한 사학사적 검토: 반서구주의적 역사 해석의 지석 계보를 중심으로」,『서양사론』89, 2006; 박섭,「서평: 안드레 군더 프랑크,『리오리엔트』(ReOrient), 이희재 옮김(이산, 2004)」,『역사와 경계』53, 2004; 강진아,「16~19세기 중국 경제와 세계체제: '19세기 분기론'과 '중국중심론'」,『이화사학연구』31, 2004. 그 외에도 많은 논문들이 있겠지만 빠진 것은 나의 과문 탓이다.

길 이승우 실장의 끈질긴 설득과 아낌없는 격려가 아니었다면 그런 용기를 내지 못했을 것이다. 그는 또한 실질적으로 최고의 조력자를 소개해주었다. 편집과 교열을 담당한 이현숙 님은 영문과 한글 사이에서 때로 길을 잃은 내게 적절한 조언을 주고, 용어상의 여러 가지 오류나 오역을 지적해주기도 했다. 거꾸로 이야기하면, 그럼에도 남아 있는 번역상의 잘못들에 대한 비판은 모두 옮긴이가 져야 할 짐이기도 하다. 두 분께 마음 깊이 감사드린다.

출간 작업이 진행되던 중에 출판사로부터 저자 조반니 아리기 선생의 작고 소식을 들었다. 6월 18일에 영면하셨다고 한다. 올해 초 경북대학교 한중교류연구원의 개소 기념 국제학술대회에 홍콩과학기술대학의 앨빈 소(Alvin Y. So) 교수가 발표차 오셨을 때 아리기 선생이 쓰러졌다는 이야기를 처음 전해 들었다. 다시 학술 활동을 하기는 어려울 것이라는 전언이었지만, 이렇게 빨리 부고를 들을 줄은 몰랐다. 책으로밖에 접하지 않은 분이지만, "세계의 불평등"에 대한 비판과 보다 평등한 사회에 대한 그의 강한 신념만큼은 책을 읽는 내내 선명한 감동으로 다가왔다. 삼가 고인의 명복을 빈다. 아울러 그가 바라는, 그리고 그가 다시 되살린 스미스의 소망, "세계의 각기 다른 지역 주민들이 모두 용기와 무력에서 같아지게" 되어 서로를 존중하게 되는 세상이 21세기에 실현되기를 진심으로 바란다.

2009년 10월
옮긴이 강진아

참고문헌

* 각주에서 인용한 뉴스와 잡지는 제외하였음―지은이.

Abu-Lughod, Janet. 1989. *Before European Hegemony: The World System A. D. 1250~1350*. New York: Oxford University Press.

Adas, Michael. 1989. *Machines as Measure of Men. Science, Technology and Ideologies of Western Dominance*. Ithaca, NY: Cornell University Press.

Agarwala, Ramgopal. 2002. *The Rise of China: Threat or Opportunity?* NewDelhi: Bookwell.

Aglietta, Michel. 1979. *A Theory of Capitalist Regulation: The US Experience*. London: New Left Books.

Agnew, John. 1987. *The United States in the World-Economy: A Regional Geography*. Cambridge: Cambridge University Press.

Aguilar, Alonso. 1968. *Pan-Americanism from Monroe to the Present: A View from the Other Side*. New York: Monthly Review Press.

Akamatsu, K. 1961. "A Theory of Unbalanced Growth in the World Economy." *Weltwirtschaftliches Archiv* 86(1): 196~217.

Amin, Samir. 1976. *Unequal Development*. New York: Monthly Review Press.

_____. 2005. "China, Market Socialism, and U. S. Hegemony." *Review*(Fernand Braudel Center) 28(3): 259~79.

Amsden, Alice. 2001. The Rise of *"The Rest."* New York: Oxford University Press.

_____. 2003. "Good-bye Dependency Theory, Hello Dependency Theory." *Studies in Comparative International Development* 38(1): 32~38.

Anderson, Perry. 1979. *Lineages of the Absolutist State*. London: New Left Books.

Appiah, K. Anthony, et al. 2004. "The Election and America's Future." *New York Review*, November 4: 6~17.

Arendt, Hannah. 1966. *The Origins of Totalitarianism*. New York: Harcourt, Brace & World.

Armstrong, Philip, and Andrew Glyn. 1986. *Accumulation, Profits, State Spending: Data for Advanced Capitalist Countries 1952~1983*. Oxford: Oxford Institute of Economics and Statistics.

Armstrong, Philip, Andrew Glyn, and John Harrison. 1984. *Capitalism since World War II. The Making and Breakup of the Great Boom*. London: Fontana.

Arrighi, Giovanni. 1983. *The Geometry of Imperialism*. Revised edition. London: Verso.

_____. 1994. *The Long Twentieth Century: Money, Power and the Origins of our Times*. London: Verso.

_____. 1996. "The Rise of East Asia: World Systemic and Regional Aspects." *International Journal of Sociology and Social Policy* 16(7): 6~44.

_____. 2002. "The African Crisis: World-Systemic and Regional Aspects." *New Left Review*, II/15: 5~36.

Arrighi, Giovanni, Terence K. Hopkins, and Immanuel Wallerstein. 1989. *Antisystemic Movements*. London: Verso.

Arrighi, Giovanni, Po-keung Hui, Ho-fung Hung, and Mark Selden. 2003. "Historical Capitalism, East and West." In G. Arrighi, T. Hamashita, and M. Selden, eds., *The Resurgence of East Asia. 500, 150 and 50 Year Perspectives*, pp. 259~333. London and New York: Routledge.

Arrighi, Giovanni, Satoshi Ikeda, and Alex Irwan. 1993. "The Rise of East Asia: One Miracle or Many?" In R. A. Palat, ed., *Pacific Asia and the Future of the World-Economy*, pp. 42~65. Westport, CT: Greenwood Press.

Arrighi, Giovanni, and Beverly J. Silver. 1984. "Labor Movements and Capital Migration: The US and Western Europe in World-Historical Perspective." In Charles Bergquist ed., *Labor in the Capitalist World-Economy*, pp. 183~216. Beverly Hills, CA: Sage.

_____. 1999. *Chaos and Governance in the Modern World System*. Minneapolis, MN: University of Minnesota Press.

_____. 2001. "Capitalism and World (Dis)Order." *Review of International Studies*, 27: 257~79.

Arrighi, Giovanni, Beverly J. Silver, and Benjamin D. Brewer. 2003. "Industrial Convergence and the Persistence of the North-South Divide." *Studies in Comparative International Development* 38(1): 3~31.

_____. 2003. "A Reply to Alice Amsden." *Studies in Comparative International Development* 38(1).

_____. 2005. "Industrial Convergence and the Persistence of the North-South Divide: A Rejoinder to Firebaugh." *Studies in Comparative International Development* 40(1): 83~88.

Atwell, William S. 1986. "Some Observations on the 'Seventeenth-Century Crisis' in

China and Japan." *Journal of Asian Studies*, XLV: 223~44.

_____. 1998. "Ming China and the Emerging World Economy, c. 1470~1650." In Denis Twitchett and Frederick Mote, eds., *The Cambridge History of China, Vol. 8 (2), The Ming Dynasty*, pp. 376~416. Cambridge: Cambridge University Press.

Au, Loong-yu. 2005. "The Post MFA Era and the Rise of China." *Asian Labour Update* 56, Fall. http://www.globalmon.org.hk/eng/Post-MFA-era.pdf에서 이용 가능.

Bacevich, Andrew. 2004. "A Modern Major General." *New Left Review*, II/29: 123~34.

Bagchi, Amiya Kumar. 1982. *The Political Economy of Underdevelopment*. Cambridge: Cambridge University Press.

_____. 2005. *Perilous Passage. Mankind and the Global Ascendancy of Capital*. Lantham, MD: Rowman & Littlefield.

Baker, Christopher. 1981. "Economic Reorganization and the Slump in Southeast Asia." *Comparative Studies in Society and History* 23(3): 325~49.

Balakrishnan, Gopal, ed. 2003. *Debating Empire*. London: Verso.

Barbour, Violet. 1950. *Capitalism in Amsterdam in the Seventeenth Century*. Baltimore, MD: Johns Hopkins University Press.

Barraclough, Geoffrey. 1967. *An Introduction to Contemporary History*. Harmondsworth: Penguin.

Barrat Brown, Michael. 1963. *After Imperialism*. London: Heinemann.

_____. 1974. *The Economics of Imperialism*. Harmondsworth: Penguin.

Barrow, Clyde W. 2004. "God, Money, and the State. The Spirits of American Empire." Forschungsgruppe Europäische Gemeinschaften(FEG), *Arbeitspapier 22*. Universität Marburg, Marburg.

Bartlett, Beatrice S. 1991. *Monarchs and Ministers: The Grand Council in Mid Ch'ing China, 1723~1820*. Berkeley, CA: University of California Press.

Becattini, Giacomo. 1990. "The Marshallian Industrial District as a Socio-Economic Notion." In F. Pyke, G. Becattini, and W. Sengenberger, eds., *Industrial Districts and Inter-Firm Cooperation in Italy*, pp. 37~51. Geneva: International Institute for Labor Studies.

Benjamin, Daniel, and Steven Simon. 2005. *The Next Attack: The Failure of the War on Terror and a Strategy for Getting it Right*. New York: Times Books.

Bergesen, Albert, and Ronald Schoenberg. 1980. "Long Waves of Colonial Expansion and Contraction, 1415~1969." In A. Bergesen, ed., *Studies of the Modern World-System*. New York: Academic Press.

Bernstein, Richard, and Ross H. Munro. 1997. "The Coming Conflict with America." *Foreign Affairs* 76(2): 18~32.

Bernstein, Thomas P., and Xiaobo Lu. 2003. *Taxation without Representation in Contemporary Rural China*. New York: Cambridge University Press.

Blackburn, Robin. 2002. *Banking on Death: Or, Investing in Life. The History and Future of Pensions*. London: Verso.

Block, Fred. 1977. *The Origins of International Economic Disorder: A Study of the United States International Monetary Policy from World War II to the Present*. Berkeley, CA: University of California Press.

Bond, Brian, ed. 1967. *Victorian Military Campaigns*. London: Hutchinson.

Bouckaert, Boudewijn R. A. 2005. "Bureaupreneurs in China: We Did it our Way-A Comparative Study of the Explanation of the Economic Successes of Town-Village Enterprises in China." The EALE Conference. Ljubljana, September 발표 논문.

Boxer, Charles R. 1965. *The Dutch Seaborne Empire 1600~1800*. New York: Knopf.

Bramall, Chris. 2000. *Sources of Chinese Economic Growth, 1978~1996*. New York: Oxford University Press.

Braudel, Fernand. 1977. *Afterthoughts on Material Civilization and Capitalism*. Baltimore, MD: Johns Hopkins University Press.

_____. 1982. *Civilization and Capitalism, 15th~18th Century, Volume II: The Wheels of Commerce*. New York: Harper & Row.

_____. 1984. *Civilization and Capitalism, 15th~18th Century, Volume III: The Perspective of the World*. New York: Harper & Row.

Braverman, Harry. 1974. *Labor and Monopoly Capital: The Degradation of Work in the Twentieth Century*. New York: Monthly Review Press.

Bray, Francesca. 1986. *The Rice Economies: Technology and Development in Asian Societies*. Berkeley, CA: University of California Press.

Brenner, Robert. 1977. "The Origins of Capitalist Development: A Critique of Neo-Smithian Marxism." *New Left Review*, I/104: 25~92.

_____. 1981. "World System Theory and the Transition to Capitalism: Historical and Theoretical Perspectives." Jochen Blaschke, ed., *Perspectiven des Weltsystems*. Frankfurt: Campus Verlag, 1983 所收 논문의 미간행 영어 판본.

_____. 1998. "The Economics of Global Turbulence: A Special Report on the World Economy, 1950~1998." *New Left Review*, I/229: 1~264.

_____. 2002. *The Boom and the Bubble: The U. S. in the World Economy*. London: Verso.

_____. 2006. *The Economics of Global Turbulence. The Advanced Capitalist Economies from Long Boom to Long Downturn, 1945~2005*. London: Verso.

Brenner, Robert, and Christopher Isett. 2002. "England's Divergence from China's Yangzi Delta: Property Relations, Microeconomics, and Patterns of Development." *The Journal of Asian Studies* 61(2): 609~62.

Brooks, Timothy. 1998. *The Confusions of Pleasure. Commerce and Culture in Ming China*. Berkeley, CA: University of California Press.

Brusco, Sebastiano. 1986. "Small Firms and Industrial Districts: The Experience of Italy." In D. Keeble and F. Weaver, eds., *New Firms and Regional Development*, pp. 184~202. London: Croom Helm.

Brzezinski, Zbigniew, and John J. Mearsheimer. 2005. "Clash of the Titans." *Foreign Policy*, January/February. http://www.foreignpolicy.com에서 이용 가능.

Burawoy, Michael. 1982. *Manufacturing Consent: Changes in the Labor Process under Monopoly Capitalism*. Chicago: University of Chicago Press.

Burley, Ann-Marie. 1993. "Regulating the World: Multilateralism, International Law, and the Projection of the New Deal Regulatory State." In J. G. Ruggie, ed., *Multilateralism Matters: The Theory and Praxis of an Institutional Form*, pp. 125~56. New York: Columbia University Press.

Cai, Fang, Albert Park, and Yaohui Zhao. 2004. "The Chinese Labor Market." the Second Conference on China's Economic Transition: Origins, Mechanisms, and Consequences. University of Pittsburgh, Pittsburgh, November 5~7의 발표 논문.

Cain, P. J., and A. G. Hopkins. 1980. "The Political Economy of British Expansion Overseas, 1750~1914." *Economic History Review*, 2nd series, 33(4): 463~90.

Cairncross, A. K. 1953. *Home and Foreign Investment, 1870~1913*. Cambridge: Cambridge University Press.

Calleo, David P. 1970. *The Atlantic Fantasy*. Baltimore, MD: Johns Hopkins University Press.

_____. 1982. *The Imperious Economy*. Cambridge, MA: Harvard University Press.

_____. 1987. *Beyond American Hegemony: The Future of the Western Alliance*. New York: Basic Books.

Castells, Manuel, and Alejandro Portes. 1989. "World Underneath: The Origins, Dynamics, and Effects of the Informal Economy." In A. Portes, M. Castells, and L. A. Benton, eds., *The Informal Economy. Studies in Advanced and Less Developed Countries*, pp. 11~39. Baltimore, MD: Johns Hopkins University Press.

Chan, Anita. 2000. "Globalization, China's Free (Read Bounded) Labor Market, and the Trade Union." *Asia Pacific Business Review* 6(3~4): 260~79.

Chandler, Alfred. 1977. *The Visible Hand: The Managerial Revolution in American Business*. Cambridge, MA: The Belknap Press.

_____. 1990. *Scale and Scope: The Dynamics of Industrial Capitalism*. Cambridge, MA: The Belknap Press.

Chapman, Stanley D. 1992. *Merchant Enterprise in Britain: From the Industrial Revolution to World War I*. New York: Cambridge University Press.

Chase-Dunn, Christopher, and Thomas Hall. 1997. *Rise and Demise: Comparing World-Systems*. Boulder, CO: Westview Press.

Chaudhuri, K. N. 1990, *Asia before Europe. Economy and Civilization of the Indian*

Ocean from the Rise of Islam to 1750. Cambridge: Cambridge University Press.

Chen, Ciyu. 1984. "On the Foreign Trade of China in the 19th Century and the China-India-Britain Triangular Trade." In *Essays in Chinese Maritime History*, pp. 131~73. Taipei: Sun Yat-sen Institute for Social Sciences and Philosophy, Academia Sinica.

Cipolla, Carlo. 1976. *Before the Industrial Revolution. European Society and Economy, 1000~1700*. New York: Norton.

Clancy, Tom, with Anthony Zinni and Tony Koltz. 2004. *Battle Ready*. New York: Putnam.

Clarke, Richard. 2004. *Against All Enemies: Inside America's War on Terror*. New York: Free Press.

Cohen, Benjamin. 1996. "Phoenix Risen. The Resurrection of Global Finance." *World Politics* 48: 268~96.

Cohen, Jerome B. 1958. *Japan's Postwar Economy*. Bloomington, IN: Indiana University Press.

Coyett, Frederick. 1903[1675]. *Verwaerloosde Formosa*. In William Campbell, ed., *Formosa under the Dutch: Described from Contemporary Records*, pp. 383~538. London: Kegan Paul, Trench & Trubner.

Crotty, James. 1999. "Review of Turbulence in the World Economy by Robert Brenner." *Challenge* 42(3): 108~30.

Cumings, Bruce. 1987. "The Origins and Development of the Northeast Asian Political Economy: Industrial Sectors, Product Cycles, and Political Consequences." In F. C. Deyo, ed., *The Political Economy of the New Asian Industrialism*, pp. 44~83. Ithaca, NY: Cornell University Press.

_____. 1993. "The Political Economy of the Pacific Rim." In R. A. Palat, ed., *Pacific-Asia and the Future of the World-System*, pp. 21~37. Westport, CT: Greenwood Press.

_____. 1993. "Global Realm with No Limit, Global Realm with No Name." *Radical History Review* 57: 47~48.

_____. 1997. "Japan and Northeast Asia into the Twenty-First Century." In P. J. Katzenstein and T. Shiraishi, eds., *Network Power. Japan and Asia*, pp. 136~68. Ithaca, NY: Cornell University Press.

Curtin, Philip D. 2000. *The World and the West: The European Challenge and the Overseas Response in the Age of Empire*. Cambridge: Cambridge University Press.

Cushman, Jennifer Wayne. 1993. *Fields from the Sea. Chinese Junk Trade with Siam during the Late Eighteenth and Early Nineteenth Centuries*. Studies on Southeast Asia, Southeast Asia Program, Cornell University, Ithaca, NY.

Davis, Mike. 2001. *Late Victorian Holocausts: El Niño Famines and the Making of the*

Third World. London: Verso.

Davis, Ralph. 1966. "The Rise of Protection in England, 1689~1786." *Economic History Review*, 2nd series, 19: 306~17.

_____. 1969. "English Foreign Trade, 1700~1774." In W. E. Minchinton, ed., *The Growth of English Overseas Trade in the Seventeenth and Eighteenth Centuries*, pp. 99~120. London: Methuen.

_____. 1979. *The Industrial Revolution and British Overseas Trade*. Leicester: Leicester University Press.

de Cecco, Marcello. 1982. "Inflation and Structural Change in the Euro-Dollar Market." *EUI Working Papers* 23. Florence: European University Institute.

_____. 1984. *The International Gold Standard: Money and Empire*. 2nd edn. New York: St. Martin's Press.

Dehio, Ludwig. 1962. *The Precarious Balance: Four Centuries of the European Power Struggle*. New York: Vintage.

de Vries, Jan. 1994. "The Industrial Revolution and the Industrious Revolution." *Journal of Economic History* 54(2): 249~70.

Ding, X. L. 2000. "The Illicit Asset Stripping of Chinese State Firms." *The China Journal* 43: 1~28.

Dirlik, Arif. n. d. "Beijing Consensus: Beijing 'Gongshi'. Who Recognizes Whom and to What End?" *Globalization and Autonomy Online Compendium*. http://www.globalautonomy.ca/global1/position.jsp?index=PP_Dirlik_BeijingConsensus.xml에서 이용 가능.

Drucker, Peter. 1969. *The Age of Discontinuity*. New York: Harper & Row.

Duara, Prasenjit. 1997. "Nationalists among Transnationals: Overseas Chinese and the Idea of China, 1900~1911." In A. Ong and D. M. Nonini, eds., *Ungrounded Empires: The Cultural Politics of Modern Chinese Transnationalism*, pp. 39~59. New York: Routledge.

Duus, Peter. 1984. "Economic Dimensions of Meiji Imperialism: The Case of Korea, 1895~1910." In R. H. Myers and M. R. Peattie, eds., *The Japanese Colonial Empire, 1895~1945*, pp. 128~71. Princeton, NJ: Princeton University Press.

Edin, Maria. 2003. "State Capacity and Local Agent Control in China: CCP Cadre Management from a Township Perspective." *The China Quarterly* 173: 35~52.

Edwards, Richard. 1979. *Contested Terrain*. New York: Basic Books.

Eichengreen, Barry, and Richard Portes. 1986. "Debt and Default in the 1930s: Causes and Consequences." European Economic Review(30): 599~640.

Elisonas, Jurgis. 1991. "The Inseparable Trinity: Japan's Relations with China and Korea." In John Hall, ed., *The Cambridge History of Japan*, Vol. 4, Early Modern Japan, pp. 235~300. Cambridge: Cambridge University Press.

Elliott, John E. 1980. "Marx and Schumpeter on Capitalism's Creative Destruction: A Comparative Restatement." *The Quarterly Journal of Economics* XCV(1): 45~68.

Elliott, J. H. 1970. *The Old World and the New 1492~1650*. Cambridge: Cambridge University Press.

Elliott, William Y., ed. 1955. *The Political Economy of American Foreign Policy: Its Concepts, Strategy, and Limits*. New York: Henry Holt.

Elvin, Mark. 1973. *The Pattern of the Chinese Past*. Stanford, CA: Stanford University Press.

Esherick, Joseph. 1972. "Harvard on China: The Apologetics of Imperialism." *Bulletin of Concerned Asian Scholars* IV(4): 9~16.

Fairbank, John K., ed. 1968. *The Chinese World Order*. Cambridge, MA: Harvard University Press.

Fairbank, John K. 1983. *The United States and China*. Cambridge, MA: Harvard University Press.

————. 1989. "Keeping Up with the New China." *New York Review*, March 16: 17~20.

————. 1992. *China. A New History*. Cambridge, MA: The Belknap Press.

Feis, Herbert. 1965. *Europe: The World's Banker, 1870~1914*. New York: Norton.

Ferguson, Niall. 2004. *Colossus: The Price of America's Empire*. New York: Penguin.

Feuerwerker, Albert. 1958. *China's Early Industrialization: Sheng Hsuan-Huai 1844~1916 and Mandarin Enterprise*. Cambridge, MA: Harvard University Press.

————. 1970. "Handicraft and Manufactured Cotton Textiles in China, 1871~1910." *Journal of Economic History* 30(2): 338~78.

Fishman, Ted C. 2005. *China, INC. How the Rise of the Next Superpower Challenges America and the World*. New York: Scribner.

Flynn, Dennis O., Lionel Frost, and A. J. H. Latham, eds., 1999. *Pacific Centuries. Pacific and Pacific Rim History since the Sixteenth Century*. London: Routledge.

Flynn, Dennis O., and Arturo Giraldez. 1995. "Born with 'Silver Spoon': The Origin of World Trade in 1571." *Journal of World History* 6(2): 201~11.

————. 1999. "Spanish Profitability in the Pacific: The Philippines in the Sixteenth and Seventeenth Centuries." In Dennis O. Flynn, Lionel Frost, and A. J. H. Latham, eds., *Pacific Centuries: Pacific and Pacific Rim History since the Sixteenth Century*. London: Routledge.

Frank, Andre Gunder. 1969. *Capitalism and Underdevelopment in Latin America*. New York: Monthly Review Press.

————. 1974. "On the Roots of Development and Underdevelopment in the New World: Smith and Marx vs the Weberians." *International Review of Sociology*, 2nd series, 10(2~3): 109~55.

_____. 1978. "Multilateral Merchandise Trade Imbalances and Uneven Economic Development." *Journal of European Economic History* 5(2): 407~38.

_____. 1998. *ReOrient: Global Economy in the Asian Age*. Berkeley, CA: University of California Press.

_____. 2005. "Meet Uncle Sam—Without Clothes—Parading around China and the World." www.rrojasdatabank.info/agfrank/noclothes.htm에서 이용 가능.

Frank, Thomas. 2005. *What's the Matter with Kansas? How Conservatives Won the Heart of America*. New York: Owl Books.

Freeman-Grenville, G. S. P. 2002. *Historical Atlas of Islam*. New York: Continuum.

Friedman, Thomas L. 2005. *The World Is Flat. A Brief History of the Twenty-First Century*. New York: Farrar, Straus & Giroux.

Fukasaku, Kichiro, and David Wall. 1994. *China's Long March to an Open Economy*. Paris: OECD.

Gamble, Andrew. 1985. *Britain in Decline*. London: Macmillan.

Gao, Weinong. 1993. *Zou xiang jinshi de Zhongguo yu "chaogong" guo guanxi*. (The Relation between China and its Tributary States in Modern Times.) Guangdong: Guangdong gaodeng jiaoyu chubanshe.

Gernet, Jaques. 1982. *A History of Chinese Civilization*. New York: Cambridge University Press.

Giddens, Anthony. 1987. *The Nation-State and Violence*. Berkeley, CA: University of California Press.

Gilpin, Robert. 1987. *The Political Economy of International Relations*. Princeton, NJ: Princeton University Press.

Goldstein, Joshua S., and David P. Rapkin. 1991. "After Insularity. Hegemony and the Future World Order." *Futures* 23: 935~59.

Gordon, David, Richard Edwards, and Michael Reich. 1982. *Segmented Work, Divided Workers: The Historical Transformation of Labor in the United States*. New York: Cambridge University Press.

Gramsci, Antonio. 1971. *Selections from the Prison Notebooks*. New York: International Publishers.

Greenberg, Michael. 1951. *British Trade and the Opening of China 1800~1842*. Cambridge: Cambridge University Press.

Guan, Luquan. 1994. *Songdai Guangzhou de haiwai maoyi*. (The Guangzhou Sea Trade in the Song Dynasty.) Guangzhou: Guangdong renmin chubanshe.

Guha, Ramachandra. 2000. *Environmentalism: A Global History*. New York: Longman.

Guha, Ranajit. 1992. "Dominance without Hegemony and its Historiography." In R. Gupta, ed., *Subaltern Studies* IV: 210~305. New York: Oxford University Press.

Guo, Yugui. 2005. *Asia's Educational Edge: Current Achievements in Japan, Korea,*

Taiwan, China, and India. Oxford: Lexington.

Haakonssen, Knud. 1981. *The Science of a Legislator. The Natural Jurisprudence of David Hume and Adam Smith*. Cambridge: Cambridge University Press.

Hamashita, Takeshi. 1988. "The Tribute Trade System of Modern Asia." *The Memoirs of the Toyo Bunko*, XLVI: 7~25.

_____. 1993. "Tribute and Emigration: Japan and the Chinese Administration of Foreign Affairs." *Senri Ethnological Studies* XXV: 69~86.

_____. 1994. "The Tribute Trade System and Modern Asia." In A. J. H. Latham and H. Kawakatsu, eds., *Japanese Industrialization and the Asian Economy*, pp. 91~107. London and New York: Routledge.

_____. 1997. "The Intra-Regional System in East Asia in Modern Times." In Peter J., Katzenstein and T. Shiraishi, eds., *Network Power. Japan and Asia*, pp. 113~35. Ithaca, NY: Cornell University Press.

Hamilton, Gary G. and Wei-an Chang. 2003. "The Importance of Commerce in the Organization of China's Late Imperial Economy." In G. Arrighi, T. Hamashita, and M. Selden, eds., *The Resurgence of East Asia. 500, 150 and 50 Year Perspectives*, pp. 173~213. London and New York: Routledge.

Hao, Yen-p'ing. 1986. *The Commercial Revolution in Nineteenth-Century China*. Berkeley, CA: California University Press.

Hardt, Michael, and Antonio Negri. 2000. *Empire*. Cambridge, MA: Harvard University Press.

Harrison, Bennett. 1994. *Lean and Mean: The Changing Landscape of Corporate Power in the Age of Flexibility*. New York: Basic Books.

Hart, Gillian. 2002. *Disabling Globalization: Places of Power in Post-Apartheid South Africa*. Berkeley, CA: University of California Press.

Hart-Landsberg, Martin, and Paul Burkett. 2004. "China and Socialism: Market Reform and Class Struggle." *Monthly Review* 56(3): 7~123.

Harvey, David. 1982. *Limits to Capital*. Oxford: Basil Blackwell.

_____. 1995. "Globalization in Question." *Rethinking Marxism* VIII(4): 1~17.

_____. 2000. *Spaces of Hope*. Berkeley, CA: University of California Press.

_____. 2001. *Spaces of Capital: Towards a Critical Geography*. New York: Routledge.

_____. 2003. *The New Imperialism*. New York: Oxford University Press.

_____. 2005. *A Brief History of Neoliberalism*. New York: Oxford University Press.

Headrick, Daniel R. 1988. *The Tentacles of Progress: Technology Transfer in the Age of Imperialism, 1850~1940*, London: Oxford University Press.

Hegel, G. W. F. 1967. *The Philosophy of Right*. New York: Oxford University Press.

Heilbroner, Robert. 1991. "Economic Predictions." *The New Yorker*, July 8: 70~77.

Held, David, Anthony McGrew, David Goldblatt, and Jonathan Perraton. 1999. *Global*

Transformations. Stanford, CA: Stanford University Press.

Hersh, Seymour M. 2003. "The Stovepipe." *The New Yorker*, October 27: 77~87.

_____. 2004. *Chain of Command: The Road from 9/11 to Abu Ghraib*. New York: HarperCollins.

Hirschman, Albert O. 1977. *The Passions and the Interests. Political Arguments for Capitalism before its Triumph*. Princeton, NJ: Princeton University Press.

Ho, Chumei. 1994. "The Ceramic Trade in Asia, 1602~82." In A. J. H. Latham and H. Kawakatsu, eds., *Japanese Industrialization and the Asian Economy*. London and New York: Routledge.

Hobbes, Thomas. 1968. *Leviathan*. Edited by C. B. Macpherson. Harmondsworth: Penguin.

Hobsbawm, Eric J. 1968. *Industry and Empire: An Economic History of Britain since 1750*. London: Weidenfeld & Nicolson.

_____. 1979. *The Age of Capital 1848~1875*. New York: New American Library.

_____. 1991. *Nations and Nationalism since 1780: Programme, Myth, Reality*. Cambridge: Cambridge University Press.

_____. 1994. *The Age of Extremes: A History of the World, 1914~1991*. New York: Vintage.

Hofstadter, R. 1996. *The Paranoid Style in American Politics and Other Essays*. Cambridge, MA: Harvard University Press.

Huang, Philip C. C. 1985. *The Peasant Economy and Social Change in North China*. Stanford, CA: Stanford University Press.

_____. 1990. *The Peasant Family and Rural Development in the Yangzi Delta, 1350~1988*. Stanford, CA: Stanford University Press.

_____. 2002. "Development or Involution in Eighteenth-Century Britain and China? A Review of Kenneth Pomeranz's *The Great Divergence: China, Europe, and the Making of the Modern World Economy*." *The Journal of Asian Studies* 61(2): 501~38.

Huang, Ray. 1969. "Fiscal Administration during the Ming Dynasty." In Charles O. Hucker, ed., *Chinese Government in Ming Times*, pp. 73~128. New York: Columbia University Press.

Hugill, Peter J. 1993. *World Trade since 1431. Geography, Technology, and Capitalism*. Baltimore, MD: Johns Hopkins University Press.

Hui, Po-keung. 1995. "Overseas Chinese Business Networks: East Asian Economic Development in Historical Perspective." PhD diss., Department of Sociology, State University of New York at Binghamton.

Hung, Ho-fung. 2001. "Imperial China and Capitalist Europe in the Eighteenth-Century Global Economy." *Review*(Fernand Braudel Center) 24(4): 473~513.

_____. 2001. "Maritime Capitalism in Seventeenth-Century China: The Rise and Fall of Koxinga in Comparative Perspective." 미간행 초고. Department of Sociology, The Johns Hopkins University.

_____. 2003. "Orientalist Knowledge and Social Theories: China and European Conceptions of East-West Differences from 1600 to 1900." *Sociological Theory* 21(3): 254~80.

_____. 2004. "Early Modernities and Contentious Politics in Mid-Qing China, c. 1740~1839." *International Sociology* 19(4): 478~503.

_____. 2006. "Rise of China and the Global Overaccumulation Crisis." the Society for the Study of Social Problems Annual Meeting, Montreal, August의 발표 논문.

Hymer, Stephen. 1972. "The Multinational Corporation and the Law of Uneven Development." In J. N. Bhagwati, ed., *Economics and World Order*, pp. 113~40. New York: Macmillan.

Ikeda, Satoshi. 1996. "World Production." In T. K. Hopkins, I. Wallerstein et al., eds., *The Age of Transition: Trajectory of the World-System 1945~2025*, pp. 38~86. London, Zed Books.

_____. 1996. "The History of the Capitalist World-System vs. The History of East-Southeast Asia." *Review* (Fernand Braudel Center) 19 (1): 49~76.

International Monetary Fund (various years). *International Financial Statistics Yearbook*. Washington, DC: International Monetary Fund.

Iriye, Akira. 1970. "Imperialism in East Asia." In J. Crowley, ed., *Modern East Asia*, pp. 122~50. New York: Harcourt.

Irwan, Alex. 1995. "Japanese and Ethnic Chinese Business Networks in Indonesia and Malaysia." PhD diss., *Department of Sociology*, State University of New York at Binghamton.

Israel, Jonathan. 1989. *Dutch Primacy in World Trade, 1585~1740*. Oxford: Clarendon Press.

Itoh, Makoto. 1990. *The World Economic Crisis and Japanese Capitalism*. New York: St Martin's Press.

Jenks, Leland H. 1938. *The Migration of British Capital to 1875*. New York and London: Knopf.

Jing, Junjian. 1982. "Hierarchy in the Qing Dynasty." *Social Science in China: A Quarterly Journal* 3(1): 156~92.

Johnson, Chalmers. 2004. "Why I Intend to Vote for John Kerry." *The History News Network*, June 14. http://hnn.us/에서 이용 가능.

_____. 2004. *The Sorrows of Empire: Militarism, Secrecy, and the End of the Republic*. New York: Metropolitan Books.

_____. "No Longer the 'Lone' Superpower: Coming to Terms with China." Japan

Policy Research Institute. http:// www.jpri.org에서 이용 가능.

Johnson, Linda Cooke. 1993. "Shanghai: An Emerging Jiangnan Port, 1638~1840." In Linda Cooke Johnson, ed., *Cities of Jiangnan in Late Imperial China*, pp. 151~82. Albany: State University of New York Press.

Johnson, Russell. 2003. "'Pre-Conditioning' for Industry: Civil War Military Service and the Making of an American Working Class." the 25th Annual North American Labor History Conference, Wayne State University, Detroit, October 16~18의 발표 논문.

Judt, Tony. 2005. "Europe vs. America." *New York Review*, February 10: 37~41.

Kaplan, Robert D. 2005. "How We Would Fight China." *Atlantic Monthly*, June: 49~64.

Kasaba, Resat. 1993. "Treaties and Friendships: British Imperialism, the Ottoman Empire, and China in the Nineteenth Century." *Journal of World History* 4(2): 213~41.

Kawakatsu, Heita. 1994. "Historical Background." In A. J. H. Latham and H. Kawakatsu, eds., *Japanese Industrialization and the Asian Economy*, pp. 4~8. London and New York: Routledge.

Kennedy, Paul. 1976. *The Rise and Fall of British Naval Mastery*. London: Scribner.

_____. 1987. *The Rise and Fall of the Great Powers: Economic Change and Military Conflict from 1500 to 2000*. New York: Random House.

_____. 2004. "Mission Impossible?" *New York Review*, June 10: 16~19.

Kissinger, Henry. 1964. *A World Restored: Europe after Napoleon. The Politics of Conservatism in a Revolutionary Age*. New York: Grosset & Dunlap.

Kojima, K. 2000. "The 'Flying Geese' Model of Asian Economic Development: Origin, Theoretical Extensions, and Regional Policy Implications." *Journal of Asian Economics* 11: 375~401.

Kojima, K., and Terutomo Ozawa. 1985. "Toward a Theory of Industrial Restructuring and Dynamic Comparative Advantage." *Hitotsubashi Journal of Economics* 26(2): 135~45.

Kraar, Louis. 1993. "The New Power in Asia." *Fortune*, October 31: 38~44.

Krasner, Stephen. 1988. "A Trade Strategy for the United States." *Ethics and International Affairs* 2: 17~35.

Kreisler, Harry. 2002. "Through the Realist Lens." *Conversations with History: Conversation with John Mearsheimer*. Institute of International Studies, UC Berkeley, April 8. http://globetrotter.berkeley.edu/에서 이용 가능.

Kriedte, Peter. 1983. *Peasants, Landlords, and Merchant Capitalists: Europe and the World Economy, 1500~1800*. Cambridge: Cambridge University Press.

Krippner, Greta R. 2005. "The Financialization of the American Economy." *Socio-Economic Review* 3: 173~208.

Krugman, Paul. 1994. "The Myth of Asia's Miracle." *Foreign Affairs* 73(6): 62~78.

Kwong, Peter. 2006. "China and the US Are Joined at the Hip. The Chinese Face of Neoliberalism." *Counterpunch*, weekend edition, October 7/8.

Kynge, James. 2006. *China Shakes the World*. Boston, MA: Houghton Mifflin.

Landes, David S. 1969. *The Unbound Prometheus: Technological Change and Industrial Development in Western Europe from 1750 to the Present*. Cambridge: Cambridge University Press.

Lardy, Nicholas R. 1992. *Foreign Trade and Economic Reform in China, 1978~1990*. Cambridge: Cambridge University Press.

Lee, Ching Kwan. 2002. "From the Specter of Mao to the Spirit of the Law: Labor Insurgency in China." *Theory and Society* 31(2): 189~228.

Lee, Ching Kwan, and Mark Selden. 2007. "Durable Inequality: The Legacies of China's Revolutions and the Pitfalls of Reforms." In J. Foran, D. Lane, and A. Zivkovic, eds., *Revolution in the Making of the Modern World: Social Identities, Globalization, and Modernity*. London: Routledge.

Lee, John. 1999. "Trade and Economy in Preindustrial East Asia, c. 1500~c. 1800: East Asia in the Age of Global Integration." *The Journal of Asian Studies* 58(1): 2~26.

Lefebvre, Henri. 1976. *The Survival of Capitalism: Reproduction of the Relations of Production*. New York: St Martin's Press.

Leibenstein, Harvey. 1963. *Economic Backwardness and Economic Growth*. New York: Wiley.

Lewis, Archibald. 1970. *The Islamic World and the West, A. D. 622~1492*. New York: Wiley.

Li, Yi. 2005. *The Structure and Evolution of Chinese Social Stratification*. Lanham, MD: University Press of America.

Li, Yuyu. 2006. "The Impact of Rural Migration on Village Development: A Comparative Study in Three Chinese Villages." PhD diss., Department of Sociology, The Johns Hopkins University, Baltimore, MD.

Lin, Justin Yifu, and Yang Yao. n. d. "Chinese Rural Industrialization in the Context of the East Asian Miracle." China Center for Economic Research, Beijing University. http://www.esocialsciences.com/articles/displayArticles.asp?Article_ID=647에서 이용 가능.

Lin, Manhong. 1991. "The Silver Drain of China and the Reduction in World Silver and Gold Production(1814~1850)." In *Essays in Chinese Maritime History IV*, pp. 1~44. Taipei: Sun Yat-sen Institute for Social Sciences and Philosophy, Academia Sinica.

Lin, Nan. 1995. "Local Market Socialism: Local Corporatism in Action in Rural China." *Theory and Society* 24: 301~54.

Liu Binyan, and Perry Link. 1998. "A Great Leap Backward?" *New York Review*, October

8: 19~23.

Lo, Jung-pang. 1969. "Maritime Commerce and its Relation to the Sung Navy." *Journal of the Economic and Social History of the Orient* XII: 57~101.

Lynn, Barry. 2006. "The Case for Breaking Up Wal-Mart." *Harper's Magazine*, July 24.

McCormick, Thomas J. 1989. *America's Half Century: United States Foreign Policy in the Cold War*. Baltimore, MD: Johns Hopkins University Press.

McElwee, William L. 1974. *The Art of War*, Waterloo to Mons. London: Weidenfeld & Nicolson.

McKibben, Bill. 2005. "The Great Leap. Scenes from China's Industrial Revolution." *Harper's Magazine*, December: 42~52.

Mackie, Jamie. 1992. "Changing Patterns of Chinese Big Business." In R. McVey, ed., *Southeast Asian Capitalists. Southeast Asian Program*, Cornell University, Ithaca, NY.

_____. 1998. "Business Success among Southeast Asian Chinese—The Role of Culture, Values, and Social Structures." In R. W. Hefner, ed., *Market Cultures. Society and Morality in the New Asian Capitalism*. Boulder, CO: Westview Press.

McNamara, Robert. 1970. "The True Dimension of the Task." *International Development Review* 1: 1~7.

McNeill, William. 1982. *The Pursuit of Power: Technology, Armed Force, and Society since A. D. 1000*. Chicago: University of Chicago Press.

_____. 1998. "World History and the Rise and Fall of the West." *Journal of World History* 9(2): 215~37.

Maddison, Angus. 2007. *Contours of the World Economy, 1~2030 AD*. New York: Oxford University Press.

Magdoff, Harry, and John Bellamy Foster. 2004. "China and Socialism: Market Reform and Class Struggle. Editors' Foreword." *Monthly Review* 56(3): 2~6.

Mamdani, Mahmood. 2004. *Good Muslim, Bad Muslim: America, the Cold War, and the Roots of Terror*. New York: Pantheon.

Mann, Michael. 2003. *Incoherent Empire*. London: Verso.

Mann, Susan. 1992. "Household Handicrafts and State Policy in Qing Times." In J. K. Leonard and J. Watt, eds., *To Achieve Security and Wealth: The Qing State and the Economy*, pp. 75~96. Ithaca, NY: Cornell University Press.

Marks, Robert B. 2007. *The Origins of the Modern World. A Global and Ecological Narrative from the Fifteenth to the Twenty-First Century*. Lantham, MD: Rowman & Littlefield.

Marshall, Alfred. 1919. *Industry and Trade*. London: Macmillan.

Marx, Karl. 1959. *Capital*. Vol. I. Moscow: Foreign Languages Publishing House.

_____. 1962. *Capital*. Vol. III. Moscow: Foreign Languages Publishing House.

_____. 1973. *Grundrisse. Foundations of the Critique of Political Economy.* New York: Vintage.

_____. 1978. "Crisis Theory (from *Theories of Surplus Value*)." In R. C. Tucker, ed., *The Marx-Engels Reader.* New York: Norton.

Marx, Karl, and Frederick Engels. 1967. *The Communist Manifesto.* Harmondsworth: Penguin.

Mathias, Peter. 1969. *The First Industrial Nation: An Economic History of Britain 1700~1914.* London: Methuen.

Mayer, Arno J. 2003. "Beyond the Drumbeat: Iraq, Preventive War, 'Old Europe.'" *Monthly Review* 54(10) March.

Mearsheimer, John J. 2001. *The Tragedy of Great Power Politics.* New York: W. W. Norton.

Minchinton, W. E., ed. 1969. *The Growth of English Overseas Trade in the Seventeenth and Eighteenth Centuries.* London: Methuen.

Moffitt, Michael. 1983. *The World's Money. International Banking from Bretton Woods to the Brink of Insolvency.* New York: Simon & Schuster.

Muller, Jerry Z. 1993. *Adam Smith in his Time and Ours: Designing the Decent Society.* New York: Free Press.

Nakamura, Takafusa. 1981. *The Postwar Japanese Economy.* Tokyo: Tokyo University Press.

Nathan, Andrew J. 1972. "Imperialism's Effects on China." *Bulletin of Concerned Asian Scholars* 4(4): 3~8.

Nelson, Richard. 1956. "A Theory of the Low-Level Equilibrium Trap in Underdeveloped Economies." *The American Economic Review* 46(4): 894~908.

Nolan, Peter. 2004. *Transforming China. Globalization, Transition and Development.* London: Anthem Press.

Northup, David. 1995. *Indentured Labor in the Age of Imperialism, 1834~1922.* Cambridge: Cambridge University Press.

Nye, Joseph S. 1990. *Bound to Lead: The Changing Nature of American Power.* New York: Basic Books.

O'Brien, Patrick. 2001. "Metanarratives in Global Histories of Material Progress." *The International History Review* 23(2): 345~67.

O'Connor, James. 1973. *The Fiscal Crisis of the State.* New York: St Martin's Press.

Oi, Jean. 1999. *Rural China Takes Off. Institutional Foundations of Economic Reform.* Berkeley, CA: University of California Press.

Okimoto, Daniel I., and Thomas P. Rohlen. 1988. *Inside the Japanese System: Readings on Contemporary Society and Political Economy.* Stanford, CA: Stanford University Press.

Ong, Aihwa, and Donald M. Nonini, eds., 1997. *Ungrounded Empires: The Cultural Politics of Modern Chinese Transnationalism*. New York: Routledge.

Owen, D. E. 1934. British Opium Policy in China and India. New Haven, CT: Yale University Press.

Ozawa, Terutomo. 1979. *Multinationalism, Japanese Style: The Political Economy of Outward Dependency*. Princeton, NJ: Princeton University Press.

_____. 1993. "Foreign Direct Investment and Structural Transformation: Japan as a Recycler of Market and Industry." *Business and the Contemporary World* 5(2): 129~50.

_____. 2003. "Pax Americana-Led Macro-Clustering and Flying-Geese-Style Catch-Up in East Asia: Mechanisms of Regionalized Endogenous Growth." *Journal of Asian Economics* 13: 699~713.

Palat, Ravi A. 1995. "Historical Transformations in Agrarian Systems Based on Wet-Rice Cultivation: Toward an Alternative Model of Social Change." In P. McMichael, ed., *Food and Agrarian Orders in the World-Economy*, pp. 55~77. Westport, CT: Praeger.

Panich, Leo, and Sam Gindin. 2003. "Global Capitalism and American Empire." In L. Panich and C. Leys, eds., *The New Imperial Challenge*. London: Merlin Press.

Parboni, Riccardo. 1981. *The Dollar and its Rivals*. London: Verso.

Parker, Geoffrey. 1989. "Taking Up the Gun." *MHQ: The Quarterly Journal of Military History* 1(4): 88~101.

Parsons, Talcott. 1960. *Structure and Process in Modern Societies*. New York: Free Press.

_____. 1964. "Some Reflections on the Place of Force in Social Process." In H. Eckstein, ed. *Internal War*, pp. 33~70. Glencoe, IL: Free Press.

Peattie, Mark. 1984. "Introduction." to Ramon Myers and Mark Peattie, *The Japanese Colonial Empire, 1895~1945*, pp. 3~26. Princeton, NJ: Princeton University Press.

Perdue, Peter C. 1987. *Exhausting the Earth: State and Peasant in Hunan, 1500~1850*. Cambridge, MA: Harvard University Press.

_____. 2003. "A Frontier View of Chineseness." In G. Arrighi, T. Hamashita, and M. Selden, eds., *The Resurgence of East Asia. 500, 150 and 50 Year Perspectives*, pp. 51~77. London and New York: Routledge.

Phelps Brown, E. H. 1975. "A Non-Monetarist View of the Pay Explosion." *Three Banks Review* 105: 3~24.

Pinkerton, James P. 2005. "Superpower Showdown." *The American Conservative*, November 7. http://www.amconmag.com에서 이용 가능.

Piore, Michael J., and Charles F. Sabel. 1984. *The Second Industrial Divide: Possibilities for Prosperity*. New York: Basic Books.

Polanyi, Karl. 1957. *The Great Transformation: The Political and Economic Origins of our Time*. Boston, MA: Beacon Press.

Pomeranz, Kenneth. 2000. *The Great Divergence: Europe, China, and the Making of the Modern World Economy*. Princeton, NJ: Princeton University Press.

Prestowitz, Clyde. 2005. *Three Billion New Capitalists. The Great Shift of Wealth and Power to the East*. New York: Basic Books.

Putterman, Louis. 1997. "On the Past and Future of China's Township and Village-Owned Enterprises." *World Development* 25(10): 1639~55.

Qian, Yingyi. 1996. "Enterprise Reforms in China: Agency Problems and Political Control." *Economics of Transition* 4(2): 427~47.

Quesnay, François. 1969. "From Despotism in China." In F. Schurmann and O. Schell, eds., *Imperial China*, pp. 115~20. New York: Vintage.

Ramo, Joshua Cooper. 2004. *The Beijing Consensus: Notes on the New Physics of Chinese Power*. London: Foreign Affairs Policy Centre.

Rawski, Thomas G. 1999. "Reforming China's Economy: What Have We Learned?" *The China Journal* 41: 139~56.

Research Group for Social Structure in Contemporary China, Chinese Academy of Social Sciences. 2005. *Social Mobility in Contemporary China*. Montreal: America Quantum Media.

Riskin, Carl, Renwei Zhao, and Shih Li, eds., 2001. *Retreat from Equality: Essays on the Changing Distribution of Income in China, 1988~1995*. Armonk, NY: M. E. Sharpe.

Rosenberg, Nathan. 1965. "Adam Smith on the Division of Labour: Two Views or One?" *Economica* 32(127): 127~39.

Rowe, William. 1990. "Modern Chinese Social History in Comparative Perspective." In P. S. Ropp, ed., *Heritage of China: Contemporary Perspectives on Chinese Civilization*, pp. 242~62. Berkeley, CA: University of California Press.

_____. 2001. *Saving the World. Chen Hongmou and Elite Consciousness in Eighteenth-Century China*. Stanford, CA: Stanford University Press.

Rozman, Gilbert. 1991. *The East Asian Region: Confucian Heritage and its Modern Adaptation*. Princeton, NJ: Princeton University Press.

Saul, S. B. 1969. *The Myth of the Great Depression, 1873~1896*. London: Macmillan.

Schlesinger, Arthur Jr. 2004. "The Making of a Mess." *New York Review*, September 22: 40~43.

Schumpeter, Joseph. 1954. *History of Economic Analysis*. New York: Oxford University Press.

_____. 1954. *Capitalism, Socialism, and Democracy*. London: George Allen & Unwin.

_____. 1961. _The Theory of Economic Development_. New York: Oxford University Press.

_____. 1964. _Business Cycles: A Theoretical, Historical, and Statistical Analysis of the Capitalist Process_. New York: McGraw Hill.

Schurmann, Franz. 1974. _The Logic of World Power: An Inquiry into the Origins, Currents, and Contradictions of World Politics_. New York: Pantheon.

Segal, Adam. 2004. "Is America Losing its Edge?" _Foreign Affairs_, November~December. http://www.foreignaffairs.org에서 이용 가능.

Selden, Mark. 1995. "Yan'an Communism Reconsidered." _Modern China_ 21(1): 8~44.

_____. 1997. "China, Japan and the Regional Political Economy of East Asia, 1945~1995." In P. Katzenstein and T. Shiraishi, eds., _Network Power. Japan and Asia_, pp. 306~40. Ithaca, NY: Cornell University Press.

Semmel, Bernard. 1970. _The Rise of Free Trade Imperialism_. Cambridge: Cambridge University Press.

Shaikh, Anwar. 1999. "Explaining the Global Economic Crisis." _Historical Materialism_ 5: 103~44.

Shambaugh, David. 2004. "China and Europe: The Emerging Axis." _Current History_ 103 (674): 243~48.

Shenkar, Oded. 2006. _The Chinese Century_. Upper Saddle River, NJ: Wharton School Publishing.

Shiba, Yoshinobu. 1983. "Sung Foreign Trade: Its Scope and Organization." In M. Rossabi, ed., _China among Equals: The Middle Kingdom and its Neighbors, 10th~14th Centuries_, pp. 89~115. Berkeley, CA: University of California Press.

Silver, Beverly J. 2003. _Forces of Labor: Workers' Movements and Globalization since 1870_. Cambridge: Cambridge University Press.

_____. 2005. "Labor Upsurges: From Detroit to Ulsan and Beyond." _Critical Sociology_ 31(3): 439~51.

Silver, Beverly J., and Giovanni Arrighi. 2003. "Polanyi's 'Double Movement': The _Belle Époques_ of British and U. S. Hegemony Compared." _Politics and Society_ 31 (2): 325~55.

Skinner, W. G. 1985. "The Structure of Chinese History." _Journal of Asian Studies_ 44 (2): 271~92.

Sklar, Martin J. 1988. _The Corporate Reconstruction of American Capitalism, 1890~1916. The Market, the Law, and Politics_. Cambridge: Cambridge University Press.

Smith, Adam. 1961. _An Inquiry into the Nature and Causes of the Wealth of Nations_. 2 vols. London: Methuen.

Smith, Neil. 1984. _Uneven Development. Nature, Capital and the Production of Space_. Oxford: Basil Blackwell.

So, Alvin Y. 1986. *The South China Silk District.* Albany: State University of New York Press.

So, Alvin Y., and Stephen W. K. Chiu. 1995. *East Asia and the World-Economy.* Newbury Park, CA: Sage.

Soros, George. 2004. *The Bubble of American Supremacy: Correcting the Misuse of American Power.* New York: Public Affairs.

Stedman Jones, Gareth. 1972. "The History of US Imperialism." In R. Blackburn, ed., *Ideology in Social Science*, pp. 207~37. New York: Vintage.

Stiglitz, Joseph. 2002. *Globalization and its Discontents.* New York: Norton.

Stinchcombe, Arthur L. 1968. *Constructing Social Theories.* New York: Harcourt, Brace & World.

Stopford, John M., and John H. Dunning. 1983. *Multinationals: Company Performance and Global Trends.* London: Macmillan.

Strange, Susan. 1986. *Casino Capitalism.* Oxford: Basil Blackwell.

Sugihara, Kaoru. 1996. "The European Miracle and the East Asian Miracle. Towards a New Global Economic History." *Sangyo to keizai* XI(12): 27~48.

_____. 2003. "The East Asian Path of Economic Development: A Long-Term Perspective." In G. Arrighi, T. Hamashita, and M. Selden, eds., *The Resurgence of East Asia. 500, 150 and 50 Year Perspectives*, pp. 78~123. London and New York: Routledge.

_____. 2004. "The State and the Industrious Revolution in Japan." Working paper no. 02/04, Global Economic History Network, Department of Economic History, London School of Economics, London.

Summers, Lawrence H. 2004. "America Overdrawn." *Foreign Policy* 143: 46~49.

Suskind, Ron. 2004. *The Price of Loyalty: George W. Bush, the White House, and the Education of Paul O'Neill.* New York: Simon & Schuster.

Sweezy, Paul. 1946. *The Theory of Capitalist Development.* London: Dobson.

Sylos-Labini, Paolo. 1976. "Competition: The Product Markets." In T. Wilson and A. S. Skinner, eds., *The Market and the State: Essays in Honor of Adam Smith*, pp. 200~32. Oxford: Clarendon Press.

Tang, Jun. 2003~04. "Selection from Report on Poverty and Anti-Poverty in Urban China." *Chinese Sociology and Anthropology* 36(2~3).

Taylor, Peter. 1994. "Ten Years that Shook the World? The United Provinces as First Hegemonic State." *Sociological Perspectives* 37(1): 25~46.

Therborn, Göran. 1995. *European Modernity and Beyond: The Trajectory of European Societies, 1945~2000.* London: Sage Publications.

Thornton, Edward. 1835. *India, its State and Prospects.* London: Parbury, Allen & Co.

Tilly, Charles. 1985. "War Making and State Making as Organized Crime." In P. B.

Evans, D. Rueschemeyer, and T. Skocpol, eds., *Bringing the State Back In*, pp. 169~91. Cambridge: Cambridge University Press.

Tomlinson, B. R. 1975. "India and the British Empire, 1880~1935." *The Indian Economic and Social History Review* 12(4): 337~80.

Tong, W. James. 1991. *Disorder under Heaven: Collective Violence in the Ming Dynasty*. Stanford, CA: Stanford University Press.

Tronti, Mario. 1971. *Operai e capitale*. Turin: Einaudi.

Tsai, Jung-fang. 1993. *Hong Kong in Chinese History: Community and Social Unrest in the British Colony, 1842~1913*. New York: Columbia University Press.

Tsai, Kellee S. 2004. "Off Balance: The Unintended Consequences of Fiscal Federalism in China." *Journal of Chinese Political Science* 9(2): 7~26.

Tsiang, Ting-fu. 1967. "The English and the Opium Trade." In F. Schurmann and O. Schell, eds., *Imperial China*, pp. 132~45. New York: Vintage.

Unger, Jonathan. 2002. *The Transformation of Rural China*. Armonk, NY: M. E. Sharpe.

Urquhart, Brian. 2004. "The Good General." *New York Review*, September 23: 28~33.

Veblen, Thorstein. 1978. *The Theory of Business Enterprise*. New Brunswick, NJ: Transaction Books.

Vernon, Raymond. 1966. "International Investment and International Trade in the Product Cycle." *Quarterly Journal of Economics* 80(2): 190~207.

Versluysen, Eugene L. 1981. *The Political Economy of International Finance*. New York: St Martin's Press.

Wade, Robert. 1992. "East Asian Economic Success: Conflicting Perspectives, Partial Insights, Shaky Evidence." *World Politics* 44: 270~320.

_____. 2004. "Is Globalization Reducing Poverty and Inequality?" *World Development* 32(4): 567~89.

Wade, Robert, and Frank Veneroso. 1998. "The Asian Crisis: The High Debt Model versus the Wall Street-Treasury-IMF Complex." *New Left Review*, I/228: 3~22.

Wakeman, Frederic. 1985. *The Great Enterprise: The Manchu Reconstruction of Imperial Order in Seventeenth-Century China*. Berkeley, CA: University of California Press.

Walder, Andrew. 1995. "Local Governments as Industrial Firms: An Organizational Analysis of China's Transitional Economy." *American Journal of Sociology* 101(2): 263~301.

Walder, Andrew. 2002. "Markets and Income Inequality in Rural China: Political Advantage in an Expanding Economy." *American Sociological Review* 67(2): 231~53.

Waldinger, Roger, Chris Erickson, Ruth Milkman, Daniel J. B. Mitchell, Abel Valenzuela, Kent Wong, and Maurice Zeitlin. 1998. "Helots No More: A Case Study of the

Justice for Janitors Campaign in Los Angeles." In K. Bronfenbrenner, S. Friedman, R. W. Hurd, R. A. Oswald, and R. L. Seeber, eds., *Organizing to Win*, pp. 102~19. Ithaca, NY: Cornell University Press.

Waley, Arthur. 1958. *The Opium War through Chinese Eyes*. London, Allen & Unwin.

Walter, Andrew. 1991. *World Power and World Money*. New York: St Martin's Press.

Wang, Gungwu. 1991. *China and the Chinese Overseas*. Singapore: Times Academic Press.

_____. 1998. "Ming Foreign Relations: Southeast Asia." In Denis Twitchett and Frederick Mote, eds., *The Cambridge History of China Vol. 8(2), The Ming Dynasty*, pp. 301~32. Cambridge: Cambridge University Press.

Wang, Hui. 2003. *China's New Order: Society, Politics and Economy in Transition*. Cambridge, MA: Harvard University Press.

_____. 2006. "Depoliticized Politics, from East to West." *New Left Review*, II/41: 29~45.

Wang, Juan. 2005. "Going Beyond Township and Village Enterprises in Rural China." *Journal of Contemporary China* 14(42): 177~87.

Wang, Yeh-chien. 1973. *Land Taxation in Imperial China, 1750~1911*. Cambridge, MA: Harvard University Press.

Washbrook, David. 1990. "South Asia, the World System, and World Capitalism." *The Journal of Asian Studies* (49) 3: 479~508.

Weber, Max. 1961. *General Economic History*. New York: Collier.

_____. 1978. *Economy and Society*. Berkeley, CA: University of California Press.

Wei, Yehua D. 2000. *Regional Development in China. States, Globalization and Inequality*. New York: Routledge.

Weigall, David. 1987. B*ritain and the World, 1815~1986: A Dictionary of International Relations*. New York: Batsford.

Werhane, Patricia. 1991. *Adam Smith and his Legacy for Modern Capitalism*. New York: Oxford University Press.

West, E. G. 1964. "Adam Smith's Two Views on the Division of Labour." *Economica* 31 (122): 23~32.

Whiting, Susan H. 2001. *Power and Wealth in Rural China: The Political Economy of Institutional Change*. Cambridge: Cambridge University Press.

Wilkins, Mira. 1970. *The Emergence of Multinational Enterprise*. Cambridge: Cambridge University Press.

Will, Pierre-Etienne, and R. Bin Wong. 1991. *Nourish the People: The State Civilian Granary System in China, 1650~1850*. Ann Arbor: University of Michigan Press.

Wills, John E. Jr. 1979. "Maritime China from Wang Chih to Shih Lang: Themes in Peripheral History." In Jonathan D. Spence and John E. Wills Jr., eds., *Conquest,*

Region, and Continuity in Seventeenth Century China, pp. 203~38. New Haven, CT, and London: Yale University Press.

_____. 1998. "Relations with Maritime Europeans." In Denis Twitchett and Frederick Mote, eds., *The Cambridge History of China Vol. 8(2), The Ming Dynasty*, pp. 333~75. Cambridge: Cambridge University Press.

Winch, Donald. 1978. *Adam Smith's Politics. An Essay in Historiographic Revision*. Cambridge: Cambridge University Press.

_____. 1983. "Science of the Legislator: Adam Smith and After." *The Economic Journal* 93: 501~20.

Wolf, Eric. 1982. *Europe and the People Without History*. Berkeley, CA: University California Press.

Wong, R. Bin. 1997. *China Transformed. Historical Change and the Limits of European Experience*. Ithaca, NY: Cornell University Press.

_____. 2004. "The Role of the Chinese State in Long-Distance Commerce." Working Paper no. 05/04, Global Economic History Network, Department of Economic History, London School of Economics.

Wong, Siu-lun. 1988. *Emigrant Entrepreneurs*. Hong Kong: Oxford University Press.

Wong, Young-tsu. 1983. "Security and Warfare on the China Coast: The Taiwan Question in the Seventeenth Century." *Monumenta Serica* XXXV: 111~96.

Woo, Wing Thye. 1999. "The Real Reasons for China's Growth." *The China Journal* 41: 115~37.

World Bank. 1984. *World Tables*. Vols. 1 and 2. Washington DC: World Bank.

_____. Various years. *World Development Indicators*. CD ROM. Washington DC: World Bank.

Wright, Steve. 2002. *Storming Heaven: Class Composition and Class Struggle in Italian Autonomist Marxism*. London: Pluto.

_____. 2004. "Children of a Lesser Marxism?" *Historical Materialism* 12(1): 261~76.

Wrigley, E. A. 1988. *Continuity, Chance and Change: The Character of the Industrial Revolution in England*. Cambridge: Cambridge University Press.

_____. 1989. "The Limits to Growth: Malthus and the Classical Economists." In M. S. Teitebaum and J. M. Winter, eds., *Population and Resources in Western Intellectual Traditions*. Cambridge: Cambridge University Press.

Wu, Ximing, and Jeffrey M. Perloff, 2004. "China's Income Distribution over Time: Reasons for Rising Inequality." KUDARE Working Paper 977, University of California at Berkeley. SSRN: http://ssrn.com/abstract=506462에서 이용 가능.

Wu, Yuan-li, and Chun-hsi Wu. 1980. *Economic Development in Southeast Asia. The Chinese Dimension*. Stanford, CA: Hoover Institution Press.

Yang, Lien-sheng. 1952. *Money and Credit in China. A Short History.* Cambridge, MA: Harvard University Press.

Yen, Zhongping et al. 1957. *Zhongguo jindai jingjishi tongji*(Collections of Statistical Data of Modern Chinese Economic History). Beijing: Scientific Publishers.

Zhang, Binchuan. 1991. "Mingqing haishang maoyi zhengce: biguanzishou?"(The Sea Trade Policy of Ming and Qing: Closed Door and Conservative?), *Selected Essays in Chinese Maritime History* IV, pp. 45~59. Taipei: Academia Sinica.

Zolberg, Aristide R. 1995. "Response: Working-Class Dissolution." *International Labor and Working-Class History* 47: 28~38.

찾아보기

■ 지은이 | 옮긴이 소개

지은이 **조반니 아리기**(Giovanni Arrighi)는 1937년 이탈리아 밀라노에서 태어났다. 1960년에 밀라노의 보코니 대학에서 경제학 박사학위를 취득했다. 로디지아 대학(현 짐바브웨 대학)에서 가르치다가 후에 탄자니아의 다르에스살람 대학으로 옮겼다. 이 기간 동안, 그는 노동 공급과 노동 저항이 어떻게 식민화와 민족해방운동의 전개에 영향을 끼치는가에 관해 논의를 발전시켰다. 그가 이매뉴얼 월러스틴을 만난 것도 그곳으로, 두 사람은 후에 여러 공동 연구에서 협력했다. 1969년에 이탈리아로 돌아온 뒤, 그와 동료들은 1971년에 '그람시 그룹'을 만들었다. 1979년에 페르낭 브로델 센터의 사회학 교수였던 아리기는 월러스틴, 테렌스 홉킨스와 함께 뉴욕 주립대학 빙엄턴(현 빙엄턴 대학)의 경제학, 역사 체계 및 문명 연구에 합류하였다. 페르낭 브로델 센터가 세계 체계 분석의 주요 센터로 알려지고 전 세계 학자들의 주목을 끌게 된 것이 바로 이 시기였다. 그의 가장 유명한 저작은 최근에 완료된, 세계 자본주의의 기원과 변화에 대한 3부작으로, 1994년에 자본주의의 진화를 재해석한 『장기 20세기: 화폐, 권력, 그리고 우리 시대의 기원』으로 시작된다. 이 책은 이 분야의 고전으로 적어도 10개 국어로 번역·출간되었다. 조반니는 2009년에 이 책의 제2판을 완성했다. 1999년 비벌리 실버와 함께 『체계론으로 보는 세계사』를 출간했고, 2007년에 『베이징의 애덤 스미스. 21세기의 계보』를 출간하여 서구와 동아시아의 경세적 발전을 비교하고 세계적 경제 대국으로 떠오른 중국의 부상을 탐구하였다. 월러스틴과 많은 면에서 지적으로 유사하지만, 아리기는 최근 경제 권력의 동아시아로의 이동을 더욱 중요시하는 경향이 있다. 그는 또한 애덤 스미스, 막스 베버, 카를 마르크스, 안토니오 그람시, 칼 폴라니, 조지프 슘페터에게 영향을 받았음을 강조했다. 아리기는 2009년 6월 18일 오전 11시에 볼티모어의 자택에서 영면했다. 존스홉킨스 대학 사회학 교수와 페르낭 브로델 센터 이사 등을 역임했다. 자신의 지적 궤적을 회고하는 데이비드 하비와의 인터뷰가 『뉴레프트리뷰』 2009년 3월/4월호에 실렸다.

저서로 국내에 번역·출간된 『체계론으로 보는 세계사』(공저, 모티브북, 2008), 『장기 20세기』(그린비, 2008)를 비롯하여, *The Political Economy of Rhodesia*(1967), *Essays on the Political Economy of Africa*(공저, 1973), *The Geometry of Imperialism, Dynamics of Global Crisis*(공저, 1978), *Antisystemic Movements* (공저, 1989), *Transforming the Revolution: Social Movements and the World System*(공저, 1990), *The Resurgence of East Asia: 500, 150 And 50 Year Perspectives*(공저, 2003) 등이 있다.

옮긴이 **강진아**는 1993년 서울대 동양사학과를 졸업하고, 같은 대학교 대학원에서 석사과정을 수료하였다. 『1930년대 광동성의 재정정책』으로 도쿄 대학에서 문학 박사학위를 받았다. 중국 근현대사, 동아시아 비교경제사, 화교 네트워크에 관해 「1930년대 중국 광동성의 화폐통일정책의 붕괴과정」, 「제국주의 시대와 동아시아의 경제적 근대화 – 식민지근대화론의 재고와 전망」, 「근대전환기 한국화상의 대중국무역의 운영방식」 등 여러 편의 논문을 썼다. 저서로 『1930년대 중국의 중앙, 지방, 상인』(서울대학교출판부, 2005), 『문명제국에서 국민국가로』(창비, 2009)가 있으며, 역서로는 『소일본주의』(소화, 2002), 『쟁점으로 읽는 중국 근대 경제사』(공역, 푸른역사, 2007), 『미완의 기획: 조선의 독립』(소와당, 2009) 등이 있다. 2004년부터 경북대 사학과 교수로 재직하고 있다.

KB037857